ACCESO GRATIS a la Lectura en la Nube

Para visualizar el libro electrónico en la nube de lectura envíe junto a su nombre y apellidos una fotografía del código de barras situado en la contraportada del libro y otra del ticket de compra a la dirección:

ebooktirant@tirant.com

En un máximo de 72 horas laborables le enviaremos el código de acceso con sus instrucciones.

AF616880

PROPUESTAS PARA LA PROTECCIÓN JURÍDICA Y SOCIAL DE LA INFANCIA Y DE LAS VÍCTIMAS DE VIOLENCIA DE GÉNERO

PROPUESTAS PARA LA PROTECCIÓN JURÍDICA Y SOCIAL DE LA INFANCIA Y DE LAS VÍCTIMAS DE VIOLENCIA DE GÉNERO

Elisabet Cerrato Guri
Núria Torres Rosell
Eva Zafra Aparici

tirant lo blanch
Valencia, 2025

En caso de erratas y actualizaciones, la Editorial Tirant lo Blanch publicará la pertinente corrección en la página web www.tirant.com.

La presente obra ha sido sometida a la revisión de pares ciegos según el protocolo de publicación de la editorial a efectos de ofrecer el rigor y calidad correspondiente tanto en su contenido como en su forma, aplicándose los criterios específicos aprobados por la Comisión Nacional E 016 (BOE num. 286, de 26 de noviembre de 2016).

Proyecto *PID2020-115304GB-C22* financiado por

Proyecto *PID2021-122999OB-I00* financiado por

© TIRANT LO BLANCH
EDITA: TIRANT LO BLANCH
C/ Artes Gráficas, 14 - 46010 - Valencia
TELFS.: 96/361 00 48 - 50
FAX: 96/369 41 51
Email: tlb@tirant.com
www.tirant.com
Librería virtual: www.tirant.es
DEPÓSITO LEGAL: V-2577-2025
ISBN: 979-13-7010-059-9

Si tiene alguna queja o sugerencia, envíenos un mail a: *atencioncliente@tirant.com*. En caso de no ser atendida su sugerencia, por favor, lea en *www.tirant.net/index.php/empresa/politicas-de-empresa* nuestro procedimiento de quejas.

Responsabilidad Social Corporativa: http://www.tirant.net/Docs/RSCTirant.pdf

Índice

Presentación

La obra que se presenta tendrá, sin lugar a dudas, un impacto en la comunidad científica, que espera poder trasladarse también a los distintos ámbitos de la sociedad. Su objeto de estudio es profundizar en los avances de modelos y herramientas para la atención de niños, niñas, jóvenes y mujeres que han sufrido o sufren cualquier forma de violencia con la finalidad de mejorar el sistema de protección y evitar su revictimización.

Si fijamos nuestra atención en la violencia sexual, reconocida como una de las formas más graves de violencia contra la infancia y la adolescencia, y centramos nuestra mirada en la UE, según datos de la Comisión, 1 de cada 5 niños sufre alguna forma de violencia sexual. El reclamo de la necesidad de un abordaje adecuado lo enmarcamos en la estrategia de la UE 2020-2025, para una lucha más eficaz contra el abuso sexual de menores que, por el momento, ha cristalizado en la propuesta de febrero de 2024 de refundición de la Directiva relativa a la lucha contra los abusos sexuales y la explotación sexual de los menores y el material de abuso sexual de menores (COM(2024) 60 final), en la que se pretende garantizar que todos los Estados miembros respeten los principios de un planteamiento de justicia adaptada a la infancia.

Centrándonos en España, la dureza de los datos que revela el informe de *Save the children* de octubre de 2023, "Por una justicia a la altura de la infancia", es demoledora. En 8 de cada 10 casos de abusos sexuales contra la infancia el agresor es una persona del entorno familiar o conocida del niño o niña, y en el 96% los agresores no tienen antecedentes penales relacionados con violencia sexual; la edad media en la que empiezan los abusos es los 11 años, y en más del 80% de los casos la víctima es una niña o una adolescente.

A la crudeza de dichos datos, debiéramos poner el acento en otro aspecto significativo y endémico: es una de las violencias más ocultas precisamente por el entorno de la intimidad familiar y social en el que sucede. Se estima que solo el 15 % de los casos llegan a denunciarse, poniéndose en evidencia "que todavía existe la creencia colectiva de que estos casos apenas existen y de que si un niño o niña fuese abusado en nuestro entorno nos daríamos cuenta".

Este tipo de violencia es una de las más invisibles. Otras manifestaciones de la violencia, como la violencia de género, han trazado un mayor recorrido para su visibilidad, lo cual tampoco es sinónimo de adecuada o suficiente atención. Basta atender a las cuestiones que sobre ello se suscitan en relación con la prueba preconstituida como uno de los desafíos del género en el derecho probatorio, así como en los casos extremos de violencia contra las mujeres y sus hijas e hijos, sumándose a otras medidas de protección analizadas en las distintas colaboraciones que aparecen en la obra.

En consecuencia, es conveniente plantear si el avanzar en estos modelos y herramientas de protección tensiona el barómetro de nuestra sociedad, legislación, administración e instituciones, al reclamar una capacidad de prevención y de reacción adecuada a la protección que precisan las víctimas de violencia. En este sentido, el tratamiento inter, multi y transdiciplinar, por el que se apuesta en este libro, logra poner el foco en cuidadosamente seleccionados interrogantes, estructurados en tres capítulos, cuyo denominador común pivota en la necesidad de su protección. Estos son, en el Capítulo I, la atención en el contexto penal en los casos de violencia sexual, ¿qué retos plantea el modelo *Barnahus* para la protección de los niños y niñas que han sido víctimas de violencia? En el Capítulo II, sobre la prueba preconstituida y retos de género, ¿qué valor aporta la prueba preconstituida en los casos de violencia de género y de violencia contra la infancia? Y, finalmente, en el Capítulo III destinado a las necesidades y derechos, ¿cómo protegemos y acompañamos a los niños y a las niñas víctimas de feminicidio?

Ante estos y otros interrogantes y las diversas cuestiones que se abordan en esta obra, podremos contribuir a proteger frente a la victimización secundaria, así como a destapar situaciones ocultas, si el sistema proporciona una atención y protección adecuada en el que la persona agresora deje de actuar con la impunidad que le da el vínculo emocional y/o afectivo.

Muchas de las contribuciones que se incorporan en este libro provienen de los proyectos: *Impact of the Barnahus model on protecting the rights of children victims of sexual abuse in the criminal justice system*, liderado por la Dra. Nuria Torres Rosell; *Nuevos retos de género del derecho probatorio*, liderado por la Dra. Elisabet Cerrato Guri, y *Necesidades y derechos de las hijas e hijos del feminicidio: Una aproximación transdisciplinar a las consecuencias de la violencia de género en el contexto de la pandemia Covid-19*, liderado por la Dra. Eva Zafra Aparici. Se trata de proyectos urgentes y necesarios desde un punto de vista científico y social a lo que afortunadamente nos empuja la UE, aunque igual no con la celeridad deseada. Necesitamos que estos no acaben en el corsé estricto de una convocatoria, sino que avancen, y que el siguiente escalón sea evolucionar de tal forma que revolucionen y transformen los modelos de atención y protección a las víctimas, no sin antes advertir y exigir que para ello necesitan de apoyo y recursos suficientes.

No me queda más que agradecer y felicitar a todas las personas que dirigen y/o integran estos proyectos de investigación por su labor y empeño, que rigurosamente han sido plasmados en esta obra a través de sus contribuciones, y que ofrecen un examen tan exhaustivo como necesario, lo que nos sitúa ante un estudio que será un referente para los avances que se pretenden.

Tarragona, 18 de noviembre de 2024
Diana Marín Consarnau

Vicedecana de la Facultad de Ciencias Jurídicas
Universitat Rovira i Virgili

Agradecimiento

Las codirectoras de la obra quisiéramos agradecer a todas las personas e instituciones que han colaborado y hecho posible esta publicación, en particular a los coautores y a todos los participantes en las investigaciones.

Asimismo, debemos agradecer la financiación de esta obra al Ministerio de Ciencia, Innovación y Universidades; a los Fondos de la Unión Europea; a la Agencia Estatal de Investigación; a l'Agència de Gestió d'Ajuts Universitaris i de Recerca de Catalunya (AGAUR); al grup de recerca Territori, Ciutadania i Sostenibilitat (URV); al Departament d'Antropologia, Filosofia i Treball Social (URV); al Departament de Dret Públic (URV) i al Departament de Dret Privat, Processal i Financer (URV).

Con la ayuda del Departament de Recerca i Universitats de la Generalitat de Catalunya.

PRIMERA PARTE:

El modelo BARNAHUS para la protección de niños, niñas y adolescentes víctimas de violencia

FOREWORD

SHAWNNA VON BLIXEN-FINECKE

Deputy Secretary General
Barnahus Network

It is with great pleasure that I contribute to this important volume, which addresses some of the most pressing challenges in ensuring justice, protection, and recovery for child victims and witnesses of violence. This collection is timely, offering valuable insights into how legal systems and multidisciplinary approaches are evolving and delivering meaningful results. I would like to extend my gratitude to the organisers of this conference and the contributors to this book for their dedication to improving outcomes for children.

As Deputy Secretary General of the Barnahus Network, I have the privilege of working closely with professionals across Europe and beyond who are at the forefront of providing coordinated child protection, criminal justice, and physical and mental health services. In my role, I spend a great deal of time listening to the experiences and challenges faced by those implementing Barnahus across 27+ countries, including Spain – one of our earliest members. These conversations continually reinforce the importance of international research and exchange to support quality in the setup and operation of these services.

Barnahus is a unique and crucial intervention that brings together criminal justice, child protection, physical health, and mental health services under one roof and in one holistic offering. This integrated approach ensures that child victims are not (re)traumatised while repeatedly recounting their experiences to different agencies. They are instead met in a child-friendly, safe, and supportive environment by specially trained professionals. Over the years, the Barnahus Quality Standards have been instrumental in guiding countries as they adapt and develop their services, including Spain, where the number of Barnahus locations is growing, and increasingly making a profound impact.

The work we have seen in Spain, particularly in Catalonia, exemplifies the incremental progress that many countries make as they adapt Barnahus to their context. Spain's pilot project, the development of purpose-built facilities, the efforts to coordinate among regions, and the commitment of the judicial system and the prosecutors in Catalonia are all signs of a strong foundation. Each country's journey with Barnahus is unique. One thing that colleagues from all over Europe tell is they need is the time and resources to ensure that collaboration works well – both within the Barnahus team, and with actors outside of Barnahus. They need this not just at the beginning, but also on an ongoing basis.

The work to implement Barnahus is never done. Experience from across Europe shows that building trust among professionals and creating a seamless, multidisciplinary team takes time. It requires not only the right policies and practices but also dedicated professionals who are willing to engage in this new way of working. It's a process that you go through not only with each location you open, but also each time you bring new teammates onboard.

Beyond the team, the system must continually adapt to new challenges, whether that means expanding services to include all forms of violence against children, integrating new therapeutic approaches, or ensuring coordination and quality of the approach regionally and nationally. Around every corner lies new learning, new opportunities, and new solutions to develop and validate.

This is also what makes Barnahus so valuable — its ability to evolve in response to the complex needs of children.

I would like to take this opportunity to congratulate Núria Torres Rosell, Associate Professor of Criminal Law at the University of Rovira i Virgili, and her team for their significant contribution to the growing evidence base for the impact of Barnahus in Europe. Their research has shown that the Barnahus in Tarragona can meaningfully shorten key elements of the criminal justice process, providing more effective outcomes for children and caregivers, but also for the professionals and the system itself.

A highlight of my Barnahus career to date was sharing a high five on stage with Maria José Osuna, Chief Prosecutor of the Provincial Prosecutor's Office of Tarragona, to celebrate this milestone as it was announced during this conference. I would like to extend my gratitude Ms Osuna for her engagement with this research and ensuring access to the required data, to Save the Children Spain for their expertise, and to the Oak Foundation for their financial and moral support of this important work. Without this combined effort, such groundbreaking research may not have been possible.

It is my hope that this book will continue to inspire further exchange of knowledge, research, and innovation in the protection of child victims and witnesses of violence. With each new contribution, we come closer to a future where all children receive their rights to protection, justice, and care.

CAPÍTULO I. TRAUMA PSICOLÓGICO EN EL DESARROLLO VINCULADO A LAS VIOLENCIAS SEXUALES EN LA INFANCIA

ELISA MICCIOLA
Psicóloga y Criminóloga

1. Neurofisiología del trauma y las respuestas de supervivencia

El cerebro humano está compuesto por diversas estructuras interconectadas que forman circuitos neuronales complejos, cada una con funciones específicas que van desde el procesamiento ejecutivo hasta la regulación de respuestas emocionales y de supervivencia. De forma simple, la neuropsicología clásica ha distinguido entre tres áreas funcionales principales: el neocórtex, responsable de las funciones mentales y ejecutivas superiores (razonamiento, lenguaje, toma de decisiones, etc.); el sistema límbico, que gestiona las emociones y respuestas de supervivencia; y el tronco encefálico y cerebelo, conocido como "cerebro reptiliano", que regula funciones autónomas y reflejas vinculada, también implicadas en las funciones de supervivencia (LeDoux, 2000).

La clave del buen funcionamiento cerebral subyace del trabajo coordinado de todas sus estructuras cerebrales. En términos sencillos, el procesamiento de la información y del aprendizaje se filtra inicialmente a través del grupo de estructuras del tálamo y del sistema límbico antes de ser integrado en el neocórtex. Este filtraje de las estructuras subcorticales permite el funcionamiento integrado de las experiencias y el aprendizaje y también, como se verá, procura la supervivencia del sistema. En condiciones normales (sin peligro), cuando el cerebro se encuentra en un estado adaptativo, la información que ha sido integrada en el neocórtex puede ser recuperada de forma ordenada, secuencial y coherente (McEwen, 2007). Ello explica la capacidad de las personas de recuperar los recuerdos de memorias episódicas, generalmente, bien detallados y situarlos en una línea de espacio-tiempo-persona, en los que se ven implicados distintos cuerpos cerebrales como el lóbulo temporal y otras regiones como la frontal o la parietal de ambos hemisferios. Este proceso no sólo facilita la evocación de experiencias previas, sino que también permite la modificación y reorganización de los recuerdos, un fenómeno conocido como reestructuración o reconsolidación de la memoria. Una estructura clave de la memoria dentro del sistema límbico es el hipocampo, que juega un papel central en el aprendizaje, la orientación espacial, la regeneración neuronal, pero especialmente, en la codificación y consolidación de la memoria para ser trasferida, posteriormente, a la memoria de largo plazo (Kredlow et al., 2022; Nader et al., 2000; Squire, 1992).

En lo que respecta a condiciones anormales (de peligro), cuando se activan las respuestas de supervivencia, la amígdala, también en el sistema límbico, desempeña un papel esencial. Esta estructura es la responsable de activar los circuitos de defensa, lo que genera las clásicas respuestas de "lucha, huida o congelamiento" (*fight, flight or freeze*) ante situaciones percibidas como amenazantes (LeDoux, 1996). Esta activación, conocida como cascada defensiva o respuesta amigdalar, se caracteriza por su velocidad, ya que prioriza la supervivencia por encima de la integración cognitiva (Porges, 2001). En estos casos, en los que no hay tiempo más que para sobrevivir, la respuesta defensiva se lleva a cabo sin la intervención del neocórtex, y la amígdala asume el control y toma de decisión instintiva de las reacciones fisiológicas y comportamentales. En estos casos de secuestro amigdalar, el hipocampo aun y registrar tórpidamente las experiencias estresantes, ante la escasa respuesta del Neocórtex, impide su función de traspaso, consolidación, orientación espacio-tiempo-persona, entre otros, generando fallos en la integración de las experiencias a través de las vías cognitivas superiores. Eso explica las experiencias desintegradas se almacenen de forma inadecuada en la memoria a largo plazo (Van der Kolk, 2014). Es por este motivo que las memorias traumáticas tienden a no evocarse de forma ordenada ni secuencia, no sean accesibles, sino que emergen de forma intrusiva, clínicamente denominados flashbacks o intrusiones, y sean atemporales, careciendo de una coherencia temporal y dificultando su contextualización o la descripción detallada de los eventos (Brewin, 2014). Debido a esta falta de integración, muchos autores afirman que los recuerdos traumáticos no se "recuerdan", sino que se "reviven", ya que no se integran de manera efectiva en las estructuras cerebrales implicadas en la memoria autobiográfica y cuando son evocados traen consigo las experiencias sensoriales del momento traumático (Van der Kolk, 2006)

2. Las experiencias traumáticas en la infancia y su impacto en el desarrollo

Las experiencias traumáticas generan no sólo un impacto sino también cambios en las estructuras cerebrales, particularmente cuando ocurren en etapas tempranas del desarrollo y de forma prolongada. Ello ocurre debido a que los primeros años de vida, el cerebro es especialmente plástico, lo que significa que es sensible a las experiencias de su entorno. Esta plasticidad cerebral facilita un considerable aprendizaje y desarrollo, pero al mismo tiempo, lo convierte en permeable ante las experiencias adversas, como la privación, el abuso o el maltrato. A continuación, se presentan algunos de los constructos y hallazgos científicos más relevantes sobre el impacto del trauma en el cerebro:

1. **La vivencia traumática es una vivencia no integrada**. Las experiencias traumáticas no se procesan de forma adecuada entre las distintas partes del cerebro. Esto ha sido descrito por algunos autores como el "secuestro de la amígdala" (LeDoux, 1996). En este proceso, el sistema

límbico, especialmente la amígdala, se hiperactiva cada vez que se recuerda o se enfrenta a disparadores o *triggers* que le remiten, recuerdan o se parecen a la experiencia traumática (McEwen, 2007). Estudios de neuroimagen han demostrado que esta sobreactivación amigdalar se produce también con el relato de las víctimas de sus experiencias (Shin et al., 2006). Y explica también como elementos del entorno pueden funcionar como disparadores, ya que elementos neutros o no peligrosos (un juzgado, una comisaría de policía, etc.) pueden ser interpretados por el sistema límbico como potencialmente peligrosos, dando como resultado la intensificación de respuestas al estrés, como son, reacciones desmesuradas o defensivas (Van der Kolk, 2014).

2. **La amígdala se ramifica**. En relación con la amígdala, se ha observado que esta estructura en respuesta a entornos crónicamente estresantes incrementa su número de conexiones neuronales y extiende sus ramificaciones. Este proceso de ramificación implica que las neuronas amigdalares se hacen más gruesas y con mayores conexiones, lo que les permite reaccionar con mayor rapidez y eficacia a los estímulos externos. Dicho fenómeno explica por qué las personas traumatizadas a menudo presentan desregulación emocional, ataques de pánico, una constante sensación de amenaza, irritabilidad o incluso, estados de suspicacia o paranoia. En el caso de los niños y niñas, puede traducirse en problemas de conducta como comportamientos agresivos o con altos niveles de ansiedad (Perry, 2006).

3. **La corteza prefrontal rebaja su actividad.** La corteza prefrontal, situada en el neocórtex, es la encargada de funciones como la toma de decisiones, habilidades cognitivas y el pensamiento racional o reflexivo, entre otros. También tiene un papel clave en la regulación los estados de alarma y respuestas asociadas, permitiendo mantener

un buen autocontrol de las emociones desreguladas. Sin embargo, en situaciones de estrés crónico o exposición prolongada a experiencias traumáticas se ha demostrado una disminución en su actividad (Arnsten, 2009). Esta reducción se traduce en una menor capacidad para inhibir la activación de la amígdala, lo que dificulta la auto regulación emocional y la toma de decisiones adecuada en las personas traumatizadas o fuertemente estresadas. En consecuencia, el cerebro queda dominado por respuestas emocionales, mientras que el control cognitivo se ve gravemente afectado. Algunos estudios también relacionan la disminución de estas estructuras con las dificultades académicas en población infantojuvenil, pues existen problemas para el mantenimiento de la atención, la concentración o la integración del aprendizaje, el razonamiento y la reflexividad o la demora de la recompensa y la perseverancia, entre otros (Kredlow, 2022).

4. **El hipocampo se atrofia.** Numerosos estudios han documentado una disminución en la densidad neuronal y la ramificación de las neuronas en el hipocampo bajo condiciones de estrés crónico (Duval, González & Rabia, 2010a, 2010b; Sapolsky, 2000). Las consecuencias más comunes están relacionadas con las dificultades para la adquisición o retención de nuevos recuerdos o información, pérdidas de memoria, así como, deterioros en funcionamiento asociados que afectan a la vida cotidiana de las personas.

5. **El área de Broca se silencia.** En ocasiones, el trauma tiene un efecto significativo sobre el área de Broca, la región cortical responsable de la producción o expresión del lenguaje. Según investigaciones, se ha demostrado que la activación de la amígdala durante una experiencia traumática puede disminuir la capacidad de esta área para dialectizar o traducir en palabras las emociones y experiencias vividas (Van der Kolk, 2014). Esta desco-

nexión explica por qué algunas víctimas encuentran extremadamente difícil verbalizar sus experiencias o parte de ellas.

3. La respuesta ante el trauma

El cerebro humano responde de manera diversa frente a las experiencias traumáticas, y estas respuestas están mediadas principalmente por la amígdala. Se pueden identificar dos respuestas generales: la hiperactivación, que incluye las reacciones de lucha y huida, y la hipoactivación, que se manifiesta a través de la parálisis, *shock* o congelación (Rothschild, 2000).

Por un lado, la hiperactivación se caracteriza por la liberación de diversas hormonas, entre las cuales, la adrenalina y los glucorticoides, comúnmente denominadas hormonas del estrés, a través del eje hipotalámico-hipofisario-adrenal (HPA), sistema responsable de activar múltiples respuestas fisiológicas para preparar al cuerpo para la acción. Las reacciones fisiológicas tales como la aceleración del ritmo cardíaco, la expansión pulmonar para aumentar la oxigenación y la tensión muscular o la dilatación pupilar responden a la preparación del cuerpo para luchar o escapar del peligro (McEwen, 2007). A la vez que inhibe otros sistemas, como el digestivo, para conservar energía. Esta cascada hormonal defensiva es útil a corto plazo, sin embargo, en situaciones de estrés crónico, el mantenimiento de estos corticosteroides afecta en la estructura del hipocampo, deprimiendo su potencia sináptica y generando los efectos asociados (Bremner, 2006; Sandi, Venero & Cordero, 2001; Rodríguez-Fernández, García-Acero & Franco, 2013). Por otro lado, la hipoactivación, que incluye respuestas como la parálisis, la congelación o el colapso, son respuestas psicofisiológicas del traumatización mediadas por el sistema parasimpático. Las respuestas de inmovilidad también son estrategias de supervivencia que se activan, precisamente, cuando someterse al agresor o rendirse frente al ataque es la mejor opción de dejar de sufrir o la única esperanza de sobrevivir. En general, se debe considerar este tipo de respuesta más extrema y de pronóstico severo, siendo las respuestas más habituales por parte de la población infantil, especialmente, cuando su depredador es una persona adulta.

En las últimas décadas distintas investigaciones se han interesado sobre los estilos defensivos del sistema límbico, preguntándose si existía una toma de decisiones instintiva del sistema amigdalar para establecer los estados defensivos. La teoría Polivagal (Porges, 1995) ofreció un marco de comprensión sobre la respuesta al trauma a partir de las investigaciones del nervio vago, parte central del sistema nervioso autónomo (SNA) que conecta el tronco del encéfalo con gran parte de los órganos del cuerpo. El nervio vago resulta crucial en la regulación de las respuestas de supervivencia y también en la autorregulación emocional. Sus primeros estudios partieron de investigaciones sobre la muerte súbita en neonatología, llevando a entender las reacciones más extremas de la hipoactivación (Porges, 2011). En los últimos años no sólo ha desarrollado conceptos como la neurocepción para explicar la capacidad del cerebro más primitivo para leer de forma fugaz el peligro, sino que ha arrojado luz sobre la toma de decisiones amigdalar. Así esta teoría define tres estados jerárquicos, uno adaptativo (óptimo) y dos desadaptivos (hiperactivación e hipoativación), cada uno de los cuales emplea ramas diferentes del nervio vago:

1. **Estado óptimo** (parasimpático, ventral vagal), como su nombre indica, es el estado adaptativo (Porges, 2011). En estado de calma, el funcionamiento cerebral es ajustado, todas las estructuras cerebrales están operativas y bien integradas. Permite mantener estados de conexión con el resto de las personas y se encuentra vinculado con el afecto, la comunicación, la curiosidad y el bienestar emocional, entre otros. Estos estados, especialmente en los primeros años de vida, tienen una importancia

trascendental con la conexión entre el bebe y su figura cuidadora, relacionada con la segregación de hormonas como la oxitocina y la creación de los vínculos y los estados de seguridad.

2. **Hiperactivación** (sistema simpático) es en este estado, como se ha visto, en el que cuerpo se prepara para la acción. Generalmente, este tipo de activación cuando se mantienen de forma prolongada se traduce en estados de angustia y ansiedad. De forma concreta, la coherencia la metabolización de las reacciones primarias van generalmente conectadas con respuestas segundarias, así, las reacciones de lucha, conectadas con circuitos de ira o rabia, pueden desatar estados segundarios o posteriores vinculados a la irritabilidad o la suspicacia, mientras que las reacciones de huida, conectadas con circuitos de miedo, pueden acompañarse de preocupación o rumiación.
3. **Hipoactivación** (parasimpático, dorsal vagal): Este estado se activa en situaciones de percepción peligro extremo o cuando la persona siente que no puede hacer frente al agresor. Es una reacción habitual en niños y niñas cuando su figura agresora es adulta. Vinculado con reacciones con sintomatología depresiva o apática vinculada a sentimientos de desesperanza, tristeza culpa o vergüenza.

En el terreno de la violencia interpersonal y la reacción de las víctimas, esta teoría también ha arrojado luz sobre la ágil e inconsciente capacidad del sistema nervioso autónomo de leer y percibir señales de seguridad y de peligro en los otros, a través de la interpretación de expresiones faciales, y en el entorno. Ello permite detectar rápidamente si se está en un entorno seguro o inseguro y actuar en consecuencia. La introducción de la lectura del otro ha sido vinculada con la importancia de las relaciones cercanas y la seguridad emocional para el ser humanos, gual que sucede otros mamíferos, y que ya se planteaban en las teorías del apego (Bowlby, 1988).

4. El trauma por parte de una figura de apego

La literatura científica ha demostrado que las vivencias traumáticas provocadas por otra persona, también conocidas como trauma interpersonal (por ejemplo, violencia de género, violencia sexual, abuso, negligencia, abandono, etc.), tienen un impacto mucho más severo que los traumas derivados de eventos accidentales o catástrofes naturales (Van der Kolk, 2014).

Dentro de este tipo de violencia, el trauma causado por una figura de apego es particularmente grave. El apego entendido como el vínculo de seguridad emocional y de protección entre el cuidador y el niño o niña, es definida por Bowlby como las conductas de la búsqueda de aproximación que realiza el niño para asegurar la supervivencia. Las interacciones repetidas del bebe con sus cuidadores no sólo construyen patrones de relaciones o de apego, de mayor o menor calidad o seguridad, sino que posibilita y forja la construcción de la identidad, de las relaciones con los otros y del mundo, así como, esculpe el desarrollo psicoemocional futuro de la persona. Cuando un niño crece con un vínculo de apego seguro, su desarrollo cognitivo y emocional se realiza de manera integrada y estable, tanto desde un punto de vista neurofisiológico como cognitivo. Este tipo de apego fomenta un desarrollo saludable en un entorno seguro y predecible, permitiendo que el niño aprenda que puede confiar en los demás para obtener apoyo emocional, lo que favorece su autonomía y garantiza un funcionamiento social, emocional y psicológico adecuado. Un apego seguro también es un facilitador de la resiliencia frente al trauma. Los niños que cuentan con una figura de apego presente y empática desarrollan expectativas positivas sobre sus relaciones futuras, lo que les hace sentir merecedores de ayuda y apoyo cuando lo necesitan. Esta base emocional les permite afrontar de manera saludable las frustraciones, el estrés y las emociones dolorosas y estimula las conductas exploratorias basadas en la sana curiosidad (Siegel, 2012). De forma contraria, los vínculos de apego inseguro (evitativos, ambivalentes o desorganizados) facilitan el desarrollo de patrones emocionales disfuncionales y otro tipo de conductas desadaptativas, que dificultan el afrontamiento de las experiencias de su entorno y que están vinculadas con desarrollo problemas de salud mental a corto y largo plazo.

Desde un análisis retrospectivo, las primeras teorías del apego influenciadas por los constructos psicoanalíticos sostenían que los niños requerían de la satisfacción de necesidades fisiológicas, como la alimentación y el cuidado físico, para evitar los efectos de las carencias tempranas en el cuidado. Sin embargo, populares, aunque controvertidos, estudios como los realizados por Harlow (1969) con primates y las monas de alambre, demostraron la importancia del vínculo emocional en los mamíferos para asegurar su supervivencia más allá de la cobertura de necesidades fisiológicas como la alimentación.

El niño depende de sus figuras de cuidado para sobrevivir. Las experiencias tempranas, especialmente aquellas proporcionadas por las figuras de apego, presentan un impacto profundo en el desarrollo. Sin embargo, cuando la figura de apego es también la fuente del daño para el niño o niña, ya sea por maltrato activo (violencia física, emocional, sexual) o por negligencia, éste se enfrenta a una paradoja insuperable: para sobrevivir necesita a la persona que, a su vez, le está haciendo daño (Baita, 2009). Esta paradoja genera una profunda confusión insoportable en el niño o niña y afecta su desarrollo emocional y cognitivo. La misma autora, también resalta que, debido a esta contradicción, los niños en edades tempranas, cuya madurez aún es limitada, tienen mayores dificultades para procesar y comprender internamente lo que les sucede generando un penetrante sentimiento de culpa o vergüenza por no ser suficientes para ser amados. Mientras que otros niños podrían explicar y racionalizar sus experiencias según su nivel de madurez evolutiva, los menores maltratados o abusados que precisamente carecen de un contexto seguro, estable y validante que favorezca su desarrollo interno (emocional, cognitivo, ejecutivo) presentan graves dificultades para expresar aquello que sienten o viven y para entender aquello que les ocurre.

En los últimos años, grupos clíncos de expertos han propuesto a la comunidad científica la necesidad de desarrolla etiquetas diagnósticas como el Trastorno Traumático del Desarrollo (*Developmental Trauma Disorder,* DTD), en referencia a las complejas consequencias psicopatológicas de los traumas crónicos producidos en el contexto de relaciones interpersonales de cuidado o dependencia. Este término engloba los efectos devastadores de la violencia repetida por parte de figuras de apego, quienes deberían haber proporcionado seguridad, pero que, en cambio, se convirtieron en la fuente del trauma (D'Andrea, Spinazzola, & Van der Kolk, 2011; Baita, 2009).

5. Violencia sexual en la infancia como evento traumático

En este contexto la violencia sexual en la infancia toma una relevancia incuestionable, ya que esta tipología de abuso interpersonal es perpetrada por un 79-80% de personas conocidas, de las cuales el 55% son familiares cercanos (Save the Children, 2023). La literatura indica que la violencia sexual infantil es un predictor severo de psicopatología (Finkelhor, 1994; Arehart-Treichel, 2005; Whealin, 2007). No obstante, no se ha identificado un patrón psicopatológico de secuelas específico asociado a la violencia sexual.

Este tipo de violencia perpetrada en gran parte por figuras de cuidado adultas se asocia con respuestas desreguladas que incluyen respuestas de hipoactivación severa como la disociación. La disociación es entendida como un mecanismo psicológico, defensivo para la mayor parte de corrientes psicológicas, vinculada con la ruptura de *psique* ante una experiencia tan devastadora frente a la cual la mente no puede ofrecer una mejor respuesta adaptativa. La ruptura puede, por un lado, producirse como una desconexión de algunos procesos mentales para afrontar la vivencia traumática o puede, cuando se está frente a abusos prolongados y en especial, durante las primeras etapas de vida, producirse como una fragmentación del "yo" o *self*, es decir, una ruptura o fragmentación de la identidad de la persona.

En el primer caso, cuando la disociación surge como un distanciamiento de los procesos mentales, ello representa una desconexión o alteración de la realidad en sus diferentes esferas y en diferentes grados de los cuales, el más severo son estados de no conciencia. Las esferas disociativas pueden incluir aspectos emocionales (relatos de eventos dolorosos sin conexión emocional), de memoria (lagunas amnésicas o amnesi peritraumática), de la percepción externa (desrealización) y de la percepción interna de la persona (despersonalización). Es fundamental considerar la disociación no como un todo, sino que se expresa en diferentes grados de profundidad, dependiendo de las características del individuo, de su contexto y del hecho traumático.

En el segundo caso, cuando la disociación es entendida como una fragmentación del yo, se habla de disociación de la identidad. Resulta interesante revisar criterios diagnósticos del Trastorno Disociativo de la Identidad (TID) entre los trastornos disociativos en los manuales diagnósticos (DSM-5, 2013). Este espectro disociativo severo suele ser resultado de la exposición crónica al trauma durante las primeras etapas vitales. La teoría de la disociación estructural desarrollada por Van der Hart y otros (2006) trata de plantear cómo el niño, ante experiencias traumáticas insoportables, pueden fragmentarse en diferentes partes de la personalidad. Esta teoría sostiene que la personalidad no es una estructura unitaria y sólida desde el nacimiento, sino que se va construyendo a medida que el individuo crece y experimenta con su entorno. Tal planteamiento es consistente con teorías del desarrollo de la personalidad, que señalan la consolidación de la identidad tras la adolescencia

(Erikson, 1968). Según los autores, la disociación estructural implica la fragmentación de la personalidad en "sistemas de supervivencia", compuestos por partes orientadas al apego y otras destinadas a la defensa.

Este fenómeno es particularmente relevante en el desarrollo infantil de los niños abusados por sus cuidadores, los cuales pueden disociar, alejando o suprimiendo, sus experiencias dolorosas con su abusador cuando necesitan activar su sistema de apego y activar respuestas defensivas cuando este mismo les daña, como mecanismo de defensivo. Esta alternancia de sistemas contrapuestos ante una misma persona abusiva o maltratadora se describió como un estilo de apego desorganizado (Ainsworth, 1978). Está forma de apego gravemente insegura, se asocia con la vinculación de los niños con figuras temerosas o extremadamente ausentes o negligentes (padres abusivos, alcohólicos, con trastornos mentales, con historia de trauma, etc.). Crecer con vínculos desorganizados lleva a los niños a carecer de estrategias efectivas para afrontar el miedo o el estrés, pero también el resto de las emociones, provocando una desorganización interna en la gestión emocional y cognitiva y consecuentemente, en sus relaciones. La complejidad de la intervención en casos de trauma infantil radica en que los niños desarrollan partes o defensas que les permiten sobrevivir pero que, a la vez, los condena al trauma y a la desintegración. Por ejemplo, un niño abusado en casa puede comportarse de manera ejemplar en la escuela o, por el contrario, volverse ingobernable. Las reacciones y defensas son respuestas adaptadas a la historia de vida, a la dinámica familiar y al mundo interno y externo del propio niño o niña. Por ello, es esencial que los profesionales con experiencia en psicología del trauma realicen un diagnóstico preciso de cada caso.

En resumen, los apegos inseguros, como el evitativo o el ansioso, deben ser considerados factores de vulnerabilidad para el desarrollo, mientras que el apego desorganizado como factor causal de psicopatología severa (Holmes, 1993; Siegel, 1999;

Schore, 2000; Baird, 2008; Liotti, 2009). El apego es un elemento crucial para la integración; proporciona seguridad y permite la integración. Un niño con apego inseguro o desorganizado, en cambio, tiende a la desintegración. Y, por el contrario, un niño que dispone de una buena figura de apego, capaz de regular, acompañar, dialectizar y facilitar la comprensión de lo ocurrido, sostener y consolar, es la mayor fuente de resiliencia que facilita la integración de experiencia y promueve su adaptabilidad, aun en los entornos o experiencias más hostiles (Schore, 2003).

6. La complejidad de la fragmentación derivada de la violencia sexual en la infancia

Cuando el maltrato es de naturaleza sexual, es fundamental comprender la especificidad de la dinámica abusiva. En este sentido, Summit (1983) advirtió sobre los aspectos de la acomodación del abuso en los que las fases de introducción a conductas abusivas a menudo comienzan con un acercamiento confuso, insistente o "especial" del agresor hacia el menor. Los abusos en menores suelen involucrar elementos de confusión inherentes a su propia idiosincrasia, de los que se destacan dos, por su forma y por su avance. El primero es en referencia a la forma o patrón abusivo, se debe recordar que un alto porcentaje de abusos sexuales en población infantil suceden sin penetración ni empleo violencia física. En muchos casos, es precisamente por la vulnerabilidad de la víctima (en fuerza, comprensión, dependencia, etc.) que no es necesario recurrir a la fuerza para someter o imponer el poder. Además, cuando existe ausencia de penetración u otro tipo de acción sexual que pueda implicar dolor físico, la identificación de daño resulta más ininteligible para la víctima. En referencia al avance o progresión gradual en la intensidad o gravedad del abuso, generalmente, lleva al niño a tomar consciencia del mismo solo después de varios episodios. Ello, combinado con la ambigüedad de mensajes culpabilizadores (por ejemplo, "lo estás buscando", "te gusta") puede impedir la activación de respuestas defensivas inmediatas y deslice al niño o niñas en estados hipoactivados de sumisión, culpa y vergüenza.

La fragmentación en las conductas sexualmente abusivas por figuras de apego es extremadamente compleja: la construcción de un amor y cuidado perverso a través del interés sexual confunde al menor en conceptos fundamentales como es el significado "ser querido", "ser visto" o "ser merecedor de este tipo de amor". En ocasiones, esta confusión o disonancia cognitiva puede romperse cuando el niño se siente cosificado, cuestionándose si es querido o si solo es un medio para satisfacer el deseo del abusador, en esos momentos puede producirse la revelación. Una revelación fragmentada, como lo está el niño; confusa, como lo está su mente; y con retractaciones y defensas, como lo está su apego.

7. Qué ver: una mirada experta

Los niños abusados y crónicamente traumatizados presentan una activación incongruente de sus sistemas defensivos y de apego. Esto se traduce en niños que buscan afecto y contacto intensamente, mientras que al mismo tiempo se muestran distantes, evitativos, enfadados o asustados. Silberg (2019) señala que los cambios radicales en el registro emocional pueden ser adaptativos cuando el entorno cambia de seguro a inseguro de forma imprevisible. Aquí es donde la neurocepción de la teoría polivagal de Porges (2007) describe la capacidad de leer la expresión facial y la alta sensibilidad de los niños en la percepción del riesgo. Sin embargo, esta percepción puede atrofiarse tras una exposición crónica y confusa al riesgo, amplificando así su respuesta desorganizada. Algunos aspectos interesantes de la psicología del trauma que pueden ayudar a entender como las experiencias traumáticas generan conductas paradójicas en la población infantil son los siguientes:

- Estos niños a menudo tienen dificultades para detectar o leer ambientes seguros e inseguros. Paradójicamente, se sienten más cómodos en entornos peligrosos, ya que son conocidos, mientras que la calma o tranquilidad, que son desconocidos, les incomoda y genera un vacío interno insoportable. Esto explica por qué los niños pueden acercarse a quienes les han hecho daño y alejarse de quienes podrían ofrecerles seguridad.
- La incapacidad para expresar con palabras lo que sienten puede resultar de no haber desarrollado una respuesta adaptativa y coherente, lo que a su vez los lleva a sentir que no pueden controlar sus emociones.
- Pueden sentirse responsables del abuso y necesitan que un adulto les proporcione el cuidado que no recibieron, lo que alimenta la creencia de que no son merecedores de ayuda o protección, generando un profundo sentimiento de vergüenza.
- Todo lo que se percibe como anormal es, en realidad, una respuesta normal ante una experiencia anormal. La sintomatología más referenciada incluye conductas regresivas, cambios bruscos en las emociones, actitudes o comportamientos, dolores psicosomáticos, autolesiones y alteraciones sensoperceptivas, que pueden variar según el desarrollo evolutivo, la edad, factores de riesgo u otras victimizaciones, así como factores protectores, siendo el más importante la presencia de otras figuras de apoyo.

8. La psicología como herramienta de reparación

En los procesos psicoterapéuticos centrados en el trauma, el objetivo es precisamente promover la integración de las experiencias disociadas, ayudando al niño a regular y tolerar sus emociones, ofrecer continuidad en su narrativa y dotarlo de palabras o símbolos para expresar lo vivido. Este proceso terapéutico valida y sostiene el malestar emocional del niño, facilitando su proceso de sanación (Van der Kolk, 2014). La intervención psicológica especializada permite a las víctimas de abusos y otras experiencias traumáticas desarrollar nuevas estrategias de apego, regular sus emociones, experimentar sensaciones de seguridad y bienestar emocional, así como aprender otros aspectos adaptativos, que les permitan vivir de una forma más satisfactoria su vida. La ciencia del apego y la neurobiología han permitido crear nuevos enfoques psicoterapéuticos eficaces que deben guiar las estrategias de intervención como, por ejemplo, la terapia focalizada en las emociones y en la atención plena, como el *Mindfulness*, el juego terapéutico, terapias centradas en el apego o las terapias vinculadas a la integración de experiencias traumáticas como el EMDR y otras. La neuroplasticidad, que es capacidad innata del cerebro de crear nuevas conexiones de redes neuronales a lo largo de la vida a través de las experiencias, ofrece una base sólida para la reparación. Esta capacidad permite que reparación del trauma sea posible a través de intervenciones expertas, diseñadas para comprender y mejorar el estado psicológico de las víctimas (Montes-Rodriguez & Urteaga-Urias, 2018).

9. Memoria traumática y disociativa

La memoria traumática está estrechamente vinculada a la disociación. Las experiencias traumáticas que han sido disociadas pueden resultar difíciles de acceder o recuperar, y la facilidad para recordar estos eventos depende, como se ha señalado, del grado de integración de la experiencia traumática. Las experiencias no traumáticas e integradas suelen recordarse de manera accesible, coherente y secuencial, mientras que las experiencias traumáticas no integradas pueden aparecer fragmentadas, caóticas o, en casos extremos, inaccesibles (Van der Kolk, 1996).

Por ejemplo, en casos de disociación emocional, el recuerdo puede recuperarse sin el contenido emocional asociado, lo que puede llevar a una minimización o desconexión emocional de la experiencia. En situaciones más graves de disociación de la memoria, los recuerdos pueden presentarse de forma fragmentada o con lagunas significativas. Esto implica que solo se pueden recordar partes de la experiencia traumática, o que esta se manifieste exclusivamente como sensaciones somáticas o corporales (Van der Hart et al., 2006). Estas memorias somáticas difieren de la memoria verbal o consciente, lo que significa que una persona puede "intuir" el trauma sin ser capaz de acceder plenamente a él.

En algunos casos, las experiencias traumáticas pueden quedar completamente inaccesibles, almacenadas en partes disociadas de la personalidad de las que la persona no tiene consciencia. Sandra Baita (2015) señala que, en estas situaciones, el "no recuerdo" puede generar una sensación de perplejidad, donde la persona es incapaz de recordar eventos específicos, nombres de personas o incluso reconocer conductas propias. Esto puede afectar otros aspectos de la vida, como olvidar habilidades previamente adquiridas o presentar lagunas en el aprendizaje, lo que explica los síntomas regresivos en niños traumatizados. Además, la reactivación de estos recuerdos disociados puede desencadenar respuestas regresivas o desreguladas en la conducta y emociones, especialmente si el recuerdo actúa como detonante del trauma.

10. El silencio y el secreto en el abuso sexual infantil

El silencio que mantienen los niños víctimas de abuso sexual puede ser resultado tanto de la imposición del adulto como de la autoimposición del menor. La imposición del adulto puede manifestarse a través de amenazas o coerción, lo que incluye violencia emocional, intimidación o incluso violencia física, dirigida a generar miedo o sumisión en el niño (Baita, 2012, 2015). Estas manipulaciones no siempre son explícitas; en muchos casos, los abusadores utilizan tácticas sutiles, como hacer que el niño sienta que, si revela el abuso, habrá consecuencias devastadoras. Ejemplos de esto incluyen decirle al menor que, si cuenta lo sucedido, el abusador será encarcelado, la familia sufrirá, o alguien cercano, como la abuela, podría morir de tristeza. Este tipo de manipulación emocional busca generar en el niño sentimientos de pena, angustia y culpa, lo que refuerza su silencio.

Por otro lado, la autoimposición del silencio ocurre cuando el niño decide no contar lo sucedido por su propia voluntad, generalmente en casos en los que el abusador es una figura de apego significativa o cuando revelar el abuso podría poner en riesgo a dicha figura. Por ejemplo, cuando es la pareja nueva de la madre y desde que está persona aparece, el niño siente a la madre más feliz, disponible o presente. En estos casos, el menor enfrenta un dilema interno: el miedo a perder a la figura de cuidado, que puede ser el abusador o alguien cercano a él, fortalece su decisión de guardar silencio.

Es importante destacar que, en los casos en los que el niño minimiza, niega o se retracta del abuso, el silencio puede estar influido por el secreto familiar o la resistencia del entorno a creerle. Los entornos que niegan el abuso facilitan la desintegración y desconexión del niño respecto a sus vivencias abusivas, lo que afecta sus recuerdos, emociones, creencias y cualquier aspecto vinculado a la experiencia. Esta desconexión contribuye a que el menor se distancie de la realidad del abuso, dificultando aún más la posibilidad de procesar y expresar lo ocurrido.

11. Conclusiones

El abuso sexual infantil, especialmente cuando es perpetrado por figuras de apego, se asocia con un riesgo elevado de daño psicológico, afectando gravemente el desarrollo emocional y la percepción del self en el niño. La cronicidad del abuso, la identidad del agresor y la ausencia de figuras protectoras externas se configuran como predictores críticos en la severidad de las secuelas psicológicas, incrementando la vulnerabilidad y el impacto negativo en el bienestar del menor.

La capacidad del niño para comprender el abuso y su percepción del riesgo son determinantes en el desarrollo de síntomas disfuncionales. La internalización de sentimientos de culpa y la presión del silencio, ya sea impuesta por el agresor o autoimpuesta por la víctima, refuerzan el trauma y obstaculizan la recuperación. Adicionalmente, el abuso puede dar lugar a patrones de apego inseguros o desorganizados, lo que se correlaciona con un aumento en los trastornos de salud mental y dificultades en las relaciones interpersonales. La disociación, como respuesta defensiva, puede resultar en una fragmentación de la identidad y en alteraciones de la percepción de la realidad.

Es fundamental considerar la concurrencia de factores de riesgo, tanto personales como sociales, ya que estos pueden tener un efecto acumulativo que agrave las consecuencias del abuso, dificultando la resiliencia y el desarrollo saludable del niño. La dinámica del silencio perpetúa el trauma y limita la capacidad de procesar y expresar la experiencia de abuso, contribuyendo a una desregulación emocional crónica.

Por último, es crucial implementar intervenciones terapéuticas específicas para abordar las secuelas del abuso. Enfoques como la terapia centrada en el apego y EMDR han demostrado ser eficaces para facilitar la integración emocional y promover la neuroplasticidad, ayudando a las víctimas a desarrollar estrategias de afrontamiento adaptativas y a mejorar su bienestar emocional a largo plazo.

Bibliografía:

Ainsworth, M. D. S. (1978). *Patterns of attachment: A psychological study of the Strange Situation.* Hillsdale, NJ: Erlbaum.

American Psychological Association [APA]. (2013). *Diagnostic and Statistical Manual of mental disorders* (5th ed.). https://doi.org/10.1176/appi.books.9780890425596

Arehart-Treichel, J. (2005). *The long-term effects of childhood trauma.* Psychiatric News, 40(11), 4. https://doi.org/10.1176/pn.40.11.4

Arnsten, A. F. (2009). Stress signalling pathways that impair prefrontal cortex structure and function. *Nature Reviews Neuroscience, 10*(6), 410-422. https://doi.org/10.1038/nrn2648

Baita, S. (2009). El apego desorganizado en niños víctimas de maltrato y abuso sexual. En S. Baita (Ed.), *Trauma, abuso y apego: Bases teóricas y abordajes clínicos* (pp. 32-54). Paidós.

Baita, S. (2015). Rompecabezas: una guía introductoria al trauma y la disociación en la infancia. Sandra Baita.

Bowlby, J. (1988). *A Secure Base: Parent-Child Attachment and Healthy Human Development.* Basic Books.

Bremner, J. D. (2006). Traumatic stress: Effects on the brain. *Dialogues in Clinical Neuroscience, 8*(4), 445-461.

Brewin, C. R. (2014). Episodic memory, perceptual memory, and their interaction: Foundations for a theory of posttraumatic stress disorder. *Psychological Bulletin, 140*(1), 69–97. https://doi.org/10.1037/a0033722

Duval, A., González, S., & Rabia, M. (2010a). El impacto del estrés crónico sobre el sistema hipocampal. *Revista de Neurociencias, 6*(3), 123-131.

Duval, F., González, F., & Rabia, H. (2010b). Neurobiología del estrés. *Revista chilena de neuro-psiquiatría, 48*(4), 307-318.

D'Andrea, W., Spinazzola, J., & Van der Kolk, B. (2011). Developmental Trauma Disorder: A new diagnosis for children with complex trauma histories. *Psychiatric Annals, 41*(5), 330-338. https://doi.org/10.3928/00485713-20110503-08

Finkelhor, D. (1994). *The international epidemiology of child sexual abuse.* Child Abuse & Neglect, 18(5), 409-417. https://doi.org/10.1016/0145-2134(94)90056-4

Harlow, H. F. (1969). Age-mate or peer affectional system in monkeys. *Psychological Review, 76*(6), 604-615. https://doi.org/10.1037/h0028222

Kredlow, M. A. (2022). The impact of early-life stress on cognition and academic performance: A review. *Journal of Child Psychology and Psychiatry, 63*(2), 105-115. https://doi.org/10.1111/jcpp.13369

Kredlow, M., Fenster, R. J., Laurent, E. S., Ressler, K. J., & Phelps, E. A. (2022). Prefrontal cortex, amygdala, and threat processing: implications for PTSD. *Neuropsychopharmacology, 47*(1), 247-259.

LeDoux, J. (1996). *The Emotional Brain: The Mysterious Underpinnings of Emotional Life.* Simon & Schuster.

LeDoux, J. (2000). Emotion circuits in the brain. *Annual Review of Neuroscience, 23,* 155-184. https://doi.org/10.1146/annurev.neuro.23.1.155

McEwen, B. S. (2007). Physiology and neurobiology of stress and adaptation: Central role of the brain. *Physiological Reviews, 87*(3), 873-904. https://doi.org/10.1152/physrev.00041.2006

Montes-Rodríguez, C. J., & Urteaga-Urías, E. (2018). Plasticidad sináptica como sustrato de la resiliencia. *Rev. Neurol,* 67, 453-460.

Nader, K., Schafe, G. E., & LeDoux, J. E. (2000). Fear memories require protein synthesis in the amygdala for reconsolidation after retrieval. *Nature, 406*(6797), 722-726. https://doi.org/10.1038/35021052

Perry, B. D. (2006). Fear and learning: Trauma-related factors in the adult education process. *New Directions for Adult and Continuing Education, 2006*(110), 21-27. https://doi.org/10.1002/ace.215

Porges, S. W. (1995). Orienting in a defensive world: Mammalian modifications of our evolutionary heritage. A Polyvagal Theory. *Psychophysiology, 32*(4), 301-318.

Porges, S. W. (2001). The polyvagal theory: Phylogenetic substrates of a social nervous system. *International Journal of Psychophysiology, 42*(2), 123-146. https://doi.org/10.1016/S0167-8760(01)00162-3

Porges, S. W. (2011). *The Polyvagal Theory: Neurophysiological Foundations of Emotions, Attachment, Communication, and Self-Regulation.* Norton.

Rodríguez-Fernández, A., García-Acero, L., & Franco, M. (2013). El impacto de los glucocorticoides en la memoria: Revisión de estudios en animales y humanos. *Neuropsicología, Neuropsiquiatría y Neurociencias, 13*(1), 79-99.

Rodríguez-Fernández, J. M., García-Acero, M., & Franco, P. (2013). Neurobiología del estrés agudo y crónico: su efecto en el eje hipotálamohipófisis-adrenal y la memoria. *Universitas médica, 54*(4), 472-494.

Rothschild, B. (2000). *The Body Remembers: The Psychophysiology of Trauma and Trauma Treatment.* Norton.

Sandi, C., Venero, C., & Cordero, M. I. (2001). Estrés, memoria y trastornos asociados: Implicaciones en el daño cerebral y el envejecimiento. *Editorial Ariel.*

Sandi, C., Venero, C., & Cordero, M. I. (2001). Stress, glucocorticoids, and memory: Behavioral effects and neurobiological mechanisms. *Neuroscience & Biobehavioral Reviews, 25*(1), 19-29. https://doi.org/10.1016/S0149-7634(00)00019-5

Sapolsky, R. M. (2000). Glucocorticoids and hippocampal atrophy in neuropsychiatric disorders. *Archives of General Psychiatry, 57*(10), 925-935. https://doi.org/10.1001/archpsyc.57.10.925

Shin, L. M., Rauch, S. L., & Pitman, R. K. (2006). Amygdala, medial prefrontal cortex, and hippocampal function in PTSD. *Annals of the New York Academy of Sciences, 1071*(1), 67-79. https://doi.org/10.1196/annals.1364.007

Siegel, D. J. (2012). *The Developing Mind: How Relationships and the Brain Interact to Shape Who We Are* (2nd ed.). Guilford Press.

Van der Kolk, B. A. (2006). Clinical implications of neuroscience research in PTSD. *Annals of the New York Academy of Sciences, 1071*(1), 277-293. https://doi.org/10.1196/annals.1364.022

Van der Kolk, B. A. (2014). *The Body Keeps the Score: Brain, Mind, and Body in the Healing of Trauma.* Penguin Books.

Whealin, J. M. (2007). *Psychological effects of child sexual abuse.* In R. C. K. H. V. F. E. A. W. O'Conner (Ed.), *The Handbook of Child Sexual Abuse: Research, Treatment, and Policy* (pp. 157-176). Academic Press

CAPÍTULO II. DESARROLLO E IMPLEMENTACIÓN DEL MODELO BARNAHUS EN ESPAÑA

EMILIE RIVAS
Responsable del modelo Barnahus en Save the Children España.

1. Introducción

La violencia sexual contra la infancia es una de las peores formas de violencia contra la infancia, viola el derecho a su integridad física recogido en la Convención sobre los Derechos del Niño de las Naciones Unidas, en su artículo 19 (Naciones Unidas, 1989), y puede generar graves problemas de salud tanto física, como psicológica. De hecho, la Organización Mundial de la Salud considera el abuso sexual infantil como un problema de salud pública[1] porque reúne los tres elementos necesarios a esta definición, se trata de un fenómeno universal, en la medida en que afecta a todas las sociedades, provoca graves consecuencias en la salud y tiene altos niveles de morbilidad.

Debido a su vulnerabilidad y a una estructura social basada en el adultocentrismo, los niños y las niñas son el colectivo que sufre en mayor medida las peores formas de violencia, como la mutilación genital femenina, el matrimonio forzoso u otras formas de violencia sexual.

Centrándonos más concretamente en la violencia sexual, vemos que año tras año este tipo de violencia sigue afectando especialmente a los niños y niñas. En 2023 hubo 21.850 victimizaciones denunciadas por motivo de delito contra la libertad sexual, en algo menos de la mitad de los casos (9.185), la víctima era un niño o una niña (Ministerio del Interior, 2024). Entre las diferentes formas de violencia sexual, el abuso sexual es la tipología de delito que más ha sido denunciada, repre-

---

1 https://iris.who.int/handle/10665/259270

sentando, algo menos del 50% del total de las denuncias relacionadas con los delitos de violencia sexual contra los niños y las niñas. Es relevante resaltar que en la mayoría de casos son las personas que tendrían que protegerlos quienes justamente abusan de ellos provocando en los niños y niñas una enorme confusión entre el amor, el odio, el deseo, la vergüenza que podrá tener consecuencias en su desarrollo social, emocional, psicológico y sexual (Save the Children, 2020).

A parte de los datos relacionados con las denuncias, en España, no hay datos oficiales sobre la prevalencia de la violencia sexual contra la infancia que permiten orientar la instauración de políticas públicas específicas. Sin embargo, los estudios científicos independientes realizados en esta materia alertan de una situación muy amplia, similar al contexto internacional que establece una prevalencia entre el 10 y el 20% en función del colectivo, el famoso *One in five* (Consejo de Europa, 2015).

El recién informe de la Universidad de Barcelona "*La victimización sexual en la adolescencia: un estudio nacional desde la perspectiva de la juventud española*" (Universidad de Barcelona, 2024) publicado en marzo de 2024, confirma estas tendencias y presenta los siguientes resultados:

- El 17,8 % de los jóvenes entre 14 y 17 años ha sufrido algún tipo de victimización sexual durante el último año, 24% de las chicas y 11,2% de los chicos.
- La violencia sexual online es la más frecuente; 12,1% de los adolescentes la reportan, un 18,3 % de las chicas y un 5,9% de los chicos.
- El 8,8 % reporta victimización sexual por parte de pares (5,9 % de los chicos y 11 % de las chicas).
- Las chicas reportan un mayor número de situaciones de violencia sexual, pero los chicos sufren en mayor medida las formas más violentas, como la victimización sexual con penetración o sexo oral por parte de una persona

adulta conocida (1% frente al 0,3 % de las chicas) y desconocida (1 % frente al 0,4 % de las chicas).

Disponer de estos estudios es clave para entender mejor la violencia sexual contra la infancia que suele ser una problemática muy invisibilizada debido a diversas razones. En primer lugar, los niños y las niñas víctimas tienden a no denunciar a sus agresores, especialmente si estos pertenecen a su círculo de confianza o familia. Además, los niños pueden tener dificultades para relatar lo sucedido, ya sea por no entender la situación, normalizarla o sentir vergüenza. Este tipo de abuso suele ser un crimen silencioso y secreto, lo que dificulta la obtención de pruebas físicas. En la mayoría de los casos, no hay testigos presentes. Por lo tanto, el abuso sexual infantil es un problema especialmente complejo, ya que las pruebas físicas son escasas y las secuelas no siempre son visibles. Se estima que en menos del 10% de los casos (American Academy of Pediatrics, 2013)[2] hay alguna prueba física del abuso y casi nunca existe un testigo que pueda contrastar los hechos. Por lo tanto, a la hora del juicio, el relato del niño o niña será la mayor, sino la única prueba para condenar o absolver el acusado.

Por lo tanto, una peculiaridad del abuso sexual infantil, es que además de ser una problemática muy grave y muy extendida, se trata de un problema oculto, un crimen especialmente delicado, impregnado de tabú, y difícilmente demostrable.

La dificultad de poder demostrar el abuso sexual infantil explica, en parte, que sea un crimen infra denunciado. Se estima que sólo un 15% de los casos son denunciados a la policía o a los juzgados (Pereda et al., 2016). Además, si son denunciados,

---

2 American Academy of Pediatrics. The evaluation of children in the primary care setting when sexual abuse is suspected. AAP Clinical Report on the evaluation of sexual abuse in children. Pediatrics. 2013;132:e558–e567. [PubMed] [Google Scholar]

muchos de ellos no llegan a ser condenados, siendo la gran mayoría, 7 de cada 10, sobreseídos durante el proceso judicial, a causa de la falta de pruebas (Save the Children, 2016).

No obstante, la inhabilidad comprobatoria de las pruebas no exime al niño o niña tener que comparecer y declarar repetidas veces. De hecho, se evalúa que, sólo en el ámbito judicial, el niño o niña víctima tiene que repetir un mínimo de 4 veces su testimonio delante de los diferentes actores (Save the Children, 2016). A estas entrevistas les tenemos que sumar las otras, realizadas por los profesionales de los ámbitos de la salud, protección, servicios sociales y educación, que han estado en contacto con el niño o niña y le han preguntado sobre los hechos.

Es importante recordar que responder al abuso sexual infantil implica no solo cuestiones judiciales, sino también un enfoque interdepartamental que garantice la protección y los derechos de los niños y de las niñas. Si bien es fundamental respetar los derechos de las personas acusadas, es igualmente primordial velar por los derechos de los niños y de las niñas víctimas, que en muchas ocasiones se ven subordinados al derecho de defensa del acusado.

En este sentido, es fundamental buscar formas de facilitar el relato del niño, considerando que su testimonio suele ser la única prueba para poder llevar adelante un proceso judicial. Es justamente en este ámbito donde reside una de las mayores ventajas del modelo Barnahus, el cual pone en primer plano el relato del niño, lo cual es clave para identificar y abordar el abuso sexual infantil de manera integral, desde la seguridad y la asistencia del niño hasta la investigación y la prevención de futuros abusos.

Es fundamental recordar que cada vez que se interroga a un niño se le causa daño y se genera desconfianza en él, lo que podría llevarlo a sentirse culpable en lugar de víctima. Además, sabemos que los niños y las niñas adaptan su relato según las preguntas y actitud de las personas que los interrogan, lo que puede contaminar su testimonio.

Además de ser especialmente dañino para el niño o niña, la repetición de entrevistas es también perjudicial para el mismo sistema judicial. Diferentes estudios han demostrado que el relato del niño o de la niña se va contaminando con la intervención de los profesionales. Una de las consecuencias es la pérdida de calidad del testimonio del niño o niña que puede llegar a ser completamente invalidado por el juez.

Es importante destacar que la repetición del relato por parte del niño o niña es sumamente perjudicial. Esta práctica dificulta su proceso de recuperación y resiliencia, ya que tiene que revivir su historia traumática una y otra vez. Además, la victimización secundaria que experimenta al sentir que su testimonio no es creído puede afectar su autoestima y confianza en sí mismo. Es fundamental respetar la integridad emocional de los niños y niñas víctimas y evitar exponerlos repetidamente a situaciones que les causen un daño adicional.

Llegando en este punto, cabe recordar que el Sistema de Justicia está diseñado para determinar la inocencia o culpabilidad del acusado y, en caso de culpabilidad, para castigar al agresor. No está diseñado para asegurar el Interés Superior del niño o niña (Save the Children, 2017). Durante el proceso judicial el niño, niña o adolescente es considerado como un mero testigo de su propia victimización y, en consecuencia, su declaración se enfoca desde esta perspectiva, priorizando su testimonio por encima de su bienestar.

Esta falta de perspectiva de infancia se refleja en las numerosas carencias del sistema judicial en relación a la atención de niños, niñas y adolescentes víctimas de violencia sexual, perceptibles en elementos como, las entrevistas repetidas en el sistema judicial, comisarías y Cortes, el largo tiempo de espera para el juicio oral, y la falta de espacios adaptados a los niños y las niñas.

El modelo Barnahus aporta soluciones a estas lagunas y ofrece un enfoque que garantiza un juicio justo tanto para el niño o niña víctima como para el acusado, sin quitar derechos a este último, sino mejorando las garantías para proteger los derechos del niño o niña. En este sentido, nadie sale perdiendo en términos de garantías legales, se respetan el principio de contradicción y de inmediación, pero se hace de una forma que no es perjudicial para el niño o niña.

En este sentido, el modelo Barnahus propone reequilibrar la balanza entre los derechos del acusado y los del niño o niña víctima, asegurando su interés superior en el proceso judicial, reconociendo la importancia de su testimonio para la investigación, el juicio y la prevención del abuso sexual infantil.

Para ello propone poner al niño víctima en el centro de todas las intervenciones, judiciales y asistenciales, y asegurar sus derechos a ser escuchado y protegido, creando un ambiente de amabilidad, respeto y tranquilidad para que el niño o niña pueda expresarse con detalle sobre lo ocurrido, ofreciendo consiguientemente una prueba testifical detallada y de calidad (Stefansson, K., Gundersen, T. & Bakketeig, E., 2012)

2. *Marco normativo de protección frente a la violencia sexual contra la infancia en España*

Entre las disposiciones normativas de origen internacional que regulan la atención a los niños, niñas y adolescentes víctimas o testigos de violencia sexual, ratificadas por el gobierno español y que forman parte del ordenamiento jurídico español con rango de ley, se resalta el Convenio del Consejo de Europa para la protección de los niños contra la explotación y el abuso sexual (Convenio de Lanzarote), por ser una de las herramientas jurídicas internacionales más importantes para la protección de la infancia frente a la violencia sexual.

Asimismo, dentro del marco normativo internacional también se incluyen numerosas directrices y recomendaciones, como las Directrices del Comité de Ministros del Consejo de Europa sobre una justicia adaptada a los niños y la nueva Estrategia del Consejo de Europa sobre Derechos del Niño (2022-2027)[3], que establece como área prioritaria de actuación, la Justicia adaptada a la Infancia (punto 2.4 de la estrategia) para evitar la victimización secundaria y se compromete a seguir impulsando el modelo Barnahus.

A nivel estatal, España tiene un marco normativo de protección de la infancia frente a la violencia muy completo, y que recientemente ha tenido grandes avances. Varias normas han permitido culminar hoy con un marco normativo sólido que pueda garantizar, en todo el territorio, la protección efectiva de la infancia frente a la violencia. Hay tres leyes especialmente relevantes para los niños y las niñas víctimas de violencia sexual y el modelo Barnahus:

La Ley 4/2015, de 27 de abril, del Estatuto de la víctima del delito, ha provocado un gran cambio de mirada y supuso una modificación de paradigma del enfoque puramente punitivo del código penal, poniendo las víctimas en el centro y creando estructuras específicas para atenderlas en todo el territorio español.

Más recientemente la Ley Orgánica 8/2021 y la Ley 10/2022 son dos normas clave en el ordenamiento jurídico actual español.

La Ley Orgánica 8/2021, de 4 de junio, de protección integral a la infancia y la adolescencia frente a la violencia, es una ley integral, pionera, que aborda todas las violencias, todas las fases de actuación y todos los actores, y marca, por fin, un compromiso claro para acabar con la violencia contra los

---

3 https://www.coe.int/en/web/children/strategy-for-the-rights-of-the-child_

niños y las niñas en España. Recoge en muchos aspectos las ideas clave del modelo Barnahus, como el derecho a la atención integral, medidas para evitar la victimización secundaria y la colaboración interinstitucional. La Ley 08/2021 reconoce la violencia sexual como una forma específica de violencia contra la infancia y establece mecanismos de detección, prevención y atención especializada a las víctimas.

Por otra parte, la Ley Orgánica 10/2022, de 6 de septiembre, de garantía integral de la libertad sexual, ha sido fundamental en la implementación del modelo Barnahus en España. Esta ley establece la creación de unidades especializadas en la atención a la infancia y adolescencia víctimas de violencia sexual, siguiendo los principios del modelo Barnahus. Estas unidades ofrecen un espacio seguro y acogedor para las víctimas, donde se centraliza la atención y coordinación de los diversos profesionales involucrados en el caso. La LO10/2022 explicita en su preámbulo que el capítulo I del título IV está orientado a sentar las bases del modelo Barnahus y recoge los principios fundamentales del modelo islandés: coordinación interdepartamental; recurso integral especializado en violencia sexual contra la infancia; profesionales altamente cualificados, todo ello para reducir la victimización secundaria y ofrecer una atención de calidad al niño, niña y adolescente víctima de violencia sexual contra la infancia. Además, esta disposición normativa significó un cambio de paradigma importante para el proceso judicial en casos de violencia sexual contra la infancia. Hasta la reforma de la Ley 10/2022 se diferenciaban dos delitos: abuso sexual y agresión sexual, distinguiéndose entre sí principalmente por el uso de la intimidación o violencia para cometerlos. Ahora, estos delitos se reúnen en un único delito llamado agresión sexual.

Además, ambas leyes contemplan la formación especializada de los profesionales que intervienen en los casos de violencia sexual contra la infancia, garantizando una intervención más adecuada y respetuosa con los derechos de los niños y niñas.

En resumen, las Leyes Orgánicas 8/2021 y 10/2022 representan un avance significativo en la protección de los derechos de los niños y niñas víctimas de violencia sexual en España, estableciendo un marco normativo y de actuación más garantista y centrado en las necesidades de las víctimas especialmente cuando son menores de edad.

Sin embargo, a pesar de grandes avances normativos, para que la justicia garantice los derechos de los niños y niñas víctimas de violencia sexual y que el sistema de protección pueda asegurar su protección frente a la victimización secundaria, es necesario un cambio de paradigma que ponga el interés superior del niño o niña en el centro del proceso (Save the Children, 2018), como lo hace el modelo Barnahus que agrupa en un mismo espacio todos los servicios y profesionales que intervienen en un caso de violencia sexual contra la infancia, reduciendo las evaluaciones y entrevistas, gracias a la coordinación de equipos multidisciplinares compuestos por profesionales altamente formados y entrenados.

En estas casas, policía, servicios de protección, justicia y salud trabajan juntos, bajo el mismo techo, para atender los niños y niñas víctimas. En estos centros el niño explica su historia una vez, lo hace en un entorno agradable y los diferentes profesionales de los departamentos implicados (interior, justicia, protección y salud) asisten a esta entrevista a través de circuito cerrado de televisión y, además, se graba la entrevista para evitar que el niño o niña tenga que ir a juicio oral para declarar (Pereda, Bartolomé, Rivas, 2021).

Este enfoque multidisciplinar e integral es mejor para el proceso de recuperación psicológico del niño y niña, y para su familia, y, además, aporta grandes avances al proceso judicial siendo el relato del niño de mejor calidad, más detallado y preciso, llegando a ser, por lo tanto, una prueba de mejor calidad en el proceso penal (Herbert, J. L., & Bromfield, L., 2019). Al estar todos los servicios bajo el mismo techo se agiliza el proceso judicial y se reduce la victimización secundaria que suele sufrir el niño o niña víctima de abuso (Landberg, A. y Göran, C., 2013)

Una de las mayores ventajas del modelo *Barnahus* es que ha demostrado a lo largo del tiempo su eficiencia y cuenta con numerosos estudios y datos que avalan su eficacia, tanto en relación al bienestar del niño o niña y de su familia, como en mejoras del proceso judicial. Los datos de la *Barnahus* de Islandia demuestran que desde que se implementó, se han triplicado el número de sentencias favorables para el niño o niña y se han duplicado las investigaciones (Ólöf Ásta Farestveit, Islandia).

Un posible análisis de este hallazgo sugiere que el modelo Barnahus mejora la calidad de las entrevistas forenses al proporcionar una experiencia más adecuada durante la entrevista, un entorno mejor adaptado para su realización y una derivación inmediata a apoyo terapéutico (Mitchell, 2024). Al permitir que el relato del niño sea recogido con un mayor cuidado, se convierte en una prueba más contundente en el contexto judicial (Gudbransson, 2021).

Proceso de implantación del modelo Barnahus en España

El modelo Barnahus es una iniciativa adaptable a los diferentes territorios y que para su aterrizaje en España requiere considerar la compleja organización territorial del país. España cuenta con una distribución descentralizada del poder, reconociendo la autonomía de municipios, provincias y comunidades autónomas. Las competencias clave relacionadas con la implementación del modelo Barnahus, como seguridad, sanidad, educación y justicia, son compartidas entre el Estado y las comunidades autónomas en la mayoría del territorio, aunque las competencias en justicia son exclusivas del Estado y las de protección de la infancia son enteramente transferidas a las Comunidades autónomas. Esta diversidad en el reparto competencial influirá en la aplicación del modelo Barnahus en España, conduciendo a desarrollos heterogéneos en su implementación a nivel territorial (Consejo de Europa, 2023).

Catalunya ha sido el primer territorio por adaptar el modelo Barnahus a su contexto. En marzo 2020, en medio de la Pandemia del COVID-19, abrió en Tarragona la primera *Barnahus* del Estado Español, impulsada por la Dirección General de la Infancia y Adolescencia de la Generalitat de Catalunya, en colaboración con los departamentos de Justicia, Interior, Salud y Educación de la misma Administración. El modelo Barnahus catalán se basa en los principios del modelo islandés original y cuenta con un equipo de profesionales fijos y móviles, ofreciendo los siguientes servicios: atención inicial, seguimiento y coordinación de los casos con los actores locales; entrevista forense realizada por un equipo móvil del Departamento de Justicia; examen médico para casos históricos no agudos, a cargo del Instituto de Medicina Legal y Ciencias Forenses de Cataluña, los casos urgentes se realizan al hospital; y atención psicológica proporcionada según las necesidades del caso, ya sea por los profesionales de salud mental del Departamento de Salud o por el equipo psicosocial de Barnahus.

Tres años después de su abertura, las cifras de notificación del abuso sexual infantil se han cuadriplicado en esta zona. Actualmente, la provincia de Tarragona tiene una tasa de notificación desmesuradamente superior a las otras provincias catalanas, lo que demuestra la eficacia del principio de puerta única que rige el modelo Barnahus y que aporta claridad a un proceso de derivación antiguamente muy confuso (Barnahus: la casa de les xiquetes i els xiquets dossier de premsa, Generalitat de Catalunya, 2024). A raíz de estos buenos resultados el gobierno catalán ha abierto en 2024 trece nuevas Barnahus para garantizar el derecho a una atención integral a todos los niños y las niñas víctimas de violencia sexual de su territorio.

Estos últimos años, muchas Comunidades Autónomas (en adelante CCAA) han seguido el camino iniciado por Cataluña y están trabajando intensamente para implantar el modelo Barnahus en sus respectivos territorios.

El *Estudio de Mapeo sobre la implementación del modelo Barnahus en España* elaborado por Save the Children para el Consejo de Europa (Consejo de Europa, 2023) permitió conocer la situación de cada CCAA en aspectos clave relacionados con el modelo Barnahus, como, por ejemplo, la realización de la prueba preconstituida, el compromiso público y político con el modelo, o la existencia de recursos especializados en VSI en el territorio.

Con el objetivo de poder comparar los distintos niveles de actuación de los recursos especializados en materia de violencia sexual contra la infancia entre las diferentes CCAA, se ha elaborado una escala de cuatro niveles.

- El nivel 1 corresponde a los Recursos no especializados en violencia sexual contra la infancia pero que reciben y atienden estos casos, como son, por ejemplo, las urgencias hospitalarias, las consultas pediátricas o los recursos de la Administración de Justicia.
- El nivel 2 agrupa los recursos especializados en violencia sexual contra la infancia y ofrecen un servicio concreto, como por ejemplo los servicios de Atención psicológica.
- El nivel 3 engloba los recursos que son especializados e integrales en violencia sexual contra la infancia, en la medida en que ofrecen diferentes servicios en un mismo espacio.
- Finalmente, el nivel 4 corresponde a los recursos especializados, integrales e interdepartamentales, como las Barnahus, que acoge en su seno servicios de diferentes departamentos y cuenta con mecanismo de colaboración interdepartamental)

Una de las conclusiones de este informe es que la mayoría de las CCAA cuentan con algún recurso especializado en violencia sexual infantil (en adelante VSI), en alguno de los ámbitos analizados de protección de la infancia, justicia y sanidad, aunque su alcance y servicios varían.

La mitad de las CCAA cuenta con recursos especializados e integrales para casos de VSI. La mayoría de estos recursos integrales pertenecen al ámbito de la protección y en algunos casos son únicamente dirigidos a los niños, niñas y adolescentes del sistema de protección; en otros casos atienden a todos los niños, niñas y adolescentes, pero no ofrecen todos los servicios.

En relación a los servicios cubiertos por el conjunto de actores implicados en los casos de violencia sexual contra la infancia, se constata que si bien algunos servicios como las entrevistas judiciales, exámenes médicos forenses y asistencia legal están disponibles en todas las comunidades, hay otros servicios infra desarrollados, pero esenciales en el modelo Barnahus, como son la atención psicológica especializada, la valoración de casos no judicializados o el asesoramiento a profesionales en violencia sexual infantil, los cuales deberían ser creados.

A día de hoy sólo existen recursos especializados en VSI, integrales e interdepartamentales, en Catalunya. Es el único territorio que cuenta con recursos que realizan todos los servicios de la cartera del modelo Barnahus como son la exploración de todas las sospechas de VSI, la entrevista forense, el examen médico, el acompañamiento a la víctima y familiares no ofensores, y la atención psicológica.

El Mapeo también estudió los mecanismos de colaboración interdepartamental establecidos en los diferentes territorios para acercar los procesos judiciales y administrativos, en línea con lo establecido en la LOPIVI en su artículo 34 que instaura la necesidad de que las CCAA elaboren protocolos de actuación para promover la colaboración entre las diferentes administraciones, con el fin de proteger el interés superior del niño, niña y adolescente y prevenir la victimización secundaria.

La colaboración interdepartamental sigue siendo un desafío para la mayoría de las CCAA, debido en parte a la complejidad del reparto competencial. Algunas regiones como Comunidad de Madrid, Cataluña, Castilla-La Mancha, Principado de Asturias, País Vasco y Baleares cuentan con estructuras formales de colaboración interdepartamental en el ámbito de la violencia sexual contra la infancia. En otras como Galicia, Aragón o la Región de Murcia, existen espacios de coordinación interdepartamental que no son específicos para la violencia sexual contra la infancia, pero reflejan una voluntad de remediar al trabajo en silos.

Otro aspecto del Estudio del Mapeo (Consejo de Europa, 2023) versaba sobre la dotación de Cámaras Gesell en el territorio español, la cual es heterogénea, con aproximadamente la mitad de las CCAA considerando adecuados los recursos disponibles para la realización de pruebas preconstituidas. Sin embargo, un 31% de las regiones perciben estos recursos como parcialmente adecuados, requiriendo una mayor dotación, mientras que un 16% los consideran insuficientes.

En cuanto al tiempo de espera para realizar pruebas preconstituidas, existe una disparidad entre las CCAA, que puede variar desde semanas hasta meses, siendo especialmente problemática en las CCAA sin competencias transferidas en materia de justicia.

El estándar 4 del modelo Barnahus (PROMISE Network, 2019) recomienda la creación de ambientes adaptados para los niños, evitando que las instalaciones estén ubicadas en sedes judiciales, policiales o hospitalarias. Por su parte, el estándar 6 (PROMISE Network, 2019) enfatiza la importancia de realizar entrevistas forenses a los niños y niñas en espacios diseñados para ello. Aunque en la mayoría de las comunidades autónomas las pruebas preconstituidas se realizan en dependencias judiciales, existen excepciones, como en Tarragona, Mallorca, Andalucía y Canarias, donde se han implementado espacios amigables para los niños y las niñas.

El juzgado especializado en violencia hacia la infancia en Las Palmas de Gran Canaria destaca por su enfoque en la justicia amigable, proporcionando espacios adaptados para los niños durante el proceso judicial. Además de contar con una Cámara Gesell adaptada y salas diseñadas para el examen médico forense, el juzgado ha establecido un protocolo para garantizar el interés superior del niño en todo momento. Un ejemplo de esta atención especializada es la primera toma de declaración de una niña víctima de un delito contra la libertad sexual desde su propio hogar (Guía de actuación del juzgado piloto de violencia contra la infancia y la adolescencia del Partido Judicial de Las Palmas de Gran Canaria, 2022).

Finalmente, en cuanto a la implementación del modelo Barnahus, el Estudio del Mapeo (Consejo de Europa, 2023) refleja que diversas comunidades autónomas están avanzando en su desarrollo, mostrando un interés formal en explorar este enfoque. Cataluña lidera esta implementación, mientras que otras regiones como el País Vasco, Madrid, Navarra, Cantabria y la Comunidad Valenciana se encuentran en etapas avanzadas de implementación. Cada comunidad autónoma ha designado organismos responsables de liderar el modelo Barnahus, con un enfoque inicial en la atención a la violencia sexual infantil para luego expandirse a otros tipos de violencia hacia la infancia en el futuro.

En resumen, la diversidad en las estructuras organizativas de las Comunidades Autónomas en España refleja un modelo autonómico asimétrico y descentralizado, lo que conlleva una variabilidad normativa y administrativa significativa en la implementación del modelo Barnahus. Es por lo tanto necesario adaptar el modelo a las particularidades de cada territorio, considerando las competencias y la organización propia de cada Comunidad Autónoma. Cabe destacar que el marco normativo estatal brinda una oportunidad para actualizar las leyes autonómicas y crear recursos especializados, integrales e interdepartamentales para las víctimas de violencia sexual infantil, como es el modelo Barnahus. Además, existen muy buenas prácticas en la atención de la violencia sexual contra la infancia en diferentes regiones de España, las cuales han demostrado ser eficaces a lo largo de los años. Sin embargo, a pesar de la obligatoriedad de la prueba preconstituida para menores de 14 años, su aplicación varía y requiere una mayor calidad y uniformidad en su realización. De la misma manera, la colaboración interdepartamental es clave para garantizar la protección de los niños, niñas y adolescentes frente a la violencia sexual, siendo necesario promover acuerdos y protocolos de actuación específicos.

Se observa un alto compromiso político y social en la implementación de modelos más protectores para los derechos de los niños, niñas y adolescentes víctimas de violencia sexual, y a nivel político, el modelo Barnahus goza del apoyo y compromiso del Gobierno del Estado español que ha demostrado en varias ocasiones su compromiso hacia el modelo, y está implementando, de la mano del Consejo de Europa y de la Unión Europea, el proyecto bianual "Fortalecimiento de la justicia adaptada a la Infancia a través de la cooperación y coordinación efectiva entre diferentes servicios Barnahus en las Regiones de España"[4], que acabará en 2027, cuyo objetivo es dar a conocer y fomentar la implementación del modelo Barnahus en España.

4 https://www.coe.int/es/web/children/barnahus-spain

CAPÍTULO III. FROM BARNAHUS TO BAIRNS HOOSE: EARLY ENABLERS AND BARRIERS TO IMPLEMENTATION AND SYSTEMS TRANSFORMATION IN SCOTLAND

MARY MITCHELL, CAMILLE WARRINGTON, JOHN DEVANEY, LOUISE HILL, JENNIFER LAVOIE

Dr Mary Mitchell, Senior Lecturer in Social Work, University of Edinburgh
Dr Camille Warrington, Associate Professor, University of Bedfordshire
Professor John Devaney, University of Edinburgh
Dr Louise Hill, Head of Policy, Evidence and Impact, Children First, Scotland
Dr Jennifer Lavoie, Chancellors Fellow, University of Edinburgh

Inspired by the Scandinavian Barnahus model, 'Bairns Hoose' (child's house in Scottish vernacular) represents a significant and progressive innovation in the landscape of child welfare and justice in Scotland. The fundamental aim of Barnahus is to create a single, child-friendly setting where children who have experienced abuse, violence, or other forms of trauma can receive the necessary support and services, including legal, medical, social, and psychological assistance. This integrative approach seeks to mitigate the further trauma that can be induced by navigating a fragmented system and repeatedly recounting their traumatic experiences. This paper focuses on research findings from the early development period (2021-22) of the first Barnahus in Scotland, offering insights into professional's perceptions of the current 'system' for children affected by abuse and the dynamic tensions created by the interaction of enablers and barriers impacting the initial development and implementation of the multidisciplinary approach. We argue that the introduction of the Barnahus model requires a recognition of the dynamics of early implementation to help drive system change and reduce resistance.

Key words: Barnahus, Bairns Hoose, systems change, implementation enablers and barriers, multiagency working

1. Introduction

The abuse and maltreatment of children is a complex phenomenon and often requires a specialised response from multiple agencies who align together to support and reduce further harm to children (Johansson et al 2016; Herbert and Bromfield 2019). Effective multiagency responses for children affected by maltreatment and abuse (and their families) can improve a child's safety and longer term outcomes (Carpenter et al 2017). A key circumstance of the complex situation a child may find themselves after disclosure of abuse is that they are required to interact with a number of discreet, yet interconnected systems and services aimed at supporting them, for example in health, justice, social welfare and police. The intersection of these systems can often be confusing, contradictory and overwhelming for children and their families, causing further re traumatisation (Hayes and Bunting, 2013). In addition, the child's individual needs and circumstances (for example their abilities, language, development, culture) will impact their ability to disclose what has happened to them, highlighting the importance of having child focused services after disclosure (Ettinger 2022).

Informed by the Child Advocacy Centre (CAC) model introduced in the late 1980s in US and Canada, the European Barnahus model aims to reduce harm and further victimisation of children affected by abuse by improving the way in which professionals work together in their responses to children. The Barnahus approach is a child-friendly, multidisciplinary and interagency response to child abuse. Barnahus aims to offer children comprehensive services to address their rights to safety, attain justice and support their recovery journey in a child friendly space 'under one roof' (Johansson et al., 2017: 2). A core challenge facing Barnahus approach is that existing systems need to be disrupted and transformed to provide a more coordinated response that minimizes trauma and harm to children after abuse.

Scotland is one of four nations (Scotland, Northern Ireland, Wales and England) in the country of the United Kingdom. Scotland is recognised as a devolved nation within the UK. As a devolved nation Scotland has a variety of responsibilities and powers that it is responsible for including education, health, policing and courts, and social services. Consequently, 'most matters relating to the investigation, management and prosecution of child maltreatment are matters for the government in Edinburgh', Scotland (Devaney et al 2024:226). When there are concerns that a child may have been abused or neglected in Scotland, the main agencies responsible for initially investigating those concerns are the police and social work services (ibid). They come together for an initial discussion to assess whether there are any measures required to keep the child safe from further harm and to begin investigating and gathering evidence that might support a criminal prostitution. If there are concerns, a child might undergo a paediatric examination to determine if treatment is needed and to collect forensic evidence for potential legal proceedings in criminal and family courts. An investigation by social services and the police typically includes jointly interviewing the child and other potential witnesses. The child's interview is usually conducted by the 'Child Interview Team' (CIT), specially trained police officers and social workers. The interview is often video recorded. This recording can serve as the child's "evidence-in-chief" if the case goes to court, although the child may still need to be available for cross-examination. Sometimes, children are required to provide live testimony during the trial (Beckett & Warrington, 2015). In Scotland, as in other nations, there are 'special measures' available for vulnerable witnesses if they are required to appear in court, one such special measure is to allow evidence of a vulnerable witness to be taken in advance of a trial at a commission hearing, other measures might include a private room with a live TV link, so that the child does not have to go into the court to speak, a third measure are screens to stop a witness form having to see someone who has been charged with an offence (Scottish Government: MyGovScot website accessed 17 Oct 2024). Evidence suggested that children (and their families) find the processes and interaction with the different welfare and justice systems after identification of abuse and maltreatment stressful and often harmful (Hayes an Bunting 2013; Houghton and MacDonald 2018; Houghton et.al 2022).

In April 2020, the national children's charity Children 1st brought together two non-government organisations -Victim Support Scotland and Children England – along with The University of Edinburgh to create Scotland's first Barnahus, known as the North Strathclyde 'Bairns Hoose' ('bairns hoose' mean child's house in Scottish vernacular). North Strathclyde Bairns Hoose, geographically based in the west of Scotland, serve the four local authorities that fall under the North Strathclyde area: East Dunbartonshire, East Renfrewshire, Inverclyde and Renfrewshire. The combined areas represent a population of 462,120 (National Records of Scotland, 2021). The whole of the North Strathclyde area falls under Greater Glasgow and Clyde (GGC) Health Board and is served by two police divisions (G and K). In relation to courts it all falls under the North Strathclyde Sheriffdom (one of Scotland's six Sheriffdoms) but represents a smaller geographical area. The four local authorities contain two Sheriff Courts: Paisley Sheriff Court and Justice of the Peace Court, and Greenock Sheriff Court and Justice of the Peace Court, but will also be served by Glasgow Sheriff Court and Justice of the Peace Court (Mitchell et al 2023 (a))

This three-year demonstration project led by Children 1st (2021-2024) funded by the Peoples' Post Code Lottery (PPL) aimed to drive significant systems and operational change in supporting children affected by violence and abuse in Scotland. The University of Edinburgh agreed to undertake an independent and formative evaluation of the demonstration project. Since the initiation of the project in 2020 the Scottish Government has committed, in their National Programme for Change (2022), to rapidly rollout the 'Bairns Hoose' model across the country by 2027. The Scottish Governments vision for Bairns' Hoose is that: "*All children in Scotland who have been victims or witnesses to abuse or violence, as well as children under the age of criminal responsibility whose behaviour has caused significant harm or abuse will have access to trauma-informed recovery, support and justice*" (Scottish Government 2022). To help achieve this ambition the Scottish Government have funded six Bairns Hoose 'pathfinders' and four other local Bairns Hoose 'affiliates' to rapidly implement whole systems change utilising the Barnahus approach in different locations across Scotland (See Scottish Government Bairns Hoose website https://www.bairnshoosescotland.com/).

Drawing from qualitative data collected from health, social work, justice and recovery professionals involved in the first Barnahus demonstration site in Scotland – North Strathclyde Bairns Hoose, this article critically considers the formative stages of the Bairns' Hoose journey in Scotland, reflecting on the current system as is (at that time -2022) and the enablers and barriers to systems change and implementation prior to the opening of the Bairns Hoose in August 2023. We reflect on the continuous need to balance innovation with traditional ways of working in the process of transforming systems. This evidence provides a unique opportunity for others implementing Barnahus in different contexts to understand and consider what matters at the very early stages of Barnahus development. This research contributes to knowledge of complex system reform in multidisciplinary settings.

2. Transformative systems change

Transformational system change processes aim to create fundamental change at systems level to enable major and durable change (Junge et al 2020). The assumptions underpinning the Barnahus approach suggest that multiple systems interacting to support children will change to meet the child's rights and needs more fully. Junge and colleagues (2020) point out that large scale transformational processes (as suggested by the Scottish Government in relation to the Bairns' Hoose journey in Scotland) are different to 'conventional' projects and programmes in that they are 'innovative, responsive and agile' (Junge et al 2020:127). This suggests there may be any number of complex trajectories resulting from the introduction of Barnahus which are not fixed from the beginning and are dependent on several interconnecting factors. Systems thinking involves making sense of the world by 'seeing it in terms of wholes and relationships, rather than breaking it into component parts and looking at each in isolation' (Hargreaves and Podems 2012: 462 cite Ramage & Shipp, 2009). Thus, the orientation of the North Strathclyde Bairns Hoose (and its consequent evaluation) '*takes a systemic perspective as to how the needs of children, families, professionals and civil society organisations can be best met*' (Mitchell et.al 2023:15).

Underpinning a systemic standpoints are notions connecting a shared vision for the purpose and benefit of the Hoose; an acknowledgement of the interdependency between different services in delivering against this vision; and processes and protocols which facilitate individual practitioners to implement and operationalise the shared vision, supporting different professions to maximise their input to the child, while also being able to deliver their own contribution to a high professional standard. As such, we argue the Bairns Hoose is part of a complex adaptive system (Rogers 2008, Bryne 2013). Complex adaptive systems thinking is an approach that challenges simple cause-and-effect assumptions, and instead sees the provision of services and other systems as a dynamic complex process which has many contexts and mechanisms impacting a variety of outcomes (The Health Foundation, 2010). If Barnahus is to be a 'disrupter' to the existing system there is an expectation that the existing system will 'adapt and adopt to new ways of working' which as Devaney and colleagues (2024) point out, can create new expected and sometime unexpected outcomes. An ultimate aim is that the new Barnahus approach will supplant old ways of working. Devaney and colleagues (2024) however, caution that without due diligence the new ways of working are as likely to become co-opted by the existing system, and 'rather than users of the system 'leaning into' the new ways of working', they will adapt the new model to help the model gain acceptance within the system itself with a risk that the 'Barnahus model will merely became a different way of doing business as usual' (ibid:230).

3. Influenced by Realist research thinking

Influenced by a realist evaluation framework (Pawson and Tilly 1997) this formative evaluation sought to understand how and why different contexts and mechanism might influence the development of the first Bairns Hoose in Scotland. Understanding what works in programme development, such as the implementation of Bairns Hoose, assumes that the change being attempted aims to address existing social problems with the intention of bringing about social, systems and practice change. Pawson (2014) argues that programmes seek to make change by affecting the choices or 'reasoning' of key stakeholders for example individual values and beliefs, attitudes and the logic they apply to the situation and /or resources they have available (e.g. information, skills, money, support) to make change happen. As stated, Barnahus aims to reduce (and prevent) the increased trauma children affected by abuse experiences after disclosure or identification of harm through enhanced multi-disciplinary working in a 'child friendly' space (Mitchell et.al 2023(b)) There are different stakeholders involved in the implementation and delivery of Bairns Hoose (for example children, family members, and practitioners and strategic leaders from police, health, social work, courts and the non-government sector) all of whom are enabled, to varying degrees, to make 'different choices'.

The combination of reasoning and resources is what enables a programme to work and are described as the programme mechanisms of change (Pawson and Tilly 1997). These mechanisms are experienced differently for different stakeholders at different times and will operate in certain contexts and environments. This considers, for example, the socio- economic and political environments, organisational context, local history and culture alongside being influenced by the attitudes and culture of the programme/service staff and the participants (Pawson 2014). Certain contexts may enable or hinder the mechanism (choices and resources) to be triggered and thus impact the outcomes desired. Understanding what informs the choices made by stakeholders in the early stages of implementation are therefore important to set the foundations for the change desired.

4. Methodology

The overarching evaluation question for the study was: *How does the North Strathclyde Bairns Hoose contribute to the safety, justice, recovery and recognition of children (and their families) who use the service?* There are two distinct phases to the evaluation relating to secondary questions which included:

Phase 1: What can we learn about the process of establishing the first Bairns Hoose in Scotland? (November 2021-August 2022)

Phase 2: What are the experiences of children, family members and professionals of the North Strathclyde Bairns Hoose? (August 2023- September 2024)

This article focuses on Phase One findings of the formative evaluation of the first Barnahus in Scotland: the North Strathclyde Bairns Hoose. The aim of this phase was to scope and characterise the North Strathclyde Bairns Hoose development including:

1. Understanding the context: children and families current experiences of services in North Strathclyde after abuse and maltreatment (the 'system as is').
2. Understanding processes through which the Bairns Hoose was developing.

Data collection included interviews and focus groups with professional stakeholders involved in the North Strathclyde Bairns Hoose and include a mixture of frontline, management and strategic perspectives. Interviews (N= 15) and focus groups (N= 5) were conducted between March and August 2022. The evaluation team purposefully chose not to include interviews with children and families in Phase One as the focus was on learning about systems, processes and context. Given the existing research and consultation which captures children's perspectives on support after abuse within current systems (e.g. Houghton et al., 2022; Hill et al. 2021; Brooks-Hay, 2019; Houghton and McDonald, 2018) it was felt appropriate for this phase of the evaluation to focus on professional perspectives. Phase two of the evaluation centred evidence from children and families, capturing their experiences of engagement with the Bairns Hoose (see Mitchell et al 2024).

In total 33 professionals took part in Phase One of the evaluation (18 attended one of five focus groups; 15 attending one-to-one interviews) (Table 1). Of these 33 perspectives captured, 13 were front line practitioners, 11 were operational managers and three were strategic leaders (see Mitchell et.al 2023 for more detail).

Table 1: Phase One – 33 different perspectives collected

THEME	# Perspectives	Practitioners	Operational Management	Policy/ Strategic
Recovery services	8	4	2	1
Police (including those involved in child interview team)	4	4	4	0
Prosecution	6	4	2	0
Health	3	1	2	1
Social Work (including those involved in child interview team)	8	7	1	0
Broader strategic view across whole system	3	0	1	2
Bairns Hoose Development (only)	1			
Subtotal	33	20	12	4

(from Mitchell (a) et.al 2023: 13)

4.1 Thematic analysis

A reflexive thematic analytic approach (Braun and Clark 2006) was used to make sense of the qualitative data collected in Phase One of the study. Reflective thematic analysis can be used with different theoretical frames and as such sits well with evaluation design influenced by the realist thinking being used and the development of an iterative Bairns Hoose programme theory. The approach allows for both inductive analysis (bottom up data driven analysis) and deductive coding and analysis (i.e. analysis informed by existing theory, ideas and concepts related to Barnahus alongside the knowledge of the researcher). The research team considered existing concepts, theories and ideas about Barnahus to the data to review. We paid close attention to the emerging ideas from the data to help reflectively identify key themes and code data. This approach has been widely used with comparable qualitive data sets and in similar research areas for example health (Jonsson, et al. 2022), social work (Herrero et al. 2019) and psychology (Weston et al. 2022). Each transcript was read by two researchers who separately analysed the interview transcript using the coding frame jointly developed prior to analysis. We used NVivo software to assist in the systematic review of material.

4.2 Ethical considerations

This evaluation study was approved through the ethical review process at the University of Edinburgh. Informed consent was provided by each participant involved in either a focus group or interview. The project has an approved data management plan and has applied university policy regarding the storing and sharing of data between team members. A disclosure protocol was in place should any concerns arise about practice standards or the well-being of any individual.

5. Findings

The findings are divided into two distinct sections. The first section will consider the 'system as is' for children as presented by professionals when interviewed. The second will consider the dynamic context in which Barnahus is being established by considering key enablers and barriers in the early development of the Barnahus.

5.1. Understanding the context: 'System as is': A system poorly equipped to respond to children

A child who is subject to abuse may experience long lasting and costly social, emotional, physical financial and health impacts (Shaffer, Woolcott and Ornstein 2023; Ettinger 2022). As noted earlier the support required by children after abuse can be complex, highly specialised and provided by different agencies (health, social work, police and justice). When a child (and their family) is identified as experiencing abuse, they often need to engage with several distinct yet interconnected systems and services designed to support them. Navigating these systems can be confusing, contradictory, and overwhelming for children, potentially causing further harm (Hayes and Bunting, 2013). It was beyond our evaluative study to identify a comprehensive base line of the current 'system as is' in the demonstration site. Rather, we attempt to offer an idea of how professionals understood the complex systems and processes experienced by children (and themselves as professionals) by providing rich and descriptive evidence from professionals' perspectives. This information is relevant to the development of the Barnahus prior to the introduction of the model as it describes the complex interaction of the child welfare and justice systems.

This study found that despite important individual examples of improving and supportive practices, professional respondents considered the 'system as is' fell short on multiple fronts and appears to struggle to centre the needs of those who have experienced trauma and abuse. The system 'as is' was described by professionals as 'complex', 'murky', 're-traumatising' and 'fragmented'. Relatedly it provides a focus on some of the key challenges for children and families that the Barnahus multidisciplinary approach may seek to address.

The evaluation identified four key system shortcomings significantly impacting children and their families. Those shortcomings included: a complex system exacerbated by poor communication; lack of a consistent recovery offer to children (and their families); delays and adjournments to accessing justice; and distressing and potentially retraumatizing court experiences. These findings align with previous reports and research on children's experiences in Scotland of the system after abuse (see for example Glasgow Health and Social Care Partnership, 2021, SCTS, 2021; and Houghton et al., 2022).

5.1.1 A complex uncertain system exacerbated by poor communication:

Professionals highlighted the scale of complexity present in the systems that children had to navigate and negotiate after identification of abuse:

> *We're [professionals] struggling to understand and get our head around the court system, so I'm intrigued to see how a child or young person and their parent, carer, family member, is supposed to navigate themselves round it. (Participant 7)*

Communication with children and families was recognised to be insufficient and often ineffective exacerbating the harm children had already experienced.

> *I think for supporting any sort of witness, never mind vulnerable... it's not trauma informed. It doesn't take into consideration the needs that children have–the fact that they might not understand the process quite simply. (Participant 16)*

Professionals were concerned that children were not being adequately supported to understand their rights and the processes they were involved in and the reason different decision making occurred at different times.

> *There's a lot of information that's not maybe of the highest quality that's given to children and families.... Often they are told that if you do a joint interview, if you're interviewed ahead of time, then you won't have to go to court and it's not true. And then you're already putting the families in a situation*

> *where they think we can't trust what we're being told by the system now. (Participant 19)*

5.1.2 Lack of recovery or therapeutic support for children

Many professionals' respondents (from across all sectors) raised their concerns that children and their families had little access to appropriate support to address their emotional well-being, recovery and mental health after experiences of abuse or maltreatment. It was recognized that this part of the system is poorly resourced where current services were provided in a pieced together provision with insecure funding.

> *I would just like to echo, what's been said about the random nature of referral processes [to recovery support] the–you know that postcode lottery or just whoever happens to be involved in a child's life at certain point and whether or not they will get support. (Participant 24)*

The different distribution of services and resources across the North Strathclyde region consequently impacted children and families access and eligibility of those services that were available arguably hindering their recovery.

5.1.3 Delays and adjournments to accessing justice

The time periods that children and families' experience and engage in the criminal justice processes are often lengthy, protracted and confusing.

> *The delays around court process I think is a massive thing for families, because they give their evidence, they give their statements, the person is arrested and charged... and we do try to manage expectations the best you can but we're ultimately given the answer of–'we don't know when this'll go to court' and 'we don't know if it'll go to court first time' ... and 'we don't know how many times you're going to be called up', or*

> *'how many holidays you'll have to cancel'* ... *so I think that's a big thing.* (Participant 32)

Professionals recognised that these experiences often meant that families were *suspended in a state of anxiety* (participant 1) which was further exacerbated by family expectations being poorly managed and the uncertainty of how long child protection and justice procedures would take. While the experiences of children and their families was diverse within the justice system there was a general agreement by the professionals interviewed that children's distress common amongst those they worked with.

> *I've seen the children in the witness room, and the trauma and the anxiety... I've seen it first-hand. It's not an assumption for me, [I've seen it] on more than one occasion, I've been there.* (Participant 28

5.1.4 Distressing and potentially retraumatising court experiences:

> *I think most of my team would say that they are hearing regularly from children and families that the experience of the court system has been worse than the abuse that they experienced in the first instance, which is an incredibly dispiriting thing to hear.* (Participant 19)

Lack of children's knowledge, understanding and experience of attending court was recognised by many professionals as another source of harm to children and their families. Professionals frustratingly recognized that the public policy in relation to children's rights and the intention of keeping children out of courts was publicly noted yet the requirement to be available to attend court for cross examination remained in many cases.

It's important to acknowledge the many positive aspects of individual and service-level practices identified, such as models of support, advocacy, and enhanced forensic interviews. We frequently encountered dedicated professionals aware of these shortcomings and eager to improve outcomes for children. Many respondents highlighted that the new child forensic interview model being introduced in Scotland was enhancing the quality of evidence for court proceedings. However, other initiatives aimed at reducing children's contact with courts had, at the time of the interviews, a very limited scope (see Mitchell (a) et al., 2023 for more detail).

Our conclusion of the system as was (in 2022), based on the qualitative evidence provided by professionals, was that despite individual desire to support children, children affected by abuse can experience the systems and services that seek to support them as harmful. In sum, children's rights were not being upheld by the system after abuse and maltreatment – despite best intentions & cross sectoral commitment. A genuine desire to improve outcomes for children affected by abuse across all agencies involved in the study was evident.

The next section discusses the enablers, challenges and tensions associated with change linked to the development and implementation of the first Barnahus in Scotland.

5.2. Establishing Barnahus: Early levers and barriers

The development and implementation of the North Strathclyde Bairns Hoose has been enabled or hindered through a range of conditions (circumstances, decisions and actions) influenced by the different contexts within which it being established. In the sections below we begin by outlining several core conditions identified by respondents.

5.2.1 An aligned and receptive national policy agenda

Those involved in the development of the North Strathclyde Bairns Hoose have been able to build on wider transformational agendas within Scotland that have highlighted and promoted systems wide child protection reform which prioritise children's rights and welfare. It is the Scottish Government's ambition to guarantee that the rights of all children and young people are upheld to ensure they grow up loved and respected and reaching their full potential (Scottish Government, 2012). In response to the need to improve the experiences of victims and witnesses of crime, and to improve the effective working of the justice system, a number of new laws have been introduced, alongside important practice developments. For example, the Scottish Child Interview Model (SCIM) pilot was developed in response to recommendations from the Evidence and Procedure Review (2017) and a specific workstream addressing Joint Investigative Interviews. The Scottish Child Interview Model (SCIM) provides a revised practice model for joint investigative child abuse interviews involving police officers and social workers in Scotland. Promoting safety, choice, collaboration, trust and empowerment, the SCIM approach aims to provide trauma-informed interviews, supported by careful planning, tailored to the needs of an individual child (Frier et al., 2022). SCIM was piloted in North Strathclyde (2019-2022) and influenced the developing context in North Strathclyde for the Bairns Hoose. Police officers and social workers undertook extensive training together to improve forensic interviews of children who have disclosed or witnessed abuse, and in doing so developed trauma informed multiagency practices and processes locally to improve working with children.

A further significant commitment to national reform and systems change in relation to child witnesses and victims of abuse was marked by the Scottish Government announcement in 2022 that Bairns' Hoose be part of the Programme for Government. These developments sit alongside other initiatives to improve the criminal justice response to children affected by abuse and maltreatment. These initiatives appear to support the agenda for change being suggested through the introduction of Bairns Hoose by providing the authority to practitioners and services to prioritise children's needs and rights, suggesting practitioners can operate and collaborate differently.

5.2.2. Value based leadership

A central finding from Phase One of the evaluation was that value based strategic leadership has helped drive forward the North Strathclyde (and national) Bairns Hoose development and implementation. This correlates our research in Northern Ireland where strategic and operational leadership was recognised as both being needed yet independent and distinctive when

implementing Barnahus (Lavoie et al 2022). Two senior managers with both strategic and operational responsibilities (Chief Executive Officer for Children 1st and the then Chair of Social Work Scotland and Head of a local social care partnership) emerged as playing a critical role in highlighting the shortcomings of the current system, articulating an alternative vision, maintaining a focus on systems change, best practices and child centred principles.

> *The start of the Bairns Hoose journey in North Strathclyde was that ... [one of the chief social work officers] went to Iceland with [Children 1st CEO], so that was the high-level kind of visit to Iceland. So ... brought back from that a desire to have a Barnahus ...she liked what she saw. And she saw that route into Barnahus is a quality [forensic] interview. (Participant 1)*

> *I always think with innovations it comes down to key individuals. And I think that [Children 1st CEO] is very skilled at what she does in terms of both leading Children 1st, but also*

> *trying to be a leader within the sector. And I think she does that very effectively. (Participant 3)*

The early and effective nature of the leaders in the North Strathclyde Bairns Hoose development has ensured key people from the different sectors were brought together and have used this as a platform for driving a vision for the Hoose which has come from an understanding that the system currently does not meet children needs or rights as fully as it should. Though this work predated the People's Postcode Lottery Funding, it supported understanding and confidence in the Barnahus model and became a critical foundation on which the vision and partnership work to build the North Strathclyde Bairns Hoose was later established.

5.2.3 Campaigning and finding resources to develop the Bairns Hoose

As a leading Scottish children's charity Children 1st acknowledges its role as both campaigning for change and delivering direct services to children and families. Children 1st has campaigned for many years for the Barnahus model as a means to uphold the rights of children who have been the victim of or witness to abuse. Motivation to lobby for change has been in part based on long standing operational experience that the system isn't currently working for children.

> *The things that we get involved in come from the children and families that we support. So in our delivery–in our family support services, right across Scotland, children talk to us, parents talk to us about things and we decide how we can go beyond just helping individual families and move towards prevention of issues or challenging those issues nationally and Barnahus was one of those areas that touches all of those things. (Participant 6)*

Children 1st have importantly lobbied for change by ensuring that children's voices and experiences of children are being heard by leaders and influencers. The use of children's participation activities and outputs, for example the *Sharing Stories for Change* (Hill et al., 2021) project, helped ensure child testimony is heard effectively in strategic spaces and has been a key lever to build wider support and motivation for the Barnahus approach.

In addition, Children 1st have strategically been able to Identify and act on perceived resistance to the approach which has assisted in building support for change.

> *A couple of strategic things that we did as well is that we invited Janys Scott Queens Council (QC) [a senior member of the law profession] to write a legal opinion for us on the implementation of the European Barnahus standards (in Scotland). And we looked at it and said, you know, from a legal perspective, are these workable? So, she is part of the Faculty of Advocates–a highly respected legal group. She's a QC which gives her status in her own right. She joined our second meeting to present on the legal opinion, which showed that overall, absolutely. We can fully operationalise these in Scotland. (Participant 2)*

The final lever for change highlighted was Children 1st's ability to respond quickly and flexibly to certain funding opportunities.

> *When there's inertia in a system, sometimes it can be very helpful to have an external stimulant in a way to sort of force things to have to happen, as opposed to dealing with sort of what might be a passive resistance, and definitely [I] think that that has been around, that there's been a lot of talk about Barnahus in Scotland for a number of years, but not much sign of progress. (Participant 3)*

Thus a key enabler has been holding to the vision for improving outcomes for children through the Bairns Hoose, championing and campaigning for transformational change alongside the development of a wider partnership to model innovative systems change and then finding the resources to make it happen . In this manner tangible progress was enabled on an initiative with broad long-standing support but noted to feel mired in inaction. In short, there have been many levers that have been the catalyst for change towards Bairn Hoose implementation and systems change.

5.3. Establishing Barnahus: early challengers and tensions (before the opening of the Bairns Hoose)

Phase One of the formative evaluation of North Strathclyde Bairns Hoose identified a number of key challenges and or tensions at the early stages of development, impeding immediate realisation of the model. The discussion provides insight into several intersecting tensions in the early development of the Bairn Hoose in Scotland. These challenges include the difficulties and delays in the capital build; limited and uncertain funding; multiagency working; and variable buy in to the project.

5.3.1 Establishing the building–Logistical challenges and delays to capital build

A substantial element of the early development phase in North Strathclyde focused on delivering a Bairns Hoose building. This was a complex and ambitious task- integrating design principles, and consultation with children, young people and professionals to ensure that the space created would be child friendly but also meet the multiagency purpose for the building (for example comfortable child interview room, sound proofing, audio visual recording equipment that met legal requirements, recovery space and a facility to provide a remote link to court). Challenges of the build are linked to wider contextual issues including the covid pandemic, economic crisis and other geopolitical influences. These issues impacted the cost and timelines for completing the building work, placing a strain on both staff time and resources required to complete the build. These barriers to the build, respondents suggested, resulted in strained stakeholder relations suggesting that the trust and commitment in the original Bairns' Hoose vision was challenged. Consequently, time and effort was also put into sustaining interagency partnership relationships.

5.3.2. Unstable ongoing financial support

A constant uncertainty has been the availability of funding for the North Strathclyde Bairns Hoose. Partners identified that both short term and long term funding has been an ongoing difficulty in the early stages of the development of North Strathclyde Bairns Hoose. The children's charity Children 1st secured initial funding from a number of sources (including the Peoples Post Code Lottery Dream Fund, private donations and a small fund from Scottish Government for children's participation), and there were considerable demands on these limited resources to deliver the project, as well as cover staff costs.

> *Because this was just 'pitch an idea and you get a million pounds'–or slightly more than that–I think going into it there was probably a little bit of naiveté on the part of Children 1st.. about what the actual costs would be. And I think that they are now having to sort of… work through that as an organisation in terms of realising the costs of both establishing a building …as well as also staffing costs and other delivery costs such as the evaluation... But I think… it's actually a relatively small amount to both establish a facility and to also pay for the running costs for a number of years. (Participant 3)*

Uncertainty about the longer-term commitments to fund staff and running costs for North Strathclyde Bairns Hoose were also unconfirmed during this early phase.

> *Everybody–police, social work, Crown Office–the whole lot are paying it lip service, and it's such a big thing, it's so important. They all say it's so important. They all say the buzzwords, but no one actually puts forward the resources that it needs*

> *to actually do it so much better, and I think it's only because of the commitment of all the dedicated people in it that it's working. (Participant 28)*

> *...a critical element of funding and ...financing the vision that is Barnahus... and actually in North Strathclyde we've continued to achieve what we have through hard graft of those involved to make it happen–without government funding [we're] acknowledging the degree and level [of funding] that is required to make this effectively work for children and young people through this new model and achieve a Barnahus. There needs to be funding that goes alongside it. (Participant 7)*

A decision about where ultimate responsibility for resources rests within the North Strathclyde Bairns Hoose multidisciplinary partnership and/or more broadly within Government remain outstanding.

5.2.3. Challenges of multiagency working

Operationalising Barnahus requires multiagency (police, social work, health, recovery and justice professionals) cooperation and professional trust. Respondents recognized that achieving effective multi-agency collaboration is especially difficult. Although all potential partners agree that systems change is necessary, many pointed out that differing remits, responsibilities, and work cultures among partners mean that creating a cohesive Bairns Hoose team with a truly unified identity will needs additional dedicated effort, time, and resources. Beyond the emerging cooperation of the Child Interview Team and the Children 1st Recovery Team respondents expressed a desire to clarify the roles and responsibilities of both operational staff and management at the North Strathclyde Bairns Hoose, as well as practical arrangements for multi-agency collaboration. This included understanding how partners working remotely from the Bairns Hoose would be integrated into current work practices. Stakeholders sought further clarity on processes like information sharing protocols, data-monitoring systems, collaborative decision-making, streamlined referral processes, and integrated assessments of children's needs. It was noted by respondents that ineffective communication between professionals could manifest itself by children and professionals missing crucial information and this information not being shared timeously or appropriately, leading to misunderstandings and gaps in information and consistent service delivery to children and their families – increasing the risk of systems harm to children.

The lack of engagement with health professionals for example was noted as significant by both health services and others in the North Strathclyde multiagency partnership. While health professionals were represented in strategic groups, there are gaps in relationships with local frontline staff with no working agreements. This was evident with some local health services crucial for supporting children post-abuse, yet not fully integrated into discussions about the North Strathclyde Bairns Hoose. Similarly, it was noted by respondents that efforts to develop a regional health-led response for victims of rape and sexual abuse, including children, were not aligned with the Bairns Hoose model. Positively, the evaluation found that some health partners were eager to engage with Bairns Hoose and explore aligning their work with the emerging Children 1st / Bairns Hoose recovery model. A challenge (and early risk) identified by this situation for the implementation of Bairns Hoose (and the aim for its implementation to transformational systems) is that poor collaboration can potentially lead to an inefficient use of scarse resources where services may be at risk of duplicating services across different parts of the system leading to increased cost and reduced quality of support being offered to children.

An additional challenge identified by professionals in operationalising the model (and therefore interrupting current systems) is moving beyond siloed thinking to fully embrace a multiagency approach to establish the Bairns Hoose. As Devaney et al 2024 contend the Barnahus model offers an opportunity to disrupt traditional models of meeting children's needs and rights (safety, justice support and recognition), 'by forcing the child welfare and justice systems to fundamentally reconsider the a priori assumption that the need to ensure fair judicial processes for the accused requires victims to subsume their needs, and rights, in the interests of justice' (page 230) . However, at this early stage in Barnahus development there is also a risk that the Barnahus model could merely become a different way of doing 'business as usual'. The next section explores some of the early challenges and tensions in the development of Barnahus in North Strathclyde Bairns Hoose.

5.2.4. Inconsistent commitment and sense of ownership

There was strong evidence that respondents from all sectors valued the Bairns' Hoose model's relevance to Scotland and wanted it implemented. Interviews and focus groups indicated that efforts to build partnerships and gain cross-sector commitment have been particularly effective at the national leadership and policy level through a strategic "Delivering the Vision" group. Significant efforts were also noted at the operational level via the North Strathclyde Operational Group. Yet the alignment of operational and strategic leadership was not aligned at times, resulting in inconsistencies and tensons between within agencies and between partners.

> *Everybody–police, social work, Crown Office–the whole lot are paying it lip service, and it's such a big thing, it's so important. They all say it's so important. They all say the buzzwords, but no one actually puts forward the resources that it needs to actually do it so much better, and I think it's only because of the commitment of all the dedicated people in it that it's working. (Participant 28)*

Despite the shared commitment to a North Strathclyde Bairns Hoose, there was evidence that partners lacked a sense of co-ownership at the operational level, with some partners feeling it remains 'someone else's project'. This may be reflected in the uneven success of engaging various multi-agency partners, including local authorities, to commit resources or actions. The need for more equitable involvement from different services within the model nationally was emphasized by respondent. Considering the ambitious goals for the North Strathclyde Bairns Hoose, increasing shared ownership will be crucial for securing more resources and ensuring the model's sustainability. Without this, it was acknowledged, the lead agency, Children 1st, may face an unsustainable burden of responsibility.

6. Discussion

Research on children's experiences after abuse (for example Houghton et.al 2022; Hayes and Bunting, 2013), along with feedback from professionals in this study, indicates that the system meant to support children affected by abuse is actually causing additional harm to them and their families. The motivation for developing the Bairns Hoose in North Strathclyde clearly stems from the recognition that Scotland's current systems fall short of fulfilling children's rights to recovery, protection, and justice after abuse or maltreatment.

The North Strathclyde Bairns Hoose seeks to enhance the experience of child victims and witnesses. Implementing this multidisciplinary project requires significant systems change, involving multiple partners and professionals. A shared high level vision exists for North Strathclyde Bairns Hoose but at the end of Phase One of the evaluation (2022) there was still a need for further authorisation from statutory stakeholders to enable system changes to occur. Initial findings from this formative evaluation of Scotland's first Bairns Hoose offer valuable insights into the dynamic context and mechanisms involved in both establishing a new service and initiating transformational systems change.

Learning during the setup phase (2021-2023) has been substantial, progress has been supported by several intersecting factors. An aligned national agenda for change, including the Bairns' Hoose in Scotland's Programme for Government (2021), has provided a supportive context for development. Central to this change, driven by Children 1st and partners, has been the effort to build and sustain relationships between stakeholders at strategic and operational levels. Children 1st's contributions include securing the People's Postcode Lottery Dream Fund, visiting Barnahus models in Europe, and advocating for change at local and national levels to emphasize unmet children's rights.

However, despite significant progress, challenges remained. Phase One of the evaluation identified four key interconnected challenges impacting progress. These include logistical challenges and delays in delivering an ambitious capital build, as well as uncertainty about long-term funding. As stated, the Barnahus approach requires a range of professionals—social workers, health, police, justice, health and recovery —to work together to deliver a comprehensive service. Adequate funding will help ensure the Bairns Hoose approach can provide seamless support and services collaboratively, 'under one roof' while helping to maintain high standards and consistency in service delivery. Ensuring that all necessary services are available and that professionals are adequately trained, retained and working in an adequately equipped space is an economic (and logistical) challenge. Secure resources and funding are essential to maintain the quality, consistency, and effectiveness of the Barnahus approach, supporting both immediate service delivery and long-term systems change.

These issues have affected some stakeholders' confidence in the model's sustainability and feasibility. While the narratives about a high standard Barnahus model in North Strathclyde offer an important vision, they may also create a disconnect with the modest realities and unclear practical plans for the initial Bairns Hoose emerging in the locality. While multidisciplinary collaboration is central to the Bairns Hoose model, joint working arrangements and a cohesive culture are nuanced and still developing. Evidence suggests renewed commitment to the North Strathclyde Bairns Hoose vision may be further supported by recognising an emerging Bairns Hoose model and the longer-term steps needed to achieve the wider vision and implementation. Evidence indicates that a phased and reflective approach to implementation and systems change could encourage partners to reinvest in the transformative process, rather than simply integrating Bairns Hoose into existing practices. Building cross-sector relationships remains crucial for future development stages. Although progress has begun in forming the multidisciplinary team, further opportunities to cultivate respectful and trusting relationships among team members remains essential.

7. Conclusion

Bairns Hoose represents a visionary step towards a more compassionate and effective approach to supporting children who have experienced abuse. Its emphasis on child-friendly environments, inter-agency collaboration, and reducing secondary traumatization aligns well with contemporary understandings of child welfare and trauma-informed care and had the potential to disrupt current systems not meeting children's rights and needs. However, its success hinges on overcoming significant practical challenges, including consistent implementation, sustainable funding, local adaptation and strong collaborative relationships between the different agencies involved in delivering recovery and justice for children after abuse. As with any innovative approach, the continued evaluation, adaptation, and refinement of Bairns Hoose will be crucial to realizing its full potential in fundamentally changing the way vulnerable children are supported in Scotland and internationally.

References

Byrne D (2013) Evaluating complex social interventions in a complex world. *Evaluation* 19: 217–28.

Braun, V., & Clarke, V. (2006). Using thematic analysis in psychology. Qualitative Research in Psychology, 3(2), 77–101

Beckett, H., & Warrington, C. (2015). Making justice work: Experiences of criminal justice for children and young people affected by sexual exploitation as victims and witnesses. University of Bedfordshire.

Devaney, J., Mitchell, M., Alaggia, R., Gray, C., (2024) Papering over the Cracks or Rebuilding the System: Opportunities and Challenges for the Barnahus Model in the United Kingdom, chapter 9 in in Justice and Recovery for Victimised Children Palgrave Macmillan Cham DOI: 10.1007/978-3-031-53233-7_3

Ettinger, T. (2022) Children's needs during disclosures of abuse. *SN Soc Sci* **2**, 101. https://doi.org/10.1007/s43545-022-00397-6

Jonsson, F., Carson, D., Goicolea, I., Hurtig, A., (2022) "Strengthening Community Health Systems Through Novel eHealth Initiatives? Commencing a Realist Study of the Virtual Health Rooms in Rural Northern Sweden." *International journal of health policy and management* 11.1 (2022): 39–48. Web.

Hargreaves, M. B., & Podems, D. (2012). Advancing Systems Thinking in Evaluation: A Review of Four Publications. *American Journal of Evaluation, 33*(3), 462-470. https://doi-org.eux.idm.oclc.org/10.1177/1098214011435409

Hayes, D., & Bunting, L. (2013). 'Just be Brave'–The Experiences of Young Witnesses in Criminal Proceedings in Northern Ireland. Child Abuse Review, 22(6), 419-431. https://doi.org/10.1002/car.2242

Herrero, M., Inés, M., and Charnley, H. (2019): "Human Rights and Social Justice in Social Work Education: A Critical Realist Comparative Study of England and Spain." *European journal of social work* 22.2 225–237. https://ed.primo.exlibrisgroup.com/permalink/44UOE_INST/1viuo5v/cdi_proquest_journals_2172525929

Frier, C Ingram, J and Nicol, L (2022) Joint investigative interviewing in Scotland. IRISS [Available at: https://www.iriss.org.uk/resources/reports/joint-investigative-interviewing-scotland]

Hargreaves, M.B. and Podems, D., 2012. *Advancing Systems Thinking in Evaluation A Review of Four Publications. IDEAS Working Paper Series from RePEc* St. Louis: https://www.proquest.com/docview/1698798037?accountid=10673&pq-origsite=primo&sourcetype=Working%20Papers

Herbert, J. L., & Bromfield, L. (2019). Better together? A review of evidence for multidisciplinary teams responding to physical and sexual child abuse. Trauma, Violence, & Abuse, 20(2), 214–228.

Hill, L, O'Reilly, A, Dhillon, R and O'Donnell, C (2021) Sharing Stories for Change: Impact Report. Glasgow: Children 1st

Houghton, C. MacDonald, R (2018) Everyday Heroes: Justice Report. Edinburgh: University of Edinburgh [Available at: https://everydayheroes.sps.ed.ac.uk/wp-content/uploads/2018/11/everyday-heroes-briefing2-Justice.pdf]

Houghton, C. Morrison, F. Warrington, C and Tisdall K (2022) Domestic abuse court experiences–perspectives of victims and witnesses: research findings Edinburgh: Justice and Analytical Services –

Independent Care Review (2021) The Promise. The Care Review [Available at: https://thepromise.scot/ resources/2020/the-promise.pdf]

Johansson, S., Stefensen, K., Bakketeig, E. & Kaldal, A. (2017) Implementing the Nordic Barnahus Model: Characteristics and Local Adaptions. In: *Callaborating against child abuse: Exploring the Nordic model.* Cham, Switzerland: Palgrave Macmillan. https://doi.org/10.1007/978-3-319-58388-4_1

Junge, K., Cullen, J., Lacopini, G., (2020) Using contribution analysis to evaluate large-scale, transformation change processes in *Evaluation.* Volume 26, Issue 2, Pages 227-245

Lavoie, J., Devaney, J., Mitchell, M., Bunting L., Miller, A. and Hill, L. (2022) Putting the Child at the Centre: Barnahus (Children's House)–a one-door approach to supporting children who have been sexually abused in Northern Ireland. University of Edinburgh for Northern Ireland Children and Young People's Commissioner.

Mitchell, M.(a), Warrington, C., Devaney, J., Lavoie J., Yates, P. (2023) North Strathclyde Bairns Hoose Evaluation: Phase One Report. Child Safety, Justice and Recovery Group, University of Edinburgh. Link can be found on the project website HERE

Mitchell, M (b)., Lundy, L., Hill L (2023) Children's Human Rights to 'Participation' and 'Protection': rethinking the relationship using Barnahus as a case example in Child Abuse

Review http://doi.org/10.1002/car.2820Pawson, R. (2014). Precursors: seven pillars of realist wisdom. In *The Science of Evaluation: A Realist Manifesto* (pp. 3-12). SAGE Publications Ltd, https://doi.org/10.4135/9781473913820

National Records of Scotland (2021) Mid-year population estimate 2021. Time series data. National Records of Scotland [Available at https://www.nrscotland.gov.uk/statistics-and-data/ statistics/statistics-by-theme/population/population-estimates/mid-year-population-estimates/population-estimates-time-series-data]

Pawson, R. and Tilley, N. (1997) Realistic Evaluation, London: Sage

Pawson (2014) The Science of Evaluation – A realist Manifesto, London Sage

Rogers, P., (2008) Using programme theory to evaluate complicated and complex aspects of interventions. *Evaluation* 14(1): 29–48.

Shaffer,C., Woolcott C, Ornstein A., (2023) Client characteristics and service use at the first hospital-based Canadian Child and Youth Advocacy Center: An analysis of case tracking data in Children and Youth Services Review vol 155 https://doi.org/10.1016/j.childyouth.2023.107244

Scottish Government: MySotGov website https://www.mygov.scot/young-witness-support accessed October 17 2024

Scottish Government 2012 Getting it right for every child Guidance published. (accessed October 2024) https://www.gov.scot/policies/girfec/#:~:text=Getting%20it%20right%20for%20every%20child%20(GIRFEC)%20is%20our%20commitment,young%20people%20and%20their%20families

Scottish Courts and Tribunal Service (2016) Evidence and Procedure Review. Edinburgh: SCTS [Available at Evidence and Procedure Review (scotcourts.gov.uk)]

Scottish Courts and Tribunal Service (2017) Evidence and Procedure Review– Child and Vulnerable Witnesses Project Pre-Recorded Further Evidence Workstream [Available at: evidence-and-procedure-prerecorded-evidence-report-28-09-17.pdf (scotcourts.gov.uk)]

Scottish Courts and Tribunal Service (2021) Improving the management of Sexual Offence Cases: Final Report from the Lord Justice Clerk's Review Group. Edinburgh: SCTS

Scottish Government (2018) Domestic Abuse (Scotland) Act (2018) Edinburgh: Scottish Government [Available at: https://www.legislation.gov.uk/asp/2018/5/contents/enacted]

Shaffer, Woolcott and Ornstein (2O23) Client characteristics and service use at the first hospital-based Canadian child and youth advocacy center: An analysis of case tracking data,

In Children and Youth Services Review, Volume 155, ISSN 0190-7409,

https://doi.org/10.1016/j.childyouth.2023.107244

Weston, L. et al. (2022) Interrogating intervention delivery and participants' emotional states to improve engagement and implementation: A realist informed multiple case study evaluation of Engager. *PloS one.*

CAPÍTULO IV. LA IMPLICACIÓN DE LA FISCALÍA DE TARRAGONA EN EL PROYECTO BARNAHUS. PROTOCOLO DE ACTUACIÓN EN CASOS DE DELITOS CONTRA LA LIBERTAD SEXUAL CON VÍCTIMAS MENORES DE EDAD

MARIA JOSÉ OSUNA CEREZO
Fiscal jefa de la Fiscalía provincial de Tarragona

1. Introducción

En el año 2016 se creó en Cataluña una Comisión Interdepartamental para impulsar la protección efectiva de la infancia y adolescencia víctimas de malos tratos. Entre los encargos que recibió esa comisión estuvo el de desarrollar el servicio de atención especializada a los niños, niñas y adolescentes víctimas de abusos sexuales, al que se refería el artículo 93 de la Ley 14/2010, del 27 de maig, *dels drets i les oportunitats en la infància i l'adolescència.*

En el año 2018 el Parlamento de Cataluña, en la resolución 220/XII del Parlament de Catalunya, *sobre protecció dels Infants,* instó al gobierno de la Generalidad de Cataluña a crear recursos de atención especializada en abusos sexuales a la infancia, tomando como referencia el modelo Barnahus. El mismo año se anunció la creación de una prueba piloto de una unidad integrada de atención a los menores y adolescentes víctimas de abusos sexuales en Tarragona, siguiendo el modelo Barnahus.

Este modelo, cuyo antecedente está en Estados Unidos donde se instauraron las Children's Advocacy Centers, fue implementado en 1998 por Bragi Gudbrandsson en Reikiavik (Islandia), y se ha ido extendiendo por toda Europa, ya que es excelente a la hora de atender a los niños y niñas víctimas de abusos sexuales desde una óptica interdisciplinaria e interdepartamental. Así, se implementó en Suecia (2006), Noruega (2007) Dinamarca (2007) Groenlandia (2011) Lituania (2015), Hungría 2016, entre otros países. En la actualidad se está extendiendo por otros países con el apoyo del Consejo de Europa y la Unión Europea.

La Fiscalía Provincial de Tarragona se implicó desde un primer momento en el apoyo al desarrollo del proyecto. El establecimiento del plan piloto en nuestra ciudad constituía una oportunidad de hacerlo, para mejorar la atención de las víctimas más vulnerables de los delitos contra la libertad sexual.

La implicación en el proyecto no era sino una consecuencia lógica de las obligaciones legalmente impuestas al Ministerio Fiscal, quien debe velar por los derechos de los ciudadanos (artículo 124 de la CE), debe velar por las víctimas (artículo 1.10 del Estatuto Orgánico del Ministerio Fiscal) y debe velar por la protección de las victimas menores (Circular de la Fiscalía General del Estado 3/2009, de 10 de noviembre, *sobre protección de los menores víctimas y testigos*).

Otras circunstancias me llevaron a involucrarme personalmente en el proyecto. En el año 2016, tuve la ocasión de asistir a un curso celebrado en Eslovenia que llevaba por título *"The Path to a Child"* dedicado a abordar el modo de proceder a la exploración de los y las menores víctimas de graves delitos, entre ellos los abusos sexuales, con el fin de obtener un testimonio claro, completo, veraz y libre sobre los hechos acontecidos. Acudieron expertos de diferentes países a dar sus respectivas conferencias en las que expusieron el modo en el que se llevaba a cabo este tipo de diligencia durante la investigación del delito en sus respectivos territorios. Me llamó poderosamente la atención el modelo de los países nórdicos y entonces ya pensé que podría ser un buen modelo para implementar en nuestro país.

En España, al menos en Cataluña, ya estaba prácticamente generalizado el sistema de exploración de los menores utilizando la cámara *Gessel*, al tiempo que se preconstituía la prueba. Se había avanzado mucho en este tema. El procedimiento seguido por los expertos de los Equipos Técnicos de Asesoramiento de los Tribunales a la hora de explorar a los menores, se ajustaba exactamente al mismo protocolo que nos fue facilitado (*The national Institute of Child Health and Human Development (NICHD) Protocol: Interview Guide*). No obstante, pensé que la idea de la casa dedicada especialmente a abordar la problemática de los abusos y maltrato a víctimas menores, desde todos los ángulos (exploración, tratamiento y seguimiento de las víctimas) era una excelente idea. Por ello, cuando tuve conocimiento de que se iba a implementar en Cataluña y que concretamente Tarragona había sido elegida para la prueba piloto, pensé que desde la Fiscalía tendríamos la oportunidad de ayudar a que un modelo, tan recomendable, funcionara. A las primeras reuniones de contacto entre los distintos departamentos, asistió la Fiscal Decana de la Fiscalía de Menores, y posteriormente yo misma que por entonces era la Teniente Fiscal.

Otro de los motivos de mi implicación en el proyecto fue la voluntad de evitar las frecuentes tramitaciones patológicas de los procedimientos seguidos por delitos contra la libertad sexual que, muy frecuentemente, llegaban a juicio trascurridos muchos años desde que los hechos habían tenido lugar, con el consiguiente perjuicio, no solo para los presuntos victimarios, sino fundamentalmente para las víctimas.

Estaba en nuestra voluntad como fiscales, el mejorar la eficacia de la investigación y la tramitación de los procedimientos, haciéndolos más ágiles, aprovechando la puesta en marcha del modelo Barnahus. El objetivo consistía en colocar al niño, niña o adolescente víctima del delito en nuestro centro de atención, teniendo en cuenta sus derechos fundamentales y por encima de todo, su derecho a la dignidad.

2. Derechos de los niños/niñas y adolescentes

Los niños/as y adolescentes tienen derecho a criarse en un entorno seguro, exento de violencia.

En la Observación General nº 13 del Comité de Derechos del Niño se afirma: "*La crianza del niño en un entorno respetuoso y propicio, exento de violencia, contribuye a la realización de su personalidad y fomenta el desarrollo de ciudadanos sociales y responsables que participan activamente en la comunidad local y en la sociedad en general. Las investigaciones muestran que los niños que no han sufrido violencia y crecen en forma saludable son menos propensos a actuar de manera violenta, tanto en su infancia como al llegar a la edad adulta. La prevención de la violencia en una generación reduce su probabilidad en la siguiente (..)*"[5]

Ley Orgánica 8/2021, de 4 de junio, *de protección integral a la infancia y la adolescencia frente a la violencia (en adelante LOPIVI) en* su Exposición de Motivos afirma:

"La lucha contra la violencia en la infancia es un imperativo de derechos humanos. Para promover los derechos de los niños, niñas y adolescentes consagrados en la Convención sobre los Derechos del Niño es esencial asegurar y promover el respeto de su dignidad humana e integridad física y psicológica, mediante la prevención de toda forma de violencia."

Esta ley tiene como objetivo la protección integral frente a la violencia. Tiene un enfoque claramente preventivo, está basada en el principio del buen trato al niño, niña o adolescente respecto del cual se refuerza el derecho a ser escuchado. No se puede proteger a las niñas y niños frente a la violencia sin

---

5 Observación General 13 CDNIÑO — Catálogo de Derechos Humanos (catalogoderechoshumanos.com)

escucharlos, por ello la ley introduce mejoras en nuestro ordenamiento, como:

- Permitir que un niño o niña pueda denunciar sin necesidad de estar acompañado por su tutor, lo cual es importante para aquellas situaciones en las que la violencia provenga de estos.
- Dar más valor a la opinión de los niños, de manera que, en caso de que la opinión del niño o la niña no coincida con la de sus tutores, se considera que existe un conflicto de intereses y, por tanto, puede ser necesario el nombramiento de un Defensor judicial que vele por sus intereses.
- Reforzar los mecanismos de denuncia en centros de protección.

Esta ley introdujo importantes modificaciones:

1. En las Oficinas de atención a la víctima–art.13.2[6]
2. En justicia gratuita–art.14.1[7]

---

6 Art.13.2 "Incoado un procedimiento penal como consecuencia de una situación de violencia sobre un niño, niña o adolescente, el Letrado de la Administración de Justicia derivará a la persona menor de edad víctima de violencia a la Oficina de Atención a la Víctima competente, cuando ello resulte necesario en atención a la gravedad del delito, la vulnerabilidad de la víctima o en aquellos casos en los que la víctima lo solicite, en cumplimiento de lo dispuesto en el artículo 10 de la Ley 4/2015, de 27 de abril".

7 Art.14.1 "Las personas menores de edad víctimas de violencia tienen derecho a la defensa y representación gratuitas por abogado y procurador de conformidad con lo dispuesto en la Ley 1/1996, de 10 de enero, de asistencia jurídica gratuita".

3. En especialización/ en abogados–art.14.2[8] y otros profesionales - disposición final 4ª [9]

4. En la creación de un registro central de información sobre la violencia contra la Infancia y adolescencia–Art.56.

5. En la forma de iniciar el proceso -art.13 -denuncia de la persona menor de edad.[10]

6. Creación de Juzgados especializados y exigencia de especialización en el Ministerio Fiscal y en los Equipos Técnicos que prestan asistencia a los Juzgados–Disposición final vigésima. [11]

---

8 Art.14.2 "Los Colegios de Abogados, cuando exijan para el ejercicio del turno de oficio cursos de especialización, asegurarán una formación específica en materia de los derechos de la infancia y la adolescencia, con especial atención a la Convención sobre los Derechos del Niño y sus observaciones generales, debiendo recibir, en todo caso, formación especializada en materia de violencia sobre la infancia y adolescencia".

9 Se modifica el artículo 307.2 de la Ley Orgánica del Poder Judicial para incluir en la fase teórica de formación multidisciplinar de los jueces "el estudio en profundidad de la legislación nacional e internacional sobre los derechos de la infancia y la adolescencia, con especial atención a la Convención sobre los Derechos del Niño y sus observaciones generales."

10 Art 13.1 " Los niños, niñas y adolescentes víctimas de violencia están legitimados para defender sus derechos e intereses en todos los procedimientos judiciales que traigan causa de una situación de violencia".

11 " En el plazo de un año a contar desde la entrada en vigor de esta ley, el Gobierno remitirá a las Cortes Generales los siguientes proyectos de ley:
a) Un proyecto de modificación de la Ley Orgánica 6/1985, de 1 de julio, del Poder Judicial, dirigido a establecer, a través de los cauces previstos en la citada norma, la especialización tanto de los órganos judiciales como de sus titulares, para la instrucción y enjuiciamiento de las causas penales por delitos cometidos contra personas menores de edad. Tal especialización se realizará en orden a los principios

7. En la prueba preconstituida y en las excepciones a la obligación de declarar -art 416 LECrim.

En la LOPIVI se habla de la creación de entornos seguros y de buen trato para la infancia y adolescencia y de facilitar una atención integral a las víctimas de violencia: medidas de protección, apoyo, acogida y recuperación.

Y en la Exposición de Motivos de la Ley 10/2022, de 6 de septiembre, *de protección integral de la libertad sexual* se prevé como garantía del derecho de los niños el ser atendido en un entorno amigable. "Respecto a las víctimas menores de edad, en este capítulo se establecen las bases para la implementación en España del modelo Children's House anglosajón o Barnahus escandinavo (Casa de Niños y Niñas), que desde hace una década se está extendiendo a otros países europeos". En su artículo 35.d) prevé: "Servicios de atención especializada a niñas

---

y medidas establecidos en la presente ley. Con este propósito se planteará la inclusión de Juzgados de Violencia contra la Infancia y la Adolescencia, así como la especialización de los Juzgados de lo Penal y las Audiencias Provinciales. También serán objeto de adaptación, en el mismo sentido, las pruebas selectivas que permitan acceder a la titularidad de los órganos especializados, sin perjuicio de lo dispuesto en el artículo 312.4 de la citada Ley Orgánica 6/1985, de 1 de julio. Del mismo modo, el mencionado proyecto de ley orgánica dispondrá las modificaciones necesarias para garantizar la especialización dentro del orden jurisdiccional civil en Infancia, Familia y Capacidad.
b) Un proyecto de ley de modificación de la Ley 50/1981, de 30 de diciembre, reguladora del Estatuto Orgánico del Ministerio Fiscal, a los efectos de establecer la especialización de fiscales en el ámbito de la violencia sobre la infancia y la adolescencia, conforme a su régimen estatutario.
2. Las administraciones competentes regularán en idéntico plazo la composición y funcionamiento de los equipos técnicos que presten asistencia especializada a los órganos judiciales especializados en infancia y adolescencia, y la forma de acceso a los mismos de acuerdo con los criterios de especialización y formación recogidos en esta ley."

y niños víctimas de violencias sexuales: servicios adaptados y adecuados a sus necesidades, que proveen asistencia psicológica, educativa y jurídica, y que se constituyen en el lugar de referencia para las víctimas, al que se desplaza el conjunto de profesionales intervinientes en los procesos asistenciales y judiciales". En definitiva, se prevé la implantación del modelo Barnahus.

3. El modelo Barnahus

Este modelo, promovido y apoyado por el Consejo de Europa, supone abordar los delitos contra la libertad sexual de los niños, niñas y adolescentes (en adelante NNA) desde una perspectiva de protección de su dignidad y de sus derechos como víctima a participar en el proceso con plenas garantías.

Funciona como una oficina adaptada a la infancia. Bajo un mismo techo, las fuerzas del orden, la justicia penal, los servicios de protección de menores y el personal médico y de salud mental cooperan y evalúan conjuntamente la situación de un NNA víctima de agresión sexual y deciden las medidas de seguimiento.

Se sujeta a unos estándares de calidad[12], que son los siguientes:

1. Poner el interés del NNA en el centro de la intervención: debe ser escuchado y tenido en cuenta en las decisiones que se adopten y a recibir información, evitando la victimización secundaria y los retrasos en el procedimiento.
2. Trabajar desde un marco regulador formal e interdepartamental. Los equipos de la Barnahus son multidisciplinares.

---

[12] The PROMISE Barnahus Quality Standards–Barnahus

3. Incluir a todos los NNA como posibles usuarios sin discriminación. Deben tener una especial consideración con los más vulnerables por razón de su edad, identidad de género, orientación sexual, procedencia o discapacidad
4. Proporcionar un entorno amigable para los NNA. Para ello los centros deben ser: accesibles tanto en transporte público como privado, adaptados a los NNA con necesidades especiales, ubicados en una zona residencial, deben disponer de una decoración adecuada, deben garantizar la privacidad del NNA, deben evitar el contacto entre víctima y agresor.
5. Gestión interdepartamental del caso. La gestión de los pasos a seguir ha de estar coordinada por los distintos profesionales.
6. Entrevista forense- Prueba preconstituida.
7. Exámen medico: se hace en la Barnahus salvo que precise tratamiento hospitalario. Lo realiza un experto en violencia sexual.
8. Servicios terapéuticos. Una unidad ofrece tratamientos de salud mental a todos los NNA que lo necesiten.
9. Formación continuada y desarrollo de competencias- Regularmente los profesionales de la Barnahus reciben formación.
10. Prevención, compartir información, sensibilizar y construir competencia externa.

Todas las Barnahus están integradas en 4 salas: siempre en un entorno multidisciplinar e interdepartamental: Sala 1- Investigación criminal, Sala 2 -Salud Física, Sala 3-Protección y Sala 4- Salud Mental. Supone un recurso de justicia amigable para la infancia.

4. Principales ventajas del modelo Barnahus

La principal ventaja de la Barnahus es la evitación de la retraumatización y la revictimización. La persona maltratada vuelve a experimentar el papel de víctima al tener que volver a vivir los momentos dolorosos y las emociones asociadas a su experiencia traumática inicial en diferentes ocasiones, siendo ello fomentado por las Instituciones o profesionales de los que la persona perjudicada espera ayuda, comprensión y apoyo.

El Tribunal Europeo de Derechos Humanos (TEDH) en una sentencia de 7 de febrero de 2023 –B.V. contra Rusia-[13] acogió la demanda deducida contra Rusia por vulnerar los derechos de una menor abusada sexualmente que fue sometida a una victimización secundaria durante los procesos contra sus agresores. La recurrente, a petición de su padre, fue enviada a un orfanato tras la muerte de su madre. Posteriormente, fue enviada a vivir con un tutor en su hogar. Durante este periodo fue abusada sexualmente por varios hombres, abusos que salieron a luz tras ser sometida a pericias psicológicas. A raíz de ello 4 hombres fueron procesados. En el marco de la investigación fue entrevistada más de 12 veces por distintos especialistas y en cada uno de los procesos penales incoados contra los sospechosos, debiendo relatar los abusos que sufrió una y otra vez. Incluso en una ocasión estuvo frente a frente con uno de sus agresores, por error. En otras ocasiones fue obligada a describir los hechos en presencia de ellos. A causa de esta revictimización su estado físico y psicológico decayó. Tres de los imputados fueron condenados.

A raíz del sufrimiento por el que tuvo que pasar durante los procesos penales, demandó al Estado ruso ante el Tribunal Europeo de Derechos Humanos. Alegó una vulneración de los

---

13 CASE OF B v. RUSSIA (Application no. 36328/20) **Link:** https://bit.ly/3Yhxn3l

artículos 3 y 13 del Convenio Europeo de Derechos Humanos que consagran la prohibición de tratos inhumanos y degradantes y el derecho a un recurso efectivo, respectivamente. Alegó que el Estado "(...) prestó poca atención a su particular vulnerabilidad como niña víctima de abuso sexual, lo que le causó un trauma y un sufrimiento adicionales excesivos".

Si bien Rusia dejó de ser parte del Convenio en 2022, la demanda seguía siendo procedente pues la causa fue incoada en 2020. El Tribunal declaró que se había producido una violación del artículo 3 de la Convención pues las autoridades habían mostrado un total desprecio por los sufrimientos de la demandante, quien se encontraba en una situación de aguda vulnerabilidad debido a su corta edad, trágica situación familiar experimentada en un orfanato y presunto abuso sexual por parte de varias personas. No protegió su integridad personal en el curso del proceso penal contra el presunto autor.[14]

Nuestra legislación trata de evitar la revictimización secundaria. Así: En la Exposición de Motivos de la LOPIVI se establecen los criterios de actuación policial en casos de violencia sobre la infancia y la adolescencia, la cual debe estar presidida por el respeto a los derechos de los niños, niñas y adolescentes y por la consideración de su interés superior. Sin perjuicio de los protocolos de actuación a que están sujetos los miembros de las Fuerzas y Cuerpos de Seguridad, la ley recoge una relación de criterios de actuación obligatorios, cuya principal

---

14 Dice así el Tribunal: "*The foregoing considerations are sufficient to enable the Court to conclude that the respondent State – the authorities of which displayed utter disregard for the sufferings of the applicant who was in the situation of acute vulnerability on account of her young age, tragic family situation, experienced placement in an orphanage and the alleged sexual abuse by several individuals – failed to protect her personal integrity in the course of the criminal proceedings against the alleged perpetrators of her sexual abuse, which led to her secondary victimisation. There has accordingly been a violation of Article 3 of the Convention.*"

finalidad es lograr el buen trato al niño, niña o adolescente, víctima de violencia y evitar la victimización secundaria.

Entre esos criterios de actuación obligatorios, es especialmente relevante la obligación de evitar, con carácter general, la toma de declaración a la persona menor de edad, salvo en aquellos supuestos que sea absolutamente necesaria. Ello es coherente con la reforma de la Ley de Enjuiciamiento Criminal, por la que se pauta como obligatoria la práctica de prueba preconstituida por el órgano instructor. El objetivo de esta ley es que la persona menor de edad realice una única narración de los hechos, ante el Juzgado de Instrucción, sin que sea necesario que lo haga ni con anterioridad ni con posterioridad a ese momento.

La revictimización debe evitarse también garantizando la agilidad en los procedimientos y la eficacia en la investigación. Son desgraciadamente muy numerosos los procedimientos de este tipo que llegan a juicio oral después de haber transcurrido muchos años desde que tuvieron lugar los hechos. El que hayan transcurrido seis o más años desde que se cometió presuntamente el delito, no solo vulnera el derecho del acusado a un proceso justo en su vertiente de obtener una respuesta en un tiempo razonable, sino que perjudica seriamente a la víctima, quien no puede iniciar eficazmente el proceso de restablecimiento de los daños psicológicos que le ha causado el delito hasta que el proceso penal en torno al mismo ha terminado. Será a partir de entonces cuando pueda iniciar verdaderamente su restablecimiento emocional. La pendencia del proceso puede perpetuar el estrés postraumático que padezca la víctima, interrumpir su mejoría o incluso provocar un empeoramiento.

El transcurso del tiempo también hace que la víctima o testigos puedan haber olvidado detalles de los hechos o haberlos integrado involuntariamente con otros recuerdos que los habrán modificado. Ello será utilizado en la vista del juicio oral para alegar contradicciones en su relato y cuestionar su credibilidad. En algunas ocasiones las contradicciones serán en relación a elementos fácticos que se consideren de carácter no esencial, pero en otras ocasiones no será así e influirán en el sentido del fallo. Es evidente el padecimiento de los testigos, muchos de ellos familiares de la víctima, cuando toman conciencia de que, debido al transcurso del tiempo, no son capaces de recordar los hechos con todos los detalles que les son preguntados y la posible trascendencia que esa falta de recuerdo puede tener en el sentido del fallo.

La puesta en marcha del modelo Barnahus ha supuesto una mejora de los protocolos de derivación de casos de delitos contra la libertad sexual con victimas menores de edad. Están aflorando muchos casos. De hecho, las estadísticas demostraron que la puesta en marcha de la Barnahus en Tarragona supuso un notable incremento en la revelación de nuevos casos.

También supuso una esperanza de una adecuada respuesta a los casos de víctimas menores de 5/6 años. La búsqueda de la verdad de lo acontecido constituye el objeto del proceso penal. En los procesos por delitos sexuales con victimas menores de edad el Juez contará en la práctica totalidad de los casos con el testimonio de la víctima (niño, niña o adolescente). Deberá el Juzgador valorar la credibilidad de su testimonio, al igual que lo hace en cualquier otro proceso con victimas mayores de edad.

Es obvio que a la hora de valorar la credibilidad de un testigo y el contenido de su declaración el Tribunal debe hacer una valoración objetivamente racional sin que la sentencia condenatoria pueda basarse en la mera creencia en la palabra del testigo, a modo de un acto de fe ciego (STS 217/18)[15] es

---

15 STS 217/18 de 5 de febrero (TOL6.609.925) "A través de un motivo como la presunción de inocencia podemos fiscalizar la racionalidad

necesario que el Tribunal motive en la sentencia el por qué ha llegado a la convicción de que el testigo es creíble.

Para valorar el testimonio de la víctima menor de 14 años o con alguna discapacidad puede ser de ayuda la pericial de los Equipos de Asesoramiento Técnico Penal.

Las pruebas periciales psicológicas de valoración del testimonio pueden resultar una ayuda al juez a la hora de valorar la declaración de la víctima en el proceso penal, pero no tienen un rango vinculante de prueba tasada en el sentido de que su contenido deba influir decisivamente en el proceso de valoración de la prueba del juez o tribunal, ya que estos pueden otorgar más valor a la propia declaración de la víctima que al informe de los peritos.[16]

Estas pruebas periciales, aun cuando podrían aplicarse a víctimas adultas, no suele hacerse dado que para el Tribunal no representa una dificultad valorar la credibilidad de un testigo-victima que tiene la suficiente madurez. Por ello muchos sostienen que esta pericial no debe acordarse cuando se trata de víctimas adolescentes, con suficiente madurez. Esta se presupone en adolescentes mayores de 14 años.

La prueba pericial psicológica tendrá un peso importante para valorar el daño sufrido por la víctima, pero no ya para

---

de ese pronunciamiento, la lógica del razonamiento seguido, constatar que la sentencia no descansa en un puro y apodíctico acto de fe en la declaración del testigo, sino que ésta ha sido examinada críticamente, con detalle y racionalidad, y ponderar si se justifica de forma razonable y no arbitraria u oracular la convicción proclamada".

16 STS 692/23 de 27 de septiembre (TOL9.723.344) "La prueba pericial sobre credibilidad del testimonio no puede ser tenido por documento en la medida que realiza unas aportaciones que pueden ser útiles en la valoración de la prueba pero que en ningún momento sustituye la función jurisdiccional del tribunal que debe valorar la actividad probatoria".

analizar el contenido de su declaración. La pericial psicológica también tiene importancia en los interrogatorios a personas con discapacidad intelectual: no solo para facilitar el interrogatorio o exploración, sino también para explicar las contradicciones que presentan sus declaraciones y que, sin embargo, no son indicios de una falta de credibilidad. También es esencial para explicar las reacciones que en muchas ocasiones presentan las victimas al ser agredidas sexualmente: concretamente cuando quedan paralizadas, sin poder reaccionar siquiera verbalmente a la acción violenta de la que son objeto. En muchas ocasiones esa falta de reacción ante la agresión es esgrimida como una muestra de consentimiento a la relación sexual, cuando en realidad responde a una reacción defensiva de nuestro propio cerebro.

Hay dos conclusiones básicas para tener en cuenta en este aspecto, a saber:

a) Que la pericial psicológica sobre la credibilidad del testimonio nunca puede sustituir a la valoración que corresponde al tribunal de instancia que directamente ha percibido la prueba.

b) Se trata de herramientas que pueden ser utilizadas por el tribunal para conformar una convicción y dotarla de racionalidad en la expresión de la convicción que como tribunal ha realizado, pero sin llegar a sustituirle en esa función.

En algunos supuestos estas pericias pueden llevar a resultados no deseados y a lo mejor no pretendidos, pero que pueden perjudicar la investigación de los hechos. Nos referimos a aquellos supuestos en los que los peritos consideran que, debido a la edad de la víctima, su testimonio no permite ser analizado con los parámetros anteriormente indicados.

En varios casos de investigación de delitos de agresión sexual a niños/as de corta edad nos encontramos con que el

Juzgado de Instrucción acordaba el sobreseimiento de las actuaciones porque el Equipo Técnico de Asesoramiento Penal de los Juzgados había afirmado que la edad cronológica del menor (6 años) limitaría su competencia para construir un testimonio válido, a efectos de una exploración judicial.

Ello nos lleva a plantearnos: ¿Es la edad un inconveniente para la aplicación de esas técnicas forenses de las que hemos estado hablando? Al parecer las dificulta. Pero ¿ello debe llevar a considerar a estas víctimas menores de 6 años como víctimas incapaces de dar un testimonio válido? En absoluto. En la exploración de la víctima de 4, 5 y 6 años se pueden obtener relatos de los hechos acordes a su edad. Y esas declaraciones pueden ser valoradas junto con el resto de las pruebas para conducir a una sentencia condenatoria. La costumbre de llevar a cabo la exploración con la ayuda de los técnicos y a continuación solicitar una pericial sobre el contenido de la declaración, no nos puede llevar a considerar que, como no es posible aplicar las técnicas de valoración del testimonio, este no merece ser obtenido. De hacerlo, estaríamos creando espacios muy graves de impunidad.

En estos casos se puede prescindir sin ningún problema de esa pericia, pues la misma, en esencia constituye una ayuda para el Tribunal, pero no constituye una prueba de valor tasado, ni siquiera es infalible en sus conclusiones cuando el relato reúne todos los elementos necesarios para poder ser valorado conforme a los criterios prestablecidos en el CBCA (análisis de contenido basado en criterios).

Es más fácil llevar a cabo la prueba preconstituida cuando se trata de niños/niñas que han superado los 7/8 años, pero ello no impide que puedan llevarse a cabo incluso con niños/niñas de 4 años. Deberá tenerse en cuenta la edad del niño/a para saber qué se puede esperar de la exploración. Save the Children sostiene, tras los estudios científicos llevados a cabo, que:

- Niño/a de 3 años y medio: podrán concretar 1- ¿Quién? 2- ¿Qué? y algunos niños/as de esta edad podrán concretar 3–¿Donde?
- Niño/a de 4 años: podrán concretar 1- ¿Quién? 2- ¿Qué? 3- ¿Dónde? y algunos niños/as de esta edad podrán concretar 4–¿Cómo?
- Niño/a de 5-6 años: podrán concretar 1- ¿Quién? 2- ¿Qué? 3- ¿Dónde? 4- ¿Cómo? y algunos niños/as de esta edad podrán concretar 5–¿Cuándo?
- Niño/a de 7-8 años: podrán concretar 1- ¿Quién? 2- ¿Qué? 3- ¿Dónde? 4- ¿Cómo? 5- ¿Cuándo? y algunos niños/as de esta edad podrán concretar 6–¿Con qué frecuencia?
- Niño/a de 9-10 años: podrán concretar 1- ¿Quién? 2- ¿Qué? 3- ¿Dónde? 4- ¿Cómo? 5- ¿Cuándo? 6–¿Con qué frecuencia? y algunos niños/as de esta edad podrán concretar escenarios completos.
- Niño/a de 11 o más años: podrán concretar 1- ¿Quién? 2- ¿Qué? 3- ¿Dónde? 4- ¿Cómo? 5- ¿Cuándo? 6–¿Con qué frecuencia? y 7- escenarios completos.

En definitiva, la prueba preconstituida puede practicarse, aunque se trate de una víctima de corta edad, si bien será preciso que los peritos hagan saber a las partes y al juez, qué concreción se puede esperar del testigo, teniendo en cuenta su edad y madurez.

El debate sobre este tema en las reuniones interdepartamentales, en cursos de especialización, entre ellos los organizados por la ONG Safe The Children con participación de expertos españoles y extranjeros han contribuido a esclarecer el modo de proceder en estos casos. Hoy con normalidad son abordadas las pruebas preconstituidas de niños y niñas de corta edad.

4. Actuación de la Fiscalía Provincial de Tarragona ante la puesta en marcha del modelo Barnahus

La puesta en marcha del modelo Barnahus llevó a la Fiscalía de Tarragona a promover la aprobación de una *Guía de Actuación* que garantizara una ágil y eficaz tramitación de las causas desde el inicio hasta, en su caso, la ejecución de la sentencia.

En el seno de la Fiscalía Provincial y como pasos previos a la aprobación de la Guía de actuación se adoptaron las siguientes medidas:

- Creación de un grupo de fiscales especialistas en víctimas.
- La aprobación de la Nota de servicio de la Fiscalía Provincial de Tarragona nº 3/2022.
- Organización de grupos de estudio de la Guía de Actuación del Fiscal en las distintas fases del proceso.

En la Nota de Servicio Nº 3/22 se afirma[17]:

"Establece el artículo 1, apartado 10, del Estatuto Orgánico del Ministerio Fiscal que corresponderá al Fiscal:" Velar por la protección procesal de las víctimas y por la protección de testigos y peritos, promoviendo los mecanismos previstos para que reciban la ayuda y asistencia efectivas".

Por su parte la Circular 3/2009, de 10 de noviembre, *sobre protección de los menores víctimas y testigos* afirma: "Las Sras./Sres. Fiscales en cumplimiento de la función de velar por la protección procesal de las víctimas, habrán de promover los mecanismos previstos para que reciban la ayuda y asistencia efectivas.

---

[17] "Guía de actuación del Ministerio Fiscal en Casos de Delitos contra la Libertad Sexual con Víctimas Menores tras la Implementación del Modelo Barnahus". Memoria 2024 (ejercicio 2023) de la Fiscalia Provincial de Tarragona pp.27 y ss.

A tales efectos promoverán la total indemnización de los daños irrogados al menor, incluidos los psicológicos. Si al formular el escrito de calificación el menor continúa recibiendo tratamiento médico o psicológico, el Fiscal fijará las bases para su inclusión en la sentencia y promoverá durante la ejecución de la misma su precisa determinación".

Si la actuación del Ministerio Fiscal es importante en el campo de protección de las víctimas, cuando de víctimas menores de edad o especialmente vulnerables por razón de la edad, enfermedad o discapacidad se trata, su actuación, en defensa de su derecho fundamental a la participación en el proceso, es crucial. La víctima menor de edad y la especialmente vulnerable precisará de una atención y asistencia especializada para que la edad o la discapacidad no se convierta en un obstáculo para el pleno ejercicio de sus derechos fundamentales.

La Constitución Española establece en su artículo 39.4 que *"Los niños gozarán de la protección prevista en los acuerdos internacionales que velan por sus derechos"*.

El Estado español ratificó la Convención sobre los derechos del niño de Naciones Unidas el 30 de noviembre de 1990 y entró en vigor tras su publicación en el BOE en enero de 1991. Esto implicaba que el Estado debía adecuar su normativa a los principios y postulados de la Convención, para lo cual se promulgó en 1996 la Ley Orgánica de protección jurídica del menor (Ley 1/1996).

Posteriormente la importante Directiva 2012/29/UE fue traspuesta en España por la Ley 4/2015, de 27 de abril del Estatuto Jurídico de la Víctima. Ello supuso junto con la ley orgánica 8/2015, de 22 de julio y la Ley 26/2015, de 28 de julio, ambas de modificación del sistema de protección a la infancia y a la adolescencia, que introdujeron modificaciones en la Ley de Enjuiciamiento Criminal, así como en la Ley Orgánica 1/1996 de protección jurídica del menor y la Ley 1/2004, de 28 de diciembre, de medidas de Protección Integral contra la Violencia de Género, la creación de un Estatuto jurídico del menor.

No obstante, no será hasta la Ley Orgánica 8/2021, de 4 de junio, *de protección integral a la Infancia y la adolescencia frente a la violencia,* cuando se dé una verdadera respuesta a la necesidad de abordar de manera integral la violencia sobre la infancia y la adolescencia. La norma responde a la "necesidad de establecer medidas de protección, detección precoz, asistencia, reintegración de derechos vulnerados y recuperación de la víctima, que encuentran su inspiración en los modelos integrales de atención identificados como buenas prácticas a la hora de evitar la victimización secundaria".

Con el fin de garantizar una ágil instrucción y un enjuiciamiento en un plazo razonable de este tipo de procedimientos, se acordó en la Junta de Fiscales de Tarragona, celebrada en fecha 21 de junio del presente, la constitución de un grupo de fiscales de víctimas. Con la constitución de dicho equipo se pretende ejercer el control de una correcta y ágil tramitación de los procedimientos seguidos por delitos contra la libertad sexual a menores y víctimas especialmente vulnerables. Partiendo de la obligación de todos los fiscales de tener un control sobre la adecuada tramitación de los procedimientos en los que las víctimas sean menores, priorizando la misma, de conformidad a lo establecido en las disposiciones legales, los fiscales del grupo de víctimas se encargarán de realizar un control de las causas sobre la base de los informes emitidos por los fiscales de cada juzgado.

El objetivo es evitar que se eternice la instrucción haciéndola más ágil y eficaz evitando el excesivo paso del tiempo entre los hechos y su enjuiciamiento.

Con el fin de garantizar una eficaz y ágil instrucción de este tipo de causas se acuerda adoptar las siguientes medidas:

1. Todos los fiscales deberán hacer una lista de los procedimientos seguidos en su Juzgado por delitos contra la libertad sexual cuya víctima sea menor de edad o persona especialmente vulnerable.

2. Por cada uno de estos procedimientos los fiscales abrirán una carpetilla en la que aparecerá una pegatina con la expresión VV (víctima vulnerable) en cuyo interior recogerá la copia de las principales diligencias (las mismas que se dejan para preparar adecuadamente el juicio oral).

3. En el exterior de dicha carpetilla no aparecerá dato alguno ni de la víctima ni de la persona presunta responsable.

4. En el interior de la carpetilla se introducirá una ficha que recoge un resumen de los principales datos (Ver anexo I) Esta ficha, de tratarse de nuevos procedimientos, se rellenará en el servicio de guardia. Cuando se trate de casos que se estén tramitando ya en el Juzgado, se rellenará la ficha con motivo del primer control trimestral de causas.

5. Esta misma ficha se rellenará, de conformidad a las indicaciones de la Fiscal coordinadora de víctimas en estos casos: por razón de la persona, cuando se trate de menores y discapacitados. Y, por razón del tipo delictivo, en los términos previstos en el artículo 23 del Estatuto de la Víctima, es decir: delitos de terrorismo, delitos cometidos por una organización criminal, delitos cometidos sobre el cónyuge o sobre persona que esté o haya estado ligada al autor por una análoga relación de afectividad, aun sin convivencia, o sobre los descendientes, ascendientes o hermanos por naturaleza, adopción o afinidad, propios o del cónyuge o conviviente, delitos contra la libertad o indemnidad sexual, delitos de trata de seres humanos, delitos de desaparición forzada, delitos cometidos por motivos racistas, antisemitas u otros referentes a la ideología, religión o creencias, situación familiar, la pertenencia de sus miembros a una etnia, raza o nación, su origen nacional, su sexo, orientación o identidad sexual, enfermedad o discapacidad.

6. En el momento de la incoación de una causa por delito contra la libertad sexual cuya víctima sea menor de edad o víctima especialmente vulnerable, el Fiscal se personará en las actuaciones y solicitará la práctica de las diligencias que se estimen necesarias para una adecuada investigación de los hechos.

Si fuere factible, procurará que la prueba preconstituida se practique en el plazo más breve posible y, de serlo, durante el servicio de guardia.

7. Al solicitar la práctica de diligencias recordará que este tipo de causas son de tramitación preferente, por afectar a víctimas especialmente vulnerables.

8. Cada tres meses cada fiscal controlará de nuevo estas causas y solicitará la práctica de nuevas diligencias si fuere necesario o bien la agilización en la realización de las ya acordadas, pero no practicadas, todo ello de cara a conseguir que la instrucción finalice en un periodo breve de tiempo.

9. De dicho control dará cuenta al Fiscal del grupo de víctimas que le haya sido asignado. Dicha asignación la hará la Fiscal Coordinadora de víctimas teniendo en cuenta que los Fiscales de Tarragona darán cuenta a los fiscales de víctimas de Tarragona; los fiscales de Reus, a los fiscales de víctimas de Reus; los de Valls, al fiscal de víctimas de Valls; los de Tortosa, a la fiscal de víctimas de Tortosa; los de Amposta, a la fiscal de víctimas de Amposta; los fiscales del Vendrell, a las fiscales de víctimas del Vendrell y los fiscales de menores, a las fiscales de víctimas de menores.

De los listados de causas, tras su control por la Fiscal coordinadora, se dará copia a la Fiscal Jefe para hacer un seguimiento del cumplimiento de la presente Nota de Servicio y para poder analizar las problemáticas planteadas, así como posibles propuestas de mejora.

10. En el caso de que durante la instrucción se hubieren tomado muestras biológicas o se hubieren ocupado prendas con

restos biológicos que se hubieren enviado a analizar, el Fiscal se asegurará de que las muestras se confronten con las de la persona investigada. En el caso de que la persona investigada no hubiere dado su consentimiento para que le tomaran las muestras, el Fiscal solicitará del Juez que dicte auto motivado acordando la toma de muestras para su confrontación.

11. En el caso de que se hubieren tomado muestras biológicas o se hubieren ocupado prendas con restos biológicos que se hubieren enviado a analizar, y no hubiere persona investigada en el procedimiento, el Fiscal interesará que el Juez ordene al Instituto Nacional de Toxicología el análisis de ADN y que se confronte el perfil de ADN obtenido con la base de datos policial de ADN con el fin de conseguir la identificación del/la presunto/a responsable.

12. En el caso de que durante la instrucción se hubieren tomado muestras biológicas o se hubieren ocupado prendas con restos biológicos que se hubieren enviado a analizar, los fiscales cuidarán de que el resultado obre en la causa antes de solicitar el pase de la causa a la fase intermedia. En casos excepcionales, de existir pruebas contundentes sobre la participación de la persona investigada, si se tratare de causa con preso, el Fiscal podrá presentar escrito de conclusiones aun sin tener resultado de dicha pericial, pero, en todo caso, solicitará que se practique la pericial y se cite a sus autores al juicio oral.

13. El establecimiento de las bases de la responsabilidad civil en los delitos contra la libertad sexual tras la ley de 2022.

El artículo 53 de la Ley Orgánica 10/2022, de 6 de septiembre, de garantía integral de la libertad sexual establece: La indemnización por daños y perjuicios materiales y morales que corresponda a las víctimas de violencias sexuales de acuerdo con las leyes penales sobre la responsabilidad civil derivada del delito, deberá garantizar la satisfacción económicamente evaluable de, al menos, los siguientes conceptos:

a) El daño físico y psicológico, incluido el daño moral y el daño a la dignidad.

b) La pérdida de oportunidades, incluidas las oportunidades de educación, empleo y prestaciones sociales.

c) Los daños materiales y la pérdida de ingresos, incluido el lucro cesante.

d) El daño social, entendido como el daño al proyecto de vida.

e) El tratamiento terapéutico, social y de salud sexual y reproductiva.

La indemnización será satisfecha por la o las personas civil o penalmente responsables, de acuerdo con la normativa vigente.

Resulta fundamental averiguar durante la instrucción las consecuencias que los presuntos hechos han tenido para las víctimas de los delitos contra la libertad sexual. Dichas consecuencias deberán ser relatadas en la conclusión primera del escrito de conclusiones provisionales. Para ello, durante la instrucción se solicitará la práctica de las diligencias que se estimen necesarias para averiguar estos extremos. La declaración como testigo de la víctima, de sus progenitores o profesores etc. se aprovechará para indagar acerca de estos extremos, sin perjuicio de solicitar informes periciales con el mismo objeto.

De no haberse practicado diligencias con este objeto durante la instrucción, puede incluirse explícitamente en el escrito de conclusiones la solicitud de práctica de una pericial anticipada sobre esta cuestión, interesando que el informe sea facilitado a todas las partes en el proceso antes de la celebración del juicio para evitar la posible indefensión. Se interesará asimismo que los autores del informe sean citados a juicio oral como peritos.

14. Se procederá a interesar en el escrito de conclusiones provisionales que se elabore informe pericial sobre la evolución de la situación física y psíquica de las víctimas menores tras los hechos, solicitándose como prueba anticipada de cara al juicio oral e instando la citación de sus autores a juicio en calidad de peritos.

Este informe puede llevarlo a cabo el equipo técnico de la unidad interdepartamental Barnahus (si las víctimas fuesen menores y dicho equipo hubiera hecho el seguimiento). Siempre se tratará de conocer la evolución de la víctima durante el proceso para lo que se interesará un nuevo informe pericial sobre dicho extremo. Si la víctima hubiera seguido tratamiento privado se interesará un informe a su facultativo y se citará a este a juicio oral o se hará llegar su informe al equipo técnico o al médico forense para que realice una valoración de la situación de la víctima en el momento de la celebración del juicio oral.

15.También se procurará dicho informe pericial con el mismo objeto en los casos en los que las víctimas de delitos contra la libertad sexual sean mayores de edad pues es esencial para determinar la responsabilidad civil y para saber qué tipo de medidas se deben solicitar durante la celebración de la vista.

16. La responsabilidad civil debe determinarse en el trámite de conclusiones provisionales, sin perjuicio de modificar las cantidades como consecuencia de la práctica de la prueba del acto del juicio oral.

17. En el momento de formular escrito de conclusiones se hará constar en uno de los otrosíes que se solicita el preferente señalamiento de la causa, a salvo de la preferencia de las causas con preso, al afectar a víctima especialmente vulnerable. (La redacción de este otrosí se facilitará por el Fiscal que está llevando a cabo el estudio de la plantilla de otrosíes de los escritos de conclusiones).

18. En el acto del juicio oral, fuera de los casos de reproducción de la prueba preconstituida, se debe hacer hincapié en la necesidad de evitar la confrontación entre las víctimas y los presuntos agresores, haciéndose uso de medios telemáticos.

19. En caso de que exista una propuesta de conformidad, el Fiscal debe asegurarse de que la víctima conoce el contenido y el significado de la conformidad a la que se pretende llegar. En todo caso, y sobre todo en los casos en los que no se halle constituida como acusación particular, el Fiscal se asegurará de este extremo. En el caso de que se trate de una víctima menor de edad, se mantendrá una reunión con sus representantes legales con el fin de conocer su parecer sobre esa conformidad. Se procurará hacer esta reunión en presencia de un miembro del equipo de atención a la víctima.

En caso de que la víctima sea mayor de edad, la reunión se hará con aquella en presencia de un miembro del equipo de atención a la víctima y de la persona que hubiere designado la víctima para su acompañamiento durante el juicio o de su facilitador en caso de que, por padecer algún tipo de discapacidad, lo hubiere.

20. Las propuestas de conformidad en este tipo de delitos deberá contar con el visto bueno de la Fiscal Jefe, el Teniente Fiscal, el Fiscal designado para el control de conformidades o el Fiscal que les sustituya en caso de ausencia. El visto bueno se hará constar en la carpetilla (en la parte interna de la misma).

21. El grupo de fiscales de víctimas realizará el análisis del seguimiento de la presente nota de servicio con ocasión de los controles trimestrales, y podrá proponer nuevas medidas que mejoren su funcionamiento. Para ello cada seis meses se celebrará una reunión de sus miembros de la que se extenderá un acta con el análisis efectuado y las propuestas que se recojan.

22. Esta nota de servicio será objeto de futuras adaptaciones teniendo en cuenta los avances en la elaboración de una guía

de actuación en los casos de delitos contra la libertad sexual con víctimas menores.

La finalidad de esta nota de servicio es ir preparando el terreno para elaborar una guía de actuación en esta clase de procedimientos que tenga en cuenta la existencia de la Barnahus (o casa de los niños) como centro de referencia para la acogida de las víctimas menores de este tipo de delitos y sus familias.

La idea es que, en el futuro (cuando el Equipo Técnico cuente con el personal necesario y cubra el servicio de guardia), pueda instarse la aplicación de esa guía de actuación y promover la práctica de la prueba preconstituida durante el servicio de guardia, si el estado emocional del menor lo permite, para lo cual se solicitará un informe previo sobre este extremo a los psicólogos del centro.

En un futuro próximo se contará con una base de datos sobre este tipo de procedimientos incoados por delitos contra la libertad sexual de los menores, de modo similar a la base de datos conocida por SINIA que se utiliza en la Fiscalía de protección de menores. En dicha base de datos se podrá obtener cuanta información hayan proporcionado los diferentes servicios que intervienen en las reuniones interdepartamentales en las que se tratan los nuevos casos detectados. Esta nueva base de datos donde se van a recoger los casos de menores víctimas de delitos contra la libertad sexual podría entrar en funcionamiento en los primeros meses del año 2023.

Para el estudio de esa guía de actuación se seleccionará un grupo más pequeño de fiscales formado por la Fiscal Jefe y algunos de los miembros del equipo de víctimas."

Guía Barnahus de coordinación de los diferentes operadores para los casos de agresiones sexuales a menores en Tarragona

Esta guía de actuación fue elaborada conjuntamente por todos los operadores que intervienen en este tipo de procedimientos. Lo que se pretende con dicha Guía de Actuación es garantizar que, tras la intervención del equipo psicosocial Barnahus que realiza el acogimiento de la víctima y su familia en un entorno amigable, estos procedimientos tengan una ágil tramitación y se practiquen todas las diligencias de investigación en un tiempo razonable, con todas las garantías, de modo que el esfuerzo que supone la puesta en marcha de este nuevo modelo sea acompañado de un adecuado seguimiento a lo largo de todo el proceso penal hasta su finalización.

Dicha Guía de actuación, que obviamente no es vinculante, fue aprobada por la Sala de Gobierno del Tribunal Superior de Justicia de Cataluña con la pretensión de que pudiera servir como modelo en otros territorios de la Comunidad Autónoma.

La misma cuenta con los Protocolos de la Fiscalía, de los Juzgados de Instrucción, de los Letrados de la Administración de Justicia, de la Abogacía, de los Mossos d'Esquadra, de la Clínica médico forense, del Equip d'Assessorament Tècnic Penal, de la Oficina de Atención a la Víctima y de la Dirección General de Atención a la Infancia y Adolescencia.

Guía de actuación del Ministerio Fiscal

En la "*Guía de Actuación del Ministerio Fiscal en los casos de delitos contra la libertad sexual con víctimas menores tras la implementación del modelo Barnahus*"[18] se recogen las instrucciones que deben seguir los fiscales de la Fiscalía Provincial de Tarragona en la investigación preprocesal de los casos, en la investigación ante el Juzgado de Instrucción, en la fase intermedia, en el juicio y en la fase de ejecución.

En la nota de servicio nº3/2022 de la Fiscalía Provincial de Tarragona ya se dejaba constancia de que la finalidad de dicha nota de servicio era ir preparando el terreno para elaborar una

---

18 Nota de servicio nº 15/23 de la Fiscalía Provincial de Tarragona

guía de actuación en esta clase de procedimientos que tuviera en cuenta la existencia de la Barnahus (o casa de los niños) como centro de referencia para la acogida de las víctimas de delitos contra la libertad e indemnidad sexual menores de edad y sus familias.

La idea en aquel momento era que, en el futuro (cuando el Equip d'Assessorament Tècnic Penal contara con el personal necesario), pudiera instarse la aplicación de esa guía de actuación y promover la práctica de la prueba preconstituida durante el servicio de guardia, si el estado emocional del niño, niña o adolescente lo permitía, para lo cual se solicitaría un informe previo sobre este extremo a los psicólogos del centro.

Hoy ya contamos con la "Guía de actuación del Ministerio Fiscal en casos de delitos contra la libertad sexual con victimas menores de edad tras la implementación del modelo Barnahus" que forma parte, como uno de los anexos, de la guía elaborada por todos los servicios y operadores jurídicos que intervienen en este tipo de procedimientos. Dicha Guía fue elaborada con la colaboración de todos los fiscales miembros del Equipo de Protección de las Victimas de la Fiscalía Provincial de Tarragona creado en el año 2022. Tras la aprobación de dichas Guías, el modelo Barnahus se ha extendido por todo el territorio de la Comunidad Autónoma, donde se han puesto en marcha 13 Barnahus más.

En la Barnahus de Tarragona y en la de las *Terres de l'Ebre* ya se llevan a cabo con normalidad las pruebas preconstituidas. En la actualidad existe el proyecto de un documento marco para las Unidades Integradas de Atención a los niños, niñas y adolescentes víctimas de abusos sexuales denominado "*Document Marc de les Unitats Integrades d'Atenció a infants i adolescents victimes d'abusos sexuals (Barnahus)*" que constituye un protocolo de actuación para los servicios integrados en las Barnahus. Este protocolo, cuando se publique, vendrá a sustituir los protocolos singulares de la DGAIA, Mossos D'Esquadra, Equipos de Asesoramiento Técnico Penal, oficinas de atención a la víctima y demás departamentos de la Generalitat integrados en la Unidad Interdepartamental que aparecían como anexos en la Guía aprobada por la Sala de Gobierno del Tribunal Superior de Justicia de Cataluña, permaneciendo inalterados los demás que se adjuntaron como anexos (la Guía de la Fiscalía, la de los letrados de la Administración de Justicia, de la Abogacía etc.).

El avance en la protección de los niños, niñas y adolescentes de delitos contra la libertad sexual en el territorio de la provincia de Tarragona ha sido muy importante, aunque todavía queda mucho por hacer.

CAPÍTULO V. LA INTERACCIÓN ENTRE EL MODELO BARNAHUS Y EL FUNCIONAMIENTO DEL SISTEMA DE JUSTICIA PENAL

NÚRIA TORRES ROSELL
Profesora agregada de Derecho penal. Universitat Rovira i Virgili[19]

1. Victimización infantil y necesidad de un nuevo modelo de atención a las víctimas

Tras más de treinta desde la aprobación de la Convención sobre los Derechos del Niño[20], las tasas de victimización infantil continúan alcanzando niveles más elevados de lo soportable[21]. Aun así, los estudios sugieren que las cifras existentes son solamente una pequeña muestra de una realidad todavía insuficientemente conocida, en especial, cuando se refiere a determinadas formas de victimización, como la victimización

---

19 El Trabajo se ha realizado en el marco del proyecto I-Barnahus "Impact of the Barnahus model on protecting the rights of children victims of sexual abuse in the criminal justice System". La investigadora es miembro del Grupo de investigación Territori, Ciutadania i Sostenibilitat (2021 SGR 00162)

20 En 1989 se aprobó el texto de la Convención sobre los Derechos del niño, que entró en vigor en 1990, después de ser firmada y ratificada por los primeros 20 países, entre los cuales también España. https://www.ohchr.org/es/instruments-mechanisms/instruments/convention-rights-child

21 Los datos de victimización infantil que proporciona UNICEF muestran la gravedad de la violencia en la vida de muchos niños y niñas, en todas las etapas de su infancia y en todos los entornos. Véase en este sentido el documento UNICEF, Una situación habitual. Violencias en las vides de los niños y los adolescentes. Datos fundamentales, 2017, que se encuentra disponible en https://www.unicef.es/publicacion/violencia-en-las-vidas-de-los-ninos-y-los-adolescentes

sexual infantil[22]. El silencio y la impunidad han condicionado tradicionalmente las experiencias de victimización de niñas, niños y adolescentes (en adelante, NNA)[23], de forma todavía más severa en el caso de la violencia y el abuso sexual, en que la revelación de las experiencias por parte de las víctimas se ve limitada por el temor a las consecuencias negativas derivadas de aquella, así como por la vergüenza y el temor a no ser creídas. Actualmente sabemos que la victimización, sea o no de naturaleza sexual, no finaliza con la perpetración de los actos abusivos o violentos, sino que los efectos de esta violencia pueden ser enormes a corto y largo plazo para estas NNA, sus familias y el entorno.

Además, cuando las NNA entran en contacto con el sistema penal surgen nuevas formas de victimización vinculadas a

---

22 Al respecto, Echeburúa E., Guerricaecheverría, C. (2021) *Abuso sexual en la infancia. Nuevas perspectives clínicas y forenses*, Ariel, p. 34 siguiendo el Trabajo de López, 1997, señalan que solamente el 2% de los casos de abuso sexual familiar se conocen al tiempo que ocurren. También Arruti Benito, S., "Medidas para eludir la victimización secundaria en la declaración de las niñas, niños y adolescentes víctima de violencia sexual. Especial referencia la modelo Barnahus, *Justicia*, 2, 2023, 281-364, sobre las dificultades para acceder a las cifras reales de victimización así como sobre las previsiones de la LOPIVI para hacer frente a esta deficiencia. Véase también el Informe de Save the Children (2017). *Ojos que no quieren ver. Los abusos sexuales a niños y niñas en España y los fallos del sistema.* ojos que no quieren ver 27092017.pdf

23 Véase el informe de Unicef (2017) cit. que pone especialmente el foco en los casos de disciplina violenta, abuso sexual y homicidios que afectan a niños y niñas. Véase también la información que proporciona el Observatorio de la Infancia dependiente del Ministerio de Derechos Sociales y Agenda 2030 en su Boletín de datos estadísticos de medidas de protección a la infancia y la adolescencia, siendo la última publicación disponible la del *Boletín número 25* con datos del años 2022 y que está disponible en (último acceso 10/10/2024) *https://observatoriodelainfancia.mdsocialesa2030.gob.es/estadisticas/estadisticas/home.htm*.

las múltiples exploraciones a las que se les somete en procedimientos judiciales que resultan, por lo general, demasiado largos y difícilmente comprensibles para las víctimas y sus familias, generadores de nuevas tensiones y ansiedades que obligan a rememorar vivencias traumáticas y que pueden incidir negativamente en su capacidad para aportar un testimonio adecuado en el marco de la investigación judicial. Esta victimización, denominada como secundaria, agrava las secuelas del abuso y puede llegar a tener un impacto más negativo para las víctimas y sus familias que la victimización que motivó la activación del proceso penal[24].

En su informe de 25 de julio de 2024 la Representante Especial del Secretario General de Naciones Unidas sobre la Violencia contra los Niños puso de manifiesto la mayor vulnerabilidad y exposición de los niños y niñas a la violencia a escala mundial, pero también la necesidad de acabar con esta violencia, de invertir en prevención, en protección y bienestar por la vía, entre otras, de reforzar la capacidad de las instituciones y los profesionales que trabajan con los niños, proporcionando formación pertinente a los profesionales y potenciando lo enfoques integrados de "ventanilla única" que reúnen a los profesionales de los sectores clave bajo un mismo techo[25].

Precisamente en la línea de este enfoque de ventanilla única que la Representante recogía en su informe de 2024, la legislación española ha venido incorporando esta perspectiva, tanto a nivel normativo como en diversos proyectos para la im-

---

24 Echeburúa E., Guerricaecheverría, cit. p.77; Arruti Benito, S., cit., p. 306

25 Véase el Informe anual de la Representante Especial del Secretario General sobre Violencia contra los Niños, Naciones Unidas, Asamblea General, Septuagésimo noveno período de sesiones, A/79/242 accesible en https://documents.un.org/doc/undoc/gen/n24/221/83/pdf/n2422183.pdf

plementación de un modelo de justicia adaptada a la infancia. Con el objetivo de dar cumplimiento a los compromisos internacionales adquiridos en el ámbito de la protección a la infancia y la adolescencia, la Ley Orgánica 8/2021, de 4 de junio, de protección integral a la infancia y la adolescencia frente a la violencia (en adelante, LOPIVI), incorporó en su preámbulo la referencia a los "modelos integrales de atención identificados como buenas prácticas a la hora de evitar la victimización secundaria", instando a fomentar una intervención coordinada y colaborativa entre los profesionales de distintos ámbitos de actuación Asimismo, la LOPIVI vino a reconocer el derecho de los NNA a la atención integral en supuestos de violencia, que debería prestarse en espacios amigables y adaptados a sus necesidades (art. 12). Esta previsión se acompañó del mandato, en el ámbito judicial, de adopción de medidas destinadas a evitar la victimización secundaria mediante la obligatoriedad de la práctica de la prueba preconstituida en el caso de menores de catorce años o en el de personas con discapacidad necesitadas de especial protección, víctimas o testigos de violencia sexual (Disposición Final Primera)[26]. Además de la LOPIVI, también la Ley Orgánica 10/2022, de 6 de setiembre, de garantía integral de la libertad sexual (LOGILS), vino a materializar el reconocimiento de los modelos de intervención integral y coordinada con la mención expresa en el preámbulo de la ley del modelo "Children's House" anglosajón o "Barnahus" escandinavo. En España, el modelo recibió un importante impul-

---

26 Al respecto, Casanova Martí, R. (2022) "La prueba preconstituida como mecanismo de protección de las personas menores víctimas de violencia sexual en el proceso penal a la luz del nuevo artículo 449ter de la Ley de Enjuiciamiento criminal ", *Revista Vasca de Derecho procesal y arbitraje*, 34, 2, p. 82 y ss; Arruti Benito, S., cit. p.316 y ss

so del proyecto conjunto de la Unión Europea y el Consejo de Europa desde julio de 2022 a julio de 2024[27].

Es importante destacar que, si bien estas modificaciones legales en España son relativamente recientes, en el ámbito territorial de Catalunya se contaba con una previsión de esta naturaleza desde 2010, cuanto la Ley 14/2010, de 27 de mayo, de los derechos y las oportunidades en la infancia y adolescencia[28] introdujo en su art. 93 la obligación para la Administración de la Generalitat de crear un servicio de atención especializada para los niños y niñas víctimas de violencia sexual. Sobre esta base jurídica, el Departamento de Derecho Sociales de la Generalitat de Catalunya impulsó en el año 2020 un proyecto piloto para la creación de una unidad de atención integral a la infancia y la adolescencia que se estableció en la ciudad de Tarragona, destinada a ofrecer servicio a la población del territorio del Camp de Tarragona. Desde el primer momento, el piloto de Barnahus se propuso atender a los NNA que han sufrido abusos sexuales y a sus familias, para promover su tratamiento y recuperación, pero también contribuir a garantizar la validez probatoria de la declaración de la NNA mediante realización de la prueba preconstituida.

La decisión de extender el piloto a más territorios no se hizo esperar y para ello la Generalitat dictó diversos Acuerdos de Gobierno con el fin de proceder a la efectiva implementación de unidades de atención integral a la infancia víctima de violencia según el modelo Barnahus en todo el territorio

---

27 Se trata del Proyecto común “Barnahus en España–Fortalecimiento de la justicia adaptada a la infancia a través de la cooperación y coordinación efectiva entre diferentes servicios Barnahus en las regiones de España”. Para más información véase https://www.coe.int/es/web/children/barnahus-spain

28 https://portaljuridic.gencat.cat/ca/document-del-pjur/?documentId=553898

catalán[29]. El proyecto ha supuesto la creación de diversas unidades Barnahus en Catalunya, ubicadas seis de ellas en el área de Barcelona (Terrassa, Granollers, Mataró, Badalona, El Prat de Llobregat y Barcelona) y las otras en el resto del territorio catalán (Lleida, Tortosa, Seu d'Urgell, Girona, Manresa y Vilanova i la Geltrú).

En los siguientes epígrafes se analizan las particularidades del modelo Barnahus y los motivos por los que, de forma relativamente rápida, se ha extendido a lo largo del territorio europeo. Uno de estos motivos es que se presenta como un modelo basado en la evidencia de una mejor calidad en la atención a la infancia víctima. Sin embargo, en algunos aspectos, como el relativo a su interacción con el sistema de justicia penal, la evidencia de que se dispone es todavía muy limitada, por lo que se incluye también en estas páginas una exposición sucinta sobre la metodología y los resultados preliminares de una investigación pionera emprendida en Cataluña.

---

29 Previamente, mediante el acuerdo de Gobierno 65/2016, de 17 de mayo, se acordó la creación de la Comisión Interdepartamental para el impulso de la protección efectiva ante los malos tratos a la infancia y la adolescencia y se ordenó que se establecieran las bases para proceder al diseño y desarrollo del servicio de atención especializada de NNA, víctimas de violencia sexual, previsto en el art. 93 de la LDOIA. El acuerdo de Gobierno 97/2017, aprobó el protocolo marco de actuaciones contra el maltrato a NNA de Cataluña. Mediante el Acuerdo de Gobierno 157/2022, de 26 de julio, se aprobó la estrategia Barnahus para el abordaje integral de los abusos sexuales contra la infancia y la adolescencia, con la finalidad de implementar unidades de atención a lo largo del territorio catalán. Esta resolución fue posteriormente modificada por el acuerdo de Gobierno 72/2024, de 26 de marzo, que vino a configurar las características de las casas de los niños y las niñas

2. Particularidades y estándares de Barnahus: un modelo adaptable

El modelo Barnahus tiene como objetivo responder a los derechos y necesidades de las NNA que han sido víctimas y que requieren una intervención del ámbito de la justicia y del ámbito de lo que, en el ámbito anglosajón, se denomina "welfare", en referencia a los servicios de apoyo para la recuperación de la salud y del bienestar de la víctima[30]. La intervención interdisciplinar y multiinstitucional con las NNA sobre los que existen sospechas o evidencias de haber sido víctimas de violencia o de abusos se realiza, en el caso de Barnahus, en un espacio único, adaptado a las características y las capacidades de los niños y niñas. En el espacio Barnahus pueden confluir profesionales de ámbitos tan diversos como la policía, fiscalía, judicatura, trabajo social, pediatría, ginecología, psicología, abogacía, etc. Todos estos profesionales, desde su competencia, tienen como objetivo proporcionar una intervención de calidad para la recuperación física y psicológica de las víctimas, a la par que facilitar el acceso a la justicia procurando minimizar el riesgo de victimización secundaria que puede generar el contacto con el sistema de justicia penal. Este segundo objetivo, vinculado a la interacción entre el NNA y la familia no ofensora con los profesionales del sistema penal, parte del entendimiento que las exploraciones repetidas son perjudiciales para la salud mental de la víctima e inciden negativamente en el valor de la evidencia derivada del testimonio del NNA en el proceso judicial. Como apunta el promotor del desarrollo del modelo Barnahus en Islandia, Braggi Gudbransson, "en Barnahus, los niños y niñas víctimas deberían completar su rol como testigos en el pro-

---

30 Johansson, S. Stefansen, K., Kaldal, A., Bakketeig, E. (2024) "Diffusion and Translation of the Barnahus Model through the lens of institutional tensions", *Justice and Recovery for Victimised Children*, Edited by Johnasson, Stefansen, Bakketeig , Kaldal. https://doi.org/10.1007/978-3-031-53233-7

ceso penal durante las primeras semanas. Después deberían poder concentrarse en su proceso de recuperación, recibiendo la terapia adecuada”[31]. Por este motivo, deviene clave reducir el número de exploraciones a la víctima y mejorar la coordinación de los profesionales especializados que se integran en los equipos multidisciplinares.

En efecto, la especial aportación del modelo Barnahus es su previsión que los profesionales del ámbito de protección de menores, de servicios sociales, de justicia penal y los servicios médicos y de salud mental exploren de forma coordinada a la víctima menor de edad en un mismo espacio (*under one roof principle*)[32], sin que sea ésta quien se vea obligada a transitar por cada una de las ubicaciones de estos departamentos, relatando de forma reiterada su experiencia, con el consiguiente riesgo que la instalación en el recuerdo genere una nueva victimización, así como también una pérdida de la calidad del relato a efectos de evidencia en sede judicial. La idea que el relato resulta clave para identificar e investigar el abuso sexual, tanto con fines penales, como con fines de protección y terapéuticos, constituye una de las bases del modelo. De ahí que la intervención de los profesionales en sus exploraciones a la víctima deba proyectarse siempre priorizando esta figura, posibilitando que, desde una única ubicación adaptada e inclusiva para todas las víctimas menores de edad, se promueva la participación colaborativa de los diversos servicios implicados. Con ello se espera dar una respuesta al abuso y la violencia que minimice la ten-

---

31 Gudbransson, B, (2024), “Barnahus: avoiding re-victimisation with child-friendly and multiagency response to child sexual abuse”, *European Public Mosaic, Open Journal on Public Service*, n. 23, p.23.

32 Traducido como bajo un mismo techo, pero al que también puede referirse como “one door principle” o principio de puerta única, en el sentido que la víctima menor de edad recibe tras entrar por una única puerta la asistencia necesaria de parte de un equipo multidisciplinar que actúa de forma coordinada.

sión que genera el sistema penal, y que facilite intervenciones para la protección de las NNA así como su acceso a los servicios médicos y de salud mental necesarios.

Inspirados en los *Child Advocacy Centres* de Estados Unidos, creados en la década de los ochenta con la atención centrada en las víctimas de abuso sexual y maltrato infantil[33], los primeros centros Barnahus en Europa se pusieron en marcha en Islandia en 1998 y desde entonces se han implantado en otros países europeos, con variaciones del modelo y adaptaciones a la normativa nacional y las competencias de los profesionales[34]. En efecto, los procesos de implementación y las formas organizativas de las Barnahus varían entre los países y, a veces, también dentro de un mismo país en función de las regiones o incluso de los municipios implicados. Las diferencias en la configuración operativa en territorios diversos subrayan la flexibilidad del modelo y su capacidad para adaptarse a los diversos sistemas legales, estructuras sociales, tradiciones culturales y prácticas profesionales en los diferentes países.

Con la finalidad de proporcionar un marco operativo y organizativo común, que cumpla con los derechos de los niños y las niñas a ser escuchados y a participar[35] así como a recibir la

---

33 Sobre los Child Advocacy Centers, véase Cross et al. (2008) "Evaluating Children's Advocacy Centers response to child sexual abuse», *OJJDP Juvenile Justice Bulletin*, pp. 1-11.

34 Los primeros países en seguir el rastro de la Barnahus de Islandia fueron los vecinos nórdicos. Así, Suecia en 2006, Noruega en 2007, Dinamarca en 2013 y Finlandia en 2014.

35 Este derecho a ser escuchados y a participar en los procedimientos deriva directamente del contenido del artículo 12 de la Convención de NNUU para los derechos del niño que obliga a los Estados Partes a garantizar al niño que esté en condiciones de formarse un juicio propio su derecho a expresar su opinión libremente en todos los asuntos que le afecten, teniéndose debidamente en cuenta sus opiniones, en función de la edad y madurez. Además, se establece que se debe dar

protección, asistencia y justicia adaptada que eviten su revictimización, Barnahus se ha dotado de unos principios o estándares fundamentales. Los estándares de calidad de Barnahus, desarrollados por la organización PROMISE Barnahus Network, son una guía detallada para asegurar la mejor atención a los NNA víctimas de abuso sexual u otras formas de violencia. La actuación de los profesionales en consonancia con estos estándares contribuye a prevenir la victimización secundaria, en la medida en que conlleva priorizar el interés del menor en la práctica y en las decisiones que se toman; respetar los derechos de participación, garantizando que se les escucha y que se le proporciona la información y el apoyo adecuados para ejercer estos derechos; colaborar en un entorno multidisciplinar e interinstitucional durante las investigaciones; valorar las necesidades y la prestación de servicios; implementar servicios basados en la evidencia, integrales y accesibles, que atiendan a las necesidades de las víctimas y de sus familiares o cuidadores no ofensores, y también proporcionar un alto nivel profesional, formación y recursos adecuados para el personal que trabaja con los niños víctimas o testigos de violencia[36].

---

al niño oportunidad de ser escuchado en todo procedimiento judicial o administrativo que le afecte, ya sea directamente o por medio de un representante o de un órgano apropiado, en consonancia con las normas de procedimiento de la ley nacional.

36 Pueden consultarse los diez estándares de calidad de Barnahus en https://www.barnahus.eu/en/the-barnahus-quality-standards/ . Asimismo, sobre la relación de estos diez estándares y el derecho del menor a que se le escuche y a que se tenga en cuenta su opinión en los asuntos que le afectan según lo previsto en el art. 12 de la Convención de los Derechos del Niño, véase el informe Hill, L., Lundy, L, Mitchell, M. (2021) "Building a culture of participation in Barnahus: Implementing Children's Right to participate in decision-making", The Council of the Baltic Sea States Secretariat, accesible en https://www.barnahus.eu/en/wp-content/uploads/2021/11/Participation-in-Barnahus-FINAL.pdf

Con todo, la existencia de estos estándares no ha conducido a una homogeneidad en la configuración y la forma de actuación de las unidades Barnahus en Europa. Entre los diversos países que han optado por su implementación, se observan diferencias importantes tanto en lo relativo a los destinatarios del servicio, como en relación con la distribución de roles y responsabilidades de los profesionales, pero también en el marco de colaboración entre las diversas instituciones implicadas y en la forma cómo se prestan los servicios terapéuticos y médicos[37].

Así, por ejemplo, en relación con los destinatarios de Barnahus, la experiencia más común es la que prevé la intervención con NNA víctimas de abuso y violencia sexual, dado que este era también el objetivo de los originarios *Child Advocacy Centers* norteamericanos y fue también el principal cometido en el inicial modelo islandés. Sin embargo, ya entre otros países nórdicos, el modelo islandés se desplegó con la voluntad de alcanzar un público más amplio, que incluyera también a los NNA víctimas de violencia física en el caso de Suecia, y a los NNA expuestos a la violencia de otros familiares, generalmente de los padres, en Noruega, lo que determinó que en 2015 Islandia reformara nuevamente su modelo y ampliara el radio de acción a las víctimas de violencia física y doméstica[38]. El debate relativo a destinatarios o candidatos a Barnahus es, en estos momentos, amplio. En Suecia, por ejemplo, se ha planteado si la identificación de la violencia con la concreta tipificación de los delitos en el Código penal sueco puede comportar que algunos NNA queden excluidos del acceso a Barnahus y, en

---

[37] La materia ha sido ampliamente estudiada en relación con los procesos de implementación de Barnahus en los países nórdicos. Véase al respecto, la comparativa de Johansson, S. Stefansen, K., Kaldal, A., Bakketeig, E. (2024), cit., p. 6-10.

[38] Johansson, S. Stefansen, K., Kaldal, A., Bakketeig, E. (2024), cit., p. 20.

consecuencia, sin la protección y el apoyo necesarios, lo que sería contrario a las previsiones de la Convención de los Derechos del Niño[39].

En algunos territorios se contempla la intervención con menores de edad víctimas de otras formas de violencia sin contenido sexual como el maltrato y la violencia doméstica, la negligencia en el cuidado, la violencia entre iguales, la violencia por razón de "honor", etc. Asimismo, es frecuente que la intervención no se limite solamente a las víctimas directas de la violencia, sino que se ofrezca este servicio a otros NNA que han sido testigos de situaciones de violencia, ya sea en el entorno familiar (así, por ejemplo, hermanos, primos, etc.) o en el grupo de iguales.

En algunos territorios se ha considerado que el entorno Barnahus podía resultar apropiado para atender también a NNA con comportamientos violentos o abusivos detectados antes de alcanzar la edad de responsabilidad penal y, por lo tanto, antes de poder entrar en contacto con los servicios de justicia juvenil[40]. Se trata de una opción que ha generado con-

---

39 Se pone el foco, por ejemplo, en los casos de NNA que son testigos de violencia doméstica (a los que hasta 2021 no se reconoció como víctimas en lugar de meros testigos), así como los casos de abuso psicológico de NNA, en especial, en los casos de violencia en la familia y por razón de honor, que alcanzan comportamientos de abuso verbal, burlas, amenazas de violencia sobre las mascotas, control social negativo, aislamiento social, etc., en las que la línea entre lo que es y no es penalmente relevante puede ser difícil de trazar. Sobre ello, Andersson, M., Kaldal, A. (2024) "Criminal Law and Children's access to Barnahus services", *Justice and Recovery for victimised children*, Palgrave MacMillan, p.45 y ss

40 Como indican Devaney et al, (2024) "Papering over the cracks or rebuilding the system: opportunities and challenges for the Barnahus model in the United Kingdom ", *Justice and Recovery for victimised children*, Palgrave MacMillan p. 238, en Escocia se ha previsto que entre los

troversias, por cuanto comporta la concurrencia en un mismo espacio de víctimas y victimarios, lo que podría poner en riesgo la concepción del espacio Barnahus como un espacio seguro para las víctimas. En sentido contrario, la propuesta se alinea con los planteamientos de la *child-friendly justice* impulsada desde el Consejo de Europa; con la voluntad de proporcionar una intervención temprana con fines preventivos, así como con la constatación que en no pocas ocasiones el comportamiento abusivo de un niño está vinculado a una previa experiencia de victimización[41]. Finalmente, en cuanto a los destinatarios de Barnahus, se han planteado también propuestas interesantes para desarrollar un servicio específico de atención a adultos, ya se trate de víctimas de violencia de género o doméstica, adultos con discapacidad víctimas de abuso o violencia que requieren también de un modelo de intervención y de justicia adaptado, o incluso adultos que sufrieran experiencias de abuso y victimización durante la infancia pero que no han revelado hasta alcanzada la edad adulta.[42]

Todo ello demuestra la adaptabilidad del modelo y la posibilidad de ofrecer una respuesta protectora, terapéutica y de justicia más acorde con las necesidades de las personas en una amplia diversidad de situaciones de violencia. Por todo ello, aun cuando la inicial apuesta en Catalunya y en España ha quedado fundamentalmente vinculada a la victimización sexual, sería deseable que en el menor tiempo posible también otras

---

destinatarios de Barnahus se incluyan, junto a los niños víctimas de violencia, a los menores que han dañado a otros menores antes de alcanzar la edad de responsabilidad penal.

41 Sobre el alcance de la Child Friendly Justice en el ámbito del Consejo de Europa, https://www.coe.int/en/web/children/child-friendly-justice

42 Breda, A., Stefansen, K. (2017) "Barnahus for adults? Reinterpreting the Barnahus Model to accommodate adult victims of domestic violence", *Collaborating against child abuse,* Palgrave MAcmillan.

víctimas puedan participar del proceso judicial y, sobre todo, de su proceso de recuperación personal, en un entorno adaptado como el que propone Barnahus.

3. Evaluaciones del modelo Barnahus en relación con los resultados de su intervención en el marco del sistema de justicia penal

A pesar de la creciente expansión del modelo Barnahus en Europa, la disponibilidad de informes y evaluaciones sobre los resultados de su funcionamiento en los distintos países europeos es todavía limitada. Las publicaciones existentes son escasas y, si bien se cuenta ya con estudio de interés que abordan cuestiones relevantes como la definición y alcance de Barnahus, las modalidades de organización de la intervención interdisciplinar, el cumplimiento de los diversos estándards y la dificultad para lograr un equilibrio entre el peso de los distintos departamentos implicados[43], los estudios de campos que aporten evidencia empírica concreta son todavía pocos.

Con todo, generar evidencias sobre la eficacia del modelo Barnahus constituye una contribución crucial para su progresiva extensión en Europa. Es importante conocer si los niños y niñas, y también sus familiares no ofensores, están efectivamente mejor atendidos a partir de la puesta en funcionamiento de Barnahus; si reciben el apoyo terapéutico y el acompañamiento suficiente para mitigar y recuperarse de los efectos negativos de la victimización y, en su caso, también de su paso por el procedimiento penal; y todavía, si la inversión en for-

---

[43] De especial interés, los capítulos contenidos en AAVV (2017) *Collaborating Against Child Abuse*, Palgrave Macmillan, en particular el de Bakketeig, E. "Exploring juridification in the Norwegian Barnahus Model", así como la versión actualizada en AAVV (2024) *Justice and Recovery for victimised children. Institutional tensions in nordic and European Barnahus models*, Palgrave Macmillan.

mación de los profesionales y en la habilitación de espacios adecuados redunda en los puntos anteriores. La recopilación y el análisis de datos sobre los efectos del funcionamiento de Barnahus es necesaria para mejorar la prestación de los servicios, para garantizar la efectiva protección y el apoyo que las víctimas y testigos de violencia requieren, así como para impulsar los cambios normativos y prácticos necesarios para que todo ello sea una realidad.

En este sentido, desarrollar pautas de investigación y evaluación del funcionamiento y los resultados de Barnahus supone dar respuesta a uno de les principales estándares del modelo, que insta a recurrir siempre a los resultados de la evidencia científica para mejorar las prestaciones que se dispensan a las víctimas. Pero además la evaluación permite detectar prácticas que, aun desarrollarse en espacios especialmente creados y adaptados a los niños y niñas, no respondan adecuadamente a los estándares de Barnahus, sea por la falta de capacitación y especialización de los profesionales implicados, sea por las deficiencias en la necesaria comunicación y apoyo entre profesionales que requiere un modelo que se define como interdepartamental. En efecto, no es el espacio físico lo que define Barnahus, a pesar de su innegable rol en la consecución de los fines propuestos, sino el modo de actuación de sus profesionales y el foco siempre puesto en el interés superior del NNA.

Evaluar los efectos de Barnahus en materia de justicia, protección y recuperación de los NNA y de sus familias, y detectar en qué condiciones Barnahus ofrece los resultados más positivos constituye uno de los retos del modelo. Si bien se cuenta con estudios previos sobre los resultados y las dificultades del proceso penal en casos de victimización infantil, y en particular también en supuestos de victimización sexual de NNA[44], es im-

---

44 Entre otros, Tamarit Sumalla, J.M. et al. (2017). La persecución judicial de la victimización sexual infantil: un estudio de flujo de casos en

portante poder comprobar en qué medida la implementación de Barnahus puede incidir en tales resultados.

Esta evaluación exige analizar en qué medida la atención prestada al menor víctima o testigo en el entorno Barnahus repercute positivamente en su participación en el proceso penal, tanto en el sentido de que su testimonio quede recogido en condiciones adecuadas para ser empleado a lo largo del proceso judicial que se siga contra el presunto responsable de los abusos, como en términos de minimizar el riesgo de que el contacto del NNA con los profesionales durante la investigación y, en su caso, el juicio oral, genere en aquel una nueva victimización.

Hasta la fecha no existía en Europa un análisis de estas características. La falta de estudios de este tipo se debe, en parte, al hecho que algunos países están todavía en proceso de implementación del modelo y los escasos datos publicados se refieren precisamente a la evolución de este proceso, pero no a sus resultados. En otros casos, las evaluaciones se han centrado en la forma de intervención de los profesionales o en la interacción de estos con los NNA y las familias, pero no en los resultados a corto o largo plazo del paso de las víctimas por las intervenciones del servicio ni en la comparativa de los resultados antes y después de la implementación del modelo.

Josep M. Tamarit Sumalla (Coord.). *La victimización sexual de menores de edad y la respuesta del sistema de justicia penal* (pp. 167-200). Edisofer, S.L. Vid. También los informes de Save the Children (2023) "Por una justicia a la altura de la infancia. Análisis de sentencias sobre abusos sexuales niños y niñas en España", https://www.savethechildren.es/actualidad/informe-por-una-justicia-la-altura-de-la-infancia y Save the Children (2012). La justicia española frente al abuso sexual infantil en el entorno familiar. Un análisis de casos a la luz de los estándares internacionales de derechos humanos. https://www.savethechildren.es/sites/default/files/imce/docs/informe_justicia_esp_abuso_sexual_infantil_vok-2.pdf

Por otro lado, el acceso a los datos judiciales es a menudo complejo, por la falta de registros informatizados que permita acceder con facilidad a la información necesaria. Faltan, en este sentido, datos sobre la eficacia y el impacto de Barnahus en su contribución a la obtención de justicia para las víctimas[45].

El trabajo liderado desde la Universitat Rovira i Virgili tenía como objetivo cubrir, en parte, esta laguna con un estudio relativo al impacto de la puesta en marcha de Barnahus en la ciudad de Tarragona a partir de julio de 2020. Desde el punto de vista de la interacción de Barnahus con el sistema de justicia penal, la evaluación del modelo requería definir los indicadores de un resultado positivo, determinar las fuentes de información y los datos disponibles para, finalmente, comparar y analizar los resultados alcanzados. Precisamente, es en este contexto en el que se desarrolló el trabajo de campo cuya metodología, principales resultados y limitaciones, se exponen en el siguiente apartado.

4. Diseño de la primera evaluación del impacto de Barnahus en el sistema penal

Tras poco más un año y medio de funcionamiento de la Barnahus ubicada en Tarragona para dar servicio a las víctimas del territorio del Camp de Tarragona, se emprendió desde el ámbito académico el estudio destinado a evaluar el impacto del modelo Barnahus en los procesos penales y su efecto en la pro-

---

45 Esta falta de investigaciones difiere del modelo de los Child Advocacy Centers estadiounidenses donde sí se cuenta con una mayor cantidad de evaluaciones de la eficacia del modelo en términos de resultados en la justicia penal. Véase, en este sentido, la revisión sistemática de evaluaciones efectuada por Herbert, J.L., Bromfiel, L. (2016) "Evidence for the efficacy of the Child Advocacy Center Model: A systematic review", *Trauma, Violence and Abuse*, vol.17(3).

moción de un sistema de justicia coherente con los derechos y necesidades de los niños y niñas. El trabajo pretendía contribuir, de esta manera, a promover pautas de evaluación del modelo, así como generar evidencias que resultaran útiles en la toma de decisiones sobre su despliegue en Catalunya y otros territorios. Se trata, en este sentido, de la primera investigación a nivel europeo en que se analiza el impacto de la intervención de Barnahus en los resultados del sistema de justicia penal.

El estudio no se circunscribe a un análisis de sentencias, sino efectúa un seguimiento de todos los casos iniciados en el sistema penal tras la revelación y denuncia de un abuso o agresión sexual a una víctima menor de edad. El seguimiento se planteó respecto de todos los casos que llegaron a conocimiento del sistema de justicia penal en un determinado periodo temporal, independientemente de que hubieran alcanzado o no una resolución judicial, por lo que incluye también aquellos procedimientos finalizados con una resolución de sobreseimiento, así como aquellos que estaban todavía en trámite en el momento de analizarse los casos siempre que contaran con una calificación provisional del Ministerio fiscal.

4.1. Metodología del estudio

El proyecto se propuso crear una metodología adecuada para evaluar el impacto de Barnahus en los resultados de la intervención del sistema penal y testar, posteriormente, esta metodología en la Barnahus de Tarragona. La creación de la metodología pasaba por definir los indicadores a evaluar, seleccionar el método y crear los instrumentos necesarios para la recogida de datos.

En primer lugar, en lo que respecta a la selección de indicadores, se convino en que debían incluirse aquellos ítems que revelaran una mejor participación de la víctima en el proceso penal y una mayor confianza en el testimonio prestado en las fases de investigación y enjuiciamiento del delito tras su paso por la unidad Barnahus de Tarragona. Esta mejora en la participación debería poder observase en indicadores como la reducción en la duración de los procedimientos penales, la reducción del número de exploraciones a las que sería sometida cada víctima a lo largo del proceso penal y una mayor tasa de sentencia y de condena como resultado del proceso penal.

En segundo lugar, respecto del método de estudio se optó por una investigación de carácter cuantitativo consistente en la revisión y la extracción de la información necesaria de todos los procedimientos penales incoados por delitos de abuso y agresión sexual a víctimas menores de dieciséis años que hubieran cometido personas adultas. Puesto que el estudio se inició antes de la entrada en vigor de la LO 10/2022 de 6 de septiembre, de garantía integral de la libertad sexual, se atendió al contenido del art. 183 CP en su redacción de 2015. Ello tuvo dos implicaciones importantes en la configuración de la muestra. En primer lugar, la sujeción a los procedimientos incoados por la presunta perpetración de un delito del art. 183 CP comportó que, a nivel de sujetos pasivos, el estudio se circunscribiera a las víctimas que no habían alcanzado la edad de consentimiento sexual en el momento de cometerse los hechos, esto es, dieciséis años, y no a la efectiva minoría de edad de las víctimas. En segundo lugar, en cuanto a las tipologías delictivas examinadas, la sujeción a las previsiones legales de 2015 comportó mantener la diferencia entre conductas de abuso y de agresión sexual según concurriera o no violencia o intimidación en la perpetración de los hechos y también la exclusión de otras conductas delictivas de naturaleza sexual distintas de estos dos delitos de contacto, como las perpetradas a través de las tecnologías de la comunicación, así como los delitos de pornografía, prostitución y trata para explotación sexual.

La investigación se realizó a partir de la información disponible en Fiscalía, tras valorarse que partir del registro de casos de Fiscalía mejoraba la trazabilidad de estos a lo largo de todo el proceso penal hasta su terminación, ya fuera mediante una resolución de sobreseimiento o mediante una sentencia absolutoria o condenatoria. En este sentido, se tuvo en cuenta que el registro de los casos conocidos en el ámbito policial a partir de las denuncias interpuestas en Comisaría no siempre permitiría vincularlo con la trayectoria judicial, por ser distinta la numeración asignada en sede policial y judicial. Además, si bien una parte relevante de los delitos sexuales cometidos llegaban a conocimiento del sistema penal por las denuncias interpuestas en Comisaría, en otros supuestos el procedimiento se iniciaba por el informe de servicios sociales, el centro escolar o un comunicado facultativo de centro hospitalario o de atención médica, así como por la comunicación directamente a Fiscalía.

Asimismo, con el fin de poder detectar el impacto de la implementación de Barnahus se consideró esencial contar con grupos de control. Para ello, además de analizar los procedimientos penales incoados en el territorio y periodo en el que inició su operatividad el primer piloto de Barnahus, esto es, en el territorio de Tarragona, se crearon grupos de control a nivel temporal y territorial. A nivel temporal, se pretendía comparar los resultados previos y posteriores a la implantación de la unidad Barnahus. Para ello se dispuso que el periodo temporal de estudio debía abarca un periodo de cinco años comprendidos entre los años 2018 y 2022, ambos incluidos, de tal modo que pudieran compararse los procedimientos penales incoados en el periodo de funcionamiento de Barnahus (desde agosto de 2020 hasta diciembre de 2022) con los procedimientos iniciados en el periodo previo a su puesta en funcionamiento (desde enero de 2018 hasta julio de 2020). Los cinco años que abarcan el periodo temporal de referencia permitirían, por un lado, obtener una imagen fidedigna de las características de los casos de abuso y de agresión sexual a menores conocidos por los tribunales en la provincia de Tarragona y, por otro lado, comparar los resultados obtenidos durante el periodo previo y posterior a la implementación de Barnahus. A nivel geográfico, el territorio del Camp de Tarragona en el que se implementó y operaba Barnahus se comparó con otros dos territorios en los que Barnahus no estaba todavía operativa: por un lado, el territorio de Terres de l'Ebre, vinculado a la misma Fiscalía provincial de Tarragona, y por otro lado el territorio de Lleida, dependiente de la Fiscalía provincial de Lleida. La importancia de contar con estos grupos de control derivaba de la voluntad de aislar los cambios eventualmente generados por la implementación de Barnahus, de otros cambios impulsados por factores comunes en los distintos territorios, entre los cuales, por ejemplo, el cambio en la conciencia social respecto de la gravedad de la violencia sexual hacia los menores, que podría comportar un incremento de procedimientos penales, así como cambios operativos derivados de la aprobación y entrada en vigor de la LO 8/2021 y de la LO 10/2022, con efectos en el procedimiento penal en todos los territorios examinados.

En tercer lugar, para la recogida de datos se creó un instrumento *ad hoc*, consistente en diversas plantillas en las que iba a consignarse la información relativa a los indicadores seleccionados para dar respuesta a los objetivos del estudio. En este sentido se elaboraron seis plantillas para la recopilación de información relativa a los siguientes ítems:

A) Plantilla principal, en la que se consignaron, entre otros, los datos relativos al sexo, nacionalidad, fecha de nacimiento, discapacidad, así como la relación entre autor y víctima; fecha de comisión de los hechos, lugar donde se produjeron y cuándo y a quién la víctima reveló estos hechos; fecha de incoación del procedimiento; exploraciones a la víctima; eventual grabación de la exploración forense como prueba preconstituida e informe de credibilidad de la víctima; medidas cautelares adoptadas; participación de acusación particular; fecha del juicio oral; reproducción en juicio de la prueba preconstituida y/o adopción de medidas para evitar la confrontación visual con el ofensor.

B) Sentencia. Siendo la sentencia el máximo exponente de la finalización del procedimiento penal se recopiló información sobre la fecha de la celebración del juicio y fecha del dictado de la sentencia; el sentido absolutorio o condenatorio de la sentencia; la declaración de culpabilidad en juicio oral o en juicio de conformidad; los motivos de la absolución, en su caso; los delitos por los que se condenaba y el grado de ejecución de los mismos; la pena impuesta y la responsabilidad civil.

C) Casos sobreseídos.

D) Casos con calificación provisional del Ministerio Fiscal, presentada en la conclusión de la instrucción y antes de la celebración del juicio oral.

E) Sentencia en segunda instancia.

F) Asistencia Barnahus. Se recogió información de los casos en que la víctima había recibido asistencia en Barnahus, en concreto, si se había prestado antes del procedimiento penal o durante el mismo; la fecha de inicio del contacto y de finalización, y quien acompañaba al NNA.

La información recopilada de los expedientes se consignó asignando un número identificador, prescindiendo de toda referencia a los datos personales e identificadores del presunto ofensor, de la o las víctimas, así como de todos los profesionales intervinientes en el caso, garantizando de esta manera su completo anonimato.

4.2. Muestra

El número de procedimientos revisados en las dos Fiscalías donde se desarrolló el estudio (Tarragona y Lleida) ascendió a un total de 1.121 causas penales incoadas por delitos de abuso y agresión sexual a víctimas menores de 16 años durante el periodo comprendido entre los años 2018 y 2022. El estudio tomó como muestra los procedimientos penales que habían finalizado con una sentencia o con una resolución de sobreseimiento, pero también aquellos que, aun estar todavía abiertos, habían concluido la fase de instrucción y contaban con una calificación provisional del Ministerio Fiscal. Estos procedimientos remitían a una total de 520 víctimas, que integraron la muestra del estudio. En la distribución de las víctimas por territorios y por años se observó que el número de víctimas conocidas por la Fiscalía de Tarragona (en el territorio de Tarragona y de Terres de l'Ebre) prácticamente triplicaba los casos conocidos por la Fiscalía de Lleida.

Atendiendo al estado del procedimiento en el que se hallaban estas víctimas y según el territorio, se observó que más de un 60% de las víctimas habían recibido una resolución de sobreseimiento y que el resto de víctimas, a partes prácticamente iguales, contaban con una resolución por sentencia o habían concluido la instrucción y contaban con usa calificación provisional del Ministerio Fiscal a la espera de la celebración del juicio. La tasa de sobreseimientos más elevada se observó en Terres de l'Ebre, la de procedimientos sentenciados en Lleida y la de procedimientos en trámite con calificación provisional del Ministerio Fiscal en Tarragona

4.3. Aportaciones de la evaluación

La realización de esta investigación, pionera en Cataluña y en España, pero también a nivel europeo, sirvió para establecer unas bases metodológicas aptas para recopilar la información relativa a los procesos y resultados de la intervención del sistema penal con las NNA víctimas de violencia sexual, con el fin de posibilitar una evaluación de los progresos del modelo en el territorio y la detección de las prácticas que requieren ser adaptadas. La metodología tenía como particularidad su propia complejidad, al no partir de la información contenida en casos resueltos en sentencia, sino que requería recopilar la información de procedimientos vivos o cerrados por sobreseimiento o sentencia, que debían consultarse en expedientes físicos. La metodología creada tenía, además, vocación de poder ser replicada en otros territorios en Cataluña, España y Europa para contribuir, de esta forma, a estandarizar la práctica evaluativa y posibilitar la comparación de resultados entre territorios.

La aplicación de la metodología en la evaluación del impacto del modelo Barnahus en la primera unidad creada en Cataluña permitió generar nuevo conocimiento sobre los casos de delitos sexuales con víctimas menores de edad que llegan al sistema de justicia penal y también sobre los cambios y las nuevas tendencias que, aunque muy incipientes, fue posible detectar en los dos años iniciales de actividad de la Barnahus de Tarragona.

La metodología diseñada y el instrumento de recogida de datos permitieron recopilar información sobre la mayor parte de los indicadores propuestos en el estudio, y sobre el volumen de casos que gestionan y resuelven los tribunales de los territorios seleccionados. También se pudo comprobar la efectiva intervención de Barnahus con un pequeño número de víctimas. Además, disponer de grupos de control resultó ser clave para comparar los resultados entre los diferentes territorios y periodos temporales seleccionados y detectar de esta forma cambios relevantes en los indicadores. Entre los resultados más relevantes obtenidos cabe señalar el relativo a las diferencias en la duración de los procedimientos según su incoación se hubiera producido en los dos años previos o posteriores a la puesta en funcionamiento de Barnahus, e incluso, según el caso hubiera recibido o no atención en Barnahus. En efecto, el estudio reveló diferencias significativas y favorables a las víctimas con un procedimiento penal incoado en el territorio y periodo con actividad Barnahus. Es decir, los resultados del análisis de datos apuntaron a una reducción en la duración media del tiempo transcurrido desde la incoación del procedimiento hasta la fecha de la resolución por sentencia en los procedimientos iniciados después de la puesta en marcha de la unidad. Asimismo, se observó que la duración del procedimiento se acortaba también para los casos en los que habían intervenido profesionales de Barnahus.

En relación con la forma de conclusión de los procedimientos, el estudio permitió detectar una alta tasa de sobreseimientos, característica común en todos los territorios examinados y en ambos periodos temporales de estudios. Sin embargo, en aquellos procedimientos en los que se constató la intervención de Barnahus la ratio de sobreseimientos era inferior a la media, lo que vendría a apuntar a cierta influencia de la intervención de Barnahus y la interacción de sus profesionales con las víctimas en la decisión de sobreseer o no el caso.

Por otro lado, se observó también que los procedimientos que, tras finalizar la fase de instrucción, eran sometidos a juicio y contaban con una sentencia esta era frecuentemente condenatoria de tal forma que tres de cada cuatro sentencias dictadas tenían un veredicto de condena. Con respecto de los fines del estudio, se observó que las tasas de condena fueron algo superiores en el territorio de Tarragona y durante el periodo de actividad de Barnahus, y además que todas las sentencias en las que se constató la intervención de Barnahus fueron en sentido condenatorio.

Estos resultados, a los que en estas páginas se hace mención de forma necesariamente sucinta y que se hallan más detalladamente expuestos en el correspondiente informe[46], son sin duda reveladores de un cambio en el tratamiento que desde

---

[46] Pueden consultarse estos resultados en el Informe del Proyecto I_Barnahus https://www.dret-public.urv.cat/ca/grups-recerca/territori-ciutadania-sostenibilitat/impacte-infancia-victima/

el sistema de justicia penal se presta a los procedimientos que involucran a NNA víctimas de violencia sexual, cambio en que la puesta en funcionamiento de Barnahus ha jugado un rol importante, junto con los cambios sociales y legales operados en estos últimos años y la implicación de determinados profesionales como, en el caso de Tarragona, la iniciativa impulsada desde Fiscalía.

En todo caso, el estudio tiene también algunas limitaciones que es indispensable poner de manifiesto. En primer lugar, el periodo de estudio abarcó únicamente los primeros dos años y medio de andadura de la Barnahus de Tarragona, cuando el servicio no estaba todavía plenamente operativo, en el sentido que, por ejemplo, las grabaciones de las exploraciones a la víctima para su preconstitución como prueba no se efectuaban en las dependencias adaptadas de Barnahus, sino en las de los equipos de asesoramiento técnico penal ubicadas en los Juzgados. Asimismo, la coincidencia a nivel temporal de la apertura de Barnahus con los efectos de la pandemia pudieron también ralentizar el despliegue de la misma. Todo ello dio como resultado que el número de casos en los que se pudo comprobar la efectiva intervención de los profesionales de Barnahus con la víctima fue muy limitado, lo que, a su vez, restringió también el alcance de los análisis estadísticos. En efecto, se comprobó el paso por Barnahus de treinta y tres víctimas, que representarían un 19.3% del total de víctimas analizadas en el territorio de Tarragona en el periodo de operatividad de Barnahus.

Por otro lado, el acceso a la información se vio limitado por algunas dificultades como el elevado volumen de procedimientos que integraron la muestra inicial, la necesidad de discriminar aquellos procedimientos que, bien por su estado procesal o bien por haber sido remitidos a juzgados de instrucción ajenos a los territorios objeto de estudio, no podían incorporarse a la muestra. Además, en el caso de expedientes que se encontraban circunstancial o definitivamente en las sedes de fiscalía distintas a la Fiscalía provincial en Tarragona, fue necesario el desplazamiento a estas otras localidades para tener acceso al expediente físico de los casos. Asimismo, el contenido de los expedientes era, en ocasiones, limitado y las carpetas físicas no contenían toda la información requerida para el estudio.

La realización del estudio puso también de manifiesto las limitaciones para el acceso a la información necesaria para la evaluación. Con la experiencia de este estudio se hizo evidente la necesidad que las administraciones, también la Administración de Justicia, dispongan de los instrumentos informáticos necesarios para recoger información que facilite la evaluación del propio funcionamiento pero también de las nuevas iniciativas destinadas a mejorar la atención de niños y niñas víctimas a su paso por el sistema de justicia penal, en la línea, en definitiva, de los que prevé la propia LOPIVI para la evaluación de su impacto.

5. *Reflexiones finales*

La incorporación de prácticas de coordinación en la intervención de los profesionales del ámbito de la justicia penal y del ámbito asistencial y terapéutico que inspira el modelo Barnahus para la atención a NNA víctimas de violencia, y la posibilidad de llevar a cabo estas intervenciones en un espacio único y adaptado a constituye una apuesta esperanzadora. El modelo debe permitir mejorar el proceso de recuperación de las víctimas y de sus familias e incidir en la sensibilidad de los profesionales y de la sociedad sobre los efectos de la victimización infantil para, en definitiva, lograr erradicar conductas tan nocivas y traumáticas como el abuso sexual y la violencia infantil. Para ello, la creación de nuevos espacios adaptados a la infancia es importante, pero no suficiente, pues el reto se halla en mejorar y optimizar las intervenciones de los profesionales, de modo que la efectiva colaboración entre todos ellos permita agilizar los trámites del proceso penal sin interferir en su proceso de recuperación personal.

Lograr alcanzar la necesaria confianza entre los profesionales de los diversos departamentos implicados; abrir las puertas de Barnahus a todos los niños y niñas víctimas y testigos de la violencia, y someter periódicamente a evaluación los efectos de la actuación de los profesionales en las víctimas y en el sistema son algunos de los retos a los que se enfrenta el modelo.

Desde el punto de vista de la interacción entre Barnahus y el sistema de justicia penal es importante evaluar si el acompañamiento integrado en Barnahus produce mejores resultados para los NNA que revelan un abuso sexual y que inician el camino por el complejo entramado judicial. Se trata de analizar cómo se conjugan los derechos reconocidos a la infancia víctima o testigo de violencia con los del presunto ofensor, cómo enlaza el interés de la sociedad en determinar la responsabilidad del abusador y aplicar la pena correspondiente con el respeto al interés de la víctima a iniciar sin dilaciones un proceso de recuperación personal en condiciones de seguridad y sin riesgo de revictimización.

Queda todavía mucho por explorar en la interacción entre justicia y victimización infantil. Y, sin embargo, los resultados de la primera investigación destinada a evaluar el impacto de Barnahus en el sistema de justicia penal, efectuada en Catalunya, tomando como referencia la Barnahus de Tarragona, y a algunos de cuyos resultados nos hemos referido, evidencian cambios interesantes. Que Barnahus pueda incidir en una disminución de los sobreseimientos, en la duración de los procedimientos, en el incremento de condenas, son muestras de la capacidad de Barnahus para funcionar como catalizador de un cambio que contribuya a mejorar la participación de la víctima menor de edad en el proceso penal.

Este cambio debe venir acompañado de un incremento de la confianza de las víctimas y sus familias en el sistema penal; pero también por una mayor confianza de los profesionales del sistema penal en la labor efectuada por otros profesionales responsables de recoger el testimonio del niño o la niña y el resto de evidencias. Para ello es indispensable potenciar el uso de la prueba preconstituida en la exploración forense durante la fase de instrucción, así como su reproducción en el juicio oral, evitando nuevas declaraciones del menor; acompañar e informar a los NNA y a sus familias de los avatares del procedimiento; proporcionar la protección necesaria, y, por encima de todo, no diferir el inicio del tratamiento para la recuperación de la salud y el bienestar de la víctima.

Referencias

Andersson, M., Kaldal, A. (2024) "Criminal Law and Children's access to Barnahus services", *Justice and Recovery for victimised children,* Palgrave MacMillan

Arruti Benito, S. (2023) "Medidas para eludir la victimización secundaria en la declaración de las niñas, ninos y adolescentes víctimes de violencia sexual. Especial referencia la modelo Barnahus, *Justicia,* 2.

Bakketeig, E. (2017) "Exploring juridification in the Norwegian Barnahus Model", *Collaborating against child abuse. Exploring the Nordic Barnahus model,* Palgrave Macmillan 10.1007/978-3-319-58388-4

Breda, A., Stefansen, K. (2017) "Barnahus for adults? Reinterpreting the Barnahus Model to accommodate adult victims of domestic violence", *Collaborating against child abuse. Exploring the Nordic Barnahus model,* Palgrave Macmillan. 10.1007/978-3-319-58388-4

Casanova Martí, R. (2022) "La prueba preconstituida como mecanismo de protección de las personas menores víctimas de violencia sexual en el proceso penal a la luz del nuevo articulo 449ter de la Ley de Enjuiciamiento criminal", *Revista Vasca de Derecho Procesal y Arbitraje,* 34, 2,

Cross et al. (2008) "Evaluating Children's Advocacy Centers response to child sexual abuse», OJJDP Juvenile Justice Bulletin, 2008

Echeburúa E., Guerricaecheverría, C. (2021) *Abuso sexual en la infància. Nuevas perspectivas clínicas y forenses,* Ariel

Gudbransson, B. (2024) "Barnahus: avoiding re-victimisation with child-friendly and multiagency response to child sexual abuse", *European Public Mosaic, Open Journal on Public Service,* n. 23. ISSN-e 2565-0378

Herbert, J.L., Bromfiel, L. (2016) "Evidence for the efficacy of the Child Advocacy Center Model: A systematic review", *Trauma, Violence and Abuse,* vol.17(3). 341357 DOI: 10.1177/1524838015585319

Hill, L., Lundy, L, Mitchell, M. (2021) "Building a culture of participation in Barnahus: Implementing Children's Right to participate in decision-making", The Council of the Baltic Sea States Secretariat, https://www.barnahus.eu/en/wp-content/uploads/2021/11/Participation-in-Barnahus-FINAL.pdf

Johansson, S. Stefansen, K., Kaldal, A., Bakketeig, E. (2024) "Diffusion and Transaltion of the Barnahus Model through the lens of institutional tensions", *Justice and Recovery for Victimised Children,* Edited by Johnasson, Stefansen, Bakketeig, Kaldal, Palgrave Macmillan https://doi.org/10.1007/978-3-031-53233-7

Representante Especial del Secretario General sobre Violencia contra los Niños, *Informe anual,* Naciones Unidas, Asamblea General, Septuagésimo noveno período de sesiones, A/79/242 https://documents.un.org/doc/undoc/gen/n24/221/83/pdf/n2422183.pdf

Save the Children (2012). La justicia española frente al abuso sexual infantil en el entorno familiar. Un análisis de casos a la luz de los estándares internacionales de derechos humanos. https://www.savethechildren.es/sites/default/files/imce/docs/informe_justicia_esp_abuso_sexual_infantil_vok-2.pdf

Save the Children (2017). *Ojos que no quieren ver. Los abusos sexuales a niños y niñas en España y los fallos del sistema.* ojos_que_no_quieren_ver_27092017.pdf

Save the Children (2023) "Por una justícia a la altura de la infancia. Análisis de sentencias sobre abusos sexuales niños y niñas en España", https://www.savethechildren.es/actualidad/informe-por-una-justicia-la-altura-de-la-infancia

Tamarit, Josep Maria, Padró-Solanet, Albert, Guardiola Lago, María Jesús, Hernández Hidalgo, Patricia (2017). La persecución judicial de la victimización sexual infantil: un estudio de flujo de casos en Josep M.

Tamarit Sumalla (Coord.). *La victimización sexual de menores de edad y la respuesta del sistema de justicia penal* (pp. 167-200). Edisofer, S.L.

UNICEF, Una situación habitual. Violencias en las vides de los niños y los adolescentes. Datos fundamentales, 2017, que se encuentra disponible en https://www.unicef.es/publicacion/violencia-en-las-vidas-de-los-ninos-y-los-adolescentes

CAPÍTULO VI. LA VICTIMIZACIÓN SEXUAL INTRAFAMILIAR DE NIÑOS, NIÑAS Y ADOLESCENTES

SÒNIA PUJOL-ANDRÉS
Investigadora predoctoral en formación[47]
Departamento de Derecho Público (Área de Derecho Penal)
Universidad Rovira i Virgili

1. Introducción

Las cifras oficiales muestran una realidad preocupante en torno al fenómeno de la violencia perpetrada contra los niños, niñas y adolescentes, por su tendencia creciente en estos últimos años. Las actitudes violentas contra la infancia y la adolescencia, según ha constatado la investigación más reciente, no concierne solamente a las víctimas, a sus familiares, y/o a las personas del entorno cercano, sino que también repercute en la ciudadanía, en su conjunto, pues, entre otros efectos, la asistencia, el cuidado y la protección de estas víctimas –y, en particular, las afectadas por violencia sexual- representan un importante coste socioeconómico[48].

Entre las distintas tipologías de violencia a las que se enfrentan los niños, niñas y adolescentes en su día a día, la violencia sexual, juntamente con la física, la emocional y la negligencia, devienen las modalidades de sospechas de maltrato más fre-

---

47 Contrato del programa predoctoral AGAUR-FI ajuts (2023 FI-1 00610) Joan Oró de la Secretaria d'Universitats i Recerca del Departament de Recerca i Universitats de la Generalitat de Catalunya y del Fondo Europeo Social Plus. Cofinanciado por la Unión Europea.
Miembro del Grup de Recerca Territori, Ciutadania i Sostenibilitat. sonia.pujol@urv.cat

48 Pereda Beltran, N. (2023). El coste social de la violencia contra la infancia y la adolescencia. *Papeles del Psicólogo/Psychologist Papers, 44*(3), 145-151. https://doi.org/10.23923/pap.psicol.3021

cuentemente notificadas por los servicios de protección de los y las menores de edad en el territorio español, según las cifras publicadas por el Observatorio de la Infancia en 2022, que a la vez recoge los datos procedentes del Registro Unificado de casos de sospecha de Maltrato Infantil (RUMI)[49].

En lo que respecta a los datos concernientes a la victimización sexual infantojuvenil, el Ministerio de Interior publicó en el portal estadístico de criminalidad que, en 2023, 4.238 y 4.947 niños y niñas, entre los 0-13 años y 14-17 años, respectivamente, habían sido víctimas de violencia sexual[50].

En particular, una parte importante de los casos de violencia sexual contra niños, niñas y adolescentes tienen lugar en el entorno familiar[51], un espacio que debería ser concebido como seguro para el desarrollo de los y las menores de edad, y en el que el buen trato hacía estos debería ser el principio imperante en la educación de los mismos. Sin embargo, Save

---

49 Ministerio de Derechos Sociales y Agenda 2030 (2024). *Boletín de datos estadísticos de medidas de protección a la infancia y la adolescencia Boletín número 25 Datos 2022.* Recuperado 30 de abril de 2024, de boletin25.pdf (mdsocialesa2030.gob.es)

50 Ministerio de Interior. *Victimizaciones de infracciones penales por periodo, comunidad autónoma, tipología penal, grupo de edad y sexo.* Recuperado 3 de septiembre de 2024, de Portal Estadístico de Criminalidad (mir.es)

51 Tamarit, J. M., Padró-Solanet, A., Guardiola Lago, M. J., Hernández Hidalgo, P. (2017). Estudio de sentencias: las decisiones judiciales en los casos de victimización sexual de menores en J. M. Tamarit Sumalla (Coord.). *La victimización sexual de menores de edad y la respuesta del sistema de justicia penal* (pp. 97-165). Edisofer, S.L, pp. 118, 136, 137, 151 y 157; Tamarit, J. M., Padró-Solanet, A., Guardiola Lago, M. J., Hernández Hidalgo, P. (2017). La persecución judicial de la victimización sexual infantil: un estudio de flujo de casos en J. M. Tamarit Sumalla (Coord.). *La victimización sexual de menores de edad y la respuesta del sistema de justicia penal* (pp. 167-200). Edisofer, S.L, pp. 187, 188 y 196.

the Children señala, en un estudio publicado en 2023, que en ocho de cada diez casos, la persona agresora es alguien conocido o perteneciente al entorno familiar[52].

Los episodios violentos que tienen lugar en el ámbito familiar plantean verdaderos retos y dificultades para que emerjan a la luz y sean conocidos por las autoridades competentes. El *modus operandi* empleado tiende a garantizar el silencio de las víctimas y su impunidad, pues en este contexto los hechos suelen producirse a escondidas de terceros, con aprovechamiento, entre otros factores, del estrecho vínculo de parentesco o de convivencia existente[53]. La situación de secretismo y opacidad que caracteriza esta tipología de violencia impide que, por un lado, el niño o la niña reciba la protección que como víctima requiere, al no tener acceso a los mecanismos legales y, por otro, contribuye a consolidar la elevada cifra negra de criminalidad respecto de la violencia sexual intrafamiliar, perjudicando la articulación de políticas públicas preventivas y de intervención.

En este espacio de privacidad, la actuación tuitiva de terceras personas, especialmente, la de los otros convivientes, y también de los y las profesionales, que pueden percatarse de lo que está sucediendo, puede llegar a ser determinante en el proceso de victimización en el que se ve inmersa la víctima, menor de edad, pudiendo facilitarle el acceso a los mecanismos

---

52 Save The Children (2023). *Por una justicia a la altura de la infancia. Análisis de sentencias sobre abusos sexuales a niños y niñas en España.* Recuperado 5 de diciembre de 2023, de Informe 'Por una justicia a la altura de la infancia' | Save the Children pp. 6 y 7.

53 Save The Children (2012). *La justicia española frente al abuso sexual infantil en el entorno familiar. Un análisis de casos a la luz de los estándares internacionales de derechos humanos.* Recuperado 18 de septiembre de 2024, de informe justicia esp abuso sexual infantil vok-2.pdf (savethechildren.es)

de protección necesarios[54]. Sin embargo, algunas investigaciones, y también la praxis judicial, como se analizará más adelante, han constatado que ocasionalmente las personas adultas, cercanas al entorno del o la menor de edad, no cumplen por distintas razones con las expectativas de protección requeridas en los supuestos de victimización infantil y adolescente[55]. En particular, respecto de la violencia sexual infantojuvenil que tiene lugar en el ámbito familiar se ha detectado que puede llegarse a responsabilizar penalmente a las demás personas que conforman la unidad de convivencia, en la medida que estas han tenido conocimiento de la situación victimizadora y que, a pesar de ello, se han mantenido impasibles, omitiendo las actuaciones tendentes a proteger al niño o la niña afectada.

En el presente capítulo van a estudiarse los supuestos de omisión de actuación de aquellas personas que han tenido noticia de los indicios de violencia sexual cometidos contra un niño, niña o adolescente en el entorno familiar. En concreto, va a analizarse el escenario en el que se encuentran las madres de las víctimas en los casos en los que, tras tener conocimiento de la violencia sexual perpetrada por su pareja sentimental contra su hijo o hija, ya sea por revelación de éste último o por

---

54 Gisbert Pomata, M. (2021). Capítulo VI. La tutela procesal de la violencia contra la infancia y adolescencia en C. Martínez García (coord.). *El nuevo marco legal de protección integral de la infancia y adolescencia frente a la violencia en España* (pp. 261-356). Thomson Reuters Aranzadi. pp. 292 a 309.

55 Save The Children (2017). *Ojos que no quieren ver. Los abusos sexuales a niños y niñas en España y los fallos del sistema*. Recuperado 15 de julio de 2024, de ojos que no quieren ver 27092017.pdf (savethechildren.es); Ordoñez-Martí, B. y Valero-Arguayo, L. (2023). El papel del profesorado en la detección y notificación del maltrato infantil intrafamiliar: una revisión sistemática en J. C. Rodriguez Rodríguez, (Ed.) (2023). *Educación Siglo XXI. Nuevos retos, nuevas soluciones*. Volumen 3. (pp. 78 a 96). Dykinson, S.L.. Educación siglo XXI. Nuevos retos, nuevas soluciones. Volumen 3–Google Libros

descubrimiento azaroso del abuso, han adoptado una actitud pasiva, no protegiendo a la víctima, ni comunicando los signos de abuso a las autoridades correspondientes. Asimismo, y en estrecha vinculación con lo expuesto, va a estudiarse qué papel puede ejercer *Barnahus* (el modelo nórdico de referencia en los supuestos de violencia sexual de menores de edad, ya referenciado en otros capítulos), para facilitar que los indicios de violencia sexual sean conocidos por las autoridades correspondientes y así ofrecer la protección necesaria a las víctimas, evitando en la medida de lo posible que se atribuya el desconocimiento de estos casos a la falta de diligencia de las madres y que acabe por criminalizarse la omisión de las progenitoras.

Ciertamente, se trata de una problemática que cuenta con mayor reconocimiento en el ámbito internacional, especialmente, en el anglosajón, en comparación con la escasa atención que ha recibido hasta el momento en la doctrina española, y que la misma no deja de plantear interrogantes, algunos de los cuáles serán abordados en este capítulo.

Para el estudio de esta cuestión, se ha estimado oportuno proceder, en primer lugar, a contextualizar normativamente la victimización sexual de niños, niñas y adolescentes en el entorno familiar, haciendo especial mención a la reciente introducción del modelo *Barnahus* en el territorio español. En segundo lugar, y a raíz de las noticias publicadas durante el verano de 2024 acerca del caso Munro, se procede a analizar el tratamiento que se ha venido otorgando a la omisión de actuación de las progenitoras en los supuestos de violencia sexual intrafamiliar en la práctica jurídico-forense a través del análisis de tres sentencias dictadas por tribunales españoles. Finalmente, se pretenden hacer una serie de propuestas en aras a favorecer que afloren los casos de violencia sexual infantojuvenil que se perpetran en el entorno familiar.

2. Contexto normativo de la victimización sexual de niños, niñas y adolescentes en el entorno familiar

Las alarmantes cifras oficiales de violencia perpetrada contra los niños y niñas ha obligado a los poder públicos, desde las distintas instancias, a incorporar en sus agendas políticas compromisos institucionales para combatir y eliminar cualquier forma de maltrato contra los mismos, como así evidencian la Agenda 2030 adoptada por la Asamblea General de las Naciones Unidas[56], la Estrategia para los Derechos del Niño (2022-2027) del Consejo de Europa[57], la Estrategia de la Unión Europea sobre los Derechos del Niño y la Garantía Infantil Europea[58] y, a nivel estatal, la Estrategia de Erradicación de la Violencia contra la infancia y adolescencia[59].

En el plano normativo, la Convención sobre los Derechos del Niño (CDN), ya desde 1989, prescribe la obligación de los Estados parte de adoptar todas las medidas necesarias para combatir la violencia sexual infantojuvenil, entre las cuales se incluyen las que tienen como objeto garantizar la prevención, la detección y la comunicación de los indicios de violencia sexual a las autoridades competentes (artículos 19 y 34). Además

---

56 Naciones Unidas. *Objetivos de desarrollo sostenible.* Recuperado 1 octubre de 2024, de La Asamblea General adopta la Agenda 2030 para el Desarrollo Sostenible–Desarrollo Sostenible

57 Council of Europe. *Strategy for the Rights of the Child (2022-2027).* Recuperado 1 de octubre de 2024, de Strategy for the Rights of the Child (2022-2027)–Children's Rights

58 Comisión Europea. *La Estrategia de la UE sobre los Derechos del Niño y la Garantía Infantil Europea.* Recuperado 1 de octubre de 2024, de La Estrategia de la UE sobre los Derechos del Niño y la Garantía Infantil Europea–Comisión Europea

59 Ministerio de Derechos Sociales y Agenda 2030. *Estrategia de Erradicación de la Violencia contra la infancia y adolescencia.* Recuperado 1 de octubre de 2024, de Maquetación 1

la CDN, tras concebir en el preámbulo a la familia como el medio natural para el crecimiento y el bienestar de los y las menores de edad, establece que los Estados están obligados a prestar la asistencia adecuada a las personas cuidadoras de los niños y niñas para que puedan ejercer su labor de crianza (artículo 18.2) y para garantizarles un nivel de vida adecuado (artículo 27. 1 y 3).

En el ámbito del Consejo de Europa, destaca el Convenio para la protección de los niños contra la explotación y el abuso sexual, hecho en Lanzarote (2007). Este instrumento normativo, en lo que respecta a la prevención, que define como uno de los principios orientadores (artículo 4), prescribe la necesidad de promover entre la ciudadanía campañas de sensibilización para fomentar el conocimiento del fenómeno de la violencia sexual (artículo 8.1). Entre las medidas de protección y asistencia a las víctimas, proclama como principio el fomento de programas sociales eficaces y de estructuras pluridisciplinares que presten apoyo, no solamente a las víctimas, sino también a los familiares y las personas cuidadoras (artículo 11.1), a quienes también se les debe prestar, en su caso, asistencia psicoterapeuta (artículo 14.4). Además, el Convenio ordena que los Estados parte adopten las medidas necesarias para alentar a la ciudadanía conocedora de posibles indicios de abuso sexual a que los comuniquen a las autoridades correspondientes. Asimismo, el Convenio prevé la creación de servicios de ayuda e información para atender las consultas que efectúen las personas interesadas, sea de manera confidencial o anónima (artículos 12 y 13).

En la Unión Europea, es debe acudirse a la Directiva 2011/92/UE del Parlamento Europeo y del Consejo, de 13 de diciembre de 2011, relativa a la lucha contra los abusos sexuales y la explotación sexual de los menores y la pornografía infantil. Este instrumento también enfatiza la necesidad de alentar a las personas que conozcan o sospechen indicios de violencia a que lo comuniquen a las autoridades (considerando n. º 28 y artículo 16.2) y, para el caso que lo haga la víctima menor de edad, respecto de los abusos sufridos en la familia, prescribe que se preste atención respecto de la adopción de las medidas de protección (artículo 19.1). Además, promueve la creación de servicios de información que garanticen las herramientas necesarias a la ciudadanía para detectar los indicios violentos (considerando n. º 45). Asimismo, los Estados parte no solamente están compelidos a adoptar medidas de asistencia y apoyo para las familias de las víctimas menores de edad, para así garantizar el ejercicio de los derechos reconocidos en la Directiva (artículo 19.5), sino también medidas de prevención, en formas de campañas de información y concienciación, y programas de educación e investigación, con el objeto de fomentar la conciencia y reducir el riesgo de victimización sexual (considerando n. º 34 y artículo 23.2). Especial mención merece la Estrategia desarrollada en el seno de la Unión Europea, que apuesta por la implementación del modelo *Barnahus* y por el desarrollo de actuaciones preventivas, como otorgar apoyo a las familias.

Con el objetivo de cumplir con los compromisos supranacionales, España ha ido dictando distintas normas que tienen como objeto proteger a las víctimas menores de edad frente a la violencia sexual. Entre las más recientes, destaca la Ley Orgánica 8/2021, de 4 de junio, de protección integral a la infancia y la adolescencia frente a la violencia (LOPIVI), que define la violencia como "*toda acción, omisión o trato negligente que priva a las personas menores de edad de sus derechos y bienestar, que amenaza o interfiere su ordenado desarrollo físico, psíquico o social, con independencia de su forma y medio de comisión (...)*" (artículo 1.2). Tras manifestar el legislador en el preámbulo su preocupación por la elevada cifra oculta respecto de la violencia intrafamiliar, contempla en el articulado distintas medidas para combatirla, entre las cuales destacan las que tienen una naturaleza eminentemente preventiva, que son consideradas como prioritarias, al estimar además el legislador que la familia deviene *"el primer escalón de la prevención de la violencia sobre la infancia"*. Entre las distintas medidas, resaltan las que tienen como objeto promover que los domicilios sean espacios seguros, en los que impere el buen trato, la corresponsabilidad y el ejercicio de la parentalidad positiva, garantizando así la eliminación de las situaciones de desprotección debidas a cualquier forma de violencia (artículos 23 y 26). Asimismo, las familias también forman parte del contenido del derecho a la atención integral de los niños, niñas y adolescentes, al contemplar la necesidad de ofrecer información, apoyo y seguimiento (psicosocial, educativo y social) a las familias (artículo 12). Finalmente, para garantizar que los casos de violencia afloren, el legislador dedica el Título II de la LOPIVI a regular el deber de comunicación de las situaciones de violencia a las autoridades correspondientes, y para lo cual deben adoptarse todas las medidas tendentes a favorecer la comunicación de los indicios de violencia detectados.

Ciertamente, la LOPIVI empieza a dar cobertura jurídica al modelo *Barnahus* al referirse en su preámbulo a los *"modelos integrales de atención"*, al proclamar entre sus finalidades y criterios generales la colaboración y coordinación entre los distintos profesionales intervinientes (artículos 3 e) y k); 4 d) y e); 5 y 6) y al establecer la necesidad de prestar el derecho a la asistencia integral de forma coordinada entre los agentes implicados y en espacios amigables y adaptados al menor de edad (artículo 12), con el fin de evitar la revictimización. No obstante, las bases jurídicas para integrar finalmente el modelo *Barnahus* en el ordenamiento jurídico español se produce con la entrada en vigor de la Ley Orgánica 10/2022, de 6 de septiembre, de garantía integral de la libertad sexual (LOGILS), al reconocer expresamente en su preámbulo el modelo *Children's House* anglosajón o *Barnahus* escandinavo y al establecer además que una de las finalidades legislativas es ofrecer una respuesta integral especializada, una atención integral inmediata y recuperación frente a la violencia sexual (artículo 1.2). De esta manera, la LOGILS dedica el Título IV a regular la asistencia integral, especializada y accesible, cuyo contenido mínimo está integrado por la atención especializada de los menores de edad, víctimas de violencia sexual (artículo 33.1. i) y 35.1. d)).

En este contexto normativo, y teniendo en cuenta que la primera *Barnahus* que se abrió en el territorio español fue en Tarragona en 2020 (Catalunya), se considera necesario dejar constancia de los principales instrumentos normativos dictados en Catalunya relativos a la implementación del modelo *Barnahus.* De este modo, la Generalitat de Catalunya, sobre la base del artículo 93 de la Ley 14/2010, de 27 de mayo, de los derechos y las oportunidades en la infancia y adolescencia, que contempla la creación de un servicio de atención especializada para las víctimas menores de violencia sexual, ha ido dictando distintos acuerdos de Gobierno con el objetivo de mejorar la atención de los niños y las niñas, víctimas de violencia sexual. En 2022, la Generalitat de Catalunya adoptó el acuerdo de Gobierno 157/2022, de 26 de julio, que aprueba la estrategia *Barnahus* para el abordaje integral de los abusos sexuales contra la infancia y la adolescencia en Catalunya, en que una de las finalidades es implementar en Catalunya el servicio público de unidad integrada de atención a niños, niñas y adolescentes víctimas de abusos sexuales (*Barnahus*). Esta resolución ha sido posteriormente modificada por el acuerdo de Gobierno 72/2024, de 26 de marzo, que destina parte de su articulado a definir las características de estas unidades integradas. Según esta última resolución, una de las funciones principales de esta unidad integrada radica en prestar atención, no tan sólo a los niños, niñas y adolescentes que han padecido abusos sexuales, sino también a sus familiares. Sin embargo, las actuaciones en el abordaje de la violencia sexual no se circunscriben únicamente a la atención e intervención, sino que abarcan otros ámbitos de actuación como són la prevención; la detección y valoración; el tratamiento y seguimiento en términos de recuperación y reparación. En esta línea, la promoción de la prevención deviene, además de una función concreta, uno de los objetivos que inspira la labor de estas unidades integradas.

Con todo ello, se constata la existencia en las distintas instancias institucionales de un interés firme en combatir la violencia sexual intrafamiliar y, en especial, des de una perspectiva eminentemente preventiva. Esta prevención se manifiesta en actuaciones tendentes a garantizar que la sociedad esté sensibilizada con las actitudes violentas hacía la infancia y la adolescencia, y debidamente informada sobre la magnitud de este fenómeno. El interés que radica en el desarrollo de esta política es proteger a los niños y niñas frente a la victimización, lo que paralelamente se traduce en una ciudadanía responsable, que tenga la firme voluntad de comunicar eventuales indicios violentos a las autoridades correspondientes, dado el caso, y que para ello sepa cómo proceder.

3. Reacción del entorno familiar en la victimización sexual de los niños, niñas y adolescentes. Especial referencia a las madres de las víctimas

En el presente epígrafe se revisan determinadas conductas omisivas de familiares tras tener conocimiento de la violencia sexual perpetrada en el entorno familiar, se analizan también las principales características que la criminología y la victimología señalan entorno a las madres en la victimización sexual de los niños y las niñas, para, finalmente, examinar el tratamiento jurídico-penal que los órganos jurisdiccionales otorgan a los supuestos de omisión de las progenitoras frente al conocimiento de la agresión sexual infantojuvenil.

Durante el verano de 2024, la prensa internacional y nacional se hizo eco de unas declaraciones de la hija de Alice Munro, reconocida escritora canadiense y ganadora del Premio Novel de literatura en 2013, que conmocionaron al mundo literario. En sus declaraciones, Andrea, hija de Alice Munro, reconocía públicamente haber sido abusada sexualmente de forma continuada por el marido de Munro desde que ella tenía nueve años. Si bien en su momento la niña reveló los hechos a la nueva pareja de su padre, y siendo también este conocedor de los abusos, el silencio se impuso. Más tarde, cuando contaba con veinticinco años, Andrea explicó a su madre los abusos sufridos de parte de su padrastro, pero Munro se mantuvo impasible y al margen de las revelaciones. No fue hasta 2005, transcurridos treinta años desde los abusos, que la hija de Munro denunció a su abusador ante la policía y este, admitiendo su culpabilidad, aceptó los dos años de prisión solicitados y una orden de alejamiento de menores de edad. La escritora se mantuvo al lado del abusador hasta la muerte de este en 2013 habiendo debido Andrea lidiar durante toda su vida con las consecuencias del abuso y con la desprotección de su familia[60].

La noticia puso en el foco del debate público el secretismo que acompaña las agresiones sexuales intrafamiliares contra niños y niñas, y el riesgo de continuidad delictiva al que está expuesto este colectivo. Asimismo, el caso Munro alertaba de la importancia de sensibilizar a las familias para que, en el caso de tener conocimiento de un episodio de victimización, conozcan y dispongan de los recursos y mecanismos de defensa para paralizar el abuso y requerir la ayuda y la protección necesarias para la víctima menor de edad.

---

60 Véanse los siguientes artículos periodísticos: El Diario (2024, juliol 8). Una hija de Alice Munro asegura que su padrastro abusó de ella y que su madre no hizo nada. *El Diario.* Recuperado 3 de septiembre de 2024, de Una hija de Alice Munro asegura que su padrastro abusó de ella y que su madre no hizo nada (eldiario.es); BBC NEWS MUNDO (2024, juliol 9). El secreto de abusos sexuales que reveló la hija de la premio Nobel de Literatura Alice Munro. *BBC NEWS MUNDO.* Recuperado 4 de septiembre de 2024, de Alice Munro: el secreto de abusos sexuales que reveló la hija de la premio Nobel de Literatura–BBC News Mundo

En efecto, son precisamente las madres a quienes, según señala la literatura, las víctimas menores de edad revelan más frecuentemente el contacto sexual sufrido. Una investigación realizada por TAMARIT SUMALLA et al. con una muestra de 97 expedientes judiciales, de los años 2010 y 2011, sobre delitos sexuales contra menores de edad, entre los cuales incluye las agresiones y los abusos sexuales, consultados en la Fiscalía y en las sedes judiciales en la provincia de Lleida, destaca que entre los familiares que recibieron la primera revelación del hecho, la madre fue la persona más destacada entre estos, pues en un 18,7% de los supuestos, la víctima explicó los contactos sexuales que venía padeciendo a la figura materna de apoyo[61].

Por otro lado, respecto la activación del proceso en el sistema de justicia penal, vuelven a destacar otra vez las progenitoras, como las personas que en más ocasiones denuncian o comunican los hechos detectados a las autoridades correspondientes. En una muestra de 1663 sentencias, dictadas entre los años 2011 a 2014, por las Audiencias Provinciales españolas sobre delitos sexuales en los que la víctima es menor de edad, entre los cuales se incluyen los abusos y las agresiones sexuales, TAMARIT SUMALLA et al. detectaron que las madres fueron las que dieron la primera noticia al sistema de justicia penal en un 25% de los casos, ya sea interponiendo la denuncia a la policía o al juzgado, o comunicando el hecho al Ministerio Fiscal[62]. Del mismo modo, Save the Children en una revisión de 389 sentencias judiciales dictadas entre los años 2021-2022

---

61 Tamarit, J. M., Padró-Solanet, A., Guardiola Lago, M. J., Hernández Hidalgo, P. (2017). La persecución judicial de la victimización sexual infantil: un estudio de flujo de casos en J. M. Tamarit Sumalla (Coord.). *La victimización sexual de menores de edad y la respuesta del sistema de justicia penal* (pp. 167-200). Edisofer, S.L, pp. 188 y 196.

62 Tamarit, J. M., Padró-Solanet, A., Guardiola Lago, M. J., Hernández Hidalgo, P. (2017). Estudio de sentencias: las decisiones judiciales en los casos de victimización sexual de menores en J. M. Tamarit Sumalla

sobre abusos sexuales cometidos hacía la infancia, destaca que en un 28% de los casos, la madre es la persona que notifica con más frecuencia los indicios de violencia sexual a las autoridades correspondientes[63].

Sin embargo, el entorno familiar no siempre adopta esta conducta activa y protectora. En ocasiones, como el propio caso Munro ejemplifica, el entorno cercano no cumple con las obligaciones legales de protección y el deber de comunicación en los supuestos de victimización sexual infantil y adolescente, cuando se ha tenido conocimiento o sospecha de estos. En concreto, y en relación con las progenitoras, destaca un estudio publicado por Save the Children en 2017, en el que se realizaron entrevistas a más de 47 profesionales y 35 familiares afectados, y se examinaron 203 sentencias dictadas entre 2012 y 2016 por el Tribunal Supremo y las Audiencias Provinciales españolas, relativas a abusos sexuales contra menores de edad. Uno de los resultados alcanzados por esta investigación es que, si bien generalmente las progenitoras actuaron "como adultas protectoras" y adoptaron las medidas necesarias para proteger a sus hijos e hijas, una de cada tres madres decidió no denunciar, sin perjuicio de la posibilidad de haber adoptado otras medidas tuitivas menos efectivas para la víctima menor de edad[64].

(Coord.). *La victimización sexual de menores de edad y la respuesta del sistema de justicia penal* (pp. 97-165). Edisofer, S.L, pp. 118 y 157.

63 Save The Children (2023). *Por una justicia a la altura de la infancia. Análisis de sentencias sobre abusos sexuales a niños y niñas en España.* Recuperado 5 de diciembre de 2023, de Informe 'Por una justicia a la altura de la infancia' | Save the Children p. 8.

64 Save The Children (2017). *Ojos que no quieren ver. Los abusos sexuales a niños y niñas en España y los fallos del sistema.* Recuperado 15 de julio de 2024, de ojos que no quieren ver 27092017.pdf (savethechildren.es) p. 68.

La victimización sexual en el entorno familiar genera en los menores de edad un sentimiento de confusión respecto la percepción de la familia como lugar de protección[65], en particular, cuando la violencia sexual es perpetrada por el padre biológico o el padrastro. Esta posición de indefensión, generada en la persona menor de edad, empeora cuando además la otra figura de apoyo, en este caso, la materna, se muestra ausente frente a la victimización sexual de su hijo e hija, lo que puede facilitar que la conducta abusiva se mantenga en el tiempo[66]. Además, las investigaciones victimológicas han destacado la importancia de recibir el soporte familiar adecuado, tras haber revelado o sido descubiertos los indicios violentos, para la recuperación psicológica de la persona menor de edad[67].

Algunos de estos supuestos de omisión de actuación por parte de las progenitoras de las víctimas menores de edad han sido judicializados, y han sido considerados merecedores de una sentencia condenatoria. Así lo constata el estudio publicado por RODRIGUEZ MESA (2019) en el que la autora analizaba el rol de la mujer en la delincuencia sexual cometida contra menores de edad. Este estudio se basaba en una revisión de

---

65 Vaccaro, Sònia (2016). *Abuso sexual intrafamiliar: cuando lo familiar se vuelve peligroso.* Recuperado 1 de diciembre de 2023, de Abuso sexual intrafamiliar: cuando lo familiar se vuelve peligroso–Tribuna Feminista

66 Rodríguez Mesa, M. J. (2019). Mujeres condenadas por abusos sexuales a menores. Especial referencia al proceso delictivo. En L. R. Ruiz Rodríguez & G. González Agudelo (eds.), *Transiciones de la política penal ante la violencia: realidades y respuestas específicas para Iberoamérica* (pp. 425-452). Editorial Jurídica Continental. P. 449.

67 Pereda, N. (2011). Resiliencia en niños víctimas de abuso sexual: El papel del entorno familiar y social. *Revista de Intervención Socioeducativa, 49*, 103-114, 00920123016251.pdf (educacion.gob.es); Pereda, N., y Sicilia, L. (2017). Reacciones sociales ante la revelación de abuso sexual infantil y malestar psicológico en mujeres víctimas. *Psychosocial Intervention*, 26(3), 131-138. https://doi.org/10.1016/j.psi.2017.02.002;

1245 sentencias dictadas por las Audiencias Provinciales españolas, entre los años 1997 y 2018, entre las cuales en 41 resoluciones aparecía la mujer como imputada. La muestra final estuvo integrada por 16 sentencias en las que se condenaba a una mujer por abuso, agresión sexual o violación a una persona menor de 16 años. A pesar de la infrarrepresentación femenina en la delincuencia sexual de menores de edad[68], la autora reconocía la posibilidad de establecer un patrón delictivo común que la llevó a distinguir distintas tipologías de "abusadoras", entre las cuales, la abusadora femenina solitaria y la mujer que comete el abuso junto con uno o varios hombres, como co-abusadora. En esta última categoría, RODRIGUEZ MESA diferenciaba entre: a) la co-abusadora activa; b) la co-abusadora cooperadora necesaria activa y c) la co-abusadora en comisión por omisión. Así, a nivel penal, cabría la posibilidad de condenar a una madre: a) por participar activamente con el

---

[68] Véase algunas de las investigaciones sobre victimización sexual infantil, en las cuales referencian, de forma incidental, la baja representación de las mujeres en los delitos sexuales cometidos contra menores de edad: Tamarit, J. M., Padró-Solanet, A., Guardiola Lago, M. J., Hernández Hidalgo, P. (2017). Estudio de sentencias: las decisiones judiciales en los casos de victimización sexual de menores en Josep M. Tamarit Sumalla (Coord.). *La victimización sexual de menores de edad y la respuesta del sistema de justicia penal* (pp. 97-165). Edisofer, S.L; Tamarit, J. M., Padró-Solanet, A., Guardiola Lago, M. J., Hernández Hidalgo, P. (2017). La persecución judicial de la victimización sexual infantil: un estudio de flujo de casos en J. M. Tamarit Sumalla (Coord.). *La victimización sexual de menores de edad y la respuesta del sistema de justicia penal* (pp. 167-200). Edisofer, S.L.
En efecto, los datos publicados por el Instituto Nacional de Estadística, respecto de los abusos y las agresiones sexuales cometidas sobre personas menores de 16 años en 2023, aparecen 10 mujeres (adultas) como responsables penales, frente a los 829 hombres (adultos). Instituto Nacional de Estadística (2023). *Resultados nacionales. Condenados por delitos sexuales. Delitos sexuales según sexo.* Recuperado de 14 de octubre de 2023, de Delitos sexuales según sexo(28714) (ine.es)

hombre en los abusos; b) por entregar el menor de edad, que está a su cargo, a uno o varios hombres para que realicen el abuso y; c) la madre que, siendo garante de la seguridad del o la menor de edad, permite que un varón abuse del mismo, sin participar de ningún otro modo en el abuso. Respecto de esta última subcategoría, que denominaba "co-abusadora en comisión por omisión", la autora incluía los supuestos en los que las progenitoras, sin participar activamente, permiten que se cometan abusos sexuales sobre la persona de su hijo o hija menor de edad, al tener conocimiento de los mismos; también los supuestos en los que la madre está presente en el acto de naturaleza sexual y; finalmente, aquellos en los que la madre realiza actos materiales de facilitación. En general, la subcategoría de la "abusadora en comisión por omisión"[69] representaba casi la mitad de los casos de co-delincuencia del estudio (5 de las 13

---

69 Merece la pena hacer un pequeño apunte respecto la conceptualización de la institución de la comisión por omisión. A tenor del artículo 10 del CP, los delitos pueden cometerse por medio de acciones u omisiones. Entre las omisiones penalmente relevantes, destacan, por un lado, las omisiones puras o propias y, por otro, las impropias, denominadas también comisión por omisión, y cuya regulación se encuentra en el artículo 11 del CP. Este último supuesto, el de la comisión por omisión, consiste en la imputación del resultado a la persona garante que ha omitido la acción debida y que no ha evitado la producción del resultado. A efectos penológicos, implica la posibilidad de que en el caso de que se dicte una sentencia condenatoria se imponga a la persona que ha actuado en comisión por omisión una pena de la misma gravedad que la impuesta al autor material y directo de los hechos, excepto en aquellos supuestos en los que concurra alguna circunstancia que suponga una reducción de la pena.
Artículo 11 del Código Penal: *"Los delitos que consistan en la producción de un resultado sólo se entenderán cometidos por omisión cuando la no evitación del mismo, al infringir un especial deber jurídico del autor, equivalga, según el sentido del texto de la ley, a su causación. A tal efecto se equiparará la omisión a la acción:*
a) Cuando exista una específica obligación legal o contractual de actuar.

sentencias) y refería, en esencia, los supuestos en los que se imputaba a la madre el delito cometido por el hombre, en la mayor parte de las ocasiones, a título de cooperadora necesaria en comisión por omisión y, de forma más residual, como autora en comisión por omisión. La justificación empleada para la atribución de la responsabilidad penal estribaba en que la procesada, teniendo la posibilidad de impedir la conducta delictiva, omitió una acción que, en su posición de garante, le era exigible, por cuanto hubiera evitado el resultado lesivo ocasionado en la víctima menor de edad. Y, a pesar de que podía darse el caso de que la progenitora no hubiera tenido participación activa alguna en la conducta sexual perpetrada por otra persona (en ocasiones, el propio padre biológico de la víctima) se argumentaba que con su omisión permitió la comisión o la continuidad de los abusos sexuales perpetrados sobre la persona de su hijo o hija, menor de edad[70].

Las siguientes resoluciones judiciales, en las que se analiza la implicación de las madres en la victimización sexual de niños, niñas y adolescentes, tienen en común las siguientes características:

En primer lugar, la víctima, menor de edad, lo es de un delito continuado de abuso sexual, cometido por el cónyuge o la pareja sentimental de la madre, pudiendo tratarse del padre biológico del niño o de la niña.

---

b) Cuando el omitente haya creado una ocasión de riesgo para el bien jurídicamente protegido mediante una acción u omisión precedente". Quintero Olivares, G., y Morales Prats, F. (2015). *Parte general del derecho penal. Adaptada al programa de ingreso en las carreras judicial y fiscal* (5ª ed.). Thomson Reuters Aranzadi. pp. 451 a 466.

70 Rodríguez Mesa, M. J.. (2019). Mujeres condenadas por abusos sexuales a menores. Especial referencia al proceso delictivo. En L. R. Ruiz Rodríguez & G. González Agudelo (eds.), *Transiciones de la política penal ante la violencia: realidades y respuestas específicas para Iberoamérica* (pp. 425-452). Editorial Jurídica Continental.

En segundo lugar, la madre de la víctima menor de edad tiene conocimiento de los contactos sexuales del cónyuge o pareja sentimental con su hijo o hija menor de edad, por haber sido revelados por la víctima y/o detectados por cualquier otro medio.

En tercer lugar, la acusación se dirige no solamente hacía el presunto autor directo y material de los hechos, sino también hacía la madre, por su posible inactividad posterior al descubrimiento de los hechos ilícitos.

En la SAP 51/2008, 31 de julio, de Palma Mallorca, anulada por la STS 848/2009, 24 de julio, el Tribunal condenó a la progenitora como cooperadora necesaria en comisión por omisión por un delito continuado de abusos sexuales perpetrado por su marido contra el hijo común. En este caso, el progenitor biológico abusó sexualmente de su hijo durante cinco años, des de los cuatro años de edad, en el domicilio familiar. Los hechos probados relatan como el abuso tendría lugar cuando la madre, también acusada, se hallaba fuera de la vivienda o mientras estaba durmiendo. En este caso, la condena a la progenitora se fundamentó en su inactividad que, según el Tribunal, provocó la continuidad de los abusos sexuales al mantenerse impasible frente al conocimiento que tenía de los mismos tras la revelación de su hijo y también por haber presenciado incidentalmente uno de los contactos sexuales (F.J. N. ° 4 SAP). La Audiencia consideró que la progenitora ostentaba una posición de garante y, que a pesar de estar diagnosticada de una esquizofrenia paranoide que reducía su capacidad de reacción y decisión, tal y como dio por probado el Tribunal, tenía capacidad individual suficiente para actuar. De tal modo que, a tenor del contenido de la resolución, la actuación que la madre omitió podría haber evitado episodios posteriores de abusos sexuales sobre el hijo menor de edad (F.J. N. ° 4 SAP).

Otro supuesto similar al comentado es el contenido en la SAP de Lleida 240/2020, 16 de noviembre, posteriormente confirmada por la STSJ de Catalunya, 69/2021, 23 de febrero. En este caso, el autor abuso durante cinco años del hijo de su pareja, sin ser padre del mismo. El niño tenía 10 años en el momento de inicio de los hechos. El Tribunal apreció que la madre tuvo una participación directa en los hechos sexuales cometidos por el padrastro contra su hijo, menor de edad (F.J. N. º 5 SAP). En este caso, tras haber revelado el hijo a su madre que su pareja mantenía conductas sexuales inapropiadas con él, la acusada instó al adulto a abandonar la vivienda familiar, si bien, le permitió regresar pasados unos días. Tras la recuperación de la convivencia familiar, según afirma el Tribunal, no constaba "*que la acusada (...) se interesará más por lo que estaba ocurriendo, cuando no era nada descartable que los ataques contra la indemnidad sexual de su hijo se siguieran produciendo, no procediendo tampoco a denunciar los hechos ante las autoridades, manteniendo así una clara y consciente conducta omisiva que situó a su hijo en un evidente marco de desprotección frente a la impropia conducta sexual mantenida por el acusado*" (F.J. N. º 5 SAP). Por ello, el Tribunal condenó a la madre, como cómplice, por un delito de abusos sexuales continuados, perpetrado dolosamente por su marido.

Otras resoluciones judiciales han considerado imprudente la inacción de la progenitora tras haber tenido conocimiento de la victimización sexual de su hijo o hija a manos de otro familiar. En estos casos, los órganos jurisdiccionales han dictado sentencias absolutorias debido a la imposibilidad de imputar un delito sexual por imprudencia. En la SAP de Barcelona 237/2023, 7 de marzo, el Tribunal absolvió a la progenitora del delito continuado de índole sexual del que se la acusaba en grado de complicidad en comisión por omisión, al "*dudar de la concurrencia del elemento subjetivo de dolo en la inacción de la procesada*", por lo que resolvió en beneficio de esta. En este caso, el autor de los hechos fue el progenitor biológico de las dos víctimas menores de edad, quienes contaban con diez y trece años en el momento en el que se iniciaron los hechos que tuvieron lugar en el domicilio familiar. Los hechos probados demostraron que la madre conocía los contactos sexuales entre su marido y sus hijas, ya que una de ellas le relató, al menos en dos ocasiones, los tocamientos de naturaleza sexual que su padre le realizaba. Sin embargo, no se acreditó *"que la procesada diera credibilidad a las manifestaciones de su hija"*, dado que la madre insistió en la normalidad en la que se estaba desarrollando la convivencia familiar, lo que le impidió percatarse de que algo anómalo estaba ocurriendo en su casa.

A pesar de ello, el Tribunal reprochó las medidas adoptadas por la progenitora, calificándolas de escasas e ineficaces para proteger a sus hijas, dada la gravedad de la situación en la que se encontraban. La Audiencia concluyó que, a pesar de la posición de garante que ostentaba la acusada como madre de las menores de edad, la progenitora *"fue negligente en el cuidado de las mismas, sobretodo de la hija que sí le explicó que su padre le hacía tocamientos de índole sexual, y la falta de atención a estas manifestaciones de la menor, que la madre al parecer no creyó, determinó que la menor se viera desamparada en la protección que merecía por parte de su madre"* (F. J. N. ° 1 SAP). Ante la atipicidad de la conducta sexual, caracterizada como culposa, la Audiencia decidió absolver a la madre de las víctimas.

Las resoluciones judiciales analizadas evidencian la existencia de claras actitudes omisivas por parte del entorno cercano ante el conocimiento o descubrimiento de la victimización sexual intrafamiliar. Sin embargo, se observa también una tendencia a criminalizar estas omisiones cuando son las madres de las víctimas quienes no cumplen con la respuesta socialmente esperada. La falta de una actuación protectora frente a los abusos sexuales puede agravar la posición de indefensión de los niños y las niñas, al cometerse en el entorno familiar, y ante el riesgo de que se perpetúen con el tiempo. Sin embargo, el tratamiento jurídico-penal de estas conductas plantea interrogantes sobre su idoneidad. En efecto, más allá de la eventual responsabilidad que pueda conllevar dejar a un niño o a una niña en tal situación de desprotección, es fundamental poner el foco en las medidas que podrían facilitar que las personas en estas circunstancias dentro de su hogar puedan comunicar el abuso a las autoridades correspondientes, protegiendo así a las víctimas afectadas.

4. Conclusiones

La victimización sexual en el entorno familiar presenta desafíos particularmente complejos en cuanto a la prevención, detección, comunicación y protección de las víctimas menores de edad. La opacidad y el silencio que aún persisten en la sociedad sobre esta tipología delictiva plantea la necesidad de desarrollar estrategias efectivas que permitan visibilizar los casos y garantizar una respuesta tuitiva inmediata.

El rol protector que pueden desplegar las personas cercanas al niño y niña que han detectado el abuso puede ser crucial. Que estas personas tomen las acciones adecuadas, puede suponer la finalización de la victimización sexual a la que el menor de edad está expuesto en su propio hogar. Sin embargo, si omiten intervenir, esto puede resultar en una prolongación del abuso y en una completa desprotección de niño o la niña, víctima.

Desde el ámbito académico y judicial, se ha señalado que no siempre quienes tienen la responsabilidad de proteger a las personas menores de edad están en condiciones o capacitadas para cumplir con esta tarea y notificar a las autoridades sobre los indicios que han identificado. Esta situación se complica aún más cuando el abuso ocurre en un entorno íntimo y reservado, como el familiar, donde pueden surgir sentimientos de lealtad hacía los agresores, de miedo a las repercusiones familiares y legales, estigmatización social y desconocimiento de los pasos a seguir, entre otros.

En estas páginas se ha examinado la implicación de las progenitoras en la victimización sexual de los niños y las niñas, destacando la labor fundamental que realizan en la revelación, comunicación y protección de esas víctimas menores de edad, como evidencia la investigación en este ámbito. Por el contrario, cuando las progenitoras se muestran inactivas ante los indicios de violencia sexual se ha observado que el sistema de justicia penal penaliza sus actitudes omisivas, responsabilizándolas directamente del abuso sexual ocurrido en el ámbito familiar y de su prolongación en el tiempo, sin atender adecuadamente a las particulares circunstancias en las que se encuentra la madre y su capacidad de actuación.

De este modo, para prevenir una mayor de desprotección de las víctimas menores de edad en el entorno familiar, tras haber ocurrido la victimización sexual, y con el objetivo de mitigar la criminalización de las omisiones en su protección, es esencial implementar medidas que promuevan el cumplimiento de los deberes de comunicación. Estas acciones no sólo contribuirán a visibilizar los casos de violencia sexual, sino que también garantizaran un entorno más seguro para las víctimas menores de edad en sus hogares. Esta estrategia se alinea con la normativa destinada a proteger a los niños y niñas frente a la violencia, que subraya la necesidad de sensibilizar e informar a la sociedad sobre este fenómeno, así como de establecer mecanismos que aclaren las dudas de quienes se comunican y faciliten la notificación de los casos de abuso sexual.

En este contexto, se considera oportuno llevar a cabo más campañas informativas dirigidas a la sociedad en su conjunto, con un enfoque especial en las familias, debido al elevado índice de abusos sexuales intrafamiliares. Se reconoce que las administraciones públicas locales pueden desempeñar un papel crucial en la ejecución de estas campañas, gracias a su proximidad con la ciudadanía.

Estas iniciativas informativas deben proporcionar orientación clara sobre cómo proceder ante la detección de posibles indicios de violencia sexual en el entorno familiar. Es esencial que aborden aspectos como las acciones a tomar, las medidas de protección para la víctima, a quién notificar y los servicios de atención y apoyo disponibles. Entre estos servicios, es esencial informar a las familias sobre la unidad *Barnahus,* un espacio diseñado y adaptado a la infancia, en el que se brinda atención profesional y especializada a las víctimas menores de edad de violencia sexual.

Contar con esta información de antemano, no solo sobre cómo proceder, sino también sobre la certeza de que profesionales capacitados atenderán a los niños y niñas víctimas de violencia sexual, debería conducir a incrementar la comunicación de los casos. Esta confianza en la atención institucional ofrecida por *Barnahus* puede favorecer una mayor disposición a reportar situaciones de violencia que la criminalización de las conductas en la línea expuesta respecto de las madres de las víctimas.

Referencias bibliográficas

Comisión Europea. *La Estrategia de la UE sobre los Derechos del Niño y la Garantía Infantil Europea.* La Estrategia de la UE sobre los Derechos del Niño y la Garantía Infantil Europea–Comisión Europea

Council of Europe. *Strategy for the Rights of the Child (2022-2027).* Strategy for the Rights of the Child (2022-2027)–Children's Rights

Gisbert Pomata, M. (2021). Capítulo VI. La tutela procesal de la violencia contra la infancia y adolescencia en C. Martínez García (coord.). *El nuevo marco legal de protección integral de la infancia y adolescencia frente a la violencia en España* (pp. 261-356). Thomson Reuters Aranzadi.

Instituto Nacional de Estadística (2023). *Resultados nacionales. Condenados por delitos sexuales. Delitos sexuales según sexo.* Delitos sexuales según sexo(28714) (ine.es)

Ministerio de Derechos Sociales y Agenda 2030 (2024). *Boletín de datos estadísticos de medidas de protección a la infancia y la adolescencia Boletín número 25 Datos 2022.* boletin25.pdf (mdsocialesa2030.gob.es)

Ministerio de Derechos Sociales y Agenda 2030. *Estrategia de Erradicación de la Violencia contra la infancia y adolescencia.* Maquetación 1

Ministerio de Interior (2023). *Victimizaciones de infracciones penales por periodo, comunidad autónoma, tipología penal, grupo de edad y sexo.* Portal Estadístico de Criminalidad (mir.es)

Naciones Unidas. *Objetivos de desarrollo sostenible.* La Asamblea General adopta la Agenda 2030 para el Desarrollo Sostenible–Desarrollo Sostenible

Ordoñez-Martí, B. y Valero-Arguayo, L. (2023). El papel del profesorado en la detección y notificación del maltrato infantil intrafamiliar: una revisión sistemática en J. C. Rodriguez Rodríguez, (Ed.) (2023). *Educación Siglo XXI. Nuevos retos, nuevas soluciones.* Volumen 3. (pp. 78 a 96). Dykinson, S.L.. Educación siglo XXI. Nuevos retos, nuevas soluciones. Volumen 3–Google Libros

Pereda, N. (2011). Resiliencia en niños víctimas de abuso sexual: El papel del entorno familiar y social. *Revista de Intervención Socioeducativa, 49,* 103-114, 00920123016251.pdf (educacion.gob.es)

Pereda, N., y Sicilia, L. (2017). Reacciones sociales ante la revelación de abuso sexual infantil y malestar psicológico en mujeres víctimas. *Psychosocial Intervention,* 26(3), 131-138. https://doi.org/10.1016/j.psi.2017.02.002

Pereda Beltran, N. (2023). El coste social de la violencia contra la infancia y la adolescencia. *Papeles del Psicólogo/Psychologist Papers, 44*(3), 145-151. https://doi.org/10.23923/pap.psicol.3021

Quintero Olivares, G., y Morales Prats, F. (2015). *Parte general del derecho penal. Adaptada al programa de ingreso en las carreras judicial y fiscal* (5ª ed.). Thomson Reuters Aranzadi.

Rodríguez Mesa, M. J. (2019). Mujeres condenadas por abusos sexuales a menores. Especial referencia al proceso delictivo en L. R. Ruiz Rodríguez & G. González Agudelo (eds.), *Transiciones de la política penal ante la violencia: realidades y respuestas específicas para Iberoamérica* (pp. 425-452). Editorial Jurídica Continental.

Save The Children (2012). *La justicia española frente al abuso sexual infantil en el entorno familiar. Un análisis de casos a la luz de los estándares internacionales de derechos humanos.* informe justicia esp abuso sexual infantil vok-2. pdf (savethechildren.es)

Save The Children (2017). *Ojos que no quieren ver. Los abusos sexuales a niños y niñas en España y los fallos del sistema.* ojos que no quieren ver 27092017. pdf (savethechildren.es)

Save The Children (2023). *Por una justicia a la altura de la infancia. Análisis de sentencias sobre abusos sexuales a niños y niñas en España.* Informe 'Por una justicia a la altura de la infancia' | Save the Children

Tamarit, J. M., Padró-Solanet, A., Guardiola Lago, M. J, Hernández Hidalgo, P. (2017). Estudio de sentencias: las decisiones judiciales en los casos de victimización sexual de menores en Josep M. Tamarit Sumalla (Coord.). *La victimización sexual de menores de edad y la respuesta del sistema de justicia penal* (pp. 97-165). Edisofer, S.L.

Tamarit, J. M., Padró-Solanet, A., Guardiola Lago, M. J., Hernández Hidalgo, P. (2017). La persecución judicial de la victimización sexual infantil: un estudio de flujo de casos en Josep M. Tamarit Sumalla (Coord.). *La victimización sexual de menores de edad y la respuesta del sistema de justicia penal* (pp. 167-200). Edisofer, S.L.

Vaccaro, S. (2016). *Abuso sexual intrafamiliar: cuando lo familiar se vuelve peligroso.* Abuso sexual intrafamiliar: cuando lo familiar se vuelve peligroso–Tribuna Feminista

CAPÍTULO VII. LA PROBLEMÁTICA CONCERNIENTE A LA REPRESENTACIÓN DE LAS NIÑAS, NIÑOS Y ADOLESCENTES VÍCTIMAS DE DELITOS TRAS LAS ÚLTIMAS REFORMAS LEGISLATIVAS

MARÍA ÁFRICA CRUZ JIMÉNEZ
Profesora asociada e investigadora pre-doctoral.
Universitat Rovira i Virgili

1. Introducción: aproximación a la problemática existente respecto a la representación de niñas, niños y adolescentes en procedimientos administrativos y judiciales

Los y las menores de edad víctimas de delitos necesitan ser acompañados social e institucionalmente. Deben ser escuchados, protegidos, valorados y sentir que hay alguien que se preocupa de sus necesidades, sobre todo cuando para la satisfacción de las mismas es necesario enfrentarse a otros adultos y al sistema en sí, entendido como el conjunto de organismos e instituciones de carácter administrativo o judicial existentes para la resolución de conflictos, restitución y reparación de los daños padecidos[71].

La legislación internacional y europea viene exigiendo de manera insistente y prolongada en el tiempo, que se tenga en cuenta el interés superior de los niños, niñas y adolescentes (en adelante, NNA) en cualquier procedimiento en el que se vean inmiscuidos, que se facilite su verdadera participación en el procedimiento, que sean escuchados y que su opinión se

71 Regla 5, párrafo segundo de las Reglas de Brasilia sobre el acceso a la justicia de las personas en condición de vulnerabilidad, aprobadas en la Asamblea Plenaria de la XIV Cumbre Judicial Iberoamericana (4 a 6 de marzo de 2008) *"Todo niño, niña o adolescente debe ser objeto de una especial tutela por parte de los órganos del sistema de justicia en consideración de su desarrollo evolutivo"*

tome en cuenta en las resoluciones que les afecten, así como que todo ello se realice valorando sus especiales circunstancias y garantizando su bienestar físico y emocional a fin de evitar la victimización secundaria.

A pesar de los esfuerzos del legislador español, las diferentes figuras que en un momento determinado pueden intervenir en defensa de los derechos de un niño, niña o adolescente víctima de un delito, no suponen un asesoramiento y representación especializados ni ininterrumpidos en los diferentes ámbitos en el que éstos deben hacer valer su opinión e intereses y, por tanto, estos representantes se configuran como un elemento ajeno más y no como un aliado para los menores de edad y sus familiares dentro del sistema administrativo y judicial.

El no ofrecer un trato adecuado a los NNA que entran en contacto con la Administración de Justicia, así como la desatención de sus derechos procesales, aumenta considerablemente el riesgo de padecer victimización secundaria entendida como "*aquellos daños o perjuicios psicológicos, sociales, judiciales o económicos que se producen en un momento posterior al delito*[72]". En este caso, se trataría de daños directamente propiciados por quien debería centrar sus esfuerzos en resolver los conflictos y reparar el daño sufrido por estos NNA: la administración pública (cuando la victimización secundaria se deriva de la desatención o maltrato derivado de la actuación de agentes vinculados a la administración pública durante la tramitación de un procedimiento administrativo) o la administración de justicia (si la victimización secundaria se deriva de la intervención de los órganos y agentes vinculados a Juzgados y Tribunales). Ambos supuestos son un claro ejemplo de violencia institucional contra los niños definida como "*todos los actos u omisiones de los servidores públicos de cualquier orden*

---

72 Beristain, A. (1999). *Criminología y Victimología.* Colombia: Leyer.

de gobierno que discriminen o tengan como fin, dilatar, obstaculizar o impedir el ejercicio de los Derechos Humanos de las mujeres o menores, así como, el acceso de las políticas públicas destinadas a prevenir, atender, investigar, sancionar y erradicar los diferentes tipos de violencia sobre estos.[73] "

En igual sentido, la Ley catalana 5/2008, de 24 de abril, del derecho de las mujeres a erradicar la violencia machista ofrece un concepto de violencia institucional centrado en los problemas e inconvenientes vinculados al paso por tribunales de justicia y órganos administrativos por parte de las mujeres víctimas de violencia machista pero perfectamente extensible a las situaciones padecidas por los NNA víctimas de delitos y se concreta en "*acciones y omisiones de las autoridades, el personal público y los agentes de cualquier organismo o institución pública que tengan por finalidad retrasar, obstaculizar o impedir el acceso a las políticas públicas y al ejercicio de los derechos...*" (art. 5 Sexto).

Existen numerosas organizaciones y proyectos destinados a garantizar el buen trato a la infancia en este tipo de procedimientos, asesorando a los profesionales del Derecho con la finalidad de proporcionarles herramientas que aseguren el respeto y la efectividad de los derechos de los niños que entran en contacto con la Administración de Justicia. Tal labor pone de relieve la urgente necesidad de intervención en el ámbito nacional español por cuanto respecta a la violencia que con carácter genérico sufre la infancia y la adolescencia[74] pero más

---

73 Ramallo Miñán, E. (2023) "La violencia institucional y el concepto jurídico. Vulneración de los DDHH de mujeres y menores", *Revista Claves Jurídicas*, (12), 57-96.

74 Pereda, N. (2024) "De la investigación a la acción: abordando la violencia contra la infancia y la adolescencia como una prioridad de interés público en España". *Boletín criminológico. Instituto andaluz interuniversitario de Criminología. (Sección Málaga).* Artículo 16/2024_30AÑOS_BC, (238).

concretamente, debe darse prioridad a la reducción o evitación de daños que el propio sistema judicial y administrativo pueden producir a estos NNA, teniendo en cuenta los enormes costos y efectos que provoca la violencia contra la infancia para las sociedades[75].

El presente trabajo tiene como objetivo exponer la realidad del acompañamiento que en lo legal reciben NNA e incidir en los cambios que deben realizarse en el aparato administrativo y judicial para atender correctamente a las víctimas menores de edad con la finalidad de que su participación en el engranaje de la justicia no suponga una doble victimización para ellos.

2. La regulación de los derechos procesales de los niños, niñas y adolescentes anterior a la Ley Orgánica 8/2021

En fecha 25 de junio de 2021 entró en vigor la Ley Orgánica de protección integral a la infancia y la adolescencia frente a la violencia (LO 8/2021, conocida como LOPIVI o ley de Rhodes), con la que se plantea de manera innovadora respecto a la regulación anterior, la protección de los niños niñas y adolescentes desde todos los ámbitos posibles, por lo que supone un cambio de paradigma al abordar de manera integral los diferentes tipos de violencia con un enfoque preventivo y pedagógico[76]. Es necesario echar la vista atrás y hacer una revisión

---

75 Melo, L.A. (2021) *Hijas e hijos de mujeres víctimas de feminicidio. Avances y desafíos.* Prólogo de UNICEF Uruguay. https://bibliotecaunicef.uy/documentos/209 Respuestas publicas a hijos de mujeres victimas femicidio.pdf Recuperado el 18 de octubre de 2024.

76 Save the children, (2022) *Todo lo que deberías saber sobre la LOPIVI. Catálogo de formaciones en prevención y actuación frente a la violencia.* https://www.savethechildren.es/sites/default/files/2022-05/Catalogo de formaciones LOPIVI marzo 2022.pdf Recuperado el 18 de octubre de 2024.

de cuanto se ha legislado con carácter anterior a la publicación de la LOPIVI, concretamente respecto a los derechos procesales de los menores de edad, para comprobar si en relación a dichos derechos, la nueva legislación, comporta algún tipo de avance.

El punto de partida debe establecerse en el momento en el que se determina que, como cualquier otro ser humano, los niños, niñas y adolescentes, tienen derecho a acceder a la justicia sin discriminación por razón de edad[77]. Asentada dicha base, y con el mismo apoyo legal, surge la formulación normativa del denominado "derecho de audiencia" o derecho del menor de edad a expresar su opinión y ser escuchado[78], derecho éste por el que se promueve la libertad de opinión del niño en aquellos asuntos de su incumbencia, añadiendo que dicha opinión debe ser escuchada, es decir, no basta con que el menor la exprese, sino que ha de ser atendida y valorada teniendo en cuenta su grado de madurez[79]. La normativa vincula el derecho de audiencia de los NNA a toda decisión familiar, administrativa o judicial, teniendo siempre en cuenta la defensa de sus intereses.

En el ámbito nacional español, este derecho se encuentra reflejado en el artículo 9 de la Ley Orgánica 1/1996, del 15

---

77 Artículo 7 de la Declaración Universal de Derechos Humanos de 1948, artículo 21 de la Carta de Derechos Fundamentales de la Unión Europea, artículo 14 de la Constitución Española, entre otros.

78 Art. 12 de la Convención sobre los Derechos del Niño de 1989, art. 15 de la Carta Europea de los Derechos del Niño (DOCE nº C 241, de 21 de septiembre de 1992), art. 24 de la Carta de los Derechos Fundamentales de la Unión Europea o art. 3 del Convenio sobre el Ejercicio de los Derechos de los Niños de 25 de enero de 1996, entre otros.

79 Bonilla, J. (2023) "La participación en el proceso penal de la víctima menor de edad. El ejercicio de la dispensa de la obligación de declarar". *TEORDER* 2023, (34), 256-281.

de enero, de Protección Jurídica del Menor, modificada por la Ley Orgánica 8/2015, guiada por la Observación General nº 12, de julio de 2009 del Comité de los Derechos del Niño de la ONU que expresa la necesidad de que las opiniones del niño se tomen en serio[80]. La LO 8/2015 completa la redacción del derecho y lo consagra como un derecho fundamental del niño en términos del artículo 24 de la Constitución Española[81].

Paralelamente, el derecho de todo menor de edad a ser informado en los procedimientos y asuntos que le afecten, es reconocido en diferentes textos legales por los que se establece la obligación de la autoridad judicial de asegurarse que se proporciona dicha información al niño, así como que la información que se le facilite debe comprender todo lo pertinente al procedimiento en cuestión y a las consecuencias que puedan derivarse tanto de la manifestación de su opinión como de las resoluciones que se dicten en el procedimiento. La información se ofrecerá en función de la capacidad de discernimiento del NNA[82].

---

80 El art.9 de la LOPJM dispone: *"El derecho a ser escuchado forma parte del núcleo fundamental de la Convención, junto con el derecho a la vida, a la no discriminación y el derecho a que el interés superior del menor sea una consideración primordial. Además de ello, el derecho del niño a ser escuchado y a que sus opiniones se tomen en serio debe también entenderse como un principio esencial para la determinación del mejor interés del niño, considerado un interés superior."*

81 Leiva Rodríguez, B. y García Garnica, M.C. (2016) "Análisis de las instituciones del sistema de protección de menores y su reforma por la Ley Orgánica 8/2015 y la Ley 26/2015 (I)". *El genio maligno. Revista de humanidades y ciencias sociales,* (19), 5.

82 Art. 17 CDN, art. 11 Carta de los Derechos Fundamentales de la Unión Europea, art. 10.1 del Convenio Europeo para la protección de los Derechos Humanos, art. 3,6 y 10 del Convenio Europeo sobre el Ejercicio de los Derechos de los niños.

Por cuanto respecta a la regulación del derecho a la información en España, el artículo 20 de la Constitución Española reconoce en su apartado d) el derecho a comunicar o recibir información veraz. Con mayor amplitud la Ley Orgánica 1/1996 de Protección Jurídica del Menor en sus art. 5 y 10 determina el derecho a recibir información por parte de los NNA y, en concreto, la obligación de las Administraciones Públicas de facilitar esa información a los niños, niñas y adolescentes.

El último de los derechos procesales al que es necesario hacer mención, estrechamente vinculado al derecho de participación, es el derecho de los NNA a ser representados y jurídicamente asistidos, por lo que los menores de edad tendrán derecho a solicitar la designación de una persona que les ayude a expresar su opinión o de un abogado que les asista y les represente[83].

Dentro del marco legal español, el derecho a ser representado y asistido jurídicamente, viene recogido en la LO 1/1996 de Protección Jurídica del Menor en adelante LOPJM en su artículo 10.2 e), en el que se determina que podrá solicitar asistencia legal o el nombramiento de un defensor judicial para emprender acciones judiciales y administrativas necesarias para la protección y defensa de sus derechos e intereses. De igual manera, se reconoce el derecho de asistencia jurídica gratuita a todo menor en situación de desamparo (art. 21 bis 1. Párrafo e). Con todo, la LPJM añade que el Ministerio Fiscal siempre podrá actuar en defensa de los derechos de los menores (art. 10.2 e) in fine).

---

[83] Art. 12.2 CDN, Observación General N.º 12 (2009) del Comité de los Derechos del Niño de 25 de mayo a 12 de junio de 2009, artículo 4, 5, 9 y 10 del Convenio Europeo sobre el Ejercicio de los Derechos de los Niños

3. La representación de los niños, niñas y adolescentes víctimas de delitos violentos en la LO 8/2021

Como ya se ha avanzado, la publicación de la LO 8/2021, de protección integral a la infancia y la adolescencia frente a la violencia (en adelante, LOPIVI), desde su concepto de integralidad, supone un cambio de paradigma respecto a todo lo actuado anteriormente en el ámbito nacional por cuanto se propone proteger los derechos fundamentales de los niños y adolescentes desde un punto de vista holístico, actuando en todos los ámbitos en los que se desarrolla la vida de los NNA.

Los derechos procesales de los menores de edad se encuentran dentro del ámbito de protección de la LOPIVI, entre los que destaca principalmente el derecho de participación en los asuntos que son de su incumbencia. Tal derecho se configura como principio general necesario para la realización de otros como el derecho a la información, a emitir opinión y ser escuchado, a incidir en las decisiones y a ser representado jurídicamente; derechos éstos que no podrán lograrse si los NNA no se involucran directamente en las materias que les afectan[84].

La LOPIVI regula de una manera novedosa el derecho del menor de edad a emitir su opinión y a ser escuchado en dos de sus artículos: el art. 3 e) que integra como uno de los fines a lograr por la Ley el refuerzo del ejercicio del derecho de audiencia, y el art. 11 que garantiza que todos NNA sean escuchados sin límite de edad y sin hacer mención expresa a su grado de madurez, volcando la efectividad del mismo en la atención por

---

84 UNICEF Chile (2022) *Derecho a la participación de niños, niñas y adolescentes. Serie de información sobre el enfoque basado en los derechos de la niñez.* https://www.unicef.org/chile/media/7031/file/Mod%204%20derecho%20participacion.pdf . Recuperado el 20 de octubre de 2024.

parte de profesionales especializados, metodologías adecuadas y espacios adaptados. La ley se asegura que este derecho a ser escuchado sea accesible en todos los procedimientos administrativos, judiciales o de cualquier índole que estén relacionados con la acreditación de la violencia y la reparación de las víctimas.

Reforzar el ejercicio del derecho a ser escuchado comporta, por un lado, integrarlo como un derecho que debe ser ofrecido al menor y que, por tanto, tendrá la posibilidad de ejercer o no ("*el derecho a ser escuchado es renunciable*"[85]), y, además, por otro lado, entraña la dificultad de poner los medios necesarios para que las víctimas menores de edad puedan entender y hacer efectivo ese derecho si esa fuera su voluntad. Es en este punto en el que el derecho a ser escuchado converge con el siguiente derecho que tiene todo NNA que se vea involucrado en un procedimiento administrativo o judicial: el derecho a ser informado.

Los menores de edad tienen derecho a recibir información en los asuntos que les afecten de manera adaptada a sus capacidades y adecuada en cantidad y calidad[86]. En tal sentido, la LOPIVI recoge en su artículo 10 la obligación de las administraciones públicas de proporcionar a los NNA víctimas de violencia la información sobre las medidas contempladas en la ley y el asesoramiento relativo a otros mecanismos de información

---

85 Defensor del Pueblo (2014) "Estudio sobre la escucha y el interés superior del menor. Revisión judicial de medidas de protección y procesos de familia" Pág. 15 https://www.defensordelpueblo.es/wp-content/uploads/2015/05/2014-05-Estudio-sobre-la-escucha-y-el-interes-superior-del-menor.pdf . Recuperado el 20 de octubre de 2024.

86 Unicef Chile (2022) *Derecho a la participación de niños, niñas y adolescentes. Serie de información sobre el enfoque basado en los derechos de la niñez.* https://www.unicef.org/chile/media/7031/file/Mod%204%20derecho%20participacion.pdf . Recuperado el 20 de octubre de 2024.

o denuncia existentes. Para ofrecer dicha información deberá tenerse en cuenta la situación personal de la víctima y también su grado de madurez. El artículo establece que estas víctimas menores de edad, sean derivadas a la Oficina de Asistencia a las Víctimas para ser correctamente informadas, en un lenguaje claro y comprensible.

Finalmente, la LOPIVI dedica su artículo 13 a la regulación del derecho a la representación de NNA, en aquellos procedimientos judiciales que se deriven de la situación de violencia padecida, indicando que éstos están legitimados para defender sus derechos e intereses en este tipo de procedimientos y que la defensa se realizará por tres posibles vías: a través de sus representantes legales, a través del defensor judicial o a instancia del Ministerio Fiscal. Cuando se trate de una causa penal, nuevamente se contempla la obligada derivación del niño, niña o adolescente a la Oficina de Atención a la Víctima en atención a la gravedad del delito padecido, la vulnerabilidad de la víctima o en aquellos casos en los que la víctima así lo solicite. A tenor de cuanto dispone el artículo 14, estos NNA tienen derecho a la asistencia jurídica gratuita imponiendo a los Colegios de Abogados la exigencia de realización de cursos de formación para garantizar una asistencia letrada especializada. A estas diferentes vías de representación del NNA nos referiremos de forma más detallada en el siguiente epígrafe.

4. *Las figuras de representación jurídica y asistencia del menor de edad víctima de delitos en España*

El concepto de la figura de la representación en el ámbito procesal no está exento de debate. Entre las múltiples definiciones posibles se opta por la ofrecida por Rafael Manuel Oliveros Lara que define la representación por un lado como "*la posibilidad de delegar facultades a determinada persona para actuar por cuenta del delegante*" así como "*la posibilidad de las personas para suplir sus limitaciones, ya sea por su falta de capacidad de ejercicio o por la imposibilidad de actuar al mismo tiempo en diversos lugares o por la imposibilidad que tienen las personas morales de actuar por ellas mismas"*[87], concretamente, añade el autor que se trata de *"una figura jurídica por medio de la cual se permite alterar la esfera jurídica de una persona por medio de la actuación de otra capaz"*. A continuación, se analizan brevemente las diferentes figuras de representación jurídica y asistencia con las que cuentan las víctimas menores de edad con carácter general en España.

a) Representación legal de los hijos no emancipados. La asistencia jurídica gratuita (letrado y procurador)

Por cuanto respecta al derecho procesal relativo a la comparecencia en juicio, la Ley de Enjuiciamiento Civil otorga tal derecho a todas las personas, sin embargo, las menores de edad no emancipadas, únicamente podrán comparecer mediante la representación, asistencia o autorización exigidos por la ley (art. 7 LEC).

A tenor de cuanto dispone el artículo 162 del Código Civil, la representación legal de los hijos menores de edad no emancipados recae sobre los padres que ostenten la patria potestad, a excepción de aquellos actos relativos a derechos de la personalidad que el hijo pueda realizar por sí mismo de acuerdo a su grado de madurez. Tampoco podrán ejercer la representación legal de sus hijos lo progenitores que ostenten la patria potestad de éstos cuando exista un conflicto de intereses entre ambos progenitores y el hijo menor de edad. En tal caso, se nombrará un defensor judicial que represente al NNA en juicio y fuera de él (art. 163). El defensor judicial también

---

87 Oliveros Lara, R.M. (2017) "Poder, representación y mandato". *Homenaje a Miguel Ángel Zamora y Valencia. Por el Colegio de Profesores de Derecho Civil. Facultad de Derecho UNAM*. 123-152.

ejercerá esta representación cuando por cualquier causa, el tutor no desempeñe sus funciones, hasta que cese la causa que impedía al tutor representar al menor de edad o hasta que se designe otra persona que realice tales funciones (art. 235 CC). Es obligación del defensor judicial ejercer su cargo en interés del menor, adecuándose a su personalidad y con respeto a sus derechos.

De este modo, se diferencia la representación legal de la voluntaria, siendo que la legal es aquella que viene expresamente preestablecida por la Ley como es el caso de los NNA, quienes deben ser representados por otra persona por imperativo legal debido a su falta de capacidad de obrar vinculada a la minoría de edad, mientras que la voluntaria es aquella que se ejerce por alguien que ha sido voluntariamente designado por quien sí tiene capacidad de representación propia.

Es necesario hacer mención del artículo 2 del Código Civil español por cuanto introduce el principio del interés superior del menor exigiendo que sea valorado y considerado como primordial en todas las acciones y decisiones que conciernan al niño. En su apartado 5, establece los derechos procesales de los NNA como la obligación de garantizar el derecho a ser informado, oído y escuchado, el derecho a participar en el proceso; a que los profesionales que intervengan sean expertos debidamente cualificados; derecho a que se asegure la participación de los progenitores, tutores o representantes legales del menor o, en su caso, de un defensor judicial; del mismo modo, exige la motivación de las resoluciones adoptadas y la posibilidad de recurrir aquellas resoluciones que no hayan salvaguardado el interés del menor así como el derecho de asistencia jurídica gratuita en los casos legalmente previstos.

En el ámbito autonómico catalán, la Ley 25/2010, de 29 de julio, del libro segundo del Código Civil de Cataluña, relativo a la persona y la familia, en su artículo 211-3.2, establece que la plena capacidad de obrar se alcanza con la mayoría de edad y en el artículo 236.18, se regula expresamente la representación legal. En concreto, se establece que "*el ejercicio de la potestad sobre los hijos comporta la representación legal de estos*" y excluye su ejercicio para determinados actos, entre ellos: c) Actos en que exista un conflicto de intereses entre ambos progenitores o entre el progenitor que ejerce la potestad y sus hijos.

Tanto la Ley Orgánica de Protección Jurídica del Menor, tras la reforma operada por la LO 8/2015, de 22 de julio, como la Ley 4/2015 de 27 de abril, del Estatuto de la víctima, hacen referencia a la posibilidad de la designación de un defensor judicial en caso de conflicto o discrepancia entre los representantes legales del menor y éste mismo, o cuando la víctima se encuentre separada de quienes ejerzan la patria potestad o cargos tutelares (artículos 2.5 y 26, respectivamente).

Como ya se ha venido exponiendo, las últimas reformas legislativas en el ámbito jurídico español centran su atención en los sectores de población más vulnerables, estableciéndose como una de sus metas esenciales la reducción de la victimización secundaria en menores y adolescentes. Una de las medidas adoptadas por la LOPIVI, ya comentadas en el apartado relativo al derecho de participación de los NNA, es el reconocimiento de la legitimación de los niños, niñas y adolescentes para la defensa de sus intereses en los procedimientos judiciales instados con motivo de una situación de violencia, regulado en el artículo 13. Esta defensa se efectuará a través de sus respectivos representantes legales o del defensor judicial designado por el Tribunal de oficio o a instancia del Ministerio Fiscal.

Las personas menores de edad víctimas de delitos violentos tienen derecho a la asistencia jurídica y representación gratuitas llevadas a cabo por un Letrado y Procurador del turno de oficio y el Colegio de Abogados deberá garantizar que el profesional que se encargue de la defensa letrada de estos NNA, esté debidamente formado. Dicho Letrado podrá ejercer la representación procesal del menor de edad mientras no se designe Procurador y el NNA no se haya personado como acusación particular en la causa (art. 14 LOPIVI).

b) La representación de menores de edad tutelados

En el especial supuesto de los menores de edad tutelados o adscritos al sistema de protección infantil, la Ley 26/2015, de 28 de julio, de modificación del sistema de protección a la infancia y a la adolescencia, en su artículo 239 indica que la tutela de los menores que se encuentren en situación de desamparo corresponderá por ministerio de la ley a la Entidad Pública. En tal caso, en el ámbito autonómico catalán, el artículo 17 de la Ley 14/2010, de 27 de mayo, de los derechos y oportunidades de la infancia y adolescencia publicada en el DOGC núm. 564, en fecha 2 de junio de 2010, establece que los niños y los adolescentes pueden ejercer y defender ellos mismos sus derechos, mediante sus representantes legales, siempre que no tengan intereses contrapuestos a los propios. Igualmente podrá solicitar información, asesoramiento, orientación o asistencia, a las administraciones públicas encargadas de atenderles y protegerles, al Ministerio Fiscal, al Síndic de Greuges o a los defensores locales de la ciudadanía. Según el artículo 109 del mismo cuerpo legal, la resolución que declara el desamparo del menor de edad, comporta la asunción inmediata de las funciones tutelares sobre el niño o adolescente lo que implica la suspensión de la potestad parental o de la tutela ordinaria y de los derechos que se derivan. La representación en juicio de los NNA tutelados corresponde al abogado de la Generalitat que podrá representar y defender en juicio incluso a personas extuteladas que al alcanzar la mayoría de edad lo soliciten, siempre que la representación y defensa se haya iniciado durante la minoría de edad (artículo 151.3 Ley 14/2010).

Por tanto, las personas funcionarias del Cuerpo de la Abogacía de la Generalitat, ejercen las funciones de representación y defensa ante los órganos judiciales y el asesoramiento en derecho del Gobierno de la Generalitat de Catalunya y de la Administración de ésta[88].

c) Funciones del Ministerio Fiscal

Por su cuenta, en virtud de cuanto establece el artículo 124 de la Constitución Española, El Ministerio Fiscal, entre otras funciones, deberá promover la acción de la justicia en defensa de los derechos de los ciudadanos, de oficio o a petición de los interesados, sin perjuicio de las funciones encomendadas a otros órganos.

La Ley 50/1981 de 30 de diciembre por el que se regula el Estatuto Orgánico del Ministerio Fiscal (EOMF), determina las funciones y la actuación del Ministerio Fiscal, de tal manera que en materia de menores su artículo 3 establece entre las funciones atribuidas al Ministerio Público, la de intervenir en los procesos civiles que puedan afectar a personas menores en tanto se provee de los mecanismos ordinarios de representación (art. 3.7), velar por la protección procesal de las víctimas y por la protección de testigos y peritos, promoviendo los mecanismos previstos para que reciban la ayuda y asistencia efectivas (art. 3.10) así como ejercer en materia de responsabilidad penal de menores las funciones que le encomiende la legislación

[88] Departament de la Presidència. Cos de l'advocacia de la Generalitat https://presidencia.gencat.cat/ca/ambits_d_actuacio/organs-consultius/gabinet_juridic/cos_advocacia_generalitat/#:~:text=Les%20persones%20funcion%C3%A0ries%20del%20Cos,l'Administraci%C3%B3%20d'aquesta. Recuperado el 18 de octubre de 2024.

específica, debiendo orientar su actuación a la satisfacción del interés superior del menor (art. 3.12).

De esta manera, nace por imperativo legal un órgano encargado de proteger y velar por los intereses y derechos de los menores tanto en el ámbito penal como en el civil[89], que únicamente ejercerá como representante legal del NNA en casos muy determinados y que despliega un abanico más amplio de funciones en el ámbito de la jurisdicción penal de menores en el que se encarga de la instrucción de la causa, pero a su vez, velará por la protección de los derechos de las víctimas y perjudicados, encontrándose entre sus obligaciones, la instrucción inmediata de las medidas de asistencia a las víctimas que prevé la legislación vigente y el ejercicio de las acciones civiles y penales en su nombre en caso de que no contasen con dirección jurídica letrada. Igualmente, deberá comunicar a las víctimas y a las personas perjudicadas, todas aquellas resoluciones que se adopten en el procedimiento y que puedan afectar a sus intereses (Artículo 4 Ley 5/2000 de responsabilidad penal de los menores).

Es necesario recordar, que la Ley Orgánica de Protección Jurídica del Menor establece en su artículo 10.2 e) in fine, que el Ministerio Fiscal siempre podrá actuar en defensa de los derechos de los menores.

Por cuanto respecta a la representación de menores de edad infractores, el artículo 17.2 de la LO 5/2000 reguladora de la responsabilidad penal de los menores, establece que la declaración del menor de edad detenido, deberá llevarse a cabo en presencia de su Letrado y de aquéllos que ejerzan la

---

89 Medina Santana, E.G. (2016) "Fiscalía de menores" *Crimipedia. Centro Crimina para el Estudio y Prevención de la Delincuencia ISSN 2659-4897. Universidad Miguel Hernández* Fiscalía de menores, Crimipedia Recuperado el 18 de octubre de 2024.

patria potestad o tutela salvo que "las circunstancias aconsejen lo contrario". En estos últimos casos, la declaración se llevará a cabo en presencia de un segundo Fiscal (distinto al instructor del expediente), que ejercerá la representación del NNA en suplencia de quienes ostenten la potestad o tutela.

5. Deficiencias del sistema español de representación de NNA. Reflexión crítica

El padecimiento de delitos violentos por parte de víctimas menores de edad supone la apertura de procedimientos administrativos y judiciales en los que deba resolverse a propósito de temas que les afecten y que de alguna manera, comprendan la relación del menor de edad con la Administración de Justicia y las diversas instituciones en las que se deben hacer valer sus derechos procesales.

Tras la exposición de las diferentes figuras previstas en la normativa española y catalana para la representación y asistencia jurídica de los NNA, es necesario valorar si estas previsiones son suficientes para cumplir con las exigencias de protección de los derechos de los menores de edad relativos a su efectiva participación en los procedimientos administrativos y judiciales con todas las garantías contempladas en la ley.

Como bien indicamos al inicio, las víctimas menores de edad necesitan sentirse protegidas y acompañadas durante la tramitación de los procedimientos en los que se discuten temas de su interés, por lo que es necesario y oportuno que se modifiquen los espacios de atención a menores (justicia *child friendly*), que se escuche su opinión por parte de profesionales especializados, que se les facilite información y que puedan ser representados legalmente por Letrados en los procedimientos judiciales. Por ello, es de crucial importancia constatar:

- Que el menor de edad víctima es informado y se recaba efectivamente su opinión por parte de quienes le representan y que estos asistentes jurídicos no se limitan a informar directamente a los tutores del niño o niña.
- Que el NNA entiende la información que se le facilita.
- Que los profesionales que le asisten no intervengan únicamente para satisfacer las necesidades del procedimiento penal mientras dure ese proceso.
- Que los derechos procesales del menor de edad se hacen efectivos en todos los procedimientos vinculados a su situación de víctima.

En tal sentido, es importante comprobar si los NNA cuentan con algún tipo de representación o asistencia en los procedimientos administrativos dado que el olvido de estos derechos procesales delataría que todos los esfuerzos se han concentrado en la vía judicial, desamparando a las víctimas menores de edad y a sus familiares en los procedimientos administrativos derivados de la misma situación que les ha vinculado a procedimientos judiciales. Tal carencia también pondría de manifiesto el incumplimiento de los postulados de la LOPIVI respecto a la protección integral de la infancia y adolescencia.

La existencia de múltiples y diferentes procedimientos derivados de la situación de violencia padecida puede llegar a adquirir para estas víctimas y sus familias el aspecto de un laberinto institucional en el que es difícil coordinar todas las intervenciones sin sentirse superado o revictimizado por el sistema. En tal sentido, desde el *proyecto "Escucha su voz" de Fundación Mujeres y el Fondo de Becas Soledad Cazorla se afirma que, en concreto,* "los huérfanos y huérfanas por violencia de género, así como sus familias, después del golpe, deben afrontar largos y complicados procesos jurídicos, económicos y burocráticos"[90] y el resto de niños víctimas de otros delitos violentos y sus familiares también deberán participar en distintos procedimientos. Entre estos procedimientos destacan:

- Procedimiento Penal en el que deberá participar el menor de edad víctima del delito.
- Procedimiento Civil o Derecho de familia: los NNA deberán comparecer en procedimientos de adopción o tutela cuando por culpa del delito han quedado huérfanos, adjudicaciones de herencias, etc.
- Estos menores de edad también deberán acudir a procedimientos Administrativos para la obtención de ayudas sociales, solicitar una pensión de orfandad, un cambio de apellidos, becas de ayuda, etc.

Es por ello que esta reflexión se centra en el hecho de que no sólo la representación del menor de edad víctima de delitos violentos debería extenderse más allá de la vía judicial penal, sino que además, esta representación debería ser ejercida en el resto de procedimientos por el mismo profesional que representa a la víctima en el proceso penal, a fin de evitar a las víctimas y sus familiares el trasiego por diferentes instituciones, facilitar la tramitación de procedimientos para los que van a necesitar asesoramiento y hacer efectivos en esos procesos, los derechos procesales de los NNA víctimas de delitos.

La siguiente reflexión, muy vinculada a la anterior, se centra en la intervención de la figura del abogado designado por el turno de oficio en virtud de cuanto disponen los artículos

---

90 Observatorioviolencia.org (2023) *#EscuchaSuvoz. Huérfanos y huérfanas por violencia de género: su día a día.* Recopilatorio de conocimiento sobre violencia de género. https://observatorioviolencia.org/escuchasuvoz-huerfanos-y-huerfanas-de-violencia-de-genero-su-dia-a-dia/ . Recuperado el 18 de octubre de 2024.

13 y 14 de la LOPIVI. Con la LO 8/2021 todavía en proceso de adaptación, es importante constatar si el Letrado del turno de oficio, finaliza su intervención cuando finaliza el proceso penal y si esos niños, niñas o adolescentes, tienen oportunidad de designar otros profesionales para los otros procedimientos, así como, comprobar si además estos Letrados ejercen su rol de manera indiferenciada respecto al resto de actuaciones que realiza en cualquier otro procedimiento penal en el que ejerza la representación de cualquier otra víctima, o si por el contrario cuentan con la formación y especialización necesarias.

Por cuanto respecta al derecho a ser escuchado, parece interesante comprobar si la designación de Letrado se realiza teniendo en cuenta la opinión y deseos del menor de edad, o si queda directamente en manos del juez u otros operadores jurídicos. Designar un abogado es un derecho, no una obligación para una víctima, sin embargo, sí debe ser una obligación para el juez ofrecer abogado de justicia gratuita e información sobre el proceso, atendiendo el grado de madurez del niño. Será interesante determinar qué sucede en aquellos supuestos en los que el menor de edad no cuenta con la capacidad de discernimiento suficiente como para decidir si quiere ser o no representado y qué implicaciones conlleva a nivel procesal la decisión que se tome al respecto.

Por otro lado, la personación como acusación particular por abogado designado por los padres, comporta la complicación de detectar la existencia de posibles conflictos de intereses con sus tutores. Póngase como ejemplo el hecho de que la mayoría de los casos de agresiones sexuales padecidas por menores de edad son cometidas por personas de su entorno familiar[91], razón que pudiera llevar al Letrado que ostente la representa-

---

91 Save the children (2023) *Por una justicia a la altura de la infancia. Análisis de sentencias sobre abusos sexuales a niños y niñas en España.* https://www.savethechildren.es/sites/default/files/2023-10/Por

ción del menor a la toma de decisiones que interesen más a la familia que al propio NNA víctima.

La figura del Defensor judicial podría servir de respuesta en muchos de los supuestos planteados puesto que ejerce como figura independiente que únicamente representa los intereses del NNA víctima, sin embargo, sólo actúan en casos de conflictos de intereses entre sus representantes legales y estos niños y niñas. Aun así, para que puedan actuar, el conflicto de intereses debe ser advertido por terceros.

Por cuanto respecta a la representación de NNA tutelados, la DGAIA (Dirección General de Atención a la Infancia y Adolescencia de Catalunya) sólo realiza las funciones de representación en suplencia de aquellos progenitores que en su día fueron privados de la patria potestad, por tanto, no representan a aquellos/as menores víctimas de delitos que conservan a sus progenitores o la patria potestad o tutela ha sido concedida a otras personas o familiares. El caso de los menores institucionalizados resulta de especial interés por el hecho de que todavía es más complicado determinar cuándo existe conflicto de intereses entre ellos y la institución, sin que cuenten con una figura ajena al propio sistema de protección, que haga valer su opinión en un proceso en el que se parte de que el conflicto de intereses ya ha existido respecto a quienes originariamente tenían su representación. Actualmente la LO 8/2021 prevé que el Ministerio Fiscal se persone en los centros para verificar el cumplimiento de protocolos y los mecanismos de comunicación de situaciones de violencia, así como para escuchar a los NNA que lo soliciten (art. 55 Ley 8/2021) pero se desconoce la eficacia de dicha medida.

---

una_justicia_a_la_altura_de_la_infancia_STC_ES.pdf Recuperado el 17 de octubre de 2024.

Finalmente, el Ministerio Fiscal, se configura como una parte más del procedimiento penal en el que actúa defendiendo al menor de edad con ciertos límites. Hará las derivaciones necesarias, pero no existe la obligación de aproximación personal al niño ni de ofrecer explicaciones adaptadas, dejará en manos de otros representantes o instituciones la actuación en ámbitos distintos del penal y por lo general, su actuación no alcanza a aquellos procedimientos administrativos en los que los NNA víctimas de delitos deben hacer valer sus intereses.

La LOPIVI destaca la actuación de las Oficinas de Atención a la Víctima (OAV), derivando a los NNA víctimas con la finalidad de recibir asesoramiento. Estas oficinas son un servicio público y gratuito cuyos objetivos se centran en la orientación jurídica general de la víctima para evitar la victimización secundaria, su asistencia psicológica y la derivación a los recursos sociales de cuya asistencia precisen[92]. Por tanto, su función se limita a informar y acompañar a las víctimas en aquellos actos que se realicen en dependencias judiciales. No representan al menor jurídicamente hablando, no le asesoran jurídicamente y pese a que derivan a recursos sociales, no intervienen en los procedimientos administrativos. Por último, cabe destacar que una de las vías recogidas en la LOPIVI por las que los NNA pueden acceder a los servicios de la OAV es que tal asesoramiento sea solicitado por las propias víctimas menores de edad, hecho que depende radicalmente de la efectividad del derecho a ser informado (tanto por el hecho de que se les indique que existe este tipo de asesoramiento como que esta explicación sea ofre-

---

92 Delegación del Gobierno contra la Violencia de Género. Ministerio de Justicia. Dirección General de relaciones con la Administración de Justicia. Gobierno de España. Tríptico de Oficinas de Atención a las víctimas. https://violenciagenero.igualdad.gob.es/wp-content/uploads/Triptico_Oficinas_Atencion_Victimas.pdf. Recuperado el 19 de octubre de 2024.

cida de manera entendible para ellos teniendo en cuenta su edad y grado de madurez).

La última de las reflexiones críticas que se efectúa se centra en la inexistencia de una institución especializada orgánicamente en defensa y representación judicial y administrativa de los niños. Las víctimas que deseen instar este tipo de servicio lo encuentran de manera dispersa en distintas instituciones públicas y privadas. Recientemente, la implantación de la Unidad Integrada Barnahus (modelo nórdico proveniente de Islandia), ha supuesto una revolución en la asistencia de los NNA víctimas de delitos sexuales por cuanto supone la atención integral de estos niños y niñas en un único lugar adaptado a sus necesidades y al que deberán desplazarse todos los profesionales que traten al menor de edad con motivo del delito padecido. Sin embargo, esta "casa de los niños" únicamente interviene en asuntos de menores de edad víctimas de delitos sexuales y, a pesar de que cuentan con un equipo de asistencia las 24 horas, entre los profesionales que se desplazan a la Barnahus[93] y aquellos que trabajan permanentemente allí, no se encuentra ningún jurista que asesore al NNA víctima o a sus familiares ni que sirva de punto de referencia entre éstos y el resto de instituciones. Ese Letrado le será designado de oficio con las carencias reveladas anteriormente.

En definitiva, de constatarse efectivamente las deficiencias mencionadas, podría concluirse que no existe una figura que sirva de vínculo entre la víctima menor de edad y las instituciones, que le represente en todos los procedimientos que pue-

---

93 Generalitat de Catalunya. Departament de Drets Socials i Inclusió. *Barnahus. Unitat integrada d'atenció als infants i adolescents víctimes d'abusos sexuals (2023).* https://dretssocials.gencat.cat/ca/ambits_tematics/infancia_i_adolescencia/proteccio_a_la_infancia_i_ladolescencia/barnahus/ Recuperado el 19 de octubre de 2024.

dan derivarse de su situación victimológica y que le asesore en un lenguaje que entienda.

El pleno disfrute de estos derechos procesales garantiza el reconocimiento de la importancia del relato ofrecido por los NNA sobre los acontecimientos vividos, su reflejo en las resoluciones administrativas y judiciales y fomentará la escucha institucional[94] de estas niñas y niños, favoreciendo la correcta aplicación del principio del interés superior del menor y configurándose la asistencia jurídica a la infancia como garantía de un derecho más del que gozan todos los NNA: el derecho al buen trato.

UNICEF define el buen trato como "prácticas de cuidado, protección, formación y guía que promueven el desarrollo, bienestar y crecimiento saludable y armonioso, tanto físico como mental, espiritual, ético, cultural y social de niñas, niños y adolescentes."[95] Sin embargo, es la propia LOPIVI en su art. 1.3 la que establece en qué debe consistir ese buen trato a los fines de la protección integral de los NNA: *"Se entiende por buen trato a los efectos de la presente ley aquel que, respetando los derechos fundamentales de los niños, niñas y adolescentes, promueve activamente los principios de respeto mutuo, dignidad del ser humano, convivencia democrática, solución pacífica de conflictos, derecho a igual protección de la ley, igualdad de oportunidades y prohibición de discriminación de los niños, niñas y adolescentes."* En el ámbito judicial o institucional dicho buen trato forzosamente comprende la realización de los derechos procesales que se han analizado.

---

94 Sillero Crovetto, B. (2023) "Derechos de los niños, niñas y adolescentes frente a la violencia: el derecho de las víctimas a ser escuchadas y a defender sus derechos e intereses en los procedimientos judiciales." *Revista de Direito Magis, Betim,* (v. 2, n. 1), 89-131.

95 Unicef México. *Buen trato. Educando a niñas, niños y adolescentes sin violencia.* https://www.unicef.org/mexico/buentrato. Recuperado el 20 de octubre de 2024.

Referencias bibliográficas

Beristain, A. (1999). *Criminología y Victimología.* Colombia: Leyer.

Bonilla, J. (2023) "La participación en el proceso penal de la víctima menor de edad. El ejercicio de la dispensa de la obligación de declarar". *TEORDER* 2023 (34).

Defensor del Pueblo (2014) "Estudio sobre la escucha y el interés superior del menor. Revisión judicial de medidas de protección y procesos de familia" https://www.defensordelpueblo.es/wp-content/uploads/2015/05/2014-05-Estudio-sobre-la-escucha-y-el-interes-superior-del-menor.pdf. Recuperado el 20 de octubre de 2024.

Leiva Rodríguez, B. y García Garnica, M.C. (2016) "Análisis de las instituciones del sistema de protección de menores. Y su reforma por la Ley Orgánica 8/2015 y la Ley 26/2015 (I)". *El genio maligno. Revista de humanidades y ciencias sociales,* (19).

Medina Santana, E.G. (2016) "Fiscalía de menores" *Crimipedia. Revista editada en Elche por el Centro Crimina para el Estudio y Prevención de la Delincuencia ISSN 2659-4897. UNIVERSIDAD MIGUEL HERNÁNDEZ* Fiscalía de menores, Crimipedia.

Melo, L.A. (2021) *Hijas e hijos de mujeres víctimas de feminicidio. Avances y desafíos.* Prólogo de UNICEF Uruguay. https://bibliotecaunicef.uy/documentos/209 Respuestas publicas a hijos de mujeres victimas femicidio.pdf

Oliveros Lara, R.M. (2017) "Poder, representación y mandato". *Homenaje a Miguel Ángel Zamora y Valencia. Por el Colegio de Profesores de Derecho Civil. Facultad de Derecho UNAM.* 123-152.Biblioteca jurídica virtual de la UNAM.

Pereda, N. (2024) "De la investigación a la acción: abordando la violencia contra la infancia y la adolescencia como una prioridad de interés público en España". *Boletín criminológico. Instituto andaluz interuniversitario de Criminología. (Sección Málaga).* Artículo 16/2024_30AÑOS_BC (238)

Ramallo Miñán, E. (2023) "La violencia institucional y el concepto jurídico. Vulneración de los DDHH de mujeres y menores", *Revista Claves Jurídicas, (12).*

Save the children, (2022) *Todo lo que deberías saber sobre la LOPIVI. Catálogo de formaciones en prevención y actuación frente a la violencia.* https://www.savethechildren.es/sites/default/files/2022-05/Catalogo de formaciones LOPIVI marzo 2022.pdf

Save the children (2023) *Por una justicia a la altura de la infancia. Análisis de sentencias sobre abusos sexuales a niños y niñas en España.* https://www.savethechildren.es/sites/default/files/2023-10/Por_una_justicia_a_la_altura_de_la_infancia_STC_ES.pdf

Sillero Crovetto, B. (2023) "Derechos de los niños, niñas y adolescentes frente a la violencia: el derecho de las víctimas a ser escuchadas y a defender sus derechos e intereses en los procedimientos judiciales." *Revista de Direito Magis, Betim,* (v. 2, n. 1).

Unicef Chile (2022) *Derecho a la participación de niños, niñas y adolescentes. Serie de información sobre el enfoque basado en los derechos de la niñez.* https://www.unicef.org/chile/media/7031/file/Mod%204%20derecho%20participacion.pdf

Unicef México. *Buen trato. Educando a niñas, niños y adolescentes sin violencia.* https://www.unicef.org/mexico/buentrato.

SEGUNDA PARTE:

Prueba preconstituida y protección de víctimas

CAPÍTULO I. CONCEPTO Y FUNDAMENTO DE LA PRUEBA PRECONSTITUIDA: LA APARENTE MODERNIDAD DE LA ANTIGÜEDAD.

JORDI NIEVA-FENOLL
Catedrático de Derecho Procesal
Universitat de Barcelona

Sumario: 1. Introducción. 2. Un "concepto" de Bentham, propio de la época. 3. Evolución posterior del concepto. 4. La distinción con respecto a la prueba anticipada. 5. Una denominación innecesaria que debe ser abandonada.

1. Introducción

Si un día hubiera que escribir una historia del "*marketing* científico" en Derecho Procesal, puede que la denominación "prueba preconstituida" fuera una de aquellas nociones que más destacarían por su reluciente apariencia, escondiendo tras de sí una insólita vacuidad que deja al científico perplejo. ¿Cómo es posible que solamente con una palabra sonora e infrecuente en el lenguaje cotidiano –preconstituida–, los juristas hayan podido dibujar un concepto que, como vamos a ver seguidamente, en realidad no sirve absolutamente para nada, salvo para aparentar hacer ciencia?

Voy a explicarlo en el presente trabajo, aunque vaya por delante que el caso de esta denominación no es único. Hubo una época en que los juristas con pretensiones teóricas, en ausencia de cualquier intención de uso del método científico, decidieron utilizar el instrumento principal de su arte en los procesos para su trabajo de "investigación", a fin de ofrecer una imagen –tal vez involuntariamente– falsa de que estaban produciendo ciencia. Ese instrumento, utilizado tanto en sus escritos como en las intervenciones orales, era –y es– la retórica[96], que ya se refleja en uno de los primeros cuentos de la historia del mundo: "El campesino elocuente" [97]. En dicho cuento del Antiguo Egipto, cuya antigüedad supera los 4.000 años, se relata la historia de un campesino que exhibió una sorprendente habilidad retórica en un proceso en su propia defensa. Esa retórica impresionaba al juez que le escuchaba, tanto que, con una crueldad sin límites, demoró hacerle justicia para poder disfrutar escuchándole por más tiempo[98].

Esta pequeña historia hace muy evidente que una parte muy importante de la historia del proceso judicial ha sido llenada por jueces y abogados simplemente con eso: retórica. Al fin y al cabo, el discurso jurídico es siempre persuasivo[99], claro está, pero como pretende serlo cualquier otro científico que expone sus conclusiones. Sucede, sin embargo, que al resto de científicos se les exigen datos empíricos para confirmar sus

---

96 Platón, *Gorgias o de la retórica*, Barcelona (Espasa Libros), 2019, pp. 48 y ss

97 En español: http://www.egiptomania.com/literatura/campesino.htm. En inglés en: https://web.archive.org/web/20120518100415/http://jimloy.com/egypt/peasant.htm. Sobre el mismo, vid. Assmann, J., *Ma'at. Gerechtigkeit und Unsterblichkeit im Alten Ägypten*, München 1995, p. 58.

98 Sobre el mismo, vid. ampliamente Nieva Fenoll, J., *El origen de la justicia*, Valencia 2023, pp. 218 y ss.

99 Atienza, M., *Curso de argumentación jurídica*, Madrid 2013, p. 653.

ideas, más allá de ese trabajo de argumentación que busca la persuasión. De hecho, a los juristas también se les deberían exigir esos datos, pero demasiadas veces sucede en los trabajos con vocación científica, que esos datos de "confirmación" se salvan simplemente con citas de autoridad –de doctrina o jurisprudencia–, lo que es una simple falacia, pues ninguna confirmación real puede encontrarse en el hecho de que alguien repita lo que uno piensa, por más autoridad que ese alguien pueda tener. Puede que a cualquier otro científico le impresionara saber que los juristas utilizan como principal instrumento de su trabajo esa falacia *ad autoritatem* junto con la falacia *ad populum*, manteniendo que un argumento es cierto solamente porque otros juristas también lo defienden, al margen de cualquier otra consideración, no ya experimental, sino simplemente empírica.

Pues bien, ese modo de hacer ha provocado que la doctrina, en ocasiones, también aparente hacer ciencia acudiendo a otro método de lo más simpático: generando categorías artificiales que simplemente tratan de cubrir un vacío en el estudio de los autores. El caso de las "características" de las medidas cautelares[100], la enorme mayoría de ellas falsas o redundantes[101], es un buen ejemplo. Pero también lo es el de la restricción de los tribunales de casación a las cuestiones de derecho, que no es sino una manera de hacer proveniente del *common law*[102], donde tuvo sentido[103], pero que jamás lo poseyó ni lo posee

100 Calamandrei, P., *Introduzione allo studio sistematico dei provvedimenti cautelari*, Padova 1936.

101 Lo explico en Nieva Fenoll, J. "Hacia una nueva configuración de la tutela cautelar", *Diario La Ley*, n. 8773, 1-6-2016.

102 Blackstone, W., *Commentaries on the Laws of England*, Lib. IV, Oxford 1770, p. 384. Blackstone, W., *Commentaries on the Laws of England*, Lib. III, London 1768, p. 452.

103 Vid. Nieva Fenoll, J., "El origen inglés de la casación francesa", *Revista Ítalo-Española de Derecho Procesal*, vol. 1, 2020, pp. 83 y ss.

en ningún tribunal de casación del mundo, salvo para quitarse asuntos de encima, lo que es inaceptable desde la perspectiva del derecho de defensa del justiciable. Pero fue y es una restricción que es defendida a muerte, a pesar de su absoluta falta de fundamento, denunciado por la doctrina no pocas veces[104].

Pues bien, exactamente lo mismo ha sucedido con la noción que nos ocupa: la prueba "preconstituida". Es un simple invento solamente terminológico, realizado junto a otros, por cierto, por el mismo autor y también inútiles. Se trata de una historia sencillamente sorprendente que hasta tiene un punto de divertida. La explicaré en las siguientes páginas.

---

104 Entre otros, Chiarloni, S., "La cassazione e le norme", *Rivista di Diritto Processuale Civile* 1990, pp. 992 y ss. Fairén Guillén, V., "De los "hechos" al "derecho". Uno de los sofismas de la Ley del Jurado de 1995", *Revista de Derecho Procesal*, n. 2, 1997, p. 359. Guasch Fernández, S., *El hecho y el derecho en la casación civil*, Barcelona 1997, p. 200. Iacoviello, F. M., *La motivazione della sentenza penale e il suo controllo in cassazione*, Milano, 1997, p. 265. Kleinknecht, T.; Meyer, K.; Meyer-Gossner, L., *Strafprozeßordnung*, München 1995, p. 991. Mazzarella, F., ""Fatto e diritto" in Cassazione", *Rivista Trimestrale di Diritto e Procedura Civile*, 1974. pp. 82 y ss. Neumann, U., „Die Abgrenzung von Rechtsfrage und Tatfrage und das Problem des Revisionsgerichtlichen Augenscheinsbeweises", *GA*, 1988, p. 387. Nieva Fenoll, J., *El hecho y el derecho en la casación penal*, Barcelona 2000, p. 101 y ss. Satta, S., "Il formalismo nel proceso", *Rivista Trimestrale di Diritto e procedura Civile*, 1958, p. 1154. Temming, D. e.a., *Strafprozeßordnung*, Heidelberg, 1995, p. 1243. Serra Domínguez, M., "Del recurso de casación, en AAVV, *Comentarios a la reforma de la Ley de Enjuiciamiento Civil*, Madrid 1985, p. 843. Verger Grau, J., "Algunas observaciones al Proyecto de Ley Orgánica del Tribunal del jurado de 20 de abril de 1994", *Justicia* 1994, pp. 528-529.

2. Un "concepto" de Bentham, propio de la época

Todo el mundo debería haber leído el *Traité des preuves judiciaires* de Jeremy Bentham, que se remonta a 1823[105]. No porque sea un excelente libro, que ya no lo es aunque sí fue excepcional en su día por su sistemática y temática si se compara con otras obras de la época, muy inferiores. De hecho, es una obra pionera que, a su vez, es la principal responsable doctrinal del declive y hasta desaparición del régimen de la valoración legal de la prueba[106]. Aunque sólo fuera por eso, merece indudablemente un lugar destacado en la historia del Derecho Procesal.

Más allá de lo anterior, es preciso haberlo leído porque ha sido una de las principales fuentes de inspiración, y también de plagio –sin citarlo–, de tantos y tantos autores posteriores en varios puntos, aun ignorando que en realidad se trata de una obra compuesta de muchos extractos dispersos del autor que estaban dirigidos al Derecho inglés, y que el compilador francés[107] intentó recomponer y simplificar como pudo[108], además de adaptar lo tratado, en parte, al Derecho francés. El hecho es que el libro da cuenta por ejemplo, entre otras muchas cosas, de por qué se introdujo la oralidad en los procesos del continente, que sobrevino básicamente por una creencia ancestral[109], aunque científicamente disparatada[110], en el criterio del juez a la hora de evaluar por su gestualidad si una persona mentía o no, además de la creencia ingenua, pero afirmada

---

105 Bentham, J., *Traité des preuves judiciaires*, Paris 1823.

106 Bentham, *Traité des preuves judiciaires*, cit. pp. 9 a 15.

107 Dumont, según figura en la portada del libro citado.

108 Vid. su prefacio a Bentham, *Traité des preuves judiciaires*, cit. pp. I y ss.

109 Anónimo, *The Law Code of Manu. A new Translation by Patrick Olivelle*, Oxford 2009, p. 124, cap. 8. Vid. también Partida III, tít. XVI, Ley 28.

110 Por todos, Mazzoni, G., *Psicologia della testimonianza*, Roma 2015, p. 108 y ss. Manzanero, A.L., "El engaño en contextos judiciales", *Revista Ítalo-Española de Derecho Procesal*, n. 1, 2023, p. 7 y ss.

por el autor, de que la gente no suele mentir. Bentham, en realidad, recogió el sentir general de la época, muy extendido todavía hoy, y hasta intentó revestirlo de razones "científicas" que hoy resultan simplemente absurdas[111].

Pero centrándonos en el tema que nos ocupa, el hecho es que en el capítulo VI del libro I de su obra[112], habla Bentham de las diversas clases de pruebas, estableciendo unas clasificaciones que vistas hoy en día resultan entre rebuscadas e inútiles. En concreto, y en lo que puede ser útil en este trabajo, distingue el autor entre pruebas personales y reales, incluyendo entre las primeras al interrogatorio y entre las segundas al resto, referidas, como dice el propio Bentham, a las "cosas"[113]. Tras ello, distingue entre pruebas directas y pruebas indirectas o circunstanciales, siendo que las primeras estarían vinculadas al hecho principal del proceso, como un testigo directo, y las segundas, también llamadas presunciones, a hechos conexos íntimamente ligados con el hecho principal, lo que le lleva a afirmar que todas la pruebas reales son circunstanciales[114]. Con ello se alejaba del fundamento real de estas dos clases de prueba[115], que probablemente no había entendido correctamente al no ser tan clara esta división en el sistema del *common law*, y que en realidad reflejaba la tradicional clasificación del Derecho romano-canónico entre *plena* y *semiplena probatio*[116]. Tras ello, se refería a otra ulterior clasificación entre testimonios voluntarios e involuntarios, y aún a otras categorías –hasta

---

111 Bentham, *Traité des preuves judiciaires*, cit. pp. 33 y ss.

112 Bentham, *Traité des preuves judiciaires*, cit. pp. 24 y ss.

113 Bentham, *Traité des preuves judiciaires*, cit. p. 25.

114 Bentham, *Traité des preuves judiciaires*, cit. pp. 25-26.

115 Nörr, *Romanisch-kanonisches Prozessrecht*, Heidelberg 2012, p. 129.

116 Azón, *Summa Azonis*, Venecia 1581, lib. III, 1 (De iudicis), 18, 19. Durante, *Speculum iuris*, Venecia 1602, lib. I, Part. I, *De summaria cognitione*, 1, 2 y 3.

ocho–[117], sin la más mínima importancia a los efectos del presente trabajo[118].

Pero aludía también a dos categorías que son el origen del concepto que estudiamos. Distinguió Bentham entre pruebas por documentos casuales y pruebas por documentos preconstituidos[119]. Los primeros serían aquellos documentos no confeccionados con finalidades procesales, sino que se trataría de documentos cotidianos como cartas, notas o diarios. Sin embargo, los segundos documentos serían los que se han confeccionado respetando las formas legales para ser eventualmente utilizados como prueba en un determinado proceso. Estos últimos serían la "prueba preconstituida"[120].

No queda claro si esos documentos se elaboran en el mismo proceso –dice Bentham "*témoignage produit dans une cause*"– o pueden realizarse fuera de él, puesto que acto seguido distingue entre la prueba preconstituida *ex parte* y *a partibus*, siendo la primera la confeccionada por uno solo de los litigantes, como un libro de contabilidad, o por ambos, como un contrato, denominando a la primera "prueba semi-preconstituida"[121]. Y aclara –por decir algo– a pie de página que esta palabra, "preconstituida", es original suya y que otorga "*beaucoup de clarté sur la matière des preuves*"... Añade el jurista inglés que ha dudado acerca de denominarla "preestablecida" o "preconstituida", pero que ha preferido la segunda rúbrica, porque es el legislador quien ordena la realización de esos documentos "preconstituidos".

---

117 Bentham, *Traité des preuves judiciaires*, cit. p. 28 y ss.

118 Bentham, *Traité des preuves judiciaires*, cit. pp. 26-27.

119 Bentham, *Traité des preuves judiciaires*, cit. pp. 27-28.

120 Bentham, *Traité des preuves judiciaires*, cit. p. 28.

121 Bentham, *Traité des preuves judiciaires*, cit. p. 28.

Hasta aquí la explicación de Bentham, o más bien se diría que de Dumont, que la verdad es que resulta bastante confusa, porque por una parte el concepto de "preconstitución" parece referirse a los contratos sometidos a forma por las leyes civiles, y por otra a los documentos que se realizan *ad cautelam* pensando en un ulterior proceso. Es cierto que las leyes civiles someten algunos documentos a forma pensando en la prevención de futuros conflictos, para que los términos de lo acordado en un contrato, por ejemplo, le resulten claros a las partes y, en última instancia, al juez.

Sin embargo, cuando ya más adelante, en el Libro IV de la obra de Bentham[122], se tratan monográficamente las pruebas preconstituidas, el autor se refiere casi exclusivamente a los documentos para los que las leyes prevén algún tipo de forma. Ese Libro IV es relativamente extenso, pero realmente no se va mucho más allá del contenido ya indicado: contratos para los que se exige la escritura[123], documentos de estado civil –matrimonios, fallecimientos, nacimientos, etc.–, documentos administrativos, judiciales o legislativos incluso[124]. Se añaden[125] solamente unas muy interesantes consideraciones de semiótica textual, insólitas para la época[126], para verificar la autenticidad de documentos, pero que no vienen realmente al caso que nos ocupa.

Sin embargo, no parece realmente plausible que Bentham se estuviera refiriendo a nada de lo anterior en las lecciones de las que Dumont sacó sus notas. En cambio, es bastante pro-

---

122 Bentham, *Traité des preuves judiciaires*, cit. pp. 249 y ss.

123 Bentham, *Traité des preuves judiciaires*, cit. pp. 255 y ss.

124 Bentham, *Traité des preuves judiciaires*, cit. p. 259.

125 Bentham, *Traité des preuves judiciaires*, cit. pp. 290 y ss, especialmente pp. 302 y ss.

126 Vid. Cassany, D., *Tras las líneas*, Barcelona 2006. Lozano, J.; Peña-Marín, C.; Abril, G., *Análisis del discurso*, Madrid 2007.

bable que el jurista inglés estuviera hablando más bien de los numerosos *affidavits*[127] de la fase de *pretrial* del sistema del *common law*, descendiente de la fase *in iure* del proceso romano en cualquiera de sus épocas[128]. En dicha fase, haciendo un uso intensivo de la carga subjetiva de la prueba –propio del Derecho canónico[129]–, se comprueba que las partes presentan pruebas suficientes para que merezca la pena pasar a la fase de *trial*, que fue la fase *apud iudicem* en el período romano[130]. Sucede con frecuencia que las partes no poseen ninguna prueba documental para rebatir lo que ha dicho la contraria, y en ese caso recurren a una declaración que una persona realiza documentalmente y con fehaciencia, comprometiéndose a acudir al *trial* para ser interrogado como testigo en caso necesario.

Eso es el *affidavit*, inexistente como tal en el Derecho francés, y que es muy probable que despistara o al menos sorprendiera a Dumont, que llegó a afirmar que el medio había existido en Francia pero que fue víctima de la corrupción[131], palabras que por su directa referencia a la situación en el país galo no pueden ser de Bentham, sino del propio Dumont. Es probable que fueran esas las únicas pruebas "preconstituidas" a las que se habría referido Bentham con su nuevo concepto original. Y si es así, tanto el concepto como la denominación no dejan de carecer de sentido, al menos en el *common law*.

---

127 Vid. entre otros muchos, Elias, J., "The Ascertainability Landscape and the Modern Affidavit", 84 Tenn. L. Rev. 1 (2016-2017).

128 Kaser, M.: Hackl, K., *Das römische Zivilprozessrecht*, München 1996, p. 37.

129 Nörr, K. W., *Romanisch- kanonisches Prozessrecht*, Berlin 2012, pp. 59 y ss y 116 y ss.

130 Kaser; Hackl, *Das römische Zivilprozessrecht*, cit. pp. 26 y ss.

131 Bentham, *Traité des preuves judiciaires*, cit. p. 279.

Lo anterior se confirma en el párrafo final de las explicaciones de Bentham[132], cuando tratando de resumir lo explicitado, el autor –sea quien fuere, Bentham o Dumont– acaba reduciendo sus clasificaciones exclusivamente a dos clases de pruebas: las directas y las indirectas. Las primeras serían, siempre según el texto citado, el testimonio de un testigo directo y las pruebas preconstituidas. Las segundas serían las pruebas reales y circunstanciales, así como las copias –*preuves inoriginales*–. Lo que hace que cobre sentido la hipótesis que he expuesto en el párrafo anterior. Al final, la prueba preconstituida sería, por analogía –no reconocida en el texto– la de un testigo que posee informaciones de un hecho pero que aún no ha declarado en el *trial*. Es decir, el sujeto habitual de un *affidavit*.

Esta hipótesis se confirma en la propia obra, en los pasajes que se refiere finalmente a los "*procès verbaux*"[133], que también considera pertenecientes al concepto de prueba preconstituida. Los describe como comparecencias ante alguna autoridad dotada de fe pública, a fin de hacer constar unos hechos sobre los que después los comparecientes no se puedan desdecir en el proceso[134]. Es decir, los *affidavits* ingleses, como el propio autor –sea más Bentham o más Dumont en este pasaje– reconoce indirectamente.

En consecuencia, el nacimiento del concepto puede que respondiera más bien a una voluntad de Bentham de explicar una práctica procesal del Derecho inglés, sin más pretensiones probablemente que intentar que también fuera útil en Francia, igual que lo fueron otras muchas normas procesales inglesas, particularmente en el proceso penal. Sin embargo, el responsable de la expansión del concepto puede que haya sido más Dumont que el propio Bentham. Le dedica nada menos que

---

132 Bentham, *Traité des preuves judiciaires*, cit. p. 32.

133 Bentham, *Traité des preuves judiciaires*, cit. pp. 276 y ss.

134 Bentham, *Traité des preuves judiciaires*, cit. p. 278.

el libro IV entero del tomo primero de su obra[135], pero su lectura demuestra cuanto se ha dicho hasta aquí: que en realidad nada tienen que ver esas casi sesenta páginas[136] del libro con una "preconstitución" de la prueba al estilo de los *affidavits*. Se describen simplemente documentos privados sometidos a forma o documentos públicos. Pero nada de ello se parece a un *affidavit*. Tal vez la desorientación de Dumont sobre esta última figura del Derecho inglés le llevara a rellenar el capítulo con una denominación que le fascinó, la de prueba preconstituida, pero que no llegó a entender completamente. Y no es extraño. Como vamos a ver a continuación, la fascinación, a la vez que la confusión, persisten a día de hoy con respecto a esta noción.

3. Evolución posterior del concepto

Tras las palabras de la monografía de Bentham, no es de extrañar que la evolución posterior del concepto haya sido realmente errática, hasta hacerse propiamente inidentificable *strictu sensu*.

Pero, ¿cómo se derivó hacia allí, partiendo de las palabras de Bentham? Pues bien, quien probablemente inició el uso moderno de esta expresión fue, como tantas otras veces, Chiovenda[137]. Este autor, afirmando seguir a Bentham, no le sigue en realidad sino que introduce ideas en la noción de su propia cosecha, igual que en otros puntos de su obra[138]. Afirma que según el autor inglés, las pruebas se clasifican en preconstitui-

---

135 Bentham, *Traité des preuves judiciaires*, cit. p. 249 a 310.

136 Bentham, *Traité des preuves judiciaires*, cit. pp. 249 a 310.

137 Chiovenda, G., *Principii di Diritto Processuale Civile*, Napoli 1923, p. 813.

138 Es paradigmático en este sentido su estudio de la teoría de las partes. Si se compara con la doctrina alemana en la que se inspira, el resultado no deja de ser sorprendente. Vid. Chiovenda, G., *Principii di Diritto*

das y simples... lo que, evidentemente, basta leer el epígrafe anterior para darse cuenta de que no es cierto. Pero acto seguido mantiene que las pruebas preconstituidas son aquellas que preexisten a la necesidad de probar un hecho en el proceso, lo que incluye a las pruebas preparadas en previsión de tal necesidad. Esto último, obviamente, se aleja de lo mantenido por Bentham, pero se aproxima a lo que después ha dicho la doctrina, lo que demuestra la tremenda influencia de este autor incluso cuando se equivocaba, así como el escaso rigor, lamento decirlo, del propio Chiovenda y de quienes simplemente le copiaron.

Y es que, aunque hubo quien fundadamente dudó[139], de Chiovenda pasa la noción a Gómez Orbaneja[140] y a Prieto-Castro y Ferrándiz[141], que simplemente la trasladan acríticamente a sus propios manuales. Pero quien realmente configura la noción que luego ha ido asumiendo, de un modo u otro la jurisprudencia española, es Gimeno Sendra[142], para quien la prueba preconstituida es aquella que supone custodiar la fuente de prueba para evitar su pérdida, mientras que la anticipada supondría la práctica del mismo medio de prueba. La distinción es original del autor y está basada en la clasificación entre fuentes y medios de prueba de Carnelutti[143] que, como es sabido, hizo bastante fortuna en la doctrina.

Processuale Civile, cit. pp. 578 y ss. Wach, A., *Handbuch des deutschen Civilprozessrechts*, Leipzig 1885, pp. 518 y ss.

139 Vid. Sentís Melendo, S., "Fuentes y medios de prueba", en *La prueba. Los grandes temas del Derecho probatorio*, Buenos Aires 1979, pp. 160 y ss. Más tarde, Miranda Estrampes, M., *La mínima actividad probatoria en el proceso penal*, Barcelona 1997, p. 322.

140 Gómez Orbaneja, E., *Derecho Procesal Civil*, vol. I, Madrid 1976, p. 290.

141 Prieto-Castro y Ferrándiz, L., *Derecho Procesal Civil*, vol. 1, Madrid 1973, pp. 134-135.

142 Gimeno Sendra, V., *Derecho Procesal Penal*, Cizur Menor 2015, p. 444.

143 Carnelutti, *La prova civile*, cit. pp. 66 y ss.

Sin embargo, la noción de "preconstitución" está ausente en las doctrinas de otros países[144]. Sólo en Canadá se ha hablado tradicionalmente de la "*self-serving evidence*"[145], designando con esta rúbrica a la prueba prefabricada por una parte con vistas a un proceso, lo que constituye un motivo para su exclusión, por cierto. Algo parecido sucede en Italia con la prohibición de realizar declaraciones de hechos ante notario para "preconstituir" la prueba[146], utilizando exactamente esta terminología probablemente por influencia de Chiovenda.

Sea como fuere, esa concepción sí se aproxima más a la noción que en general se tiene, al menos en la jurisprudencia española[147], del concepto, aunque dicha jurisprudencia no asume la distinción entre anticipación y preconstitución de Gimeno Sendra, dado que uno de los ejemplos de esta última, el citado por la propia sentencia, es la toma de declaración a un menor, precisamente[148], lo que para el autor citado hubiera sido, precisamente, como veremos después, una prueba anticipada.

---

144 Vid. Rosenberg, L. Schwab, K.H.; Gottwald, P., *Zivilprozessrecht*, München 2018, pp. 664-665.

145 Grosman, B.A., "An Important Exception to the Rule against Admission of Self-Serving Evidence", *Criminal Law Quarterly* 6, n. 1, Junio 1963, pp. 27 y ss.

146 Vid. Consiglio Nazionale del Notariato, n. 432-2012C. https://notariato.it/wp-content/uploads/432-12-c.pdf

147 Por ejemplo, entre otras muchas, STS 289/2024, 21-3-2024, FD 1.5 (TOL9.965.607).

148 Vid. también, en el mismo sentido, STS 281/2024, 21-3-2024, FD 2 (TOL9.957.580). STS 869/2023, 23-11-2023, FD 2.2 (TOL9.797.223).

4. La distinción con respecto a la prueba anticipada

Ocurre, sin embargo, que no hay motivo alguno para seguir manteniendo ni la distinción ni quizás, como vamos a ver después, la categoría.

La distinción "anticipada-preconstituida" es completamente inconducente, porque también lo es, pese a su difusión, la diferenciación carneluttiana entre fuentes y medios de prueba. Proviene muy probablemente de la observación de la prueba de interrogatorio, donde se puede distinguir la fuente –el declarante– del producto del interrogatorio, es decir, la declaración. También se puede hacer algo parecido con la prueba pericial, donde la fuente sería el objeto de la pericia, y el producto de la misma el informe pericial. Incluso en el reconocimiento judicial se puede distinguir, aunque ya es algo más comprometido, entre el objeto observado por el juez, que sería la fuente, y el resultado de la observación, que sería lo que ha percibido el juez.

Pero con la prueba documental, la distinción fracasa. Fuente de prueba sería el documento, y la práctica de la prueba su lectura, como si el documento sin ser leído sirviera para algo... Aunque lo mismo se puede decir de la persona del interrogado y su declaración: ¿sirve de algo la persona, si no declara, a efectos probatorios? Más allá de su examen médico o su posible reconocimiento, es obvio que no. Un razonamiento parecido se podría hacer con la prueba pericial –de nada vale un río contaminado si no se analizan sus aguas– y desde luego con el reconocimiento judicial, en el que solamente cuando el juez hace explícita su observación, puede ser útil la prueba.

En realidad, lo que ocurre es que la distinción entre fuente y medio es artificial, y solamente puede tener una cierta virtualidad cuando se desea describir la situación de custodia de un objeto probatorio que puede perderse. Pero nótese bien que lo que se custodia en un interrogatorio no es la persona, sino su declaración, por lo que el objeto se confundiría con el resultado del medio de prueba.

Ello evidencia que tal vez la única categoría con cierta utilidad práctica es la de prueba anticipada, para designar las situaciones en que es preciso realizar actuaciones probatorias antes del momento establecido para ello, lo que es extraordinariamente frecuente en el proceso penal, y de hecho también es bastante común en la fase de *pretrial* de los sistemas del *Common Law*. Tan común, que de nuevo se abre la sospecha de si aquello a lo que se debió querer referir Bentham en sus lecciones francesas, recogidas después en su libro, fueron justamente las actuaciones de esta fase, y más precisamente, como se ha dicho, los *affidavits*.

En todo caso, volviendo a nuestros procesos, lo que carece de todo sentido es distinguir entre anticipado y preconstituido, porque al margen de la intención teorizante de distinguir entre fuentes y medios de prueba de manera además puramente procedimental, ninguna consecuencia práctica cabe anudar a la distinción. Se trata simplemente de actuaciones probatorias, de mayor o menor entidad y consideración, que se celebran antes de la fase de práctica de la prueba.

5. *Una denominación innecesaria que debe ser abandonada*

Ocurre, sin embargo, que la categoría suena rimbombante, siendo uno de aquellos "palabros" que tanto divierten a algunos especialistas de una disciplina, simplemente porque nadie les entiende cuando lo dicen. Sería mucho más sencillo, sin duda de ninguna clase, hablar de la práctica de una actividad probatoria de manera previa, o anticipada si se quiere, a su momento procesal habitual, sin más. Hablar de "preconstitución" da la imagen de que se está intentando asegurar un determinado resultado probatorio de cara al proceso, lo que además ni siquiera es así en el ejemplo más clásico de prueba preconstituida: la entrevista cognitiva a una víctima[149]. Los datos que se desprendan de dicha entrevista podrán ser relevantes o no finalmente para el resultado que se recoja en la sentencia, lo que hace ineficiente hablar de "preconstitución".

De hecho, incluso repasando todos los ejemplos de prueba preconstituida y anticipada enumerados por Gimeno Sendra[150], ninguna trascendencia cabe atribuir a la distinción, como vamos a ver a continuación. Para el citado autor, que intenta realmente ser fiel a su definición, serían prueba preconstituida: la prueba alcoholométrica, el reconocimiento en rueda, los seguimientos de audio y vídeo, las intervenciones e inspecciones corporales, la geolocalización, el reconocimiento judicial (del juez de instrucción), la recogida y conservación del cuerpo del delito, la entrada y registro en lugar cerrado, la intervención de comunicaciones y el registro remoto de equipos informáticos. Anticipadas serían la pericial y la testifical cuando se practican con las garantías del juicio oral[151].

---

149 Vid. Montanari Vergallo, G. / Marinelli, E. / Mastronardi, V. /Di Luca, N.M. / Zaami, S., "The credibility of testimony from minors allegedly victims of abuse within the Italian legislative framework", *International Journal of Law and Psychiatry* 56, 2018, p. 60. Köhnken, G. / Manzanero, A.L. / Scott, M. T., "Análisis de la validez de las declaraciones: mitos y limitaciones", *Anuario de Psicología Jurídica*, 2015, pp. 13 y ss. Vid. también Bueno Ochoa, L., "El protocolo SVA como sistema de análisis de validez de las declaraciones en contextos forenses", en Fuertes-Planas (ed.), *Concepciones sistemáticas y visiones literarias del Derecho. Principios del Derecho VI*, Madrid 2020, pp. 441 y ss. Luaces Gutiérrez, "La regulación de la prueba preconstituida en menores de edad en ley orgánica 8/2021, de 4 de junio, de protección integral de la infancia y la adolescencia frente a la violencia: especial referencia a la utilización de cámara Gesell como instrumento para evitar la victimización secundaria", *La Ley, Derecho de Familia*, n. 34, 2022, pp. 155 y ss.

150 Gimeno Sendra, *Derecho Procesal Penal*, cit. pp. 450 y ss.

151 Gimeno Sendra, *Derecho Procesal Penal*, cit. pp. 483 y ss.

Con las diligencias del primer grupo se custodiaría una fuente de prueba, mientras que con las de segundo grupo se practicaría la prueba. Sin embargo, lo cierto es que con esas dos pruebas anticipadas también se custodia algo: su resultado, que es el que va a servir de fuente de conocimiento probatorio para que el tribunal pueda dictar su sentencia.

Y con todas las pruebas referidas como preconstituidas, la realidad es que también se está practicando un medio de prueba, no de los tradicionales, pero se está realizando una actividad que sólo desde un punto de vista excesivamente teorizante cabría decir que es una actividad probatoria. Resulta evidente en la rueda de reconocimiento[152], cuyo resultado es una posible identificación, idéntica además a la que se puede llevar a cabo durante la práctica de una prueba testifical. Pero también sucede lo mismo con la prueba alcoholométrica, que no es otra cosa que un examen pericial idéntico a un análisis de sangre practicado por un médico. Análogas a los anteriores son las inspecciones corporales, siendo las intervenciones corporales la práctica de un método para averiguar la realidad, perfectamente equivalente a cualquier otro medio de prueba. Lo mismo exactamente sucede con cualquier tipo seguimiento de audio y vídeo, con comunicaciones o sin ellas, o la geolocalización. Y por descontado, las diligencias de entrada, registro y ocupación del cuerpo del delito no son más que reconocimientos judiciales. En todo caso, como ya se ha dicho, todos ellos son métodos para averiguar la realidad, que es lo que intentan ser todos los medios de prueba.

Por tanto, todos estos instrumentos designados como pruebas anticipadas o preconstituidas, en realidad implican la práctica de un método y la custodia de su resultado. Lo único que

---

152 Vid. Manzanero Puebla, A. L. "Identificación de personas: las ruedas de reconocimiento", en AAVV (Garrido, Masip, Herrero), *Psicología jurídica*, Madrid 2008, p. 328.

las distingue de los medios de prueba más tradicionales es que, efectivamente, la mayoría de ellos son más modernos. Pero no por ello dejan de implicar la misma actividad y tener el mismo objetivo: la averiguación de la realidad.

Es muy posible que en esta clasificación haya influido el hecho de que se trata de actuaciones que se llevan a cabo en la fase de instrucción, y que la doctrina del siglo XIX y XX repitió una y otra vez que no eran pruebas para tratar de evitar, vanamente, que pudieran ser utilizadas en el juicio oral. Con ello se trataba de superar también el sistema inquisitivo, en el que la instrucción había ocupado casi todo el espacio del proceso, haciendo que el juicio oral fuera marginal[153]. Se trataba de

---

[153] Vid. con mucha claridad la Exposición de Motivos de la Ley de Enjuiciamiento Criminal española de 1882, que es donde se inspiran las declaraciones doctrinales posteriores: "*...nuestros Jueces y Magistrados han adquirido el hábito de dar escasa importancia a las pruebas del plenario, formando su juicio por el resultado de las diligencias sumariales y no parando mientes en la ratificación de los testigos, convertida en vana formalidad; que, en ausencia del inculpado y su defensor, los funcionarios que intervienen en la instrucción del sumario, animados de un espíritu receloso y hostil que se engendra en su mismo patriótico celo por la causa de la sociedad que representan, recogen con preferencia los datos adversos al procesado, descuidando a las veces consignar los que pueden favorecerle; y que, en fin, de este conjunto de errores, anejos a nuestro sistema de enjuiciar, y no imputable, por tanto, a los funcionarios del orden judicial y fiscal, resultan dos cosas a cual más funestas al ciudadano: una, que al compás que adelanta el sumario se va fabricando inadvertidamente una verdad de artificio que más tarde se convierte en verdad legal, pero que es contraria a la realidad de los hechos y subleva la conciencia del procesado; y otra, que cuando éste, llegado al plenario, quiere defenderse, no hace más que forcejear inútilmente, porque entra en el palenque ya vencido o por lo menos desarmado.* (...) *Subsiste, pues, el secreto del sumario; pero sólo en cuanto es necesario para impedir que desaparezcan las huellas del delito, para recoger e inventariar los datos que basten a comprobar su existencia y reunir los elementos que más tarde han de utilizarse y depurarse en el crisol de la contradicción durante los solemnes debates del juicio oral y público* (...) *El juicio verdadero no comienza sino con la calificación provisional y la apertura*

potenciar este último, sin darse cuenta de que lo cierto es que la celebración del juicio oral es imposible con unas mínimas garantías científicas, si se ignoran los materiales obtenidos durante la instrucción, que serán tratados, se quiera o no, como auténticas pruebas en el proceso. Lo fundamental debía haber sido que se prohibiera realizar conclusiones incriminatorias en la instrucción que provinieran de las autoridades policiales[154], y que la única incriminación fuera realizada en tono dubitativo por el ministerio fiscal, que no debía ser una especie de abogado de la acusación, sino un asistente del juez que le ayudara a descubrir la realidad. Así debía ser en un proceso en el que en la fase de juicio, no iba a resolver un jurado ajeno completamente a la investigación, como sucede en los sistemas del *Common Law*, sino un juez, compañero de fiscales y jueces de instrucción y que, por tanto, no es del todo ajeno a los mismos.

En realidad, ni siquiera la entrevista cognitiva, actual paradigma jurisprudencial de la llamada "prueba preconstituida" en España, lo es siguiendo la definición de Gimeno Sendra, definición que puede ser discutible, claro está, pero que por lo menos es lógica. La entrevista cognitiva[155], como es sabido,

---

de los debates delante del Tribunal que, extraño a la instrucción, va a juzgar imparcialmente y a dar el triunfo a aquel de los contendientes que tenga la razón y la justicia de su parte. La calificación jurídica provisional del hecho justiciable y de la persona del delincuente, hecha por el acusador y el acusado una vez concluso el sumario, es en el procedimiento criminal lo que en el civil la demanda y su contestación, la acción y las excepciones." (…) *tratándose en la hora presente de un método de enjuiciar en el cual el sumario es una mera preparación del juicio, siendo en éste donde deben esclarecerse todos los hechos y discutirse todas las cuestiones que jueguen en la causa…*"

154 Vid. muy ampliamente al respecto Borràs Andrés, N., *La instrucción sin prejuicios, La necesaria limitación a la recogida de vestigios*, Madrid 2023, pp. 197 y ss.

155 Vid. Köhnken, G. / Manzanero, A.L. / Scott, M. T., "Análisis de la validez de las declaraciones: mitos y limitaciones", *Anuario de Psicología Jurídica*, 2015, pp. 13 y ss.

consiste en la realización de un encuentro relajado entre un psicólogo y un sujeto con conocimiento de los hechos, habitualmente una víctima en la actualidad, pero que en el futuro podría –y tal vez debería– ser cualquier otro testigo, dado que la entrevista cognitiva al menos es un método pericial[156] de averiguación de la realidad que tiene una base científica desde luego muchísimo más fiable que el interrogatorio judicial, que sin duda no la tiene. Sea como fuere, esa entrevista será una prueba pericial o testifical, pero sería anticipada para Gimeno Sendra en cualquiera de los dos casos, de ser practicada, como es habitual, durante la instrucción. Sin embargo, la jurisprudencia, como ya se vio, la califica de "preconstituida".

En definitiva, se confirma que no estamos ante una cuestión de técnica jurídica, sino frente a una simple denominación engañosa que ha hecho fortuna en la doctrina española sobre todo. Sería ya el momento de desterrarla, porque utilizar esa terminología no tiene la más mínima trascendencia práctica. Es más, resulta innecesariamente confusa y denota una falsaria erudición que es sólo aparente.

---

156 Así la califico en Nieva Fenoll, J, "El interrogatorio de menores: una prueba pericial a evitar", *InDret*, 1, 2023, pp. 285 y ss.

CAPÍTULO II. APLICABILIDAD PRÁCTICA DE LA PRUEBA PRECONSTITUIDA: ESPECIAL ATENCIÓN EN EL CONTEXTO BARNAHUS[157]

ROSER CASANOVA MARTÍ
Profesora Lectora de Derecho Procesal
Universitat Rovira i Virgili

---

[157] Este trabajo se enmarca en los «Proyectos de I+D+i» del Plan Estatal de Investigación Científica del Ministerio de Ciencia e Innovación del periodo 2021-2025: "Nuevos retos de género del derecho probatorio" (PID2020-115304GB-C22); y "Nuevos retos tecnológicos del derecho probatorio" (PID2020-115304GB-C21), financiados por MCIN/AEI/10.13039/501100011033. Asimismo, forma parte del Proyecto Europeo: *Impact of the Barnahus model on protecting the rights of children victims of sexual abuse in the criminal justice system*, financiado por la *OAK Fundation*; y del Grup de Recerca de la Generalitat de Catalunya "Retos del Derecho Procesal (ReDePro)", con número de expediente 2021 SGR 00991.

1. INTRODUCCIÓN

El incremento de la violencia sexual en España durante los últimos años resulta sumamente alarmante, especialmente cuando los datos revelan que este aumento repercute también en los niños, niñas y adolescentes, que son las personas más vulnerables de nuestra sociedad. Los últimos datos publicados por el Ministerio del Interior indican que: "de los 21.825 delitos sexuales producidos en 2023, un 42% de víctimas eran menores"[158]. Ante estas demoledoras cifras, y al margen de las acciones que pertenecen a los poderes públicos para frenar este intolerable aumento, es necesario dar una respuesta contundente, a través del proceso penal, a los autores responsables de estos delitos con el objetivo de evitar su impunidad. Para conseguir este propósito es imperante cumplir con las reglas básicas de nuestro sistema procesal penal, resultando ser fundamental para condenar contar con prueba de cargo suficiente para enervar la presunción de inocencia del acusado. Si bien esta premisa está clara en el plano teórico, la principal dificultad en este tipo de delitos, que normalmente tienen lugar en la intimidad, radica en la precariedad probatoria pues, en la

---

[158] De ello se hace eco la prensa, entre la que destacamos: Aumentan los casos de violencia sexual en España: 21.825 delitos en 2023, un 42% a menores (elconfidencial.com); Preocupante aumento de los delitos sexuales en 2023, el 42% de las víctimas eran menores (telemadrid.es); Un 42% de les víctimes denunciants de delictes sexuals el 2023 eren menors–À Punt (apuntmedia.es). Recuperados el 23 de julio de 2024. La diferencia con los datos registrados el año anterior es bastante significativa, pues como indica *Save the Children*, en 2022 se interpusieron en España 18.731 denuncias por violencia sexual, de las cuales casi la mitad (un 45%) tenía como víctima a una persona menor de 18 años. A lo anterior debe sumarse que: En 8 de cada 10 casos de agresiones sexuales en la infancia la víctima es una niña o una adolescente | Save the Children. Recuperado el 23 de julio de 2024. Este aumento se traduce en 3.094 casos más en un año.

mayoría de ocasiones solo se cuenta con la declaración de la persona menor. Por esta razón es necesario obtener una declaración testifical de la víctima verosímil y suficiente que pueda ser valorada como válida por la autoridad judicial competente del enjuiciamiento con el objetivo de poder dictar sentencia condenatoria. De ahí la importancia de realizar lo más correctamente posible la prueba del testimonio de la persona menor víctima.

Paralelamente al respeto a la presunción de inocencia del investigado que antes apuntábamos, es necesario que durante el proceso penal se tenga en cuenta la protección de los niños, niñas y adolescentes víctimas. Son varios los mecanismos existentes para evitar que su paso por el proceso penal los revictimice y les causen más daño. Entre estas medidas focalizaremos nuestra atención en la prueba preconstituida y en la entrada en escena del modelo Barnahus en España.

Con este telón de fondo, el objetivo de este trabajo de investigación es, por un lado, analizar la regulación actual de la prueba preconstituida en nuestra Ley de Enjuiciamiento Criminal a la luz de la doctrina judicial; y, por el otro, exponer, desde una perspectiva práctica, cómo se desarrolla la prueba preconstituida en el marco de la Barnahus. Sobre este último extremo, nos centraremos en la experiencia de la Barnahus de Tarragona, por ser la primera implantada en España en el año 2020[159].

---

159 Así se destaca en: El Govern abre en Tarragona una unidad pionera de atención integrada a menores víctimas de abusos sexuales (diarimes.com). Recuperado el 24 de julio de 2024.

2. LA PRUEBA PRECONSTITUIDA Y SU REGULACIÓN EN LA LECRIM

En el sistema procesal penal español, como regla general, únicamente pueden considerarse pruebas aquellas que son practicadas en el juicio oral, ya que el procedimiento probatorio tiene lugar necesariamente ante el órgano enjuiciador de la causa penal y en cumplimiento de los principios de contradicción, igualdad, publicidad, oralidad e inmediación[160]. Solo así podrá ser desvirtuado el derecho a la presunción de inocencia de la persona encausada, reconocido en el art. 24.2 de la Constitución española[161]. No obstante, excepcionalmente, son admitidas las pruebas anticipadas y preconstituidas[162].

Centrándonos en la prueba preconstituida[163], destacamos que es aquella que se caracteriza por el hecho de que su práctica tiene lugar ante el juez instructor porque se prevé que no podrá llevarse a cabo en el acto del juicio, ya sea porque se trata de diligencias de imposible repetición en el juicio oral por su propia naturaleza –como sería la prueba de alcoholemia–, o

---

160 STC 53/2013, de 28 de febrero (TOL3.268.171), f.j. 3º.

161 Sobre el derecho a la presunción de inocencia véase a Picó Junoy, J. (2012), *Las garantías constitucionales del proceso*, J. Mª. Bosch, 191-201.

162 Ambas instituciones procesales se encuentran estrechamente relacionadas, por lo que en determinadas ocasiones resulta difícil delimitar su distinción. En este sentido, se pronuncia Nieva Fenoll, quien señala que: "lo que carece de todo sentido es distinguir entre anticipado y preconstituido, (...) ninguna consecuencia práctica cabe anudar a la distinción. Se trata simplemente de actuaciones probatorias, de mayor o menor entidad y consideración, que se celebran antes de la fase de práctica de la prueba". Nieva Fenoll, J. (2024), "La prueba preconstituida: un concepto erróneo e imposible", *Diario La Ley* (Nº 10532, Sección Tribuna), 9.

163 Sobre el concepto de prueba preconstituida, véase el interesante, crítico y reciente trabajo de Nieva Fenoll, J. (2024), "La prueba preconstituida...", *ob. cit.*

bien de difícil o imposible reproducción por razones ajenas a la naturaleza de la prueba y por circunstancias sobrevenidas, lo cual permite anticipar su práctica al acto del juicio[164].

A pesar de que, en determinados supuestos, venía admitiéndose la prueba preconstituida en la práctica de nuestros tribunales de justicia[165], no es hasta la entrada en vigor de la

---

164 A modo de ejemplo, véase la STS (Sala Penal, Sección 1ª) 8/2022, de 12 de enero (TOL8.751.574), f.j. 3°, que haciendo referencia a la regulación anterior a la reforma por la LO 8/2021, de 4 de junio, señala que "Cuando se trata de declaraciones testificales, la jurisprudencia ha venido equiparando los casos de fallecimiento del testigo con otros que supongan la imposibilidad de comparecer, como el encontrarse en ignorado paradero o bien cuando el testigo resida en país extranjero, cuando de este dato se desprenda la imposibilidad o una seria dificultad para hacerlo comparecer ante el Tribunal. Los artículos 448 y 777 de la LECrim regulan la prueba preconstituida, garantizando a las partes la posibilidad de contradicción. La diligencia deberá ser luego introducida en el plenario en la forma prevista en el artículo 730, al que se remite expresamente el artículo 777. En todos los casos, lo que debe ser comprobado es la imposibilidad o seria dificultad de que el testigo comparezca ante el Tribunal, pues de no ser así, lo correcto es oír a aquel directamente, bien sea de forma presencial o recurriendo a la videoconferencia o sistemas similares que permitan una comunicación bidireccional en tiempo real»".

165 Destacamos las SSTC 141/2001, de 18 de junio (TOL81.487), f.j. 4°; 97/1999, de 31 de mayo (TOL81.162), f.j. 5°; y 303/1993, de 25 de octubre (TOL82.324), f.j. 3°. En la misma línea se pronuncian el Tribunal Supremo y las Audiencias Provinciales así, por ejemplo: STS (Sala Penal, Sección 1ª) 788/2010, de 22 de septiembre (TOL1.968.008), f.j. 4°; SAP Madrid (Sección 27ª) 350/2021, de 1 de julio (TOL8.590.750), f.j. 2°; y la SAP Vizcaya (Sección 6ª) 34/2020, 29 de junio (TOL8.263.948), f.j. 3°. Asimismo, véase entre la doctrina científica a Rodríguez Fernández, R. y Garrido Antón, Mª. J. (2022), "Evitando revictimizar a los menores víctimas de delitos sexuales. La prueba preconstituida", *Diario La Ley*, (N° 10026, Sección Tribuna); Muerza Esparza, J. (2019), "Sobre el valor de la prueba preconstituida en el proceso penal", *Nuevos Horizontes del Derecho Procesal* (Coord. Mar

Ley Orgánica 8/2021, de 4 de junio, de protección integral de la infancia y adolescencia contra la violencia cuando se materializa, por primera vez en la Ley de Enjuiciamiento Criminal -arts. 449 bis y ter-, la preconstitución de la prueba de la declaración testifical, fijándose en la propia ley los requisitos necesarios para su validez. En base a ello, estos preceptos se configuran, como señala la reciente STS (Sala Penal, Sección 1ª), 281/2024, de 21 de marzo[166], como "una excepción al principio general de que todas las pruebas deben practicarse en el acto del juicio oral".

Con la culminación de la regulación de esta medida se pretende: por un lado, evitar que la víctima tenga que explicar varias veces los hechos acontecidos ante diversos profesionales, declarando lo antes posible, y solo una vez, ante el juez de instrucción en beneficio de la calidad del relato[167]; y por el otro,

---

Jimeno Bulnes y Julio Pérez Gil), J. Mª. Bosch, 769-770; y De Aguilar Gualda, S. (2017), "La prueba preconstituida y la anticipada", *La prueba en el proceso penal*, J. Mª. Bosch, 31-34.

166 (TOL9.957.580), f.j. 3º.

167 Téngase en cuenta que el *lapso temporal* entre la primera declaración y la fecha del juicio oral puede afectar a la calidad del relato, que se resiente cuando se reproduce sucesivamente en diversos contextos, pues el recuerdo tiende a perder precisión y se reelabora modulado por las reacciones emocionales de los demás. En este sentido se pronuncian Subijana, I. J. y Echeburúa, E. (2018), "Los Menores Víctimas de Abuso Sexual en el Proceso Judicial: el Control de la Victimización Secundaria y las Garantías Jurídicas de los Acusados", *Anuario de Psicología Jurídica* (Vol. 28. Núm. 1), 22-27, quienes señalan que: "desde la perspectiva psicológica, la construcción de la prueba preconstituida supone la aplicación de la cadena de custodia a las huellas mnésicas (recuerdos), de modo que no se contaminen a lo largo del proceso judicial. Los recuerdos se deterioran transcurrido un plazo de tiempo y, además, se reconstruyen cada vez que la víctima narra los hechos. Estos recuerdos pueden estar contaminados por la información del entorno, la forma de formulación de las preguntas y

eludir la victimización secundaria[168] de las víctimas especialmente vulnerables, como es el caso de los niños, niñas y adolescentes o personas con discapacidad necesitadas de apoyo[169].

El legislador no se limita a prever la posibilidad que el juez instructor recurra a la prueba preconstituida cuando lo considere necesario, sino que, va más allá, y convierte en obligatoria la preconsititución de la declaración testifical de personas menores de 14 años y con discapacidad necesitadas de especial atención. Concretamente, esta obligación se introduce tanto en el procedimiento ordinario –indicando que "la autoridad judicial acordará, en todo caso, practicar la audiencia del menor como prueba preconstituida" (art. 449 ter LECrim)– como en el procedimiento abreviado –señalando literalmente "la autoridad judicial debe practicar prueba preconstituida" (art. 777.3 LECrim)–. Así, realizando una interpretación literal de estos preceptos, no se trata de una potestad, sino que el órgano instructor tiene la obligación de practicar la audiencia de

---

las reacciones emocionales de los entrevistadores. La contaminación es tanto mayor cuanto mayor es el tiempo transcurrido, cuanto mayor es el número de veces que se ha reproducido el testimonio, cuanto mayor eco mediático ha tenido el suceso o cuanto más vulnerable o sugestionable sea la víctima en función de la edad o de su fragilidad emocional".

168 "La victimización secundaria se caracteriza por experimentar sintomatología ansiosa depresiva asociada al recuerdo de los hechos", como señalan Rodríguez Fernández, R. y Garrido Antón, Mª. J. (2022), "Evitando revictimizar a los menores..., *ob. cit.*, 9.

169 Vid. el Preámbulo de la LO 8/2021, de 4 de julio. En esta línea lo apunta también el AAP de Barcelona (Sección 3ª), 862/2021, de 23 de septiembre (TOL8.761.966), f.j. 2º: "La prueba preconstituida se convierte y se erige así, en instrumento adecuado para evitar la victimización secundaria, siendo particularmente eficaz, cuando las víctimas sean menores de edad o personas con discapacidad necesitadas de especial protección".

estas personas menores para que tenga validez como prueba preconstituida y evitar su declaración en sede de juicio oral[170].

A pesar de la obligatoriedad de la norma, para poder conseguir una preconstitución probatoria válida deben cumplirse los siguientes requisitos legalmente establecidos[171] que, a continuación, pasamos a analizar a la luz de la más reciente doctrina judicial.

---

170 Sin necesidad de motivar su decisión, a diferencia de lo que sucedía con anterioridad a la reforma introducida en la LECrim por la LO 8/2021, como señala la STS (Sala Penal, Sección 1ª), 107/2022, de 10 de febrero (TOL8.807.367): "Antes de esta reforma el tribunal debía motivar debidamente esta denegación, bien en base a informes periciales u otras razones objetivables que acrediten el perjuicio al menor de acudir de nuevo a declarar sobre hechos graves. Ante ello, lo que la LO 8/2021 de 4 de Junio lleva a cabo es objetivizar de forma imperativa que cuando se trate de menores de 14 años la declaración de estos se hará siempre mediante la reproducción en juicio de la grabación de la prueba preconstituida. En el presente caso, tratándose de un menor de 6 años de edad proceder como se actuó fue correcto sin que ello merme el derecho de defensa, como se ha venido admitiendo hasta la LO 8/2021, de 4 de Junio".

171 Tuve la oportunidad de examinar estos requisitos en Casanova Martí, R. (2022), "La prueba preconstituida como mecanismo de protección de las personas menores víctimas de violencia sexual en el proceso penal a la luz del nuevo art. 449 ter LECrim", *Revista Vasca de Derecho Procesal y Arbitraje*, tras la inminente aprobación de la LO 8/2021, de 4 de junio. Si bien, desde entonces, los tribunales de justicia se han ido pronunciando sobre la aplicación de la normativa de la prueba preconstituida según la casuística planteada, lo cual ha dado lugar a una rica y variada doctrina judicial sobre la materia, lo que explica que ahora nos veamos en la necesidad de reexaminarlos.

3. REQUISITOS PARA LA PRECONSTITUCIÓN DE LA PRUEBA

3.1. Requisitos subjetivos

El art. 449 ter LECrim limita la obligatoriedad de la preconstitución de la prueba a testigos menores de catorce años o personas con discapacidad necesitadas de especial protección, tengan o no condición de víctima[172]. Siendo esto así, solo este colectivo al que nos acabamos de referir podrá tener el beneficio de que se le preconstituya directamente la declaración realizada en fase de instrucción.

Si bien la redacción de la norma parece clara, a raíz de su aplicación práctica se han ido planteando diversos interrogantes a los que debemos dar respuesta y que, a continuación, pasamos a analizar.

3.3.1. Menores de 14 años

Respecto de los menores, como ha señalado el Tribunal Supremo en su sentencia (Sala Penal, Sección 1ª) 329/2021, de 22 de abril[173], no es fácil fijar una edad a partir de la cual pueda entenderse que existe una presunción de madurez. El legislador, en este caso, pone el límite en los catorce años como umbral por debajo del cual la comparecencia en juicio conlleva un riesgo de victimización secundaria. Sobre este extremo es de interés traer a colación el AAP de Barcelona (Sección 3ª), 862/2021, de 23 de septiembre[174], que señala que lo que hace la LO 8/2021 es "fijar una edad a partir de la cual a los jueces

---

[172] Vid. la STS 153/2022 (Sala Penal, Sección 1ª), de 22 de febrero (TOL8.820.386), f.j. 1º.

[173] (TOL8.409.600), f.j. 1º.

[174] (TOL8.761.966), f.j. 2º.

se les priva de la posibilidad de valorar e individualizar las circunstancias del/a menor, sino que necesariamente se presume legalmente que a ese/a menor el paso por el proceso penal le va a suponer perjuicios y por eso merece protección obligando en estos casos –menores de 14 años– de forma automática a preconstituir prueba".

Queda claro, entonces, que el límite está en los 14 años, pero ¿en qué momento debe cumplirse este umbral de edad? ¿en el momento de los hechos, durante la instrucción o en el juicio oral? En el primer momento, el de los hechos, entendemos que no, puesto que el precepto señala textualmente que se trata de una persona menor de 14 años que "deba intervenir en condición de testigo en un procedimiento judicial", de manera que el límite de 14 años será de aplicación una vez iniciado el proceso penal y el o la menor tenga que declarar. Sin embargo, sí que se nos plantea la duda durante el proceso penal.

El primer interrogante es sobre si el límite de la edad para preconstituir la prueba debe cumplirse solo durante la fase de instrucción o, también, en la fase del juicio oral. Así, ¿qué sucede si la persona menor a la que se ha preconstituido su declaración testifical en fase de instrucción tiene 14 años o más en el momento de la celebración del juicio oral? A ello da respuesta la reciente STSJ de Galicia 39/2024 (Sala Civil y Penal, Sección 1ª), de 2 de abril[175], indicando que el límite de los 14 años, para marcar la obligatoriedad de la norma, debe cumplirse en la fase de instrucción que es el momento procesal oportuno para practicar la declaración preconstituida del menor. Ello comporta que, aunque supere los 14 años cuando se celebre el juicio oral, no sea necesario que vuelva a prestar declaración, pues, como señala el tribunal: "lo que no puede pretenderse es

---

175 (TOL10.029.423), f.j. 2º.

que, como en la fecha del juicio ya superó la testigo-víctima los 14 años, deba entonces comparecer en el plenario desechando la prueba preconstituida, pues de seguirse esa absurda teoría el procedimiento instaurado por el legislador solo tendría utilidad para víctimas de muy corta edad que tanto en la fase de instrucción como en la de enjuiciamiento no rebasaran los 14 años".

Al hilo de lo anterior, aun nos surge otra duda en cuanto al cumplimiento del requisito de la edad dentro de la propia fase de instrucción: ¿debe la persona menor tener menos de 14 años en el momento en el que el juez de instrucción acuerde la práctica de la prueba preconstituida o cuando ésta realmente se practique? En nuestra opinión, y haciendo prevalecer el interés superior del menor, debería tenerse en cuenta la edad del menor al tiempo de acordar la práctica de la prueba preconstituida por parte del juez instructor, independientemente del momento en que realmente se acabase practicando –pues en determinadas ocasiones, pueden pasar semanas o incluso meses desde que se acuerda hasta que efectivamente se practica–.

Por último, pese a que el legislador marca una edad límite para obligatoriamente preconstituir la prueba, nada señala respecto a la edad a partir de la cual puede prestar declaración una persona menor. Entendemos que con la reforma de 2021 y la posibilidad que intervengan equipos psicosociales o expertos para realizar las exploraciones de los menores, se permite que pueda tomarse declaración a menores de muy corta edad. Este es el caso del AAP de Murcia (Sección 2ª), 155/2023, de 28 de febrero[176] en el que se acuerda que se proceda a la práctica de la prueba preconstituida a un menor de 4 años. Si bien, como señala el auto, el juez instructor deberá buscar en cada

176 (TOL9.628.651), f.j. 3º.

caso el razonable equilibrio entre el bienestar del menor y la obligación de investigación de los hechos en aras de decidir si es procedente tomar declaración al menor. Al hilo de este último inciso también sucederá en determinadas ocasiones, cuando se trate de menores de muy corta edad, que la capacidad y/o madurez del menor no sea suficiente para tomarle declaración. En estos casos, al juez instructor no tendrá más opción que acordar no practicar la diligencia.

3.1.2. Menores entre 14 y 18 años

Dentro del ámbito subjetivo de la norma objeto de análisis, es necesario también hacer referencia a las personas menores de edad entre catorce y dieciocho años. Del tenor literal del precepto se desprende que estos sujetos quedan al margen de la obligatoriedad de la preconstitución directa de la prueba. Por esta razón, como señala la reciente STSJ de Extremadura (Sala Civil y Penal, Sección 1ª) 17/2024, de 26 de marzo[177], que hace referencia a los menores entre 14 y 18 años, "debe priorizarse la declaración del testigo, menor edad, personalmente ante el Tribunal preservando la plena potencialidad de los principios rectores que disciplinan el Juicio Oral, esto es, los principios de inmediación y de contradicción".

Sin embargo, consideramos que, en estos supuestos, será potestativo para la autoridad judicial la preconstitución de la prueba previa valoración individualizada del menor y sus circunstancias, cumpliéndose, en todo caso, los genéricos requisitos establecidos en el art. 449 bis LECrim[178]. En estos casos, el órgano instructor competente deberá efectuar "un juicio proporcional de revictimización, al objeto de preservar el interés

---

177 (TOL10.000.946), f.j. 6º.

178 STS 153/2022 (Sala Segunda, Sección 1ª), de 22 de febrero (TOL8.820.386).

superior del menor y de evitar que la rememoración de los hechos pueda ocasionarle perjuicios, básicamente de orden psicológico; de tal modo que, si esa valoración ponderativa condujera a la existencia de un riesgo potencial real y elevado sobre la salud psicológica del menor, debe sacrificarse la práctica de la prueba testifical mediante la presencia del menor en el Juicio Oral y optar por la práctica de la prueba preconstituida"[179].

De entenderse, por parte del instructor, que debe procederse a la práctica de la prueba preconstituida se requiere para su adopción una resolución suficientemente motivada. De lo contrario, esta prueba se dejará sin efecto, como sucede en el AAP de Barcelona (Sección 2ª) 901/2023, de 20 de noviembre[180]; lo que tiene como consecuencia que el menor tenga que declarar durante el juicio.

3.1.3. Personas con discapacidad necesitadas de especial atención

Como ya hemos avanzado, el art. 449 ter LECrim incluye, de manera genérica, dentro de su ámbito subjetivo de aplicación a las personas con discapacidad necesitadas de especial atención. En base a este mandato del legislador entendemos que quedan incluidas todas las personas con discapacidad con independencia de la edad y del grado de discapacidad que tengan. A pesar de ello, creemos que es necesario realizar una serie de matices al respecto.

En primer lugar, no cabe duda de que quedan incluidas en el ámbito de aplicación del precepto las personas adolescentes con discapacidad necesitadas de protección especial (esto es, personas con discapacidad entre 14 y 18 años) por ser su-

---

179 STSJ de Extremadura (Sala Civil y Penal, Sección 1ª) 17/2024, de 26 de marzo (TOL10.000.946), f.j. 6º.

180 (ECLI:ES:APB:2023:12596A), f.j. 2º.

jetos especialmente sensibles y vulnerables. Así, lo reconoce la reciente STS (Sala Penal, Sección 1ª) 281/2024, de 21 de marzo[181], que da validez a la declaración realizada en fase de instrucción como prueba preconstituida sin que sea necesaria la declaración en sede de juicio oral, aunque la testigo víctima tenía 18 años recién cumplidos en el momento del juicio. El TS, para justificarlo, argumenta que la testigo tenía una leve discapacidad psíquica, constatada por un informe del equipo de asesoramiento técnico. En la misma línea, se pronuncia el AAP de Barcelona (Sección 3ª) 820/2024, de 23 de enero[182], en el que se practica prueba preconstituida a un menor de 17 años por tener la condición de persona discapacitada y necesitada de especial protección, que cuenta con un informe del equipo de asesoramiento técnico el cual afirma la existencia de una especial vulnerabilidad del adolescente.

En segundo lugar, sucede lo mismo respecto de las personas adultas con discapacidad necesitadas de especial atención, que en principio se encuentran incluidas en el precepto estudiado. Sin embargo, en este contexto, nos surgen un seguido de interrogantes. Primero: ¿debe tratarse de una discapacidad reconocida? A pesar de no encontrar una solución en la doctrina judicial analizada creemos que la respuesta deber ser afirmativa y tratarse de un reconocimiento administrativo que demuestra la existencia de una discapacidad[183]. La respuesta positiva a esta primera cuestión nos lleva inevitablemente a plantearnos la siguiente: ¿qué grado y qué tipo de discapacidad debe tener el testigo? En esta ocasión, entendemos que no todas las dis-

---

181 (TOL9.957.580). En la misma línea se pronuncia el AAP de Barcelona (Sección 3ª), 862/2021, de 23 de septiembre (TOL8.761.966), f.j. 2º.

182 (TOL10.014.939), f.j. 4º.

183 Para ello es de aplicación el Real Decreto 888/2022, de 18 de octubre, por el que se establece el procedimiento para el reconocimiento, declaración y calificación del grado de discapacidad.

capacidades pueden tener el mismo tratamiento. Sobre ello, la reciente STS (Sala Penal, Sección 1ª) 285/2024, de 21 de marzo[184], señala que debe haber un cierto margen de modulación, con vocación adaptativa a las circunstancias del caso, tanto respecto de los tramos biológicos de un menor como de los distintos grados de discapacidad que pueden condicionar un testimonio. Por esta razón, creemos que no puede verse afectado de la misma manera el testimonio de una persona con una leve discapacidad física que el de una persona con una discapacidad psíquica de más del 50%. Una posible solución sería atenderse a los grados que se reconocen en la Ley 41/2003, de 18 de noviembre, de protección patrimonial de las personas con discapacidad, que en su artículo 2 prevé que, a los efectos de esta Ley, únicamente tendrán la consideración de personas con discapacidad: a) las que presenten una discapacidad psíquica igual o superior al 33 por ciento; y b) las que presenten una discapacidad física o sensorial igual o superior al 65 por ciento.

3.2. Requisitos objetivos

En cuanto a los requisitos objetivos, el legislador prevé un listado de delitos en los que podrá ser de aplicación la prueba preconstituida en las declaraciones testificales de personas menores de edad o con discapacidad necesitadas de especial atención, entre los cuales se encuentran, como no podía ser de otra manera, los delitos contra la libertad sexual. En concreto, se trata de un listado *numerus clausus* que contiene los siguientes tipos delictivos: homicidio, lesiones, contra la libertad, contra la integridad moral, trata de seres humanos, contra la libertad

---

[184] (TOL9.967.855), f.j. 2º.

e indemnidad sexuales[185], contra la intimidad, contra las relaciones familiares, relativos al ejercicio de derechos fundamentales y libertades públicas, de organizaciones y grupos criminales y terroristas y de terrorismo.

Debe tenerse en cuenta que podrán desarrollarse las medidas previstas en este artículo con independencia de la gravedad del delito cometido, pues añade el propio precepto que serán igualmente de aplicación cuando el delito tenga la consideración de leve –art. 449 ter *in fine* LECrim–.

3.3. Requisitos de procedibilidad

Una vez delimitados en los apartados anteriores los requisitos subjetivos y objetivos, pasamos ahora a analizar los requisitos de procedibilidad en aras de poder preconstituir la prueba de la declaración de menores víctimas de delitos contra la libertad sexual.

Para que sea válida como prueba la audiencia del menor en fase de instrucción, debe desarrollarse con todas las garantías de la práctica de la prueba en el juicio oral. Partiendo de esta premisa, el legislador establece dos bloques de exigencias: en el primero encontramos las comunes para la preconstitución de la prueba en los supuestos del art. 449 bis LECrim; y en el segundo, las específicas para la preconstitución de la prueba de la declaración de personas menores de catorce años o con discapacidad necesitadas de especial protección, previstas en el art. 449 ter LECrim. En nuestro caso, debemos analizar ambos bloques de exigencias, pues las medidas del art. 449 bis

185 Actualmente delitos contra la libertad sexual. Rúbrica del TÍTULO VIII del Código Penal modificada el 7 de octubre de 2022, por la disposición final 4.6 de la Ley Orgánica 10/2022, de 6 de septiembre. Ref. BOE-A-2022-14630

LECrim son también de aplicación en las declaraciones de personas menores o con discapacidad que necesitan especial protección.

3.3.1. Exigencias comunes para la preconstitución de la prueba (art. 449 bis LECrim)

Siguiendo esta clasificación, vamos a desarrollar, en primer lugar, las cuatro exigencias comunes para la preconstitución de la prueba de la declaración testifical –art. 449 bis LECrim–.

La primera de ellas hace referencia a que debe ser acordada por autoridad judicial –"la autoridad judicial acordará"–. Pese a que el precepto no lo indica, entendemos que, por regla general, es competente para acordarla el órgano instructor de la causa, pues nos encontrarnos en la fase de instrucción del proceso penal. Pero ¿qué sucede si la persona investigada es menor y el proceso penal se tramita a través de la Ley Orgánica 5/2000, de 12 de enero, reguladora de la responsabilidad penal de los menores? Como es bien sabido, de acuerdo con esta normativa quien instruye es el Ministerio Fiscal. Sin embargo, como señala la AP de León (Sección 3ª), en su auto 924/2023, de 22 de noviembre[186] "no debemos obviar que el Ministerio Fiscal, por más que se le encomiende la iniciativa procesal de la investigación en la Ley de Responsabilidad Penal del Menor, es parte procesal, de tal suerte que no le corresponde ni debe ser quien garantice la contradicción ni la pertinencia de las preguntas en la audiencia del menor, ni en cualquier "prueba" testifical". Además, "no pueden confundirse las diligencias de investigación que son competencia del Fiscal de Menores con la práctica de las pruebas, que es competencia exclusiva de los Jueces y Tribunales". Así pues, en estos casos ¿qué órgano ju-

---

186 (TOL9.869.761), f.j.3º.

dicial será el competente para acordarla? La duda se plantea entre el Juzgado de guardia y el Juzgado de menores, aunque, este último, tenga atribuido el enjuiciamiento de la causa. Respecto del Juzgado de guardia no sería la mejor opción pues, en la línea de lo indicado por la AP de León, entendemos que "tampoco le corresponde al Juez de Instrucción de Guardia la práctica de las pruebas preconstituidas que deban practicarse en la jurisdicción de menores, pues aunque sí se prevén determinadas competencias del servicio de guardia en relación con los menores en el art. 42 del Acuerdo de 15 de Septiembre de 2005, del Pleno del Consejo General del Poder Judicial, por el que se aprueba el Reglamento 1/2005, de los aspectos accesorios de las actuaciones judiciales, no se incluyen las audiencias de menores como prueba preconstituida". En este escenario, parece que la única solución es que, ante la ausencia de juez instructor en la jurisdicción de menores, la competencia para acordar y practicar la prueba preconstituida sea del Juzgado de menores competente por ser el órgano judicial especialista que ha de garantizar la tutela judicial efectiva de los derechos en conflicto, en la línea de lo declarado por la AP de León.

En otro orden de cosas, pero estrechamente ligada a la primera de las exigencias comunes, en segundo lugar, debemos referirnos a la forma que debe adoptar la resolución judicial que acuerda la prueba preconstituida. De nuevo, nada indica el precepto sobre ello. En la práctica, la autoridad judicial acuerda la preconstitución de la prueba de la declaración testifical del menor, mayoritariamente, desde el inicio del proceso penal. En este caso, el juez instructor la acuerda en el propio auto de incoación: así, por ejemplo, sucede en el auto del Juzgado de Instrucción núm. 1 de Reus, de 11 de julio, acordado en las diligencias previas 750/2023. Pese a ello, es cierto que en determinadas ocasiones deberá acordarse con posterioridad ya sea, dada la falta de concreción de la ley, mediante auto o providencia. Entendemos que solo deberá adoptarse mediante auto cuando se precise de motivación, como sería en aquellos supuestos en los que se acuerde la práctica de la prueba preconstituida a un menor entre 14 y 18 años pues, como hemos indicado anteriormente, es necesario que el juez instructor justifique, cuando se trate de mayores de 14 años, la necesidad de que se preconstituya la prueba. En cambio, en nuestra opinión, la regla general en los supuestos del art. 449 ter LECrim será que se adopte mediante providencia. Y así lo corrobora el AAP de Barcelona (Sección 20ª) 808/2023, de 25 de julio[187], que indica que: "la exploración de la menor (...) fue acordada en Providencia de 5 de Julio de 2022" por el Juzgado de Instrucción núm. 4 de Vilafranca del Penedés.

La tercera de las exigencias comunes es la referente a que la autoridad judicial debe garantizar el cumplimiento del principio de contradicción en la práctica de la declaración. Este principio se entenderá cumplido, de acuerdo con la doctrina jurisprudencial y constitucional, cuando el investigado tenga la posibilidad de intervenir en el interrogatorio de quien declara en su contra (contradicción efectiva), o bien cuando esta intervención no pueda tener lugar por motivos o circunstancias que no se deban a una actuación judicial constitucionalmente censurable[188]. En relación con lo anterior, es recomendable la presencia de la persona investigada durante la declaración. A pesar de ello, el legislador señala que la ausencia de la persona investigada debidamente citada no impedirá su práctica, si bien es cierto que su defensa letrada deberá estar presente, en todo caso, en la declaración de la persona menor en aras de garantizar la contradicción en la práctica de la prueba preconstituida[189]. Además, para evitar la invalidez de la prue-

---

187 (TOL9.856.257), f.j. único.

188 Véanse, por todas, las SSTS 627/2019, de 18 de diciembre (TOL7.764.230), f.j. 1º; y 763/2013, de 14 de octubre (TOL3.993.120), f.j. 2º.

189 Destaca la importancia de garantizar la contradicción en la práctica de la prueba preconstituida el AAP Sevilla (Sección 7ª) 1239/2023,

ba, el propio precepto prevé que en caso de incomparecencia injustificada del abogado defensor de la persona investigada o cuando haya razones de urgencia para proceder inmediatamente a la realización de la declaración, el acto se sustanciará con el abogado de oficio expresamente designado al efecto. De esta manera se está salvaguardando el derecho de defensa de la persona investigada[190]. De lo contrario, deberá declararse la nulidad de la prueba preconstituida. Un ejemplo de nulidad lo encontramos en el AAP de Barcelona (Sección 20ª) 808/2023, de 25 de julio[191], en el que se practica la prueba preconstituida a pesar de que el abogado defensor había pedido suspenderla por coincidirle con otra vista en un juzgado de lo penal, lo que lleva al tribunal a declarar la nulidad de la exploración de la menor y a acordar que se realice otra nueva con asistencia del letrado y, en su caso, del investigado.

Del análisis de esta tercera exigencia se nos plantea lo siguiente: ¿qué sucede si tras la práctica de la prueba preconstituida hay un cambio de abogado defensor? ¿debe practicarse de nuevo la prueba preconstituida? Entendemos que la respuesta debe ser negativa, pues incluso el propio precepto incluye la posibilidad que, en casos de incomparecencia injustificada o urgencia, se designe un abogado de oficio expresamente designado al efecto[192].

Por último, la cuarta de las exigencias comunes es que la declaración debe ser registrada. Por ello, la autoridad judicial debe asegurar la documentación de la declaración en soporte apto para la grabación del sonido y la imagen, y el Letrado de la Ad-

---

de 24 de octubre (TOL9.862.960), f.j. 4º.

190 Sobre el derecho de defensa véase Picó Junoy, J. (2012), *Las garantías constitucionales..., ob. cit.*, 121-124.

191 (TOL9.856.257), f.j. único.

192 En esta línea se pronuncia el AAP Guadalajara (Sección 1ª) 532/2023, de 24 de octubre (TOL9.888.325), f.j. 4º.

ministración de Justicia (LAJ) es quien debe comprobar de forma inmediata la calidad de la grabación audiovisual. Asimismo, junto con la grabación, el LAJ realizará un acta sucinta, con la identificación y firma de todas las personas intervinientes en la prueba preconstituida. Respecto de esta tercera exigencia detectamos las siguientes dos lagunas del legislador: por un lado, no se prevé si la custodia de la grabación corresponde al LAJ o si, por el contrario, debe entenderse que es suficiente con la copia guardada en el expediente judicial electrónico; y, por otro lado, tampoco hace referencia el artículo a si las partes pueden pedir copia de la grabación de la exploración del menor. En relación con este último inciso, resulta de interés analizar el AAP Madrid (Sección 26ª) 2214/2023, de 19 de diciembre[193], que estima el recurso presentado por el investigado por negársele el acceso a una copia de la grabación de la exploración del menor. La argumentación del tribunal se basa en la previsión legal establecida en los arts. 780.1 y 784.1 de la LECrim que reconocen que, en este punto del procedimiento abreviado, deberá darse traslado de las actuaciones realizadas originales, o mediante fotocopia, a las partes –tanto al Ministerio Fiscal, como a las partes acusadoras y acusadas–con el objetivo que realicen los respectivos escritos de acusación y defensa. De igual modo, de manera genérica, el art. 234.2 de la Ley Orgánica del Poder Judicial contempla que "Las partes y cualquier persona que acredite un interés legítimo y directo tendrán derecho a obtener (...) copias simples de los escritos y documentos que consten en los autos", sin que, como indica la AP de Madrid, "el art. 449 ter LECrim al regular la prueba preconstituida para las exploraciones de los menores de 14 años, contenga ninguna limitación respeto a esta regla general". Añade además el tribunal que "carece de sentido limitarles antes del juicio la grabación de la exploración del menor cuando si piden su reproducción en el juicio oral y a través

193 (TOL9.942.051), f.j. 2º.

de la copia de la grabación del juicio oral que pueden pedir, van a tener acceso a ella". Por lo tanto, en virtud de todos estos argumentos, el tribunal estima el recurso y acuerda que se dé traslado de la grabación de la exploración del menor a la parte investigada. En consecuencia, entendemos que las partes deberían tener acceso a la grabación de la exploración del menor con la finalidad de realizar sus respectivos escritos de acusación y defensa.

3.3.2. Exigencias específicas para la preconstitución de la prueba (art. 449 ter LECrim)

Para la preconstitución de la prueba de la declaración de personas menores de catorce años o con discapacidad necesitadas de apoyo se precisan, además de las anteriores, las siguientes dos exigencias específicas –art. 449 ter LECrim–:

En primer lugar, del tenor literal de la norma se desprende que la audiencia del menor en fase de instrucción debe realizarse con todas las garantías de accesibilidad y apoyos necesarios. En este sentido, la autoridad judicial podrá acordar que la audiencia se practique a través de equipos psicosociales que apoyarán al Tribunal de manera interdisciplinar e interinstitucional, recogiendo el trabajo de los profesionales que hayan intervenido anteriormente y estudiando las circunstancias personales, familiares y sociales de la persona menor o con discapacidad, para mejorar su tratamiento y el rendimiento de la prueba[194]. Aplaudimos que el legislador haya decidido incor-

---

[194] Sobre la asistencia psicológica de las declaraciones en sede judicial de menores véase Álvarez Ramos, F. (2016), "Asistencia psicológica a las declaraciones infantiles en sede judicial: la prueba preconstituida como forma de evitar la victimización", *Niñas y niños víctimas y testigos en procedimientos judiciales: implicaciones desde la psicología forense*, Gobierno Vasco – Universidad del País Vasco, 93-111.

porar dentro del redactado del precepto que la exploración sea practicada con el apoyo de psicólogos y trabajadores sociales, profesionales especializados en el tratamiento de personas altamente vulnerables como son los menores y las personas con algún tipo de discapacidad[195]. Su intervención puede acordarse de oficio o a instancia de cualquiera de las partes[196]. Si bien, como se desprende de la literalidad del precepto, recurrir a ellos no tiene carácter obligatorio, sino potestativo, por lo que queda en manos del órgano judicial decidir sobre su intervención. Como tendremos ocasión de analizar en el segundo bloque de este trabajo, en Catalunya los equipos psicosociales que dan apoyo en la realización de la prueba preconstituida forman parte del Equipo de Asesoramiento Técnico Penal (en adelante, EATP). En particular, el EATP pertenece al Departamento de Justicia de la Generalitat de Catalunya y, entre otros, cuenta con un programa específico de apoyo a la exploración judicial (SEJ), dirigido a niños, niñas y adolescentes y también a víctimas y testigos especialmente vulnerables por sus condiciones físicas o psíquicas y/o sensoriales, que requieren el apo-

---

195 Entendemos que las personas con discapacidad necesitadas de especial protección también deben ser exploradas por expertos especializados al igual que los menores de edad. En esta misma línea lo entiende Arangüena Fanego quien señala que respecto a la posibilidad conferida a la autoridad judicial de que la diligencia se practique a través de personas expertas la siguiente observación: "aunque el párrafo que prevé tal solución menciona sólo al menor de edad como persona destinataria de esta solución, parece tratarse de un mero olvido del legislador siendo de la opinión de que puede y debe aplicarse también en relación con las personas con discapacidad necesitadas de especial protección". Vid. Arangüena Fanego, C. (2022), Declaración de personas vulnerables y preconstitución de la prueba en el proceso penal, *Revista Brasileira de Direito Processual Penal* (Vol. 8, núm. 3), 1113.

196 En este sentido véase Àmbit penal. Departament de Justícia, Drets i Memòria (gencat.cat), en concreto, quien puede solicitar el asesoramiento técnico penal. Recuperado el 18/07/2024.

yo de profesionales especializados para efectuar la declaración judicial que tendrá validez como prueba preconstituida[197].

En relación con ello, destacamos a RODRÍGUEZ FERNÁNDEZ y GARRIDO ANTÓN[198] quienes hacen hincapié sobre la importancia de proteger y salvaguardar la estabilidad emocional del menor durante su declaración testifical. Los autores indican que es "conviene tener presente el escenario judicial donde se debe realizar la prueba, al objeto de garantizar el máximo bienestar de los menores". Y una de las medidas que destacan es que sea un experto el que conduzca la entrevista, en lugar del juez de instrucción.

Siendo esto así, las partes darán traslado a la autoridad judicial de las preguntas que estimen oportunas quien, previo control de su pertinencia y utilidad se las facilitará a las personas expertas. Y una vez realizada la audiencia del menor, las partes podrán también requerir aclaraciones al testigo, en los mismos términos que en la primera ronda de preguntas.

Aún dentro de esta primera exigencia recuerda el legislador que la declaración del menor siempre será grabada y, con la finalidad de ofrecerle una mayor protección, la autoridad judicial, previa audiencia de las partes, podrá pedir al experto que ha realizado la exploración un informe en el que dé cuenta del desarrollo y resultado de la audiencia realizada. Sobre este último inciso cabe señalar que, aunque este informe no es vinculante para el juez enjuiciador a la hora de valorar la prueba, sirve como elemento de corroboración de la declaración testifical del menor. Así, lo indica la reciente STS (Sala Penal, Sec-

---

197 Para más información puede consultarse: Àmbit penal. Departament de Justícia, Drets i Memòria (gencat.cat). Recuperado el 18 de juilo de 2024.

198 Rodríguez Fernández, R., y Garrido Antón, Mª. J. (2022), "Evitando revictimizar a los menores…, *ob. cit.*, 10.

ción 1ª) 256/2024, de 14 de marzo[199] que se refiere de manera expresa a los informes emitidos por las psicólogas del EATP *per a les Víctimes*, como elemento de corroboración de la declaración de la menor practicada como prueba preconstituida.

Por todo ello, en nuestra opinión la intervención de los expertos en la exploración de los menores y las personas con discapacidad necesitadas de especial atención debería ser requisito indispensable para poderla practicar. Asimismo, entendemos que resulta de gran relevancia para reforzar la credibilidad del testigo víctima el informe realizado por los expertos que han practicado la prueba preconstituida, por lo que su emisión también debería tener carácter obligatorio.

En segundo lugar, como ya hemos indicado en las exigencias comunes, es recomendable que la persona investigada esté presente en la audiencia del menor con el fin de proteger su derecho de defensa, aunque no es necesario si asiste quien ostente su defensa técnica. De asistir la persona investigada en la audiencia del menor, señala el precepto que, debe evitarse su confrontación visual con el testigo, haciendo uso de cualquier medio técnico, si fuere necesario. Con esta medida pretende eludirse el perjuicio que ello pueda provocar al menor[200].

---

199 (TOL9.954.689), f.j. 3º. En la misma línea, véase la SAP de Barcelona (Sección 6ª) núm. 542/2021, de 20 de julio (TOL8.639.822), f.j. 1º.

200 Ello ya se contemplaba en la anterior redacción del art. 448 LECrim. Asimismo, se prevé en el art. 707 LECrim en relación con los menores de 18 años o personas con discapacidad que deben intervenir en el acto del juicio; y en el art. 731 bis LECrim haciendo especial referencia a la posibilidad de que el órgano judicial pueda acordar la intervención de los menores en el proceso penal a través de videoconferencia u otro sistema similar que permita la comunicación bidireccional y simultánea de la imagen y el sonido, de acuerdo con lo dispuesto en art. 229.3 de la Ley Orgánica del Poder Judicial.

Con el cumplimiento de los requisitos establecidos en los arts. 449 bis y ter LECrim la declaración testifical de las personas menores de catorce años o con discapacidad necesitadas de apoyo realizada en fase de instrucción se configura como prueba preconstituida dando protección, por un lado, a los intereses de la persona menor víctima, y por el otro, al derecho de defensa de la persona investigada[201].

4. LA PRECONSTITUCIÓN DE LA PRUEBA EN EL CONTEXTO BARNAHUS

4.1. Breve referencia al modelo Barnahus[202]

Tomando como referencia la definición de Save the Children, la Barnahus, que significa casa de los niños en islandés, es un modelo de atención integral para niños, niñas y adolescentes víctimas de violencia sexual que tiene como principal finalidad la protección de estos menores. Con este propósito, los

---

201 Sobre esta protección ya se pronunciaba Muerza Esparza, J., "Sobre el valor de la prueba…, *ob. cit.*, 773, antes de la reforma en relación con los supuestos excepcionales admitidos.

202 El Modelo Barnahus | Save the Children. Recuperado el 19 de julio de 2024. A mayor abundamiento, sobre el modelo Barnahus y su implantación en España también se ha pronunciado la doctrina científica entre la que destacamos: Martínez Perpiñá, P. (2024), "Reflexiones críticas sobre la implementación del modelo Barnahus en España. Enfoque jurídico y victimológico", *Revista de Estudios Jurídicos y Criminológicos* (núm. 9), 205-248; y Pereira Puigverd, S. y Ordoñez Ponz, F. (2021), "El modelo Barnahus para una mayor tutela de las víctimas menores de edad en caso de abusos sexuales", *Justicia y personas vulnerables en Iberoamérica y en la Unión Europea,* (coord. por Arturo Álvarez Alarcón), Tirant lo Blanch, 673-690.

profesionales que intervienen en estos supuestos se coordinan y trabajan en un mismo lugar para atender, de la mejor forma posible, al menor víctima de delitos sexuales. En concreto, se trata de una casa, lejos de los juzgados, comisarías, servicios sociales y hospitales, que cuenta con un entorno amigable para las personas menores, esto es, un espacio adaptado a su edad, y unos profesionales especializados en victimología infantil. Con ello se evita que el niño, niña o adolescente se desplace a los diferentes servicios implicados en el caso y, sobre todo, que tenga que repetir varias veces su declaración. Sobre este último inciso, nos interesa subrayar que se trata de la principal aportación del modelo Barnahus para el sistema procesal penal, pues en vez de ir, en primer lugar, a comisaría a prestar declaración y luego al juzgado para repetirla, el menor acude directamente a la Barnahus donde se le practica la exploración, con el apoyo de expertos psicosociales. Su declaración es grabada y es seguida a través de un circuito cerrado por todos los profesionales e intervinientes en el caso. La grabación de la entrevista forense permite recoger el testimonio del menor lo antes posible en beneficio de la calidad del relato, impide que el menor tenga que repetir su declaración y, en última instancia, que tenga que asistir al juicio oral[203]. Todo ello en aras de evitar la victimización secundaria del menor.

En 2020 se instauró en Tarragona la primera Barnahus del estado español como plan piloto de este modelo en España[204]. En la actualidad, tras el éxito de su implantación[205], este mo-

---

203 El Modelo Barnahus | Save the Children. Recuperado el 18 de julio 2024.

204 Barnahus, casa dels nens | Campus Educatiu de Tarragona. Recuperado el 18 de julio 2024.

205 Barnahus. Unitat integrada d'atenció als infants i adolescents víctimes d'abusos sexuals. Departament de Drets Socials (gencat.cat). Recuperado el 22 de julio 2024.

delo está en expansión y Catalunya cuenta ya con 14 centros Barnahus repartidos por todo el territorio[206].

En este contexto, y una vez analizada la regulación de la prueba preconstituida en la LECrim en los epígrafes precedentes, pasamos a desarrollar cómo se materializa la exploración de los menores víctimas de delitos sexuales en el marco de la Barnahus de Tarragona[207].

4.2. La exploración judicial de menores víctimas de delitos sexuales en la Barnahus

Los juzgados de instrucción[208] cuentan con un protocolo de actuación donde consta el itinerario a seguir para practicar la

---

206 La xarxa Barnahus ha atès 1.450 casos de vio...–Govern.cat. Recuperado el 2 de septiembre de 2024. Véase también el ACORD GOV/157/2022, de 26 de juliol, pel qual s'aprova l'estratègia Barnahus per a l'abordatge integral dels abusos sexuals contra la infància i l'adolescència a Catalunya: ACORD GOV/157/2022, de 26 de juliol, pel qual s'aprova l'estratègia Ba (gencat.cat). Recuperado el 22 de julio 2024. De hecho la Barnahus número 14 ha abierto las puertas en octubre de 2024: L'obertura de la Barnahus del Prat de Llobre...–Govern.cat. Recuperado el 4 de octubre de 2024.

207 Se toma como referencia la Barnahus de Tarragona por dos motivos: por un lado, por ser la primera Barnahus en funcionamiento del territorio español; y por el otro, porque formo parte del equipo de investigación del proyecto europeo *Impact of the Barnahus model on protecting the rights of children victims of sexual abuse in the criminal justice system*, financiado por la OAK Fundation, liderado por la Dra. Núria Torres Rosell, que tiene como principal finalidad evaluar la implantación e impacto en el sistema procesal penal del modelo Barnahus. Sobre este último extremo vid. Pla pilot a Tarragona per millorar l'atenció judicial a menors que han patit abusos (diarimes.com). Recuperado el 24 de julio de 2024.

208 Del *Camp de Tarragona* (que engloba las siguientes comarcas catalanas: Tarragonés, Alt Camp, Baix Camp, Baix Penedés, Conca de Barberà y

prueba preconstituida en los supuestos en los que se cumplen los requisitos para ser llevada a cabo en la Barnahus, esto es: que se trate de una persona menor de 18 años y que sea víctima de un delito contra la libertad sexual. Concretamente, este documento, denominado "Diagrama de exploración judicial de menores víctimas de delitos sexuales con el equipo de asesoramiento técnico penal a la unidad integrada Barnahus"[209], ha sido elaborado por el *Departament de Justícia, drets i memòria per als Serveis Territorials a Tarragona*, de la Generalitat de Catalunya.

Así pues, el juez instructor en el ámbito de una investigación por un delito sexual, si la víctima es un menor de edad, debe acordar la práctica de su declaración como prueba preconstituida, en virtud de lo señalado en los arts. 449 bis i ter LECrim y seguir las pautas establecidas en el diagrama al que acabamos de referirnos y que, a continuación, pasamos a detallar.

4.2.1. Preparación de la exploración

Siguiendo este protocolo de actuación, una vez acordada la práctica de la prueba preconstitutida –ya sea a través de auto de incoación, auto posterior o providencia– el primer paso es concertar fecha para su práctica. Para ello, el juzgado de instrucción debe ponerse en contacto con la coordinadora del equipo de asesoramiento técnico penal (EATP) para fijar día y hora para la exploración. Asimismo, en este primer contacto debe facilitarse la siguiente información identificativa del

---

Priorat), que es el territorio donde la Barnahus de Tarragona extiende su competencia. Sobre el plan territorial del Camp de Tarragona véase: Pla territorial parcial del Camp de Tarragona. Departament de Territori (gencat.cat). Recuperado el 22 de julio 2024.

209 Esta información ha sido facilitada por jueces y magistrados y profesionales vinculados a la Barnahus a través de las entrevistas realizadas al efecto.

caso: juzgado, procedimiento, datos de la víctima –nombre, edad y lugar de residencia–. Es necesario tener en cuenta que para acordar la fecha deberá atenderse a la disponibilidad del juzgado, miembros del EATP y de la Barnahus con el objetivo de cuadrar sus agendas. Ello lleva al segundo paso, que es la reserva, por parte de la coordinadora del EATP, de la sala de exploración de la Barnahus; y al mismo tiempo, la de la sala del juzgado, por el propio juzgado, para visualizar la exploración del menor en la fecha y hora acordadas. Como consecuencia de lo anterior, desde que se acuerda la práctica de la prueba preconstituida hasta que efectivamente se realiza suelen pasar unos dos o tres meses. Cabe señalar que en determinadas ocasiones este *lapso* de tiempo puede suponer un problema en el recuerdo del menor y afectar a la calidad de su relato, por lo que sería conveniente, en todo caso, realizarlo lo antes posible. Así, por ejemplo, sucedió en el caso de la SAP A Coruña (Sección 2ª) 739/2024, de 18 de marzo[210], pues "los hechos habrían sucedido el 15, o el 13, de octubre de 2022" y "no fue hasta el siguiente 3 de febrero de 2023 cuando fue explorada, tres meses y medio después. Y su recuerdo, ya, se habría desvanecido". Ello tiene como consecuencia inevitable que no pueda valorarse la credibilidad de la víctima, por lo que resulta trascendente realizar la exploración cuanto antes.

Acordada la fecha para su práctica, el juzgado debe pedir mediante oficio el apoyo del EATP para la exploración de la persona menor y enviarle toda la documentación judicial del expediente concreto –atestado, declaraciones, informes– a través del Punto Neutro Judicial[211].

---

210 (TOL10.064.745), f.j. 3º.

211 El Punto Neutro Judicial es una red de servicios que ofrece a los órganos judiciales los datos necesarios en la tramitación judicial mediante accesos directos a aplicaciones y bases de datos del propio Consejo, de organismos de la Administración General del Estado y

A continuación, corresponde al juzgado la realización de las pertinentes citaciones para poder practicar la prueba preconstituida. Por un lado, debe citase al menor a la unidad Integrada Barnahus treinta minutos antes de la hora acordada para la exploración. Y, por el otro, debe citarse al resto de intervinientes –Ministerio Fiscal, letrados, investigado y comitiva judicial– en las dependencias judiciales.

4.2.2. Día de la exploración

a) Lugar

Una de las principales características de la exploración de un menor es que se practica, simultáneamente, desde dos sitios distintos. En el contexto de las víctimas menores por delitos sexuales en la Barnahus las dos sedes que acogerán la exploración del menor son: por un lado, la Barnahus, y por el otro, el juzgado de instrucción competente de la investigación de los hechos.

Adicionalmente, en la Barnahus existen dos salas distintas y adyacentes que son utilizadas durante la exploración del menor. En primer lugar, debemos referirnos a la sala de exploración, que es donde se encuentran el menor y los miembros del EATP. En concreto, son dos expertos los que practican la exploración: un psicólogo y un trabajador social que pertenecen al EATP. La sala de exploración debe ser tranquila, iluminada y sin muchos estímulos para que el menor explorado esté sereno y no se distraiga[212]. En segundo lugar, en la sala de observación,

---

de otras instituciones con objeto de facilitar y reducir los tiempos de tramitación, de aumentar la seguridad, y de mejorar la satisfacción de los usuarios. Punto Neutro Judicial | CGPJ | Temas | e-Justicia | Servicios informáticos (poderjudicial.es). Recuperado el 31 de julio de 2024.

212 En este sentido, se pronuncian Rodríguez Fernández, R., y Garrido Antón, Mª. J. (2022), “Evitando revictimizar a los menores…, *ob. cit.*, 10.

contigua a la anterior, están los profesionales de la Barnahus así como quien acompaña al menor, normalmente la madre.

En las dependencias judiciales, por su parte, se encuentran el juez instructor, el LAJ y las partes procesales –esto es, el Ministerio Fiscal, los letrados del resto de acusaciones personadas, el letrado de la defensa y, en su caso, el investigado–.

En base a lo anterior, la exploración es realizada *in situ* desde la sala de exploración de la Barnahus, mientras los que se encuentran en la sala de observación y en las dependencias judiciales siguen a través de videoconferencia la exploración del menor en directo.

b) Pliego de preguntas

Siguiendo el tenor literal del art. 449 ter párrafo segundo de la LECrim, antes de la exploración del menor, las partes trasladarán las preguntas que estimen oportunas a la autoridad judicial quien, previo control de su pertinencia y utilidad, se las facilitará a las personas expertas, esto es, a los miembros del EATP encargados de la exploración del menor en el caso concreto. El juez instructor debe evitar que se formulen al menor preguntas o repreguntas capciosas, sugestivas o impertinentes, en virtud de lo establecido en el art. 709 LECrim. Facilitadas las preguntas puede ocurrir que, en alguna ocasión, hagan alguna observación, por parecerles alguna de las cuestiones demasiado invasiva o simplemente no adecuada para la madurez del menor. En estos supuestos, los expertos pueden sugerir cambiarla teniendo en cuenta el sentido de la pregunta inicial, adaptándola a la madurez del menor, con la conformidad de la autoridad judicial.

Asimismo, de acuerdo con lo que acabamos de señalar, es posible que el juez de instrucción inadmita alguna de las preguntas por considerarla impertinente o inútil. Si esto ocurriere, nos planteamos si la parte a la que se le ha inadmitido la pregunta puede presentar algún recurso. De la simple lectura del art. 449 ter LECrim, no se desprende la posibilidad de recurso alguno contra la inadmisión por el Juez instructor de preguntas realizadas por las partes. A pesar de ello, la respuesta la encontramos en el art. 709 LECrim, en virtud del cual solo "podrá interponerse en su día el recurso de casación, si se hiciere en el acto la correspondiente protesta". En este sentido, se pronuncia el AAP de Pontevedra (Sección 2ª) 704/2023, de 26 de octubre[213] que traemos a colación por su claridad expositiva al advertir que: "contra la decisión del Juez no admitiendo alguna pregunta durante una declaración de un testigo/víctima, no cabe recurso ordinario alguno -ni reforma, ni apelación, ni queja- debiendo la parte perjudicada formular protesta para, en su día, recurrir la resolución que ponga fin al procedimiento".

c) Entrevista previa

Como hemos señalado con anterioridad, el menor debe ser citado a la Barnahus treinta minutos antes de la hora acordada para realizar la exploración. El objetivo de ello es que los técnicos del EATP realicen una entrevista informativa previa a la exploración propiamente dicha para valorar las competencias del menor.

d) Desarrollo de la exploración

La declaración del menor víctima es realizada en directo desde la sala de exploración de la Barnahus y, tal y como hemos indicado, se sigue por videoconferencia en tiempo real tanto desde la sala de observación de la propia Barnahus como desde el Juzgado. La exploración es registrada automáticamente a través del sistema Arconte[214], que es el sistema de gestión

---

213 (TOL9.869.047), f.j. único.

214 ARCONTE PORTAL 1.6.0.0 (gencat.cat). Recuperado el 19 de julio de 2024.

procesal de la Sede judicial electrónica de Catalunya[215]. Con este método se logra una imagen y sonido óptimos y que la exploración quede directamente grabada en el sistema, lo que, al mismo tiempo, produce más seguridad en la custodia de la prueba.

El juez instructor es quien marca el inicio de la grabación des del juzgado y quien llama por teléfono a los expertos del EATP para que inicien la exploración. Por su parte, quien dirige la exploración forense del menor son los dos técnicos (un psicólogo y un trabajador social) del EATP[216].

En este punto, se hace necesario señalar que los técnicos del EATP responsables, antes de iniciar la exploración propiamente dicha, en cumplimiento del mandato del art. 416 LECrim, tendrán que informar al menor, en un lenguaje apropiado a su capacidad, del derecho a la dispensa en aquellos casos en que sea aplicable, teniendo en cuenta que éste no será de aplicación cuando por razón de su edad o discapacidad no pueda comprender el sentido de la dispensa (art. 416.1.3º LECrim).

Sentado lo anterior, procede la práctica de la prueba preconstituida que empieza con un relato libre del menor para, a continuación, realizar las preguntas de las partes que han sido

---

215 Arconte. Seu judicial electrònica de Catalunya (gencat.cat). Recuperado el 19 de julio de 2024.

216 Los equipos de asesoramiento técnico penal (EATP) están formados por trabajadores sociales y psicólogos y tienen como finalidad informar a los órganos judiciales de la jurisdicción penal de las características psicosociales de los encausados, víctimas y penados en procesos penales. Entre ellos se designan para estar vinculados a la Barnahus y se encargan de realizar las entrevistas a los y las menores víctimas de violencia sexual como expertos y, por su parte, los jueces, magistrados, MF, abogados, e investigado lo siguen en directo ya sea desde la sala de observación o desde el juzgado a través del sistema Arconte. https://cejfe.gencat.cat/ca/formacio/gestcon/cop/ambit-penal/atp/index.html. Recuperado el 19 de julio de 2024.

facilitadas previamente por el juez instructor y que no hayan quedado contestadas o resueltas con dicho relato libre. Una vez finalizada la exploración, el juez instructor, al hilo de las respuestas dadas por el menor, pregunta a las partes si quieren formularle alguna otra cuestión. En caso afirmativo, la autoridad judicial traslada las preguntas por teléfono a uno de los técnicos del EATP quien, sin salir de la sala de exploración, las anota y las formula al menor. Normalmente las primeras preguntas son realizadas por el Ministerio Fiscal y acusación particular, y una vez respondidas éstas, suele preguntar la defensa. En última instancia, en caso de no quedar claro algún extremo, el juez realiza también las preguntas que considera convenientes.

e) Finalización de la exploración

Una vez realizadas todas las preguntas pertinentes, el juez instructor llama a los técnicos para confirmar la finalización de la exploración y desde el juzgado se pone fin a la grabación que queda registrada en el sistema Arconte. El LAJ comprueba la calidad de la grabación y levanta acta sucinta del acto con identificación y firma de todas las personas intervinientes en la prueba preconstituida, cumpliendo el mandato del art. 449 bis III LECrim.

Por su parte, concluida la grabación, los técnicos realizan el cierre de la exploración con el menor y la familia. Asimismo, tras la exploración, los técnicos que la han realizado elaboran un informe psicosocial que se adjunta al expediente que, como ya hemos señalado, aunque no sea preceptivo para el órgano judicial sirve como elemento de corroboración de la declaración testifical del menor.

5. REFLEXIÓN FINAL

Con la entrada en vigor de la LO 8/2021, de 4 de junio, se materializa la regulación de la prueba preconstituida en la LE-

Crim, convirtiéndola en obligatoria para personas menores de 14 años y con discapacidad necesitadas de especial protección y fijando legalmente los requisitos necesarios para su validez. Al respecto, podemos afirmar que su incorporación en la LECrim ha sido un paso significativo hacia una mejor protección de los menores que se ven inmersos en un proceso judicial como víctimas. A pesar de ello, como hemos analizado a lo largo de este trabajo, durante los tres primeros años de vigencia de la norma se han ido detectando lagunas a las que nuestros tribunales de justicia han tenido que dar respuesta en base a la diferente casuística suscitada en la práctica. Asimismo, hemos identificado otras carencias a las que nos hemos atrevido a proponer una posible solución.

Paralelamente a la normativa examinada, otro gran avance hacia la protección de los niños, niñas y adolescentes víctimas de delitos sexuales ha sido, sin lugar a duda, la entrada en escena del modelo Barnahus en Catalunya. En este contexto, la regulación de la prueba preconstituida en la LECrim se ve reforzada por el protocolo de actuación de su práctica en la Barnahus, en el que se ha diseñado cómo proceder para poder proteger al menor y al mismo tiempo conseguir una prueba válida suficiente para destruir la presunción de inocencia del investigado. En este ámbito, destacamos el protagonismo de los miembros del EATP, encargados de realizar la exploración del menor. En nuestra opinión, estos técnicos especializados juegan un papel trascendental en la práctica de la prueba preconstituida, imprescindible para lograr el fin que propone la norma, por lo que entendemos que su intervención debería ser siempre obligatoria cuando quien debe ser explorado sea un menor de edad.

En definitiva, entendemos que ambas medidas analizadas son extremadamente efectivas para proteger al menor durante la fase de instrucción en aras de conseguir prueba de cargo suficiente para evitar la impunidad en este tipo de delitos. Si bien, no podemos acabar este trabajo sin apuntar que, para que sea realmente válida la declaración del menor como prueba preconstituida, aún quedan dos hitos importantes que cumplimentar dentro del proceso: la introducción del resultado de la prueba preconstituida en el juicio oral y su valoración por parte del órgano judicial competente del enjuiciamiento. Ello merece otro trabajo de investigación.

REFERENCIAS BIBLIOGRÁFICAS

Arangüena Fanego, C. (2022), "Declaración de personas vulnerables y preconstitución de la prueba en el proceso penal". *Revista Brasileira de Direito Processual Penal,* (vol. 8, núm. 3).

Álvarez Ramos, F. (2016), "Asistencia psicológica a las declaraciones infantiles en sede judicial: la prueba preconstituida como forma de evitar la victimización", *Niñas y niños víctimas y testigos en procedimientos judiciales: implicaciones desde la psicología forense,* Gobierno Vasco – Universidad del País Vasco.

Casanova Martí, R. (2022), "La prueba preconstituida como mecanismo de protección de las personas menores víctimas de violencia sexual en el proceso penal a la luz del nuevo art. 449 ter LECrim", *Revista Vasca de Derecho Procesal y Arbitraje.*

De Aguilar Gualda, S. (2017), "La prueba preconstituida y la anticipada", *La prueba en el proceso penal,* J. Mª. Bosch.

Martínez Perpiñá, P. (2024), "Reflexiones críticas sobre la implementación del modelo Barnahus en España. Enfoque jurídico y victimológico", *Revista de Estudios Jurídicos y Criminológicos,* (núm. 9).

Muerza Esparza, J. (2019), "Sobre el valor de la prueba preconstituida en el proceso penal", *Nuevos Horizontes del Derecho Procesal,* J. Mª. Bosch.

Nieva Fenoll, J. (2024), "La prueba preconstituida: un concepto erróneo e imposible", *Diario La Ley,* (Nº 10532, Sección Tribuna).

Pereira Puigverd, S. y Ordoñez Ponz, F. (2021), "El modelo Barnahus para una mayor tutela de las víctimas menores de edad en caso de abusos sexuales", *Justicia y personas vulnerables en Iberoamérica y en la Unión Europea,* Tirant lo Blanch.

Picó Junoy, J. (2012), *Las garantías constitucionales del proceso,* J. Mª. Bosch.

Rodríguez Fernández, R. y Garrido Antón, Mª. J. (2022), "Evitando revictimizar a los menores víctimas de delitos sexuales. La prueba preconstituida", *Diario La Ley,* (Nº 10026, Sección Tribuna).

Subijana, I. J. y Echeburúa, E. (2018), "Los Menores Víctimas de Abuso Sexual en el Proceso Judicial: el Control de la Victimización Secundaria y las Garantías Jurídicas de los Acusados", *Anuario de Psicología Jurídica* (Vol. 28. Núm. 1).

CAPÍTULO III. ¿POR QUÉ ES DIFÍCIL PROBAR LA VIOLENCIA DE GÉNERO? REVISIÓN CRÍTICA DE LA REALIDAD PRÁCTICA PARA LA SOLUCIÓN DEL CONFLICTO[217]

ELISABET CERRATO GURI
Profesora agregada (acreditada a catedrática) de Derecho Procesal
Universitat Rovira i Virgili

I. JUSTIFICACIÓN

El Convenio del Consejo de Europa sobre prevención y lucha contra la violencia contra las mujeres y la violencia doméstica (en adelante, Convenio de Estambul) reconoce, desde 2011, que la violencia contra las mujeres es una violación de los Derechos Humanos que, cuando se produce por razones de género, tiene lugar contra una mujer por el mero hecho de

---

217 Este trabajo es parte del proyecto de I+D+i "Nuevos retos de género del derecho probatorio" (PID2020-115304GB-C22), financiado por MCIN/AEI/10.13039/501100011033. Se enmarca también en el Grupo de investigación consolidado "Retos del Derecho Procesal (ReDePro)", *Grup de Recerca de la Generalitat de Catalunya* (2021 SGR 00991).

serlo o afecta a las mujeres de manera desproporcionada[218]. Como es bien sabido, España ratifica este instrumento internacional en 2014 con el compromiso de llevar a cabo las modificaciones necesarias en su ordenamiento jurídico interno para su total aplicación, entre las cuales, la ampliación del concepto de violencia de género de la Ley Orgánica 1/2004, de 28 de diciembre, de Medidas de Protección Integral contra la Violencia de Género (en adelante, LOMPIVG), restringido a las relaciones de afectividad entre parejas o exparejas[219], aunque ampliado, en 2021, a los supuestos de violencia vicaria[220].

Con este propósito vio la luz el Pacto de Estado contra la Violencia de Género (2017)[221], que ha sido recientemente evaluado por el Ministerio de Igualdad (de conformidad con el décimo de sus ejes de actuación, previsor de "diferentes medidas de seguimiento del Pacto")[222], siendo de destacar el avance

---

218 Analiza pormenorizadamente el Convenio de Estambul, Román Martín, L. (2016). *La protección jurisdiccional de las víctimas de violencia de género desde la perspectiva constitucional* (Tesis doctoral, Universitat Rovira i Virgili), 77 – 88. https://www.tesisenred.net/bitstream/handle/10803/398708/TESI.pdf. Recuperado el 22 de julio de 2024.

219 Como no podía ser de otra manera, esta limitación no ha quedado exenta de crítica (ver, por todos, Añón, M.J. y Merino, V.M. (2019). "El concepto de violencia de género en el ordenamiento jurídico español: balance crítico y propuestas de un concepto holista e integral". *AIS: Ars Iuris Salmanticensis*, 7(1), 74 – 77).

220 A tal fin, la disposición final décima de la Ley Orgánica 8/2021, de 4 de junio, de protección integral a la infancia y la adolescencia frente a la violencia, añade el apartado 4 al artículo 1 de la LOMPIVG.

221 https://violenciagenero.igualdad.gob.es/wp-content/uploads/FolletoPEVGcastweb.pdf. Recuperado el 2 de septiembre de 2024.

222 Informe de evaluación del Pacto de Estado. Años 2018-2022. Actuaciones de la Administración General del Estado https://violenciagenero.igualdad.gob.es/pacto-de-estado-contra-la-violencia-de-genero-2/informe-de-evaluacion-del-pacto-de-estado-

significativo, aunque a nuestro entender todavía insuficiente, que se ha alcanzado en relación con el concepto de violencia de género, como consecuencia de la entrada en vigor de la Ley Orgánica 10/2022, de 6 de septiembre, de garantía integral de la libertad sexual, aplicable a todas las formas de violencia sexual previstas en el Convenio de Estambul, y de la Ley Orgánica 1/2023, de 28 de febrero, por la que se modifica la Ley Orgánica 2/2010, de 3 de marzo, de salud sexual y reproductiva y de la interrupción voluntaria del embarazo, que esperamos acabe culminando con la transposición de la Directiva (UE) 2024/1385 del Parlamento europeo y del Consejo de 14 de mayo de 2024 sobre la lucha contra la violencia contra las mujeres y la violencia doméstica.

En España, los datos más recientes de la Encuesta Europea de Violencia de Género del Eurostat[223], revelan que en 2022 cerca de 1.000.000 de mujeres de entre 16 y 74 años fueron víctimas de violencia de género (735.399 mujeres, en el ámbito de la pareja o expareja; y 263.296, fuera de la pareja). Como contrapartida, ese mismo año solo llegaron a interponerse 182.073 denuncias en los Juzgados de Violencia sobre la Mujer[224], lo

---

contra-la-violencia-de-genero/. Recuperado el 2 de septiembre de 2024.

223 Es la primera encuesta sobre violencia contra la mujer que se realiza en el marco del Sistema Estadístico Europeo, coordinada por la oficina estadística de la Unión Europea (Eurostat). https://violenciagenero.igualdad.gob.es/violenciaEnCifras/Encuesta_Europea/docs/EEVG.pdf. Recuperado el 2 de septiembre de 2024.

224 Memoria de la Fiscalía General del Estado: https://www.fiscal.es/memorias/memoria2023/FISCALIA_SITE/recursos/pdf/MEMFIS23.pdf. Recuperado el 2 de septiembre de 2024.

Sin embargo, el Informe anual sobre violencia de género del Consejo General del Poder Judicial (2023) revela un leve incremento de denuncias en 2023, que asciende a 199.282.

https://www.poderjudicial.es/cgpj/es/Temas/Violencia-domestica-y-de-genero/Actividad-del-Observatorio/Datos-estadisticos/La-violencia-

que nos alerta de que la mayoría de las mujeres que reconoce haber sufrido violencia de género (81,8%) no lo denuncia y, por ende, muy a menudo este conflicto se abandona a la más absoluta impunidad. Pero ¿por qué?

Entre la diversidad de motivos que pueden llegar a explicar esta situación, nos proponemos ahora abordar el gravísimo problema que existe en torno a la prueba de los delitos de violencia de género y la búsqueda de soluciones al mismo. Para ello, al margen del necesario análisis normativo y de la doctrina científica y judicial que debe regir todo estudio científico[225], hemos considerado imprescindible introducir, como método complementario a seguir, un estudio de campo, a través de una encuesta valorativa dirigida a todos los jueces y magistrados de nuestra planta judicial expertos en violencia de género para conocer, de primera mano, la realidad que acompaña la práctica diaria de nuestros tribunales de justicia[226]. A pesar de ello, debemos reconocer que la escasa participación de los opera-

---

sobre-la-mujer-en-la-estadistica-judicial—-Anual-2023. Recuperado el 22 de julio de 2024.

225 En el que ya tuvimos ocasión de adentrarnos en la obra colectiva AAVV. (2022). *La prueba de la violencia de género: un problema por resolver*. La Ley.

226 Esta encuesta, que se incorpora como anexo al presente trabajo, fue elaborada por las profesoras Elisabet Cerrato (Universitat Rovira i Virgili) y Sonia Esperanza Rodríguez (Universidad de Santiago de Compostela) y contrastada con el resto de los miembros del equipo de investigación y de trabajo del proyecto de investigación referenciado en la precedente nota núm. 1. En particular, se organiza en cuatro bloques diferenciados: en la primera parte se pretende obtener información acerca de la declaración de la testigo-víctima, tanto en fase de instrucción como de enjuiciamiento; el segundo apartado tiene por objeto valorar la aplicación del art. 416 LECrim a los juicios de violencia de género, tras la nueva redacción dada por la LO 8/2021; el tercer bloque va enfocado a los menores hijos de las víctimas de violencia de género; y finalmente, la parte que cierra el

dores judiciales en esta iniciativa ha impedido obtener conclusiones significativas para el reto que ahora nos ocupa[227], si bien hemos podido identificar algunos resultados interesantes a los que no hemos querido renunciar, especialmente concernientes a la declaración de la testigo y a la formulación de propuestas de mejora.

II. EL PROBLEMA PROBATORIO DE LA VIOLENCIA DE GÉNERO

La violencia de género suele producirse en un entorno marcado por la clandestinidad, con presencia única de la víctima y de su agresor. En estos supuestos, el principal problema que se plantea es que la víctima no llega a denunciar los hechos acontecidos (esto ocurre en más del 80% de los casos, como hemos indicado en el punto anterior) o, en su caso (por ejemplo, cuando quien denuncia es un tercero o la incoación del proceso penal tiene lugar por atestado policial), no quiere declarar.

Por ello, en este contexto debemos reconocer que en el mejor de los casos se contará con el testimonio de la víctima como única prueba de cargo, enfrentada a la versión que de los

---

cuestionario trata de identificar propuestas de mejora al problema objeto de análisis.

227 Para alcanzar la máxima difusión de la encuesta, se procedió a su envío masivo (en más de una ocasión) a través del correo electrónico a todos los jueces y magistrados con competencias en materia de violencia de género, esto es, un total de 535, de los cuales, 108 Juzgados de Violencia sobre la Mujer exclusivos; 330 Juzgados compatibles (de Instrucción o de Primera Instancia e Instrucción); 39 Juzgados Penales especializados; y 58 Secciones especializadas de las Audiencias Provinciales. Solo se obtuvieron 14 respuestas, motivo por el cual se solicitó la colaboración del "Observatorio contra la violencia doméstica y de género", desde donde se solicitó, una vez más y, de nuevo, sin éxito, la colaboración del personal judicial.

mismos hechos pueda sostener su agresor. No obstante, cuando ello se produzca, cabrá estar a la suficiencia probatoria de dicho testimonio para desvirtuar la presunción de inocencia y fundamentar una sentencia de condena[228].

---

228 Debe matizarse, en este punto, que según resulta de la encuesta valorativa dirigida a los jueces y magistrados de nuestra planta judicial expertos en violencia de género, la mayoría de asuntos finalizan en sobreseimiento provisional en la fase de instrucción; y ello lo avala también el Informe anual sobre violencia de género (2023) https://www.poderjudicial.es/cgpj/es/Temas/Violencia-domestica-y-de-genero/Actividad-del-Observatorio/Datos-estadisticos/La-violencia-sobre-la-mujer-en-la-estadistica-judicial—Anual-2023. Recuperado el 22 de julio de 2024.
En cuanto a los casos que finalizan en sentencia, debe tomarse en consideración que la mayoría de jueces que responden a la encuesta ejercen su función jurisdiccional en la fase de instrucción y afirman que buena parte de las sentencias que acaban dictando son de condena, lo que es debido al elevado número de conformidades que se alcanza en esta fase procesal (entre el 70% y el 90% de los casos, que mayoritariamente derivan de procedimientos por delitos leves o juicios rápidos).
Sin embargo, el Informe anual sobre violencia de género (2023) nos permite detectar un número de conformidades nada desdeñable también en la fase de enjuiciamiento. Así, si nos fijamos en las 30.325 sentencias dictadas por los Juzgados de lo Penal, que son los responsables del enjuiciamiento en la mayoría de asuntos de violencia de género (nótese que en 2023 las Audiencias Provinciales conocieron 432 asuntos en instancia única, de los que, dicho sea de paso, más de un 80% finalizaron en sentencia de condena), casi un 70% fueron de condena, esto es, 20.948 casos (y de ellos, la mayoría –13.138– finalizó en sentencia de conformidad).
https://www.poderjudicial.es/cgpj/es/Temas/Violencia-domestica-y-de-genero/Actividad-del-Observatorio/Datos-estadisticos/La-violencia-sobre-la-mujer-en-la-estadistica-judicial—Anual-2023. Recuperado el 22 de julio de 2024.

1. Ausencia de prueba

Sea cual fuere el motivo que lleve a la víctima a no denunciar[229], lo cierto es que no siempre va a poder evitar que el conocimiento de la *notitia criminis* llegue al órgano judicial e incoe el correspondiente proceso judicial (ya sea por la denuncia de un tercero –arts. 259 y ss. LECrim–, por la existencia de un atestado policial –art. 297 LECrim–, o incluso por tener conocimiento directo del hecho delictivo el propio juez –art. 308 LECrim–)[230]. Cuando ello suceda, podrán producirse dos reacciones por parte de la víctima: que acepte declarar en la fase de instrucción y, en su momento, en la de enjuiciamiento; o que

---

229 Merece la pena traer a colación que "el estado de excitación que se produce como consecuencia del delito y el *shock* emocional que éste provoca, ocasionan disrupciones en las funciones cognitivas de la víctima que explican perfectamente, las dudas, vacilaciones e imprecisiones a la hora de realizar la denuncia, y también en las declaraciones subsiguientes", tal y como refiere Castillejo Manzanares, R. (2020). "Dispensa del deber de declarar. ¿Derecho de la mujer víctima de violencia de género?". *El género y el sistema de (in)justicia.* Tirant lo Blanch, 162.

230 El Informe anual sobre violencia de género del Consejo General del Poder Judicial (2023) revela que además de la denuncia de las víctimas (ya sea porque acuden directamente al juzgado –tan solo en un 1,19% de los casos– o porque lo hacen ante la policía judicial –lo que sucede mayoritariamente, en casi el 70% de los casos denunciados), el 17,52% de los atestados policiales van acompañados de la denuncia de un familiar (1,63%) o se producen por intervención directa policial (15,89%); asimismo, pone de manifiesto que el 7,94% de los casos denunciados tienen su origen en un parte de lesiones recibido directamente al juzgado, y que un 3,43% de las denuncias proceden de terceros (entre los cuales, servicios asistenciales). https://www.poderjudicial.es/cgpj/es/Temas/Estadistica-Judicial/Estadistica-por-temas/Datos-penales—civiles-y-laborales/Violencia-domestica-y-Violencia-de-genero/Datos-sobre-Violencia-sobre-la-mujer-en-la-estadistica-del-CGPJ/. Recuperado el 2 de septiembre de 2024.

no quiera declarar. Y de estas dos posibilidades nos centramos en la segunda, que es la que concuerda con el problema de falta de prueba que ahora nos ocupa.

El art. 416.1 LECrim dispensa de la obligación de declarar contra su cónyuge o persona con análoga relación de afectividad a la presunta víctima de un delito de violencia de género que se vea inmersa en un proceso judicial, tanto en fase de instrucción como en el posterior juicio oral (por extensión del art. 707 LECrim[231]). En consecuencia, el acogimiento de la víctima a la facultad que se desprende de este precepto normativo va a significar el desvanecimiento de la única posibilidad de probar la violencia de género cuando no haya más prueba que la de su testimonio. Sin embargo, no se extiende esta posibilidad a las víctimas de violencia de género que no hubieren mantenido una relación de afectividad con su agresor, por lo que, aun sin denuncia previa, están obligadas a declarar (y así lo confirma el citado art. 707 LECrim).

Pero, ¿y si la voluntad de no declarar se manifiesta tras la interposición de la denuncia?, ¿tiene encaje esta circunstancia entre los supuestos de ausencia probatoria en los delitos de violencia de género? Para dar respuesta a estos interrogantes distinguimos las causas en las que la víctima se posiciona como acusación particular, de aquellas otras en las que opta por no ejercitar su derecho de acción[232].

---

231 A ello hace referencia también la STS (Sala de lo Penal, Sección 1ª) núm. 656/2022 de 29 junio (TOL9.124.137) que además ha matizado que "más que una exención al deber de declarar, el artículo 416.1 arbitra una fórmula jurídica de escape que libera al testigo-pariente de la obligación de colaboración con los órganos jurisdiccionales llamados a investigar un hecho punible".

232 Sobre el derecho de acción, como manifestación del derecho constitucional a la tutela judicial efectiva, vid. Picó i Junoy, J. (2012). *Las garantías constitucionales del proceso. 2ª ed. J.M. Bosch*, 58 y ss; y Rosell

El primero de los casos encuentra solución en la STS 389/2020 que, inspirada en el Convenio de Lanzarote[233], pone fin a la dispersión judicial habida en esta materia al establecer que la víctima denunciante que ha ostentado la posición de acusación particular no recobra el derecho de dispensa del art. 416 LECrim, incluso si después cesa en la misma, por cuanto "la víctima, que ha ostentado la condición de acusación particular, ha resuelto su conflicto, a favor de denunciar primero y ostentar la posición de parte acusadora después. El derecho de dispensa es esencialmente renunciable, y la víctima ha renunciado a él. Renunciado el derecho por parte del testigo, como dice nuestra jurisprudencia, no se recobra su contenido, ni hay razón alguna para ello. Esto es común con todos los derechos, salvo el derecho a no declarar del acusado por afectar esencialmente a su derecho de defensa"[234].

No lo entiende así la SAP de Girona (Sección 4ª) 165/2022[235], que declara la nulidad del acto del juicio oral al considerar que la ley amparaba a quien, tras renunciar a su condición de acusación particular, manifestó su voluntad de no declarar y, aun así, se le obligó a hacerlo. A pesar de ello, la postura del TS es clara y taxativa al recordar en su sentencia 389/2023[236] que "por sujeción al principio de tutela de las víctimas frente al delito y frente a cualquier tipo de extorsión que pueda derivarse del ejercicio tuitivo de la acción penal, nuestra más reci-

---

Corbelle, A. (2024). *El principio de oportunidad en el Proceso Penal: entre el Derecho y la Política.* Tirant lo Blanch, 204 y 205.

233 Instrumento de Ratificación del Convenio del Consejo de Europa para la protección de los niños contra la explotación y el abuso sexual, hecho en Lanzarote el 25 de octubre de 2007 (BOE núm. 274, de 12/11/2010).

234 STS (Sala de lo Penal, Pleno) núm. 389/2020 de 10 julio (TOL8.030.719).

235 SAP de Girona (Sección 4ª) núm. 165/2022, de 30 marzo (TOL9.118.380).

236 STS (Sala de lo Penal, Sección 1ª) núm. 389/2023 de 24 mayo (TOL9.598.978).

ente jurisprudencia modificó el posicionamiento de la Sala y en la Sentencia de Pleno de la Sala Segunda 389/2020, de 10 de julio (RJ 2020, 2672), recogimos el posicionamiento que actualmente se impone (en) el art. 416.1.4.ª de la LECRIM, excluyendo el derecho de dispensa para aquellos testigos-parientes que hayan estado personados en el procedimiento como acusación particular en cualquier momento, aun cuando ya no ejerciten la acción penal".

Por su parte, la Ley Orgánica 8/2021, de 4 de junio, de protección integral a la infancia y la adolescencia frente a la violencia, modifica el art. 416 LECrim para recoger esta nueva interpretación jurisprudencial, si bien yendo un poco más allá. Así, además del testigo que hubiera intervenido en el procedimiento como acusación particular (art. 416.1.4º LECrim) relega también de la dispensa del deber de declarar a los testigos que hubieren aceptado declarar durante el procedimiento tras haber sido debidamente informados de su derecho a no hacerlo (apartado 5º). En consecuencia, esta norma se extiende asimismo a las víctimas que, pese a no denunciar ni haberse constituido en acusación particular, hubiesen aceptado declarar[237].

---

237 Compartimos la crítica a esta reforma legislativa de Rodríguez Álvarez, A. (2021). "Claves de la reforma de la dispensa del deber de declarar ex Ley Orgánica 8/2021, de 4 de junio". *Diario La Ley*, 9916:1 – 6, al considerar que altera la configuración del derecho de dispensa, además de plantear algunos interrogantes que, con cautelas y acierto, reflexiona que deberían resolverse en favor de mantener el derecho de dispensa de la testigo. Se trata, de un lado, de las declaraciones realizadas en una fase preprocesal (pone, como ejemplo, la declaración ante la policía) en la que todavía no se ha iniciado procedimiento judicial alguno y, de otro lado, de los supuestos de denuncia, esto es, aquellos en los que sencillamente se hubieren puesto en conocimiento del órgano judicial, fiscal o policía judicial los hechos constitutivos de la violencia de género, "sin que se entienda obligado por esto a probar los hechos denunciados ni a formalizar querella", como expresamente recuerda el art. 264 LECrim.

La "no recuperación" o pérdida de la dispensa derivada del reformulado art. 416 LECrim puede dar lugar, como ya ha señalado cierta doctrina[238], a supuestos en los que la víctima que deba hacer frente a la declaración opte por negar los hechos, responda con evasivas o de manera contradictoria, e incluso diciendo que no se acuerda. En estos casos, entendemos que puede tener cabida la solución jurisprudencial construida sobre la base del art. 714 LECrim[239], para aceptar que pueda introducirse en el juicio oral la declaración que la testigo prestó en fase de instrucción, "siempre que se hayan prestado con el cumplimiento de todas las garantías y hayan sido introducidas en el debate propio del Juicio oral"[240]. Así, sobre esta posibilidad, el TS ha querido subrayar la importancia no solo de que la parte haga valer las contradicciones existentes en ambas declaraciones, sino que, además, "debe solicitar la lectura de las declaraciones sumariales en el plenario e interrogar al testigo sobre las razones de las contradicciones y cuál es la declaración correcta" en orden a que el órgano judicial pueda tomarlas en consideración[241]. Y en este sentido lo recuerda, en relación a la materia que nos ocupa, la Audiencia

---

[238] Vid. González Estévez, E. (2022). "Los problemas probatorios de la violencia de género desde la perspectiva de la fiscalía". La prueba de la violencia de género y su problemática judicial. La Ley, 162.

[239] En su momento ya se lo planteó Montesinos García, A. (2012). "La dispensa de declarar de las víctimas de violencia de género". *Teoría y Derecho*, núm. 11, 234 y 235, quien partiendo de la base de que "la negativa de la víctima a declarar no debe ser suplantada por la lectura de la declaración que efectuó en su día ante el Juez de instrucción" reconoce la utilidad del art. 714 LECrim "en el contexto de los delitos de violencia de género (...) para indagar la verdad material de los hechos (...) en aquellos casos en los que en el juicio oral la víctima mantuviera su silencio".

[240] *Ibidem*.

[241] STS (Sala de lo Penal, Sección 1ª) núm. 119/2019 de 6 de marzo (TOL7.105.682).

Provincial de Barcelona en su sentencia núm. 721/2021 de 16 noviembre[242] cuando afirma "que las declaraciones prestadas en sede de instrucción, con garantía del principio de contradicción, solo pueden ser introducidas y valoradas en el acto de juicio oral como prueba de cargo de conformidad con las reglas procesales de los art 714 y 730 de LECR". En opinión de esta misma Audiencia[243], no lo hizo así el Ministerio Fiscal en el supuesto de autos, pues aunque en la causa "constan las declaraciones en fase de instrucción y en sede policial de la denunciante (...) en el juicio no se plantearon correctamente las contradicciones observadas por el Ministerio Fiscal con arreglo a lo dispuesto en el artículo 714 de la Ley de Enjuiciamiento Criminal", motivo por el cual la declaración a tener en cuenta es la prestada en el acto del juicio oral, considerada carente de claridad y, por tanto, insuficiente para constituirse como prueba de cargo para enervar la presunción de inocencia del acusado.

Ahora bien, sobre la falta de recuerdo de la víctima, más recientemente la propia AP de Barcelona[244] ha especificado que a pesar de que "cuando un testigo no quiere seguir el procedimiento contra su pariente (en este caso ex pareja sentimental) y tiene la obligación de declarar en el juicio por aplicación del vigente art. 416 LECr puede burlar aquella obligación simplemente manifestando que no se acuerda de nada de lo ocurrido (actuación que podría considerarse un fraude de ley)", ello no significa que siempre que un testigo diga "que no recuerda esté faltando a la verdad, pues pueden existir variados motivos para

---

242 SAP de Barcelona (Sección 20ª) núm. 721/2021 de 16 noviembre (TOL8.870.054).

243 SAP de Barcelona (Sección 22ª) núm. 920/2021 de 16 de noviembre (TOL8.787.415).

244 SAP de Barcelona (Sección 20ª) núm. 725/2022 de 15 diciembre (TOL9.375.051).

que realmente pudiera producirse una situación de olvido". Esta reflexión ha conducido a este órgano judicial a considerar la falta de encaje del art. 714 LECrim en el concreto caso del "no recuerdo" por cuanto "no existe una clara regulación legal que permita incorporar al plenario la declaración sumarial del testigo amnésico (...) la amnesia referida por la testigo no supone que esté dando un versión distinta de lo declarado anteriormente, pues se trata de un silencio equiparable a la "no declaración contra su pariente"; y, por lo tanto, al no existir una doble versión de lo acontecido no consideramos aplicable el referido art. 714 LECr porque la falta de memoria compromete el principio de contradicción pues el juez no puede, como marca la ley, invitar al testigo a que explique la diferencia o contradicción dado que tal contradicción no se dio".

Refuerza lo anterior el resultado de la encuesta realizada a los operadores judiciales respecto a las denuncias retiradas[245]. Sobre esta cuestión, todos coinciden al afirmar que en muy pocas ocasiones se retira la denuncia (con independencia de que la iniciativa haya sido de la propia víctima o de un tercero), siendo más habitual que las víctimas se acojan a la dispensa del art. 416 LECrim o declaren otra cosa. Y, en relación a este último particular, es de notable interés la reflexión de una de las encuestadas en torno a las consecuencias que se derivan de la actual redacción del art. 416 LECrim para el caso de desistimiento de la denunciante una vez constituida en acusación particular o tras haber declarado en fase de instrucción, que implican que la testigo tenga que "atender lo que se le pre-

---

245 Adicionalmente, se planteó en esta pregunta que se indicase si se conocían los motivos que llevaban a las víctimas a retirar la denuncia. Las respuestas recibidas dieron lugar a motivos muy variados, entre los cuales: el perdón de la víctima; la reconciliación o la voluntad dar otra oportunidad; la incapacidad para romper; el arrepentimiento; la voluntad de querer pasar página o porque el paso del tiempo ha tranquilizado las cosas.

gunta en la vista oral", lo que "da lugar a no pocos supuestos de testimonios debilísimos (se aduce desmemoria, etc…) y no se activan por el Ministerio Fiscal las fórmulas para que, al menos, pueda valorarse –por su lectura, introduciéndola así como prueba documentada– lo que se afirmara en la fase investigadora".

2. El testimonio único de la víctima

2.1. Estatus especial de la testigo

De conformidad con la doctrina del Tribunal Constitucional[246] "[…] quien figura en el proceso como víctima de maltrato se encuentra a priori en una posición privilegiada como testigo directo de aquellos hechos que le afectan, y que, con frecuencia, se desenvuelven en un entorno de privacidad, sin que, no obstante lo dicho, aquella declaración goce de prev-

---

246 STC 87/2020 de 20 de julio (TOL8.062.086). La influencia de esta doctrina constitucional en la jurisprudencia menor se observa, entre otras, en la SAP de Madrid (Sección 26ª) núm. 432/2023 de 28 de junio (TOL9.692.128) que, sobre la base de "las SSTS 282/2018, de 13 de junio y 119/2019, 6 de marzo, en relación con las declaraciones de las víctimas de violencia de género, tras señalar que son testigos privilegiados por haber vivido en primera persona lo ocurrido, se encargan de recordar, como no podía ser por lo demás de otra forma, que "ello, sin embargo, no quiere decir que la credibilidad de las víctimas sea distinta del resto de los testigos, en cuanto al valor de su declaración, y otorgar una especie de presunción de veracidad siempre y en cualquier caso ". Y como apunta igualmente la STS 67/2018, de 7 de febrero, entre otras, no sería admisible fundar una resolución en una especie de acto de fe incondicionado en la veracidad de la versión de quién se dice víctima por repugnante que sea el hecho denunciado, la vulnerabilidad de aquélla o la frecuencia de este tipo de hechos".

alencia alguna en la convicción judicial". Como es de notar, esta posición privilegiada a la que se refiere el tribunal inevitablemente deriva de la participación de la testigo como protagonista –y no como mera espectadora– de los hechos, pero en ningún caso justifica la mayor credibilidad de su declaración respecto de lo que pueda proferir el acusado por los mismos hechos ocurridos, no olvidemos, en presencia única de la presunta víctima[247] y del propio acusado que, en última instancia, enfrenta la palabra de una contra la del otro[248]. Sostener lo contrario daría lugar a una injustificada alteración de las reglas de la carga de la prueba en el proceso penal, en detrimento del derecho fundamental a la presunción de inocencia del art. 24 CE que tienen reconocida todas las personas. En este sentido, sobre la base del Considerando 22 y el art. 6.1 de la Directiva (UE) 2016/343 del Parlamento Europeo y del Consejo, de 9

---

247 Siguiendo el razonamiento de Ramírez Ortiz, J.L. (2022). "La suficiencia probatoria de la declaración testifical de la víctima". *La prueba de la violencia de género y su problemática judicial*. La Ley, 36 – 37, desde un punto de vista procesal, debiera evitarse la referencia "víctima" cuando todavía está pendiente de acreditación la existencia del hecho y de su autoría, siendo preferible hablar, en su lugar, de "testigo". En esta línea, advierte Hernández García, J. (2022). "La prueba de la violencia de género". *La prueba de la violencia de género y su problemática judicial*. La Ley, 26, que es incompatible con la presunción de inocencia "atribuir a la persona que afirma haber sido víctima del hecho justiciable con la condición de víctima antes que se haya practicado la prueba, pues la condición de víctima es, por esencia, un *posterius* cognitivo".

248 En esta línea, Hernández Moura, B. (2023). "Consideraciones en clave de género sobre la valoración del testimonio en delitos contra la libertad e indemnidad sexuales en atención a la jurisprudencia reciente del Tribunal Supremo". *Revista General de Derecho Procesal*, núm. 59, p. 26, sostiene con acierto que "por este motivo, y desde una visión garantista construida en torno al principio de presunción de inocencia, no podemos más que cuestionar la fiabilidad reforzada del testimonio de la víctima en base a su doble condición de víctima y testigo como suficiente *per se* para enervar la presunción de inocencia".

de marzo de 2016, por la que se refuerzan en el proceso penal determinados aspectos de la presunción de inocencia y el derecho a estar presente en el juicio, la STS 489/2023 recuerda que "[...] la carga de la prueba para determinar la culpabilidad de los sospechosos y acusados recae en la acusación, y toda duda debe beneficiar al sospechoso o acusado"[249]. En consecuencia, otorgar mayor credibilidad al testimonio único de la acusación en los delitos de violencia de género propicia el arbitrario traslado de la carga de la prueba a la defensa, a quien no corresponde probar su inocencia[250].

Como contrapartida, tampoco podemos mantener que las circunstancias que hayan podido afectar a la testigo en relación con los hechos vividos deban desechar su declaración como prueba susceptible de aceptación para su valoración judicial. Así, si bien es cierto que el valor incriminatorio que pueda desprenderse de la declaración de la testigo carecerá, por sí misma, de suficiencia para la automática desvirtuación de la presunción de inocencia, también lo es que no la inhabilitará para que el tribunal sentenciador pueda valorarla como una prueba más[251].

Asentadas las anteriores premisas, es momento de examinar si en los casos de violencia de género en los que se cuenta con la declaración de la testigo-víctima como única prueba de cargo, puede este testimonio gozar de la entidad suficiente para

---

249 STS (Sala de lo Penal, Sección 1ª) núm. 489/2023 de 22 de junio (TOL9.636.338).

250 En este orden de cosas, Picó i Junoy, J., ob. cit., p. 199, mantiene, sobre la base de la doctrina de nuestro Tribunal Constitucional, que "la presunción de inocencia ocasiona un desplazamiento de la carga de la prueba a las partes acusadoras a quienes incumbe exclusivamente (y nunca a la defensa) probar los hechos constitutivos de la pretensión penal".

251 Sobre este particular, por todas, vid. la STS (Sala de lo Penal, Sección 1ª) núm. 429/2023, de 1 de junio (TOL9.607.233).

enervar la presunción de inocencia. Al respecto, queremos avanzar que la inicial posición favorable del Tribunal Supremo se ha visto afectada por inevitables condicionantes e inconcreciones que dificultan la formulación de una doctrina clara en este sentido.

2.2. *Suficiencia probatoria para enervar la presunción de inocencia*

Como reconoce nuestra jurisprudencia, la presunción de inocencia interviene como una regla de juicio que "[...] se configura como el derecho del acusado a no sufrir una condena a menos que la culpabilidad haya quedado establecida más allá de toda duda razonable"[252], por lo que la inocencia de la persona acusada debe mantenerse incólume en tanto no exista prueba suficiente que permita acreditar su culpabilidad[253]. Para determinar la suficiencia probatoria el propio Tribunal Supremo ha considerado la concurrencia de las siguientes tres premisas: en primer lugar, que la actividad probatoria que se desarrolle sea de cargo, esto es, de contenido incriminatorio; en segundo lugar, en cuanto a su práctica, que se lleve a cabo "con arreglo a las previsiones constitucionales y legales"; y, en

---

252 Esta doctrina jurisprudencial se recoge, entre otras, en la STS (Sala de lo Penal, Sección 1ª) núm. 392/2022 de 21 de abril (TOL8.919.487) y la STS (Sala de lo Penal, Sección 1ª) núm. 450/2022 de 9 de mayo (TOL8.992.121).

253 Vid. Ramírez Ortiz, J.L., "La suficiencia probatoria de la declaración testifical de la víctima", en E. Cerrato (dir.), La prueba de la violencia de género y su problemática judicial, La Ley, Madrid, 2022, pp. 33–48. Respecto de esta cuestión, Hernández García, J., ob. cit., 32, señala que "La clave, insisto, no está en el "yo te creo", sino en acreditar más allá de toda duda razonable, con bases epistémicas fiables, que una persona merece ser privada de libertad. Por tanto, no es un problema de creencia sino epistémico, y, por ello, de calidad de la información a valorar".

tercer lugar, en cuanto a su valoración, que se realice a partir de criterios de racionalidad, de conformidad con "las reglas de la lógica, las máximas de experiencia y los conocimientos científicos", de modo que el tribunal pueda alcanzar una "certeza objetiva" respecto de los hechos acontecidos y de la participación en los mismos del acusado, que le permita despejar cualquier duda para declarar que han sido probados.

Como es de observar, la anterior doctrina no establece un mínimo acervo probatorio para vencer la presunción de inocencia, lo que *a priori* nos permite considerar la suficiencia probatoria de la declaración testifical que cumpla con los requisitos anteriormente identificados que faciliten al órgano sentenciador determinar, con base a esta única prueba de cargo, la culpabilidad del acusado más allá de toda duda razonable. Y en efecto, así lo ha estimado el TS[254], al reconocer que "[…] el hecho de que la prueba esencial fundante de la condena sea básicamente un testimonio, el de la víctima, es compatible con la presunción de inocencia", aunque ello no debe entenderse de manera categórica, tal y como razona el tribunal. Así, de suyo, la declaración única del testigo, sin más prueba que la acompañe, puede ser suficiente, "en abstracto" para desvirtuar la presunción de inocencia, pero "la exigencia de una fundamentación objetivamente racional de la sentencia hace imposible fundar una condena sobre la base de la mera "creencia" en la palabra del testigo, a modo de un acto ciego de fe".

---

254 Vid. la STS (Sala 2ª, Sección 1ª), 570/2021 de 30 de julio (TOL8.505.220) y, más recientemente, la STS (Sala Penal, Sección 1ª) núm. 372/2023 de 18 de mayo de 2023 (TOL9.589.107). De hecho, casi todos los operadores jurídicos que hemos podido encuestar han respondido afirmativamente a la posibilidad de que el testimonio único de la víctima pueda ser suficiente para dictar una sentencia de condena con (41,7%) o sin (50%) otros elementos que lo corroboren, siendo residual la opinión de quien sostiene la necesidad de otras pruebas de cargo (8,3%).

Por ende, cuando solo se cuente con la declaración única del testigo para fundamentar una sentencia de condena, el juez deberá realizar un mayor esfuerzo de motivación fáctica, que implicará "una valoración de la prueba especialmente profunda y convincente respecto de la credibilidad de quien acusa frente a quien proclama su inocencia"[255].

2.3. Criterios del Tribunal Supremo para la valoración judicial: la necesaria revisión de la aplicación del denominado "triple test"

Para alcanzar el anterior propósito, el Tribunal Supremo ha pautado tres parámetros para valorar la declaración testifical de la presunta víctima cuando se formule esta como única prueba de cargo: la credibilidad subjetiva (o ausencia de incredibilidad subjetiva); la credibilidad objetiva (o verosimilitud) y la persistencia en la incriminación.

La jurisprudencia se ha referido a estos tres criterios, que a continuación pasamos a analizar, como "triple test"[256].

---

255 Sin embargo, la práctica de nuestros tribunales de justicia evidencia que son muy pocas las ocasiones en las que se dicta sentencia de condena sobre la base del testimonio único de la víctima, a lo que cabe añadir que algunos de los jueces encuestados especifican que ello se produce cuando existen conformidades y en los casos de delito leve.

256 De la profusa jurisprudencia que ha hecho referencia a este triple test destacamos la STS (Sala de lo Penal, Sección 1ª) núm. 496/2023 de 22 de junio (TOL9.636.288); la STS (Sala de lo Penal, Sección 1ª) núm. 367/2022 de 18 de abril (TOL8.920.203); la STS (Sala de lo Penal, Sección 1ª) núm. 54/2022 de 21 de enero (TOL8.784.039); y la STS (Sala de lo Penal, Sección 1ª) núm. 911/2021 de 24 de noviembre (TOL8.667.643).

2.3.1. Ausencia de incredibilidad subjetiva

El primer criterio hace referencia, en términos del Tribunal Supremo, a "[...] cuidar de reparar la posible existencia de móviles o propósitos espurios que pudieran estar animando el testimonio; y ponderando también las cualidades personales del testigo vinculadas a su capacidad de percepción"[257], lo que implica que el juez deba focalizar su atención en la relación entre encausado y víctima para detectar si hay resentimiento, enemistad o ánimo de venganza que prive a la declaración de la testigo de la aptitud necesaria para adquirir certeza.

Sin embargo, deben realizarse algunas consideraciones a la valoración judicial de este primer criterio, que pueden debilitarlo y deben alertar al juez de la necesaria cautela en su aplicación, a saber: que es lógico que quien ha sido víctima de un hecho criminal tenga animadversión y resentimiento hacia su agresor, sin que ello deba necesariamente afectar a la veracidad de su testimonio[258]; que, como contrapartida de la anterior consideración, la sinceridad de una presunta víctima

---

257 STS (Sala de lo Penal, Sección 1ª) núm. 570/2021 de 30 de julio (TOL8.505.220).

258 Respecto de esta consideración, la STS (Sala de lo Penal, Sección 1ª) núm. 240/2022 de 16 de marzo (TOL8.882.696) revela que la jurisprudencia "recuerda que la lógica animadversión de la víctima derivada del hecho criminal es irrelevante para poner en duda su versión en cuanto no resulta de causas de resentimiento ajenas al delito". Por ello, como razona Domínguez Castellano, F. (2016). "La práctica de la prueba en la violencia de género". *Guía de intervención judicial sobre violencia de género.* Dykinson,78, "es prácticamente utópico pretender que entre ambos no haya habido una conflictividad previa a la denuncia teniendo en cuenta que, precisamente, esa "conflictividad" viene derivada, en los casos de violencia de género, de los actos de control o violencia que ejerce el maltratador sobre su pareja. Por ello, no se puede exigir a la víctima, como recoge la Sentencia dictada por la Sala 2ª del Tribunal Supremo, con fecha 17/06/00 que

no garantiza la veracidad de su relato[259]; que la constitución de la presunta víctima como acusación particular no debe condicionar la credibilidad de su testimonio[260]; y, por último, que la tardía denuncia de la testigo no debe poner en duda la credibilidad de su declaración[261], por las especiales connotaciones

---

muestre "solidaridad o indiferencia respecto a la persona causante del perjuicio"".

259 En palabras del AAP de Madrid (Sección 27ª) núm. 1344/2023 de 19 de julio (TOL9.799.418) "el relato de una situación imaginaria, bien construido y hábilmente expuesto, podría perfectamente ser presentado como veraz y pasar por tal, después de haber sido mantenido sin alteración en los distintos momentos del trámite. Y se sabe asimismo por experiencia (clínica y también judicial) que hay personas que atribuyen a otro la realización de una conducta punible nunca ejecutada por él, sin propósito de perjudicarle, sólo como consecuencia de un error de percepción, debido al padecimiento de algún tipo de trastorno o por otras razones, no necesariamente conscientes". Por ello, compartimos con Ramírez Ortiz, J.L., ob. cit., 40, que "al testar la credibilidad subjetiva, a lo sumo, podemos afirmar que el testigo es sincero, pero no que lo que nos cuenta sea verdadero".

260 En este sentido, la citada STS (Sala de lo Penal, Sección 1ª) núm. 240/2022 de 16 de marzo (TOL8.882.696) enfatiza que "nuestro sistema procesal autoriza a la víctima a convertirse, más allá de una distante portadora de la 'notitia criminis', en verdadera parte acusadora, ejerciendo la acusación particular con el fin de obtener la condena del acusado, sin que ello elimine la validez de su testimonio".

261 De hecho, esta es la opinión mayoritaria de los profesionales encuestados para los que la denuncia tardía de la testigo-víctima no afecta a su credibilidad (así lo ha manifestado el 80% de los jueces); en consecuencia, es muy reducido el porcentaje de quienes consideran que sí lo hace, disminuyéndola (un 20%). En este punto entendemos de notable interés reproducir la reflexión de una de las magistradas preguntadas, en atención a la cual: "Sobre esto, recomiendo encarecidamente leer lo que ha establecido la STS nº 684/2021, de 15 de Septiembre, de su Sala Segunda. NO puede generalizarse, en absoluto, ni anticiparse lo que, en cada caso concreto, lleva a quien

que acarrean los supuestos de violencia de género en los que es muy habitual que el sujeto denunciado sea la "[…] pareja y el padre de sus hijos, que, además, posiblemente hasta puede ser su sustento económico, lo que conlleva a que las víctimas de violencia de género valoren todas estas circunstancias a la hora de decidirse sobre si denuncian, o no. Y ello, no se les puede volver en su contra cuando tardan en denunciar, porque hasta se sienten estigmatizadas por hacerlo, y, en muchos casos, hasta culpables, cuando son víctimas, no culpables. Todo ello, las convierte en más víctimas aún, porque lo son del agresor que es su propia pareja, y lo son, también, del propio sistema en quien, en muchas ocasiones, no confían si no tienen la seguridad de que denunciar va a ser algo positivo para ellas y no algo negativo"[262].

2.3.2. Verosimilitud

En segundo lugar, nuestro alto tribunal ha determinado como criterio valorativo la credibilidad objetiva o verosimilitud del testigo, lo que implica la apreciación de la declaración vertida a partir de otros elementos, cuales son, desde una perspec-

---

juzga a dotar de eficacia al testimonio de la denunciante. Pero apunta dicha STS que la demora en denunciar – que es digna de derivar de lo que supone el "maltrato" y sus colaterales (p.e., preocupación por los hij@s, muchas veces en seguimiento por posible riesgo)- NO tasa, per se, la sospecha de la incredibilidad".

Por su parte, en la línea que acabamos de exponer, la denuncia o querella inmediata no afecta a la credibilidad de la testigo (así lo ha indicado el 60% de los encuestados), aunque no nos deja indiferentes que poco más del 40% de los jueces todavía considera que esta inmediata puesta en conocimiento de los hechos por parte de la víctima debe aumentar su credibilidad.

262 STS 291/2019 (Sala de lo Penal, Sección 1ª) núm. 291/2019 de 31 de mayo (TOL7.271.640).

tiva interna, la coherencia del propio relato de la declarante[263]; y, desde un prisma externo, la existencia de datos periféricos de carácter objetivo existentes en el proceso que permitan corroborar la declaración testifical[264]. Y de estos dos elementos coincidimos con la doctrina que afirma la mayor utilidad en la práctica del segundo[265].

En cuanto a la coherencia del relato, esclarece el Tribunal Supremo[266] que la declaración de la víctima debe ser lógica en sí misma, siendo para ello necesario valorar el carácter insólito,

---

263 Señala Ramírez Ortiz, J.L., ob. cit., 40, que "un relato es coherente cuando está en armonía con los conocimientos de fondo propios del contexto de que se trata. Por ejemplo, con las generalizaciones empíricas o con los conocimientos comúnmente aceptados o con los conocimientos científicos".

264 Esta doble vertiente, interna (relativa a la coherencia del propio relato) y externa (referida a la existencia de otros elementos corroboradores de la declaración) de la verosimilitud, encuentra claro reflejo en la STS (Sala de lo Penal, Sección 1ª) núm. 76/2019 de 12 de febrero (TOL7.074.416), y posteriormente ha sido igualmente advertida por la doctrina, al destacar "que el testimonio guarde lógica y coherencia interna, y que además guarde coherencia externa con datos y medios de prueba que estén al margen de la declaración de la víctima" (Muñoz Castaño, E. (2024). "Política criminal y estado de derecho: la afección de los derechos fundamentales en las reformas penales". *Reformas penales y estado de derecho.* Tirant lo Blanch, 83 – 84).

265 Para Ramírez Ortiz, J.L., ob. cit., 41– 43, es difícil, aplicando el estándar de la duda razonable, que pueda fundamentarse una sentencia de condena cuando no existan elementos periféricos de corroboración de la versión del testigo, pues en este caso "la fiabilidad de la información obtenida será reducida". A pesar de ello, recordamos que la mitad de los operadores jurídicos encuestados han respondido afirmativamente a la posibilidad de que el testimonio único de la víctima pueda ser suficiente para dictar una sentencia de condena sin otros elementos que lo corroboren.

266 Véase, por su claridad expositiva, la citada STS (Sala de lo Penal, Sección 1ª) núm. 76/2019 de 12 de febrero (TOL7.074.416).

o no, de dicha declaración. Sin embargo, la doctrina científica detecta que la aplicación de este criterio no está exenta de problemas que lo debilitan pues si bien admite que la coherencia "constituye una buena herramienta para testar la credibilidad de la información que proporciona un testigo", lejos queda de ser un instrumento de primer nivel en el contexto que nos ocupa por cuanto no permite detectar la falsedad de relatos coherentes o la certeza de relatos desarrollados a partir de una narrativa exigua o mal articulada, al margen del riesgo que supone de generar "juicios de valor acerca de cuál debía ser la "conducta esperable" de la víctima ante el hecho o después del hecho"[267].

Por su parte, nuestro Tribunal Constitucional ha asentado que a partir de la corroboración es posible que una prueba adquiera fuerza suficiente para fundar una condena (STC 258/2006 de 11 de septiembre). Ello significa, en relación a nuestro objeto de estudio, que el testimonio único de la presunta víctima pueda apoyarse en datos periféricos objetivos que lo corroboren, esto es, que acrediten su versión[268]. En consecuencia, corresponderá al órgano judicial examinar la concurrencia de elementos objetivos que, sin probar directamente los hechos (pues de otro modo no estaríamos hablando de testimonio único de la testigo-víctima)[269], permitan corroborar as-

---

267 Ramírez Ortiz, J.L., ob. cit., 41.

268 Cfr. Cerrato Guri, E. y Casanova Martí, R. (2023). "La prueba de los delitos sexuales en caso de ausencia de consentimiento y su valoración judicial". *Comentarios a la ley del «solo sí es sí»: Luces y sombras ante la reforma de los delitos sexuales introducida en la LO 10/2022, de 6 de septiembre.* Atelier, 153-166.

269 En este contexto merece la pena traer a colación la acertada reflexión de Fuentes Soriano, O. (2022). "Perspectiva de género y enjuiciamiento". *La prueba de la violencia de género y su problemática judicial.* La Ley, 67 – 68, según la cual "si se considera -como reiterada y constantemente afirma la Jurisprudencia- que la declaración de la víctima puede llegar

pectos colaterales o periféricos del relato[270] como, por ejemplo, el informe médico forense donde consta la compatibilidad de las lesiones con el delito de violencia de género objeto de enjuiciamiento[271]; un testigo indirecto –podría ser un familiar o un amigo de la víctima a quien la testigo-víctima hubiera explicado lo acontecido, o un vecino que pueda declarar sobre los gritos supuestamente proferidos por parte del acusado hacia la supuesta víctima en el domicilio de ambos–; un informe psicológico que ponga de manifiesto la posible conexión entre la situación de estrés postraumático en la que se encuentra la testigo-víctima y el hecho de haber sufrido violencia de género (por ejemplo, derivada del maltrato habitual)[272]; o la existen-

---

a constituir prueba de cargo suficiente para justificar, eventualmente, la condena, los elementos de corroboración de la misma no pueden ir dirigidos a la comisión del delito de forma directa, ni indiciaria, pues ello supondría tanto como negar su carácter de única prueba de cargo".

270 En este sentido, vid. la STS (Sala de lo Penal, Sección 1ª) núm. 372/2023 de 18 de mayo de 2023 (TOL9.589.107).

271 Vid. la STS (Sala de lo Penal, Sección 1ª) núm. 489/2023 de 22 de junio (TOL9.636.338).

272 En Catalunya destaca la actuación de los Equipos de Asesoramiento Técnico Penal (EATP), formados por psicólogos y trabajadores sociales especializados en la realización de pericias psicológicas, sociales y psicosociales, que orgánicamente dependen de la Secretaría de Medidas Penales, Reinserción y tención a la Víctima del Departamento de Justicia, Derechos y Memoria. Entre los programas que desarrollan, llama la atención el *Programa d'assessorament tècnic en l'àmbit de la violència de gènere* – ATVIGE– (Programa de asesoramiento técnico en el ámbito de la violencia de género), entre cuyos objetivos destaca la posibilidad de evaluar la credibilidad de la testigo y/o de las afectaciones y secuelas psicológicas y sociales. https://justicia.gencat.cat/ca/ambits/administracio-de-justicia/assessorament-tecnic/penal/#qui-som. Recuperado el 2 de septiembre de 2024.

cia de mensajes de *whatsapp*[273] o en otras redes sociales que acrediten el tipo de relación existente entre las partes[274].

2.3.3. Persistencia en la incriminación

En último lugar, el Tribunal Supremo establece que el órgano judicial debe tener en cuenta, a la hora de valorar la única declaración testifical de la que dispone, la solidez y persistencia en la incriminación de quien la realiza, lo que se traduce en

---

273 Sobre este particular Bueno Benedí, M. (2021). "La prueba en los procedimientos de violencia sobre la mujer cometidos a través de las nuevas tecnologías". *Revista Acta Judicial* nº 7, 25, reconoce que "cada vez es más frecuente ver que las declaraciones de la víctima sean corroboradas por mensajes recibidos a través de estos medios digitales por parte de su agresor y que han sido aportados al proceso como prueba documental, tal y como se desprende, por ejemplo, de la STS 909/2016, de 30 de noviembre".

274 Los operadores judiciales encuestados destacan la corroboración de la declaración de la testigo a partir de los siguientes elementos de apoyo:
"Informes médicos, grabaciones, declaraciones de testigos, fotografías.
Informes médicos y forenses, informes psicosociales testificales, mensajes de texto y WhatsApp, fotos, videos, emails o informes policiales.
Testigos, volcados telefónicos, partes médicos, grabaciones de cámaras, etc.
Declaración testifical, informe por servicio de urgencias, informe médico forense, informe sobre la credibilidad de la víctima, volcado y cotejo de mensajes.
Testigos, partes de lesiones, fotografías, archivos de audio, conversaciones de chat.
Testificales de tercero, periciales médicas (incluidas las psiquiátrico-psicológicas), cotejos de mensajes, periciales documentoscópicas (incluidas las de los casos de demostración de la IP y otras, informáticas, que tasan que ha sido el acusado el emisor de los mensajes abyectos, o quien ha entrado de forma ilícita en los contenidos de archivos privados), etc."

la ausencia de contradicción relevante alguna con relación al núcleo central de los hechos[275]. Por lo tanto, debe examinarse aquí si la declaración de la testigo se ha mantenido en el tiempo sin variaciones sustanciales. Sobre esta cuestión, la doctrina jurisprudencial ha matizado que dicha persistencia "no exige una repetición mimética, idéntica o literal de lo mismo sino la ausencia de contradicciones en lo sustancial y en lo relevante", por lo que no debiera verse afectada por el cambio de orden en las afirmaciones o la falta de certeza en lo accesorio durante el proceso[276].

A mayor abundamiento, una evolucionada doctrina jurisprudencial se ha percatado de la necesaria flexibilización de este criterio de valoración para evitar que declaraciones realizadas de modo tardío –cuando inicialmente la testigo tomó el silencio por respuesta– o la existencia de lagunas o "explicables contradicciones" que puedan surgir de la evolución del relato a través de las distintas fases del proceso, puedan llevar a considerar ausentes de credibilidad, o falsos, testimonios que no lo son. En este sentido, nos ilustra la citada STS 820/2023, que reconoce, por una parte, no poder acogerse a la línea argumental según la cual "todo lo que se silenció en un primer momento y se hizo explícito en una declaración ulterior, ha de etiquetarse como falso" y, de otra parte, que "resulta inevitable que al comparar las declaraciones que presta... un testigo en la fase de instrucción con la que hace después en la vista del juicio afloran algunas diferencias, omisiones y contradicciones" debidas a que "el sujeto que declara no retiene en la memoria las mismas imágenes, datos concretos y palabras en un primer momento, a las pocas fechas de haber sucedido los

---

275 STS (Sala de lo Penal, Sección 1ª) núm. 622/2024 de 19 junio (TOL10.074.054).

276 Así lo ha considerado expresamente la STS (Sala de lo Penal, Sección 1ª) núm. 820/2023 de 8 de noviembre (TOL9.788.896).

hechos, que cuando han transcurrido varios meses o incluso años" y a que "un mismo hecho no es nunca relatado o expuesto con las mismas palabras en dos ocasiones distintas por una misma persona, incluso aunque transcurra escaso margen de tiempo entre la primera y la segunda declaración"[277].

2.3.4. Algunas reflexiones

El Tribunal Supremo ha reconocido de forma constante en el tiempo que los anteriores criterios son una pauta orientativa para valorar la credibilidad del testimonio de la víctima[278], lo que nos genera algunas dudas de cara a su aplicación por los tribunales de justicia: por una parte, respecto a si es preceptiva la realización de dicho test al tiempo de valorar la prueba y, por otra parte, en relación a las consecuencias que se derivan de la concurrencia de todos o alguno de los referidos criterios valorativos.

En cuanto a la obligatoriedad del triple test valorativo observamos que la línea jurisprudencial asentada es la que establece el carácter ineludible de su realización simplemente con el propósito de que la prueba testifical pueda ser tenida en cuenta, al margen, como se verá, del resultado que del mismo se alcance a derivar; criterio, éste, que se justifica en el hecho de que se trata de orientaciones que ayudan a acertar en el juicio, siendo "puntos de contraste que no se pueden soslayar"[279]. Sin

---

277 *Ibidem.*

278 Destacamos, por ejemplo, la STS (Sala de lo Penal, Sección 1ª) núm. 456/2024 de 23 de mayo (TOL10.040.595).

279 Vid., por todas, la STS (Sala de lo Penal, Sección 1ª) núm. 496/2023 de 22 de junio (TOL9.636.288). La influencia de esta doctrina jurisprudencial en el ámbito de las audiencias provinciales puede observarse en el AAP de Madrid (Sección 27ª) núm. 1344/2023 de 19 de julio (TOL9.799.418) donde el tribunal considera que a pesar

embargo, parece que esta línea de opinión está empezando a flexibilizarse a partir de la reformulación de lo que debe entenderse por "simple pauta orientativa" en aplicación del criterio de la libre valoración de la prueba que rige nuestro proceso penal, que ha llevado al Tribunal Supremo a reconsiderar que, a pesar de su conveniencia para reforzar la credibilidad de la testigo, puede llegar a prescindirse de tales pautas orientativas cuando la solidez del testimonio prestado fuera suficiente para fundar la condena. Este razonamiento encuentra justificación precisamente en el carácter orientativo del triple test, de modo que "tomarlo como regla fija de obligada observancia, supondría retornar a criterios propios de prueba tasada, incompatibles con el principio de libre valoración razonable de toda la prueba que, con base en artículos como el 717 o el 741 LECrim (LEG 1882,16), rige en nuestro proceso penal, y por ello decíamos que se puede prescindir de pasar por ellos y ser suficiente para llegar a declarar probada la culpabilidad del acusado, simplemente, en base al solo testimonio de la víctima. Así lo viene manteniendo la jurisprudencia de esta Sala de la que tomamos la STS 299/2024, de 9 de abril de 2024 (JUR 2024, 113279)"[280].

---

de que "el contenido de una testifical que supere ese triple filtro no debe ser tenido como válidamente inculpatorio (…) un testimonio que no lo hiciera tendría que ser desestimado "ad limine" como medio de prueba; mientras que, en el caso contrario, resultará en principio atendible".

280 STS (Sala de lo Penal, Sección 1ª) núm. 456/2024 de 23 de mayo de 2024 (TOL10.040.595); y, más recientemente, STS (Sala de lo Penal, Sección 1ª) núm. 708/2024 de 4 de julio (TOL10.094.885). Esta reflexión ha trascendido también al ámbito doctrinal donde López Yagües, V. (2023). "Comentario al artículo 710". *Comentarios a la Ley de Enjuiciamiento Criminal.* Tirant lo Blanch, 2879, subraya que "Los criterios de ausencia de animadversión del testigo con las partes, de inexistencia de móviles espurios o de incredibilidad subjetiva que puedan impulsar un falso contenido a la declaración, la persistencia

En cambio, es por todos admitido que la concurrencia de todas las pautas orientativas para valorar el testimonio único de la víctima no es un presupuesto de validez o utilibizabilidad de la prueba. Ello explica que, a pesar de cumplir todos los criterios del triple test, en algunas ocasiones no pueda darse credibilidad a la testigo o, al contrario, es decir, que solo la superación de alguna de las condiciones pautadas sea suficiente para valorar y, en su caso, conferir dicha credibilidad. En este sentido lo ha puesto de relieve la STS 570/2021 de 30 de julio, que traemos a colación por su claridad expositiva: "No se está definiendo con esa tríada de características un presupuesto de validez o de utilizabilidad. Son orientaciones que ayudan a acertar en el juicio [...] Pero eso no significa que cuando se cubran las tres condiciones haya que otorgar "por imperativo legal" crédito al testimonio. Ni, tampoco, en sentido inverso, que cuando falte una o varias, la prueba ya no pueda ser valorada y, ex lege, por ministerio de la ley–o de la doctrina legal en este caso-, se considere insuficiente para fundar una condena"[281].

Hechas las anteriores aclaraciones, podemos concluir que el triple test es una herramienta orientadora a disposición del órgano judicial para valorar la credibilidad del testimonio de la víctima cuando esta sea la única prueba de cargo disponible, si bien, en virtud del criterio de libre valoración de la prueba del

---

en el contenido del relato, o la concurrencia de corroboración del testimonio, son criterios que esta Sala ha suministrado a los tribunales de la jurisdicción penal para ayudar en el análisis racional de su convicción, lo que no quiere decir que sean criterios de valoración de la prueba que sustituyan la libre evaluación que corresponde a los tribunales de instancia, convirtiendo así a la prueba testifical en una suerte de prueba tasada legalmente en cuanto a las condiciones de su eficacia demostrativa".

281 STS (Sala 2ª, Sección 1ª), 570/2021 de 30 de julio (TOL8.505.220). De manera idéntica se expresa la STS (Sala de lo Penal, Sección 1ª) núm. 496/2023 de 22 de junio (TOL9.636.288).

que se sirve nuestro proceso penal (art. 741 LECrim) podrá el tribunal razonar una condena o absolución de la violencia de género con la concurrencia de todos, alguno o, incluso, ninguno de los requisitos que lo integran.

III. PROPUESTAS DE MEJORA

Llegados a este punto de la exposición, nos plantemos si hay solución para el problema probatorio de la violencia de género. El contexto que envuelve esta problemática nos exige una dosis de realismo para reconocer la dificultad que a fecha de hoy plantea la prueba de la violencia de género en el contexto judicial español. A pesar de ello, hemos identificado algunas propuestas de mejora, que hemos querido trasladar a los operadores judiciales para testar su viabilidad, para lo que les hemos pedido que se pronuncien sobre: a) la implantación de la justicia restaurativa; b) la posibilidad de resolver, con carácter previo, el conflicto civil de familia, con el debido acompañamiento asistencial a la víctima; c) la adopción de sobreseimiento provisional en los casos en los que la víctima no quisiera denunciar, pese a la existencia de un atestado policial; d) la mejora de la fase de instrucción y e) la preconstitución de la declaración de la víctima (y/o de sus hijos) en la fase de instrucción.

Con carácter general debemos destacar que todas las opciones planteadas han tenido acogida –alguna más que otra– por una parte significativa de los encuestados, siendo de destacar la mayor atención prestada a la posible preconstitución de la declaración testifical de la víctima[282].

---

282 Esta posibilidad se la plantea también Casanova Martí, R. (2022). "La nueva configuración de la prueba preconstituida como mecanismo para evitar la victimización secundaria de las personas menores víctimas de violencia de género". *La prueba de la violencia de género y*

En concreto, respecto de la implantación de la justicia restaurativa, y pese a ser conscientes de la prohibición legal del art. 87 ter, apartado 5 LOPJ[283], casi todos los encuestados contemplan esta posibilidad, al tomar conciencia de la necesidad de dar protagonismo a la víctima para que exponga sus intereses, que no siempre desea ser resarcida mediante la condena penal ni tampoco con una justicia puramente retributiva. Evidentemente, ello no puede tener lugar en todos los casos, siendo los más adecuados, probablemente, los delitos de menor gravedad y excluidos de la habitualidad, al margen de que, además de resolver estos conflictos, esta opción puede contribuir en la prevención.

Para la propuesta relativa a la previa resolución del conflicto civil de familia, con el debido acompañamiento asistencial a la víctima, encontramos opiniones enfrentadas. Así, si bien es cierto que aproximadamente la mitad de los encuestados que se han pronunciado sobre esta cuestión lo han hecho con un categórico "no", la otra mitad valora la viabilidad de esta posibilidad por alguno de los siguientes motivos: por su carácter imprescindible; porque "en muchos casos una deficiente gestión de conflictos familiares provoca situaciones de tensión y violencia, pero no debe quedar supeditada la respuesta penal a la resolución del conflicto civil"; o porque es "adecuada, para evitar, el enconamiento (animadversión) de separaciones conflictivas, sin episodios de violencia física ni psicológica".

En relación a la adopción de sobreseimiento provisional en los casos en los que la víctima no quisiera denunciar, aun

---

su problemática judicial, 251 – 252, aun ser consciente de la falta de regulación expresa en la Ley procesal penal y sobre la base del art. 449 bis LECrim, en aras a evitar la revictimización de la declarante.

283 Analiza críticamente esta prohibición Villacampa Estiarte, C. (2020). "Justicia restaurativa en supuestos de violencia de género en España: situación actual y propuesta político-criminal". *Polít. crim.* vol.15 no.29 http://dx.doi.org/10.4067/S0718-33992020000100047. Recuperado el 22 de julio de 2024.

cuando hubiere un atestado policial, nos encontramos con disparidad de respuestas, si bien la tendencia mayoritaria es la de no acudir al sobreseimiento provisional, por motivos muy variados, siendo de destacar que: "hay que ir caso por caso y contar con una adecuada valoración inicial de la víctima, así como valorar los hechos concretos expuestos en el atestado. No es imposible una condena sin declaración de la víctima"; "creo que es más adecuado que remitir el asunto al órgano sentenciador y que recaiga una sentencia absolutoria"; "si hay indicios debe seguirse adelante. No se puede dejar sobre la víctima la carga de luchar contra un fenómeno social. Aunque puede haber casos en los que el principio de oportunidad puede ser conveniente"; o "se deberían de articular medios para seguimiento de esos casos por si es posible seguir de oficio".

Los encuestados que se han referido a la necesaria mejora de la fase de instrucción, detectan que los principales problemas que se plantean en esta fase inicial del proceso penal, abocada a la preparación del juicio oral, son: su lentitud, su excesiva duración y la falta de especialización de los profesionales (lo que se debe, según denuncia una de las encuestadas, a "la escasez de los medios de la Admón. de Justicia y la de los cooperadores con la misma, p.e., las periciales relacionadas con delitos de descubrimiento y revelación de secretos, en aumento, se eternizan pues la Policía Judicial también padece dicha escasez"); además de la insuficiente práctica de diligencias de investigación y la tardía denuncia de las víctimas.

Por último, la propuesta que más aceptación ha suscitado entre los encuestados, y que merece de una atención mayor de la que ahora le podemos dedicar[284], es la posibilidad de plantear la preconstitución de la declaración de la víctima en

---

[284] En nuestra opinión, la posible preconstitución de prueba de la violencia de género debe explorarse con mayor detenimiento, lo que reservamos para una futura investigación.

la fase de instrucción, que los propios operadores judiciales han considerado "absolutamente necesaria, acertadísima para evitar la revictimización, esencial si se hace con garantías", llegando incluso uno de ellos a afirmar que "debería ser la norma para olvidar de una vez por todas la funesta regla de la "persistencia en la incriminación" como medida esencial del valor de la declaración. Abogados y jueces solo van a la búsqueda de contradicciones sin importarles otros factores". Sin embargo, no podemos obviar la existencia de una minoría que rehúsa esta opción, por bien que dentro de este grupo hay quien matiza que "es una vía a explorar, aunque sería mejor el acompañamiento y tratamiento de la víctima para que se sienta fuerte para declarar en el juicio oral".

IV. ANEXO: Encuesta a jueces y magistrados especializados en violencia de género (2023)

Bloque I. Declaración de la testigo-víctima

1. En la fase de investigación:
    a. ¿Considera adecuada la atención que los operadores jurídicos dispensan a las víctimas?
        i. Sí
        ii. No
            1. Concrete los motivos de su respuesta
                a. Falta de medios personales
                b. Falta de medios materiales
                c. Falta de especialización de los profesionales
                d. Otros. Por favor, concretar
            2. Concrete cómo cree que podría mejorarse esta atención
                a. Aumentando personal
                b. Con más formación especializada
                c. Otros. Especificar:
    b. Respecto al inicio de la instrucción, se realiza por:
        i. Denuncia
            1. De la víctima.
                a. Concretar qué %
                b. ¿Cuántas se acaban retirando?
                    i. En este caso, ¿conoce los motivos?

1. No
2. Sí. Concrételos:

2. De una persona distinta a la víctima
   a. Concretar qué %
   b. ¿Cuántas se acaban retirando?

ii. Querella de la víctima
   1. Concretar qué %
   2. ¿Cuántas se acaban retirando?

i. En este caso, ¿conoce los motivos?
   1. No
   2. Sí. Concrételos:

iii. Atestado policial

iv. Otros. Concretar

c. En los casos de denuncia o querella de la testigo-víctima, esta se realiza:
   i. De forma inmediata (en un plazo máximo de 96 horas)
      1. Cree que ello afecta a la credibilidad de la presunta víctima
         a. Aumentándola
         b. Disminuyéndola
      2. Cree que ello no afecta a la credibilidad de la presunta víctima
   ii. De forma tardía (transcurridas más de 96 horas)
      1. Cree que ello afecta a la credibilidad de la presunta víctima
         a. Aumentándola
         b. Disminuyéndola
      2. Cree que ello no afecta a la credibilidad de la presunta víctima

d. Sobre la tramitación procedimental, indique qué % de casos del último año se desarrollan por la vía del:
   i. Juicio rápido
   ii. Procedimiento abreviado
   iii. Procedimiento ordinario
   iv. Delitos leves

e. Indique los principales problemas que detecta en la fase de instrucción:
   i. La tardía denuncia de las víctimas
   ii. La temprana denuncia de las víctimas
   iii. Su excesiva duración
   iv. Su lentitud
   v. La insuficiente práctica de diligencias de investigación
   vi. La falta de especialización de los profesionales
   vii. La desestimación de órdenes de protección
   viii. La estimación excesiva de órdenes de protección
   ix. Otros. Concretar:

f. ¿Cree que el juez de instrucción suele conformarse con incorporar al expediente de la investigación la declaración testifical de la víctima sin buscar otras fuentes de prueba que aporten elementos de corroboración?

i. Sí
ii. No
g. ¿Considera que se realizan todas las diligencias de investigación judiciales necesarias para el esclarecimiento de los hechos?
i. Sí
ii. No. En este caso concrete qué otras diligencias deberían practicarse:
2. En la fase de enjuiciamiento:
a. ¿Cree que es posible la condena a partir del testimonio único de la víctima?
i. Sí
1. El testimonio único puede ser suficiente
2. Pero con otros elementos de corroboración. En este caso, concrete cuáles:
3. Otra justificación:
ii. No, porque:
1. Son precisas otras pruebas de cargo. En este caso, concrete cuáles:
2. Otros motivos:
b. A su juicio, ¿puede mejorarse la credibilidad de las declaraciones de las presuntas víctimas mediante elementos externos de valoración?
i. No, porque no son fiables
ii. No, por otros motivos. Concretar cuáles:
iii. Sí. Pueden ser útiles:
1. Las aportaciones de la neurociencia. Si es posible, concretar en qué sentido
2. Los test de simulación, por ejemplo, el SIM. Si es posible, concretar en qué sentido
3. De los casos que ha conocido en el último año:
a. ¿En qué % ha contado únicamente con el testimonio de la presunta víctima:
i. Si es posible concrete el %
ii. Si no, indique:
1. En todos
2. En la mayoría
3. Aproximadamente en la mitad
4. En la minoría
5. En ninguno
b. ¿En qué % ha contado con otras pruebas, además de la declaración de la testigo-víctima?
i. Si es posible concrete el %
ii. Si no, indique:
1. En todos
2. En la mayoría
3. Aproximadamente en la mitad
4. En la minoría
5. En ninguno
4. De los casos de la anterior letra b concrete, si es posible, qué otras pruebas:

5. De los casos que ha conocido:
   a. ¿Cuántos finalizan en sobreseimiento provisional?
   b. ¿Cuántos finalizan en sobreseimiento libre?
   c. ¿Cuántos en sentencia absolutoria?
   d. ¿Cuántos en sentencia de condena (sin conformidad)?
   e. ¿Cuántos en sentencia de condena (con conformidad)?
6. ¿Ha dictado alguna vez una sentencia de condena sobre la base del testimonio único de la víctima?
      i. Sí:
         1. ¿En cuántas ocasiones?
         2. ¿Sobre qué base probatoria?
   a. El testimonio único de la testigo-víctima. Concretar cuántas
   b. El testimonio de la testigo-víctima, apoyado en elementos de corroboración. En este caso, concretar:
      i. En cuántas ocasiones:
      ii. Qué elementos de corroboración:
   c. Otros
      ii. No. En este caso, concrete los motivos:

Bloque II. Aplicación del art. 416 LECrim a los juicios de violencia de género

1. La nueva regulación del art. 416 LECrim (nueva redacción que le da la Ley Orgánica 8/2021, de 4 de junio, de protección integral a la infancia y la adolescencia frente a la violencia), ha tenido como consecuencia:
   a. Un incremento de declaraciones de la testigo-víctima. Ello comporta:
      i. La mayor credibilidad de esta declaración
      ii. Ninguna mejora
      iii. Otros:
   b. Una reducción del número de denuncias
   c. Una reducción del número de casos los que la testigo-víctima interviene en el proceso como acusación particular
   d. Otras consecuencias
2. Considera acertado el último giro interpretativo de esta norma en relación con la exención de declarar de las víctimas de violencia de género
   a. Sí ¿Por qué motivo?
   b. No ¿Por qué motivo?
3. ¿Cree que debería flexibilizarse la aplicación del art. 416 LECrim?
   a. Sí, en todo caso
   b. Sí, cuando la testigo-víctima manifestase su voluntad expresa de no declarar
   c. Sí, en otros casos no indicados en las letras anteriores
   d. Sólo excepcionalmente. En este caso, concretar cuándo:
   e. No
   f. Otros:

4. Respecto al concepto "debidamente" utilizado en el art. 416.5 LECrim con la nueva redacción dada por la LO 8/2021 según la cual no cabe dispensa "Cuando el testigo haya aceptado declarar durante el procedimiento después de haber sido *debidamente* informado de su derecho a no hacerlo", indique a quién, a su juicio, corresponde informar debidamente:
   a. A aquellos ante quienes se presenta denuncia o querella
   b. Al Juez/a de violencia de género
   c. Otros

Bloque III. Protección de las personas menores hijas de las víctimas de violencia de género

1. ¿Considera que los hijos de las víctimas de violencia de género son los grandes olvidados del conflicto?
   a. No
   b. Sí. En este caso
      i. ¿Puede mejorarse la atención a estas víctimas, también, de la violencia de género?
         1. No
         2. Sí
            a. Potenciando las medidas civiles de protección
            b. Potenciando las medidas penales de protección
            c. Otras
2. ¿Se tiene en cuenta su testimonio a efectos probatorios?
   a. No, porque nunca declaran
   b. No, por otros motivos. Concretar:
   c. No, aunque considero que debería

Bloque IV. Posibles propuestas de mejora

A continuación, se enuncian algunas propuestas. Por favor, indique si considera que pueden influir en la mejora del problema que nos ocupa y, si es posible, justifique su respuesta:

- Implantación de la justicia restaurativa:
- La previa resolución conflicto civil de familia, con el debido acompañamiento asistencial a la víctima:
- El sobreseimiento provisional en los casos en los que, pese a la existencia de un atestado policial, la víctima no quisiera denunciar:
- La preconstitución de la declaración de la víctima (y/o de sus hijos) en la fase de instrucción:
- Otras:

BIBLIOGRAFÍA

Añón, M.J. y Merino, V.M. (2019). "El concepto de violencia de género en el ordenamiento jurídico español: balance crítico y propuestas de un concepto holista e integral". *AIS: Ars Iuris Salmanticensis*, 7(1), 67–95.

AAVV. (2022). *La prueba de la violencia de género: un problema por resolver.* La Ley.

Bueno Benedí, M. (2021). "La prueba en los procedimientos de violencia sobre la mujer cometidos a través de las nuevas tecnologías". *Revista Acta Judicial* nº 7, 18 – 39.

Casanova Martí, R. (2022). "La nueva configuración de la prueba preconstituida como mecanismo para evitar la victimización secundaria de las personas menores víctimas de violencia de género". *La prueba de la violencia de género y su problemática judicial.* La Ley, 239 – 252.

Castillejo Manzanares, R. (2020). "Dispensa del deber de declarar. ¿Derecho de la mujer víctima de violencia de género?". *El género y el sistema de (in) justicia.* Tirant lo Blanch, 139 – 170.

Cerrato Guri, E. y Casanova Martí, R. (2023). "La prueba de los delitos sexuales en caso de ausencia de consentimiento y su valoración judicial". *Comentarios a la ley del «solo sí es sí»: Luces y sombras ante la reforma de los delitos sexuales introducida en la LO 10/2022, de 6 de septiembre.* Atelier, 153 – 166.

Domínguez Castellano, F. (2016). "La práctica de la prueba en la violencia de género". *Guía de intervención judicial sobre violencia de género.* Dykinson, 77 – 83.

Fuentes Soriano, O. (2022). "Perspectiva de género y enjuiciamiento". *La prueba de la violencia de género y su problemática judicial.* La Ley, 65 – 92.

González Estévez, E. (2022). "Los problemas probatorios de la violencia de género desde la perspectiva de la fiscalía". *La prueba de la violencia de género y su problemática judicial.* La Ley, 155 – 165.

Hernández Moura, B. (2023). "Consideraciones en clave de género sobre la valoración del testimonio en delitos contra la libertad e indemnidad sexuales en atención a la jurisprudencia reciente del Tribunal Supremo". *Revista General de Derecho Procesal,* núm. 59, 1 – 58.

Hernández García, J. (2022). "La prueba de la violencia de género". *La prueba de la violencia de género y su problemática judicial.* La Ley 23 – 32.

López Yagües, V. (2023). "Comentario al artículo 710". *Comentarios a la Ley de Enjuiciamiento Criminal.* Tirant lo Blanch.

Montesinos García, A. (2012). "La dispensa de declarar de las víctimas de violencia de género". *Teoría y Derecho,* núm. 11, 218 – 249.

Muñoz Castaño, E. (2024). "Política criminal y estado de derecho: la afección de los derechos fundamentales en las reformas penales". *Reformas penales y estado de derecho.* Tirant lo Blanch.

Picó i Junoy, J. (2012). *Las garantías constitucionales del proceso.* 2ª ed. J.M. Bosch.

Ramírez Ortiz, J.L. (2022). "La suficiencia probatoria de la declaración testifical de la víctima". *La prueba de la violencia de género y su problemática judicial.* La Ley, 33 – 48.

Rodríguez Álvarez, A. (2021). "Claves de la reforma de la dispensa del deber de declarar ex Ley Orgánica 8/2021, de 4 de junio". *Diario La Ley,* 9916:1-6.

Román Martín, L. (2016). *La protección jurisdiccional de las víctimas de violencia de género desde la perspectiva constitucional* (Tesis doctoral, Universitat Rovira i Virgili)

https://www.tesisenred.net/bitstream/handle/10803/398708/TESI.pdf

Rosell Corbelle, A. (2024). *El principio de oportunidad en el Proceso Penal: entre el Derecho y la Política.* Tirant lo Blanch.

Villacampa Estiarte, C. (2020). "Justicia restaurativa en supuestos de violencia de género en España: situación actual y propuesta político-criminal". *Polít. crim.* vol.15 no.29

http://dx.doi.org/10.4067/S0718-33992020000100047

CAPÍTULO IV. LA PRECONSTITUCIÓN DE LA PRUEBA EN EL CASO DE LAS VÍCTIMAS DE VIOLENCIA DE GÉNERO: ESPECIAL REFERENCIA A LAS MUJERES CON DISCAPACIDAD[285]

CRISTINA CUETO MORENO

Magistrada-Juez del Juzgado de Violencia sobre la Mujer nº1 de Granada

Doctora en Derecho

ÍNDICE

RESUMEN: La Ley Orgánica 8/2021, de 2 de junio, de protección integral a la infancia y a la adolescencia frente a la violencia, así como la Ley 8/2021, de 2 de junio, por la que se reforma la legislación civil y procesal para el apoyo a las perso-

---

285 Este trabajo es parte del proyecto de I+D+i "Nuevos retos de género del derecho probatorio" (PID2020-115304GB-C22), financiado por MCIN/ AEI/10.13039/501100011033.

nas con discapacidad en el ejercicio de su capacidad jurídica, elevan a rango de norma determinadas propuestas contenidas en el Pacto de Estado contra la Violencia de Género de 2017. El presente trabajo analiza las reformas operadas por dichas leyes en la Ley de Enjuiciamiento Criminal, en la Ley de Enjuiciamiento Civil y en la Ley de Jurisdicción Voluntaria, así como sus efectos en la práctica forense de los Juzgados de Violencia sobre la Mujer. Asimismo, se abordan las modificaciones operadas en este ámbito por el Real Decreto-Ley 6/2023, de 19 de diciembre; y ello realizando una interpretación del mismo desde una perspectiva de género y acorde con las previsiones contenidas tanto en el Convenio de Estambul como en la Ley 4/2015, de 27 de abril, del Estatuto de la víctima del delito, en aras de evitar la victimización secundaria en los procedimientos que se tramitan en dichos órganos judiciales.

I. Principio de individualización y medidas de tutela de las víctimas

Con carácter previo a analizar las reformas introducidas por la Ley Orgánica (LO) 8/2021 y la Ley 8/2021, debemos exponer el marco normativo en el que se encuadran las medidas de tutela de las víctimas de delito en nuestro Ordenamiento, que es el que se regula en la Ley 4/2015, de 27 de abril, del Estatuto de la víctima del delito; Ley que, transponiendo la Directiva 2012/29/UE, del Parlamento Europeo y el Consejo, de 25 de octubre de 2012, por la que se establecen normas mínimas sobre los derechos, el apoyo y la protección de las víctimas de delitos[286], recogió en su art. 23[287] el principio de individualización, del que podemos extraer las siguientes premisas:

---

286 Directiva que sustituyó a la Decisión Marco 2001/220/JAI, del Consejo.

287 Precepto modificado por la LO 10/2022, de 6 de septiembre, de garantía integral de la libertad sexual.

a) La determinación de qué medidas de protección deben ser adoptadas para evitar a la víctima perjuicios relevantes que, de otro modo, pudieran derivar del proceso, se realizará tras una valoración de sus circunstancias particulares.

b) Dicha valoración tendrá especialmente en consideración los siguientes extremos: Las características personales de aquella, en particular si se trata de una persona con discapacidad o menor de edad; la naturaleza del delito; y la gravedad de los perjuicios causados.

Asimismo, el citado precepto dispone que, a lo largo del proceso penal, la adopción de medidas de protección para víctimas menores de edad tendrá en cuenta su situación personal, necesidades inmediatas, edad, género, discapacidad y nivel de madurez, y respetará plenamente su integridad física, mental y moral.

Por tanto, no se establece *a priori* quién debe ser considerada víctima especialmente vulnerable ni se fijan de forma tasada los efectos de dicha valoración, sino que habrá de atenderse a los factores de riesgo y de vulnerabilidad que concurran en cada caso concreto y adoptar las medidas de tutela necesarias en función aquellos[288].

Con todo, tal y como prevé la norma, ha de prestarse especial atención a las víctimas menores y a aquellas que presentan algún tipo de discapacidad, respecto de cuyo tratamiento han entrañado un gran avance las reformas operadas por la LO 8/2021, de 4 de junio, y por la Ley 8/2021, de 2 de junio; y ello a pesar de que partan, en nuestra opinión, de la premisa errónea de considerar el colectivo de personas con discapacidad

---

[288] Nieto López-Arias, M. M. (2022). "Tutela de menores y de víctimas especialmente vulnerables: especial referencia a la prueba preconstituida". *Cuadernos Digitales de Formación*, nº 39. Consejo General del Poder Judicial, (44), 3.

como un grupo homogéneo, echándose en falta una regulación que prevea diversas medidas en función de la incidencia de cada limitación (física, psíquica, sensorial...) en la capacidad de autogobierno[289].

La propia Ley 4/2015 en su art. 26[290], prevé un nivel hiperreforzado de tutela de menores, personas con discapacidad necesitadas de especial protección y víctimas de violencias sexuales, con medidas dirigidas a evitar su victimización secundaria, esto es, a conseguir que el desarrollo de la investigación o la celebración del juicio no se conviertan en una nueva fuente de perjuicios para los mismos, previéndose en particular en tal sentido las siguientes:

(I) Obligación de grabar las declaraciones recibidas en fase de investigación, que podrán ser reproducidas en el juicio en los casos y con las condiciones previstas en la Ley de Enjuiciamiento Criminal (LECrim).

(II) Posibilidad de recibir la declaración por medio de personas expertas.

(III) Designación de un defensor judicial, a petición del Ministerio Fiscal, para que represente a la víctima en los siguientes casos:

(i) Cuando se valore que los representantes legales de la víctima menor de edad o con capacidad judicialmente modificada tienen con ella un conflicto de intereses, derivado o no del hecho investigado, que no permite confiar en una gestión

---

289 En el mismo sentido, Arangüena Fanego, C. (2022). "Declaración de personas vulnerables y preconstitución de la prueba en el proceso penal". *Revista Brasileira de Direito Processual Penal*, Vol. 8, nº 3, (1093-1126), 1102.

290 Precepto modificado por la LO 10/2022, de 6 de septiembre, de garantía integral de la libertad sexual.

adecuada de sus intereses en la investigación o en el proceso penal.

(ii) Cuando dicho conflicto de intereses exista con uno de los progenitores y el otro no se encuentre en condiciones de ejercer adecuadamente sus funciones de representación y asistencia de la víctima menor o con capacidad judicialmente modificada.

(iii) Cuando la víctima menor de edad o con capacidad judicialmente modificada no esté acompañada o se encuentre separada de quienes ejerzan la patria potestad o cargos tutelares.

(IV) Presunción, cuando existan dudas sobre la edad de la víctima y no pueda ser determinada con certeza, de que, a los efectos previstos en la Ley 4/2015, se trata de una persona menor de edad.

II. Novedades introducidas por la Ley Orgánica 8/2021 y por la Ley 8/2021 en el tratamiento de las víctimas menores y/o con discapacidad en el ámbito de los Juzgados de Violencia sobre la Mujer

Tanto la LO 8/2021, de 2 de junio, de protección integral a la infancia y a la adolescencia frente a la violencia, como la Ley 8/2021, de 2 de junio, por la que se reforma la legislación civil y procesal para el apoyo a las personas con discapacidad en el ejercicio de su capacidad jurídica, han elevado a rango de norma determinadas propuestas contenidas en el Pacto de Estado contra la Violencia de Género, aprobado por el Pleno del Congreso de los Diputados el 28 de septiembre de 2017; para ello, se modificaron, entre otras, la LECrim, la Ley de Enjuiciamiento Civil (LEC) y la Ley 15/2015, de 2 de julio, de Jurisdicción Voluntaria (LJV), al objeto de otorgar categoría legal a aquellas, en aras de, como reza el citado Pacto de Estado, aumentar la protección de las mujeres frente a la violencia de género y ser más eficaces en la lucha por la eliminación de esta violencia estructural.

En concreto, y por lo que respecta al presente estudio, las reformas operadas por dichas Leyes que van a ser objeto de análisis, son las siguientes:

a) *Medida 117.- Evitar los espacios de impunidad para los maltratadores, que pueden derivarse de las disposiciones legales vigentes en relación con el derecho a la dispensa de la obligación de declarar a través de las modificaciones legales oportunas.*

En esta línea, destaca la modificación por la LO 8/21 del apartado 1º del art. 416 LECrim, cuyo estudio abordaremos posteriormente y que responde a su vez a la evolución jurisprudencial en esta materia[291].

b) *Medida 135.- Facilitar el acceso a mujeres y niñas con diversidad funcional a lecturas informativas adaptadas (braille, comunicación aumentativa, etc.) sobre prevención de la violencia de género, acoso, agresiones sexuales, etc.*

c) *Medida 136.- Diseñar protocolos específicos o incorporar medidas especializadas en los que ya existe, para la atención de mujeres de colectivos más vulnerables, como las mujeres mayores, mujeres con diversidad funcional o mujeres en situación irregular.*

En relación a ambas medidas, la Ley 8/2021 lleva a cabo modificaciones en la LEC y en la LJV, con la introducción de un nuevo art. 7 bis en ambos textos legales que establece que en todos los procesos en los que intervengan personas con discapacidad deberán realizarse las adaptaciones y ajustes necesarios para garantizar su participación en condiciones de igualdad; precepto que posteriormente ha sido reformado por el

291 Sentencia del Tribunal Supremo (STS), Sala de lo Penal, Pleno, nº 389/2020, de 10 de julio de 2020 (TOL8.030.719).

Real Decreto-Ley 6/2023, de 19 de diciembre[292], al objeto de extender parcialmente sus previsiones a las personas mayores de sesenta y cinco años.

d) *Medidas 108 y 109.- Adopción de las medidas oportunas para la habilitación de instalaciones amigables en los Juzgados (incluidas cámaras de Gesell) para atender a los menores víctimas y dotar de mayores recursos a los equipos psicosociales para que los jueces puedan contar, sin dilación, con los pertinentes informes, evitando el colapso de los Juzgados.*

La LO 8/2021 ha reformado la LECrim en sus arts. 433, 448 y 449 ter, relativos a la exploración de los menores de edad, para dar carta de naturaleza a dichas medidas; preceptos que serán objeto de análisis en el presente trabajo.

III. 1. El tratamiento de la mujer con discapacidad en el Juzgado de Violencia sobre la Mujer

Las mujeres que comparecen ante los Juzgados de Violencia sobre la Mujer tras haber sido víctimas de actos de violencia por parte de quien es o ha sido su cónyuge o pareja, no presentan un único patrón de respuesta a la victimización, tanto primaria como secundaria; a la vulnerabilidad determinada por su relación con el autor del delito, se pueden añadir otros aspectos que las hacen especialmente vulnerables o necesitadas de una especial protección, como ocurre cuando además concurren en las mismas determinados rasgos personales, como la edad y la discapacidad, o determinadas características sociales, como

---

292 Real Decreto-Ley 6/2023, de 19 de diciembre, por el que se aprueban medidas urgentes para la ejecución del Plan de Recuperación, Transformación y Resiliencia en materia de servicio público de justicia, función pública, régimen local y mecenazgo. BOE de 20 de diciembre de 2023.

su condición de extranjera o su pertenencia al mundo rural. Y dichas circunstancias deben ser tenidas en cuenta en el procedimiento penal al objeto de evitar que su acceso al sistema de justicia, en ocasiones demasiado burocratizado y deshumanizado, sea una nueva fuente de perjuicios para ellas[293].

En este sentido, la reforma operada en la legislación civil y procesal por la Ley 8/21 viene a culminar la adaptación a nuestro Ordenamiento de la Convención Internacional sobre los Derechos de las Personas con Discapacidad, hecha en Nueva York el 13 de diciembre de 2006[294], entrañando, como reza su Exposición de Motivos, un cambio de sistema, basado en *"el respeto a la voluntad y las preferencias de la persona, quien, como regla general, será la encargada de tomar sus propias decisiones"*, frente al hasta entonces vigente en nuestro Ordenamiento, en el que predominaba la sustitución en la toma de aquellas.

Para ello, tanto la Ley 8/2021 como el Real Decreto-Ley 6/2023, de 19 de diciembre, han llevado a cabo sendas reformas en el ámbito procesal para solucionar los problemas que surgen habitualmente en la práctica forense cuando se produce la participación en el procedimiento de alguna persona con discapacidad, sea parte o no en la causa, introduciendo la primera de dichas normas un nuevo art. 7 bis en la LEC, modificado por la segunda de ellas, y que, bajo la rúbrica *"Ajustes para personas con discapacidad"*, establece una serie de medidas dirigidas a evitar la victimización secundaria de aquella. Medidas de apoyo que, en realidad, ya estaban contempladas en su mayor parte en la Ley 4/2015, siendo las novedades introducidas por la Ley 8/21 fundamentalmente las siguientes:

---

293 Sobre el concepto de víctima vulnerable y los factores de victimización, *vid.* Galdeano Santamaría, A. M. (2021). "Los intereses y necesidades de la víctima. El concepto de vulnerabilidad". *Cuadernos Digitales de Formación*, nº 55. Consejo General del Poder Judicial, (42), 6-9.

294 BOE de 21 de abril de 2008.

a) La extensión de estos derechos no sólo a las víctimas de delito, sino a cualquier persona con discapacidad que interviene en el procedimiento;

b) La mención expresa al sistema de lectura fácil como instrumento para conseguir que en las resoluciones judiciales se utilice un sistema accesible y claro[295];

c) La introducción en nuestro Ordenamiento procesal de la figura del "facilitador".

Esta última figura, pendiente de desarrollo reglamentario, deberá en nuestra opinión contar con cualificación como Psicólogo experto en Discapacidad Intelectual y Psicología Forense y del Testimonio, por cuanto realizará las tareas de adaptación y ajuste necesarias para que el derecho de la persona con discapacidad a entender y ser entendida sea real y efectivo; entre ellas, informarla sobre el funcionamiento del sistema, evaluar sus capacidades (sobre todo las que interfieren en su testimonio), asesorar a agentes policiales y judiciales sobre los apoyos que necesita, servir de experto durante la práctica de la prueba preconstituida, y, tras la reforma operada por el citado Real Decreto-Ley, participar en el ofrecimiento de acciones y en la información de derechos contemplada en el art. 109 LECrim. Sin embargo, entendemos que entre las funciones del facilitador no debe encontrarse la de elaborar informes periciales sobre credibilidad, secuelas o imputabilidad, que en su caso deberán llevarse a cabo desde el Instituto de Medicina Legal a través de las Unidades de Valoración Integral de Violencia de Género.

---

295 Sugiere que se elabore un modelo de información de derechos a la víctima con discapacidad en lectura fácil, recogiendo los datos necesarios para que la misma intervenga en el proceso y ejercite sus derechos en igualdad de condiciones, Nieto López-Arias, M. M.: "Tutela de menores y de víctimas especialmente vulnerables...", cit., 36.

Por su parte, el Real Decreto-Ley 6/2023 realiza, a los efectos previstos en el precepto, aunque no, paradójica y sorprendentemente, a otros efectos, como los contemplados en el art. 109 LECrim, una suerte de equiparación de otros dos colectivos al de las personas con discapacidad: (I) De un lado, el de las personas mayores que expresamente soliciten la realización de dichas adaptaciones y ajustes, entendiéndose como tales las que cuenten con una edad de sesenta y cinco años o más; (II) de otro, y *"en todo caso"*, a las que tengan ochenta años o más.

En virtud de ello, las adaptaciones y ajustes previstos legalmente, sólo podrán realizarse, respecto de personas que se encuentren entre los sesenta y cinco y los ochenta años de edad, a instancia de la propia parte interesada; en tanto, a partir de los ochenta años, pueden adoptarse también de oficio, aunque no a petición de otra parte que no sea la interesada ni del Ministerio Fiscal.

Llama la atención, sin embargo, que no se reconozca expresamente a las personas mayores de ochenta años, ni a las de sesenta y cinco que así lo soliciten, el derecho a recibir la asistencia del facilitador en la realización de las tareas de adaptación y ajuste necesarias para que el derecho a entender y ser entendido sea real y efectivo, reconociéndose únicamente de forma explícita a aquellas, en la letra d) del apartado 2 del precepto, el derecho a estar acompañadas por una persona de su elección; lo que entendemos constituye una criticable omisión del legislador que, si bien puede entenderse suplida por la referencia a las mismas al inicio del citado apartado, puede entrañar que el acceso a la justicia de aquellas no se produzca en condiciones de igualdad. Por el contrario, se recoge en el apartado 3 la obligación legal de que sean de tramitación preferente todos los procedimientos en los que alguna de las partes interesadas sea una persona de ochenta años o más; previsión que no se contempla respecto de las personas con discapacidad y que consideramos hubiera resultado útil en orden a evitar su revictimización[296].

En relación a la dispensa prevista en el art. 416 LECrim, la LO 8/2021 llevó también a cabo una importante reforma del precepto, disponiendo, entre otros extremos, que no estarán dispensados los testigos de la obligación de declarar *"cuando por razón de su edad o discapacidad el testigo no pueda comprender el sentido de la dispensa. A tal efecto, el juez oirá previamente a la persona afectada, pudiendo recabar el auxilio de peritos para resolver"*[297]. Por tanto, el Juez deberá abordar a dichos testigos-víctimas explicándoles el significado de la dispensa y su alcance, utilizando al efecto un lenguaje claro y adaptado a sus características, pudiendo, facultativamente, recurrir al auxilio de expertos, como el facilitador, para decidir, y siendo en este sentido útil preguntar a aquellos si lo han entendido. Respecto de esta cuestión, la Guía de Buenas Prácticas en la toma de declaración de víctimas de violencia de género, elaborada por el Grupo de Expertos/as del Observatorio contra la Violencia Doméstica y de Género del Consejo General del Poder Judicial[298], dispone que *"para el caso de que el Juez/a tenga dudas sobre si la víctima ha entendido el alcance de dicha advertencia, deberá preguntarle si lo ha entendido o pedirle incluso que se lo explique con sus palabras"*, considerando que

---

296 Así, en las Reglas de Brasilia sobre acceso a la Justicia de las personas en condición de vulnerabilidad, aprobadas en la Asamblea Plenaria de la XIV Cumbre Judicial Iberoamericana, se prevé que, "*cuando las circunstancias de la situación de vulnerabilidad lo aconsejen*", se otorgue "*prioridad en la atención, resolución y ejecución del caso por parte de los órganos del sistema de justicia*", colocando "*en los expedientes un distintivo visible, que permita identificar que el proceso afecta a personas en condición de vulnerabilidad*" (regla 38ª).

297 Entiende que también debería haberse previsto la audiencia del Ministerio Fiscal con carácter previo a decidir, Galdeano Santamaría, A. M.: "Los intereses y necesidades de la víctima...", cit., 30.

298 Noviembre de 2018. Actualizada en marzo de 2022.

esta buena práctica puede resultar muy útil para valorar si ha de excepcionarse o no el derecho de la víctima a la dispensa.

Por lo que atañe al ofrecimiento de acciones a la mujer con discapacidad, debe recabarse en primer lugar cuál es su voluntad a fin de determinar si quiere personarse como acusación particular en el proceso, dada la trascendencia que actualmente tiene dicha posición procesal en orden a poder acogerse a la dispensa del art. 416 LECrim.

En aquellos casos en los que la mujer tenga determinadas medidas de apoyo voluntarias, o guardador de hecho o curador, deberá realizarse el ofrecimiento de acciones a aquella en presencia de dichas personas, y, en su caso, del facilitador, para alcanzar el conocimiento de cuáles son sus deseos y preferencias. Sin embargo, puede darse el caso de que la mujer con discapacidad manifieste que desea ejercitar acciones contra quien es o ha sido su cónyuge o pareja, y quienes desempeñen las medidas de apoyo con funciones de representación no quieran ejercitar la acusación particular. Supuestos en los que consideramos que, ante dicho conflicto de intereses, la autoridad judicial podrá acordar, de oficio, a instancia de la persona con discapacidad, de cualquier pariente o del Ministerio Fiscal, la iniciación de un expediente de jurisdicción voluntaria para el nombramiento de un defensor judicial.

La reforma operada por la LO 8/201 ha determinado también la obligación de que se reciba declaración al testigo con discapacidad como prueba preconstituida. Así se desprende de lo dispuesto en los arts. 449 ter y 777 LECrim, que imponen con carácter imperativo la necesidad de practicar aquella cuando deba intervenir en el procedimiento como testigo una persona menor de catorce años o una persona con discapacidad necesitada de especial protección, y siempre que el objeto de aquel sea la instrucción de alguno de los delitos contemplados en dicho precepto, que son la mayoría de los que comprende el ámbito competencial de los Juzgados de Violencia sobre la

Mujer; pudiendo acordarse su práctica, con carácter potestativo, en los supuestos de delito leve.

En relación a esta cuestión, los principales problemas que en la práctica diaria plantea la declaración de personas con discapacidad necesitadas de especial protección vienen determinados por el hecho de que su formato narrativo, dependiendo del déficit que sufra, arrojará con carácter general poca información, y que, si las preguntas se le formulan de forma inadecuada, existe el riesgo de que la que se obtenga sea además errónea, por cuanto se trata de víctimas que suelen presentar más aquiescencia y deseabilidad social que la media de la población.

Por este motivo, y como pautas o criterios de actuación, es recomendable que se le formulen preguntas claras, abiertas y de estructura sencilla, así como evitar insistir para obtener una respuesta[299]; razones por las que consideramos fundamental la intervención del facilitador en la práctica de la prueba preconstituida, habida cuenta además de que el art. 449 ter LECrim exige que la misma se practique *"con todas las garantías de accesibilidad y apoyos necesarios"*[300].

---

299 En las Reglas de Brasilia se contempla en este sentido que *"quienes participen en el acto de comparecencia no deben emitir juicios o críticas sobre el comportamiento de la persona en condición de vulnerabilidad"* (regla 73ª); medida que carece de parangón en el Derecho español y que, en nuestra opinión, resulta adecuada en orden a evitar la victimización secundaria.

300 Arangüena Fanego, C.: "Declaración de personas vulnerables...", cit., 1113.

III.2. El tratamiento de la víctima menor de edad en el Juzgado de Violencia sobre la Mujer

En relación a las víctimas menores, y al igual que sucede con las personas con discapacidad necesitadas de especial protección, la principal novedad introducida por la LO 8/2021 es la reforma operada en la LECrim en relación a la toma de declaración de los mismos y a la prueba preconstituida con el mismo fin de evitar o minimizar su revictimización, siendo las principales modificaciones las siguientes:

a) La supresión del párrafo 4° del art. 433 LECrim, esto es, la regulación hasta entonces existente sobre la toma de declaración del testigo menor de edad respecto al cual haya que adoptar especiales cautelas para evitarle perjuicios adicionales, atendida su falta de madurez.

Por lo tanto, respecto al resto de testigos menores de dieciocho años, pero mayores de catorce, en los que no concurra esta circunstancia de falta de madurez, deberá practicarse su exploración sin necesidad de preconstitución probatoria, si bien durante su práctica deberá el órgano judicial adoptar todas las cautelas que establece la Ley 4/2015 y a las que anteriormente hemos hecho referencia, y proceder conforme dispone dicho precepto, valorando el órgano judicial su madurez a la hora de decidir sobre si puede acogerse a la dispensa del art. 416 LECrim en caso de que el menor se encuentre en alguno de los supuestos contemplados en dicha norma; y sólo si el Juez apreciara que la declaración puede provocarle un perjuicio adicional, habrá de acudirse a la preconstitución de la prueba.

Asimismo, es recomendable que el Juez valore si es conveniente acordar, mediante resolución motivada, que la exploración de la persona menor se efectúe sin que se encuentren en la misma sala sus progenitores o representantes legales cuando los hechos sobre los que va a versar su testimonio son de carácter íntimo (como los relativos a su libertad sexual), y en los que la presencia de aquellos puede impedir el correcto desarrollo de la diligencia; previsión que será de aplicación también en los casos en que el menor es explorado como testigo de la violencia ejercida sobre su progenitora, dada la evidente contraposición de intereses entre los padres y en aras de permitir, además, que la decisión que, en su caso, adopte el testigo en relación a la dispensa del art. 416 LECrim sea libre[301].

Es importante también tener en cuenta que el legislador ha mantenido como cláusula de cierre que *"el Juez ordenará la grabación de la declaración por medios audiovisuales"*.

b) La introducción, en el art. 449 bis LECrim, de cómo ha de desarrollarse la prueba preconstituida, cuyos requisitos se recogen de forma prolija.

c) El establecimiento, en el art. 449 ter LECrim, de una nueva regulación relativa a la toma de declaración del testigo menor de 14 años y de las personas con discapacidad necesitadas de especial protección, que soluciona parcialmente (puesto que sólo se refiere a los menores de 14 años) la problemática que originaba el hecho de que los arts. 448 y 449 LECrim no mencionaran como uno de los supuestos que permitían la preconstitución de la prueba la minoría de edad de la víctima de un delito que debía declarar[302].

Toma de declaración que, de forma imperativa[303], deberá llevarse a cabo a través de la prueba preconstituida, viniendo

---

301 Nieto López-Arias, M. M.: "Tutela de menores y de víctimas especialmente vulnerables...", cit., 17.

302 Esta problemática fue resuelta jurisprudencialmente por, entre otras, las STS nº 470/2013, de 5 de junio de 2013 (TOL3.773.465) y n.º 598/2015, de 14 de octubre de 2015 (TOL5.542.666).

303 En el mismo sentido, Arangüena Fanego, C.: "Declaración de personas vulnerables...", cit., 1109; Nieto López-Arias, M. M.: "Tutela de menores y de víctimas especialmente vulnerables...", cit., 11.

así a articularse, respecto de dichos colectivos, una presunción *iuris et de iure* de revictimización. Siendo potestativo, a la luz del tenor literal del precepto, que dicha diligencia se practique a través de equipos psicosociales[304], esto es, recurriendo a la llamada "Cámara Gesell"; la cual se revela de especial utilidad en el caso de menores de muy corta edad, donde su abordaje resulta más sencillo mediante el empleo de técnicas forenses que permiten obtener información más fiable minimizando el impacto en aquellos[305].

En nuestra opinión, sin embargo, debió preverse legalmente la obligatoriedad de practicar cualquier declaración como víctima o testigo de un menor de edad como prueba preconstituida, al objeto de evitar su victimización secundaria, sin fijar un límite de 14 años para establecerla con carácter imperativo, habida cuenta de que dicho límite no se recoge en la norma-

---

304 Aunque esta disposición sólo alude a la exploración del menor de edad, entendemos, con Arangüena Fanego, que ello constituye un olvido del legislador, y que nada impide que pueda aplicarse también a personas con discapacidad necesitadas de especial protección (Arangüena Fanego, C.: "Declaración de personas vulnerables...", cit., 1114). En similar sentido, tildando dicho olvido de desacertado, Sánchez Rubio, A. (2022). "La toma de declaración a través de la Cámara Gesell como medio para evitar la doble victimización", *Estudios Penales y Criminológicos*. Universidade de Santiago de Compostela, nº 42, (30), 21-22.

305 De Torres Guajardo, I. (2021). "La preconstitución de la prueba testifical de menores y personas con discapacidad necesitadas de especial protección en el proceso penal". *Cuadernos Digitales de Formación*, nº 70. Consejo General del Poder Judicial, (23), 15, y DE De Torres Guajardo, I. (2022). "Las necesidades de la víctima dentro del proceso penal: la preconstitución de la prueba testifical en los delitos sexuales". *Cuadernos Digitales de Formación*, nº 35. Consejo General del Poder Judicial, (35), 26-27.

tiva nacional e internacional sobre protección a la infancia[306]. Asimismo, debió extenderse la previsión legal a otros delitos, como al de robo con violencia o intimidación, no fijándose un *numerus clausus* de infracciones penales que habilitan para la práctica de dicha prueba[307].

---

306 En el mismo sentido, Esteve Mallent, L. (2022). "Clases de violencia contra la infancia. Escucha, atención a la infancia y prueba preconstituida según la Ley Orgánica 8/2021". *Cuadernos Digitales de Formación,* nº 17. Consejo General del Poder Judicial, (35), 25; Galdeano Santamaría, A. M.: "Los intereses y necesidades de la víctima...", cit., 23 y 31-32, que entiende que la reforma vacía de contenido lo dispuesto en el art. 26.1.a) de la Ley 4/2015, que prevé la obligación de grabar todas las declaraciones de las personas menores de edad a efectos de su posible reproducción en el acto del juicio oral.
También, en opinión de De Torres Guajardo, en la LO 10/2022, de 6 de septiembre, debió preverse la preconstitución de la prueba para todas las víctimas de delitos contra la libertad sexual con independencia de su edad, o al menos establecerse su carácter obligatorio para menores de 16 años, al ser la edad que desde la reforma operada por la LO 1/2015 se exige para la prestación de un consentimiento sexual válido (De Torres Guajardo, I.: "La preconstitución de la prueba testifical...", cit., 8, y "Las necesidades de la víctima...", cit., 13 y 18).
En contra, considerando que el legislador no debió imponer una franja de edad concreta para establecer la obligatoriedad de la prueba preconstituida, sino que debió dejar la práctica de la misma a criterio del Juez y en función de las circunstancias de cada caso concreto, Sánchez Rubio, A.: "La toma de declaración a través de la Cámara Gesell...", cit., 20.
Por su parte, García Rodríguez considera que dicho límite de edad puede venir motivado *"por el deseo de determinar una edad que suponga una presunción de madurez"* (García Rodríguez, M. J. (2022). "Ventajas de la nueva regulación de la prueba preconstituida para la declaración de las víctimas menores de edad y con discapacidad necesitadas de especial protección en el proceso penal". *Boletín del Ministerio de Justicia,* nº 2258, (77), 32).

307 En el mismo sentido, Galdeano Santamaría, A. M.: "Los intereses y necesidades de la víctima...", cit., 24; Sánchez Rubio, A.: "La toma

d) Establece, como regla general, en el art. 703 bis LECrim, la posibilidad de reproducción de la grabación audiovisual en el acto de juicio oral sin que sea necesaria la presencia del menor, pero admite que, de forma excepcional, deba comparecer de nuevo para declarar en el plenario; concretamente en los siguientes casos:

(I) Cuando se interese por alguna de las partes y se considere necesario en resolución motivada[308]. Previsión cuya aplicación se invocará, por ejemplo, en aquellos casos en que el menor, en el momento de celebrarse el juicio oral, haya alcanzado la edad a partir de la cual no se prevé como obligatoria la práctica en fase de instrucción de la prueba preconstituida[309].

(II) Cuando la preconstitución de la prueba no se haya realizado cumpliendo todos los requisitos exigidos por el art. 449 bis LECrim causando indefensión a alguna de las partes, debiendo en todo caso solicitarlo alguna de ellas.

e) Por último, en relación a los casos de menores que deban declarar en el acto del juicio oral, se modifica el párrafo segundo del art. 707 LECrim al objeto de articular cautelas tendentes a evitar o minimizar el impacto negativo que para el menor o para la persona con discapacidad podría entrañar la prestación de declaración en el plenario.

---

de declaración a través de la Cámara Gesell...", cit., 25, aludiendo expresamente al delito de amenazas.

308 Sobre los criterios para resolver sobre la admisión de la declaración de la víctima en el plenario, *vid.* STS Nº 671/2021, de 9 de septiembre de 2021 (TOL8.594.559).

309 Se muestra preocupada sobre dicha posibilidad, aportando argumentos para que se desestimen por el órgano enjuiciador las peticiones que se deduzcan en dicho sentido, Galdeano Santamaría, A. M.: "Los intereses y necesidades de la víctima...", cit., 26.

Así pues, frente a la posición jurisprudencial generalizada hasta la entrada en vigor de la LO 8/2021[310], que consideraba que debería existir causa legítima que habilitara para no exigir la presencia del menor en el plenario, requiriéndose al efecto, bien un informe pericial en el que se pusiera de manifiesto el riesgo para el mismo de victimización secundaria, bien la acreditación de cualquier otra circunstancia que permitiera objetivar por el Tribunal la existencia de perjuicio al menor en caso de tener que declarar en el juicio oral[311], se establece legalmente que, en los casos de preconstitución de la prueba, el testigo no deberá ser citado y no tendrá que comparecer en el juicio oral, llevándose a cabo la reproducción de la grabación audiovisual; es decir, la reforma legal articula una "presunción *iuris et de iure* de victimización secundaria"[312].

Pero además, en nuestra opinión, no sólo esta finalidad avala la reforma legal operada por la LO 8/2021, sino que la

---

310 Un estudio de dicha evolución jurisprudencial, así como de las SSTS más relevantes en materia de prueba preconstituida, se contiene en Viguer Soler, P. L. (2022). "Evolución legal y jurisprudencial sobre la protección del menor víctima del delito: avances, protocolos, evaluación práctica y posibles mejoras". *Cuadernos Digitales de Formación*, nº 35. Consejo General del Poder Judicial, (21), 5-10 y 11-17.

311 Sin ánimo exhaustivo, cabe citar, entre otras, las siguientes resoluciones: SSTS nº 470/2013, de 5 de junio de 2013 (TOL3.773.465), nº 598/2015, de 14 de octubre de 2015 (TOL5.542.666), nº 675/2016, de 22 de julio de 2016 (TOL5.784.725), nº 690/2017, de 23 de octubre de 2017 (TOL6.408.377), nº 239/2018, de 23 de mayo de 2018 (TOL6.621.327), nº 291/2018, de 18 de junio de 2018 (TOL6.652.439), nº 579/2019, de 26 de noviembre de 2019 (TOL7.615.693), nº 690/2021, de 15 de septiembre de 2021 (TOL8.601.589), nº 760/21, de 7 de octubre de 2021 (TOL8.615.016), nº 153/2022, de 22 de febrero de 2022 (TOL8.820.386), y nº 465/2022, de 12 de mayo de 2022 (TOL8.983.202).

312 Alude a *"presunción de riesgo"*, Viguer Soler, P. L.: "Evolución legal y jurisprudencial sobre la protección del menor...", cit., 11.

generalización de la prueba preconstituida, especialmente en relación a menores y a personas con discapacidad, conjura las deficiencias derivadas de una demora en la práctica de la prueba testifical si la celebración del juicio oral se dilata en el tiempo, dado que los recuerdos se tornan más imprecisos y pueden quedar desvirtuados por influencias externas, por lo que de este modo se asegura la calidad del testimonio, lo cual en última instancia garantiza los derechos de la persona acusada[313].

A pesar de ello, habrá de estarse a la interpretación jurisprudencial del precepto, contraria hasta ahora al carácter imperativo que se desprende del tenor literal de la norma, como se infiere de la STS 558/2023, de 6 de julio de 2023 (TOL9.640.640).

III. Razones para extender la regulación de la prueba preconstituida a las mujeres víctimas de violencia de género

Como hemos indicado, la práctica de la prueba preconstituida en fase de instrucción con la observancia de los requisitos legalmente previstos evita la victimización secundaria sin merma de las garantías del investigado. Motivo por el que consideramos que debió preverse legalmente la imperatividad de su práctica, no sólo para menores de 14 años y personas con discapacidad necesitadas de especial protección, sino, de un lado, y como anteriormente se ha indicado, para practicar la declaración como perjudicado o testigo de toda persona menor de edad; y, de otro, para las víctimas de delitos cometidos en el ámbito de la violencia de género, cuando menos en relación a los más graves.

---

313 En idéntico sentido, Arangüena Fanego, C.: "Declaración de personas vulnerables...", cit., 1109; García Rodríguez, M. J.: "Ventajas de la nueva regulación de la prueba preconstituida...", cit., 31-32, con cita de la STS nº 107/2022, de 10 de febrero de 2022 (TOL8.807.36).

En relación a esta cuestión, y por lo que atañe a los menores, el Anteproyecto de nueva Ley de Enjuiciamiento Criminal, en la línea establecida por la LO 8/2021, mantiene la regla general de presunción de victimización secundaria en relación a los menores, sin distinción de edad, y a las personas con discapacidad.

Respecto de las mujeres víctimas de violencia de género que han de prestar declaración como testigos, doctrinalmente se ha defendido la extensión a aquellas de la actual regulación, invocándose principalmente las siguientes razones:

a) Que el régimen introducido por la LO 8/2021 ofrece una mayor seguridad jurídica en la práctica de la prueba.

b) Que se conjura o minimiza el riesgo de victimización secundaria, a cuyo efecto ha de tenerse en cuenta la especial vulnerabilidad de dichas víctimas, que exige que se avance en su protección de forma transversal, protegiendo su indemnidad y dando cumplimiento a las medidas contempladas tanto en el Pacto de Estado contra la Violencia de Género como en el Convenio del Consejo de Europa sobre prevención y lucha contra la violencia contra las mujeres y la violencia doméstica[314].

Y ello sin olvidar que la Directiva 2024/1385, sobre la lucha contra la violencia contra las mujeres y la violencia doméstica[315], incide en la necesidad, por parte de los Estados miembros, de elaborar directrices en aras de que, por parte de las autoridades policiales y de las encargadas de la persecución de delitos, se garantice que *"las víctimas sean tratadas de forma*

---

314 Convenio de Estambul, de 11 de mayo de 2011. BOE de 6 de junio de 2014. Singularmente, arts. 18.3 y 56.1.a).

315 Directiva (UE) 2024/1385 del Parlamento Europeo y del Consejo, de 14 de mayo de 2024. DOUE de 24 de mayo de 2024. En particular, art. 21.f).

respetuosa y que los procedimientos se desarrollen de manera tal que se evite la victimización secundaria o reiterada".

c) Que de este modo se asegura el acervo probatorio para el acto del juicio oral, evitando los riesgos que el transcurso del tiempo entraña en la calidad del testimonio[316].

Razones por las que, bien se ha sugerido la reforma del art. 449 bis LECrim al objeto de que incorpore la testifical de la mujer víctima de violencia de género en fase de instrucción como uno de los supuestos en los que puede acordarse judicialmente la práctica de la prueba preconstituida[317], bien se ha propuesto la modificación del art. 777 LECrim para introducir en su apartado 2º la obligación de llevar a cabo la preconstitución probatoria en relación a las víctimas de violencia de género[318].

---

316 Casanova Martí, R. (2022). "La nueva configuración de la prueba preconstituida como mecanismo para evitar la victimización secundaria de las personas menores víctimas de violencia de género". *La Ley Digital*, nº 8365, (11), 6-7; de la misma autora, (2022). "La nueva configuración de la prueba preconstituida como mecanismo para evitar la victimización secundaria de las personas menores víctimas de violencia de género". *La prueba de la violencia de género y su problemática judicial* (Cerrato Guri, E. -Dir.-). La Ley, 239-251. También, en similar sentido, Cerón Hernández, J. C., Magro Servet, V. (2010). "Una solución ante el problema del uso del artículo 416 LECrim por la víctima de violencia contra la mujer en el juicio oral: La práctica de la prueba preconstituida con víctimas de violencia de género en el Juzgado de Violencia contra la Mujer". *Cuadernos Digitales de Formación*, nº 33. Consejo General del Poder Judicial, (18), 5-15; Ferrer Costa, M. T. (2023). "La declaración de la víctima de violencia de género en el proceso penal. Pasado, presente y futuro". *Lex Criminalis*, nº 3, (21), 19.

317 Casanova Martí, R.: "La nueva configuración...", cit., 6.

318 Cerón Hernández, j. c., Magro Servet, V.: "Una solución ante el problema...", cit., 13-14.

IV. Conclusiones

1ª) Si bien es loable el avance que las reformas operadas por la LO 8/2021 y por la Ley 8/2021 han entrañado en la tutela de las víctimas menores y de aquellas que presentan algún tipo de discapacidad, sería deseable que en el futuro se aborde una regulación que contemple medidas de distinta naturaleza en función de la incidencia de cada tipo de discapacidad en la capacidad de autogobierno, por cuanto el colectivo de personas con discapacidad no es homogéneo.

2ª) Debe potenciarse el recurso a la figura del facilitador como profesional que realice las tareas de adaptación y ajuste necesarias para que el derecho de la persona con discapacidad a entender y ser entendida sea real y efectivo, singularmente en el desarrollo de la prueba preconstituida.

3ª) Es conveniente practicar la prueba preconstituida a través de equipos psicosociales, recurriendo a la llamada "Cámara Gesell"; la cual se revela de especial utilidad en el caso de menores de muy corta edad, donde su abordaje resulta más sencillo mediante el empleo de técnicas forenses que permiten obtener información más fiable minimizando el impacto en aquellos.

4ª) Debe preverse legalmente la obligatoriedad de practicar cualquier declaración como víctima o testigo de un menor de edad como prueba preconstituida, suprimiendo el actual límite de 14 años, que además no se recoge en la normativa nacional e internacional sobre protección a la infancia.

5ª) Debe extenderse la previsión legal de imperatividad de prueba preconstituida a otros delitos, no fijándose un *numerus clausus* de infracciones penales que habiliten para la práctica de la misma.

6ª) La obligatoriedad de la práctica de prueba preconstituida debe contemplar legalmente, no sólo a los menores o a las personas con discapacidad necesitadas de especial protección, sino también a todas las víctimas de delitos cometidos en el ámbito de la violencia de género, cuando menos en relación a los más graves, al objeto de conjurar o minimizar el riesgo de victimización secundaria.

REFERENCIAS BIBLIOGRÁFICAS

Arangüena Fanego, C. (2022). "Declaración de personas vulnerables y preconstitución de la prueba en el proceso penal". *Revista Brasileira de Direito Processual Penal*, Vol. 8, nº 3, (1093-1126).

Casanova Martí, R. (2022). "La nueva configuración de la prueba preconstituida como mecanismo para evitar la victimización secundaria de las personas menores víctimas de violencia de género". *La Ley Digital*, nº 8365, (11).

Casanova Martí, R. (2022). "La nueva configuración de la prueba preconstituida como mecanismo para evitar la victimización secundaria de las personas menores víctimas de violencia de género". *La prueba de la violencia de género y su problemática judicial* (Cerrato Guri, E. -Dir.-). La Ley.

Cerón Hernández, J.C., Magro Servet, V. (2010). "Una solución ante el problema del uso del artículo 416 LECrim por la víctima de violencia contra la mujer en el juicio oral: La práctica de la prueba preconstituida con víctimas de violencia de género en el Juzgado de Violencia contra la Mujer". *Cuadernos Digitales de Formación*, nº 33, 2010. Consejo General del Poder Judicial, (18).

De Torres Guajardo, I. (2021). "La preconstitución de la prueba testifical de menores y personas con discapacidad necesitadas de especial protección en el proceso penal". *Cuadernos Digitales de Formación*, nº 70. Consejo General del Poder Judicial, (23).

De Torres Guajardo, I. (2022). "Las necesidades de la víctima dentro del proceso penal: la preconstitución de la prueba testifical en los delitos sexuales". *Cuadernos Digitales de Formación*, nº 35. Consejo General del Poder Judicial, (35).

Esteve Mallent, L. (2022). "Clases de violencia contra la infancia. Escucha, atención a la infancia y prueba preconstituida según la Ley Orgánica 8/2021". *Cuadernos Digitales de Formación*, nº 17. Consejo General del Poder Judicial, (35).

Ferrer Costa, M. T. (2023). "La declaración de la víctima de violencia de género en el proceso penal. Pasado, presente y futuro". *Lex Criminalis,* nº 3, (21).

Galdeano Santamaría, A. M. (2021). "Los intereses y necesidades de la víctima. El concepto de vulnerabilidad". *Cuadernos Digitales de Formación,* nº 55. Consejo General del Poder Judicial, (42).

García Rodríguez, M. J. (2022). "Ventajas de la nueva regulación de la prueba preconstituida para la declaración de las víctimas menores de edad y con discapacidad necesitadas de especial protección en el proceso penal". *Boletín del Ministerio de Justicia,* nº 2258, (77).

Nieto López-Arias, M. M. (2022). "Tutela de menores y de víctimas especialmente vulnerables: especial referencia a la prueba preconstituida". *Cuadernos Digitales de Formación,* nº 39. Consejo General del Poder Judicial, (44).

Sánchez Rubio, A. (2022). "La toma de declaración a través de la Cámara Gesell como medio para evitar la doble victimización", *Estudios Penales y Criminológicos.* Universidade de Santiago de Compostela, nº 42, (30).

Viguer Soler, P. L. (2022). "Evolución legal y jurisprudencial sobre la protección del menor víctima del delito: avances, protocolos, evaluación práctica y posibles mejoras". *Cuadernos Digitales de Formación,* nº 35. Consejo General del Poder Judicial, (21).

CAPÍTULO V. VÍCTIMA Y PRUEBA PRECONSTITUIDA EN EL HORIZONTE CULTURAL ITALIANO: ALGUNAS BREVES REFLEXIONES

LUCA LUPÀRIA DONATI

Catedrático de Derecho Procesal Penal de la Università degli Studi di Milano

1. El papel de la víctima en el sistema procesal y la recolección anticipada de sus declaraciones.

El objetivo de mi intervención es ilustrar la situación italiana con respecto a la prueba preconstituida, especialmente con referencia a los menores y a las víctimas de violencia de género. Creo que la parábola evolutiva del proceso italiano sobre este tema puede ser muy interesante, como mínimo por dos razones.

La primera es que, como saben, entre los sistemas jurídicos continentales, el sistema procesal italiano es el que tiene más dificultades para aceptar formas de anticipación de la prueba, porque es el único claramente inspirado en el modelo angloamericano. El nuestro es un proceso, de hecho, que se basa esencialmente en la formación de la prueba en contradictorio en el debate del juicio oral y que se basa en la regla general de una reducción al mínimo de cualquiera forma de anticipación del dato probatorio.

El segundo elemento de interés, desde una perspectiva más general, es que Italia es también, históricamente uno de los Países europeos menos atentos, por así decirlo, al papel de la víctima en el proceso penal, ya que está fuertemente centrado en el paradigma del enfrentamiento entre acusación y defensa en el que la persona afectada juega un papel marginal. Más bien, en el pasado la víctima fue vista también como una forma posible de distorsión, de contaminación de un proceso penal que gira de hecho sobre la figura del imputado[319].

Sin embargo, a pesar de esto, como he explicado anteriormente, la experiencia italiana adquiere una relevancia particular. Ante todo, precisamente porque de Italia surge unos de los casos europeos más importantes. Pienso en la célebre sentencia Pupino (n° 105/03 del Tribunal de Justicia de la Unión Europea) sobre la prueba preconstituida; se trata, como es conocido, de la sentencia del Tribunal de Justicia sobre la interpretación conforme de la normativa interna respecto a las decisiones marco de la Unión.

Sin embargo, justo partiendo de un atraso cultural en la atención a la víctima, hemos podido asistir a lo largo de los años a soluciones originales, a muchas reformas y a un cambio radical con respecto a dónde partía nuestro modelo procesal. Tanto que hoy se habla, en una paradójica inversión de perspectiva, de una excesiva atención en la prueba preconstituida y en la protección de la víctima en general, como si el sistema italiano hubiera ido incluso demasiado lejos para reaccionar contra los cierres de la tradición.

Precisamente en estos meses se está debatiendo en política la inclusión en la Constitución italiana, en su artículo 111, sobre el debido proceso, de un párrafo sobre los derechos de la víctima en la justicia penal[320]. Esta propuesta enfrenta una gran oposición, por ejemplo, de la abogacía penal organizada

---

319 Lupária Donati, L. (2012). "Reflexiones sobre el estatuto de la victima en el proceso penal italiano". *Revista de Derechos Fundamentales* (8), 99-117.

320 Es objeto de nada menos que cuatro proyectos de ley constitucional: A.S. n° 427 (Iannone y otros); A.S. n° 731 (Marton y otros); A.S. n° 888 (Parrini y otros); A.S. n° 891 (De Cristofaro), que se refundieron en un único texto en la *Commissione Affari costituzionali del Senato della Repubblica.*

que no quiere que se incluya la protección de la víctima en el *sancta sanctorum* de los principios del *fair trial* previstos precisamente en el artículo 111, que culturalmente siempre han sido dirigidos al acusado.

2. Víctima y acusado. Búsqueda de un equilibrio.

Merece la pena en tal caso hacer una digresión sobre la evolución histórica italiana. Como se ha expuesto anteriormente, durante el siglo XX se registró una constante desatención hacia la posición procesal (y extraprocesal) de la víctima. Bastaría explorar la literatura de este siglo para encontrar continuas denuncias de atraso en el aspecto de la protección de la persona que ha sufrido el ilícito. "La víctima del delito: figura olvidada", seguía proclamando, al final del milenio, un conocido congreso de la *Accademia dei Lincei* celebrado tras la transición entre el viejo y el nuevo código procesal[321].

Las razones de esta atención deficiente eran múltiples y heterogéneas. En particular, durante un período prolongado, había sido demasiado urgente el esfuerzo por conquistar espacios de garantía para el acusado, sobre todo en el contexto de fases coyunturales autoritarias o de modelos judiciales no estrictamente liberales. En relación con esta exigencia, el fortalecimiento de los poderes y de los instrumentos de protección de la víctima se presentaba frecuentemente como un punto programático con un grado bajo de prioridad en la acción del Parlamento.

Con el vigoroso impulso que proviene de la jurisprudencia del Tribunal Europeo de Derechos Humanos y, especialmente, de la producción normativa de la Unión, el marco ha cam-

---

321 *La vittima del reato, questa dimenticata: tavola rotonda nell'ambito della Conferenza annuale della* ricerca. 2000. Accademia nazionale dei Lincei.

biado[322]. Europa ha empujado a los Países miembros hacia un profundo cambio de paradigma, a través de una larga época de reformas que probablemente se recordará como la nueva edad de oro de la víctima. La decisión marco n° 220 de 2001[323] y la Directiva n° 29 de 2012[324] constituyen solo las puntas de diamante de una gama de intervenciones que se movían hacia una renovación positiva, de matriz humanística, de la justicia penal[325].

Como si hubieran recibido una descarga eléctrica, muchos países, incluida Italia, aprendieron–para recordar solo algunos puntos focales–la importancia de consagrar en el código los derechos de las víctimas y de prever una información clara al inicio del procedimiento; la centralidad de la traducción y de la interpretación lingüística para el ofendido alóglota; la necesidad de hacerse cargo de la vulnerabilidad de las personas que ingresan en el circuito judicial[326] y de apoyar, incluso fuera del proceso, a quienes han vivido una experiencia traumática;

---

322 Pisani, M. (2002). "Per uno 'statuto' europeo delle vittime dei reati". En *Istituto Lombardo* (136), 421.

323 Armenta Deu, T. & Lupária Donati, L. (2011). *Linee guida per la tutela processuale delle vittime vulnerabili. Working paper sull'attuazione della decisione quadro 2001/220/GAI in Italia e Spagna.* Giuffrè.

324 Lupária Donati, L. (2015). *Victims and criminal justice*, Kluwer.

325 Lupária Donati, L. (2013). "L'Europa e una certa idea di vittima (ovvero come una direttiva può mettere in discussione il nostro modello processuale)". En Mastroianni, R. & Savy, D. (Coord.). *L'integrazione europea attraverso il diritto processuale penale.* Editoriale Scientifica, 91-96; Lupária Donati, L. & Della Torre, J. (2021). "Victims of crime in the Area of Freedom, Security and Justice". En Iglesias Sanchez, S. & Gonzalez Pascual, M. (Coord.). *Fundamental Rights in the EU Area of Freedom, Security and Justice*, Cambridge University Press, 312.

326 Romanelli, B. (2023). *La persona offesa vulnerabile nel procedimento penale*; Belluta, H. (2012). "Un personaggio in cerca d'autore: la vittima vulnerabile nel processo penale italiano". En Allegrezza, S. & Belluta, H. & Gialuz, M. & Lupária Donati L. (Coord.). *Lo scudo e*

la necesidad de mitigar los riesgos de victimización secundaria o el peligro contra la integridad física explorando nuevos dispositivos anticipatorios para las audiencias, reforzando la formación de los operadores y rediseñando los espacios de las salas de audiencias; la oportunidad de dar vida a hipótesis de justicia reparadora en beneficio de la víctima desvinculadas de la mera perspectiva, durante demasiado tiempo perseguida, de reducción de la carga judicial[327]. Más en general, la asociación europea exigía que no se fragmentara el estatuto de la víctima, sino que se le proporcionara una posición precisa y clara–fuese cual fuese, según la tradición de cada ordenamiento–dentro de cada modelo procesal.

Un soplo, como se ha mencionado, de una debida modernidad que, sin embargo, se injertaba, en lo relativo a nuestro país, en la anterior condición de desequilibrio ya descrita. Surgían así las condiciones para una contrarreacción irracional y no ponderada, que puntualmente ocurrió. De la lección europea de un proceso que solo

puede decirse *équitable* si solo es capaz de dosificar sabiamente diferentes intereses en juego, Italia, como una mala alumna, tomó sin embargo el camino de una repentina, acentuada exaltación de una figura antes marginalizada, con la consecuente transposición de las sugerencias supranacionales (incluidas las derivadas de los Tratados de Lanzarote y Estambul) en clave acrítica, tal vez mecánica, y sobre todo sin recordar el pilar del sistema: la protección del acusado.

---

la spada: esigenze di protezione e poteri delle vittime nel processo penale tra Europa e Italia. Giappichelli, 95.

327 Bouchard, M. & Fiorentin F. (2024). *La giustizia riparativa.* Giuffrè; Mannozzi, G. (2003). *La giustizia senza spada: uno studio comparato su giustizia riparativa e mediazione penale.* Giuffrè.

No hay duda de que un modelo excesivamente *victim-oriented*[328] conlleva, inevitablemente, el riesgo de cuestionar las garantías históricamente establecidas a favor del acusado. Si por lo tanto la cultura contemporánea del ritual penal impone que, entre los actores del ritual, se incluya también a la víctima, este camino no debe implicar el sacrificio de los derechos de la persona acusada, asistida además por la presunción inscrita en el art. 27 de la Constitución[329].

3. Las directrices de la configuración actual en materia de pruebas preconstituidas.

Pasando ahora a la descripción del cuadro normativo actual, el instituto central de este punto de vista es el denominado *incidente probatorio.* Una institución que el nuevo código procesal penal italiano de 1988, como se dijo anteriormente, tan orientado a la formación probatoria en la fase del juicio de primera instancia, había introducido como hipótesis excepcional, pensando sobre todo en los casos de riesgo de dispersión de la prueba, por ejemplo, la posible muerte inminente del testigo. Esta institución, insisto, el *incidente probatorio,* es hoy día el presidio principal para la preconstitución de la prueba en función de la protección de la víctima vulnerable. Es en este contexto que se prevén todas las formas de audición protegida de la víctima y de la víctima vulnerable. Estas, en un segundo momento, pueden aplicarse también al caso en que la víctima sea escuchada en el juicio de primera instancia, pero con una referencia *per relationem*: por lo tanto, la institución de la audiencia protegida no figura en los artículos que se refieren

---

328 Crawford, A. & Goodey, J. (2000). *Integrating a Victim Perspective within Criminal Justice.* Routledge.

329 Marafioti, L. (2022). "Presunzione di innocenza e diritto di informazione: una difficile convivenza". *Indice penale.* 79.

al juicio, sino en los del *incidente probatorio*. La institución en examen, de ser una hipótesis excepcional, se ha convertido en un lugar de elección para la víctima y ha sido modificado y ampliado muchas veces, a partir de las normativas de actuación de la directiva sobre las víctimas de la Unión europea, que ha implicado una modificación muy profunda del código procesal penal italiano. Esto ha llevado a las últimas leyes sobre la violencia de género, que en Italia se conocen como leyes "Codice Rosso" ("Código Rojo", porque establecen un canal preferencial para este tipo de víctimas en la presentación de querellas y denuncias).

La extensión de esta institución es evidentemente concebida tanto para las víctimas menores como para las víctimas de género, y, más en general, para las víctimas vulnerables, que no están hoy predeterminadas por el legislador. Será el juez, mediante una evaluación individual, quien atribuya la etiqueta de víctima vulnerable a sujetos específicos.

Por lo tanto, niños, menores y víctimas de violencia de género tienen la posibilidad de expresar su contribución de conocimiento en una fase muy temprana del procedimiento, sin tener que esperar al juicio propiamente dicho, mitigando así los riesgos de victimización secundaria. Tengan en cuenta que actualmente Italia es uno de los países con la mayor duración del proceso penal. He participado en la reciente Comisión de reforma del proceso penal, que acaba de entrar en vigor, y contamos en una drástica reducción de los tiempos, sin embargo, hasta ahora la duración parece irrazonable. Desde el momento de la denuncia hasta al momento de la audiencia en el juicio, a veces pueden pasar incluso cuatro o cinco años. Es por esta razón que el *incidente probatorio* se utiliza cada vez más y, de hecho, les señalo una norma, el artículo 190 bis, que establece una regla general que impide volver a escuchar a la víctima ya entrevistada en prueba anticipada, salvo en casos extraordinarios. Por lo tanto, esa declaración, hecha ante el *giudice delle indagini preliminari* (que no es el *juez de instrucción* español, sino un juez de garantías que interviene para tareas específicas en la fase de investigación), se convertirá en la audiencia, por así decirlo, definitiva.

4. El papel del fiscal y del juez.

Un aspecto muy debatido, también en estos días, consiste en que este *incidente probatorio* puede ser solicitado por el fiscal en favor, por así decirlo, de la víctima, pero no puede ser solicitado por la propia víctima. Ella puede pedir al fiscal que lo solicite, pero si el fiscal no está de acuerdo, habrá que esperar al juicio de primera instancia.

Quería hablarles un poco de las formas de esta audiencia[330]. El juez puede examinar a la víctima mediante el uso de espejos unidireccionales o sistemas de intercomunicación, garantizando así la comunicación con el entorno en el que se encuentran las partes procesales, sin riesgo de que el sujeto sea intimidado o influenciado por su presencia. Las declaraciones tienen que ser vídeo y audio grabadas. Esto posteriormente permitirá al juez del juicio, quien decidirá si el imputado es culpable o inocente, que no es por supuesto el juez que adquirió la declaración (al menos así funciona en Italia; hay países donde el mismo juez del futuro juicio anticipa la prueba), reexaminar, durante la deliberación, la audiencia de un elemento probatorio que, cabe decir, muchas veces resulta decisivo para la decisión. Es decisivo porque, evidentemente, la regla general establece que la audiencia en el *incidente probatorio* constituye una prueba plenamente utilizable en el futuro proceso.

Volviendo a lo que mencionábamos al principio de esta mía breve intervención, es evidente que el debate es muy acalorado en Italia. Cabe recordar que la audiencia de la víctima en

---

330 Armenta Deu, T. & Lupária Donati, L. (2011). *Op. cit.* 13

estos casos suele ser conducida por el presidente, y el sujeto es excluido del fuego cruzado del contrainterrogatorio; por lo tanto, se trata de modalidades de recolección de declaraciones particularmente diferentes del modelo legal y que chocan con las reglas generales del proceso, especialmente cuando se trata de pruebas decisivas o incluso, como sucedió en muchos casos, de la única prueba de cargos. Quisiera señalar que, precisamente el 20 de mayo de este año, el vicepresidente del *Consiglio Superiore della Magistratura*, compareció ante la comisión parlamentaria sobre feminicidios y propuso un *incidente probatorio* obligatorio para los casos de violencia de género, con el fin de evitar que la decisión de disponerlo o no quede en manos del fiscal. Esto se debe a que, volviendo al tema anterior, una reciente sentencia de la Corte Suprema de Casación de 2024 estableció que es correcto, y por lo tanto no anormal, el fallo mediante el cual el *Giudice per le indagini preliminari* rechaza la solicitud de prueba anticipada de la persona ofendida, precisamente porque no tiene derecho a hacerlo. Esta sentencia de la Corte Suprema de Casación establece: "La protección de la personalidad del menor y la autenticidad de la prueba son, sin duda, intereses constitucionalmente garantizados; sin embargo, el instrumento específico", es decir, la anticipación de la prueba en el *incidente probatorio* del testimonio, no lo es".

Me gustaría también señalar una forma un tanto particular de anticipación de la audiencia: la normativa de 2022 sobre el *Codice Rosso*, que exige que el fiscal escuche a la víctima del delito lo antes posible, no como prueba anticipada, sino como una simple audiencia y que, bajo pena de inutilización, se ordene la grabación de vídeo de manera obligatoria. Sin embargo, mucha doctrina señala el riesgo de que este tipo de audiencia, incluso grabada en vídeo, pueda llevar, de alguna manera, a una nueva audiencia de la víctima.

Otro tema que quiero señalar es que la fiscalía general de la Corte de Casación ha recientemente destacado la necesidad de especialización del *Giudice per le Indagini Preliminari* en la recogida de pruebas durante la prueba anticipada, ya que no se prevé que el juez deba recurrir a un auxiliar o a un experto para escuchar a la persona ofendida. De hecho, parece que falta un paso de ratificación del Tratado de Lanzarote.

5. Por último, una pregunta (¿provocativa?).

La victima observa con crecientes expectativas a la justicia penal en busca de protección y para hacer valer sus pretensiones. Sin embargo, cualquier intervención a su favor tiene que considerar la particular fragilidad de los equilibrios del proceso penal: en esta delicada división, las instancias de modernidad jurídica y antigua ponderación tienen que encontrar los justos puntos de equilibrio para que la valorización del ofendido comporte un proceso capaz de tutelar las expectativas de la víctima sin vulnerar los derechos fundamentales del imputado.

En conclusión, volviendo brevemente al tema de la relación entre la aceptación de la vulnerabilidad de la víctima y el derecho del acusado a confrontarse plenamente con su acusador, sería quizás necesario retomar un debate antiguo, ahora amodorrado, sobre la posibilidad, en algunos casos, de renunciar a la verificación judicial del hecho cuando la debilidad psíquica del declarante, que ciertamente debe ser protegida, resulte incompatible con las reglas de oro de formación de la prueba. Frente a dos fragilidades, la de la víctima (que no podría soportar un examen respetuoso de los cánones del *due process* y llevado a cabo con el examen cruzado) y la del acusado (que no sería capaz de defenderse adecuadamente con formas empobrecidas de contradictorio), ¿sería una herejía pensar que la máquina del proceso pueda decidir no seguir adelante y a cualquier precio?

Referencias bibliográficas

Allegrezza, S. & Belluta, H. & Gialuz, M. & Lupária Donati L. (2012). *Lo scudo e la spada: esigenze di protezione e poteri delle vittime nel processo penale tra Europa e Italia.* Giappichelli.

Armenta Deu, T. & Lupária Donati, L. (2011). *Linee guida per la tutela processuale delle vittime vulnerabili. Working paper sull'attuazione della decisione quadro 2001/220/GAI in Italia e Spagna.* Giuffrè.

Belluta, H. & Lupària Donati L. (2010). "El testimonio de la víctima vulnerable en el proceso penal italiano". En Armenta Deu, T. & Oromi Vall-llovera, S. (Coord.). *La víctima menor de edad: un estudio comparando Europa/América,* 367-384.

Bouchard, M. & Fiorentin F. (2024). *La giustizia riparativa.* Giuffrè.

Crawford, A. & Goodey, J. (2000). *Integrating a Victim Perspective within Criminal Justice.* Routledge.

Lupária Donati, L. (2012). "Reflexiones sobre el estatuto de la victima en el proceso penal italiano". *Revista de Derechos Fundamentales* (8), 99-117.

Lupária Donati, L. (2013). "L'Europa e una certa idea di vittima (ovvero come una direttiva può mettere in discussione il nostro modello processuale)". En Mastroianni, R. & Savy, D. (Coord.). *L'integrazione europea attraverso il diritto processuale penale.* Editoriale Scientifica, 91-96.

Lupária Donati, L. (2015). *Victims and criminal justice,* Kluwer.

Lupária Donati, L. & Della Torre, J. (2021). "Victims of crime in the Area of Freedom, Security and Justice". En Iglesias Sanchez, S. & Gonzalez Pascual, M. (Coord.). *Fundamental Rights in the EU Area of Freedom, Security and Justice,* Cambridge University Press, 312-330.

Mannozzi, G. (2003). *La giustizia senza spada: uno studio comparato su giustizia riparativa e mediazione penale.* Giuffrè.

Marafioti, L. (2022). "Presunzione di innocenza e diritto di informazione: una difficile convivenza". *Indice penale.* 79.

Pišani, M. (2002). "Per uno 'statuto' europeo delle vittime dei reati". En *Istituto Lombardo* (136), 421.

Romanelli, B. (2023). *La persona offesa vulnerabile nel procedimento penale.*

CAPÍTULO VI. LA PRECONSTITUCIÓN DE LA PRUEBA EN EL CASO DE VÍCTIMAS MENORES Y VÍCTIMAS DE VIOLENCIA DE GÉNERO[331]

Un aporte desde el derecho colombiano

DIANA RAMÍREZ CARVAJAL[332]

INTRODUCCIÓN

En casos de violencia de género y violencia sexual a niñas y mujeres, el proceso penal puede depender de diferentes tipos de prueba: de referencia, circunstancial y de la prueba preconstituida. En su uso más tradicional, la prueba se entiende como el conjunto de medios que presenta el legislador para demostrar los hechos relevantes en un proceso. Sin embargo, si el concepto de prueba sigue al proceso como método epistémicamente válido, la prueba preconstituida adquiere un gran sentido, porque permitirá asegurar evidencias parciales y elementos probatorios y, especialmente, recoger los vestigios de las agresiones en las víctimas sin revictimizarlas.

---

331 Este artículo surge como producto del proyecto "Desarrollo de herramientas tecnológicas digitales, para mejorar el acceso a los DESC de la población en situación de vulnerabilidad por motivos de pobreza, que atiende la personería de Medellín". Este proyecto fue financiado por la Universidad de Medellín y le tributa al Grupo de investigaciones en Derecho Procesal de la Universidad de Medellín. Fecha de inicio: agosto de 2024. Número de identificación: PURE 1347.

332 Abogada y magíster en Derecho Procesal de la Universidad de Medellín. Doctora en Derecho de la Universidad Externado de Colombia. Profesora investigadora y directora del Doctorado en Derecho Procesal de la Universidad de Medellín. Coordinadora de la Red para el estudio del proceso y la justicia. E-mail. dramirez@udemedellin.edu.co y radiana2113@gmail.com

En conclusión, la prueba preconstituida representa un avance en la protección de las víctimas en el proceso penal, y su correcta implementación depende de protocolos adecuados y de la colaboración entre psicólogos y jueces. Esta tipología puede mejorar notoriamente la calidad de la prueba, tanto directa como indirecta, proteger a las víctimas de ser revictimizadas y ayudar al juez a la consecución de la verdad.

La complejidad de nuestro mundo es muy interesante, pero pasa totalmente desapercibida. Es poco consciente la forma como interpretamos y damos sentido al todo de nuestra vida. Estandarizamos las relaciones, los sentimientos y también la solución de los conflictos. Nuestra percepción por los sentidos nos hace perder de vista las múltiples intersecciones de vulnerabilidad en que vivimos y muchas veces obviamos las necesidades especiales de protección que requieren los más vulnerables.

Pero, ante esta débil percepción, resulta fantástico imaginar su transformación. "¡Escudos arriba!" En innumerables episodios de *Star Trek* esta es la primera orden que el capitán Kirk da a la tripulación: elevar los campos de fuerza para proteger del fuego enemigo a la nave espacial *Enterprise*. Pero ¿qué es un campo de fuerza? En la ciencia ficción es engañosamente simple: una barrera delgada e invisible, pero impenetrable, capaz de desviar tanto haces láser como cohetes (...) un campo de fuerza podría afectar profundamente a cada aspecto de nuestra vida. En teoría podrían construirse puentes, superautopistas y carreteras con sólo presionar un botón"[333].

Esta idea imaginada por la ciencia ficción nos será útil en este artículo que aborda la complejidad de la prueba en el proceso judicial. Pensamos en la prueba como una estructura

---

333 Kaku, M.. (2009). *Física de lo imposible. ¿Podremos ser invisibles, viajar en el tiempo y teletransportarnos?* Debate. Págs. 13-14.

formal que se centra en los medios probatorios arrimados por las partes. Pero realmente su dinámica es rica en perspectivas, pues las dinámicas probatorias persiguen el hecho fragmentado y sirven a cada persona según sus necesidades en la batalla por la reconstrucción fidedigna de los hechos, no en vano su estudio profundo se logra desde la epistemología.

Esta visión caleidoscópica, que surge cuando recorremos la distancia entre la sistemática de los actos probatorios en el proceso y la epistemología que desata el conocimiento de los hechos tantas veces ocultos, tantas veces manipulados y fragmentados, resalta cuando se estudian casos complejos como los abusos sexuales en niñas y también cuando se aborda la violencia de género. Es por lo menos razonable reconocer que la violencia y la agresión sexual hacen parte de nuestra realidad donde, por supuesto, los sujetos más vulnerables caen frente a los más ventajosos y poderosos. Sin embargo, lo que no resulta razonable es pretender que un proceso formalista y una prueba esquemática, surgidos de unas ideas del siglo XIX, sean las reglas que modelen el proceso penal, cuyas finalidades frente al delito son la justicia, la verdad, la reparación y la no repetición.

Nos esforzamos por lograr una sociedad equilibrada y colaborativa donde se viva y se respete la diferencia y se reconozca la situación de vulnerabilidad. Este ideal en el proceso significa abrir escudos protectores, como aquellos de la serie *Star Treck*. Uno de estos escudos es la prueba preconstituida, que brinda la posibilidad de incorporar el concepto de *prueba* desde sus múltiples dimensiones, lo que permite proteger contra la revictimización y alentar la lucha por la justicia de las mujeres y niñas vulnerables en contra de la violencia de sus victimarios, de sus captores, y, aún más importante, las protege de los estereotipos culturales que se anclan en conceptos retrógrados de igualdad formal.

1. LA PRUEBA PRECONSTITUIDA Y SU RELACIÓN CON LA PRUEBA DE REFERENCIA

¿Cómo se construye el conocimiento en el proceso judicial? ¿Cómo los jueces pueden y deben llegar a conocer los hechos en el contexto de las pruebas disponibles, y cómo pueden asegurarse de que esta construcción sea lo más objetiva y libre de sesgos, cuando los hechos delictivos se fragmentan, desaparecen y se esconden?

Es evidente que en un mundo ideal tendríamos un proceso penal con pruebas directas y demostrativas plenas. Pero el proceso penal, en casos de violencia de género y violencia sexual a niñas y mujeres, muchas veces depende de la prueba de referencia, de la prueba circunstancial y de la prueba preconstituida. La prueba de referencia es toda declaración realizada fuera del juicio oral, utilizada para probar o excluir uno o varios elementos del delito, la prueba circunstancial o indiciaria refleja y completa la evidencia material y la prueba preconstituida tiene relación con las dos anteriores, para asegurar su permanencia en el tiempo.

Algunos casos de interés demuestran la importancia de estas pruebas en casos de violencia de género:

- El caso de la señora Mateus (53 años) quien, después de sufrir violencia intrafamiliar, acudió a la justicia para denunciar y buscar protección, pero encontró errores en la valoración de las pruebas y una falta de enfoque de género en el tratamiento de su caso, lo cual debilitó las medidas de protección y la justicia que ella requería[334]. En esta sentencia se enfatiza que la protección se debe garantizar bajo un enfoque de género, especialmente en

---

334 Corte Constitucional, Sentencia T-241 de 2016, M. P. Jorge Ignacio Pretelt Chaljub.

casos de violencia intrafamiliar, para evitar la revictimización y asegurar la no repetición de los actos violentos. La sentencia también menciona la importancia de evaluar los defectos fácticos, como la valoración incompleta o errónea de pruebas, que puedan afectar el debido proceso de la víctima y socavar la justicia.

El caso permite identificar varios factores clave de revictimización cuando el sistema judicial falla en su deber de proteger efectivamente la prueba: a) la revictimización secundaria, que ocurre cuando el sistema legal y sus actores (como jueces y fiscales) imponen cargas probatorias adicionales a la víctima. Esto lleva a atribuirle más responsabilidades, exponerla reiteradamente al proceso penal sin sensibilidad, o no ofrecer respuestas estatales efectivas. En esta modalidad, la víctima, para probar, se ve obligada a revivir continuamente el trauma del delito, como cuando enfrenta interrogatorios extensos y humillantes, o cuando no se le brinda una protección inmediata contra el agresor. b) La revictimización terciaria, que se refiere a los costos derivados de la penalización del agresor, que pueden derivar en represalias contra la víctima o sus familiares al afectar su seguridad o bienestar social y económico. La Corte Constitucional subraya que el Estado tiene la responsabilidad de prevenir estas situaciones y de ofrecer una respuesta judicial que minimice el riesgo de retaliación o venganza hacia la víctima por parte del agresor.

- En la sentencia T-008 de 2020, un padre (Joaquín) presentó una acción de tutela para evitar que su hija menor (Ángela), supuestamente víctima de abuso sexual, tuviera que rendir testimonio en juicio, alegando que esto afectaría su salud emocional y su desarrollo psicosocial.

La Corte Constitucional analiza el uso de la entrevista forense inicial de la menor como prueba de referencia, en lugar de hacer que la menor declare nuevamente en audiencia. Aunque no existe una prohibición absoluta para que los menores testifiquen, el tribunal reconoce que en estos casos se deben cumplir estrictas condiciones de protección. La decisión indica que, en aras de evitar la revictimización, se puede acudir a la prueba de referencia (una declaración previa) si cumple con garantías suficientes, como el registro en video de la entrevista inicial.

La sentencia resalta la importancia de una debida diligencia por parte de las autoridades judiciales para preservar el interés superior de la menor, respetando su integridad emocional y evitando someterla a múltiples declaraciones o pruebas adicionales que la revictimicen[335].

- En el mismo sentido, la Corte Suprema de Justicia[336] de Colombia aborda un caso de acceso carnal violento con menor de 14 años. En este caso, el procesado, Deiver Audiel Ojeda Ojeda, fue condenado en segunda instancia por el delito de acceso carnal abusivo con agravante, dado que la menor víctima quedó embarazada a causa del abuso.

La Corte analizó diversos elementos clave, entre ellos la prueba de referencia y la declaración de la menor: La sentencia aborda el uso de la prueba de referencia, ya que la menor víctima había mencionado al procesado como el autor de los hechos en entrevistas previas al juicio, pero se retractó durante el mismo. La Corte permitió que las declaraciones iniciales fueran valoradas bajo excepción, para evitar la revictimización de la menor. La sentencia destaca la importancia de proteger de la revictimización a menores víctimas de delitos sexuales. Esto implica que sus declaraciones previas pueden ser consideradas

---

335 Corte Constitucional, Sentencia T-008 de 2020. M. P. Diana Fajardo Rivera.

336 Corte Suprema de Justicia, radicado 46992 del 23 de mayo de 2018. M. P. Patricia Salazar Cuellar.

pruebas válidas para evitar el trauma de repetir los detalles en juicio.

- En sentencia del año 2013, un juez falló sin que se hubiera practicado una prueba de medicina legal que resultaba esencial; los indicios no fueron tomados en consideración, además se presumió de falsa, sin más, la declaración de la víctima.

En este caso, se analizó la orden de un tercer examen médico a una menor víctima de abuso sexual, ante la contradicción de dos exámenes previos. La madre de la menor presentó una acción de tutela bajo el argumento que la repetición del examen afectaba la integridad física y emocional de la niña.

La Corte destacó que las autoridades judiciales deben abstenerse de prácticas discriminatorias contra menores víctimas de delitos sexuales y deben tomar en cuenta su situación de indefensión para evitar revictimizaciones. En casos de contradicción probatoria, la práctica de un nuevo examen se debe realizar en condiciones que no afecten emocionalmente a la víctima. En esta sentencia, la Corte ordenó llevar a cabo el tercer examen con medidas adecuadas y reafirmó la necesidad de garantizar la verdad en el proceso y proteger los derechos de la menor[337].

- Igualmente, la Defensoría de Familia y el representante legal de una niña (víctima de abuso sexual por un familiar) ponen en conocimiento que se había excluido de la valoración probatoria la entrevista realizada previa al proceso, lo que dejó sin sustento el caso penal e impidió que se garantizara el derecho a verdad, justicia y reparación.

---

[337] Corte Constitucional, Sentencia T-554 de 2003. M. P. Clara Inés Vargas Hernández.

La Corte estableció que el principio *pro infans* exige que los testimonios de menores víctimas de delitos sexuales se realicen bajo condiciones específicas, para priorizar su protección y evitar la revictimización. En consecuencia, se ordenó incluir la entrevista de la menor como prueba de referencia, ya que excluirla obstaculizaba el derecho de la víctima a verdad, justicia y reparación[338].

- Finalmente, en la Sentencia SP2709-2018 de la Corte Suprema de Justicia de Colombia se examina el caso de actos sexuales abusivos contra una menor de 14 años. En este fallo, la Corte evalúa la utilización y valoración de pruebas en delitos sexuales contra menores, con especial enfoque en la protección de las víctimas y la no revictimización.

Los puntos clave sobre la prueba son:

a) Prueba de referencia: la Corte permite el uso de la prueba de referencia (la declaración inicial de la menor ante psicólogos de la Fiscalía) como elemento de prueba central, para evitar su revictimización. Esta prueba de referencia es válida cuando cumple con ciertos criterios de confiabilidad y cuando su uso protege la integridad de la víctima.

b) Credibilidad del testimonio infantil: la Corte destaca la importancia de valorar las declaraciones de menores víctimas, aunque puedan presentar inconsistencias a causa del estrés y la confusión asociados con el trauma. En este caso, la declaración inicial de la menor fue considerada confiable y creíble, a pesar de ciertas variaciones, dada su edad y la naturaleza del delito.

---

338 Corte Constitucional, Sentencia T-117 de 2013. M. P. Alexei Julio Estrada.

c) Protección de la víctima y manejo de la prueba: la sentencia subraya la obligación del sistema judicial de minimizar el impacto emocional en los menores al declarar, especialmente en delitos sexuales. Esto se traduce en el uso de pruebas previas y en la validación de entrevistas o declaraciones realizadas en entornos adecuados y con apoyo especializado[339].

Basta ver una secuencia de sentencias relevantes para identificar que la sociedad en la que habitamos tiene un comportamiento que empuja a los sujetos más débiles a la convicción de que deben ceder ante los más fuertes, y en esta sumisión se considera a la niña y a la mujer como personas que pueden ser abusadas de manera constante.

Es importante hacernos conscientes de que países como Colombia, con un conflicto armado de más de ochenta años, tiene muchos detonantes agresivos y violentos en el comportamiento que afectan la población en situación de vulnerabilidad. Estas especiales condiciones hacen que el proceso judicial en igualdad formal de partes no sea garantía suficiente, lo cual queda demostrado con las cifras de la dramática situación de violencia sexual contra las niñas y las mujeres[340].

Las mujeres y las niñas de las clases más vulnerables son las víctimas en una lucha sin tregua, a lo largo y ancho del país, sobre los más básicos derechos humanos. Ellas han experimentado múltiples sufrimientos y recurrentes abusos a su integridad física, sexual y psicológica. La intersección entre el género, la etnia, la edad y la localización en el territorio de conflicto opera profundizando los ataques contra las mujeres, así lo ha

---

339 Corte Suprema de Justicia, Expediente N.° 50637 del 11 de julio de 2018. M. P. Patricia Salazar Cuéllar.

340 Centro Nacional de Memoria Histórica. (2018). *Regiones y conflicto armado. Balance de la contribución del CNMH al esclarecimiento histórico.* Bogotá, CNMH. Pág. 19.

reportado la Jurisdicción Especial para la Paz (JEP) en sus investigaciones:

> "... la Sala pudo establecer que el 67 por ciento de los relatos analizados corresponden a crímenes contra niñas, adolescentes y mujeres de la población civil motivados por el sexo de la víctima, es decir, "por el hecho de ser mujeres". Casi todos los relatos analizados contienen crímenes de naturaleza sexual y están basados en concepciones de género bajo las cuales los cuerpos de las mujeres tienen un propósito de servicio hacia los hombres y deben estar disponibles para el acceso sexual. También se identificaron algunas modalidades en la comisión de dichos crímenes, que incluyen: violencias contra las mujeres "solas", es decir, cuando no están en presencia de hombres de su familia o comunidad; violencias en las que las mujeres tuvieron que prestar servicios domésticos o de otro tipo para el grupo y, en este marco, también fueron obligadas a someterse a actos sexuales"[341].

Estas especiales condiciones de vulnerabilidad dan cuenta de la necesidad de protecciones probatorias especiales a modo de escudo para respetar los derechos humanos.

2. PRECONSTITUCIÓN PROBATORIA PARA UN PROCESO JUDICIAL JUSTO

Exponer sobre la preconstitución probatoria requiere adoptar un concepto de prueba, lo cual no es sencillo. En el proceso judicial, *la prueba* responde a un concepto polisémico, difuso y a veces demasiado confuso como para que se haga real. Atiende a múltiples significados y funciones, dependien-

---

341 Jurisdicción Especial para la Paz (JEP). (2023). Comunicado 112. "La JEP abre macrocaso 11, que investiga la violencia basada en género, incluyendo violencia sexual y reproductiva, y crímenes cometidos por prejuicio". https://www.jep.gov.co/Sala-de-Prensa/Paginas/-la-jep-abre-macrocaso-11-que-investiga-la-violencia-basada-en-genero-incluyendo-violencia-sexual-y-reproductiva-y-crimenes.aspx

do del contexto en el que se utilice, puede referirse a las fuentes probatorias que sirven para levantar y verificar los hechos y puede relacionarse con los procedimientos, pero también se le podría llamar prueba al resultado o grado de certeza alcanzado por el juez a partir de todos los elementos de confirmación allegados al proceso.

En su uso más tradicional, la prueba se entiende como el conjunto de medios presentados por el legislador para demostrar los hechos relevantes en un proceso. Aquí, prueba tiene que ver con los elementos tangibles como documentos, testimonios o peritajes, e intangibles, como indicios o medios circunstanciales que se presentan ante el juez para demostrar la existencia de un hecho. Desde esta perspectiva, la prueba es un medio de confirmación.

El concepto de prueba a veces se refiere también al procedimiento mediante el cual se obtienen las fuentes de prueba. Aquí se alude más a la actividad de recolección de información, de los hechos fragmentados, que sirven para dar sentido al hecho litigioso. En esta fase se producen comúnmente la mayor cantidad de circunstancias de ilicitud probatoria.

También la prueba se refiere a la presentación legítima —aducción— de los medios probatorios en el proceso, a su contradicción y valoración, lo cual da como resultado el conocimiento del juez sobre los hechos. Desde esta perspectiva, la prueba es también el proceso de búsqueda y organización de razones que circundan la ocurrencia de los hechos. De manera secuencial, este procedimiento lleva al juez a un grado de convicción "razonada" que se construye en cada etapa probatoria y que finaliza cuando valora los medios arrimados al proceso. En este sentido, prueba hace referencia al estado de certeza que alcanza el juez y le sirve para decidir.

En un sentido más teórico, la prueba en el proceso judicial también representa la capacidad de construir la verdad sobre los hechos, sin que se pueda establecer que la verdad solamente corresponderá a los hechos afirmados por las partes. Aquí la prueba es el mecanismo mediante el cual se construye una narrativa a partir de la correspondencia de los hechos afirmados con los hechos ocurridos, que se ajusta a la verdad respetando los principios de racionalidad y las garantías procesales de las partes.

Finalmente, probar también tiene un sentido normativo, entendido como la garantía constitucional[342] que tienen las partes de presentar y controvertir pruebas en el proceso judicial. Desde esta perspectiva, la prueba asegura varios derechos fundamentales, entre ellos el derecho de defensa, el derecho de contradicción y el derecho a un juicio con igualdad de oportunidades.

Cuando Taruffo nos impulsa a estudiar el proceso como un "método epistémicamente válido para alcanzar la verdad de los hechos"[343], hiperamplifica el tradicional concepto de la sistemática de actos y nos permite navegar en estas diversas perspectivas probatorias (ver Figura 1).

Figura 1. Representación del proceso. Elaboración propia.

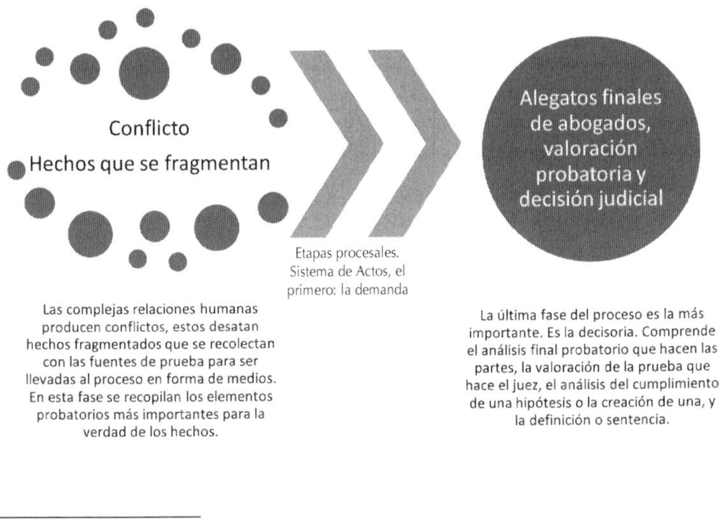

Conflicto
Hechos que se fragmentan
Etapas procesales. Sistema de Actos, el primero: la demanda
Alegatos finales de abogados, valoración probatoria y decisión judicial
Las complejas relaciones humanas producen conflictos, estos desatan hechos fragmentados que se recolectan con las fuentes de prueba para ser llevadas al proceso en forma de medios. En esta fase se recopilan los elementos probatorios más importantes para la verdad de los hechos.
La última fase del proceso es la más importante. Es la decisoria. Comprende el análisis final probatorio que hacen las partes, la valoración de la prueba que hace el juez, el análisis del cumplimiento de una hipótesis o la creación de una, y la definición o sentencia.

---

342 Constitución Política de Colombia. Artículo 29. Debido proceso.

343 Taruffo, M. (2010). *Simplemente la verdad.* Madrid, Marcial Pons. Págs. 155 y ss.

A partir de esta imagen, se evidencian las diversas perspectivas probatorias: previas al proceso con las fuentes, dentro del proceso, como los medios que transitan por los actos procesales, hace referencia a la verdad cuando la prueba se conecta en sus diversas formas en este entramado, y termina con la decisión judicial por convicción razonada de los hechos. Se abren así para la preconstitución probatoria muchas expectativas de uso.

Si se asume el concepto más tradicional, esto es, los medios probatorios arrimados al proceso, por supuesto que no hay ninguna necesidad de acudir a los actos de preconstitución, pues la prueba nace, se produce y muere dentro del proceso judicial con la perspectiva de corroborar los hechos afirmados por las partes.

Sin embargo, si el concepto de prueba sigue al proceso como método epistémicamente válido, tiene un gran sentido trabajar la prueba preconstituida, porque esta permitirá asegurar y fijar elementos probatorios y evidencias parciales y, especialmente, recoger los vestigios de las agresiones en las víctimas sin que ello implique la revictimización.

Es desde esta segunda perspectiva que se desarrolla este trabajo, el cual sigue muy de cerca las propuestas de Jeremy Bentham[344] quien acuñó esta nueva denominación para lograr la conservación de un derecho o de una obligación, hasta que su exhibición se hacía necesaria para mantenerlo. Este autor entendió la necesidad de "escribir" y fijar los sucesos cuando fueran imperfectos o precarios, y por supuesto que relacionó dicha denominación con los derechos y las obligaciones más que con los hechos, porque la tradición jurídica propia de su época giraba por y para la ley.

---

344 Bentham, J. (2001). *Tratado de las pruebas judiciales*. Vol. 1. Editorial Jurídica Universitaria. México. Pág. 104.

Pero más allá de esta primera concepción útil de la prueba preconstituida, Bentham[345] reflexionó sobre la pertinencia de preconstituir la prueba para los terceros en el proceso, así como para el poder judicial. Para los terceros, en caso de persona ausente o del no nacido y también para colectivos, donde los derechos se tornarían difusos. Y en cuanto al poder judicial, estimó que la prueba preconstituida sería muy útil para prevenir el litigio y para allanar adecuadamente el proceso, pues la prueba queda a su entender con un carácter de perpetuidad.

En una perspectiva más contemporánea, Jairo Parra afirma que la prueba preconstituida se desprende del derecho a probar, que está protegido constitucionalmente, y por ello se impone a los legisladores regular con suficiencia y seriedad el aseguramiento de la prueba cuando haya riesgo de que desaparezca, lo cual es equivalente a negar este derecho. Parra, citando la Corte Suprema de Justicia, afirma la posibilidad legal de que la víctima pueda preconstituir la prueba del delito con la ayuda de la tecnología a su alcance[346].

Así, las pruebas preconstituidas dan a los hechos carácter de permanencia y certeza. Igualmente, "los jueces obtienen por ese medio una seguridad completa en sus decisiones y una actuación rápida y firme, en lugar de las incertidumbres y los tanteos, si esa clase de pruebas les faltase"[347].

En el caso de niños, niñas y adolescentes víctimas de delitos sexuales, el legislador colombiano hace muy específico el trámite para la entrevista forense por delitos relacionados con

---

345 Bentham, J. Op Cit. Pág. 105.

346 Parra, J. (2000). *Manual de derecho probatorio.* Librería del profesional. Bogotá. Pág. 76.

347 Bentham, J. Op. Cit. Pág. 105.

violencia sexual[348]. El procedimiento establecido[349] cuando se trate de menor de edad, se corresponde con una preconstitución probatoria, pues la ley indica que se llevará a cabo una entrevista grabada o fijada por cualquier medio audiovisual o técnico[350].

Si bien la legislación colombiana no trae expresamente la prueba preconstituida o la preconstitución probatoria en sus normas, vemos que especializa esta modalidad para niños, niñas y adolescentes. Ahora bien, en el caso de la mujer violentada, la ley se refiere a la posibilidad de pedir prueba anticipada[351] para los casos en que se tenga necesidad de fijar una

---

348 Ley 906 de 2004, tipificados en el Título IV del Código Penal, al igual que en los artículos 138, 139, 141, 188a, 188c y 188d.

349 Ley 1098 de 2006. Código de la infancia y la adolescencia. Artículos 192, 193, 194, 195, 196, 197, 198, 199 y 200.

350 "La entrevista forense de niños, niñas o adolescentes víctimas de violencia sexual será realizada por personal del Cuerpo Técnico de Investigación de la Fiscalía General de la Nación, entrenado en entrevista forense en niños, niñas y adolescentes, previa revisión del cuestionario por parte del Defensor de Familia, sin perjuicio de su presencia en la diligencia. En caso de no contar con los profesionales aquí referenciados, a la autoridad competente le corresponde adelantar las gestiones pertinentes para asegurar la intervención de un entrevistador especializado. En la práctica de la diligencia el menor podrá estar acompañado por su representante legal o por un pariente mayor de edad.
La entrevista forense se llevará a cabo en una Cámara de Gesell o en un espacio físico acondicionado con los implementos adecuados a la edad y etapa evolutiva de la víctima y será grabado o fijado en medio audiovisual o en su defecto en medio técnico o escrito.
El personal entrenado en entrevista forense presentará un informe detallado de la entrevista realizada. El profesional podrá ser citado a rendir testimonio sobre la entrevista y el informe realizado". Ley 1652 de 2013. Diario Oficial N.° 48849, 12 de julio de 2013.

351 Ley 906 de 2004. Artículo 285. Toda prueba anticipada deberá conservarse de acuerdo con medidas dispuestas por el juez de control

prueba, lo cual se deberá solicitar ante el juez de control de garantías.

Sin embargo, para las mujeres víctimas de agresiones, las altas cortes de Colombia han generado una potente jurisprudencia para flexibilizar el concepto de prueba preconstituida que, en respeto de las garantías constitucionales de probar, controvertir y defenderse, los jueces, sin excepción, deben seguir.

La Corte Constitucional[352], subrayando el acceso a la justicia, especialmente relevante para mujeres víctimas de agresión, ordena la preservación de la evidencia en casos de riesgo de pérdida o alteración. Enfatiza en que el rol de la víctima como interviniente especial le permite solicitar pruebas de manera independiente, siempre y cuando se cumpla con los requisitos previstos en la ley.

La Corte establece que la intervención de la víctima, aunque no es un actor acusador en el juicio oral, es crucial en la fase de recolección de pruebas, especialmente en delitos de violencia de género. Esta intervención busca no solo preservar la prueba, sino también fortalecer la posición de la víctima en el proceso y facilitar la reparación integral de los daños sufridos. Además, la sentencia distingue entre la prueba anticipada y la prueba preconstituida, lo que permite a las víctimas incluir evidencia formalizada previamente, como informes médicos o psicológicos, sin necesidad de repetir su recolección en el juicio.

Como afirma Daza[353], esta posibilidad responde a la urgencia de preservar pruebas físicas o testimoniales en casos de

---

de garantías.

352 Corte Constitucional, Sentencia C-209 de 2007. M. P Manuel José Cepeda Espinosa.

353 Daza, A. I. (2023). Límites a la preconstitución de la prueba por parte de la víctima. Tesis de grado en Derecho. Universidad Pontificia Bolivariana. Medellín. https://repository.upb.edu.co/

violencia contra la mujer, cuyos efectos psicológicos y físicos pueden diluirse con el tiempo y afectar la calidad de la evidencia. La prueba preconstituida, que incluye registros médicos o grabaciones realizadas por la víctima, es aceptada cuando su recolección respeta los principios del debido proceso y no vulnera derechos fundamentales.

Es una dimensión donde se confirma la propuesta de utilidad que hace más de un siglo hiciera Bentham. La preconstitución probatoria en situaciones en las que las mujeres son víctimas de conflictos, es un importante recurso para fijar los hechos directos o indirectos que en el proceso se han de relacionar directamente con los hechos jurídicamente relevantes. Por ejemplo, se pueden producir declaraciones, documentos de diversos tipos como la historia clínica médica o psicológica, e incluso levantar informes periciales públicos. Esta prueba no requiere la intervención del juez de control de garantías para su recolección, ya que se ha constituido fuera del proceso judicial antes o durante la comisión del delito (donde surgen los hechos fragmentados), o en algún tipo de diligencias preliminares.

Bajo este criterio, la Corte Constitucional[354] establece que la participación de las víctimas en el proceso penal incluye el derecho a solicitar la práctica de pruebas anticipadas y pruebas preconstituidas para asegurar que la evidencia relevante no se pierda, especialmente en situaciones de riesgo. Este derecho se fundamenta en el deber del Estado de investigar y sancionar adecuadamente, para garantizar a las víctimas un recurso judicial efectivo.

---

bitstream/handle/20.500.11912/10802/Límites%20a%20la%20preconstitución%20de%20la%20prueba%20por%20parte%20de%20la%20víctima.pdf?sequence=1&isAllowed=y Recuperado en octubre de 2024.

354 Corte Constitucional. Sentencia C-454 de 2006. M. P. Jaime Córdoba Triviño.

Para mujeres agredidas, estos derechos son esenciales, ya que les permiten participar en la recolección de pruebas que respalden su testimonio. Además, la Corte[355] recalca que el acceso a estos mecanismos probatorios es clave para que las víctimas ejerzan su derecho a una reparación integral, y así proteger su dignidad y su integridad dentro del sistema judicial.

Un escenario que se discutió enfrentado con la preconstitución de la prueba fue la ilicitud y su sanción de exclusión. Al respecto, la Corte[356] indicó que dicha exclusión no puede ser absoluta cuando concurren circunstancias como la preconstitución de la prueba de la víctima, salvo cuando se requiere orden de autoridad judicial. "Lo mismo ocurre respecto de las grabaciones magnetofónicas, es decir, que nadie puede sustraer, ocultar, extraviar, o destruir una cinta magnetofónica o interceptar o impedir una comunicación telefónica, sin autorización de autoridad competente. Pero cuando una persona, es víctima de un hecho punible y valiéndose de los adelantos científicos, procede a preconstituir la prueba del delito, para ello de modo alguno necesita autorización de autoridad competente, precisamente porque con base en ese documento puede promover las acciones pertinentes. Esto por cuanto quien graba es el destinatario de la llamada"[357].

De suerte que, como afirma la Corte Suprema de Justicia[358], la víctima, por sí misma o por interpuesta persona, perfecta-

---

355 Ibid.

356 Corte Constitucional. Sentencia T-233 de 2007. M. P. Marco Gerardo Monroy Cabra, Pág. 15

357 Corte Suprema de Justicia. Sala de Casación Penal. Sentencia del 21 de noviembre de 2002. Radicado 13148. M. P.: Marina Pulido de Barón. También, Corte Suprema de Justicia. Sentencia del 15 de noviembre del 2000. Radicado 10656. M. P.: Jorge Córdoba Poveda.

358 Corte Suprema de Justicia. Audiencia Preparatoria. 11 de sep. de 2013. Radicado 41790. También, Corte Suprema de Justicia, Sala

mente puede hacer la grabación de voz o de imagen cuando está siendo objeto de una conducta punible por parte de un tercero, y éste, prevalido de ese interés de perseverar en el ilícito, se expone a ser captado de una u otra manera por equipos tecnológicos fabricados para tales fines —registrar voces y/o imágenes—, y esa recopilación puede ser tenida como elemento de convicción lícito con la posibilidad de ingresar a la actuación penal, sin ser sometida a control de legalidad alguno.

En ese contexto, para establecer en qué casos una grabación elaborada por un particular, sin orden judicial, puede tener validez al interior de un proceso penal, constituyen elementos esenciales los siguientes: "i) si se realiza directamente por la víctima de un delito o con su aquiescencia; ii) si capta el momento del accionar criminoso y, iii) si tiene como finalidad preconstituir prueba del hecho punible, presupuestos que deben concurrir simultáneamente"[359].

Desde esta perspectiva, la presunta violación del derecho fundamental a la intimidad del procesado no prospera cuando las pruebas son hechas por la víctima de un delito con el propósito de preconstituir la prueba de su ocurrencia[360].

Como exponen Grau, Carbonell y Cortell[361], se cumplen así los elementos más importantes para destacar en la prueba preconstituida. Veamos:

---

de Casación Penal. Auto aprobado mediante acta 302 del 11 de septiembre de 2013. M. P.: María del Rosario González.

359 Ibid.

360 Corte Suprema de Justicia, Sala de Casación Penal. Sentencia de 24 de junio de 2020. Radicación 49323, Acta 130. M. P.: Luis Antonio Hernández Barbosa.

361 Grau, E., Carbonell, E. y Cortell, M. (2017). "Debate: La prueba preconstituída". *Informació psicològica,* (114), 114-138.

1. Protección contra la victimización secundaria: al registrar la declaración de la víctima tempranamente, se evita que tenga que revivir el trauma del delito durante el juicio. Esta técnica busca minimizar el sufrimiento emocional de la víctima causado por la repetición de interrogatorios y comparecencias judiciales.
2. Inmediatez y confidencialidad: la prueba debe realizarse en la fase de instrucción para captar detalles mientras aún están frescos en la memoria de la víctima. La privacidad y la adecuada formación de los profesionales son esenciales para garantizar que la declaración sea clara y confiable.
3. Rol del psicólogo forense: el psicólogo facilita la obtención de un testimonio preciso y evita la contaminación del recuerdo. Su intervención es clave en casos de víctimas especialmente vulnerables, ya que utiliza técnicas especializadas para asegurar un ambiente seguro y reducir el impacto del proceso judicial en la víctima.
4. Reproducción en juicio: la declaración preconstituida puede ser utilizada como prueba en el juicio mediante grabaciones, evitando así que la víctima esté físicamente presente. Esto preserva la prueba sin necesidad de exponer a la víctima nuevamente al trauma.

En comparación, mientras la prueba anticipada está destinada a preservar evidencia que se podría perder, la prueba preconstituida implica la existencia de pruebas previas al juicio sin el riesgo de pérdida o alteración, ya que se han generado y formalizado antes de la investigación preliminar o durante ella. Ambos mecanismos buscan garantizar los derechos de la víctima a la justicia y a la reparación: la prueba anticipada responde a situaciones de urgencia y preservación probatoria, y la prueba preconstituida permite una participación más directa y ágil en la estructuración del caso. Así, ambas modalidades se complementan y proporcionan a la víctima herramientas efectivas para asegurar que su voz y sus derechos sean considerados integralmente en el proceso judicial.

3. EL DERECHO DE LAS VÍCTIMAS A UN RECURSO JUDICIAL EFECTIVO Y A LA NO REVICTIMIZACIÓN

La Asamblea General de las Naciones Unidas, en la Declaración sobre los principios fundamentales de justicia para las víctimas de delitos por abuso de poder, establece que "los Estados considerarán la posibilidad de incorporar a la legislación nacional normas que proscriban los abusos de poder y proporcionen remedios a las víctimas de esos abusos. En particular, esos remedios incluirán el resarcimiento y la indemnización, así como la asistencia y el apoyo materiales, médicos, psicológicos y sociales necesarios"[362].

De ahí que sea imperativo fortalecer las leyes nacionales y articularlas adecuadamente con las propuestas de la ONU y las normas *soft law* internacionales, como las Reglas de Brasilia[363], que refuerzan la protección de las mujeres víctimas y presentan nuevas propuestas de protección.

Uno de los más importantes derechos humanos que se desprenden de estas y otras reglamentaciones es el acceso a la justicia y, consecuencialmente, el derecho de las víctimas a un recurso judicial efectivo. La jurisprudencia afirma que su garantía depende de que estas puedan intervenir en cualquier momento del proceso penal, aun en la fase de indagación pre-

362 ONU. (1985). Declaración sobre los principios fundamentales de justicia para las víctimas de delitos y del abuso del poder. https://www.ohchr.org/es/instruments-mechanisms/instruments/declaration-basic-principles-justice-victims-crime-and-abuse

363 XIV Cumbre Judicial Iberoamericana. (2008). Reglas de Brasilia sobre Acceso a la Justicia de las Personas en Situación de Vulnerabilidad. https://brasilia100r.com/documentacion/

liminar. Su intervención está orientada no solo a garantizar la reparación patrimonial del daño inferido con el delito, sino también a satisfacer sus derechos a la justicia y a la verdad. En ocasiones, incluso la representación de las víctimas en el proceso penal tiene unos cometidos exclusivamente vinculados al goce efectivo de los derechos a la justicia y la reparación.

Bajo estas consideraciones, la Corte Constitucional[364] estableció una doctrina en la que explícitamente abandonó una concepción reduccionista de los derechos de las víctimas, fundada únicamente en el resarcimiento económico, para destacar que las víctimas, o las personas perjudicadas con el delito, tienen un derecho efectivo al proceso y a participar en él, con el fin no solo de reivindicar intereses pecuniarios, sino también, y de manera prevalente, de hacer efectivos sus derechos a la verdad y a la justicia.

Al proyectar estos principios en el ámbito nacional, la jurisprudencia constitucional ha determinado que el derecho de acceder a la verdad[365] implica que las personas tienen derecho a conocer la realidad de los hechos ocurridos y no de los hechos afirmados en el proceso. La dignidad humana de una persona se ve afectada si se le priva de información que es vital para ella. El acceso a la verdad aparece así íntimamente ligado al respeto de la dignidad humana, a la memoria y a la imagen de la víctima.

En esta misma línea, la Corte Suprema de Justicia de Colombia enfatiza la importancia del derecho de las víctimas, en especial menores de edad en casos de abuso sexual, a contar con un recurso judicial efectivo que respalde su derecho a la justicia, la verdad y la reparación. En este caso, la Corte Su-

---

364 Corte Constitucional. Sentencia C-454 de 2006. M. P. Jaime Córdoba Triviño. Pág. 33.

365 Op. cit. Pág. 30.

prema reafirmó la validez de la evidencia presentada, como el video grabado por la madre de la víctima, que documenta el abuso cometido por el acusado. La grabación fue utilizada como prueba, a pesar de los cuestionamientos de la defensa sobre su autenticidad y el proceso de custodia de la evidencia, ya que se obtuvo con el objetivo de proteger a la víctima y documentar un delito grave[366].

En esta sentencia, la Corte defendió que, en un contexto de violencia contra menores, las pruebas como videos o declaraciones de la víctima se deben valorar bajo estándares que prioricen la protección y el acceso a la justicia de las víctimas, en lugar de aplicar requisitos estrictos que podrían obstaculizar el proceso. Asimismo, resaltó que los testimonios y la autenticación de pruebas deben enfocarse en garantizar que las víctimas cuenten con un respaldo judicial que permita esclarecer los hechos y sancionar efectivamente los delitos, y de este modo asegurar el acceso a la verdad y la reparación.

Por su parte, la Corte Constitucional subraya que "a partir de los mecanismos internacionales la protección de los derechos de las víctimas de graves violaciones de derechos humanos se refiere básicamente a cuatro aspectos fundamentales: a) las víctimas de estos delitos deben tener acceso a un recurso judicial efectivo; b) el Estado tiene el deber de garantizar su acceso a la justicia; c) los Estados también están obligados a investigar las violaciones para conocer la verdad; y d) el Estado debe cooperar para prevenir y sancionar dichos delitos y colaborar para restaurar los derechos de las víctimas"[367].

---

366 Corte Suprema de Justicia. Sentencia SP1591-2020. Radicado 49323 de 24 de julio de 2020. M. P.: Luis Antonio Hernández Barbosa. https://www.cortesuprema.gov.co/corte/wp-content/uploads/relatorias/pe/b1oct2020/SP1591-2020(49323).pdf

367 Corte Constitucional. Sentencia C-454 de 2006. M. P.: Jaime Córdoba Triviño. Pág. 30.

En esta misma línea, los artículos 29 y 229 de la Constitución Política de Colombia consagran el acceso a la justicia como un derecho fundamental que puede ser amparado a través de la acción de tutela, y como una expresión esencial del aspecto participativo y democrático del Estado. El derecho de acceder a la justicia guarda estrecha relación con el derecho a un recurso judicial efectivo como garantía necesaria para asegurar su efectividad, como quiera que "no es posible el cumplimiento de las garantías sustanciales y de las formas procesales establecidas por el Legislador sin que se garantice adecuadamente dicho acceso"[368].

Evidentemente, asistimos a una, cada vez mayor, garantía procesal en los casos de los cuales hace parte una víctima o una persona en situación de vulnerabilidad. No obstante, la pregunta que hoy debemos responder es, ¿cómo concientizar acerca del enfoque de género?

De acuerdo con ONU Mujeres[369], la violencia contra las mujeres y las niñas es una de las violaciones más generalizadas de los derechos humanos en el mundo, se producen muchos casos cada día en todos los rincones del planeta. Este tipo de violencia tiene graves consecuencias físicas, económicas y psicológicas sobre las mujeres y las niñas, tanto a corto como a largo plazo, al impedirles participar plenamente y en pie de igualdad en la sociedad.

Son avasallantes la generalización de las violencias en el planeta y los tipos de violencia que abarcan lo sensitivo, psicológico, físico y económico. Ello nos indica un alto grado de normalización de los abusos, que pueden iniciar de manera sutil y avanzar progresivamente hasta causar daños irreparables,

---

368 Corte Constitucional, Sentencia C-1195 de 2001. M. P.: Manuel José Cepeda y Marco Gerardo Monroy Cabra.

369 ONU MUJERES. https://www.unwomen.org/es

incluso la muerte. Colombia se suma a esta oscura realidad, un informe de Medicina Legal de 2023[370]da cuenta de que en ese año hubo 53.964 casos de lesiones contra mujeres, más de 23.000 por violencia intrafamiliar y más de 10.000 por delitos sexuales. En 2024, con una leve tendencia a la baja, se mantienen las estadísticas.

Frente a este número reprochable de violencias y muertes la Corte Constitucional de Colombia ha hecho importantes pronunciamientos mediante sentencias[371], en resolución de tutelas, especialmente sobre particularidades probatorias en los casos de abusos a mujeres y niñas que reclaman la importancia de la perspectiva de género en la investigación y en la decisión en este tipo de casos.

Se evidencia que la problemática requiere que la investigación y el procesamiento se realicen con enfoque de género, como método para revertir prácticas culturales, ya que funcionarios y jueces han demostrado con sus actuaciones que estos procesos se desarrollan con un enfoque de "normalización", se considera que "no es grave" o que "los matrimonios suelen vivir crisis". La Corte Constitucional ha precisado, en la Sen-

---

370 Boletín Estadístico de Medicina Legal, 2023.

371 Algunas sentencias sobre la perspectiva de género, que contienen estudios profundos sobre la violencia contra niñas y mujeres son: la Sentencia T-241 de 2016, donde la Corte resuelve un caso "'prototipo' de mujer abusada", y además recomienda la perspectiva de género a los jueces; la Sentencia T-008 de 2020, que evidencia las falencias en los testimonios de los niños y la revictimización; la Sentencia T-554 de 2003, donde se estudian las falencias probatorias por exclusión de indicios; la Sentencia T-458 de 2017, sobre desconocimiento de dictamen para fallar, y la Sentencia T-117 de 2013, sobre la exclusión de la entrevista, que deja sin sustento probatorio el proceso penal. Todas estas sentencias relacionadas con la falta de aplicación de la perspectiva de género, impiden que se garanticen a las víctimas los derechos sobre verdad, justicia y reparación.

tencia SU-659 de 2015, que "asumir dicho enfoque no es una generosidad o discrecionalidad del juez constitucional; por el contrario, es un deber que tiene por el desarrollo de la legislación internacional, razón por la que resulta perentorio que todas las autoridades judiciales fallen los casos de violencia de género a partir de las obligaciones surgidas del derecho internacional de los derechos de las mujeres"[372].

Esta obligación implica que el Estado debe prevenir, investigar, sancionar y reparar adecuadamente los casos de violencia. La Corte resalta que el acceso a la justicia para las víctimas debe ser real y efectivo, lo cual incluye una investigación exhaustiva y la imposición de sanciones a los responsables, junto con una reparación integral que reconozca el daño sufrido. Este enfoque también incluye la consideración de factores de discriminación y vulnerabilidad de las víctimas, como género, edad y contexto social, lo cual refuerza la protección a través de un análisis interseccional. En la misma sentencia enfatiza que, en situaciones de violencia extrema, el sistema judicial debe asegurar que las víctimas accedan a una justicia completa, la cual permita esclarecer la verdad de los hechos y les proporcione una reparación adecuada.

Estas situaciones se pueden impactar positivamente si se refuerza el enfoque de género, pues cuando no se ha estudiado la problemática, esto es, la violencia contra la mujer, no hay consciencia de que existen múltiples situaciones que, a fuerza de repetición, han terminado por aceptarse como "normales", lo cual puede afectar aún más los derechos de las mujeres, por cuanto se omite valorar detalles y darles importancia a aspectos destacados para la solución del caso concreto.

---

372 Corte Constitucional. Sentencia SU-659 de 2015. M. P.: Alberto Rojas Ríos.

El enfoque de género es de especial relevancia en delitos tan complejos y profundos como el feminicidio, por ello se constituye en una tarea esencial por realizar, de acuerdo con las directrices de la Corte Constitucional, que ratifica la creación del delito autónomo de feminicidio, determinado mediante la "Ley Rosa Elvira Cely"[373]. En la Sentencia C-539 de 2016, la Corte enfatiza el derecho de las víctimas, especialmente mujeres, a un recurso judicial efectivo que aborde la violencia de género desde una perspectiva diferenciada y en un contexto de discriminación histórica. Este fallo resalta la importancia de garantizar justicia y reparación integral para las víctimas de feminicidio, al afirmar que este tipo de delitos debe entenderse no solo como un homicidio, sino como una violación a los derechos fundamentales por razones de género[374].

La Corte menciona la obligación del Estado colombiano, en línea con tratados internacionales como la Convención de Belém do Pará, de prevenir, investigar y sancionar actos de violencia contra la mujer. Esta decisión, al establecer que el feminicidio es un delito con una carga simbólica particular, otorga una protección especial mediante una normativa destinada a erradicar estereotipos de género y la discriminación social como causa de violencia en contra de las mujeres[375].

El enfoque de género aplicado en esta sentencia establece que las pruebas se deben valorar desde una perspectiva que

---

373 Artículo 104A. *Feminicidio.* Adicionado por el Art. 2 de la Ley 1761 de 2015. Quien causare la muerte a una mujer, por su condición de ser mujer o por motivos de su identidad de género o en donde haya concurrido o antecedido cualquiera de las siguientes circunstancias, incurrirá en prisión de doscientos cincuenta (250) meses a quinientos (500) meses.

374 Corte Constitucional. Sentencia C-539 de 2016. M.P.: Luis Ernesto Vargas Silva.

375 Ibid.

reconozca las dinámicas de discriminación y subordinación estructurales a las que han sido sometidas históricamente las mujeres. Esto implica que las pruebas no se pueden evaluar bajo preconcepciones que trivialicen la violencia o que perpetúen roles de género opresivos. En particular, la Corte subraya la importancia de que los jueces eviten adoptar posturas basadas en prejuicios de género, como percibir a la mujer como provocadora o minimizar sus testimonios por estereotipos sociales de sumisión o dependencia[376].

Igualmente, indica la Corte que, en la valoración de pruebas, es fundamental aplicar un enfoque de género que permita contextualizar la violencia sufrida por las mujeres histórica y culturalmente. Los jueces y fiscales deben reconocer el feminicidio como una forma extrema de violencia de género, impulsada por factores de sometimiento y dominación sobre la mujer, y el contexto discriminatorio es central para entender y demostrar la motivación de género detrás del delito y así diferenciarlo del homicidio común[377].

Además, con la finalidad de impedir la repetición de hechos de violencia contra la mujer, se deberá beneficiar a la víctima con: (i) preservar las pruebas de los actos de violencia, (ii) prestarle la información pertinente para que pueda obtener los servicios gubernamentales y privados que le asisten, (iii) acompañarla, de considerarse necesario, hasta su lugar de residencia y (iv) acompañar a la víctima hasta un lugar seguro o centro asistencial más cercano, aunque las lesiones no fueren visibles.

---

[376] Ibid.

[377] Ibid.

CONCLUSIONES

La preconstitución probatoria —como los escudos de defensa para las naves espaciales de *Star Treck*— se convierte en una herramienta valiosa para las niñas y mujeres que soportan violencia física y sexual. Esta posibilidad evita la revictimización y fortalece la protección frente a la violencia culturalmente signada en contra de niñas y mujeres, además mejora la calidad y confiabilidad de la prueba circunstancial o indiciaria, ya que permite recopilar y preservar evidencia antes del juicio bajo estándares de procedimiento rigurosos.

Esta perspectiva de aseguramiento de la prueba, temporalmente cercana a la ocurrencia de los hechos, ayuda a mitigar los riesgos de pérdida, alteración o contaminación de evidencia y fortalece la cadena de custodia, que es crucial para la validez de las pruebas. La preconstitución es procesalmente útil para:

1. La conservación de pruebas sobre hechos jurídicamente relevantes: la preconstitución permite asegurar pruebas que pueden perder su valor con el tiempo, como testimonios inmediatos de testigos, grabaciones de la víctima, o el resguardo de evidencia física en peligro de desaparecer o deteriorarse. En la prueba circunstancial, esta evidencia temprana puede ser decisiva, ya que aporta detalles frescos y puede documentar el contexto de los eventos antes de que se generen sesgos o interferencias.
2. La reducción de ambigüedades en la prueba: la preconstitución ayuda a definir y preservar las fuentes de pruebas antes de que surjan cambios en las circunstancias o influencias externas que las alteren. Por ejemplo, los testimonios preconstituidos pueden reflejar la versión más auténtica y detallada de los eventos, lo cual es fundamental para entender el conflicto en relación con el contexto del momento en que se genera.

3. El fortalecimiento de la cadena de custodia: la prueba depende en gran medida de la adecuada preservación y documentación de su origen, en las fuentes, y su manejo resulta determinante para la verdad en el proceso. La preconstitución asegura que la evidencia se mantenga en condiciones óptimas y se registre detalladamente, así reduce las posibilidades de que se cuestione su integridad y que, por el contrario, se aumente la credibilidad.
4. La documentación objetiva del contexto: la preconstitución permite obtener una visión objetiva del contexto inmediato en el que surgieron los hechos.
5. La prevención de sesgos y contaminación: la preconstitución permite que estos elementos se recojan y custodien con menos probabilidad de contaminación o interferencia. Así, se reducen los sesgos que pueden surgir durante la fase de investigación y análisis posterior, y se proporcionan pruebas en el proceso más fiables para el juicio.

Para que la preconstitución probatoria sea eficaz, se debe hacer bajo supervisión y con protocolos específicos que garanticen la autenticidad y fiabilidad de los elementos probatorios. Además, su aplicación debe respetar los derechos de defensa del acusado, ya que el uso anticipado de pruebas requiere que estas se presenten y analicen adecuadamente en el contexto del juicio oral.

Hemos visto que en Colombia el trabajo del legislador se complementa con precedentes y jurisprudencias que validan la utilización de pruebas preconstituidas, con la finalidad de que se evite la revictimización en el proceso penal, al tiempo que se reconoce que la evidencia y la fuente de prueba deben ser manejadas con sensibilidad hacia la condición de vulnerabilidad de las menores y las mujeres víctimas de violencia de género y abuso sexual.

Las decisiones de las altas cortes proponen precedentes importantes para el uso de declaraciones iniciales y pruebas de referencia en casos de abuso sexual infantil, con lo cual aseguran que el proceso judicial respete tanto el derecho a la prueba como la integridad emocional de la víctima.

Para finalizar, la prueba preconstituida representa un avance en la protección de las víctimas dentro del proceso penal y su correcta implementación depende de protocolos adecuados y de la colaboración entre psicólogos y jueces. Esta tipología puede mejorar significativamente la calidad de la prueba tanto directa como indirecta, proteger a las víctimas de la revictimización secundaria o terciaria y ayudar al juez a la consecución de la verdad.

REFERENCIAS BIBLIOGRÁFICAS

Bentham, J. (2001). *Tratado de las pruebas judiciales*. Vol. 1. Editorial Jurídica Universitaria. México.

Cumbre Judicial Iberoamericana (2008). *Reglas de Brasilia sobre Acceso a la Justicia de Personas en Situación de Vulnerabilidad*. XIV Cumbre Judicial Iberoamericana. Brasilia, 4 a 6 de marzo de 2008. https://brasilia100r.com/documentacion/

Daza, A. I. (2023). Límites a la preconstitución de la prueba por parte de la víctima. Tesis de grado en Derecho. Universidad Pontificia Bolivariana. Medellín. https://repository.upb.edu.co/bitstream/handle/20.500.11912/10802/Límites%20a%20la%20preconstitución%20de%20la%20prueba%20por%20parte%20de%20la%20víctima.pdf?sequence=1&isAllowed=y

Grau, E., Carbonell, E. y Cortell, M. (2017). "Debate: La prueba preconstituida". *Informació psicològica*, (114), 114-138.

Kaku, M. (2009). *Física de lo imposible. ¿Podremos ser invisibles, viajar en el tiempo y teletransportarnos?* Debate. Barcelona.

ONU (1985). Declaración sobre los principios fundamentales de justicia para las víctimas de delitos y del abuso del poder. https://www.ohchr.org/es/instruments-mechanisms/instruments/declaration-basic-principles-justice-victims-crime-and-abuse

ONU MUJERES. https://www.unwomen.org/es

Parra, J. (2000). *Manual de derecho probatorio.* Librería del profesional. Bogotá.

Taruffo, M. (2010). *Simplemente la verdad.* Marcial Pons. Madrid.

Leyes

Asamblea Constituyente de Colombia (1991). Constitución Política de Colombia. http://www.secretariasenado.gov.co/senado/basedoc/constitucion_politica_1991.html

Ley 1098 de 2006. "Por la cual se expide el Código de la infancia y la adolescencia". Diario Oficial N.° 46.446, 8 de noviembre de 2006.

Ley 906 de 2004. "Por la cual se expide el Código de Procedimiento Penal. (Corregida de conformidad con el Decreto 2770 de 2004)". Diario Oficial N.° 45658, 1 de septiembre de 2004.

Ley 1652 de 2013. "Por medio de la cual se dictan disposiciones acerca de la entrevista y el testimonio en procesos penales de niños, niñas y adolescentes víctimas de delitos contra la libertad, integridad y formación sexuales". Diario Oficial N.° 48849, 12 de julio de 2013.

Ley 1761 de 2015. "Por la cual se crea el tipo penal de feminicidio como delito autónomo y se dictan otras disposiciones. (Rosa Elvira Cely)". Diario Oficial N.° 49.565, 6 de julio de 2015.

Jurisprudencia

Corte Constitucional. Sentencia C-1195 de 2001. M. P.: Manuel José Cepeda y Marco Gerardo Monroy Cabra.

Corte Constitucional. Sentencia T-554 de 2003. M. P.: Clara Inés Vargas Hernández.

Corte Constitucional. Sentencia C-454 de 2006. M. P.: Jaime Córdoba Triviño.

Corte Constitucional. Sentencia C-209 de 2007. M. P.: Manuel José Cepeda Espinosa.

Corte Constitucional. Sentencia T-233 de 2007. M. P.: Marco Gerardo Monroy Cabra.

Corte Constitucional. Sentencia T-117 de 2013. M. P.: Alexei Julio Estrada.

Corte Constitucional. Sentencia C-539 de 2016. M. P.: Luis Ernesto Vargas Silva.

Corte Constitucional, Sentencia T-241 de 2016. M. P.: Jorge Ignacio Pretelt Chaljub.

Corte Constitucional. Sentencia T-458 de 2017. Magistrado sustanciador: Antonio José Lizarazo Ocampo.

Corte Constitucional. Sentencia T-008 de 2020. M. P.: Diana Fajardo Rivera.

Corte Suprema de Justicia. Sentencia del 15 de noviembre del 2000. Radicado n.° 10656. M. P.: Jorge Córdoba Poveda.

Corte Suprema de Justicia. Sala de Casación Penal. Sentencia del 21 de noviembre de 2002. Radicado n.° 13.148. M. P.: Marina Pulido de Barón.

Corte Suprema de Justicia, Sala de Casación Penal. Radicado n.° 41790. Auto aprobado mediante acta 302 del 11 de septiembre de 2013. M. P.: María del Rosario González M.

Corte Suprema de Justicia. Sentencia del 23 de mayo de 2018. Radicado n.° 46992. M. P.: Patricia Salazar Cuéllar.

Corte Suprema de Justicia. SP2709-2018. Radicación n.° 50637. Acta 227 de 11 de julio de 2018. M. P.: Patricia Salazar Cuéllar.

Corte Suprema de Justicia. Sala de Casación Penal. Sentencia SP1591-2020. Radicación n.° 49323. Acta 130. M. P.: Luis Antonio Hernández Barbosa.

CAPÍTULO VII. LA DECLARACIÓN DE LA VÍCTIMA MENOR DE EDAD: MEDIDAS DE PROTECCIÓN

MARÍA GARCÍA ROMERO

Personal Investigador en Formación "Atracció de talent", Departamento de Derecho Administrativo y Procesal, Universitat de València[378]

SUMARIO: I. Introducción. II. Prueba preconstituida: de la excepción a la regla general en menores de 14 años. III. Madurez y dispensa del artículo 416 LECrim. IV. La intervención de especialistas y la adaptación de espacios. V. Conclusiones. VI. Bibliografía.

I. Introducción

La Convención de las Naciones Unidas sobre los Derechos del Niño de 1989 (CDN), promueve la protección de las víctimas menores de edad, especialmente aquellas en situación de vulnerabilidad, en el proceso penal. Asimismo, la Directiva 2012/29/UE del Parlamento Europeo y del Consejo por la que se establecen normas mínimas sobre los derechos, el apoyo y la protección de las víctimas de delitos[379], junto con la Convención del Consejo de Europa sobre protección de la infancia

---

378 La presente comunicación parte del trabajo realizado en el marco del Proyecto de I+D+i "Claves para una Justicia digital y algorítmica con perspectiva de género", PID2021-123170OB-I00, financiado por MCIN/ AEI/10.13039/501100011033/.

379 Directiva 2012/29/UE del Parlamento Europeo y del Consejo, de 25 de octubre de 2012, por la que se establecen normas mínimas sobre los derechos, el apoyo y la protección de las víctimas de delitos, y por la que se sustituye la Decisión marco 2001/220/JAI del Consejo. DOUE n°. 315, de 14 de noviembre de 2012.

contra la explotación y el abuso sexual[380] (Convenio de Lanzarote), alientan medidas para proteger a la infancia en procedimientos judiciales, incluyendo la realización de declaraciones en entornos adecuados, con personal experto capacitado y limitando la cantidad de entrevistas, así como la grabación de estas para uso en juicio.

Por infancia debemos comprender a todas las personas desde su nacimiento hasta que alcanzan los 18 años. En el ámbito científico, incluido el jurídico, se reconoce ampliamente que las personas en esta etapa son susceptibles de encontrarse en situaciones de vulnerabilidad debido a su proceso continuo de desarrollo físico y psicológico, así como a su falta de autonomía. Sin embargo, es importante destacar que dentro de la infancia existen variaciones en el grado de vulnerabilidad.

En este contexto, la victimización de menores de edad y su participación en los procedimientos penales subsiguientes para determinar responsabilidades han sido objeto de análisis y debate tanto en la doctrina judicial como en la academia. De igual forma, las víctimas de violencia sexual y violencia intrafamiliar han ocupado una posición destacada en esta discusión, principalmente debido a la singularidad de los bienes jurídicos afectados y la propia dinámica de comisión del delito[381].

Esta norma dio lugar a la aprobación de la Ley 4/2015, de 27 de abril, del Estatuto de la víctima del delito. BOE nº. 101, de 28 de abril de 2015 (en adelante, EVD).

380 Instrumento de Ratificación del Convenio del Consejo de Europa para la protección de los niños contra la explotación y el abuso sexual, hecho en Lanzarote el 25 de octubre de 2007. BOE nº. 274, de 12 de noviembre de 2010

381 La violencia sexual se caracteriza por su desarrollo mayoritario en contextos de intimidad alejados de la posible intervención de terceros. Aunque la violencia pueda dejar, en algunas ocasiones, una evidencia física constatable por medio de informes médicos y ocasionalmente

Los Estados tienen la obligación de garantizar la protección de la infancia y minimizar en la medida de lo posible el riesgo de sufrir perjuicios en su paso por el sistema de justicia. La legislación alude al "grado de madurez" como un criterio relevante para determinar cuándo una situación puede implicar un mayor o menor riesgo de daño y, en consecuencia, la necesidad de adoptar medidas. No obstante, la reforma operada por la Ley Orgánica 8/2021, de 4 de junio, de protección integral a la infancia y la adolescencia frente a la violencia (en adelante, LOPIIAV), ha puesto un límite objetivo a dicho criterio, la edad de 14 años[382].

El objeto de esta comunicación es exponer una serie de reflexiones sobre la declaración de la víctima menor y, en particular, como la reforma en materia de prueba preconstituida y dispensa han supuesto un paso adelante para la protección de la infancia a su paso por el proceso. Las modificaciones introducidas por la LOPIIAV promueven un sistema más humaniza-

---

puedan existir testigos, la prueba de cargo principal sigue siendo el testimonio de la víctima.

A modo de ejemplo: SSAP Alicante nº. 377/2006, de 19 de julio (TOL1.029.805), nº. 182/2019, de 16 de mayo (TOL7.496.663), nº. 293/2019, de 18 de septiembre (TOL7.948.466), y Castellón nº. 69/2018, de 23 de febrero (TOL6.542.353), nº. 140/2019, de 12 de abril (TOL9.152.966), nº. 365/2020, de 27 de noviembre (TOL8.309.770), nº. 11/2021, de 15 de enero (TOL8.325.695).

382 Sin duda, el mayor límite objetivo lo encontramos en la introducción del nuevo artículo 449 ter del Real Decreto de 14 de septiembre de 1882 por el que se aprueba la Ley de Enjuiciamiento Criminal (LECrim) que desarrollaremos más adelante. Aunque las referencias a la situación de vulnerabilidad y la edad se pueden encontrar también, a modo de ejemplo, en la explicación de la modificación subtipo agravado de lesiones (art. 148.3 CP), que pasa de 12 a 14 años, al considerar que esta nueva esfera de protección es más apropiada "en atención a la vulnerabilidad que se manifiesta en la señalada franja vital".

do manteniendo el equilibrio necesario entre las medidas de protección adoptadas y las propias garantías del proceso penal.

La nueva regulación viene a establecer una serie de directrices básicas para orientar a quienes constituyen el sistema de justicia y que intervienen en el desarrollo de la declaración de testigos. La reforma persigue que este tipo de pruebas se puedan celebrar con las garantías necesarias para considerarlas válidas y, a su vez, salvaguardar tanto la integridad de quien presta testimonio como del propio relato. Por lo que respecta a la declaración de menores de edad, destaca la STS 96/2009, Penal, de 10 de marzo, que se erige como doctrina jurisprudencial y antesala de la nueva regulación. En la citada resolución el Tribunal describe las pautas básicas que deben observarse a la hora de desarrollar la declaración y establece las directrices para conciliar los intereses en conflicto, de un lado, el interés superior del menor y, de otro, los derechos de la parte investigada. Asimismo, también reconoce el papel fundamental que juegan las profesionales expertas en infancia y alude, por primera vez, a los beneficios de implementar el sistema de la Sala Gesell para evitar la confrontación entre víctima y victimario.

Este capítulo se centra en la víctima de violencia sexual mujer y menor de edad, por ser este el objeto de estudio del Proyecto de investigación "Claves para una Justicia digital y algorítmica con perspectiva de género", del que formo parte y en el que se incardina este trabajo. Por ello, las referencias se harán en femenino, que debe interpretarse como inclusivo, abarcando tanto a niñas como a niños, en aquello que pueda referirse a víctimas menores de edad en general.

II. Prueba preconstituida: de la excepción a la regla general en menores de 14 años

Con independencia de la posición que la menor ocupe en el proceso, sus características personales como individuo en desarrollo físico, psíquico y emocional la sitúan en una posición particularmente vulnerable. Tanto por las características biológicas y psicológicas propias de la edad como por el impacto que el delito y las acciones procesales pueden tener en su evolución. Por consiguiente, el procedimiento debe ajustarse con miras a evitar los posibles perjuicios que podría sufrir en relación con el mismo (victimización secundaria)[383]. Para mitigar estos efectos, el sistema judicial debe adaptar sus procedimientos desde una perspectiva de infancia que se rija por el principio del interés superior del menor[384], sin que ello suponga descuidar las garantías inherentes al derecho a un juicio justo[385].

Este principio rector busca garantizar el pleno y efectivo respeto de todos los derechos de la infancia, así como su desarrollo integral. Tiene una triple dimensión: a) como derecho

---

383 Sempere Faus (2020) señala en este sentido que la mayor vulnerabilidad de la infancia cobra una especial relevancia hasta el punto de tildar de maltrato institucional los perjuicios que sufren las menores a su paso por el proceso penal. "La protección de la víctima menor de edad y la victimización secundaria". *Actualidad jurídica iberoamericana*, (13), 874-897

384 Artículo 2 de la Ley Orgánica 1/1996, de 15 de enero, de Protección Jurídica del Menor (en adelante, LOPJM), modificado por la LOPIIAV, que ha incorporado la jurisprudencia del Tribunal Supremo sobre la materia y los criterios de la Observación General N.º 14, de 29 de mayo de 2013, del Comité de los Derechos del Niño de las Naciones Unidas.

385 El Tribunal Supremo reconoce la importancia de proteger a los menores, permitiendo exploraciones realizadas por expertos y su grabación para uso posterior. En casos excepcionales, como delitos sexuales, las declaraciones previas de los menores pueden considerarse como prueba, siempre que se respeten los derechos de defensa del acusado (y los principios que rigen el proceso probatorio: oralidad, inmediación, contradicción y publicidad) y se cumplan determinados requisitos establecidos por el Tribunal Supremo en las Sentencias nº. 71/2015, de 4 de febrero (TOL4.737.727); 389/2017, de 29 de mayo (TOL6.156.087) y 178/2018, de 12 de abril (TOL6.578.291).

sustantivo, pues constituye el derecho de la menor a que se evalúen sus intereses a la hora de adoptarse una medida que le afecte; b) como principio general de interpretación, que implica que ante la posibilidad de varias interpretaciones de una disposición jurídica admita se opte por aquella que promueva los intereses de la menor; y finalmente, c) como norma de procedimiento[386].

El artículo 449 ter LECrim, introducido por la LOPIIAV, establece la preceptiva preconstitución como prueba de la declaración en fase de instrucción de las menores de 14 años bajo la doble premisa de que es una medida que previene la victimización secundaria y contribuye a salvaguardar el testimonio frente al posible deterioro por el paso del tiempo (Exposición de Motivos LOPIIAV).

Este artículo viene a hacer norma general una práctica habitual en los tribunales. Basta recordar que el Tribunal Supremo, en la STS nº. 96/2009 recoge doctrina asentada por la Sala, al amparo de la Decisión marco del Consejo relativa al estatuto de la víctima en el proceso penal, sobre la validez del visionado de las declaraciones efectuadas por menores como prueba preconstituida en sustitución de su declaración en el acto del juicio oral. Así, antes de la reforma ya se permitía la introducción en el plenario de la grabación de la declaración de las víctimas menores en virtud de los artículos 433 y 730 LECrim[387].

---

386 Pillado González, E. (2022). "Capítulo XXIII. La declaración de la víctima menor y las medidas para evitar su revictimización". *Justicia poliédrica en periodo de mudanza: (nuevos conceptos, nuevos sujetos, nuevos instrumentos y nueva intensidad).* Tirant lo Blanch, p. 542; Martín Najera, P. (2022). "La protección de los menores víctimas de violencia de género". *La participación del menor en el proceso judicial.* La Ley, p. 221.

387 A modo de ejemplo, las Sentencias de la Audiencia Provincial de Alicante nº. 325/2012, de 16 de julio de 2012 (TOL2.682.151); 450/2012, de 24 de septiembre de 2012 (TOL2.701.255); 266/2016, de 30 de junio de 2016 (TOL5.900.961); Castellón nº. 375/2013, de

El artículo 449 ter LECrim, aunque de manera muy acertada permite esta posibilidad para aquellas personas con discapacidad necesitadas de especial protección con independencia de su edad. Sin embargo, excluye al resto de víctimas que son susceptibles de sufrir una acusada revictimización por el propio hecho delictivo o sus circunstancias personales. Nos referimos principalmente a las víctimas de trata de seres humanos y a las víctimas mayores de 14 años de violencia sexual sin discapacidad, pero en situación de vulnerabilidad como las migrantes o las adultas mayores, entre otras.

Si bien es cierto que las menores de entre 14 y 18 años siguen amparadas por el artículo 433 LECrim y, por su parte, los Protocolos de trata establecen que el Ministerio Fiscal debe asegurar que la declaración de las víctimas se grabe tanto para su propia protección como para luchar contra la impunidad, en ambos casos la exención de declarar durante el juicio oral queda supeditada a la imposibilidad de comparecencia. Al respecto, el Tribunal Supremo (STS nº. 71/2015–TOL4.737.727) considera como imposibilidad razonable el riesgo de victimización secundaria y el previsible daño psicológico derivado de la declaración.

Pese a ello, tal y como señala Beltrán Montoliu (2021)[388], hubiera sido más acertado para garantizar una herramienta eficaz frente a la victimización secundaria de cualquier víctima, incluir en el artículo 449 ter LECrim junto al listado de delitos susceptibles de acoger esta forma de práctica de la prueba, un

5 de octubre de 2012 (TOL3.756.275); 69/2018, de 23 de febrero de 2018 (TOL6.542.353).

388 Beltrán Montoliu, A. (2021). "Víctimas vulnerables: especial referencia al estatuto del menor a la luz de la LO 8/2021 de protección integral a la infancia y adolescencia frente a la violencia". *Revista de la Asociación de Profesores de Derecho Procesal de las Universidades Españolas,* (3), 108-149.

listado de las circunstancias susceptibles de contribuir a que determinadas víctimas sean especialmente vulneradas al declarar en el juicio oral.

Desde este punto de vista, no podemos pasar por alto que la reciente Directiva 2024/1385 del Parlamento Europeo y del Consejo, de 14 de mayo de 2024, sobre la lucha contra la violencia contra las mujeres y la violencia doméstica establece el derecho de las víctimas a aportar prueba sin sufrir victimización secundaria y aboga por la recogida de pruebas exhaustiva y lo antes posible, lo que sin duda sucede al preconstituir prueba durante la instrucción (§29 y 31).

III. Madurez y dispensa del artículo 416 LECrim

El derecho internacional impone a los Estados la obligación de garantizar el bienestar de la infancia, tomando como principio rector el superior interés del menor (art. 3.1 CDN) y su derecho a ser escuchado (art. 12.1 CDN). La infancia tiene derecho a pronunciarse y expresar sus opiniones en todos los procedimientos judiciales o administrativos en los que se vean afectados sus intereses. De entre los diversos procedimientos, cobran especial relevancia los de ámbito penal en los que, además, son víctima del delito enjuiciado[389]. Estas obligaciones encuentran trasposición específica en nuestra legislación. Así, el artículo 3.e de la LOPIIAV establece el derecho de las menores ser escuchadas y a que sus opiniones sean consideradas.

Las menores son titulares de derechos y deben poder gestionar asuntos que afecten a su esfera personal. Tal y como señala la STC, Pleno, nº. 99/2019, es fundamental respetar su

---

389 Maravall Buckwalter, I. (2018). *La Declaración del menor en el proceso penal: admisibilidad y práctica en el derecho internacional de los derechos humanos*. Tirant lo Blanch, p. 59

derecho a ser oídas en la adopción de medidas judiciales que afecten a su esfera personal como parte del contenido esencial del derecho a la tutela judicial efectiva (art. 24.1 CE). Asimismo, el artículo 24 CE recoge la posibilidad de eximir a quien deba testificar contra ciertos parientes sobre la comisión de hechos presuntamente delictivos. Esta exención del deber de declarar y de colaboración con la justicia (art. 410 y 707.1 LECrim) se desarrolla en el artículo 416 LECrim que también ha sido reformado por la LOPIIAV.

Las menores son titulares de la dispensa del artículo 416 LECrim, de eso no cabe duda (STS 209/2017, de 28 de marzo–TOL6.027.027), sin embargo, la redacción del citado artículo da lugar a diversos interrogantes sobre su alcance al hacer depender su ejercicio de la capacidad para comprender el sentido de la misma por razón de edad o discapacidad[390]. En este sentido, la jurisprudencia y la doctrina han intentado establecer la edad a partir de la cual las menores pueden comprender el alcance de sus decisiones, especialmente en casos de violencia intrafamiliar.

No es una cuestión sencilla si observamos que para tomar decisiones en ámbitos íntimos como la libertad y autodeterminación sexual e incluso la propia integridad física, la normativa varía sustancialmente: a los 16 años se considera que se tiene capacidad suficiente para consentir o no tratamientos médicos (Art. 9 de la Ley 41/2002, de 14 de noviembre, básica

---

390 Tal y como apunta Pérez Machío (2021), existe gran confusión dentro del ordenamiento jurídico español sobre los límites de edad, sin embargo, es preferible en términos de seguridad jurídica, la incorporación de un límite de edad concreto que el recurso a la cláusula *por razón de edad*. "La protección penal del/de la menor víctima de delitos. Hacia un derecho penal basado en el paradigma de la victimología evolutiva y la vulnerabilidad del/la menor de edad". *Revista de Derecho penal y Criminología,* (25), 263-304.

reguladora de la autonomía del paciente y de derechos y obligaciones en materia de información y documentación clínica); para interrumpir el embarazo (art. 13 bis de la Ley Orgánica 2/2010, de 3 de marzo, de salud sexual y reproductiva y de la interrupción voluntaria del embarazo); o emanciparse y contraer matrimonio (arts. 317 y 46 CC). No obstante, hasta 2015, la edad de emancipación y matrimonio era de 14 años. De hecho, a dicha edad se puede otorgar testamento y se considera que tienen suficiente capacidad como para atribuirles responsabilidad penal.

Los tribunales tampoco han mantenido un criterio unificado respecto de la edad, no así de la necesidad de analizar caso por caso. A modo de ejemplo se pueden consultar la STS 803/2014 donde se establece que un menor de 11 años carece de madurez suficiente para captar y comprender el conflicto de intereses, en cambio, en la SAP de Alicante 314/2015 se reconoce que una menor de 9 años presentaba el desarrollo psíquico suficiente para acogerse a la dispensa y, recientemente, el Tribunal Supremo (sentencia de 22 de abril de 2021) ha establecido la presunción de madurez para decidir declarar o no contra un pariente a partir de los 12 o 14 años (FD 1°).

Sin embargo, el debate más intenso se ha desarrollado en torno a la posibilidad de ejercer este derecho por parte de las personas, generalmente las progenitoras, que ostenten la representación de las menores en aquellos supuestos en los que se considere que no tienen capacidad suficiente para decidir por sí mismas.

La nueva redacción del artículo 416.1.4° LECrim parece descartar esta posibilidad en los supuestos en los que se ejerza o haya ejercido la acusación particular. Sin embargo, el Tribunal Supremo considera que no puede asimilarse la acción penal ejercida por la representación de la menor como si fuese la menor misma quien la ejerce, pues estamos ante una representación de carácter procesal que se limita a las actuaciones procesales y no puede abarcar el ejercicio de la dispensa, que es un derecho constitucional autónomo (STS nº. 342/2021, de 23 de abril–TOL8.423.003):

> [...] *el ejercicio de la acusación particular por los padres no conlleva una renuncia expresa o tácita del menor a su derecho constitucional de ahí que el menor pueda ejercer la dispensa siempre que sus condiciones de madurez lo permitan*[391].

Esto nos deja ante un escenario en el que jamás se aplicará a las menores excepción del apartado 4º, pues nunca van a ejercer la acusación por sí mismas, sino que siempre va a ser por representación. Esta interpretación, garante con sus derechos, nos devuelve al escenario en el que las víctimas eran dueñas del proceso pese a ser también quienes instan su inicio. Como en el caso de la SAP de Granada nº. 528/2021, de 30 de diciembre (TOL8.916.605) en el que se absuelve a un padre de los presuntos abusos sexuales a su hija al acogerse esta a la dispensa en el momento del juicio.

Otro supuesto que puede suscitar dudas es la posibilidad del ejercicio de la dispensa de la menor de edad, que carece de madurez, a través de su representante, que no se ha constituido como acusación. El Tribunal Supremo afirma en la sentencia nº. 225/2020, de 25 de mayo, que "cuando [...] no se cuestiona que el menor carece de la madurez necesaria para ejercitar por sí mismo el derecho de dispensa [...] debe ser ejercitado a través de representante [...] por aquellos que velan por los intereses del menor" (arts. 162 y 163 CC). Reconoce una suerte de "dispensa por representación" que puede atribuirse tanto a

---

391 En este sentido, se deberá tener en cuenta en el momento de la declaración si existen circunstancias, como el tiempo de exposición a la presunta violencia, el tipo de la misma y la relación entre víctima y victimario, que puedan afectar a la decisión libre de acogerse o no a la dispensa.

sus representantes legales como al defensor judicial nombrado en supuestos de conflicto de interés[392].

A modo de ejemplo, podemos observar los hechos de la SAP Alicante 285/2020, de 31 de agosto en la que se acusa de abuso sexual a menor de 16 años al padre de una menor de 6 años, cuya representación recae en la madre, que no ha aceptado el ofrecimiento de acciones. Sin embargo, a la luz de la redacción actual del apartado primero del artículo 416.1 LECrim no tiene sentido que se le permita ejercitar la dispensa a la menor por medio de la persona adulta para quien está vetada esta opción.

Finalmente, si atendemos a la literalidad del precepto vigente que permite a la autoridad judicial instructora valerse del auxilio de peritos para dirimir si la menor puede comprender o no el sentido de la dispensa, y al texto del Anteproyecto de la propia LOPIIAV que preveía expresamente la posibilidad decidir a los representantes legales y que no fue incorporado en el texto final, cabe afirmar que no es posible aplicar la dispensa "por representación".

Esta situación nos deja ante un escenario difícil en los supuestos en los que durante la instrucción se considere que la menor no tiene madurez suficiente, pero en el momento del juicio oral si la haya alcanzado. Parte de la doctrina considera

---

392 El artículo 2 de la Ley Orgánica 1/1996, de 15 de enero, de Protección Jurídica del Menor (LOPJM) y el artículo 26 Ley 4/2015, de 27 de abril, del Estatuto de la víctima del delito (EVD) prevén la posibilidad de que el Tribunal nombre un defensor judicial "cuando valore que los representantes legales de la víctima menor de edad o con capacidad judicialmente modificada tienen con ella un conflicto de intereses". Según el artículo 5.c LOPIIAV se presume que existe conflicto de interés cuando la opinión de la persona menor de edad sea contraria a la medida que se adopte sobre ella o suponga una restricción de sus derechos.

que, en estos casos, no plantear la posibilidad de acogerse a la dispensa en el momento en el que se alcanza la capacidad para decidir, supondría una vulneración de las garantías procesales que daría lugar a la nulidad de la prueba[393].

No obstante, llamar a la víctima nuevamente al proceso para que se pronuncie ante una nueva autoridad judicial, aunque se limite al aspecto puramente formal de aceptar o no que su declaración se tenga en cuenta, puede suponer una situación de victimización secundaria que arruinaría el propósito mismo de la prueba preconstituida. Cuestión distinta es que la menor, voluntariamente, se presente para pronunciarse sobre este aspecto, en cuyo caso habría que valorar si dicha manifestación es realmente libre o se encuentra viciada por presiones de terceras personas o miedo a represalias.

Desde luego un análisis caso por caso con la intervención de profesionales especialistas en infancia es la mejor respuesta, siempre que ello no suponga una dilación del procedimiento. Acompañar la declaración preconstituida de un dictamen pericial donde se constate la falta de capacidad de la menor para comprender el sentido de la dispensa podría ser una solución garantista desde el punto de vista procesal. Este dictamen debería hacerse, o bien por la misma persona que guía la entrevista si tiene capacidad para ello, o bien por personal especializado en la medida en que no suponga nuevas exploraciones con diferentes profesionales, de conformidad con el artículo 21 EVD.

Pese a ello, no cabe perder de vista que la dispensa es un derecho de quien testifica, cuya intervención está sujeta al deber de decir verdad, y no de la parte acusada. Así se recoge expresamente en la Sentencia de la Audiencia Provincial de

---

393 Bonilla, J. (2023). "La participación en el proceso penal de la víctima menor de edad. El ejercicio de la dispensa de la obligación de declarar". *Teoría & Derecho. Revista de pensamiento jurídico,* (34), 256-281.

Castellón nº. 365/2019, de 27 de noviembre: "la dispensa de la obligación del testigo de colaborar con la Administración de Justicia se configura como un derecho individual [...] a favor del testigo en un proceso y no de las partes que se integran en él, sin que exista un derecho del encausado a que no declaren contra él".

En este sentido, la decisión de informar sobre la posibilidad de acogerse a la dispensa debe interpretarse en consonancia con el citado *principio del superior interés del menor* y salvaguardando el resto de las garantías procesales de la defensa como son la posibilidad de contradicción, igualdad de armas e inmediación. Es preciso no perder de vista que dicho principio no se interpretará de la misma manera si quien declara ostenta la posición de víctima o es únicamente testigo, donde los intereses a ponderar exceden el binomio intimidad familiar y deber de colaboración con la justicia, para incorporar el derecho a la protección, la integridad, la libertad sexual o cualquier otro bien afectado por el presunto autor.

A mi juicio, la solución más armoniosa con los principios procesales, las garantías de la defensa y el propio interés de las menores, pasa por implementar sistemas de grabación no solo en la sala donde declaren, sino también en la sala donde se encuentran las partes y su señoría. De este modo, además de recoger en el acta cualquier incidencia, quedaría constancia de la posible queja o protesta por parte de la defensa sobre la información o no respecto de la dispensa a quien declara. Además, esto permite que el órgano jurisdiccional instructor se pronuncie en el momento, oídas las partes, sobre la pertinencia o no de informar sobre la dispensa, motivando en el acto su decisión, sin perjuicio de adjuntar al acta dicha motivación por escrito.

En cualquier caso, al igual que ocurre con otras actuaciones, se le permite a la defensa en el momento oportuno presentar su oposición ante una actuación que considera que no es conforme a derecho, lo que puede ser luego la base para recurrir, pero también, la preclusión de dicha reclamación si durante la exploración no se opone a que no se le informe de la dispensa o no se pronuncia en contra ante la decisión del órgano instructor.

IV. La intervención de especialistas y la adaptación de espacios

Como última reflexión sobre las previsiones de nuestra LECrim en materia de declaración de menores es preciso detenerse en los términos "peritos" y "expertos"[394]. La referencia a la intervención de especialistas cuando se trate de entrevistar a menores ya se establecía en la Circular de la Fiscalía General del Estado 3/2009 en los supuestos de menores de 6 años.

Tanto el Estatuto de la Víctima del Delito (art. 26) como la LECrim (arts. 416, 433 y 449 ter) hacen referencia a la posibilidad de intervenir en el interrogatorio de las menores "expertos", "peritos" o "equipos psicosociales" para auxiliar al Juez o Jueza, evitar causarle perjuicios o mejorar el "rendimiento de la prueba".

En este sentido, merece una breve mención la Directiva 2024/1385 que impone el deber a los Estados de establecer procedimientos de denuncia seguros y adecuados a las menores y, en la medida de lo posible, promueve la presencia de

---

394 En línea con lo que venimos exponiendo, no pretendemos ahondar en la pertinencia o no de los informes periciales psicológicos sobre la credibilidad del testimonio de las víctimas menores, de especial trascendencia en materia de violencia sexual. Sobre este aspecto se puede consultar Triviño Pérez, C.; Winberg Nodal, M.; Moral Jiménez, M. (2021). "Credibilidad del testimonio en agresiones y abusos sexuales a menores: Evolución de los testimonios no creíbles en la última década". *Behavior & Law Journal*, (7)1, 43-57.

profesionales especialistas en el cuidado y la atención de la infancia.

Ante la disparidad de términos y finalidades parece complejo identificar en qué perfil profesional se estaba pensado. Es inevitable acudir al Anteproyecto de LECrim de 2020 donde se identifica expresamente en el artículo 469.4 que "la declaración [de la menor] se tomará con la intervención de un perito experto en psicología del testimonio con experiencia en esta clase de pericia". Sin embargo, esta respuesta parece que solo obedece al objetivo de mejorar el rendimiento de la prueba.

Parece más coherente con lo establecido en el artículo 25 EVD entender que, si estamos ante víctimas en situación de especial vulnerabilidad, por el tipo de delito o las circunstancias personales, se acuda a un perfil profesional para conducir la entrevista que garantice su protección[395]. Ello no impide que intervengan de manera indirecta profesionales de otras ramas, que auxilien a quien dirige la entrevista para mejorar el rendimiento de esta y, desde luego, tampoco es óbice para que se emita un peritaje sobre su grado de madurez.

En cualquier caso, la persona que intervenga en la exploración de la menor debe contar con la preceptiva especialización en materia de derechos fundamentales de la infancia y la adolescencia en línea con lo dispuesto tanto en la Ley Orgánica del Poder Judicial (art. 434) como en la LOPIIAV (art. 5) y en

---

[395] El citado artículo dispone como medidas de protección de las víctimas: b) Que se les reciba declaración por profesionales que hayan recibido una formación especial para reducir o limitar perjuicios a la víctima, así como en perspectiva de género, o con su ayuda. c) Que todas las tomas de declaración a una misma víctima le sean realizadas por la misma persona, salvo que ello pueda perjudicar de forma relevante el desarrollo del proceso o deba tomarse la declaración directamente por un Juez o un Fiscal.

la Directiva 2024/1385[396]. Tal y como se reconoce en las Directrices del Comité de Ministros del Consejo de Europa para una justicia adaptada a los niños: "Un sistema judicial adaptado a los niños se pone del lado de los niños ofreciéndoles la ayuda de profesionales competentes"[397].

En este sentido, la propuesta que trae consigo la Ley Orgánica 10/2022, de 6 de septiembre, de garantía integral de la libertad sexual (LGLS) de implementar en España el modelo Barnahus o Casa de Niños y Niñas parece más que acertada. Como antesala a la implementación de este modelo nuestros tribunales ya venían admitiendo la declaración por medio de la Cámara Gesell, que comparte la realización de las entrevistas en ambientes adaptados a la madurez y edad de la testigo, y la propia declaración por videoconferencia, que permite declarar desde un lugar seguro fuera de la sede del juzgado[398]. El modelo Barnahus, como bien señala la ley, sitúa en el centro de la intervención a las menores víctimas de violencia sexual. Se traslada la intervención multidisciplinar a un único espacio adaptado a las necesidades de la infancia donde, además, las personas que intervienen son profesionales especializadas. Esta perspectiva no solo permite minimizar los riesgos de victimización secundaria, sino que también contribuye a mejorar la obtención del testimonio y, por lo tanto, la propia investigación del delito[399].

---

396 La Directiva 2024/1385 impone el deber a los Estados de impartir a las autoridades competentes la formación adecuada y facilitarles conocimientos especializados adecuados para investigar y perseguir los actos de violencia sexual.

397 Adoptadas por el Comité de Ministros el 17 de noviembre de 2010 en la reunión nº. 1098 de Adjuntos de los Ministros.

398 SSAP Alicante nº. 591/2004; 76/2016; 456/2016; 285/2020; Castellón nº. 371/2016; 154/2018.

399 En línea con lo establecido en el artículo 30 del Convenio de Lanzarote (Instrumento de Ratificación del Convenio del Consejo de Europa

Esta es la misma postura que defiende el Parlamento Europeo y el Consejo en la Directiva 2024/1385, aunque con carácter general y no sólo para las víctimas menores, al imponer a los Estados el deber de prestar los servicios de apoyo en un mismo local o de manera coordinada facilitando el acceso a través de un punto de contacto. La medida es especialmente interesante por cuanto aboga por trasladar este sistema a los servicios de apoyo prestados en línea con el objetivo de facilitar el acceso a las víctimas que, por la situación geográfica de su residencia o por otras circunstancias personales, no puedan acceder fácilmente a dichos servicios (§60).

V. Conclusiones

La correcta obtención y valoración de la prueba en procesos judiciales que involucran a menores víctimas es un aspecto crucial en el sistema de justicia, no solo por la necesidad de esclarecer los hechos y administrar justicia, sino también por la protección y garantía de los derechos fundamentales de las menores. Esta importancia radica en varios aspectos fundamentales:

1. Protección del derecho a la verdad y la justicia: las víctimas de delitos, abusos o situaciones de violencia intrafamiliar merecen una respuesta efectiva por parte del sistema judicial del mismo modo que las víctimas de otros delitos. Por ello, es fundamental contar con medios legales y materiales que permitan su participación en el proceso, la investigación eficaz del crimen y un juicio con todas las garantías.

---

para la protección de los niños contra la explotación y el abuso sexual, hecho en Lanzarote el 25 de octubre de 2007. BOE nº. 274, de 12 de noviembre de 2010).

2. Prevención de la revictimización: el interés superior del menor debe presidir las decisiones sobre su intervención en el proceso de manera respetuosa con el objetivo de evitar la revictimización y proteger su integridad y desarrollo personal. Este principio es el que debe regir a la hora de resolver sobre la obligación de informar acerca de la dispensa del artículo 416 LECrim y en la decisión de exigir la declaración de una persona menor de edad, pero mayor de 14 años, en el juicio oral o aceptar la grabación de su testimonio sumarial respetando las garantías del artículo 449 bis LECrim.

3. Protección de los derechos de la infancia: tanto la declaración como la exploración pericial de menores, deben garantizar el respeto a su dignidad, intimidad y privacidad, así como su derecho a ser escuchada y a participar en el proceso conforme a su capacidad y desarrollo. Es necesario habilitar espacios que reduzcan los potenciales daños de su intervención en el sistema de justicia. En este sentido, la creación de equipos psicosociales que auxilien a la autoridad judicial y la implementación del modelo Barnahus son clave para reducir, minimizar e incluso eliminar el riesgo de victimización secundaria.

La formación en perspectiva de derechos humanos, infancia y género de todas las personas involucradas en la intervención con víctimas dentro y fuera de la Administración de Justicia es fundamental. Un sistema judicial eficiente y sensible con la infancia contribuye a mejorar su confianza y colaboración y, por consiguiente, a luchar contra la impunidad de estas conductas. Al garantizar la efectividad del sistema de justicia en estos casos, se envía un mensaje claro de que los derechos de los menores son prioritarios y que cualquier forma de violencia o abuso será enfrentada con determinación.

Asimismo, la humanización del proceso y las medidas destinadas a permitir la participación de las menores en un contexto de seguridad es una manifestación de las obligaciones positivas de los Estados en materia de acceso a la justicia y protección de los derechos de la infancia.

Bibliografía

Beltrán Montoliu, Ana (2021). "Víctimas vulnerables: especial referencia al estatuto del menor a la luz de la LO 8/2021 de protección integral a la infancia y adolescencia frente a la violencia". *Revista de la Asociación de Profesores de Derecho Procesal de las Universidades Españolas*, (3), 108-149.

Bonilla, Jesús (2023). "La participación en el proceso penal de la víctima menor de edad. El ejercicio de la dispensa de la obligación de declarar". *Teoría & Derecho. Revista de pensamiento jurídico*, (34), 256-281.

Maravall Buckwalter, Isabel (2018). *La Declaración del menor en el proceso penal: admisibilidad y práctica en el derecho internacional de los derechos humanos*. Tirant lo Blanch.

Martín Najera, Pilar (2022). "La protección de los menores víctimas de violencia de género". *La participación del menor en el proceso judicial*. La Ley, p. 221.

Pérez Machío (2021). "La protección penal del/de la menor víctima de delitos. Hacia un derecho penal basado en el paradigma de la victimología evolutiva y la vulnerabilidad del/la menor de edad". *Revista de Derecho penal y Criminología*, (25), 263-304.

Pillado González, Esther (2022). "Capítulo XXIII. La declaración de la víctima menor y las medidas para evitar su revictimización". *Justicia poliédrica en periodo de mudanza: (nuevos conceptos, nuevos sujetos, nuevos instrumentos y nueva intensidad)*. Tirant lo Blanch, p. 542.

Sánchez-Rubio, Ana (2022). "La toma de declaración a través de la Cámara Gesell como medio para evitar la doble victimización". *Estudios Penales y Criminológicos*, (42), 1-30.

Sempere Faus, Silvia (2020). "La protección de la víctima menor de edad y la victimización secundaria". *Actualidad jurídica iberoamericana*, (13), 874-897.

Triviño Pérez, Covadonga; Winberg Nodal, Maxime; Moral Jiménez, María de la Villa (2021). "Credibilidad del testimonio en agresiones y abusos sexuales a menores: Evolución de los testimonios no creíbles en la última década". *Behavior & Law Journal*, (7)1, 43-57.

CAPÍTULO VIII. DERECHO DE VISITAS Y ESTANCIA EN SUPUESTOS DE VIOLENCIA DE GÉNERO. TC LEGISLADOR *CONTRA LEGEM*

SONIA ESPERANZA RODRÍGUEZ BOENTE
Profesora titular de Filosofía del Derecho
Universidad de Santiago de Compostela

No existe ninguna prueba o examen que un ser humano deba superar para convertirse en padre o madre, y podemos estar de acuerdo en que es una de las misiones de mayor importancia en la que nos embarcamos. Sí es cierto que hay ciertos límites que, una vez superados, encuentran una respuesta en el ordenamiento jurídico, en el sentido de privarnos de la patria potestad, es decir, de ese conjunto de deberes y derechos que conforme a la ley tenemos los padres y madres sobre nuestros hijos menores no emancipados; o de los derechos de visitas, comunicación y estancia. Las causas que conducen, en su caso, a la privación de la patria potestad, que deberá decretarse por sentencia, se fundan en el incumplimiento de los deberes asociados a su ejercicio, o en la existencia de una causa criminal o matrimonial, de acuerdo con el artículo 170 del Código civil, que añade también que los tribunales podrán, en beneficio e interés del hijo, acordar la recuperación de la patria potestad cuando hubiere cesado la causa que motivó la privación.

Si nos preguntamos por la naturaleza jurídica de la pérdida de estas facultades inherentes a la condición de padre o madre, debemos responder que son sanciones, esto es, penas, que se imponen por sentencia. Así es como la recoge el código penal, en varios artículos: en el artículo 33, para calificarlo de pena grave; en el artículo 39 para incluirla entre las penas privativas de derechos (tanto la inhabilitación especial como la privación definitiva), etc.

El artículo 55 del código penal dispone que el juez puede acordar la inhabilitación especial para el ejercicio de la patria potestad, tutela, curatela, guarda o acogimiento, o bien la privación de la patria potestad, "cuando estos derechos hubieren tenido relación directa con el delito cometido. Esta vinculación deberá determinarse expresamente en la sentencia". El artículo 140 bis.2. de acuerdo con el cual si la víctima y quien sea autor de los delitos tuvieran un hijo o hija en común, la autoridad judicial impondrá la pena de privación de la patria potestad y la misma pena se impondrá cuando la víctima fuere hijo o hija del autor, respecto de otros hijos e hijas, si existieren. El artículo 149, que regula las mutilaciones genitales, disponiendo que quien la cause, si la víctima es menor o persona con discapacidad necesitada de especial protección, se impondrá también la pena de inhabilitación especial para el ejercicio de la patria potestad. Lo mismo el artículo 153 que regula el supuesto de causar menoscabo psíquico o lesión de poca gravedad, o golpear o maltratar cuando la ofendida sea o haya sido su esposa o mujer ligada por análoga relación de afectividad, en interés del menor se le podrá inhabilitar para el ejercicio de la patria potestad.

Y en el mismo sentido, en el artículo 171, en su punto cuarto respecto al delito de amenaza leve a quien es o haya sido esposa o persona unida por análoga relación de afectividad, en interés del menor se podrá inhabilitar para el ejercicio de la patria potestad; y el artículo 172.2 con relación a las coacciones leves el 173.2 respecto al maltrato habitual; el artículo 225bis, para el caso de sustracción de menores y el artículo 226 que regula el abandono de familia.

De la lectura de estos artículos se puede deducir, fácilmente, que la intención del legislador ha sido la de proteger a los menores bajo el argumento de que un padre que comete alguno de los hechos descritos en estos artículos no sólo es que no vaya a beneficiar a su hijo o hija ejerciendo su patria potestad, sino que lo va a perjudicar. Y en interés del menor, se le priva de esa potestad.

En este trabajo pondremos el foco en el derecho de visitas y estancia, que encuentra también regulación en el código penal. Así, el artículo 48 dispone que cuando se impone una orden de alejamiento, el penado no sólo no puede acercarse a la víctima, sino que, además, se suspende, respecto de los hijos el régimen de visitas, comunicación y estancia que se hubiera reconocido en sentencia civil, hasta el total cumplimiento de la pena.

El legislador español ha sido tradicionalmente reacio a privar a un progenitor del derecho de visitas comunicación y estancia; mucho más de la patria potestad. Ha empezado a abrir esta posibilidad en tiempos relativamente recientes. Y, por otro lado, cuando ha abierto esta posibilidad, la judicatura ha solido aplicarla en sentido restrictivo[400].

La cuestión es que resulta obvio que un padre que delinque no es el mejor ejemplo para sus hijos e hijas, pero cabe la posibilidad de que, en el contexto de vida familiar, en el hogar

---

400 Sobre la jurisprudencia existente en relación con el artículo 94 del Código Civil aplicado a los supuestos de violencia de género, Vid. Vela Sánchez, A. (2022) *Las consecuencias civiles de la violencia de género: estudio doctrinal y jurisprudencial*, J.M. BOSCH EDITOR, 2022, pp. 126-127: «De este modo, podría decirse que la doctrina mayoritaria era propicia a la subsistencia del indicado régimen de visitas con carácter más o menos extenso -según las circunstancias del caso concreto-, pese al carácter violento del progenitor, basándose en que estas visitas podían resultar convenientes para el hijo menor en orden a la preservación de los vínculos de afectividad y a la ayuda que su progenitor podía ofrecerle durante su minoría de edad. En este sentido, se consideraba que el régimen progresivo de comunicación y estancia con el progenitor no custodio sería, normalmente, el recomendable, pues permitía la normalización de las relaciones parentales bajo la supervisión de especialistas y de la propia autoridad judicial».

que comparten, sea un buen padre. Ello salvo que se trate de uno de esos delitos que se cometen en la mayor parte de las ocasiones, en ese entorno íntimo, de puertas para adentro del hogar familiar, como es la violencia de género[401]. En estos casos, el menor se convierte también en víctima, y así ha sido ya reconocido, aunque no reciba directamente la violencia, porque escucha, ve y siente la violencia que se vive en ese hogar. Por eso, el padre no puede seguir en la casa y por eso, tampoco debería tener derecho de visita y estancia de sus hijos e hijas. A ello debemos añadir que los supuestos de violencia vicaria han aumentado de forma considerable en los últimos tiempos. La doctrina ha acuñado la expresión "violencia extendida" como definidora de la violencia de género[402] por esa afectación a todos los sujetos que comparten la intimidad del hogar.

---

401 Expresa muy bien esta idea Paula REYES CANO: «Es necesario reflexionar sobre el modelo de paternidad de los padres que ejercen violencia, ¿es posible que proporcionen a sus hijos e hijas un adecuado cuidado, educación y protección? El padre que ejerce violencia hacia la madre expone a sus hijos e hijos a hechos traumáticos con graves consecuencias, proporcionándoles un rol a seguir. Es necesario desmontar la idea generalizada de que, a pesar de la existencia de maltrato hacia la madre, estos hombres pueden ser «buenos padres». La realidad es que las funciones de cuidado, protección, educación y satisfacción de las necesidades son muy escasas y muchas veces inexistentes (...). De la misma manera, se observan escasos argumentos cuestionando las competencias parentales de los hombres que ejercen violencia, refiriéndose, al hablar de sus comportamientos, a «conductas intransigentes » o «conductas no loables», en el empeño de ocultar sus conductas violentas»: "La vulneración de los derechos fundamentales de los menores en un contexto de violencia de género: una realidad a considerar en las políticas públicas". RVAP, núme. 112. Septiembre-Diciembre 2018. pp. 245-289. p. 272.

402 Vid. REYES CANO, Paula. (2015). "Menores y violencia de género: de invisibles a visibles". *Anales de la Cátedra Francisco Suárez*. 49. 181-217. p. 182: «Una de las características que define y diferencia la violencia contra las mujeres respecto al resto de la violencia interpersonal es

Consciente de este contexto, el legislador ha reaccionado regulando el derecho de visitas y estancia en el artículo 94 del Código Civil, apartado 4º, modificado por la Ley 8/2021, de 2 de junio, por la que se reforma la legislación civil y procesal para el apoyo a las personas con discapacidad, quedando redactado como sigue:

> «No procederá el establecimiento de un régimen de visita o estancia, y si existiera se suspenderá, respecto del progenitor que esté incurso en un proceso penal iniciado por atentar contra la vida, la integridad física, la libertad, la integridad moral o la libertad e indemnidad sexual del otro cónyuge o sus hijos. Tampoco procederá cuando la autoridad judicial advierta, de las alegaciones de las partes y las pruebas practicadas, la existencia de indicios fundados de violencia doméstica o de género. No obstante, la autoridad judicial podrá establecer un régimen de visita, comunicación o estancia en resolución motivada en el interés superior del menor o en la voluntad, deseos y preferencias del mayor con discapacidad necesitado de apoyos y previa evaluación de la situación de la relación paternofilial.
>
> No procederá en ningún caso el establecimiento de un régimen de visitas respecto del progenitor en situación de prisión, provisional o por sentencia firme, acordada en procedimiento penal por los delitos previstos en el párrafo anterior (…)».

Como vemos, estamos ante regulación civil. Con lo cual, ya no es necesario acudir al proceso penal, sino que el propio juez de lo civil decide sobre el derecho de visita o estancia en un

---

que se trata de una "violencia extendida". El agresor, en su estrategia hacia el control y la sumisión de la mujer, incluye como objetivos de su violencia a cualquier persona que él interprete que está apoyándola o ayudándola a escapar de la relación, familiares, amigos/as, etc., pueden ser víctimas de sus ataques. Pero los que siempre sufren las consecuencias de esa "extensión de la violencia" son los hijos e hijas que viven bajo el mismo estado de tensión y alerta que su madre. Sufriendo las mismas lesiones psicológicas y en ocasiones también los mismos golpes».

proceso de separación o divorcio. Fijémonos en que no se regula el derecho de comunicación, lo cual es razonable puesto que, si se trata de proteger a los hijos e hijas de la posibilidad de que su padre les haga daño físico, con una comunicación podrá producirse daño psicólogo, también grave es indudable, pero en el caso de las comunicaciones, el legislador ha inclinado la balanza hacia su mantenimiento, por el menor riesgo que implican.

Antes de adentrarnos en cómo deben interpretarse, por un lado, y cómo han sido interpretadas por el Tribunal Constitucional por otro, las expresiones contenidas en este artículo, teniendo en cuenta que se pronunció en la sentencia 106/2022, de 13 de septiembre, conviene que analicemos qué regulación había antes de esta reforma.

La redacción original de este artículo introducido por la Ley 30/1981, de 7 de julio, por la que se introduce el divorcio en nuestro país, era la siguiente:

> "El progenitor que no tenga consigo a los hijos menores o incapacitados gozará del derecho de visitarlos, comunicar con ellos y tenerlos en su compañía. El Juez determinará el tiempo, modo y lugar del ejercicio de este derecho, que podrá limitar o suspender si se dieren graves circunstancias que así lo aconsejen o se incumplieren grave o reiteradamente los deberes impuestos por la resolución judicial".

Por tanto, ya en el origen de la norma existía la posibilidad de que el órgano judicial limitase o suspendiese estos derechos, en atención a graves circunstancias, que no se explicitan, pero entre las que podrían englobarse situaciones de violencia de género o doméstica. Con todo, tales situaciones no adquirían en la mente del legislador de 1981 el papel protagonista que más tarde tuvieron y que tienen en la actualidad. Además, como leemos en este artículo, el legislador habla de limitar o suspender, pero en ningún caso se habla de privación de esos derechos. Y, por último, esa limitación o suspensión por incumplir los deberes, acabó convirtiéndose, en la práctica, en una sanción si no se pagaba la pensión de alimentos, con lo cual la posibilidad de disfrutar de la compañía de los hijos e hijas se convertían en moneda de cambio, sin tener en cuenta si esa limitación redundaba, o no, en el interés y bienestar de aquellos. El concepto de "interés superior del menor" todavía no había hecho aparición.

En concreto, y pasando del ámbito del derecho civil al penal, el legislador puso el foco en estas situaciones y las relacionó con los derechos de visita y estancia más de 20 años después, en la redacción original del artículo 66 de la LO de violencia de género de 2004, disponiendo que "El Juez podrá ordenar la suspensión de visitas del inculpado por violencia de género a sus descendientes".

Artículo 66 que ha sido reformado en dos ocasiones: por la Ley Orgánica 8/2015 de modificación del sistema de protección a la infancia y a la adolescencia, y por la Ley 10/2022, de garantía integral de la libertad sexual. En virtud de la primera el artículo quedó redactado de la siguiente manera:

> «El Juez podrá ordenar la suspensión del régimen de visitas, estancia, relación o comunicación del inculpado por violencia de género respecto de los menores que dependan de él. Si no acordara la suspensión, el Juez deberá pronunciarse en todo caso sobre la forma en que se ejercerá el régimen de estancia, relación o comunicación del inculpado por violencia de género respecto de los menores que dependan del mismo. Asimismo, adoptará las medidas necesarias para garantizar la seguridad, integridad y recuperación de los menores y de la mujer, y realizará un seguimiento periódico de su evolución».

La ley introduce la posibilidad de acordar la suspensión, pero en ningún caso se la impone al juez o jueza. Resulta llamativa la ingenuidad del legislador cuando conmina a jueces y juezas a garantizar la seguridad, integridad y recuperación de los menores y la mujer y hacer un seguimiento periódico de la evolución. El poder judicial no tiene medios para cumplir estas obligaciones. El legislador propone y el presupuesto dispone.

La segunda reforma de este artículo vino de la mano de la Ley Orgánica 10/2022, de 6 de septiembre, que dio al art. 66 de la LO de violencia de género, que le da la siguiente redacción:

> "El Juez ordenará la suspensión del régimen de visitas, estancia, relación o comunicación del inculpado por violencia de género respecto de los menores que dependan de él. Si, en interés superior del menor, no acordara la suspensión, el Juez deberá pronunciarse en todo caso sobre la forma en que se ejercerá el régimen de estancia, relación o comunicación del inculpado por violencia de género respecto de los menores que dependan del mismo. Asimismo, adoptará las medidas necesarias para garantizar la seguridad, integridad y recuperación de los menores y de la mujer, a través de servicios de atención especializada, y realizará un seguimiento periódico de su evolución, en coordinación con dichos servicios".

Pasamos, por tanto, de un "podrá ordenar" a un "ordenará", dando a entender que la voluntad del legislador es que se suspenda el régimen de visitas, estancia, relación o comunicación del inculpado por violencia de género en el mayor número de casos. A juicio de Jesús Daniel Ayllón García, esta manera de legislar "demuestra un aumento de la desconfianza en estos operadores jurídicos (jueces y juezas) (…) mientras que, actualmente, se les impone como primera opción que suspendan, *ex lege*, las visitas y estancias, prescindiendo de su criterio o de su leal saber y entender, que queda relegado a un segundo plano de actuación" (AYLLÓN GARCÍA, 2022, 114-115)[403].

---

403 AYLLÓN GARCÍA, Jesús Daniel (2020). "Suspensión de régimen de visitas o estancia del art. 94 del Código Civil tras su reforma por la Ley 8/2021, de 2 de junio". *Rev. Boliv. de Derecho*. núm. 34. julio 2020.

Por su parte, y en este marco de legislación penal, la LO 8/2021 de protección de la infancia aprobó el párrafo 3º del apartado 7º del art. 544 ter del Código penal, de acuerdo con el cual:

> «Cuando se dicte una orden de protección con medidas de contenido penal y existieran indicios fundados de que los hijos e hijas menores de edad hubieran presenciado, sufrido o convivido con la violencia a la que se refiere el apartado 1 de este artículo, la autoridad judicial, de oficio o a instancia de parte, suspenderá el régimen de visitas, estancia, relación o comunicación del inculpado respecto de los menores que dependan de él. No obstante, a instancia de parte, la autoridad judicial podrá no acordar la suspensión mediante resolución motivada en el interés superior del menor y previa evaluación de la situación de la relación paternofilial».

Pues bien, todas estas reformas han intentado responder al mandato contenido en el eje cuarto del Pacto de Estado contra la violencia de género, firmado en septiembre de 2017 por las principales fuerzas políticas de nuestro país, y que proponía la necesidad de establecer el carácter imperativo de la suspensión del régimen de visitas en todos los casos en los que el menor hubiera presenciado, sufrido o convivido con manifestaciones de violencia, precisamente para que hijos e hijas no fuesen utilizados por sus padres como instrumento de presión hacia sus madres.

Fijémonos en que la propuesta del pacto de estado era la de suspender o no acordar el régimen de visitas cuando estas circunstancias se hubieran dado de hecho, esto es presenciar, sufrir o convivir con manifestaciones de violencia. Teniendo en cuenta de que sobre su concurrencia tendremos siempre dos versiones, la del padre y la de la madre, y que es el juez el que ha de determinar si se han dado o no como resultado de un proceso, parece razonable que debamos entender que la suspensión se produzca cuando hay duda sobre si esas situaciones de hecho se han producido, esto es, desde que comienza el proceso judicial hasta que, en su caso, se consideren probadas y exista una condena por sentencia firme. La intención del pacto de Estado era clara en el sentido de proteger a los hijos e hijas y, con ello, también a sus madres. Para muchos padres se han convertido en una herramienta para presionar a las madres, para amenazarlas con hacer daño a los hijos e hijas, coaccionarlas y, en definitiva, someterlas[404]. Y, como lamentablemente sabemos, en muchas ocasiones cumplen las amenazas [405].

Pero ¿qué situaciones regula, en concreto, el nuevo artículo 94, apartado cuarto? ¿y, qué es lo que no se ha regulado? En su regulación podemos distinguir, tres situaciones:

1ª. Condenado a pena de prisión por violencia de género con sentencia firme sin suspensión de la entrada en prisión

---

404 «La cuestión es determinar cuál es el interés del progenitor no custodio en situaciones de violencia de género, ya que, este supuesto derecho-deber, se convierte, con mucha frecuencia, en otra herramienta más a disposición del padre para seguir ejerciendo el control y sometimiento hacia la mujer, a través de los hijos e hijas. Este interés chocará frontalmente con el del menor, que será el derecho a una vida libre de violencia, así como a la protección de su integridad, desarrollo y derechos fundamentales»: Reyes Cano, Paula, "La vulneración de los derechos fundamentales de los menores en un contexto de violencia de género: una realidad a considerar en las políticas públicas", *op. cit.* , pp. 251-252.

405 En palabras de Vela Sánchez, A, «(…) las modificaciones incorporadas tienen el propósito de apartar a los menores de las situaciones en las que el conflicto propio derivado de la ruptura se vuelva peligroso para ellos al venir acompañada de conductas propias del tipo delictivo de violencia de género sobre la pareja, cumpliendo así con la necesidad de protección que requieren para evitar que puedan verse afectados de manera traumática y surjan en ellos sentimientos de inseguridad, miedo o preocupación ante la posibilidad de que esas situaciones puedan volver a producirse»: *op. cit.*, p. 131.

(el artículo habla de situación fáctica de prisión): no se puede establecer régimen de visitas o estancia.

2ª. Prisión provisional por este delito: tampoco cabe establecer el régimen de visitas o estancias.

3º. En los casos en los que el proceso aún esté vivo sin prisión provisional, regulados en el artículo 94, apartado 4º, (padre incurso en un proceso de violencia de género o doméstica) o en los casos en los que de las pruebas practicadas existan indicios suficientes de que existe violencia de género o doméstica, el órgano judicial no puede conceder el derecho de visita o estancia, con carácter general, y la única motivación de esta resolución debe ser que se halle en estas situaciones. Existe, como dispone el artículo 94, con carácter de excepción frente a esta regla general, la posibilidad de que el órgano juzgador acuerdo el régimen de visita, comunicación o estancia basándose en el interés superior del menor (...) y evaluando la relación paternofilial.

Tenemos, por último, una situación que, desde mi punto de vista, tendría que estar regulada, y no lo está, una laguna normativa. Sería el supuesto en que hay condena por violencia de género sin pena de prisión. Supuestos, por ejemplo, de injurias leves que no traen aparejada pena de prisión. Y también habría que incluir en este apartado los supuestos en los que ha habido condena a pena de prisión, pero se ha suspendido, teniendo en cuenta que hay figuras delictivas en las que la pena de prisión va de 6 meses a 1 año (lesiones leves, por ejemplo) y en el 99% de los casos se suspende la entrada en prisión si no hay antecedentes.

Son, además, los casos en los que el riesgo para los menores se incrementa porque ya ha habido condena (sea con pena que no es prisión o con pena de prisión que se ha suspendido) y se supone que la rabia del condenado se multiplicará. Desde mi punto de vista, para integrar la laguna habría que aplicar, por analogía, la misma solución que en las situaciones primera y tercera y negar en todo caso el derecho de visita durante el tiempo de la condena de prisión, aunque se haya suspendido, y por ese tiempo; y la solución tercera para los supuestos que no lleven aparejada prisión.

Hasta aquí la respuesta a la pregunta sobre cómo, creo yo, se debe interpretar el artículo 94, apartado 4º.

A partir de este momento me referiré a cómo dice el TC que hay que interpretarlo, ya que este artículo fue objeto de un recurso de inconstitucionalidad interpuesto por el grupo parlamentario VOX, que dio lugar a la sentencia 106/2022, de 13 de septiembre. Se trata de una sentencia interpretativa, que salva la constitucionalidad del artículo siempre que se interprete de la forma establecida por el propio tribunal, interpretación que, en mi opinión que ya adelanto, vulnera el tenor literal del precepto y que resulta criticable, además, desde una perspectiva de género.

El TC dice que para examinar si el precepto en cuestión protege el interés superior del menor hay que realizar una interpretación

> *«que alejada del encorsetamiento en los dos primeros incisos del párrafo cuarto del art. 94, examine el precepto impugnado de modo conjunto y sistemático"* (FJ cuarto) *llegando a la conclusión de que el precepto "no priva de modo automático al progenitor del régimen de visitas o estancias como afirman los recurrentes, sino que atribuye a la autoridad judicial la decisión sobre el establecimiento o no de tal régimen»*.

La interpretación correcta del precepto, como ya dije, establece una regla general que priva del derecho de visita, estancia o comunicación al padre que esté en alguna de las circunstancias allí descritas. Regla que admite excepciones en atención al interés superior del menor y a las concretas relaciones paternofiliales, y esto es lo que se deduce del tenor literal del precepto.

Es cierto, y esta es la baza que aprovechó el Tribunal Constitucional, que el legislador se ha quedado a medio camino entre el carácter imperativo y el potestativo; como si en último término le hubiese parecido demasiado grave privar sin excepciones del derecho de visita y estancia al padre maltratador. Medio camino que no tomó cuando se trató de regular la guarda o custodia conjunta, en el artículo 92.7[406], en la que no admite excepciones al "no procederá" cuando el padre esté en las mismas circunstancias descritas por el artículo 94.

Pero es esto lo que ha querido el legislador, y no otra cosa, según se deduce de la dicción literal del artículo. Parecería que el legislador desease que se desequilibre la balanza a favor de las suspensiones del régimen de visitas, consciente de que el desequilibrio a favor de acordar las visitas y estancias produce, aunque sea sólo por pura estadística, más situaciones de violencia vicaria. Y, sin llegar al extremos de la violencia vicaria, lo cierto es que vivir la violencia contra su madre produce muchos efectos negativos para el desarrollo psicológico, afectivo y en ocasiones, para la integridad física del menor[407].

---

406 No procederá la guarda conjunta cuando cualquiera de los progenitores esté incurso en un proceso penal iniciado por intentar atentar contra la vida, la integridad física, la libertad, la integridad moral o la libertad e indemnidad sexual del otro cónyuge o de los hijos que convivan con ambos. Tampoco procederá cuando el juez advierta, de las alegaciones de las partes y las pruebas practicadas, la existencia de indicios fundados de violencia doméstica o de género. Se apreciará también a estos efectos la existencia de malos tratos a animales, o la amenaza de causarlos, como medio para controlar o victimizar a cualquiera de estas personas. Esta prohibición absoluta de la custodia conjunta del 92.7 ha sido objeto de otra cuestión de inconstitucionalidad interpuesta por la Sala de lo civil del Tribunal Supremo por auto 581/2023, respecto del cual el TC todavía no se ha pronunciado.

407 «Diversas investigaciones han concluido que estos niños y niñas presentan más conductas agresivas y antisociales, también suelen presentar una menor competencia social y un menor rendimiento

La interpretación que lleva a cabo el TC es criticable en el sentido de que es cierto que corresponde al órgano judicial la determinación del régimen de visitas o estancia, pero tendríamos que añadir en todos los casos. La cuestión a debate es en función de qué criterios. Y el legislador ha determinado que cuando confluyan en el caso las circunstancias fácticas que describe el artículo, esto es, violencia de género, la regla general debe ser la de privar del régimen de visitas o estancia, inclinando la balanza a favor de las suspensiones.

No es casual que hayamos pasado de expresiones como la de "podrá acordar" "podrá suspender" de la legislación anterior, que sugerían que la discrecionalidad del órgano judicial en estos casos era total, a expresiones como "no procederá" o "suspenderá" con las que el legislador deja claro que la regla general debe ser la suspensión aunque quepan excepciones, cuando el interés superior del menor así lo aconseje y las relaciones paternofiliales no dejen lugar a duda sobre la inexistencia de riesgo para la vida o la integridad física o psíquica de los hijos, en los que estos derechos podrán modularse.

¿Qué decir de qué se espera de una sentencia interpretativa como ésta? En primer lugar que se enmarca en un principio más amplio que dirige también la interpretación de las normas y que es el "principio de conservación de la norma", en atención al cual, y en virtud de una suerte de economía legislativa, el Tribunal Constitucional debe intentar salvar la constitucionalidad de la norma en el caso de que encuentre una interpretación que permita tal salvación; y si la encuentra, ello le conducirá a redactar una sentencia interpretativa, que es justamente lo que ha ocurrido en este caso.

---

académico que los de familias en que las que no se da la violencia, además de promedios más altos en medidas de ansiedad, depresión y síntomas traumáticos»: REYES CANO, Paula. (2015). "Menores y violencia de género: de invisibles a visibles". *op. cit.* p. 185.

Ahora bien, el principio de conservación de la norma tiene como límite infranqueable el de que la opción interpretativa que el TC esgrime como la que permite salvar su constitucionalidad, sea una de las lingüísticamente posibles. El TC no puede sustituir al legislador, rehacer su obra escudándose en una supuesta interpretación conforme, haciendo decir al texto legal lo que no dice. Y esto no es que lo diga yo, lo cual tendría muy poca importancia, sino que se trata de una cuestión que el propio TC ha dejado sentada en su propia jurisprudencia. Veamos cómo.

Ya en la tempranísima sentencia 11/1981, de 8 de abril, fijaba los límites de las sentencias interpretativas en el sentido de que tiene por objeto

> «el establecimiento del sentido y significación del texto, pero no, en cambio, lo que podría entenderse como interpretación en un sentido más amplio, que sería la deducción o reconstrucción del mandato normativo, mediante la puesta en conexión de textos. Puede el Tribunal establecer un significado de un texto y decidir que es el conforme con la Constitución. No puede, en cambio, tratar de reconstruir una norma que no esté debidamente explícita en un texto, para concluir que esta es la norma constitucional».

El sentido literal de la norma aparece como punto de arranque, pero también como límite de toda actividad interpretativa, y también de la interpretación conforme. Por ejemplo, en la STC 222/1992 de 11 de diciembre, Fundamento jurídico segundo:

> «la interpretación conforme a la Constitución de los preceptos legales tiene también sus límites, entre los que se cuenta el respeto al propio tenor literal de aquéllos».

Y tal obligación aparece de modo meridiano en la STC 50/1999, de 6 de abril[408], diciendo que la decisión interpretati-

---

408 Voto particular que formula Carlos Viver Pi-Sunyer.

va está limitada por los criterios de interpretación que rigen en una comunidad jurídica. Entre esas pautas

> «figura, sin duda, como límite infranqueable de toda actividad interpretativa, el deber de respetar el tenor literal de los preceptos, de modo que no cabe deducir de un enunciado legal ninguna norma contraria al posible sentido lingüístico del precepto o, más claramente, «al sentido propio de sus palabras» (art. 3.1 CC). Así lo ha declarado este Tribunal en numerosas resoluciones al afirmar que esa actividad interpretativa no puede «ignorar o desfigurar el sentido de los enunciados legales meridianos» ni «reconstruir una norma que no está debidamente explicitada en el texto».

Y continúa:

> «En estos supuestos, intentar reparar la inconstitucionalidad de un precepto manteniendo intacta la constitucionalidad de su enunciado legal pero excluyendo de su contenido o alcance una norma o interpretación que claramente no puede excluirse sin que el significado resultante del precepto sea intrínsecamente contradictorio con su tenor literal sobrepasa los límites establecidos por este Tribunal al empleo de la técnica de las sentencias interpretativas y produce efectos gravemente perjudiciales para la certeza del Derecho y la seguridad jurídica».
>
> Aparece también en la STC 98/2004, de 25 de mayo[409], la acertada declaración de que «uno de los límites claros de toda interpretación conforme es que ésta debe respetar, conforme a las exigencias del principio de división de poderes, la esfera de libre determinación del poder legislativo (...) y que La libertad de interpretar una Ley conforme a la Constitución no es libertad para crear o producir de nuevo dicha Ley conforme a la Constitución. No debe este Tribunal corregir o rectificar la obra del legislador. Dicho con otras palabras: no debemos hacer decir al legislador lo que el legislador no quiso decir».

---

409 Voto particular firmado por Jorge Rodríguez-Zapata Pérez y al que se adhiere Roberto García-Calvo y Montiel.

Sin ánimo de ser exhaustiva, mencionaré sólo tres sentencias más: la STC 189/2013, Fundamento jurídico cuarto:

> «se erige en parámetro hermenéutico el que la interpretación conforme se pueda deducir "de modo natural y no forzado" del tenor literal del precepto, sin afectación de la seguridad jurídica».
>
> La STC 185/2014, de 6 de noviembre, Fundamento jurídico quinto: La interpretación conforme debe partir del tenor literal de la norma
>
> «criterio primero de interpretación de todo precepto. (...). No se sostiene, el rechazo de la interpretación conforme por parte del órgano judicial, pues dista de ser una reconstrucción del precepto contraria a la literalidad de la norma y a la voluntad del legislador». Y en el Fundamento jurídico séptimo de la misma sentencia: «(L)a salvaguarda del principio de conservación de la norma encuentra su límite en las interpretaciones respetuosas tanto de la literalidad de la norma cuestionada como del contenido del mandato incorporado en la norma examinada».

Y, por último, la STC 65/2020 de 18 junio, en su Fundamento jurídico segundo, apartado b) se pronuncia en el mismo sentido[410], añadiendo que el TC debe cumplir una función de legislador negativo, pero no positivo.

A mi modo de ver, en el caso que nos ocupa el TC no ha cumplido su propia doctrina sobre hasta dónde debe llegar

---

[410] «(L)a salvaguarda del principio de conservación de la norma encuentra su límite en las interpretaciones respetuosas tanto de la literalidad como del contenido de la norma cuestionada, de manera que la interpretación de conformidad con los mandatos constitucionales sea efectivamente deducible, de modo natural y no forzado, de la disposición impugnada, sin que corresponda a este Tribunal la reconstrucción de la norma en contra de su sentido evidente con la finalidad de encontrar un sentido constitucional, asumiendo una función de legislador positivo que en ningún caso le corresponde».

una sentencia interpretativa. Ha establecido una interpretación que no se deduce de la dicción literal del precepto; que no es, por tanto, una de las lingüísticamente posibles. Ha interpretado que la facultad de decidir sobre el establecimiento o no del derecho de visita, comunicación o estancia forma parte de la capacidad discrecional del juez al 100%. Pero ha omitido que el legislador ha acotado esa discrecionalidad. Debería haber añadido que es preciso, porque así se extrae de la dicción literal del precepto que, ante la duda, el órgano judicial debe inclinar la balanza hacia la suspensión y sólo excepcionalmente hacia el establecimiento de un régimen de visitas, estancia y comunicación.

Es justamente ésta la crítica que hace a la sentencia el voto particular (concurrente porque concuerda con el fallo -la constitucionalidad de la norma- pero no con la argumentación que le sirve de base) formulado por las Magistradas María Luisa Balaguer Callejón e Inmaculada Montalbán Huertas y el Magistrado Juan Antonio Xiol Ríos. La interpretación que proponen y que salvaguarda la constitucionalidad de la norma, introduce la perspectiva de género en la interpretación del artículo 94, apartado 4°. El fin de la norma, que no debe perderse de vista, es el de proteger la vida e integridad física de las madres, en particular la violencia vicaria, y a los hijos e hijas víctimas de violencia de género de un supuesto de violencia vicaria.

Pero, a pesar de que introducen también la denuncia de la conculcación de la perspectiva de género en la interpretación, el mayor reproche que vierten estos magistrados disidentes contra la sentencia es el de que esquiva la dicción literal del artículo, y la evolución legislativa a la que aludí anteriormente y que tiende a imponer progresivamente medidas más restrictivas al mantenimiento de las relaciones parentales, aplicando un principio de precaución y de protección de los menores para garantizar su vida, su seguridad y la de sus madres.

Es indudable que en la mente del legislador estaban casos como el de Ángela González Carreño que había pedido a la justicia más de 30 veces que suspendieran el régimen de visitas de su hija porque sabía que su padre, de quién se había separado tras varios episodios de violencia de género, acabaría haciéndole daño a la pequeña. Y, efectivamente, su ex marido acabó con la vida de la niña cuando contaba 3 años de edad.

Por lo tanto, existe coherencia entre la interpretación literal y la interpretación que busca la *mens legislatoris*, que se debe poner en relación también con el criterio interpretativo finalístico o teleológico, el que ordena tener en cuenta la finalidad, objetiva, de la norma, que no es otra que la de proteger a las personas menores de edad de las consecuencias que para su vida e integridad física y moral y el adecuado desarrollo de su personalidad tiene vivir en un contexto de violencia de género o violencia doméstica. Junto a esta finalidad esencial, se trata también de proteger a sus madres, y a ellos por supuesto, frente a la violencia vicaria. La interpretación elegida por el TC protege menos a las madres y a sus hijos, y no se sigue ni de la interpretación literal, ni de la intención del legislador, ni de una interpretación teleológica.

Fijémonos ahora, siguiendo la argumentación de los magistrados disidentes, en el criterio interpretativo sociológico, el que toma en cuenta el contexto social del momento en que se aplica la norma. En este sentido, los datos de los casos de violencia de género apuntaban a que la violencia vicaria subía sin que esta subida estuviese acompasada de más suspensiones de régimen de visitas, cuando el órgano decisor tenía la potestad discrecional de acordarla al 100%, sin límite legal alguno. El artículo 94, párrafo cuarto, viene a intentar paliar esta situación, limitando esa potestad discrecional en el sentido de que obliga, con carácter general a suspender, o a no acordar, el régimen de visitas o estancia, que sólo podrá acordarse con carácter excepcional, en atención al interés del menor y cuando las circunstancias permitan entender que no hay riesgo para la vida e integridad física y moral de los hijos e hijas ni de las madres. El legislador prefiere minimizar los supuestos de riesgo para los hijos y sus madres. Desconocerlo supone saltarse el principio de legalidad y, con él, el de Estado de Derecho. En 1944 escribía Calamandrei estas palabras en defensa del principio de legalidad, «frente a quien sostiene que la legalidad no es más que una ilusión, es fácil desde el punto de vista práctico percibir la diferencia existente entre una legislación penal basada en el principio de legalidad y una legislación penal que -como las de la edad intermedia y como la actual- da al juez el poder de pensar como delitos hechos no previstos como tales en la ley. A esos filósofos que niegan la diferencia les preguntamos si, desde el punto de vista de su seguridad personal, se sentirían mejor viviendo bajo el primer régimen o bajo el segundo. Probablemente su tranquilidad de ciudadanos honestos se sentiría más asegurada en el primero»[411].

Como vemos de lo anteriormente dicho, la interpretación que ofrece esta sentencia del Tribunal Constitucional no se sigue de ningún criterio interpretativo al uso, ni de los clásicos, ni de los incorporados recientemente, como lo es la interpretación con perspectiva de género.

CONCLUSIONES

En la resolución judicial sobre el derecho de visitas, comunicación y estancia en supuestos de violencia de género es preciso distinguir tres situaciones:

---

411 CALAMANDREI, Piero (2016). *Sin legalidad no hay libertad*. Trad. y prólogo de Perfecto Andrés Ibáñez. Trotta. Madrid. 2016, p. 39. En nuestro país, destaca la obra de Francisco Laporta en defensa del principio de legalidad. Vid. *El imperio de la ley. Una visión actual*, Trotta, Madrid, 2007.

1ª. Condenado a pena de prisión por violencia de género con sentencia firme sin suspensión de la entrada en prisión (el artículo habla de situación fáctica de prisión): no se puede establecer régimen de visitas o estancia.

2ª. Prisión provisional por este delito: tampoco cabe establecer el régimen de visitas o estancias.

3º. Proceso vivo: inculpado por violencia de género o cuando existan indicios de existencia de violencia de género o doméstica: con carácter general se debe suspender el régimen de visitas; sólo excepcionalmente, en atención al interés del menor y teniendo en cuenta la relación paternofilial se puede acordar.

4ª. Condena por violencia de género sin pena de prisión; supuestos, por ejemplo, de injurias leves que no traen aparejada pena de prisión. Y supuestos en los que ha habido condena a pena de prisión, pero se ha suspendido, teniendo en cuenta que hay figuras delictivas en las que la pena de prisión va de 6 meses a 1 año (lesiones leves, por ejemplo) y en el 99% de los casos se suspende la entrada en prisión si no hay antecedentes. En estos casos, el artículo 94.4º no ofrece indicación alguna: hay una laguna, para cuya integración pienso que habría que aplicar, por analogía, la misma solución que en la situación 3ª que para los supuestos de procesos vivos o de indicios de violencia.

5ª. En la STC 106/2022, el TC ha establecido una interpretación que no se deduce de la dicción literal del precepto; que no es, por tanto, una de las lingüísticamente posibles. Ha interpretado que la facultad de decidir sobre el establecimiento o no del derecho de visita, comunicación o estancia forma parte de la capacidad discrecional del juez. Y es cierto, pero ha omitido que el legislador ha acotado esa discrecionalidad. Es preciso que el órgano judicial incline la balanza hacia la suspensión y sólo excepcionalmente hacia el establecimiento de un régimen de visitas, estancia y comunicación. Haciendo esto, el

TC ha desconocido su propia doctrina sobre la interpretación conforme. La interpretación del TC tampoco se sigue de una interpretación psicológica (voluntad del legislador) ni finalística o teleológica (fin objetivo perseguido por la norma) ni sociológica (circunstancias sociales del tiempo en que la norma ha de ser aplicada).

En definitiva, en la Sentencia 106/2022, el TC ha desconocido el principio de legalidad, esencial en un Estado de Derecho.

REFERENCIAS BIBLIOGRÁFICAS

AYLLÓN GARCÍA, JESÚS DANIEL (2020). "Suspensión de régimen de visitas o estancia del art. 94 del Código Civil tras su reforma por la Ley 8/2021, de 2 de junio". *Rev. Boliv. de Derecho.* núm. 34. julio 2020.

CALAMANDREI, PIERO (2016). *Sin legalidad no hay libertad.* Trad. y prólogo de Perfecto Andrés Ibáñez. Trotta. Madrid.

LAPORTA, Francisco (2007). *El imperio de la ley. Una visión actual,* Trotta, Madrid, 2007.

REYES CANO, PAULA:

(2015). "Menores y violencia de género: de invisibles a visibles". *Anales de la Cátedra Francisco Suárez.* 49. 181-217

(2018). La vulneración de los derechos fundamentales de los menores en un contexto de violencia de género: una realidad a considerar en las políticas públicas". RVAP, núme. 112. Septiembre-Diciembre 2018. pp. 245-289.

VELA SÁNCHEZ, ANTONIO. (2022) Las consecuencias civiles de la violencia de género: estudio doctrinal y jurisprudencial, J.M. BOSCH EDITOR.

CAPÍTULO IX. DESACTIVANDO MICRO/ MACRO PRÁCTICAS ANTIGÉNERO INSTITUCIONALES EN VIOLENCIAS MACHISTAS: OBSERVACIONES DESDE LOS SERVICIOS DE ATENCIÓN PSICOLÓGICA EN CATALUÑA

RUBÉN LÓPEZ LORENZO[412]
TERESA CABRUJA-UBACH[413]

1. Introducción: violencia institucional y revictimización

El presente capítulo surge de la comunicación que se presentó en el Congreso Internacional "Retos Jurídicos y de la Atención a la Infancia y las Mujeres Víctimas de Violencia: el modelo Barnahus, la prueba preconstituida y la protección a las víctimas de feminicidio", que tuvo lugar en la Universitat Rovira i Virgili en Tarragona, organizado por tres grupos de investigación interdisciplinar y distintos proyectos financiados[414]. Lo que motivó la participación fue, en gran parte, una enorme preocupación experimentada por quienes firmamos este texto, a raíz de participar en distintas formaciones y proyectos compartidos sobre violencias de género, así como los recientes resultados de entrevistas realizadas en el marco de una investigación doctoral en curso, que trata sobre la incorporación de

---

412 Psicólogo, doctorando Programa Psicologia, Salut i Qualitat de Vida de la Universitat de Girona.

413 Profesora titular psicología social, Universitat de Girona. Investigadora del proyecto I+D+i "Nuevos retos de género del derecho probatorio" (PID2020-115304GB-C22), financiado por MCIN/ AEI/10.13039/501100011033.

414 Congreso financiado por el proyecto de I+D+i "Nuevos retos de género del derecho probatorio" (PID2020-115304GB-C22), financiado por MCIN/ AEI/10.13039/501100011033

las aportaciones feministas y la perspectiva de género al abordaje profesional de las violencias machistas en psicología[415].

Lo que nos impulsó fue el observar cómo, a pesar de la puesta en marcha y actualización de diversos protocolos, de la aportación de recursos para la formación en materia de violencia (especialmente a partir del 2017 con el despliegue de las medidas contenidas en el Pacto de Estado contra la violencia de género) y la proliferación de formaciones en/sobre perspectiva de género y, directamente, sobre las manifestaciones y efectos de la violencia machista, nos percatábamos que, en dos de sus manifestaciones más evidentes[416]: *la atención a mujeres que han sufrido violencia machista en sus relaciones sexo-afectivas durante años* y *la atención a situaciones puntuales como por ejemplo, las agresiones y violaciones sexuales*, la percepción de profesionales de la salud compartía la preocupación por cómo ayudar ante sistemas penales, sociales y otros que desestabilizaban los testimonios, a partir de intercalar la duda sistemática o la culpabilización en relación con el relato de los hechos.

1.1. Violencia institucional: una tarea pendiente

Obviamente, es gracias a las luchas feministas y del movimiento de mujeres que hoy en día es ampliamente reconocido

---

415 Tesis doctoral en curso, iniciada el año 2019 en el programa de Psicologia, Salut i Qualitat de Vida de la Universitat de Girona. Realizada por Rubén López Lorenzo, dirigida por la Dra. Teresa Cabruja Ubach. Título (provisional): La “ceguesa” de gènere en psicologia: anàlisi de la incorporació de la perspectiva de gènere i les aportacions feministes en l’abordatge de les violències masclistes.

416 No querríamos que se interpretara como la necesidad de establecer rangos entre las manifestaciones de violencia, en realidad lo que queremos destacar es la importancia de atender a la especificidad de distintas situaciones, precisamente para garantizar una respuesta adecuada a los impactos y consecuencias que se derivan en cada caso.

el origen estructural de las violencias machistas basadas en las desigualdades de género entre hombres y mujeres en la sociedad. La segunda ola del movimiento feminista a partir de los años 70 y 80 del siglo XX consiguió alterar lo que se consideraba "normal" en las interacciones entre hombres y mujeres, identificando comportamientos socialmente aceptados como manifestaciones de violencia, a la vez que las contextualizaba como expresión de la dominación masculina en el marco más amplio de relaciones históricamente desiguales entre mujeres y hombres en la sociedad (Brownmiller, 1975; Dobash y Dobash, 1979; Russell, 1975; Walker, 1984), desplazando la comprensión de las violencias desde un enfoque individual a una interpretación política que asuma la responsabilidad colectiva a partir de la conceptualización del patriarcado (Millet, 1995). Posteriormente, los feminismos posestructuralistas, decoloniales y transfeminismos han focalizado en el cruce de condiciones de poder en las violencias. Sin embargo, en la actualidad este reconocimiento público del origen estructural de las violencias convive con un contexto social e institucional atravesado por imaginarios sociales "cisheteropatriarcales" que niegan, toleran o justifican la existencia de violencias machistas, a la vez que participan en la reproducción y actualización de unas relaciones de género asimétricas que las posibilita, como ha mostrado Judith Butler (2024) en su última publicación, en la describe el contexto internacional marcado por el auge de la extrema derecha y los movimientos reaccionarios antifeministas y transfóbicos.

A pesar del enorme trabajo realizado en psicología y ciencias sociales para denunciar y deconstruir los conocidos como "mitos" sobre las violencias machistas (Bosch-Fiol y Ferrer-Pérez, 2012; González y San Martín 2014), gran parte de la investigación se realiza desde lo que se conoce como "ceguera de género" (Ferrer-Pérez y Bosch-Fiol, 2019) y estas creencias estereotipadas siguen vigentes en la población. En diversos estudios se confirma la relación entre actitudes contrarias a la igualdad de género, así como mitos sobre el amor romántico, y la prevalencia de violencias machistas en distintos territorios (Ariza Ruiz et al., 2022; Bonilla-Algovia et al., 2024; Jiménez-Picón et al., 2023; Lelaurain et al., 2021; Zapata-Calvente et al., 2019). Si bien se observa que los factores estructurales como la desigualdad de género empiezan a tenerse en cuenta en el origen de las violencias machistas, siguen sin llegar a considerarse como una de las causas principales (Ferrer-Pérez et al., 2016). Respecto a la población joven, se empieza a cuestionar la imagen estereotipada de las mujeres que sufren violencia, pero persisten los mitos comentados y, por tanto, sigue siendo necesario promover una reflexión crítica sobre las creencias respecto las personas que sufren violencia, quien la ejerce y las relaciones de abuso y poder en los vínculos amorosos y familiares (San Martín Martínez, 2022).

El concepto de "violencia institucional" nos sirve precisamente para analizar cómo estos imaginarios cisheteropatriarcales atraviesan las administraciones públicas y la práctica profesional, permitiendo visibilizar la participación del Estado como agente activo que comete ciertas formas de violencia contra las mujeres, como principalmente se ha trabajado, incorporando otros colectivos como las personas LGBTIQ+ en relación con el heteropatriarcado (Biglia & Cagliero, 2019; Galaz Valderrama & Arteaga Aguirre, 2022) o las personas migrantes o de otras condiciones desde la perspectiva interseccional y decolonial (Reverter, 2022; Segato, 2010). El "Protocolo Marco para una intervención con la diligencia debida en situaciones de violencias machistas" en Cataluña define las violencias institucionales como las "acciones y omisiones de las autoridades, el personal público y los agentes de cualquier organismo o institución pública que tengan por finalidad retardar, obstaculizar o impedir el acceso a las políticas públicas y al ejercicio de los derechos que reconoce esta ley" (Generalitat de Catalunya, 2022, p. 20). Este tipo de violencias incluye actos concretos, puntuales o reiterados, cometidos por agentes del Estado, como puede ser la reproducción de estereotipos y prejuicios de género por parte del funcionariado, pero también recoge en un sentido más amplio "aquellos actos que muestran una pauta de discriminación o de obstáculo en el ejercicio y goce de los derechos" (Bodelón, 2014, p. 133). Es decir, por una parte, la violencia institucional incluye las "micro"[417] prácticas antigénero constituidas por las conductas de agentes representantes del Estado que generan revictimización cuando se produce en contextos institucionales, como puede ser la Administración de Justicia o los servicios públicos de atención, reconociendo el impacto diferencial que supone el hecho de producirse en este ámbito en concreto, pero también incluye en un nivel más "macro" la responsabilidad del Estado en el cumplimiento de sus funciones a través de la producción legislativa y su aplicación, las políticas públicas, etc., a la hora de prevenir y garantizar una respuesta eficaz ante situaciones de violencia machista.

Si bien el feminismo ya problematizó el papel del Estado en cuanto a su neutralidad respecto a las violencias machistas, la conceptualización de las violencias institucionales es relativamente reciente. Actualmente se empieza a reconocer en la legislación y los protocolos de actuación la necesidad de identificar y erradicar este tipo de violencias, mostrando que se trata de un tema de actualidad y prioritario en las políticas públicas contra las violencias machistas. Por ejemplo, en Cataluña, la Ley 17/2020, de 22 de diciembre, de modificación de la Ley 5/2008, del derecho de las mujeres a erradicar la violencia machista (BOE nº11, de 13.01.2021) incorpora como novedad la violencia en el ámbito institucional, y el Plan nacional de pre-

---

417 Utilizamos la distinción "micro/macro" con relación al contexto en que se producen las prácticas antigénero, en ningún caso para referirnos al impacto que puedan suponer. A pesar de la calificación de "micro", la repercusión de las prácticas que se reproducen en la interacción y la comunicación puede derivar en consecuencias graves, como precisamente intentamos ilustrar en este capítulo.

vención de las violencias machistas en Cataluña (2023-2025) (Generalitat de Catalunya, 2023) destaca la transformación institucional como un eje fundamental, asumiendo la responsabilidad de identificar y revertir las violencias institucionales. Paralelamente a los avances institucionales, existe una movilización por parte de la sociedad civil respecto a la denuncia de este tipo de violencias, como podemos comprobar con la reciente creación a principios de este mismo año 2024 en Catalunya del Observatorio de Violencias Institucionales Machistas (OVIM), una plataforma de incidencia política y social promovida por organizaciones feministas[418].

A pesar del interés actual tanto institucional como social, y de que esta problemática no es precisamente nueva, sino que ya hace tiempo que se ha denunciado de distintas formas, como "victimización secundaria", "revictimización" u otros, en realidad, la transformación de todo un sistema o red de atención y de las personas participantes se presenta más lenta de lo deseado, como demuestran diversos estudios interdisciplinares y, especialmente, del campo psicosocial, que en la última década y hasta la actualidad (Cabruja, 2009; Canyelles, 2019; Centro Irídia, 2018; Cubells y Calsamiglia, 2017; Duque, Giraldo y Zapata, 2023; Laliga y Bonilla, 2015; Pastor-Gosálbez, et al., 2021).

1.2. Las dudas a la credibilidad a raíz de un imaginario sociosexuado patriarcal: la necesidad de reautorizar relatos desordenados

El tema de la "credibilidad" supone, desgraciadamente, un tema de actualidad, puesto que, a partir de distintas investiga-

---

418 La creación del observatorio fue promovida por la Associació Hèlia i Almena Cooperativa Feminista. Se puede consultar más información al respecto en su pàgina web: https://ovim.org/

ciones no cesa la tarea de analizar que sucede en una atención profesional especializada, en relación con mujeres que son atendidas por distintas profesiones: salud, psicología, sistema jurídico, seguridad, etc., y donde estamos en estos momentos, respecto a determinados temas clásicos de denuncia. Los estudios apuntan a que, en la actualidad, a pesar de todo el trabajo realizado y la existencia de protocolos específicos, las mujeres siguen sintiéndose cuestionadas por no ajustarse a las expectativas de "víctima"[419] de profesionales y operadores jurídicos, así como que muchas veces su relato se reduce a los hechos más graves y recientes, desestimando la historia de violencia y el impacto subjetivo (Rodríguez y Bodelón, 2015; Rudolfsson, 2023). De ahí la necesidad de ahondar algunos aspectos más allá de protocolos y evaluaciones, como proponen Bárbara Biglia, Marta Luxan y Edurne Jiménez (2022).

Así mismo, este "silenciamiento" de algunas de las situaciones relatadas por las mujeres se combina con distintos tipos de desigualdades y discriminación des de una perspectiva interseccional al entrar en contacto con servicios y dispositivos profesionales de atención. Coincidimos, tal y como comentan Paola Damonti y Patricia Amigot, en que "los sesgos de homogeneización implicados en la desatención de los condicionantes específicos de la experiencia diversa de las mujeres, además,

---

419 Utilizamos el concepto "victima" reproduciendo el vocabulario habitualmente utilizado, especialmente en el ámbito jurídico, pero siendo conscientes de la polémica que ha generado ya que, si bien es útil para desresponsabilizar a las mujeres de las violencias machistas, corre el riesgo de reproducir una imagen pasiva de las mujeres. Rebbeca Stringer (2014) trabaja en profundidad este debate y propone una concepción progresista de la victimización que reconozca la capacidad de agencia de las mujeres sin reproducir un discurso de "malas víctimas/buenas supervivientes", que implantaría una diferenciación entre formas legitimas e ilegitimas de agencia en un contexto neoliberal meritocrático.

suponen el riesgo de invisibilización de determinadas realidades y desatención por parte de los recursos institucionales, riesgo que reitera la necesidad de un análisis especifico" (2021, p. 185). Compartimos esta necesidad de análisis especifico.

En la actualidad, ya en la misma investigación sobre la práctica profesional del campo de la salud, tal y como subrayan Dau Garcia Dauder y Grecia Guzmán Martínez (2024), dadas las desigualdades interseccionales que coinciden entre profesionales y usuarias ("pacientes"), se ha producido un gran silencio en relación con los abusos y agresiones sexuales, denunciados con contundencia junto a otros sesgos heteropatriarcales por Phyllis Chesler (2019) y otras psicólogas feministas, porque se produce en contextos donde la expectativa es de cuidado y protección. En estos contextos además del imaginario sociosexuado de sospecha se combina la herencia de la "loca" o la "histérica" como referente, desactivador de una comprensión de respuesta al dolor continuo y la desestabilización personal sufrida durante tiempo (Cabruja-Ubach, 2007; 2017). Pensamos que, en estos momentos, algo parecido sucede ante la persistencia de una comunicación y un intercambio en los indispensables encuentros de circuitos de asistencia y denuncia cuando hay situaciones de violencia, donde lo que opera, además de la fragilidad de la duda y sus efectos en situaciones de trauma y postrauma, tiene que ver, también, con la paradoja de las expectativas de atención cuidadosa socavadas, a menudo, por una falta de (in)formación en materia de violencia y su abanico de efectos para nada evidentes, pero sobre todo por un imaginario racionalista y patriarcal versus el caos y las emociones. Nuestra labor, no es tanto abordarlo como injusticias, sino centrarnos en señalar que persisten, y en cómo, en este caso profesionales de la psicología, los registran e intentan generar contrarréplicas o preparación para evitar que bloqueen o revictimicen a las mujeres, mayoritariamente, pero también analizar porque persisten y qué se podría hacer para imaginar alternativas de transformación social colectivas.

2. Breve descripción de las aportaciones para ejemplificar *victimización secundaria* observadas desde servicios psicológicos de atención a las "víctimas" /supervivientes de violencia: método, participantes y análisis.

Las narrativas que citaremos proceden de diversas entrevistas realizadas a profesionales de la psicología que trabajan en servicios públicos de la red de atención integral a mujeres que han padecido violencia machista. El análisis se ha realizado desde una metodología feminista (Biglia y Bonet, 2017; Biglia y Vergés-Bosch, 2016; Mendía et al., 2014) y cualitativa (Denzin y Lincoln, 2018). Se ha conformado una muestra total de 12 participantes (11 mujeres y 1 hombre), siguiendo un procedimiento de muestreo teórico combinando criterios de homogeneidad (profesional de la psicología trabajando actualmente en un servicio público de atención a las violencias machistas en Cataluña) y criterios de heterogeneidad (nivel de formación en perspectiva de género y feminista, años de experiencia en el campo, tipo de servicio en el que trabajan actualmente, territorio dentro de Cataluña, entre otros). Las entrevistas se realizaron durante el año 2022, dentro una investigación doctoral con objetivos más amplios para valorar la importancia de la formación en estudios de género. Las respuestas obtenidas se analizaron des de una perspectiva socioconstruccionista del lenguaje como acción social (Gergen, 1996; Ibáñez, 2001), a partir de la combinación de diversos recursos procedentes de diferentes tradiciones de análisis narrativo, como las producciones narrativas (Balasch y Montenegro, 2003), la narratividad (Cabruja, Iñiguez y Vázquez, 2000) y la construcción de narrativas (Biglia y Bonet, 2009), y de análisis del discurso, como la psicología discursiva y los repertorios interpretativos (Potter y Wetherell, 1987), el concepto de "posicionamiento" y sus dinámicas en la producción discursiva de la identidad (Davies y Harré, 2007) y los análisis "deconstruccionistas" basados en las aportaciones de Michael Foucault y el post-estructuralismo (Burman y Parker, 1993). De la totalidad de resultados se ha seleccionado únicamente una parte, los que estaban más directamente relacionados con el tema del congreso, que presentamos a continuación en el siguiente apartado.

3. Narrativas[420] sobre la observación de la "ceguera de género" y la persistencia de mitos en relación con las violencias machistas

3.1. La tarea cotidiana de evitar la revictimización

Un tema recurrente que ha ido apareciendo a lo largo de todas las entrevistas con las psicólogas ha sido la necesidad de abordar las consecuencias de violencias institucionales en el trabajo individual con las mujeres que han sufrido violencias machistas. Las profesionales manifiestan que lejos de ser hechos aislados u ocasionales, se ven obligadas continuamente a realizar un trabajo de reconocimiento, abordaje y prevención de prácticas ciegas al género por parte de otros profesionales o servicios:

> Entonces, colocar la perspectiva de género vuelve a ser, no? El, el... No? En la libertad de la mujer, no? El que la culpa es del otro, no? Sabes? **Constantemente** es como que hay esa... Tienes que reconducirlo (...) Hacia la perspectiva de género, porque la sociedad no lo pone en ningún caso, es un- hay muy poca perspectiva de género (ríe) (UA 1:10)

> Aquests comentaris que... se- s'entenia no? que ja... que ja no s'haurien de donar (...) **Això és el dia a dia, constantment.** (Pausa) Sí. (UA 3:14).

420 Hemos respetado la lengua en que se han realizado las aportaciones.

> Es **nuestra pelea de, de cada día**... No? El, el... el paliar la revictimización, o... intentar, mm... poner un poco... por delante el derecho de la víctima a no ser cuestionada (UA 5:11).

En estos tres fragmentos de las entrevistas podemos ver como las profesionales reconocen como un hecho habitual encontrarse ante prácticas ciegas al género por parte de otros profesionales. En el primer fragmento (UA 1:10), la participante manifiesta que "constantemente" tiene que reconducir de nuevo a la perspectiva de género porqué el resto de la sociedad no la incorpora, en el segundo (UA 3:14) reconoce que este tipo de comentarios son el "día a día y, finalmente, en el tercer fragmento (UA 5:11) describe el hecho de intentar evitar la revictimización como su "pelea de cada día". En estas aportaciones las psicólogas constatan la persistencia de lo que se ha denunciado como "cultura de la violación" (Tardón, 2022) en el caso de las violencias sexuales, pero que podemos entender de una forma amplia para aplicarlo a las violencias machistas, y que consiste en un contexto social permisivo que tolera y justifica este tipo de violencias.

3.2. La demostración de falta de credibilidad en el ámbito judicial y la tarea de conseguir que se reconozcan los relatos de las mujeres

Las participantes consideran a partir del relato de las mujeres que atienden que en el ámbito judicial sigue imperando una falta de credibilidad generalizada hacia las mujeres. Señalan a partir de su experiencia con casos concretos una actitud de duda sistemática hacia los relatos de las mujeres en sede judicial, generando situaciones que las hacen sentir cuestionadas:

> Clar per mi... Pfff... On veiem moltes mancances és en justicia (...) A justícia no tenen mai present... ehmmm, bueno mai no, que moltes vegades (...) no? **Si no hi ha, si no hi ha sang...**

> **ehmm o la dona no, no hi ha risc no... No hi ha una protecció ràpida ni eficaç no?** (UA 3:12)

> I surten... d'allà doncs, mm... conforme s'han sentit que... **no li han donat cap tipus de veracitat al seu discurs** (UA 7:8).

En ambos fragmentos se alude a la falta de credibilidad del relato de las mujeres, ya sea por la falta de pruebas objetivas como podrían ser lesiones físicas derivadas de una agresión, o directamente por qué no se da veracidad al discurso de la mujer. Como explicaban hace años Nicole Schmal y Pilar Camps (2008) en una de las primeras investigaciones sobre el tema, la forma en que el derecho y el procedimiento judicial conciben las violencias machistas, pese a los valores de neutralidad y objetividad de los cuales hace gala, cuestiona la credibilidad de la experiencia de las mujeres, pues se minimiza el relato de las víctimas atendiendo sólo a la violencia física y desatendiendo otras manifestaciones más sutiles de desigualdad y violencia.

Esta respuesta por parte del sistema judicial constituye un mensaje desincentivador para las mujeres, aumentando la desconfianza en los sistemas de protección judiciales (Bodelón, 2013). A la vez, supone una oportunidad para los agresores que se presentan a sí mismos como víctimas, ofreciendo un relato considerado más "creíble" o "coherente" según los criterios del sistema judicial, pero que en realidad se fundamenta en estereotipos de género ampliamente compartidos sobre las mujeres como "manipuladoras", como mostraron Reeves et al. (2023) en Australia en un estudio con mujeres que habían sufrido violencia psicológica (*coercitive control*[421] en inglés).

---

[421] El concepto de *coercitive control* no se corresponde exactamente con la traducción de violencia psicológica, pero describe conductas de abuso y manipulación emocional que en nuestro territorio se clasifican de esa forma según la legislación estatal y autonómica.

En cambio, desde los servicios de atención las participantes proponen un cambio de perspectiva en cuento a la credibilidad marcado por la confianza en las mujeres y el reconocimiento de su capacidad para identificar y dar cuenta de las situaciones de violencia machista.

> Entonces, ehhm... Bueno, cuando trabajamos en violencia mmm... lo que recogemos es la vivencia de la mujer. De hecho, uno de nuestros dogmas, no? O... nuestra manera de funcionar, es que **nosotros trabajamos siempre desde el discurso de la mujer** (...) siempre. Y desde... la demanda que la mujer tenga al ser-, tenga hacia nuestro servicio, porque creemos en el derecho, que **es feminista el derecho de autodeterminación de la mujer**. (UA 1:9)

> Sí, per... per mí**, jo crec que la bàsica no? és eeeh creure a la dona no?** Saber que el que estan dient és la seva realitat i és la seva veritat, i que.... i no agafar-s'ho com un atac personal, no? de... cap a l'home o cap al sistema, no? (...) sino que **és la seva vivència...** (UA 3:10)

En ambos fragmentos se propone el reconocimiento de los relatos de las mujeres en situación de violencia como legítimos, sea cual sea la forma de estos relatos. Al desvincular la respuesta profesional, ya sea de protección, prevención o atención, de la forma en que la mujer presente su discurso sobre lo que le ha sucedido o lo que le preocupa, se previene la vulnerabilidad generada por situaciones de incredulidad o cuestionamiento, especialmente en momentos de crisis o cambio, que es cuando las mujeres suelen acudir a denunciar o solicitar atención.

3.3. El ejercicio de resistencia para evitar la culpabilización que se produce por mitos, prejuicios y misoginia, más allá de establecer las pruebas

Otra práctica habitual detectada por las profesionales que han participado en el estudio, relacionada con un imaginario socio-sexuado que reproduce los mitos y creencias comentados respecto a las violencias machistas, es la culpabilización o la responsabilización de las mujeres de la situación de violencia machista. Esta responsabilización se produce a través de diferentes explicaciones, ya sea por qué se entiende que las mujeres podrían haber previsto la situación, o porqué incluso la podrían haber provocado con su conducta:

> Por ejemplo, de culpar a la mujer o... en este caso hablamos sobre todo de adolescentes... O de chicas muy jóvenes (...) no? De que llegan al servicio por haber sufrido una violación, una agresión sexual... **Y la culpa se ha puesto en ellas por salir a esa hora, por ir así vestidas, por no haberse protegido, no?** (UA 1:10)

> D'anar a l'hospital després d'una agressió... i... ho minimitzen o... **O les culpen a elles no? De... si anava molt borratxa (...) Tornar... o anar tota sola, com hi vas anar, això és perillós... O anaves vestida, no? així? no?** (UA 3:14).

> Sí que és veritat que... en general, totes estem força formades, no? aquí que treballem això (...) Però sempre hi ha situacions que et poden... sobtar (...) O comentaris encara... força antics, de persones que poden deixar caure algo com **"bueno... ella se lo ha busca'o, no sé qué", coses així que sí que et sobta,** però... (UA 7:10).

Estas construcciones discursivas detectadas posicionan a las víctimas como responsables de la situación, ya que considera que se podía haber anticipado la conducta de los agresores y por tanto haber prevenido la violencia. Se alude a lo que ya hace años se identificó como "discurso del sentido común" (Lea, 2007), que focaliza la atención en el comportamiento de la víctima y en su capacidad para anticipar el comportamiento de los hombres, desplazando la responsabilidad del agresor a la víctima. De esta forma, se responsabiliza a las mujeres de "controlar" los estímulos que exponen los hombres, en lugar de responsabilizar a los hombres de su conducta. Se construye a los hombres como incapaces de controlarse ante determinados estímulos de carácter sexual, justificando de esta forma la violencia en base un discurso del "impulso sexual del varón" (Hollway, 1996), según el cual los hombres se guían por la necesidad biológica de búsqueda de relaciones sexuales con mujeres. En las aportaciones de las participantes observamos que estos y otros discursos, a pesar de que hace años que se conocen y se está trabajando para transformarlos, siguen combinándose y actualizándose para constituir una cultura institucional que promueve un "discurso de culpa y responsabilidad", posicionando a las mujeres como cómplices de su propia victimización (Thapar-Björkert y Morgan, 2010).

En este sentido, nos parece especialmente ilustrativo el siguiente fragmento sobre el procedimiento judicial en casos de violencias machistas, en concreto en relación con el concepto de "prueba" en el caso de la declaración de las mujeres en la fase de juicio oral, pues aunque se concibe este momento como un espacio neutral en el que se tienen en cuenta los distintos elementos de forma objetiva, según las profesionales para las mujeres puede resultar un lugar hostil ante el cual hay que preparar una estrategia de resistencia:

> **Una de els feines més importants consisteix a, a preparar-la... per les preguntes... de la defensa... no?** (...) Que son, justament, les que posen el focus en la, eh... responsabilitat de la víctima, en la... como ibas vestida, en... qué hiciste tú para merecer esto (...) No? (UA 5:9).

Vemos en este fragmento que, para la profesional, en lugar de constituir un lugar seguro en el que poder expresar su propio relato, el juicio constituye un nuevo obstáculo en el proceso de recuperación. En su aportación, la participante reconoce que uno de los trabajos más importantes de su atención consiste justamente en preparar a la mujer para resistir a una nueva violencia institucional basada en la práctica de la culpabilización. Se asume de antemano que otros mecanismos para evitar esta responsabilización fallarán (como podría ser que el o la abogada de la defensa no formule directamente este tipo de preguntas, o que el juez o la jueza no las permita en caso en que se lleguen a formular) y esto obliga a preparar estrategias de resistencia.

3.4. La sobre/responsabilización en relación con la maternidad

Las participantes señalan que esta culpabilización de las mujeres en situación de violencia machista se acentúa en el caso de tratarse de mujeres que son madres, ya no digamos en los casos en que esta maternidad es atravesada por destinos ejes de desigualdad desde una perspectiva interseccional, como en el caso de las madres pobres y/o migrantes, por ejemplo. Cuando aparece el tema de la maternidad en situación de violencias machistas, conecta con todos los imaginarios sobre las supuestas "obligaciones" de hombres y mujeres según una idea de familia tradicional heterosexual, en el que se sobre responsabiliza a las mujeres respecto del cuidado y la protección de los hijos e hijas, mientras que se invisibiliza las responsabilidades de los hombres como padres de esas mismas criaturas.

> Esto por ejemplo, en equipos de infancia nos pasa, muchas veces, no? Que, qué mal- que se, se- Se sostiene ese mandato hacia la mujer, no? **En la responsabilidad de los hijos, no? En la protección de los hijos...** Si no se les equipara a ambos progenitores en (...) En las responsabilidades no? O el... O en el, en el riesgo de menores, o en la protección, no? (UA 1:2).

> Veiem molts, molts serveis, o alguns serveis, que segueixen culpabilitzant a la dona, no? (...) Pel que ha patit, perquè no ha marxat de casa... **Perquè no ha protegit als seus infants...** Perquè no ha denunciat... (UA 3:10).

> Mira, yo creo que lo que más me encuentro es una tendencia a **responsabilizar a las mujeres y a la maternidad** (...) Entonces, como eso es lo que existe socialmente, pues los profesionales tienden a hacer lo mismo (...) Entonces, **si la mamá hace X cosa, es super criticable,** porque... Es más visible siempre (...) y siempre tiene mas responsabilidades, en vez, **en cambio si el**

papá viene a una entrevista, y no destaca mucho digamos... pues bueno, pues el, el papá... el papá lo vemos sano no? (UA 6:11).

En los fragmentos podemos ver que aparece una desigualdad de género muy marcada respecto a cómo se interpretan los comportamientos de hombres y mujeres en su paternidad/maternidad, especialmente ante situaciones de riesgo y violencia (Humprheys et al., 2020), en las que se responsabiliza a las madres de la protección, en lugar de colocar el foco en la responsabilidad del agresor de no ejercer violencia. Esta construcción impide reconocer a las mujeres madres como víctimas de esa misma violencia, conceptualizándolas de alguna manera como "cómplices" por el hecho de no haberla impedido, sin atender al impacto de esta violencia en ella misma. Del mismo modo, también invisibiliza la capacidad de agencia de las mujeres, posicionándolas de una forma totalmente pasiva ante la situación, desatendiendo las estrategias de supervivencia que ha podido llevado a cabo para protegerse a sí misma y a sus hijos e hijas pese a seguir en la situación de violencia.

4. A MODO DE CONCLUSIÓN: La urgencia de desactivar macro/micro prácticas institucionales antigénero que revictimizan desde acciones y actuaciones colectivas en distintos ámbitos

Si bien estamos empezando a reconocer las violencias institucionales, hemos podido ver que siguen plenamente vigentes en el ámbito profesional del abordaje de las violencias machistas. Hemos descrito algunos de los obstáculos que enfrentan las mujeres que deciden denunciar su situación e iniciar un procedimiento judicial. Por un lado, el relato de las mujeres sigue sin tomarse en serio, minimizando o dudando de su credibilidad. Esta práctica constituye un mensaje desincentivador por parte de los sistemas de protección hacia las mujeres, que genera más inseguridad y promueve la impunidad del agresor.

Por otra parte, cuando se da veracidad al relato de las mujeres, en ocasiones se focaliza en la conducta de ellas como culpables de la violencia, por no haberla previsto o por haberla provocado, desresponsabilizando al agresor y al contexto social más amplio. El propio juicio llevado a cabo por parte del sistema judicial es percibido como un obstáculo más, en lugar de como una oportunidad o, como mínimo, como una opción facilitadora en los procesos de recuperación de las mujeres que garantice el acceso a protección y recursos.

Tal y como explica Noelia Igareda (2022) en relación con los aspectos jurídicos de los discursos de odio antigénero, pocas veces los discursos en contra de las mujeres o antigénero, han sido considerados "discursos de odio" y, "también son discursos de odio anti-género aquellos que niegan o infravaloran la violencia de género" (Igareda, 2022, pág. 100) entre otras manifestaciones. Cuando estas se producen por parte de profesionales que se encuentran en distintas instituciones a las que se acude cuando se ha sufrido violencia, a menudo se habla de violencia institucional. Por supuesto, tienen que ver con una organización y un imaginario patriarcal y heteronormativo en relación con comportamientos, expresiones identitarias y/o sexualidades. También con los procesos de subjetivación (Rose, 2019). Por supuesto no nos referimos solamente a los recientes movimientos y expresiones en las redes, sino a que, en realidad, tanto en su expresión particular como en su organización discursiva se nutren de la intertextualidad de los procesos de socialización y múltiples micromachismos (Bonino, 2009). En un caso, la dificultad se halla en la libertad de expresión, en el otro, en los aprendizajes de la supuesta "neutralidad" y "objetividad" del ejercicio profesional o la invisibilización de las relaciones de poder y ejercicios de dominación de donde parten; ambas situaciones han dificultado enormemente poder señalar sus efectos (Cabruja-Ubach, 2023) y, de la misma manera que en los encuentros sexo-afectivos el cambio es desplazar estos comentarios en relación con la libertad, la igualdad y la dignidad que se deberían dar por garantizados en estos contextos.

De la misma forma, tanto la constatación de la falta de reciprocidad en el reconocimiento (Amigot, 2022) como la devaluación de las experiencias de violencia, responsabilizando o dudando de las mujeres, deben constituir un objetivo de transformación. De hecho, si extrapolamos los resultados de la extensísima y útil revisión realizada por Leila Vázquez-González et al. (2023) sobre el rol de l@s espectadores/as en las situaciones de distintos ámbitos y clases de violencias, debemos apuntar la necesidad de empezar a incorporar estas actuaciones para una intervención más comprometida y de red colectiva en cualquier situación.

Tal y como se ha ido señalando a partir de las narrativas recogidas en la atención a mujeres, la respuesta del sistema judicial y los servicios públicos también juegan un papel clave en la configuración del impacto emocional derivado de las situaciones de violencia machista. Por lo tanto, si queremos abordar estas violencias como un problema social y no como un asunto privado, hay que asumir la responsabilidad pública implicada en los sistemas profesionales de respuesta. Sin desatender el impacto traumático y psicológico de la historia de violencia relacionada directamente con quién agrede, creemos que estas aportaciones señalan la necesidad de una transformación colectiva de la concepción generalizada del sufrimiento psicológico como un asunto individual (Maracek, 2017), centrada en el manejo individual de la sintomatología clínica, para incorporar lo que podríamos llamar la "producción institucional del trauma" (Thompson, 2021), es decir, los condicionantes sociales que dificultan el proceso de recuperación de las mujeres y las personas LGTBIQ+. En este sentido, nos parece imprescindible destacar la importancia de las perspectivas feministas e interseccionales en el análisis de las violencias machistas, pues proponen una comprensión política que permite relacionar la situación de violencia concreta con la estructura social y política que la tolera y la hace posible, en lugar de centrar la intervención exclusivamente en factores individuales que naturalizan o legitiman las desigualdades sociales.

Esperamos que, ante la necesidad de incentivar nuevas formas de detectar y erradicar las violencias institucionales en el abordaje de las violencias machistas, más allá de la colaboración interdepartamental, formación especializada, denuncia y circuitos específicos de actuación, se trabaje colectivamente en transformar los imaginarios patriarcales y sexo-genéricos que se reproducen y participan directamente en perpetuar la revictimización. Asumir la responsabilidad pública para la erradicación de las violencias machistas requiere que nos tomemos en serio la respuesta que ofrecen las Administraciones Públicas, garantizando medios y recursos para la red de atención, pero también de un compromiso colectivo para la transformación social feminista de la sociedad.

REFERENCIAS BIBLIOGRÁFICAS

Amigot Leache, P. (2022). “Género, poder y violencia. Un enfoque intersubjetivo”. *Política y Sociedad,* 59(1). https://doi.org/10.5209/poso.72354

Ariza Ruiz, A.; Viejo Almanzor, C.; Ortega Ruiz, R. (2022). “El Amor romántico y sus mitos en Colombia: una revisión sistemàtica”. *Suma Psicológica, 29*(1). https://doi.org/10.14349/sumapsi.2022.v29.n1.8

Balasch, M.; Montenegro, M. (2003). “Una propuesta metodológica desde la epistemología de los conocimientos situados: las producciones narrativas”. *Encuentros en psicología social, 1*(3), 44-48.

Biglia, B.; Bonet i Martí, J. (2017). “DIY: Towerds feminist methodological practices in social research”. *Annual Review of Critical Psychology, 13.*

Biglia, B.; Bonet, J. (2009). “La construcción de narrativas como método de investigación psico-social: prácticas de escritura compartida”. *Forum: Qualitative Social Research, 10,* 1-25. https://doi.org/10.17169/fqs-10.1.1225

Biglia, B.; Cagliero, S. (2019). "Abordajes y "respuestas" de las universidades catalanas frente a las violencias LGTBIQ+fóbicas". *Quaderns de Psicologia, 21*(2), 1532. https://doi.org/10.5565/rev/qpsicologia.1532

Biglia, B.; Luxán Serrano, M.; Jiménez Pérez, E. (2022). "Evaluación feminista de formaciones en violencias de género: una propuesta situada". *Política y sociedad, 59*(1), e75990. https://doi.org/10.5209/poso.75990

Biglia, B.; Vergés-Bosch, N. (2016). "Cuestionando la perspectiva de género en la investigación". *REIRE. Revista d'Innovació i Recerca en Educació, 9* (2), 12-29. DOI:10.1344/reire2016.9.2922

Bodelón, E. (2013). "La denuncia i el silenci: dues estratègies de les dones per lluitar contra la violencia masclista". *Apunts de Seguretat 12*, 123-147.

Bodelón, E. (2014). "Violencia institucional y violencia de género". *Anales de la Cátedra Francisco Suárez*, 48, 131-155. https://doi.org/10.30827/acfs.v48i0.2783

Bonilla-Algovia, E.; Carrasco Carpio, C.; García-Pérez, R. (2024). "Do Attitudes towards Gender Equality Influence the Internalization of Ambivalent Sexism in Adolescence?" *Behavioral Sciences, 14*(9), 805. https://doi.org/10.3390/bs14090805

Bonino, L. (2008). *Micromachismos: el poder masculino en la pareja "moderna"* https://vocesdehombres.wordpress.com/wp-content/uploads/2008/07/micromachismos-el-poder-masculino-en-la-pareja-moderna.pdf Recuperado el 5 de octubre de 2024.

Bosch-Fiol, E.; Ferrer-Pérez, V. (2012). "Nuevo mapa de los mitos sobre la violencia de género en el siglo XXI". *Psicothema 24*(4), 548-554.

Brownmiller, S. (1975). *Against our will: Men, Women and Rape.* Fawcett Columbine.

Burman, E.; Parker, I. (eds.) (1993). *Discourse Analytic Research: repertoires and readings of texts in action.* Routledge.

Butler, Judith (2024). *Qui té por del gènere?*. Tigre de paper.

Cabruja-Ubach, T.; Íñiguez Rueda, L.; Vázquez, F. (2000). "Cómo construimos el mundo: relativismo, espacios de relación y narratividad". *Análisi* 25, 61-94.

Cabruja-Ubach, Teresa (2007) "LO«K»AS LO«K»URAS O«K»UPADAS. Violencias de la psicología a las mujeres: psicologización, psicopatologización y silenciamiento". Biglia, B.; San Martín, C. (coords.) *Estado de Wonderbra: entretejiendo narracions feministas sobre violencias de género.* Editorial Virus.

Cabruja-Ubach, Teresa (2009). ""Testimon@s/activ@s molest@s". Prácticas discursivas y dispositivos sociosexuados en psicología y derecho". Nicolás Lazo, G.; Bodelón, E.; Bergalli, R.; Rivera Beiras, I. (coords.). *Género y dominación: críticas feministas del derecho y el poder.* Anthropos.

Cabruja-Ubach, Teresa (2017). "Violencias de género de las disciplinas "psi" y crítica feminista: indignad@s con las prácticas científicas que construyen la locura (aún) en el siglo XXI". *Annual Review of Critical Psychology*, 13.

Cabruja-Ubach, Teresa (2023) "Desde la positividad científica a las Fake-News y la Posverdad: contribuciones de la psicologái crítica y las epistemologías feministas para deconstruir los discursos con "efectos de verdad"". Nicolás, J. A.; García Moriyón, F. (eds.) *El reto de la Posverdad.* Sindéresis.

Canyelles Gamundi, C. (2019). *Masclisme i cultura jurídica. Una etnografia del procés judicial de la violència de gènere* [Tesis doctoral, Universidad de Barcelona]. Tesis Doctorals en Xarxa (TDX). http://www.tdx.cat/handle/10803/667202

Centro Irídia (2018). *Violència institucional i de revictimització en el sistema judicial i de denúncia de violències sexuals.* https://iridia.cat/es/publicaciones/violencia-institucional-i-revictimitzacio-en-el-sistema-judicial-i-de-denuncia-de-violencies-sexuals/ Recuperado el 5 de octubre de 2024

Chesler, P. (2019). *Mujeres y locura.* Editorial Continta me tienes.

Cubells, J.; Calsamiglia, A. (2017). "Do we see victims' agency? Criminal Justice and gender violence in Spain". *Critical Criminology 26*, 107-127. https://doi.org/10.1007/s10612-017-9379-2

Damonti, P.; Amigot Leache, P. (2021). "Factores de dificultan el alejamiento de una relación violencia. Variaciones en función de la situación de integración y exclusión social". *Cuadernos de Trabajo Social, 34*(1), 183-197. DOI: https://doi.org/10.5209/cuts.67459

Davies, B.; Harré, R. (2007). "Posicionamiento: la producción discursiva de la identidad". *Athenea Digital* 12, 242-259. https://doi.org/10.5565/rev/athenead/v0n12.445

Denzin, N. K. i Lincoln, Y. S (2018) *The SAGE Handbook of Qualitative Research (Fifth Edition).* SAGE Publications.

Dobash, R. E.; Dobash, R. (1979). *Violence against wives: a case against the patriarchy.* FreePress.

Duque Monsalve, L. F.; Giraldo Rincón, M. J.; Zapata Ríos, L. (2023). "Revictimización y violencia institucional en la atención a casos de violencia sexual en contextos universitarios. Una revisión narrativa". *Mujer y Políticas Públicas,* 2(2), 6-21. https://doi.org/10.31381/mpp.v2i2.6221

Ferrer-Pérez V. A.; López-Prats, L.; Navarro-Guzmán, C.; Bosch-Fiol, E. (2016) "La vigencia de los mitos sobre la violencia contra las mujeres". *Informació Psicològica,* 111. https://doi.org/10.14635/IPSIC.2016.111.1

Ferrer-Pérez, Victoria A.; Bosch-Fiol, E. (2019) "El género en el análisis de la violencia contra las mujeres en la pareja: de la "ceguera" de género a la investigación específica del mismo." *Anuario de Psicología Jurídica* 29, 69-76. https://doi.org/10.5093/apj2019a3

Galaz Valderrama, C.; Arteaga Aguirre, C. (2022). "Tácticas de resistencia de mujeres lesbianas, trans y bisexuales (LBT) frente a violencias institucionales". *Revista Punto Género, 18,* 95–125. https://doi.org/10.5354/2735-7473.2022.69390

Generalitat de Catalunya (2022). Protocol Marc per una intervenció amb diligència deguda en situacions de violències masclistes. https://igualtat.gencat.cat/web/.content/Ambits/violencies-masclistes/coordinacio-treball-xarxa/protocol/Protocol-Marc-2022.pdf Recuperado el 5 de octubre de 2024.

Generalitat de Catalunya (2023). Pla nacional de prevenció de les violències masclistes (2023-2025) https://igualtat.gencat.cat/web/.content/Ambits/violencies-masclistes/Prevencio-transformadora/PNPVM_20231117_pantalla.pdf Recuperado el 5 de octubre de 2024.

Gergen, Keneth J. (1996). *Realidades y relaciones. Aproximaciones a la construcción social. Paidós.*

Hollway, W. (1996). "Hacer el amor sin contracepción: hacia una teoría para el análisis de las explicaciones". Gordo López, Ángel Juan; Linaza, Jose Luis (eds.) *Psicologías, discursos y poder.* Editorial Visor.

Humphreys, C.; Kertesz, M.; Healey, L.; Mandel, D. (2019). "Shifting practice in domestic violence: Child protection workers partnering with mothers". Zufferey, C.; Buchanan, F. (eds.). *Intersections of mothering: feminist accounts.* Routledge.

Ibáñez, Tomas (2001). *Municiones para disidentes. Realidad-Verdad-Política.* Gedisa.

Igareda González, N. (2022). "El discurso de odio anti-género en las redes sociales como violencia contra las mujeres y como discurso de odio". *DERECHOS Y LIBERTADES: Revista De Filosofía Del Derecho y Derechos Humanos,* (47), 97-122. https://doi.org/10.20318/dyl.2022.6875

Jiménez-Picón, N.; Romero-Martín, M.; Romero-Castillo, R.; Palomo-Lara, J. C.; Alonso-Ruíz, M. (2023). "Internalization of the Romantic Love Myths as a Risk Factor for Gender Violence: a Systematic Review and Meta-Analysis". *Sexuality Research and Social Policy, 20*(3), 837–854. https://doi.org/10.1007/s13178-022-00747-2

Laliga Mollà, M.; Bonilla Campos, A. (2015). "Políticas públicas en el tratamiento de la violencia de género: una aproximación crítica a la eficacia de herramientas jurídicas y alternativas". *Journal of Feminist, Gender and Women Studies,* (1). https://doi.org/10.15366/jfgws2015.1.004

Lea, S. J. (2007). "A discursive investigation into victim responsibility in rape". *Feminism & Psychology 17*(4), 495-514. DOI: 10.1177/0959353507083101

Lelaurain, S.; Fonte, D.; Giger, J.-C.; Guignard, S.; Lo Monaco, G. (2021). "Legitimizing Intimate Partner Violence: The Role of Romantic Love and the Mediating Effect of Patriarchal Ideologies". *Journal of Interpersonal Violence, 36*(13–14), 6351–6368. https://doi.org/10.1177/0886260518818427

Marecek, J. (2017). "Blowing In The Wind: '70s Questions For Millenial Therapists". *Women And Therapy, 40* (3-4), 406-4017. DOI: 10.1080/02703149.2017.1241582

Mendía Azkue, I.; Luxán, M.; Legarreta, M.; Guzmán, G.; Zirion, I.; Azpiazu, J. (eds.) (2014). *Otras formas de (re)conocer. Reflexiones, herramientas y aplicaciones desde la investigación feminista.* UPV/EHU.

Millet, Kate (1995). *Política sexual.* Ediciones Cátedra.

Pastor-Gosálbez, I.; Belzunegui-Eraso, Á.; Calvo Merino, M.; Pontón Merino, P. (2021). "La violencia de género en España: un análisis quince años después de la Ley 1/2004". *Revista Española de Investigaciones Sociológicas 174,* 109-128. https://doi.org/10.5477/cis/reis.174.109

Potter, J.; Wetherell, M. (1987). *Discourse and Social Psychology: Beyond Attitudes and Behaviour.* Sage.

Reeves, E.; Fitz-Gibon, K.; Meyer, S.; Walklate, S. (2023). "Legal Systems Abuse, Coercitive Constrol, and the Credibility of Victim-Survivors". *Violence Against Women, 0*(0). DOI: 10.1177/10778012231220370

Reverter, S. (2022) "Epistemologies of violence against women. A proposal from the South". *Cogent Social Sciences,* 8:1, 2038356, DOI: 10.1080/23311886.2022.2038356

Rodríguez Luna, R.; Bodelón González, E. (2015). Mujeres maltratadas en los juzgados: la etnografía como método para entender el derecho "en acción". *Revista de Antropología Social, 24*, 105-126. DOI: https://doi.org/10.5209/rev_RASO.2015.v24.50645

Rose, N. (2019) *La invención del sí mismo. Poder, ética y subjetivación.* Pólvora.

Rudolfsson, L. (2023). ""I Want to Be Heard": Rape Victims' Encounters With Swedish Police". *Violence Against Women.* https://doi.org/10.1177/10778012231176206

Russell, D. (1975). *The politics of rape: the victim's perspective.* Stein and Day.

San Martín, C. (2022). "Beliefs and myths about women who suffer gender-based violence". Human Review 14(1), 2-8. https://doi.org/10.37467/revhuman.v11.4323

San Martín, C.; González, A. (2014). "Las mujeres víctimas de violencia en los discursos psicológicos: ¿Espejos deformantes?" *Estudios de Psicología, 32*(3), 405-417. DOI: 10.1174/021093911797898510

Segato, R. (2010). "Género y Colonialidad: En Busca de Claves de Lectura y de un Vocabulario Estratégico Decolonial". Quijano, A.; Mejía Navarrete, J. (Eds.) *La Cuestión Descolonial.* Universidad Ricardo Palma–Cátedra América Latina y la Colonialidad del Poder.

Shmal Cruzat, N.; Camps Costa, P. (2008). "Repensando la relación entre la ley y la violencia hacia las mujeres. Una aproximación a los discursos de los/las agentes del ámbito judicial en relación con la ley integral de violencia de género en España". *Psicoperspectivas*, 7, 33-58. https://dx.doi.org/10.5027/psicoperspectivas-Vol7-Issue1-fulltext-55

Stringer, Rebecca (2014). *Knowing victims: feminism, agency and victim politics in neoliberal times.* Routledge.

Tardón Recio, Bárbara (2022). "Todo es mentira: cultura de la violación, mitos y falsas creencias sobre la violencia sexual hacia las mujeres". *Política y Sociedad, 59*(1). https://doi.org/10.5209/poso.78892

Thapar-Björkert, S.; Morgan, K. J. (2010). "But Sometimes I Think... They Put Themselves in the Situation": Exploring Blame and Responsability in Interpersonal Violence. *Violence Against Women 16*(1), 32-59. DOI: 10.1177/1077801209354374

Thompson, L. (2021). Toward a feminist psychological theory of "institutional trauma". *Feminism & Psychology 31*(1), 99-18. DOI: 10.1177/0959353520968374

Vázquez-González, L. I.; Bosch-Fiol, E.; Sánchez-Prada, A.; Ferreiro-Basurto, V.; Delgado-Álvarez, C.; Ferrer-Pérez, V. A. (2023). "Bystander behavior in violence against women in Spain: A scoping review". *Aggression and Violent Behavior*, 72, 1-11. https://doi.org/10.1016/j.avb.2023.101861

Walker, L. E. (1984). *The battered woman syndrome.* Springer Pub.

Zapata-Calvente, A. L.; Megías, J. L.; Moya, M.; Schoebi, D. (2019). "Gender-Related Ideological and Structural Macrosocial Factors Associated With Intimate Partner Violence Against European Women". *Psychology of Women Quarterly*, *43*(3), 317–334. https://doi.org/10.1177/0361684319839367

TERCERA PARTE:

Necesidades y derechos de hijas, hijos, madres y familiares de víctimas de feminicidio. Una mirada integral.

CAPÍTULO I. ¿VIOLENCIA VICARIA O FEMINICIDIO VINCULADO?

MIGUEL LORENTE ACOSTA
Profesor Titular de Medicina Legal-Forense, Universidad de Granada

1. El sentido de las palabras

Las palabras son el resultado de lo que la conciencia delimita de la realidad como una parte diferente en alguno de sus elementos, no son las que definen la realidad, sino la que la muestran con sus características o la ocultan y difuminan entre elementos y significados que impiden llegar a conocer lo más profundo y característico de ella.

Nombrar es delimitar de entre otros elementos, y cuanto más cercano sea el elemento que necesitemos poner de manifiesto, de forma más concreta tendremos que nombrarlo para hacerlo real. Si, por ejemplo, estamos en un escenario donde hay varios animales (perros, gatos, vacas, ovejas...) y queremos llamar la atención sobre alguno de ellos perteneciente a uno de los grupos, bastaría referiros de manera genérica al grupo concreto para definir lo ocurrido sin que se generara mayor confusión. De ese modo, con decir que "uno de los perros se lanzó al agua para coger una pelota" todo el mundo entendería lo ocurrido. Si, por el contrario, estamos hablando del grupo de los perros donde hay un dálmata, un pastor alemán, un cocker, un pointer... decir que "un perro se lanzó al agua" no explicaría bien la situación, pues podría haber sido cualquiera de ellos. En este contexto lo correcto sería referirse a la raza del perro específico que hace la acción, por ejemplo, "el dálmata se tiró al agua para coger una pelota", o en caso de no conocer el nombre trasladar lo sucedido de forma diferente, pero con claridad, algo que podría lograrse al manifestar "el perro de manchas de color blanco y negro se tiró al agua", puesto que ninguno de los otros tiene esas características en su pelaje. Al final lo importante es la claridad del mensaje, tanto más cuanto más trascendente sea la decisión a tomar a partir de ese hecho nombrado.

El concepto de "violencia de género" surge alrededor de la IV Conferencia Mundial de la Mujer de Naciones Unidas, celebrada en Beijing en 1995, para enfatizar el origen cultural de esta violencia y su relación con la construcción social asociada a los roles de género y a la condición de mujeres y hombres. Sin embargo, la presencia histórica del concepto en el contexto académico, jurídico y mediático no se ha traducido en un claro reconocimiento social, y junto a las confusiones sobre si significado ahora aparece un "negacionismo" que cuestiona el concepto y la propia realidad de la violencia de género. Y no es casualidad, sino una demostración más de su origen socio-cultural y de la necesidad de defender el modelo de ideas, valores, creencias, costumbres, tradición... que representa la cultura, una cultura androcéntrica que normaliza la violencia contra las mujeres, por lo que su ocultación y negación se convierten en una necesidad para proteger el sistema, puesto que el reconocimiento de esta violencia se presenta como una crítica directa al mismo y a todo su entramado de relaciones jerarquizadas.

Hablar de los diferentes elementos de la violencia de género y de sus distintas formas de expresarse con un nombre diferente, no contribuye a la conceptualización de problema ni a relacionar con él sus distintas expresiones. Definir la violencia dirigida contra los hijos e hijas como "violencia vicaria" cuando el resultado es el homicidio, y bajo unos objetivos y motivaciones que no se diferencian en nada de la violencia que se dirige contra las mujeres como parte de la violencia de género, introduce confusión y dificulta comprender el verdadero significado de esta. Y lo hace tanto en su concepto, puesto que traslada la idea de que se trata de una violencia distinta a la violencia de género, y que la instrumentalización violenta de los hijos e hijas sólo se produce con el homicidio; como con la forma de denominarla, porque el término "vicaria" indica que se trata de una violencia interpuesta, la cual se utiliza en muchos otros contextos violentos.

Nadie utilizaría una forma diferente de llamar al terrorismo dependiendo del tipo de violencia utilizada en sus atentados. No hay una violencia "coche-bombista", ni "tiro-nuquista", ni "secuestradora"... todas son violencias terroristas y así se denominan para presentarlas como parte del terrorismo que las motiva, y mostrar sus diferentes formas y dimensiones.

Con la violencia de género debemos hacer lo mismo. No fragmentarla ni dividirla para que se conozca su verdadero significado y cómo desde el mismo se pueden utilizar distintas estrategias y formas de ejercer la violencia contra las mujeres. Lo analizaremos en los siguientes apartados.

2. *La violencia de género: características y elementos*

La violencia de género es una violencia estructural que surge de las propias pautas de convivencia, y con ella se busca mantener el orden existente, no alterarlo.

Los trabajos clásicos de Johan Galtung a principios de los 70, definieron la "violencia estructural", como aquella que se produce mediante la utilización de elementos de la cultura y la organización social para impedir la satisfacción de necesidades

(J. Galtung 1969) (D. de la Parra y JM. Tortosa, 2003) Dentro de esta violencia estructural, entre otras, está la violencia de género por ser ejercida bajo la construcción de los roles de género y los estereotipos sexuales que actúan como factores de riesgo y determinantes de su uso (SL. Hamby y MP. Koss, 2003). Este componente estructural es uno de los elementos recogidos por la OMS al analizar los factores relacionados con los diferentes tipos de violencia (OMS, 2002), y es una de las referencias claves para entender las características de la violencia contra las mujeres, su dimensión, y la actitud social ante ella como reflejo de la construcción androcéntrica que la sostiene.

Cuando un hombre maltrata a la mujer con la que mantiene una relación, lo hace para que se adapte a lo que él, a partir de las referencias establecidas por la cultura, considera que debe ser una "buena mujer, esposa, madre, novia, compañera, ama de casa..." De ese modo refuerza la construcción de género definida por la cultura, y él como hombre se siente más hombre en su doble componente, por haber actuado como tal según los privilegios y "responsabilidades" dadas, y por haber resuelto el "conflicto" presentado "como lo hacen los hombres".

No se trata de que como hombres, incluso desde esa posición de autoridad otorgada, restablezcan el orden alterado por la mujer recurriendo, por ejemplo, al diálogo, los argumentos y los razonamientos más variados; esa forma de proceder resolvería el conflicto, pero no reforzaría su posición como hombre y daría a entender que la realidad puede ser definida por consenso, con lo cual se reconocería la igualdad de la posición de las mujeres respecto a la de los hombres desde el punto de vista social, y la de la mujer en particular respecto al hombre con quien mantiene la relación de pareja.

En cambio, si soluciona el conflicto "como los hombres" a través de un recurso que la cultura normaliza sólo para ellos, entonces el valor es doble, porque soluciona el problema y de forma simultánea marca las pautas de quién es quién en la relación, al tiempo que sitúa la amenaza de la violencia como una realidad dentro de la propia relación que lleva a que la imposición del hombre y el control sean más eficaces. Y todo ello, además, hace que el propio modelo cultural de relación desigual y los valores que lo acompañan, entre los que se incluyen las referencias a la identidad de hombres y mujeres, también se vea ratificado y reforzado.

La violencia de género, como se aprecia, tiene un doble impacto identitario en los hombres que actúa sobre la esencia de la condición masculina por su significado y por el contexto donde se desarrolla.

Todo forma parte de esa construcción jerarquizada de poder donde los hombres, a pesar de estar en las posiciones superiores, necesitan competir para ser más hombres y acumular más poder. Así de simple. Las preguntas que surgen son sencillas, ¿por qué siguen maltratando a la mujer sometida si ya tiene el control, por qué continúan potenciando la injusticia social sobre la discriminación, por qué mantienen la explotación de la naturaleza...? La clave está en entender que es un sistema acumulativo "insaciable", porque el éxito y el reconocimiento no está en tener, sino en acumular.

Hablamos de una construcción jerarquizada de poder basada en la injusticia que supone considerar la condición masculina superior a la femenina como esencia y pilar fundamental de la misma. Pero una vez establecida y de percibir la eficacia del modelo, dentro de cada espacio social incorpora elementos estáticos para que determinados hombres se sitúen por encima de otros, y elementos dinámicos para que puedan interaccionar y competir entre ellos a la hora de subir en su escala de reconocimiento sin que existan techos ni paredes de cristal, tan sólo otros hombres compitiendo por los mismos espacios, pero con la seguridad de que todos ellos tienen el suyo y el reconocimiento correspondiente.

Este diseño de la masculinidad y el terreno de juego dado para su desarrollo, requiere el uso de la violencia como uno de sus instrumentos para resolver las cuestiones de manera inmediata, objetiva y a favor de quien se imponga a través de ella. Y lo hace en los dos contextos donde la masculinidad se pone a prueba, en el espacio público contra otros hombres, y en el privado o en la intimidad contra las mujeres.

La violencia, en general, forma parte de este modelo como instrumento eficaz para resolver el doble reto de solucionar el problema al tiempo que refuerza la posición del hombre violento, por eso los hombres utilizan la violencia contra las mujeres, pero también fuera de esas relaciones.

De alguna manera, la violencia de género los "hace hombres", mientras que la violencia interpersonal en diferentes contextos los "hace machos" bajo esa idea de ser "más hombre que otros hombres". En cualquier caso, se aprecia como la violencia de género está asociada a la parte identitaria de esa masculinidad superior a las mujeres como expresión de su *"mayor inteligencia y fuerza física"* a la que se refería el eurodiputado polaco Janusz Korwin-Mikke, para mantener el orden desde la razón y la fuerza, es decir, desde lo que es propio de los hombres. La violencia interpersonal, como apuntaba, sirve para "ser macho", ese ser más hombre que otros hombres en todas las dinámicas y retos que establecen entre sí dentro de su especial competición y necesidad de demostrar su hombría y, de paso, alcanzar más poder, pues tampoco se trata de un ejercicio gratuito.

La necesidad de reforzar esa "hipermasculinidad" ante el reto o el conflicto y de presentar la violencia como una opción o como una solución, es la que lleva a resumir la situación y su posición sobre elementos biológicos propios de los hombres otorgándole un valor añadido, por ejemplo, cuando se hace referencia a los genitales ("con dos huevos", "por mis cojones"...), o caracteres masculinos ("de pelo en pecho", "de barba y bigote", etc.)

Esa es la razón para que una inmensa mayoría de los hombres que no ejercen la violencia de forma directa, tampoco se posicionen de manera clara contra ella y se mantengan en una especie de "limbo de neutralidad", como si el problema no fuera con ellos, cuando son a ellos a quienes utilizan los agresores para ejercer la violencia contra las mujeres *"en nombre de todos los hombres"*, o sea, de lo que consideran que como hombres no deben permitir a las mujeres y deben resolver como tales hombres (M. Lorente, 2008).

Ese mismo elemento común a todos los hombres es el que se refleja cuando las medidas a favor de la igualdad y en contra la violencia de género, son interpretadas como iniciativas "contra los hombres", en lugar de hacerlo como actuaciones en contra de los "hombres maltratadores", pues no se actúa contra un hombre por el hecho de ser hombre, sino por el hecho de ser maltratador. Esa actitud revela cómo desde el machismo se percibe que esas medidas no sólo cuestionan las conductas violentas, sino que también inciden sobre la normalidad desde la que los hombres construyen de manera libre y consciente la violencia contra las mujeres, la misma normalidad a la que regresan después para justificarla y minimizarla (M. Lorente, 2014).

La recompensa obtenida a través de la violencia que se ejerce contra las mujeres no es material, al menos en lo inmediato. Cuando un hombre maltrata a una mujer lo que consigue es "ser más hombre" en la escala del machismo, por la forma de resolver "su conflicto" y por la forma en que se desarrolla la relación de pareja a partir del recurso al maltrato. Desde ese momento sus dictados se imponen bajo la idea de superioridad y el argumento de la violencia, directa o como amenaza, y la mujer queda sometida y controlada por sus palabras y conductas, por lo que junto a la recompensa en términos de valores y reconocimiento se une un mayor disfrute de sus privilegios en lo funcional y relacional.

Y cuando un hombre asesina a la mujer con la que ha mantenido una relación, tampoco obtiene nada material a cambio, de nuevo lo único que consigue es "ser más hombre", reforzar su idea de lo que es ser hombre y su imagen masculina ante los demás hombres. Su recompensa es su propia masculinidad exhibida. Por eso se trata de crímenes morales, no instrumentales, y por ello se entregan voluntariamente o se suicidan después de haber asesinado a su mujer en un porcentaje significativo de los casos, porque esa idea de hombría identitaria que lleva a ser uno mismo y ante los demás a través de su comportamiento, exige asumir las consecuencias de la conducta realizada, no renegar de ellas.

Todas estas circunstancias hacen que la violencia de género contra las mujeres dentro de las relaciones de pareja tiene una serie de características diferenciales respecto a otras violencias interpersonales, incluso con las que comparte alguno de sus escenarios, como sucede con la violencia doméstica o familiar.

Todas las violencias acaban con una lesión física, una lesión psíquica o, en los casos más graves, en la muerte. La diferencia entre los distintos tipos de violencia y los diferentes contextos no está, por tanto, en el resultado, sino en el origen, es decir, en el «porqué» y en el «para qué» de esa conducta. Sobre esos elementos cada agresor pondrá una determinada carga emocional que caracterizará la forma de llevar a cabo la agresión.

Al analizar la violencia contra las mujeres vemos que se trata de una conducta distinta al resto de las agresiones interpersonales. Y como tal deberá ser considerada, tratada e investigada. Los principales elementos que la caracterizan son los siguientes (Lorente, 2003).

2.1.Violencia inmotivada

Las causas que utiliza el victimario para justificar la agresión, en la gran mayoría de las ocasiones, son totalmente subjetivas. Dependen de lo que él decida y si en un determinado momento las considera suficientes para que se crea con el derecho de corregir a la mujer por medio de la agresión.

Esta característica hace que las mujeres no puedan identificar la causa de la violencia y que desarrollen una conducta de autovigilancia para intentar evitar una nueva agresión, objetivo en el que fracasan, puesto que no depende de nada que ellas hagan o dejen de hacer, sino de lo que el agresor perciba y decida en cada situación.

La conducta de autovigilancia y autocontrol con el tiempo desarrolla un estrés crónico que produce un importante deterioro de la salud de la mujer, tanto en el plano físico como en el psicológico, como se verá más adelante.

2.2. Violencia dirigida a aleccionar a la mujer

El agresor no utiliza la violencia para ocasionar lesiones o un daño. Estas son el instrumento necesario para conseguir su verdadero objetivo, que es aleccionar a la mujer para controlarla y dejar de manifiesto quién mantiene la autoridad en la relación y cuál debe ser el papel que debe jugar cada uno dentro de ella, quedando claro que el de la mujer es estar sometida a los criterios, voluntad y deseos del hombre, y el estar controlada por él.

Esta es la razón que lleva al agresor a usar la violencia de forma diferente a otros contextos, y a que cuando agrede no finalice el conflicto con un solo golpe, que sería suficiente para que la mujer cayera herida físicamente y derrotada psicológicamente ante la desproporción de fuerzas, sino que el agresor, más fuerte físicamente y en una posición de superioridad, lleva a cabo una agresión caracterizada por múltiples y violentos golpes de todo tipo (puñetazos, patadas, mordiscos, etc.), recurre en ocasiones al uso de instrumentos u objetos que aumentan la capacidad lesiva (bastones, objetos de la casa, etc.) o a veces también a armas blancas e, incluso, a armas de fuego, pero sin provocar la muerte.

El objeto de esta conducta violenta «excesiva» es buscar el aleccionamiento e introducir el miedo y el terror, para que recuerde qué puede ocurrirle ante la negativa u oposición a seguir sus mandatos, y hacer, de este modo, más efectivas las amenazas que lanzará ante la más mínima contrariedad.

2.3. Violencia continuada

El objetivo del agresor es controlar a la mujer e imponerle lo que él considera que debe ser el comportamiento y la conducta de una «buena mujer» y pareja, especialmente alrededor de los roles tradicionales que la asocian a ser una buena «esposa, madre y ama de casa».

Esta circunstancia basada en el objetivo de controlar a la mujer y de aleccionarla ante lo que el agresor interpreta que ha sido un error y un ataque a su posición hace que la violencia se mantenga continuadamente a través de la crítica, la humillación, la amenaza, la frialdad afectiva, el insulto, etc., y que de forma periódica se vea salpicada con fases de agresiones físicas y psicológicas. El objetivo de controlar a la mujer ha tenido un reflejo directo en la evolución de la violencia de género durante la pandemia por la COVID-19, con un aumento de la violencia acompañado de una disminución de las denuncias y de los homicidios debido al control añadido que supuso el confinamiento y la limitación de la movilidad (Lorente, 2022).

La violencia de género debe entenderse como la suma de estas dos características: violencia continuada en el tiempo dentro de la cual se producen agresiones puntuales de manera más o menos frecuente, con mayor o menor intensidad y de duración más o menos prolongada.

2.4. Violencia cíclica

Esta continuidad en el tiempo adquiere una evolución cíclica con tres fases que se repiten de forma continuada en la mayoría de las ocasiones, aunque no son de obligada aparición en todas ellas, lo cual dependerá de las circunstancias que acompañen a cada caso.

Fase de tensión creciente

La relación pone de manifiesto la agresividad latente frente a la mujer, que, en algunos casos, se manifiesta de forma específica como determinadas conductas de agresión verbal o física de carácter leve y aisladas. La mujer va adoptando una serie de medidas para manejar dicho ambiente y adquiriendo mecanismos de defensa psicológicos. No obstante, esta situación va progresando, aumentando la tensión paulatinamente.

Fase de agresión aguda

Se caracteriza por una descarga de las tensiones que se han ido construyendo durante la primera fase. La intensidad y su mayor capacidad lesiva distinguen este episodio de los pequeños incidentes agresivos ocurridos durante la primera fase. Esta fase es más breve que la primera y la tercera fase. Las consecuencias más importantes se producen en el plano físico y el psíquico, donde continúan instaurándose una serie de alteraciones psicológicas por la situación vivida.

La mayoría de las mujeres no buscan ayuda inmediatamente después del ataque, a menos que hayan sufrido importantes lesiones que requieran asistencia médica inmediata. La reacción más frecuente es permanecer aisladas durante las primeras 24 h tras la agresión, aunque pueden transcurrir varios días antes de buscar ayuda o ir al médico, lo cual hace que no siempre acudan a urgencias, sino que en muchas ocasiones lo hacen a consultas ordinarias, quizá para tratar de restar importancia y para evitar que se identifique la agresión. Esta actitud se ha denominado *síndrome del paso a la acción retardado.*

Fase de amabilidad y afecto

Se caracteriza por una situación de extrema amabilidad, «amor» y conductas cariñosas por parte del agresor, tanto que gráficamente se le denomina *fase de luna de miel.* Es bien recibida por ambas partes y en esta se produce la victimización completa de la mujer, ya que actúa como refuerzo positivo para el mantenimiento de una relación caracterizada por la violencia. El agresor muestra su arrepentimiento y realiza promesas de no volver a llevar a cabo algo similar. Realmente piensa que va a ser capaz de controlarse y que, debido a la lección que le ha dado a la mujer, nunca volverá a ser necesario agredirla de nuevo.

Durante esta fase el agresor trata de actuar sobre familiares y amigos que conozcan lo ocurrido para que convenzan a la víctima de que le perdone. Todos ellos de forma más o menos inconsciente hacen que la mujer se sienta culpable en cierto modo y que, a pesar de reconocer que la agresión ha sido un acto criticable, sería ella la responsable de las consecuencias de dicha agresión al romper el matrimonio y la familia si no le perdona. Suele ser frecuente tratar de hacerle ver que su pareja necesita ayuda y que no puede abandonarlo en esta situación. La construcción de las relaciones de pareja sobre los mitos del amor romántico facilita la aceptación de los argumentos y de lo sucedido como si se tratara de un accidente de la normalidad.

El tiempo de duración de esta fase es muy variable, aunque lo habitual es que sea inferior al de la primera fase y más largo que el de la segunda.

2.5. Violencia extendida

Aquí está la clave para entender la ampliación de la violencia contra los hijos e hijas, elemento del que surge el concepto de "violencia vicaria". El victimario, dentro de su estrategia violenta y con vistas a conseguir sus objetivos, puede dirigir la violencia a otras personas cercanas a la mujer, como amenaza o a través de agresiones directas.

La violencia no se limita a la mujer, aunque el objetivo es dañarla y controlarla a ella, sino que cualquier persona de su entorno próximo que el agresor perciba o considere que tienen un vínculo afectivo o que la está ayudando o apoyando puede ser víctima de sus agresiones. Bajo estos argumentos se producen frecuentes agresiones a familiares de la mujer y, sobre todo, a las personas con las que intenta iniciar una nueva relación.

Debemos prestar especial atención a las agresiones que se llevan a cabo sobre los hijos y las hijas, los que, como veremos, sufren violencia psicológica por ser testigos de la violencia, y agresiones físicas al incluirlos dentro de la estrategia dirigida a dañar a la madre. Esta conducta, como estamos comentando, puede llegar al homicidio de los hijos, especialmente tras la separación o el divorcio bajo distintos objetivos, no sólo hacer daño a la madre, aunque en los casos en los que no se asesina también a la mujer es la razón principal.

2.6. Violencia en lugares públicos

El hombre que ejerce la violencia de género lo hace para defender sus ideas y valores, por eso se encuadra dentro de los «crímenes morales». A diferencia de los «criminales instrumentales», que cometen sus actos como una forma para obtener algún beneficio de carácter material a cambio y de manera inmediata, los «morales» buscan ante todo imponer su posición, defender sus ideas y, en el caso de la violencia de género, salir reforzados como hombres a través de la propia violencia.

Esta es una de las características diferenciales respecto a otras violencias y, además de ser inmotivada, desproporcionada, excesiva, extendida y con intención de aleccionar, el agresor con cierta frecuencia lleva a cabo las agresiones en lugares públicos o delante de otras personas del entorno familiar o del grupo de amistades.

El agresor es consciente de que el resto de personas son testigos de su agresión, pero juega con la referencia cultural que lleva a pensar que se trata de «cuestiones de pareja» y que deben resolverse dentro de la propia relación; o con la idea de que, aunque lo denuncien, él ha actuado como «debe hacerlo un hombre». Esas ideas son las que lo llevan a asumir las consecuencias de su violencia y a aceptar la sanción que pueda corresponderle por haber cometido la agresión.

Esta misma idea hace que, cuando piensa en acabar con la vida de la mujer, también lo haga en lugares públicos. Un porcentaje significativo de estos homicidas se entregan a la Policía para que quede claro que han sido ellos los autores de la agresión (aproximadamente, un 77% de los agresores a lo largo de los últimos años). Otro grupo de homicidas asume su responsabilidad por medio de la conducta suicida, que se lleva a cabo por el 24,2% de los homicidas desde 2012-2015 (Ministerio de Sanidad, Servicios Sociales e Igualdad, 2016). Con este tipo de conductas se demuestran a sí mismos y a los demás su hombría.

2.7. Violencia a través del uso del fuego y de líquidos ácidos

En la violencia de género hay determinadas formas de agredir que aparecen con una relativa frecuencia, y que son muy extrañas en otros contextos. Nos referimos a la utilización del fuego, como mecanismo lesivo directo, o de determinados líquidos corrosivos de carácter ácido o básico, especialmente los primeros por su mayor uso y conocimiento de sus efectos.

El objetivo es doble. Por un lado, ocasionar lesiones graves que pueden llevar a la muerte de la mujer agredida, y de otro, marcar de por vida a las mujeres. Las lesiones que producen estos elementos ocasionan heridas que al curar generan importantes cicatrices y retracciones de los tejidos blandos, imposibles de reparar por completo. Siempre queda una marca o señal que para el agresor será la huella de su voluntad, el precio que paga la mujer por enfrentarse a él, una especie de recordatorio para que cada vez que se mire no olvide los motivos y circunstancias bajo los que se produjeron.

Esta es la razón por la que estas heridas y cicatrices causan un mayor sufrimiento físico, psíquico y social, hasta el punto de que la mayoría de estos agresores, a diferencia de otros que tras una agresión continúan acosando e intentando agredir de nuevo a la mujer, no vuelven a seguirla ni controlarla, porque esa forma de entender y valorar a las mujeres como «objetos» hace que las vean «devaluadas» socialmente por las cicatrices que les han causado.

Todos estos elementos forman la violencia de género, por lo tanto, no podemos fragmentarla en algunas de sus características o formas de expresión llamándola según ese resultado concreto, porque si lo hacemos perderemos la referencia esencial que da lugar a ella tal y como se presenta. Es decir, perderemos las referencias de la construcción cultural sobre el género que crean la violencia contra las mujeres con una serie de elementos específicos y diferentes al resto de las violencias interpersonales.

No podemos llamarla "violencia aleccionadora", ni "violencia pública o exhibicionista", ni "violencia inmotivada", ni "violencia cíclica", ni "violencia extendida"... Es violencia de género con todas esas características y elementos, destacar uno sobre el resto es desintegrarla, pues desaparece con toda su dimensión y significado, tanto para conocerla e identificarla, como para prevenirla y erradicarla.

3. Violencia de género extendida a hijos e hijas

El término de "violencia vicaria" hace referencia a uno de los elementos de la violencia de género, el de ser una "violencia extendida", es decir, dirigida contra otras personas que el agresor asocia a la víctima con un vínculo especial, bien en el plano afectivo, que es lo habitual, o bien porque las responsabiliza de la conducta distante de la mujer hacia él. Y entre todas esas personas las principales, tanto por el componente emocional de la relación como por su presencia en el mismo contexto donde se desarrolla la violencia, son los hijos e hijas. Y lo son a diario, no sólo cuando se produce un homicidio o una agresión grave, porque esa extensión de la violencia contra la mujer hacia los hijos e hijas es clave para entender su significado y el contexto de control y amenaza que crea el agresor.

En España, según la Macroencuesta de 2019, hay 1.678.959 hijos e hijas que viven en los hogares donde el agresor, habitualmente su propio padre, maltrata sistemáticamente a su madre. Una cantidad que representa alrededor del 18% de las personas de menos de 18 años de nuestro país. Es decir, el 18% de nuestra infancia, juventud y adolescencia está sufriendo las consecuencias externalizantes e internalizantes que produce la violencia de género, por lo que lo que tienen una probabilidad más alta de ejercer violencia de género y contra otras personas, de consumir sustancias tóxicas, de padecer depresión… y otras muchas consecuencias negativas en su salud y en sus relaciones sociales.

La violencia vicaria, como violencia interpuesta, no es equiparable a la violencia de género, puesto que la utilización de la violencia a través de terceras personas también se utiliza en otros contextos violentos cuando se antepone una persona para ocasionar un daño a otra. Es lo que ocurre cuando alguien busca ajustar cuentas y secuestra a un hijo o a una hija de su objetivo y lo utiliza como forma de chantaje o para dañarlo directamente, situación que se produce con alguna frecuencia entre grupos criminales o en ajustes de cuentas entre organizaciones, o para obtener algún tipo de beneficio cuando se utiliza con empresarios o con alguien de la política.

Utilizar el concepto de violencia vicaria al margen de cualquier referencia a la violencia de género donde se produce, aunque conceptualmente se defina como parte de ella, puede dar lugar a distorsiones y confusiones por varias razones, entre ellas:

- Aunque su uso se ha popularizado con casos de violencia de género que se han producido en estos últimos años, especialmente con el terrible asesinato de Olivia y Anna, ocurrido en Tenerife en abril de 2021, su planteamiento centra la idea de la violencia en el hecho en sí de la agresión, no en el contexto de la violencia mantenida del que surge.
- Su uso aparece cargado de neutralidad y facilita la confusión, pues se puede utilizar tanto para situaciones de violencia de género como para otras circunstancias violentas en los que la madre también es asesinada, perdiendo el elemento conceptual que indica que su objetivo es "producirle un sufrimiento añadido a la madre".
- La utilización del término bajo estas referencias oculta la violencia diaria que sufren los niños y niñas dentro de la violencia de género. Una violencia contra los menores que es parte esencial en la estrategia de dominio y amenaza que utilizan los agresores para conseguir su objetivo, que no es el daño de la madre, sino su control. El daño es parte de la estrategia y también puede ser el castigo final cuando percibe que ha fracasado en su in-

tención de dominarla y someterla, pero siempre como parte de la violencia contra la mujer.

- La violencia de género con su componente de "violencia extendida" abarca a los hijos e hijas de manera sistemática, y también puede hacerlo sobre otras personas de los entornos que de manera puntual ocupen una posición importante, con el objeto de reforzar el control que se consigue con la violencia directa sobre la mujer.
- Por lo tanto, la violencia contra los hijos e hijas no se limita a acciones puntuales, ni se utiliza sólo para producir daño, sino que es una constante que sufren los 1.678.959 niños y niñas que según la Macroencuesta 2019 viven en hogares donde el padre maltrata a la madre.

Hablar de violencia vicaria para referirnos a la violencia que sufren los hijos e hijas dentro de la violencia de género debe acompañarse de su mención explícita, y hablar de "violencia vicaria en violencia de género", de lo contrario se volverá a ocultar el verdadero origen de esta violencia contra los niños y niñas, y se perderá el significado de una violencia caracterizada por la continuidad y constancia, no sólo por ataques puntuales.

Al machismo no le importa hablar de las mujeres ni de los niños asesinados, de hecho pide que se consideren como víctimas de la violencia doméstica o familiar, lo que le importa es que se hable de violencia de género o de violencia contra las mujeres, porque al hacerlo se pone de manifiesto la estrategia de una cultura androcéntrica que ha diseñado una violencia específica contra las mujeres para controlarlas y someterlas, con el objeto de perpetuar su modelo de sociedad y convivencia.

Los homicidios machistas de los hijos e hijas no son un accidente ni una casualidad, son parte de la violencia de género como demuestran las estadísticas que recogen que cada año 5 niños y niñas son asesinados por sus padres en el contexto de esta violencia de género, y lo son después de haber sufrido la violencia a diario durante la convivencia.

4. El homicidio vinculado en violencia de género: más allá del asesinato de hijos e hijas

Si la violencia de género es una "violencia extendida", el homicidio de cualquier otra persona que el agresor integre en sus objetivos formará parte de ella. Las circunstancias hacen que sean los hijos e hijas las víctimas más frecuentes de esta extensión de la violencia de género, pero siempre como parte de esa estrategia ampliada que deciden los agresores.

La casuística en España nos muestra que, además de los hijos e hijas, han sido asesinadas dentro del escenario de la violencia de género, madres, padres, amigas, parejas actuales de la mujer... mostrando esa "actitud abierta" a incluir a aquella persona que el agresor entienda que ha ayudado a la mujer a romper su relación con él, además de ocasionarle un daño añadido con su homicidio si la mujer no es asesinada.

Diferentes clasificaciones de homicidios incluyen esta forma de ejercer la violencia de género, y lo hacen, fundamentalmente, alrededor del concepto de "femicidio vinculado o asociado" con el objeto de destacar que se trata de un homicidio en conexión con la violencia contra las mujeres, y que en lugar de llevarse directamente a cabo sobre ellas lo que se hace es dirigirlo contra otra persona, pero siempre como vínculo o asociación.

Entre esas clasificaciones destaca por el impacto que tuvo en su momento la del "Canadian Femicide Observatory for Justice and Accountability", que define el tipo "Femicidio Asociado/Conectado" (Associated/Connected Femicide), y lo conceptualiza como el "homicidio de una mujer que no era la víctima intencional", y destacando al mismo tiempo que esos homicidios también son referidos como "víctimas colaterales". En lo que sí insiste la definición es que para hablar de "femicidio" debe tratarse de una mujer, que bien puede ser parte de la familia, una amiga o una extraña que ayuda a la mujer objetivo del agresor en algún momento.

De nuevo se comprueba cómo las palabras adquieren su valor sobre los elementos de la realidad, no al margen de ellos, y bajo esa idea se enfatiza que para hablar de "femicidio" debe referirse al homicidio de una mujer, no de otra persona vinculada a la violencia que sufren las mujeres en el contexto de las relaciones de pareja. Si el homicidio se produce sobre un hijo o una hija, o sobre cualquier otra persona, habría que denominarlo como "homicidio vinculado o asociado a violencia de género" o a "femicidio", en este último caso cuando se mata también a la mujer sobre la que se ejerce la violencia en la relación.

El Instituto para la Igualdad de Género de la Unión Europea (EIGE), lleva años trabajando en la clasificación de los femicidios, y en el documento "Femicide: a classification system", se refiere a los homicidios de personas relacionadas con la mujer víctima de violencia de género como "otros homicidios en conexión con el femicidio".

Los estudios internacionales recogen muy bien la esencia de la violencia de género, y cómo debe mantenerse en cualquier otra expresión cuando esta es dirigida a personas distintas a la mujer víctima de la primera. Varios son los elementos claves en esta aproximación conceptual:

1. Se debe partir del marco conceptual definido por la ley, que en nuestra legislación centra la violencia de género en la dirigida contra la mujer con la que se tiene o se ha tenido una relación de pareja.
2. El femicidio de género (o feminicidio) sólo hace referencia al homicidio de la mujer víctima de la violencia de género.

3. Cualquier otro homicidio sobre las personas que el agresor integre dentro de la violencia dirigida contra la mujer con la que mantiene o ha mantenido la relación de pareja, conducta que se puede producir como consecuencia del elemento de "violencia extendida" que tiene la violencia de género, debe ser conceptualizado como "homicidio vinculado, conexo o asociado" a la violencia de género.

4. La palabra femicidio, como su etimología indica, sólo puede utilizarse cuando la persona asesinada sea una mujer. De manera que, si dentro del contexto de violencia de género el agresor mata a la madre, se puede hablar de "femicidio vinculado a violencia de género", pero si la persona asesinada es el padre habría que denominarlo "homicidio vinculado a violencia de género". Si el homicidio se produce sobre un hijo o una hija debería referirse como "filicidio vinculado a violencia de género". En todos estos casos la mujer víctima de la violencia de género no sería asesinada en el mismo acto criminal.

5. Cuando la mujer víctima de violencia de género es asesinada en el mismo acto criminal, los homicidios indicados pueden referirse como "vinculados, asociados o conexos a femicidio". Así, en los ejemplos indicados en el punto anterior, se hablaría de "femicidio de la madre vinculado a femicidio íntimo", o de "homicidio (del padre) vinculado a femicidio", o de "filicidio vinculado a femicidio".

Sobre estas referencias hay que trabajar para identificar de manera precisa la parte de la realidad que necesitemos delimitar y nombrar de manera correcta. Hay que huir de todas las aproximaciones que puedan resultar más cómodas a cambio de ser menos precisas, como sucede con el concepto de "violencia vicaria". Hoy, la complejidad de la realidad debido al conocimiento que se tiene de ella, exige la utilización de varios nombres para definirla adecuadamente. Por eso, lo que hace

20 años era correcto, como era hablar de violencia de género para referirse a la violencia que sufrían las mujeres como consecuencia de la construcción social y cultural, en el momento actual es insuficiente e impreciso, puesto que hay otras violencias, como la LGTBI-fóbica, que también están construidas sobre esas referencias culturales androcéntricas. Por lo tanto, hoy, la violencia de género de antes se corresponde con "violencia de género contra las mujeres", pero como hay otras violencias contra las mujeres enraizadas en las referencias culturales, como sucede con la violencia sexual, la mutilación genital femenina, el acoso sexual... tenemos que precisar aún más para hablar con propiedad y claridad, y referir la violencia de género de entonces como "violencia de género contra las mujeres en las relaciones de pareja".

No es algo que se limite a la violencia contra las mujeres, ocurre en cualquier campo de la ciencia y del conocimiento donde los estudios clarifican y separan elementos que hasta un momento determinado aparecían mezclados o confusos, pero mientras que en cualquier otro campo la sociedad es receptiva a admitir la nueva realidad, en violencia de género ocurre lo contrario y la reacción lo que trata es de ocultar cualquiera de sus derivadas, y hasta el propio núcleo conceptual, como vemos con el "negacionismo".

A pesar de la amplitud de los términos, luego el uso habitual y la práctica nos permitirá emplear palabras o expresiones abreviadas como sinónimos, pero siempre con la conciencia de que se trata de esa forma aceptada de sustituir la denominación correcta que define a la perfección la parte de la realidad que queremos delimitar. Y necesitamos hacerlo, no solo para ser correctos con el lenguaje, sino, y sobre todo, para facilitar la toma de conciencia social sobre la realidad y el significado de la violencia que sufren las mujeres en las relaciones de pareja, y todas las derivadas que la acompañan como parte de la misma. De ahí la importancia y trascendencia de definir y nombrar correctamente la violencia contra las mujeres, y todos sus elementos y formas de expresión.

Bibliografía

Canadian Femicide Observatory for Justice and Accountability. https://femicideincanada.ca

De la Parra D y Tortosa JM, *Violencia estructural: una ilustración del concepto.* Documentación social. 2003; 131: 57-72

EIGE. Femicide: a classification system: https://eige.europa.eu/publications-resources/publications/femicide-classification-system

Galtung, Johan, "*Violence, peace and peace research*". Journal of Peace Research, 1969, **6** (3): 167–191.

Lorente Acosta, Miguel, *Mi marido me pega lo normal.* Barcelona, 2003, Ed. Crítica.

Lorente Acosta, Miguel, *Tú haz la comida, que yo cuelgo los cuadros.* Barcelona, 2014 Ed. Crítica

Lorente Acosta, Miguel, *Autopsia al machismo.* Granada, 2020 Ed. Comares.

Lorente Acosta, Miguel, La violencia es cosa de hombres. Massive Open Online Course (MOOC) "Masculinidad y violencia", Granada, 2020, Universidad de Granada.

Lorente Acosta M, Lorente Martínez M, Lorente Martínez M. Impacto de la pandemia por COVID-19 y el confinamiento en los homicidios por violencia de género en España. Spanish Journal of Legal Medicine, Volume 48, Issue 1, January–March 2022, Pages 36-43. DOI: https://doi.org/10.1016/j.reml.2021.08.001

Lorente Acosta, Miguel, *La refundación del machismo.* Granada, 2023 Ed. Comares.

Ministerio de Igualdad. Macroencuesta 2019. https://violenciagenero.igualdad.gob.es/violenciaEnCifras/macroencuesta2015/pdf/Macroencuesta_2019_estudio_investigacion.pdf

OMS, Informe Mundial sobre la violencia y la salud, 2002

CAPÍTULO II. PROTECCIÓN Y REPARACIÓN DEL DAÑO PARA HUÉRFANOS Y HUÉRFANAS DE LA VIOLENCIA DE GÉNERO. PROPUESTAS DEL FONDO DE BECAS FISCAL SOLEDAD CAZORLA PRIETO

MARISA SOLETO ÁVILA

Directora de la Fundación Mujeres y responsable de la Secretaría Técnica del Fondo de Becas Fiscal Soledad Cazorla

1. Introducción

El Fondo de Becas Fiscal Soledad Cazorla Prieto es una iniciativa solidaria, promovida por la familia de la primera Fiscal de Sala contra la violencia de género que, tras su fallecimiento en el año 2015, quiso continuar con la labor que Soledad Cazorla Prieto emprendió desde la Fiscalía especialista creada por la LO 1/2004 de 28 de diciembre, de Medidas de Protección Integral contra la Violencia de Género, a favor de la protección y mejora de la situación de los hijos e hijas de las mujeres víctimas mortales de la violencia de género.

Desarrollado dentro de la estructura de Fundación Mujeres, organización sin ánimo de lucro que gestiona desde su origen esta iniciativa, el Fondo de Becas Soledad Cazorla se fija como objetivo hacer visible la situación y los problemas que afrontan las familias que se hacen cargo de la educación y la crianza de los huérfanos y huérfanas de la violencia de género y contribuir a mejorar la situación y el acceso a los derechos de estos niños, niñas y jóvenes a sus derechos en calidad de víctimas directas de la violencia ejercida contra sus madres.

En esta iniciativa solidaria, que lleva funcionando desde el año 2016, ha combinado en su desarrollo cuatro elementos clave que se han combinado en su funcionamiento y que han permitido la obtención de los resultados y propuestas que se desarrollan en este documento:

1. La visión de la fiscal Soledad Cazorla Prieto, que dedicó una parte de sus esfuerzos desde la Fiscalía de Sala a indagar sobre la situación y a hacer propuestas e incluso intervenciones directas de la fiscalía en casos directamente con hijos e hijas de mujeres asesinadas. Esta visión es la que su familia quiso continuar desarrollando y, para ello, realizaron una primera aportación económica inicial que permitió el arranque del Fondo de Becas en el año 2016.

2. La experiencia y capacidad de ejecución en intervención social e incidencia política de Fundación Mujeres, una ONG sin ánimo de lucro, con 30 años de experiencia en la puesta en marcha de iniciativas y desarrollo de proyectos a favor de los derechos de las mujeres y la prevención y erradicación de la violencia de género, que ha puesto a disposición todos los recursos necesarios para garantizar el funcionamiento y operatividad del Fondo.

3. El contacto directo con las víctimas; las familias beneficiarias que desde el principio aportaron sus vivencias y experiencia tras los feminicidios, permitiendo un acercamiento directo a una realidad muy oculta hasta ese momento que nos ha permitido un mejor diagnóstico de la situación.

4. El compromiso y apoyo de empresas, instituciones colaboradoras y donantes particulares, que han aportado a lo largo de los años los fondos necesarios para mantener la concesión de ayudas económicas a las familias y financiar los diferentes servicios que se han creado a lo largo del tiempo.

2. ¿Qué hacemos en el Fondo de Becas Fiscal Soledad Cazorla Prieto?

Aunque la propuesta inicial del Fondo de Becas fue la concesión de pequeñas ayudas económicas a las familias, dirigidas a apoyar la financiación de los estudios de los huérfanos y huérfanas, así como las necesidades de refuerzo escolar y apoyo psicológico que no estuviera siendo atendido a través de servicios públicos, pronto fue evidente que los problemas que planteaban las familias exigían una mayor actividad y esfuerzo por parte del Fondo de Becas. De esta forma y pocos meses después del inicio de la actividad, desde Fundación Mujeres se fueron definiendo diferentes líneas de atención y apoyo a las familias.

Actualmente los servicios y actividades que desarrolla el Fondo de Becas son los siguientes:

1. Concesión de becas para apoyar el desarrollo de estudios y la financiación del refuerzo educativo y apoyo psicológico dirigido a huérfanos y huérfanas

2. Acompañamiento y desarrollo de actividades de información y asesoramiento dirigidas a las familias.

3. Impulso y promoción de mejoras legislativas e institucionales en los derechos y atención a los huérfanos, huérfanas y familias de las mujeres asesinadas

4. Asesoramiento jurídico dirigido a la resolución de dudas que surjan a las tanto a las familias como a instituciones que se ocupen del acompañamiento a las mismas y, recientemente, a través de un convenio con la Asociación de Mujeres Juristas Themis, asistencia legal en los casos que sean necesarios.

Los resultados obtenidos en los últimos años han sido significativos. Hasta el 31 de diciembre de 2023 un total de 106 niños, niñas o jóvenes han recibido alguna beca de las 216 becas concedidas por el Fondo, en las que se han invertido casi 400.000 euros; se ha acompañado a 62 familias con las que se han realizado 2 encuentros anuales y se han resuelto 249 consultas jurídicas.

Principales resultados del Fondo de Becas

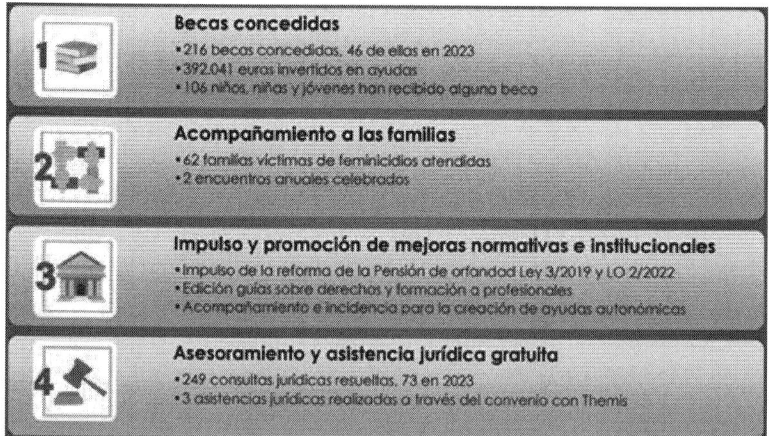

También ha sido muy significativa la tarea de incidencia política y elaboración de propuestas para la atención y mejora de la situación de huérfanos y huérfanas, dirigida a poderes y administraciones públicas. Destacan en este sentido el impulso de la reforma de la pensión de orfandad, iniciada en el 2017 y se culminó con la aprobación de la *Ley 3/2019, de 1 de marzo, de mejora de la situación de orfandad de las hijas e hijos de víctimas de violencia de género y otras formas de violencia contra la mujer*[422] y, posteriormente, con la *Ley Orgánica 2/2022, de 21 de marzo, de mejora de la protección de las personas huérfanas víctimas de la violencia de género.*[423] También la colaboración del Fondo de becas con distintos gobiernos autonómicos y locales en la definición de ayudas específicas dirigidas a huérfanos y huérfanas de la violencia de género, o la elaboración de materiales de referencia sobre los derechos que les asisten en calidad de

---

422 Texto disponible en https://www.boe.es/buscar/doc.php?id=BOE-A-2019-2975

423 Texto disponible en https://www.boe.es/buscar/act.php?id=BOE-A-2022-4516

víctimas como es la *Guía práctica para el apoyo y acompañamiento de huérfanos y huérfanas de la violencia de género*[424], editada en dos versiones para información a las familias y a profesionales responsables del acompañamiento desde diferentes ámbitos.

Toda la actividad desarrollada ha permitido generar un conocimiento preciso sobre las necesidades no sólo de los hijos e hijas de las mujeres asesinadas sino del entorno familiar que se hace cargo de su cuidado. También nos ha permitido desvelar y denunciar los fallos de un sistema de protección y reparación que, en muchas ocasiones, simplemente no tenía previsto tener que intervenir en atender a las víctimas que deja un asesinato por violencia de género, cometido en muchas ocasiones por un padre violento que deja en situación de desamparo y orfandad a sus propios hijos e hijas.

3. Algunas reflexiones generales sobre el contexto

Para entender los aprendizajes y las propuestas del Fondo de Becas Soledad Cazorla, es necesario partir de algunas reflexiones previas sobre el impacto de la violencia contra las mujeres en el entorno social y familiar. Hay tres cuestiones imprescindibles antes de entrar a analizar en detalle el diagnóstico y las medidas de reparación y mejora de la situación de las familias tras un feminicidio. De acuerdo con la experiencia en Fundación Mujeres y nuestro propio proceso de aprendizaje proponemos 3 preguntas clave sobre este contexto:

- ¿A quién perjudica la violencia contra las mujeres?
- ¿Conocemos el daño de la violencia contra las mujeres en el entorno familiar?

424 Documento disponible en https://becassoledadcazorla.es/guias-y-protocolos/

- ¿Protegemos y reparamos el daño de menores expuestos a la violencia ejercida contra sus madres?

Reflexiones que son imprescindibles para un acercamiento a las situaciones de orfandad vinculadas a la violencia de género.

4. ¿A quién perjudica la violencia contra las mujeres?

Es evidente que la violencia ejercida contra las mujeres, en cualquier ámbito, incluyendo en las relaciones de pareja, es una de las vulneraciones más graves de los derechos de las mujeres que se produce actualmente en todas las sociedades del mundo.

Pero si analizamos cada uno de los casos y episodios de esta violencia encontraremos que el impacto, la afectación y el perjuicio de la violencia que sufre una mujer, no se limita a la víctima directa, sino que tiene un impacto muy significativo en todo su entorno personal y familiar y, como denuncia reiteradamente el movimiento feminista, en toda la sociedad.

Analizando los casos de la violencia que se ejerce en el marco de relaciones afectivas sabemos, además, que resulta frecuente que los hombres violentos aprovechen todas las oportunidades de provocar un daño en la víctima, no limitando la acción del maltrato y la violencia a las propias mujeres sino ejerciendo maltrato y provocando un daño directo o indirecto en todas las personas del entorno de la víctima incluyendo, por supuesto, a sus hijos e hijas.

Este daño en el entorno familiar tiene una doble consecuencia que hemos de tener en cuenta en el abordaje de los procesos de reparación del daño. En primer lugar, porque se produce una vulneración de los derechos de las personas expuestas a la violencia ejercida por el maltratador contra su víctima. Dicho de otra forma, la violencia de género es también violencia contra la infancia en los casos de menores expuestos.

En segundo lugar, porque el riesgo de sufrir violencia vicaria, por parte de los hijos e hijas, pero también de otras personas del entorno, es un riesgo para la seguridad y la vida de estas personas.

El problema es que no siempre hemos enfocado adecuadamente este daño en las personas del entorno por lo que es necesario abordar el segundo elemento de reflexión.

5. ¿Conocemos el daño de la violencia contra las mujeres en el entorno familiar?

Fundación Mujeres, colaboró con el Instituto Europeo para la igualdad de Género (EIGE), en la elaboración del Informe *"Feminicidio: Poniendo el foco en las víctimas invisibles"*[425], publicado en enero de 2023, compartiendo con el equipo de investigación y redacción de este informe las experiencias y aprendizajes obtenidos a través del trabajo del Fondo de Becas Fiscal soledad Cazorla Prieto.

En las conclusiones de este informe, que analiza las políticas frente al feminicidio de cinco países de la UE (Alemania, España, Francia, Portugal y Rumanía), y que pretendía dar voz a las familias y a las personas que trabajan con ellas en los casos de feminicidio, quedaba reflejado que, además del trauma directamente relacionado con el asesinato de la mujer víctima, se producían otros muchos daños sobre las familias, destacando entre ellos.

- Revictimización durante la investigación policial, en el procedimiento judicial y en los medios de comunicación

---

[425] Disponible en https://eige.europa.eu/publications-resources/publications/femicide-shedding-light-invisible-victims

- Dificultad para acceder y obtener información directa de los procesos policiales y judiciales
- Falta de información sobre sus derechos como víctimas o sobre los recursos destinados a la reparación del daño sufrido.
- Necesidad de apoyo psicológico integral y duradero, especialmente en los casos de orfandad.

Las conclusiones de este informe alertan sobre la falta de una respuesta institucional integral al feminicidio, si no se tienen en cuenta las necesidades de estas víctimas. Las consecuencias de esta falta de respuesta impiden no solo una prevención y enjuiciamiento de los delitos de manera efectiva, sino que también priva a las víctimas del apoyo necesario y las expone a una victimización repetida durante los procedimientos legales. Por lo tanto, es preciso que las políticas y actuaciones contra la violencia de género incluya medidas para abordar la reparación de las familias y el entorno de las víctimas, especialmente en los casos de asesinatos cometidos en el marco de las relaciones afectivas, poniendo especial atención de los hijos e hijas que se quedan en situaciones de orfandad.

6. ¿Protegemos y reparamos el daño de menores expuestos a la violencia ejercida contra sus madres?

Aunque desde la propia LO 1/2004, se previeron medidas para proteger a los niños y niñas de sus padres maltratadores, la aplicación de las mismas ha sido a todas luces insuficiente y han sido necesarias varias reformas legales para conseguir suspensiones del régimen de visitas o la prohibición de la custodia compartida[426].

---

426 Ambas medidas se aprueban en la Ley Orgánica 8/2021, de 4 de junio, de protección integral a la infancia y la adolescencia frente a

También han existido severas dificultades para abordar la recuperación y reparación del daño de los hijos e hijas de las mujeres víctimas de la violencia de género, bien por existir dificultades legales para el acceso a los servicios previstos, como la necesidad de autorización del padre violento para acceder a la atención psicológica, bien porque las medidas ni siquiera fueron prevista por parte de los poderes y administraciones públicas, como sucede con los casos de orfandad.

Sin duda esta realidad, que no considera a los niños y las niñas como auténticos titulares de derechos en su calidad de víctimas directas de la violencia que sufren sus madres, es un fallo en las políticas para la prevención y erradicación de la violencia contra las mujeres, particularmente en lo relativo a la protección a los menores y su derecho a vivir en entornos seguros y libres de violencia, que afecta a todos los casos, pero que tiene una manifestación particular en los casos de orfandad,

Si no se protege y acompaña adecuadamente a todos y cada uno de los menores expuestos a la violencia de género, en los casos de orfandad tampoco funcionaran esas medidas de reparación y de protección. Además, la falta de diligencia en la aplicación de las medidas de protección supone dar oportunidades a padres violentos y maltratadores para utilizar a los niños y las niñas expuestos en el objetivo de causar el mayor daño posible a la víctima y a su entorno, incluso más allá del asesinato en los casos de feminicidio.

7. Propuestas del Fondo de Becas Fiscal Soledad Cazorla Prieto

El Fondo de Becas, desde su creación, emite un informe anual[427] en el que no sólo da cuenta de su actividad con las

---

la violencia.

427 Disponibles en https://becassoledadcazorla.es/informes-de-actividad/

familias usuarias del fondo, sino que realiza un pequeño análisis del contexto social, el conocimiento de casos y la respuesta institucional y, además, realiza una serie de propuestas de actuación y recomendaciones de mejora dirigida a las administraciones y poderes públicos competentes en la materia.

A lo largo de los años se han elaborado propuestas y recomendaciones en relación con 4 ámbitos de intervención:

- Conocimiento y diagnóstico de la situación
- Ayudas económicas vinculadas a la orfandad por violencia de género
- Respuesta y medidas de protección judicial
- Servicios y actuaciones de acompañamiento y reparación del daño

Los contenidos de cada uno de los puntos se han venido elaborando a partir del conocimiento que desde Fundación Mujeres íbamos adquiriendo sobre la situación de huérfanos y huérfanas de la violencia de género gracias a la actividad del Fondo de Becas Fiscal Soledad Cazorla Prieto.

Los principales contenidos que se han desarrollado en los últimos años y que continúan estando presentes en las recomendaciones y el trabajo de incidencia política que se desarrolla sobre el fondo serían los siguientes:

8. Mejoras para el conocimiento de la situación y el diagnóstico de las necesidades de las familias

De acuerdo con la experiencia del Fondo, existen dificultades para acceder a la información sobre huérfanos y huérfanas de la violencia de género más allá del dato que hace referencia al número de menores huérfanos que se producen anualmente. No existen datos evolutivos más allá del asesinato, ni siquiera en el ámbito de la estadística judicial. En muchos casos tampoco se hace un seguimiento específico de las políticas públicas y la respuesta institucional por lo que la evaluación de las medidas es complicada. Por ejemplo, los datos sobre pensiones de orfandad específicas para huérfanos y huérfanas de la violencia de género no se han incorporado a los informes generales de rendición de cuentas sobre políticas para la prevención y erradicación de la violencia contra las mujeres.

Esta ausencia de información creemos que tiene una repercusión directa en el conocimiento tanto de la situación que atraviesan las familias, como en los recursos y ayudas disponibles, lo que puede ser la causa de uno de los problemas que hemos detectado en la acogida de nuevas familias en el Fondo de Becas que no es otro que la poca y deficiente información que en ocasiones se facilita a las familias afectadas por parte de los servicios públicos.

Las propuestas en este ámbito estarían dirigidas a prestar una mayor atención a la situación de orfandad vinculada a la violencia de género en los diferentes instrumentos de rendición de cuentas y estadísticas de las administraciones y poderes públicos competentes, así como a generar más información dirigida a profesionales que intervienen en los servicios de atención, entre otras:

- Incorporación de indicadores sobre huérfanos y huérfanas de la violencia de género que incluyan a no sólo a menores, sino a mayores de edad en situación de dependencia económica.
- Revisión de los indicadores de la estadística judicial para aportar información sobre las medidas penales y civiles de protección de los hijos e hijas de las víctimas mortales de la violencia contra las mujeres.
- Formación e información para profesionales intervinientes en el proceso.

- Elaboración de protocolos de atención y respuesta en los diferentes ámbitos.

9. Ayudas económicas vinculadas a la orfandad por violencia de género

Una de las primeras conclusiones y aprendizajes obtenidos a partir del funcionamiento del Fondo de Becas Fiscal Soledad Cazorla Prieto, fue que la orfandad a causa de un feminicidio, es una situación de riesgo de pobreza infantil que se manifiesta en la práctica totalidad de los casos. Los niños y niñas, habitualmente pierden a sus principales proveedores de recursos y el propio desarrollo del procedimiento judicial y de protección social, hace que, incluso en los casos de familias sin especiales dificultades económicas, se bloqueen el acceso a los recursos disponibles en caso de existir. La mayoría de huérfanos y huérfanas, se quedan al cuidado de otros miembros de la familia. Cuando esas personas que se hacen cargo son los abuelos y/o las abuelas, resulta habitual que los ingresos de estas estén vinculados a pensiones de jubilación o no contributivas que, evidentemente son insuficientes para atender las obligaciones de crianza a medio largo plazo de los niños y niñas afectados. Cuando son otros miembros de la familia quienes se hacen cargo, también se produce un impacto económico en las economías familiares que ven como la familia crece, o cómo tienen que hacerse cargo de menores sin que lo tuvieran previsto. Por no hablar de los gastos adicionales vinculados al propio proceso y a las necesidades especiales derivadas del trauma que se traducen frecuentemente en esfuerzos económicos adicionales para las familias.

En teoría las indemnizaciones del procedimiento judicial, tienen por objetivo reparar esta situación, pero tardan en llegar y habitualmente no se hacen efectivas por insolvencia de los condenados.

Este diagnóstico fue el que llevó al Fondo de Becas a impulsar la reforma en las pensiones de orfandad y a recomendar la articulación de ayudas económicas a nivel autonómico para estas situaciones. Hasta la Ley de 2019, la mayoría de huérfanos y huérfanas no accedían a las pensiones de orfandad por no cumplir sus madres los requisitos de acceso a dicha pensión. Tampoco existían en esa fecha muchas de las ayudas autonómicas que existen o se están desarrollando en este momento.

Afortunadamente la situación ha cambiado y en este momento se está facilitando el acceso a las pensiones de orfandad de muchas familias que en la situación anterior no tenían ninguna posibilidad de cobrarla, y se han incrementado los importes percibidos. También son muchas las CCAA que han desarrollados ayudas específicas para esta situación. Aun así, en la gestión de las ayudas económicas creemos que es necesario que se tengan en cuenta las siguientes recomendaciones:

- Necesidad de acceso a ayudas económicas desde los primeros momentos, que son los de mayor necesidad para las familias.
- A pesar de las reformas emprendidas sigue habiendo algunos problemas de acceso a las pensiones de orfandad de la seguridad social que es necesario reparar.
    - Las mejoras que se realicen deben aplicarse con carácter retroactivo y no sólo a los casos de feminicidio que se comentan a partir de la reforma ya que esta aplicación e interpretación está provocando la existencia de huérfanos y huérfanas de primera y segunda clase.
    - Se deben resolver los problemas que aún se manifiestan en algunas ocasiones sobre la acreditación de la situación de abandono para acceder a las pensiones. La Seguridad Social debe entender que, si hay una atribución de tutela a personas distintas del progeni-

tor, es porque la situación de abandono es real y no pedir mayor acreditación a las familias.

- Las características de las ayudas económicas que se han establecido en las diferentes comunidades autónomas son muy dispares en términos tanto de cuantía como de cobertura. Creemos que es necesaria una homogeneización de las ayudas no olvidando que el apoyo debe continuar hasta la edad lógica de emancipación, es decir, por encima de la mayoría de edad.
- Establecer con carácter general una cobertura de protección hasta los 26 años si los jóvenes afectados carecen de ingresos suficientes y están estudiando.

10. Respuesta y medidas de protección en el ámbito judicial

El desarrollo del procedimiento penal es uno de los obstáculos más importantes con el que se topan las familias y los hijos e hijas de las víctimas mortales en su proceso de recuperación. La extensión en el tiempo de estos procedimientos, que pueden llegar a permanecer abiertos durante varios años, dificulta la vivencia y el cierre del duelo. Además, el miedo y la incertidumbre acompaña a las familias durante años y a cada paso del procedimiento judicial y el cumplimiento de la condena. El juicio, el acceso del condenado a beneficios penitenciarios o la finalización del cumplimiento de las penas de reclusión penitenciaria, reabre la herida y reaviva el miedo y la inseguridad.

Para abordar esta realidad de las familias, es fundamental continuar mejorando la respuesta de la justicia a los feminicidios considerando los derechos de las víctimas de estos delitos desde una perspectiva amplia. Entre otras propuestas desde el Fondo de becas estamos demandando:

- Mayor celeridad en el desarrollo de los procedimientos judiciales. Si bien entendemos que han de respetarse los tiempos para hacer una instrucción con calidad y garantías, en varias ocasiones hemos visto como se llega al límite de la prisión provisional para la instrucción de los procedimientos, un plazo de casi 4 años.
- Aplicación de medidas adecuadas y suficiente de protección temprana tanto en el ámbito civil y penal como respecto de la protección patrimonial. Es necesario proteger los derechos a la indemnización de las personas afectadas por el crimen y en algunas ocasiones no se aplican medidas que aseguren que no se realizarán medidas de ocultación del patrimonio del agresor por parte de él mismo o de su familia.
- Establecimiento de medidas de protección a largo plazo como contenido de las sentencias. Abogamos por garantizar el alejamiento de los niños y las niñas y de las personas que se hacen cargo de su cuidado hasta superar al menos la mayoría de edad.
- Vigilancia y especial diligencia en la protección de los derechos de los niños y niñas y las familias de las mujeres asesinadas a lo largo de todo el procedimiento judicial y durante el cumplimiento de las penas. Frecuentemente nos hemos encontrado casos de familias que no han sido informadas adecuadamente sobre el desarrollo del procedimiento, los cambios de centro penitenciario o el acceso de los condenados a los beneficios penitenciarios, de forma que no han podido hacer ejercicio de sus derechos de acuerdo con el Estatuto de la Víctima[428]

---

[428] Ley 4/2015, de 27 de abril, del Estatuto de la víctima del delito.

11. Servicios y actuaciones de acompañamiento y reparación del daño

Si bien los hijos y las hijas de las mujeres víctimas de violencia de género cuentan con el reconocimiento de víctimas directas de esta violencia, no siempre están bien definidos los derechos que en calidad de hijos e hijas de las víctimas tienen reconocidos. Parece que la legislación española ha querido hacer un reconocimiento específico para la protección de reparación de los menores expuestos a la violencia de género ejercida contra sus madres, pero no hemos terminado de definir el contenido concreto de los derechos que les asisten de forma individualizada respecto de sus madres. Lo mismo sucede con el reconocimiento de los derechos de las familias que se hacen cargo de su crianza en los casos de feminicidio, que en ocasiones no cuentan con la posibilidad de recurrir a los servicios previstos para las mujeres víctimas. Por ejemplo, un hermano de una víctima de feminicidio, en principio no contaría con la posibilidad de recurrir a los servicios de asistencia previstos en la legislación española, ni siquiera en el supuesto de que se hiciera cargo de la crianza de los hijos de su hermana asesinada.

En otras ocasiones son los hijos y las hijas de las victimas quienes se encuentran con dificultades para acceder a algunos de los derechos de las víctimas. Por ejemplo, dificultades para beneficiarse de exenciones de tasas o acceso preferente a derechos reconocidos a las mujeres víctimas, pero que se ponen en duda en el caso de sus hijos e hijas tales como exención de tasas universitarias o acceso a la vivienda.

Es necesario que se superen estas dificultades y se pueda contar con un reconocimiento de la condición de víctima de los huérfanos y huérfanas de la violencia de género que garantice esa asistencia a largo plazo a la que hacía referencia el informe de EIGE y que los informes del Fondo de Becas llevan incorporando como recomendación los últimos años. Concretamente proponemos:

- Desarrollo del reconocimiento de la condición de víctima para los huérfanos y huérfanas de la violencia de género en el ámbito judicial y administrativo.
- Ampliación y homogeneización de la protección de los hijos e hijas de las mujeres víctimas con identificación clara de los derechos que les asisten y la forma de poder acceder a ellos.
- Desarrollo de medidas de apoyo a la emancipación de los hijos e hijas de las mujeres víctimas de violencia de género, en particular de huérfanos y huérfanas.
- Mejora en la aplicación de la exención de tasas universitarias y concesión de becas en los casos de huérfanos y huérfanas de la violencia de género.

12. Para terminar

El acompañamiento y la reparación del daño que producen los feminicidios de mujeres a manos de sus parejas o exparejas sobre sus hijos e hijas y su entorno familiar, tiene que formar necesariamente parte de la agenda política para la prevención y la erradicación de la violencia de género. No hacerlo supone generar situaciones de indefensión y vulnerabilidad especialmente para los niños, las niñas y jóvenes en las primeras etapas de la vida adulta. Un daño que, de no repararse, permanecerá en nuestra sociedad durante muchos años.

Un feminicidio es un fracaso social. Una manifestación extrema de la desigualdad entre mujeres y hombres, que revela las deficiencias que aún tenemos para la seguridad y la protección de las mujeres de los delitos de los que son víctimas por el hecho de ser mujeres. Por eso la protección de la orfandad a causa de la violencia contra las mujeres tiene que ser una responsabilidad social compartida y una prioridad de la respuesta institucional.

No hemos podido proteger adecuadamente a sus madres, pero si podemos exigir y comprometernos con el futuro de estos niños y niñas y trabajar para que la exposición a esta violencia extrema contra sus madres no merme sus posibilidades de desarrollo. Con este compromiso surgió el Fondo de Becas y es el objetivo que continuaremos trabajando desde Fundación Mujeres mientras nos sea posible.

Referencias bibliográficas:

Instituto Europeo para la Igualdad de Género (2023). *Feminicidio: poniendo el foco sobre las víctimas invisibles.* https://eige.europa.eu/publications-resources/publications/femicide-shedding-light-invisible-victims. Recuperado el 20 de octubre de 2024.

Fundación Mujeres (2023). VII Informe Anual: Necesidades de mejora de la respuesta institucional. https://becassoledadcazorla.es/wp-content/uploads/2024/04/VII_Informe_Anual_DEF.pdf. Recuperado el 20 de octubre de 2024.

Fundación Mujeres (2003) *Guía para profesionales en el apoyo y acompañamiento de huérfan@s por violencia de género.* https://becassoledadcazorla.es/wp-content/uploads/2024/05/V4_Guia-Escucha-su-voz-Profesionales_DEF.pdf. Recuperado el 20 de octubre de 2024.

CAPÍTULO III. CHILDREN BEREAVED BY PARENTAL INTIMATE PARTNER HOMICIDE: BEING SEEN, HEARD AND SUPPORTED

JOHN DEVANEY
School of Social and Political Science. University of Edinburgh
ZAIN KUDI
School of Social and Political Science. University of Edinburgh
EVA ALISIC
Melbourne School of Population and Global Health. University of Melbourne
KATITZA MARINKOVIC CHÁVEZ
Melbourne School of Population and Global Health. University of Melbourne
OLIVER EASTWOOD
Melbourne School of Population and Global Health. University of Melbourne
JOHN FREDERICK
School of Social and Political Science. University of Edinburgh
Melbourne School of Population and Global Health. University of Melbourne
CLAIRE HOUGHTON
School of Social and Political Science. University of Edinburgh
KATHRYN JOY
Melbourne School of Population and Global Health. University of Melbourne

1. Introduction

While there is growing acceptance that children can be impacted by the intimate partner violence and abuse in the relationship between their parents or carers (Holt, Øverlien and Devaney, 2018), our understanding about the different ways in which children are affected is still developing. However, there is strong evidence that children's social and emotional development is impacted significantly for the majority of children in the immediate and longer term. The more severe the abuse, and the longer that children experience this in their life, the greater the association with poorer social and emotional outcomes (Skafida and Devaney, 2023).

One in six homicides in the United Kingdom is a result of domestic abuse, with the majority (68%) of these deaths being caused by an individual's current or former intimate partner, and the majority of deaths being women killed by men (Office for National Statistics, 2024). Of note, there is little evidence internationally on children in this context. Two separate overview reports on Domestic Homicide Reviews (DHRs) in England and Wales between 2011 – 2016 (Stanley, Chantler and Robbins, 2019), and 2017 – 2019 (Chantler et al., 2023) found that children were mentioned in 39 percent and 70 percent of reviewed domestic homicides, respectively. These figures closely mirror similar prevalence estimates (35 – 65 percent) of children's experiences of parental intimate partner homicide in Canada (Jaffe and Juodis, 2006). Children are often the forgotten victims of domestic homicide, not only in research but also in practice (Alisic et al., 2015; Mertin, 2019). Children typically experience multiple losses following parental homicide, from losing a parent to the domestic abuse while the other parent is often the perpetrator who is in custody, absent or has also died. Some children also lose siblings or other family members in the context of familicide.

In the aftermath of these events, children endure sudden and significant change, from being uprooted from the family home, to attending new school/s, causing upheaval in their daily lives and separating them from familiar social connections such as friends and caring adults (Alisic et al, 2017; Eastwood et al., 2024, Frederick et al., 2024). These changes can also include placement in unsuitable care environments, becoming embroiled in protracted custody disputes among family members coping with traumatic grief, and being separated from siblings and pets. This adversity typically follows prolonged exposure to violence prior to the homicide incident, with many children witnessing the homicide or its aftermath directly (Alisic et al, 2015; Alisic et al, 2017).

There is limited international literature on the long-term effects of such bereavement on children across their lives. This significant gap in research regarding the immediate and long-term trauma experienced by children and young people hinders the development of effective safeguarding policies and support systems tailored to their unique needs (Kurdi et al., 2024). This lack of information means that current policies designed to protect and care for children are not well-suited to this specific situation. As a result, professionals have to make critical decisions about guardianship, placement, counselling, and mental health support, as well as whether the child should have contact with the perpetrator (often their other biological parent), without adequate evidence to guide them. This contribution to the emerging evidence-base for policy and practice draws upon our recent work on this issue. Our exploratory study has sought to generate a better understanding of children and young people's care arrangements, family and peer relationships, and identity development in the context of being a child victim of parental intimate partner homicide.

2. Methods

This study draws on data from a 4-year research project exploring experiences of home, relationships and identity among children and young people bereaved by parental intimate partner homicide in the United Kingdom, Ireland and Australia. The data presented in this chapter focuses primarily on decisions taken about who children should live with, how these decisions were made, and the experiences of children's involvement in this decision making at the time.

This contribution draws upon data from the United Kingdom and Ireland arm of the study, focusing on the experiences of children and young people to inform policies in this area. The design of the overall research project was developed in collaboration with people with lived experience of parental intimate partner homicide, one being a co-investigator, and one as an advisor to the project. The main aim of the research project was to gain the perspectives of those with experience of intimate partner homicide about the consequences for children and young people.

2.1. Design & Recruitment

The study design was qualitative and the findings draw on 29 in-depth interviews with 32 participants across three main informant categories: those with lived experience as a child or young person of parental intimate partner homicide; current or former caregivers to children or young people with lived experience of parental intimate partner homicide; and professionals with experience of working with individuals who have experienced parental intimate partner homicide.

2.2. Inclusion criteria for participation

For all three informant categories participants needed to be living/working in the United Kingdom or Ireland. For those with lived experience, they must have been under the age of 18 when they were bereaved by parental intimate partner homicide, be 12 years or older at the time of the interview and be at least 6 months post-homicide. Caregivers could be current or previous caregivers, with the definition including foster carers, family members and family friends who have spent a significant amount of time with the child or young person. Allowing flexibility about who qualifies as a caregiver ensured we did not alienate or exclude potential participants due to cultural variations in arrangements. One caregiver included in our sample deviated slightly from the inclusion criteria set out here. The caregiver interviewed was the sister of a man who died by suicide in the context of domestic abuse, and she was pregnant at the time of her brother's death. Her struggle after this event greatly impacted her relationship with her new baby and was included to record the effects intimate partner homicide has on children and young people within a wider context. As for professionals, inclusion in the study was based on direct professional experience of working with children and families who have experienced intimate partner homicide, ideally within the last 3 years and in any capacity. Professional backgrounds included children's social work services, youth services, victim support organizations, health providers, educationalists, and police officers.

Our definition of intimate partner homicide naturally includes cases of homicide involving current or former intimate partners, in addition to intimate partner violence related suicides. Including cases where a person has died by suicide and there was a clear link to intimate partner violence prior to their death is important to begin to understand the different ways in which intimate partner violence can manifest, leading to loss of life and as a consequence can affect children and young people (Rowlands & Dangar, 2024).

2.3. Recruitment

Participants were recruited through a range of strategies. These followed the same protocol in Australia, Ireland and the United Kingdom, whereby details of the study were disseminated either directly to potential participants or, on a broader scale through established networks, and individuals who expressed potential interest in taking part were invited to contact the research team directly.

2.4. Ethics

The project received ethical approval by the University of Edinburgh in September 2021.

Participants voluntarily consented to participate and had the option to withdraw at any time during and after participating in the research project. None have chosen to do so at the time of writing. The privacy and confidentiality of participants was guaranteed by protecting their identities and ensuring that their personal information and data are kept secure.

2.5. Data collection

All interviews were carried out by one of two researchers (the first and second authors). The first researcher is a qualified social worker with over 35 years of experience working with children and families in the field of family violence. The second researcher has a public health and development background with 16 years of experience working in child protection, some of which are with children and families from marginalized populations and refugees of war. The research interviews commenced during the second year of the COVID-19 pandemic (2021), and interviewees were given the option of being interviewed in person or online. Most interviews took place online with the exception of two which took place in person as the interviewee wished to discuss this sensitive topic face-to-face. A study safeguarding protocol was in place to ensure that interviewers were able to respond to any participant distress that might be experienced during interviews. Interviewers also checked-in and followed up with participants two days and two weeks post interview and discussed any needs with them.

2.6. Data Analysis

In addressing the aims of the research we used the reflexive thematic analysis method of Braun and Clarke (2019), which is considered suitable for exploring the participants' 'contextually situated lived experiences and interpretations of subjective phenomena' (Braun & Clarke, 2022, p. 11), and is appropriate and effective when seeking 'to understand a set of experiences, thoughts, or behaviours across a data set' (Kiger & Varpio, 2020, p. 847). In Phase 1 the first two authors generated initial codes to identify important features of the interview data for possible relevance in answering the research objective. We carried out inductive coding reflecting relevant issues from the data only, not directed by any particular previous theories (Kiger & Varpio, 2020), although our team's lens has been informed by prior research and theoretical literature in the fields of trauma, grief, child development and domestic abuse. All relevant data extracts were then coded and collated (Braun & Clarke, 2006). We conducted coding 'for as many potential themes/patterns as possible' and 'inclusively' by retaining some of the surrounding data where it could be potentially relevant, so that it was not lost (Braun & Clarke, 2006, p. 89).

The subsequent phase involved organising the various codes into potential themes followed by the collation of the coded data extracts 'within the identified themes' (Braun & Clarke, 2006, p. 89). We then compiled candidate themes, sub-themes and data extracts. Following this, a process of refinement was carried out whereby a number of these were collapsed into more viable themes supported by relevant data (Braun & Clarke, 2006). After this phase, we defined the themes further, aiming to identify their 'essence' (Braun & Clarke, 2006, p. 92), with names selected to capture this core element of each. The concluding phase involved the 'final analysis and write-up' which aimed to tell the 'story' of the data and what it means in relation to the research question, using relevant data extracts as examples (Braun & Clarke, 2006, pp. 93-94). For this element of the analysis workshops were held with the wider research team in the United Kingdom and in Australia.

3. Findings

3.1. Participants

We conducted in-depth interviews with 32 participants across the United Kingdom and Ireland. The interviews included 10 young people and adults who had experienced bereavement as children, 12 caregivers and family friends, and 10 professionals with various roles, such as paediatrician, police officer, support worker, social worker, and individuals involved in undertaking domestic homicide reviews. Interviewees were from different socio-economic backgrounds, and included individuals from a diverse ethnic heritage, and those from a first-generation migrant background.

All participants with lived experience (10) had lost their mother due to intimate partner homicide. For six of those the child's other parent was the accused, and for the remaining four it was their mother's former or current partner. Age at time of bereavement ranged from 5 months to 17 years old, while their age at time of interview ranged from 17 to 52 years old, with the majority (8) being 28 years old or younger at time of interview.

Our analysis of interviews resulted in five main themes related to the lack of child-centred approaches in the immediate and longer-term response to intimate partner homicide: children's immediate care, children's longer-term care, the role of the accused/convicted in the life of the child, children's voice and agency regarding decisions about their life, and the role of professionals in supporting the child and extended families.

3.2. Children's Immediate Care

Children, carers and professionals all talked about the need to ensure that children were in the care of a suitable adult following the murder of a parent. In cases where the suspect/accused was not the child's other biological parent, children were often placed with their surviving father. However, when the child's surviving parent was the suspect or the accused then another family member was most often sought to take on the care of the child. If no suitable family member was available then children would enter local authority care. Some children also entered local authority care (i.e. state care) as family members were in strong disagreement about who should be caring for the child.

> "...when I was at my auntie that day (...) the morning after being told that my mother was dead. And they were fighting and arguing over well, I'll have that one, you have that one. And that's, that's what I said to (name) and that's what I said to my auntie, we're not a litter of puppies."
>
> (Adult bereaved as a child)

For some children the options could be limited – for example, recent migrants to the country without an extended local family network. For children who did have relatives in the same country, these may be living close by or at a distance. We found that some of the bereaved children from an ethnic minority and/or migrant background experienced culturally sensitive foster placements that enabled smooth transitions that honoured their cultural heritage.

Individuals with lived experience told us that they were almost never consulted when they were a child about who they would be living with – professionals, and most often the police in their role as first responders, often acted to ensure children were placed with a suitable adult as soon as possible. In doing so they would frequently ask the accused, if they were the child's legal guardian, about who they would want the child to be placed with. This was on the basis of the individual having parental responsibility in law for the child. We had one adult survivor describe how she and her siblings were separated based on whether they were the accused father's biological children or not. Those to whom the accused was biologically related were placed in the care of members of his family at his insistence, while the other children were left to the care of social services. Children's need to be kept together and for their relationships with one another to be protected at a time of great upset and disruption was not seen as a priority, and sometimes not even as a consideration.

There were examples of good and bad home placements for surviving children. We heard from individuals with lived experience and family members about how arrangements were made for the immediate care of surviving children could have negative longer-term consequences. There was a sense that the family of the deceased victim had a greater moral claim on the children than the family of the accused. However, a member of the accused's family may have had a better capacity (e.g. living space) or a stronger pre-existing relationship with the child. Meanwhile, members of the deceased victim's family were worried about the child being given a partial or distorted version of events, including suggesting that their mother was at fault for their own demise, for example, through having an extra-marital affair. It was not uncommon for extended family members to be in contestation about what was best for children, resulting in children feeling more, rather than less bereft after the murder of a parent.

> "People have their own agendas and they sometimes forget that there's a child involved in this as well. So it's to try and sort of like give greater awareness that sometimes you know, yes, you've got your issues, but this person's got their issues as well and they need that support and help."
>
> (Family member)

3.3. Children's longer-term care

While there has never been a requirement for a local authority or public body in the United Kingdom or Ireland to issue care proceedings in respect of children bereaved by parental intimate partner homicide, there has been a strong judicial indication in the United Kingdom that such cases should come before the Family Court for urgent review (Re A and B [2010] EWHC 3824 (Fam)). However, some of our participants felt that social services were reluctant to issue proceedings as children were not at risk of physical harm if the accused was in custody, and had usually been placed with a suitable adult with the approval of the surviving parent–who was invariably either suspected or charged with the murder or manslaughter, but not yet convicted. In other instances family members applied to the courts to secure the care of the child, often with limited support from social services.

> "We actually obtained legal guardianship of [our granddaughter], that cost us somewhere in the region of about five to six thousand pounds. Social Services gave us one seven pounds. We had to pay everything else.... we didn't want anyone coming in saying that, you know, they could take her away or anything like that... If social services could have advised us and told us about fostering [our granddaughter], we would have received more support. We'd have been getting about 400 pound a week towards her care, whereas we've never had a penny from anywhere. We've had to provide for that. I was due to retire at the time but I had to continue at work because otherwise we couldn't have afforded to care for her. My husband was already retired."
>
> (Family member)

Additionally, we had examples of children being returned to the care of their surviving parent when the latter was released from prison. In some instances, children were unaware of why their parent had been absent, or given an alternative explanation. It was only later that children, typically when an adult, gained a fuller understanding of their parent's death and the other parent's culpability. Understandably, this came as a great shock and caused considerable upset and trauma.

> "... when dad went to prison, so he was sentenced five years after my mum was reported missing. My stepmother took care of us and that experience was pretty horrendous. She was very violent, then dad came home (...) and lived with us. And I grew up not knowing the story. Not knowing that my stepmom wasn't my mum having no memory of my foster family. But finding the newspaper article in a wardrobe that I was never supposed to have gone in when I was about eight years old. And because I was not allowed to go into that wardrobe, I didn't feel like I could tell anyone what I'd found."
>
> (Adult bereaved as a child)

3.4. The role of the accused/convicted in the life of the child

Not all children, including those from the same family, will have the same view about their future relationship with the parent accused or convicted of their other parent's murder, as noted in a previous research study (Hardesty et al., 2008: 114), in which a grandparent reported:

> "Her 5-year-old grandson (who was 11 months at the time of the death) does not remember his mother and father from before the murder. He has developed a relationship with his father through phone calls and visits to prison. Her 7-year-old granddaughter believes that another man killed her mother, not her father. Her 9-year-old grandson, unlike his siblings, refuses to visit his mother's grave or visit his father in prison. In contrast, her 10-year-old grandson is angry that his father is in prison and believes that he should not have been sentenced to prison."

While we heard reports of some children being accepting of visiting their parent in prison, we also had reports of others who were reluctant, and also frightened of doing so. Children in local authority care would have contact facilitated by their carers or social workers on the basis of maintaining the relationship without sufficient consideration of whether this was potentially problematic for children. For children placed with the accused's family there was sometimes a suspicion, on the part of the deceased's family, that this provided an opportunity for a child to be given a false narrative or justification for the incident resulting in their mother's death.

> "There was a whole thing about this narrative and the what they call the Touchstone Story. The Touchstone Story was all about social workers, and why they were involved, and very little about the circumstances that got them there. It also contains several lies, which were the killer's narrative, like the killer was in hospital, not prison."
>
> (Family member)

What was most striking was the lack of preparation for children, and one presumes a similar lack of preparation for the accused/convicted for this contact, or any need to monitor the quality of such contact. What became clear is that children often had no say in whether they wanted to visit their parent in prison – carers often made these decisions, most typically at the behest of the parent in prison.

A number of individuals with lived experience, and carers of children, reported that even when children did not have contact with their parent in prison, for a variety of reasons, including children's refusal to do so, there was often an expectation that information about the child would still be shared. This could result in children refusing to go to school on days that school photographs were being taken as children knew such photographs would be passed on to their parent. Therefore, important mementos from childhood were not available to these children later in life.

> "One of the things that come out of the courts was [Perpetrator] was allowed to have school photographs every single year, sent to him in prison. He was allowed to see a copy of all the school reports. I fought really hard that he shouldn't see the school report unless the children ... at that stage had a voice.

> [oldest child, 10] ... had the capacity to say, I don't want that and was absolutely appalled at the thought of it for her or her brothers. I used to say... when it's school photographs day, don't send them in, because there isn't a school photograph that can be sent."
>
> (Family member)

Finally, some children felt that their convicted parent continued to have an undue say in their life, such as needing to give permission for certain health procedures, whether they could leave the country to go on holiday with their current carers or on a school trip, or withhold permission for their child to have a passport issued. In many ways such behaviour is an extension of how we understand coercive control in the context of domestic abuse, but it is not defined as such.

3.5. Children's voice and agency regarding decisions about their life

Our participants reported variable practices regarding the involvement of children in decisions affecting them following the homicide of their parent. As noted above, first responders, such as the police, are tasked with a range of immediate responsibilities such as securing a crime scene, locating and apprehending a suspect, and ensuring the safety and care of witnesses and others affected by the incident. Interviewees with lived experience of being bereaved as children felt that they were invariably not asked for their views or preferences about who they would like to live with. This is understandable in the immediate hours after a homicide, but it appears that whomever the child was initially placed with became the de facto carer for the child in most cases. One interviewee, who moved to live with her father following the murder of her mother by her mother's partner, explained the challenges for both her and her father:

> "It was really difficult because my dad travelled for work. And he wasn't able to stop doing that straightaway. He'd have to go [overseas] every week. Like once a month, not every week, once a month, he'd go for a week, so once a month, I would go and stay at a friend's house, or my grandma would have to come or I'd be kind of moving around a bit. Which was quite disruptive. Otherwise, it was, I mean, it was hard to sort of, because he'd always been like a fun weekend dad. I think it was really hard for him as well. To suddenly be a full-time parent and have a really distressed child. I mean, part of there was, yeah, I mean, my grandparents, my mother's parents, I think really wanted me to live with them. And then I, I wanted to go and live with my aunt. So it was all a bit, caused a load of family conflict or family conflict emerged from the situation."
>
> (Adult bereaved as a child)

Often, it seemed, the view of the accused was sought, in contrast to the absence of the child's voice in decisions about their life. As already discussed, some interviewees reported feeling that they were made to visit their other parent in prison against their own wishes. Such lack of agency was felt to be both demeaning, as well as problematic.

3.6. The role of professionals in supporting the child and extended families

It was clear from our interviews that children and family members could benefit from professional support in helping to work through practical issues, such as children's care arrangements and the implications for their education etc., as well as ensuring suitable emotional and practical support for children and carers, and co-ordinating the involvement of various services.

> "It was amazing, actually, to see the multidisciplinary team that immediately sprung up around this little girl, there were huge numbers of people involved. And I mean, I'm used to sort of fighting to try and get children seen because everyone is so overwhelmed with caseload particularly social workers.

> But because this girl had had such an exceptionally horrific experience, everyone was so keen to really put in place amazing support. So she had a regulars team around the child meetings, which had sort of 20 plus professionals involved, trying to work out how to support her. There was specialist counselling from primary school mental health specialists to really understood the bereavement process, and gave us all really helpful information about the way to talk about death with young children."
>
> (Professional)

Managing informal kinship care arrangements could help reduce the potential for conflict within extended families about the arrangements for children, and ensure that services were focused on the practical and emotional needs of individual family members, and the family as a unit. For example, the local authority could convene a family group conference to support the extended family and the child to discuss what the child's needs were and how best the family and professionals could meet these. Involving a social worker as a key worker could also result in children being provided with a clear narrative about what had happened (although, as noted above, this might not always happen), and preliminary work with family members and the accused to ensure that others were more likely to reiterate this narrative. These practical tasks would, in part, be facilitating the child's recovery journey, through the promotion of reparation and healing, and referral for more specialist psychological support for children and carers.

4. Discussion

There is greater recognition of children being direct victims of parental intimate partner violence, and this is clearest when they experience the death of a parent through homicide. However, this recognition is not matched by an understanding of what this might mean for the child at the time and over time.

> "The aftermath of these experiences is completely hidden from public view. So typically, when something like this happens, there's a big media splurge, you know, and it's on the news, someone's been killed. It's on the news for a few days. And then it's absolute silence. And nobody apart from the family involved has any idea of what's going on after that."
>
> (Family member)

This, in turn, reflects a critical need for child-centered and trauma-informed policies and services. Adults in contact with the child may want to help, but be unsure of how to do so.

> "School did not offer or did not mention counselling. And school, I mean, this is one area where I think, I hope things are done better now. But basically, I had meetings with my sort of form tutor. Maybe once a month, but I wouldn't really say that they did much, they just checked in. And even things like I hadn't done my German coursework. And I said to my teacher, that he's like, "Oh, it's due on Thursday". I had the funeral on Thursday, and he's like, "Well, if you don't submit it, you can't get the grade"."
>
> (Adult bereaved as a child)

There can be a tendency to prioritize physical care over mental health care, often neglecting a child's sense of self. This cannot be seen in isolation of the relationships between: the child and their carers; the child and their extended families; the child and any surviving siblings; and the child and their surviving parent (if there is one). Children's needs for a consistent, supportive relationship with a caring and attuned adult is well established (Frederick, Spratt and Devaney, 2023).

Our research sheds light on not only the consequences and repercussions for the children of the parent who is lost due to intimate partner homicide, but also on both the direct and indirect consequences for step-children, nieces and nephews, classmates and neighbours. Acknowledging intimate partner homicide as a crime against society, a crime against the community, and a crime against families is paramount if progress is to be made in learning, intervening and preventing future deaths from happening. This acknowledgment is also crucial to prevent or manage the detrimental outcomes on the health and well-being of all children who are affected by intimate partner homicide directly (losing one or both parents) or indirectly (losing members of their wider family or community), and healing intergenerational trauma.

It is clear that children and young people bereaved in this way feel a significant loss of agency and a profound sense of isolation.

> "I haven't met anyone [whose parent was killed in this way]....I just, it feels very isolating. I feel like I'm walking round with this like, elephant behind me that no one knows about. And it's not something that you kind of throw out there to people. Yeah, I think that's the thing I find toughest to be honest, because I feel like I can. You know, people don't really know the whole me."
>
> (Adult bereaved as a child)

Professionals and services, in the rush to help, should be mindful of children's need to feel seen, heard and involved in decisions such as who they might live with, and what types of support they would value over time. Being able to have contact with other young people bereaved in similar ways was a universal reflection from those with lived experience (Marinkovick Chavez et al., 2024). This fits with current theories that posit that life experiences, including those which are adverse, can help give a sense of meaning and coherence to an individual's life if appropriately scaffolded and supported (Langeland et al., 2022). All that we do as professionals should be built on supporting this group of children to develop a sense of coherence about their own identity and experiences (Eastwood et al., 2024; (Marinkovick Chavez et al., 2024).

With the growing awareness of the impact on children of parental intimate partner homicide, governments are starting to consider the ways they could respond. During our study, we encountered a European example of special legislation aimed at children who lose their mother due to femicide. In January 2018, Italy became the first country in Europe to legislate support for 'special orphans,' children of femicide victims (Malizia, 2022). The following year, the Italian government allocated $13.5 million in funds for this initiative (Otte, 2020). This holistic support system addresses nearly every aspect of the orphans' lives, including assistance with civil proceedings, free therapy, educational support, opportunities to start apprenticeships, and workforce entry. Uniquely progressive, this law also allows orphans to change their surname to disassociate from the perpetrator, avoiding notoriety (Otte, 2020). Additionally, the law protects these orphans from financial exploitation by ensuring they receive their inheritance and preventing the perpetrator from obtaining a survivor's pension.

Additionally, in England and Wales, the government has made provision in The Victims and Prisoners Act 2024 (termed 'Jade's Law') so that where a child has two parents, at least one of whom has parental responsibility for the child, and a parent who has parental responsibility for the child is convicted of the murder or, manslaughter of the other parent, the court passing the sentence on the offender must make a prohibited steps order in respect of any surviving children. The order must specify that no step of any kind which could be taken by a parent in meeting their parental responsibility for a child may be taken by the offender with respect to the child without the consent of the High Court or the Family Court unless the order is varied or discharged by the High Court of the Family Court. This provision does not remove parental responsibility but clearly allows judicial oversight of the exercise of parental responsibility.

One issue with both these legislative examples is that they only come into effect once a conviction occurs, which is a lengthy process, often lasting years. This is problematic as there is no mandatory consideration or safeguarding for children during this time, and for those where there is no trial, such as when a parent has died by suicide (with a clear link to domestic violence prior to their death). Additionally, it is unclear in both contexts as to how the child's views will be sought, if at all, and given consideration.

Conclusion

It is positive to note the increased recognition of children as victims of parental intimate partner violence, and to see this now incorporating a greater appreciation of the immediate and longer-term impacts of a parent being killed by the parent's current or former intimate partner – most often the child's other parent. Greater recognition should result in improved support for children and their families at the time of the homicide, and longer-term, and a greater openness to services being proactive in seeking to facilitate the practical and emotional support required for children and surviving family members. Our research reinforces the necessity of this.

References

Alisic, E., Krishna, R. N., Groot, A., & Frederick, J. W. (2015). Children's mental health and well-being after parental intimate partner homicide: A systematic review. Clinical Child and Family Psychology Review, 18(4): 328-345. https://doi.org/10.1007/s10567-015-0193-7

Alisic, E., Groot, A., Snetselaar, H., Stroeken, T., Hehenkamp, L. and van de Putte, E. (2017) Children's perspectives on life and well-being after parental intimate partner homicide. *European Journal of Psychotraumatology*. 29(8)(supp 6):1463796 https://doi.org/10.1080/20008198.2018.1463796

Braun, V. and Clarke, V. (2006) Using thematic analysis in psychology. *Qualitative Research in Psychology*, 3(2): 7–101. https://doi.org/10.1191/1478088706qp063oa

Braun, V., & Clarke, V. (2019). Reflecting on reflexive thematic analysis. *Qualitative Research in Sport, Exercise and Health*, 11(4), 589-597.

Braun, V. and Clarke, V. (2022) Conceptual and design thinking for thematic analysis. *Qualitative Psychology*, 9(1): 3-26. https://doi.org/10.1037/qup0000196

Chantler, K., Baker, V., Heyes, K., & Gunby, C. (2023). Domestic homicide oversight mechanism for children's services: Summary of findings. Domestic Abuse Commissioner, London. https://domesticabusecommissioner.uk/wp-content/uploads/2023/12/Summary-of-Findings-Childrens-Services-Domestic-Homicide-Oversight-Mechanism-2023.pdf.

Eastwood, O., Conroy, R., Joy, K., Marinkovic Chavez, K., Devaney, J., Frederick, J., Kurdi, Z. and Alisic, E. (2024) "That Weird Kid Without Parents": A Qualitative Analysis of Identity Following Bereavement due to Parental Intimate Partner Homicide in Australia. *Australian Psychologist*, https://doi.org/10.1080/00050067.2024.2378144

Frederick, J., Alisic, E., Devaney, J., Marinkovic Chavez, K., Kurdi, Z., Eastwood, O., Conroy, R. and Vasileva, M. (2024) School-based support for children bereaved due to parental intimate partner homicide. *Pastoral Care in Education*. https://doi.org/10.1080/02643944.2024.2421366 er

Frederick, J., Spratt, T., and Devaney, J. (2023) Supportive relationships with trusted adults for children and young people who have experienced adversities: Implications for social work service provision. *British Journal of Social Work*, 53(6):3129–3145. https://doi.org/10.1093/bjsw/bcad107

Hardesty, J.L., Campbell, J.C., McFarlane, J.M., and Lewandowski, L.A. (2008) How Children and Their Caregivers Adjust After Intimate Partner Femicide. *Journal of Family Issues*. 29(1):100–124. https://doi.org/10.1177/0192513X07307845

Holt, S., Øverlien, C. and Devaney, J. (Editors) (2018) *Responding to Domestic Violence Emerging Challenges for Policy, Practice and Research in Europe*. Jessica Kingsley Publishers, London.

Jaffe, P.G. and Juodis, M. (2006) Children as Victims and Witnesses of Domestic Homicide: Lessons Learned from Domestic Violence Death Review Committees. Juvenile and Family Court Journal, 57(3):13–28. https://doi.org/10.1111/j.1755-6988.2006.tb00125.x

Kiger, M. E. and Varpio, L. (2020) Thematic analysis of qualitative data: AMEE Guide No. 131. *Medical Teacher*, 42(8), 846-854. https://doi.org/10.1080/0142159X.2020.1755030

Kurdi, Z., Devaney, J., Houghton, C., Eastwood, O., Frederick, J., Joy, K., Marinkovic-Chavez, K., Sakthiakumaran, A., and Alisic, E. (2024) Applying a socio-ecological model to understanding the needs of children and young people bereaved by intimate partner homicide across their life course. *Journal of Family Violence* https://doi.org/10.1007/s10896-024-00721-z

Langeland, E., Vaandrager, L., Nilsen, A. B. V., Schraner, M., & Meier Magistretti, C. (2022). "Effectiveness of interventions to enhance the sense of coherence in the life course" In Mittelmark, M.B., Bauer, G.F., Vaandrager, L., Pelikan, J.M., Sagy, S., Eriksson, M., Lindström, B. and Meier Magistretti, C. (Eds.) *The Handbook of Salutogenesis*. Springer.

Malizia, N. (2022) A Study on Domestic Gender Crimes and the Protection of Orphans: The Experience of Social Services in Italy. Sociology and Social Work Review, 6(1):39–49.

Marinkovick Chavez, K., Joy, K., Frederick, J., Eastwood, O., Morrice, H., Sakthiakumaran, A., Vasileva, M., Kurdi, Z., Houghton, C., Devaney, J., Humphreys, C. & Alisic, E. (2024). Crafting Subverses: A narrative analysis of the experience of losing a parent through intimate partner homicide. *Journal of Family Violence*. https://doi.org/10.1007/s10896-024-00760-6

Mertin, P. (2019) The neglected victims: what (little) we know about child survivors of domestic homicide. *Children Australia*, 44(3):121–5. https://doi.org/10.1017/cha.2019.19

Office for National Statistics (2024) *Homicide in England and Wales: year ending March 2023*. Office for National Statistics, London.

Otte, E. (2020). The victims femicide leaves behind. *Foreign Policy*. October 20th https://foreignpolicy.com/2020/10/20/victims-femicide-leaves-behind-italy-orfani-speciali-law-domestic-violence-europe/

Rowlands, J., & Dangar, S. (2024). The Challenges and Opportunities of Reviewing Domestic Abuse-Related Deaths by Suicide in England and Wales. *Journal of Family Violence*, 39(4), 723-737. https://doi.org/10.1007/s10896-023-00492-z

Skafida, V. and Devaney, J. (2023) Risk and protective factors for children's psychopathology in the context of domestic violence – a study using nationally representative longitudinal survey data. *Child Abuse & Neglect*, 135: 105991 https://doi.org/10.1016/j.chiabu.2022.105991

Stanley, N., Chanter, K. and Robbins, R. (2019) Domestic homicide and children. *British Journal of Social Work*, 49(1): 59-76. https://doi.org/10.1093/bjsw/bcy024

CAPÍTULO IV. RELACIONES ENTRE VIOLENCIA VICARIA, VIOLENCIA DE GÉNERO Y FEMINICIDIO. UNA APROXIMACIÓN A LAS NECESIDADES DE LAS VÍCTIMAS DESDE EL ESTUDIO DE CASOS

EVA ZAFRA-APARICI
Departamento de Antropología, Filosofía y Trabajo Social. Universitat Rovira i Virgili
LAURA ROMÁN MARTÍN
Departamento de Derecho Público. Universitat Rovira i Virgili

1. Introducción

El siguiente artículo pretende presentar algunos de los resultados, reflexiones teóricas y prácticas de una línea de investigación interdisciplinar, todavía en curso, que tiene por objetivo principal, analizar las consecuencias del feminicidio en las necesidades y derechos de las víctimas (hijos, hijas y familiares de mujeres asesinadas por violencia de género, por un lado; y madres cuyos hijos e hijas han sido asesinados por esta misma razón, por otro); con la finalidad de visibilizar las situaciones de injusticia, desprotección y desigualdad silenciada en la que se encuentran estas personas, y de promover el debate jurídico, político e institucional relacionado.

Iniciamos esta línea de investigación en 2019, a través de un proyecto financiado por el *Institut Català de les Dones* de la Generalitat de Catalunya; y gracias a la financiación del Programa Estatal de Generación de Conocimiento y Fortalecimiento Científico y Tecnológico del Sistema de I+D+i (financiado por MICIU/AEI /10.13039/501100011033 y por la Unión Europea Next GenerationEU/ PRTR), hemos podido seguir avanzando en el conocimiento de las violencias machistas, sus transformaciones y consecuencias. Concretamente, seguimos avanzando en la investigación sobre el feminicidio y sus relaciones con la violencia vicaria (Vaccaro, 2016), dimensiones recientemente incorporadas en algunas leyes autonómicas y cuyo abordaje se plantea imprescindible por el lamentable aumento de casos y por el impacto que éste (el feminicidio) tiene tanto a nivel individual (sobre la víctima en concreto) como social.

Las cifras muestran que desde el inicio de la desescalada del estado de alarma derivado de la COVID-19 el número de asesinatos machistas se ha disparado. Según datos de la Delegación del Gobierno para la Violencia de Género (2024), de 2003 al 16 de octubre de 2024 se han producido un total de 1.281 asesinatos u homicidios por violencia de género (VG), 37 de los cuales se han producido en lo que llevamos de año. Estos 37 asesinatos han dejado a 25 menores huérfanos en 2024. Desde 2013 y hasta el 16/10/2024, 458 niños y niñas se han quedado huérfanos por feminicidio.

No obstante, los datos cuantitativos también ponen de manifiesto aspectos cualitativos de la violencia de género, cuando nos muestran su capacidad de transformación. Como ejemplo de esto, comprobamos que hay quienes matan a los hijos propios, de su pareja o expareja, para causarle a ésta un daño aun mayor que el que le causaría su propia muerte. Al respecto, y según datos de la Delegación del Gobierno para la Violencia de Género (2024), desde 2013 hasta la actualidad (datos actualizados el 16/10/2024) en España constan 63 menores asesinados por violencia de género. Fueron 4 en 2020 (época de confinamiento), ascendiendo considerablemente a 7 en 2021, cifra ya superada por los 10 contabilizados hasta el 16 de octubre de 2024.

Por todas estas razones, es más urgente que nunca abordar la violencia machista desde perspectivas verdaderamente integrales, ya que la ésta nunca es un hecho aislado. Sabemos que las causas y las consecuencias que explican la violencia de género (VG) son múltiples, diversas y trascienden de lo individual a lo social y estructural, y viceversa. Así que no podemos disociar el análisis de la familia y las relaciones entre sus miembros del conjunto de estructuras y valores de la sociedad. De hecho, ya en 1995, la declaración final de la Cumbre de Beijing reconocía que «la violencia contra la mujer es una manifestación de las relaciones de poder históricamente desiguales entre mujeres y hombres, que han conducido a la dominación de la mujer por el hombre, la discriminación contra la mujer y a la interposición de obstáculos contra su pleno desarrollo» (UN 1995, 52). Además, en esa misma perspectiva se mueven los actuales marcos normativos autonómicos, estatales y europeos que, inspirados por los textos internacionales, reiteran una concepción de la violencia como un *continuum* que se resiste a un enfoque único, debido a su carácter multiforme, es decir, de múltiples violencias en un contexto persistente de dominio, sometimiento y control, y que traspasa lo interpersonal y privado; concepción igualmente presente en la Directiva (UE) 2024/1385 del Parlamento Europeo y del Consejo, de 14 de mayo de 2024, sobre la lucha contra la violencia contra las mujeres y la violencia doméstica.

2. *Metodología*

2.1. Consideraciones previas sobre el concepto y preguntas de investigación

La noción *feminicidio* es un término en continuo debate que además no está recogido en el ordenamiento jurídico español, pues no se dispone de un concepto legal consolidado. Por eso, esta investigación se acoge a la noción definida por las Ciencias Sociales, Humanas y las corrientes feministas, según las cuales consiste en la muerte de una mujer como resultado de la violencia de género. Primero, surgió el concepto *femicidio*, traducción del término inglés *femicide*, para dar visibilidad al asesinato de las mujeres por parte de los hombres por razones misóginas. Lo dio a conocer Diana Russell en el contexto del Tribunal

Internacional de Crímenes contra la Mujer de 1976 en Bruselas, y fue definido en diversas publicaciones a partir de 1990 por la misma Russell junto con Jill Radford y Jane Caputi. Con el tiempo, el término femicidio ha evolucionado hacia el término *feminicidio*, especialmente en América Latina. Contribuyó especialmente a esta transformación Marcela Lagarde, quien consideraba que femicidio, como forma homóloga de homicidio, sólo significaba asesinato de mujeres, y excluía la variable de género. En cambio, el concepto de feminicidio pretende captar el carácter sistemático de estos crímenes, su pervivencia en el tiempo, y, sobre todo, pretendía denunciar la impunidad y la responsabilidad del Estado por su desidia en prevenirlos y castigarlos, hasta el punto de que han sido definidos como delitos de la humanidad, de genocidio o crímenes de estado (Laurenzo, 2012). Desde entonces, los dos términos (femicidio y feminicidio) han generado un espacio de conocimiento, de investigación y de acción política continua, al que esta investigación se quiere sumar para contribuir en los avances teóricos y normativos del concepto pues, al igual que ocurre con la definición de violencia de género, su introducción en la normativa internacional y en otras legislaciones estatales y autonómicas genera controversia y diversas dificultades. Cataluña, por ejemplo, a partir de la reforma llevada a cabo en diciembre de 2020, en la Ley catalana *5/2008 del derecho de las mujeres a erradicar la violencia machista*, incluye la noción de feminicidio como una manifestación de las violencias machistas en el ámbito social o comunitario. Es la única mención a este concepto en toda la ley y, como hemos visto, se asocia al resultado de la muerte de las mujeres por razón de género que también incluye la inducción al suicidio y el suicidio como consecuencia de la presión y violencia ejercida hacía ella. Esta ley no es la única legislación autonómica que alude al feminicidio; también recientemente lo incluyen las leyes relativas a la violencia de género de Navarra, Andalucía o Canarias. Sin embargo, el término no se ha recogido aún en la normativa estatal española pese a que la expresión se utiliza, por ejemplo, regularmente desde el 2009 en los *Informes anuales sobre víctimas mortales de violencia de género y violencia doméstica en ámbito de la pareja o expareja* que publica el CGPJ. En concreto, la Introducción al Informe del año 2013 reconoce que el término no aparece en nuestra legislación y justifica su uso en base a que se viene utilizando en los Organismos Internacionales (Corte Interamericana de Derechos Humanos, Convención Americana sobre Derechos Humanos, Naciones Unidas, etc.). En definitiva, en estos informes el feminicidio se refiere al ámbito de la violencia de género que establece el artículo 1 de la LO 1/2004 (*Ley Orgánica 1/2004, de 28 de diciembre, de Medidas de Protección Integral contra la Violencia de Género*), y éste es el concepto que también servirá de referencia teórico-metodológica en nuestra investigación.

Por otra parte, cabe señalar que desde 2015 nuestro ordenamiento jurídico reconoce como víctimas de violencia de género a las hijas y a los hijos de la mujer a partir de las modificaciones introducidas por la Ley 26/2015, de 28 de julio, del Sistema de Protección a la Infancia y Adolescencia. En 2017 se firmó el *Pacto de Estado contra la Violencia de Género*, donde se calificó la violencia vicaria cómo el daño más extremo que puede ejercer el maltratador hacia una mujer. También se ha modificado recientemente la *Ley de protección a la infancia* (Ley Orgánica 8/2021, de 4 de junio, de protección integral a la infancia y la adolescencia frente a la violencia), para poder atender las necesidades y garantizar la integridad de los menores.

A este tipo de "violencia vicaria en violencia de género" caracterizada, como señala Miguel Lorente, por ser continuada y constante (Lorente, 2019), nosotras lo hemos incluido como segundo objeto de estudio pues, efectivamente, los homicidios machistas de los hijos e hijas no son un accidente ni una casualidad, son parte de la violencia de género como demuestran las estadísticas que recogen que cada año 5 niños y niñas son asesinados por sus padres en el contexto de esta violencia de género, y lo son después de haber sufrido la violencia a diario durante la convivencia (Lorente, 2024 s/p).

En este sentido, partimos de la consideración de la violencia de género como un *continuum* que va más allá de "la mujer" y de "su asesinato", ya que las consecuencias de ésta en general, y del feminicidio en particular, producen y reproducen el propio sistema que la sustenta (a la VG). De ahí que las preguntas que plantea nuestra investigación sean:

- *¿Cuáles son las consecuencias del feminicidio en los hijos/hijas de la víctima y su entorno?*
- *¿Cuáles son las consecuencias del feminicidio cuando éste se extiende a las madres porque asesinan a sus hijos o hijas por violencia de género?*
- *¿Debe la sociedad velar por su bienestar, atendiendo a su situación de especial vulnerabilidad y al carácter estructural de la violencia de género?*
- *¿Qué responsabilidades de protección y cuidado de esas personas corresponde a los poderes públicos?*
- *¿Son exigibles estos compromisos, y si es así, cómo?*

2.2. Métodos y técnicas de recogida y análisis de información

Nuestra investigación aborda, desde sus inicios, la complejidad de la VG desde una perspectiva feminista-interseccional, de género e infancia, que también se refleja en la conformación interdisciplinar del equipo de investigación; conformado por investigadoras del ámbito jurídico, del social, del educativo y de la salud, provenientes de cuatro universidades: U. de Granada, U. Pública de Navarra, U. de València y U. Rovira i Virgili. Las cuatro universidades implicadas están ubicadas en las cuatro comunidades autónomas en las que se centra el estudio: Andalucía, Catalunya, Comunidad Valenciana y Navarra.

Además, como el abordaje conceptual y metodológico cruza los límites de diversas disciplinas, nos parece fundamental alcanzar el reto de la transdisciplinariedad, es decir, aunar los conocimientos teóricos y metodológicos de disciplinas de las Ciencias Sociales, de la Salud y del Derecho definiendo marcos teórico-prácticos holísticos e integrales que garanticen su impacto. Por ello, creemos oportuno partir de enfoques como el conocimiento situado de Haraway (1995), que reconoce la multiplicidad de producción de conocimiento (lo que ella denominó la perspectiva parcial) y que tiene en cuenta la forma en que cada perspectiva localizada influye en cómo le da sentido a la realidad.

Nos aproximamos a la realidad de las personas afectadas a través de un riguroso análisis bibliográfico y del estudio de casos reales de feminicidio:

a) Por un lado, analizamos casos de feminicidio: entrevistando a los huérfanos/as (si son mayores de edad), a sus familiares, personas de su entorno y profesionales de referencia que hayan o estén atendiendo el caso. Con ello pretendemos identificar las necesidades de las víctimas, así como ver hasta qué punto se garantizan sus derechos en el proceso global de la atención y protección bio-psico-social y jurídica.

b) Por otro lado, y relacionado con el anterior, analizamos casos de "violencia vicaria en violencia de género, que nosotras denominamos "casos de feminicidio vinculado de hijos/as". El motivo de este acercamiento al concepto de "feminicidios vinculados de hijos e hijas" es teórico-metodológico. Por un lado, somos conscientes del debate teórico relacionado que existe al respecto y aunque nuestra investigación se centre más en las consecuencias prácticas que la VG tiene sobre las personas afectadas que en el debate conceptual de la misma; necesitábamos consensuar el concepto a nivel teórico para poder dirigir de forma efectiva y rigurosa la metodología de la investigación. En este sentido, hablar de "feminicidio vinculado de hijos/as" nos permite seguir hablando de "feminicidio" -concepto clave de nuestro estudio-, y de lo que éste implica en el abordaje de la violencia de género como fenómeno continuado en el tiempo, estructural y extendido. Además, hablar de "feminicidio vinculado de hijos e hijas" nos permite responder a una de nuestras hipótesis de estudio: conocer en qué medida el asesinato de un/a hijo/a por violencia de género puede superar el daño extremo del propio asesinato de la mujer/madre y considerarse, en este sentido, una forma más de feminicidio (la vivencia de "muerte en vida"); y convertirse en un espacio de reflexión y creación de nuevas opciones para la prevención, diagnóstico y atención de las víctimas. Para ello, realizamos entrevistas en profundidad a las madres, focalizando en sus respectivas experiencias de violencia vivida, duelo, y de recuperación bio-psico-social; focalizando en el proceso de reconstrucción de su propia identidad desde un enfoque resiliente, empoderador y des-victimizador que las lleve a una recuperación y reparación del daño más allá de la etiqueta de "víctima".

Desde el inicio del trabajo de campo y hasta el presente hemos realizado un total de 38 entrevistas (5 en Andalucía; 5 en la Comunidad Valenciana; 22 en Catalunya y 6 en Navarra) y 3 grupos de discusión personas expertas en Catalunya. En el presente seguimos haciendo trabajo de campo.

2.3. Investigación e impacto

Nuestra investigación pretende tener un impacto tanto científico como político. Así, basada en un paradigma dialógico, nuestra propuesta se configura como instrumento para la producción y transmisión creativa e innovadora de conocimiento a través del desarrollo de procesos, intercambios y relaciones participativas y plurales que incluyen la voz de las propias personas afectadas, así como las de las profesionales de diferentes entidades, que participan activamente en nuestro proyecto: Fundación Salud y Comunidad (en Catalunya); Fundación Isonomia (en la C. Valenciana); Escuela Andaluza de Salud Pública y Red FORMA (en Andalucía); entre otras.

Nuestra intención es contribuir así a la visibilización y reconceptualización colectiva de las consecuencias del feminicidio, y al diseño de políticas e intervenciones integrales – que incorporen la perspectiva de género y de infancia de forma relacional y dialógica para buscar estrategias legales y de intervención más efectivas y que eviten la revictimización.

2.4. Aspectos éticos

La participación de los diferentes agentes involucrados en este proyecto es imprescindible. El tratamiento de los datos obtenidos por parte de las persones informantes, así como la identidad de las mismas, se ha realizado de forma totalmente confidencial. Se ha pedido permiso (consentimiento informado) para participar en el proyecto, para grabar las entrevistas y utilizar -con finalidad científica- la información obtenida. La investigación ha seguido las normas de la Declaración de Helsinki de 1964 y las directivas éticas de las diferentes disciplinas que participan. Se respetan las normativas europea y española sobre protección de datos personales. El proyecto ha pasado por el Comité de Ética de la Universitat Rovira i Virgili.

3. Resultados preliminares

Es precisamente el abordaje interdisciplinar -con reto en la transdiciplinariedad- el que nos ha permitido acercarnos a la complejidad multifactorial del fenómeno y evidenciar que, a pesar del reconocimiento teórico de la multicausalidad estructural de la VG, todavía son muchos los modelos legislativos y de intervención social que se sostienen en un enfoque reduccionista; focalizando más en el hecho puntual que en el *continuum,* la sostenibilidad y el contexto del fenómeno violento.

Así mismo, estos enfoques dejan a menudo en un plano subsidiario las consecuencias que la VG –y más concretamente el feminicidio– tiene sobre otros sujetos que igualmente se ven afectados como son los hijos, hijas, madres y familiares, así como la sociedad en general. Y en el mejor de los casos, cuando se tienen en cuenta, a menudo se hace desde miradas, perspectivas y servicios distintos que no siempre van coordinados, lo cual implica el riesgo añadido de la revictimización.

Efectivamente, *la violencia de género no termina con la muerte de la mujer, sino que se propaga sobre los hijos, hijas, familiares y, por extensión, sobre la sociedad en general.* Como nos dijo una de nuestras informantes:

«La violencia de género va más allá del minuto de silencio» (hermana de víctima)

En este sentido, nuestro primer estudio ya nos llevó a la conclusión de que, a pesar de las modificaciones introducidas por la *Ley 26/2015, de 28 de julio, del sistema de protección a la infancia y adolescencia* y la *Ley 3/2019 , de marzo, de mejora de la situación de orfandad de las hijas e hijos de víctimas de violencia de género y otras formas de violencia contra la mujer*; la *Ley Orgánica 2/2022, de 21 de marzo, de mejora de la protección de las personas huérfanas víctimas de la violencia de género*; la *Ley Orgánica 8/2021, de 4 de junio, de protección integral a la infancia y la adolescencia ante la violencia,* o la ya mencionada *Directiva (UE) 2024/1385 del Parlamento Europeo y del Consejo, de 14 de mayo de 2024, sobre la lucha contra la violencia contra las mujeres y la violencia doméstica*, aun no tenemos un sistema de protección suficientemente efectivo que atienda al impacto o las consecuencias de este tipo de violencia.

Desglosaremos a continuación algunos de estos resultados preliminares:

3.1. En la investigación. ¿Con qué estudios contamos y desde qué perspectiva(s) analizan la problemática?

El estudio- diagnóstico es la base sobre la que tomamos todas las decisiones de las estrategias de intervención. En este sentido, la investigación es básica para fundamentar y diseñar políticas y estrategias de intervención eficaces, basadas en la realidad de la problemática y de las personas que la viven.

Los primeros estudios internacionales que abordaron la problemática de los niños/as víctimas de violencia doméstica y femicidio se desarrollaron en el Reino Unido y Estados Unidos, hace más de 30 años (Pynoos y Eth, 1983; Black y Kaplan, 1988; y Clements y Burguess, 2002). Con estos estudios se abrió una nueva línea de investigación que hasta ese momento sólo se había centrado en las mujeres como víctimas de violencia doméstica, pero no en sus hijos e hijas.

A partir de aquí, diversos han sido los autores que han intentado identificar el problema y comprender la polivictimización a la que estos/as menores están expuestos (Redmond, 1989; Black et al. 1992; Burman y Allen, 1994; Eth y Pynoos, 1994; Lewandoswki et al., 2004; Hadesty et al., 2008; Alisic et al., 2015; Ferrara et al., 2015 y 2018; Kaparadis et al., 2017; Mertin, 2019; Constantini et al., 2019; Stanley, 2019).

En el estado español han aumentado los trabajos en los últimos años, suponemos que por el aumento de la concienciación y sensibilidad al respecto, así como por las reformas legislativas que se han dado desde 2019 sobre "infancia huérfana por VG". Hasta hace relativamente poco tiempo (2019 aproximadamente) solo contábamos con los trabajos de Castro Cavero, la Guía de Intervención Psicológica en Menores Expuestos a la Violencia de Género publicada por el Colegio Oficial de Psicólogos de Madrid en 2016, los Informes Anuales del Fondo de Becas Fiscal Soledad Cazorla Prieto de la Fundación Mujeres, y poco más. Actualmente, también se añaden a la lista los estudios de nuestro equipo FEMMINOR (Zafra y Román, 2022).

Además, la mayor parte de los estudios revisados provienen del campo de la Psicología y de la Psiquiatría y analizan el impacto psicológico y emocional que la violencia doméstica y/o el homicidio tiene sobre los niños y las niñas. Tenemos, al respecto, estudios sobre el Estrés Postraumático relacionado con la exposición a la violencia previa al homicidio o por ser testigos directos del crimen (Lewanoski et al., 2004; Steeves 2007; Armour, 2011). Igualmente, encontramos referencias sobre las consecuencias psicológicas de un proceso de duelo asociado a la pérdida de los dos progenitores simultáneamente (padres que se suicidan, se fugan o ingresan a prisión); la inseguridad de no saber con quién ni dónde vivirían; el estigma y los conflictos de lealtad que supone ser hijo o hija de la víctima, pero también de un asesino (Black y Kaplan, 1988; Barudy y Aviñoa, 2014); o sobre el impacto que en las conductas de menores y adolescentes tienen los entornos con agresividad e inestabilidad emocional (Tur-Porcar, Doménech y Mestre, 2018).

La presencia de estudios desde el campo de la Psicología y la Psiquiatría advierte el poco interés que ha despertado en las Ciencias Sociales el estudio del feminicidio en sus dimensiones sociales, y específicamente en los actores más afectados: la infancia huérfana, las familias, las madres víctimas de violencia vicaria en violencia de género, etc.

Por otro lado, se ha observado que el tratamiento académico de estos casos rara vez incorpora un enfoque de género explícito. Si bien la literatura científica aborda los homicidios de menores en contextos familiares, en pocos estudios se especifica si el asesinato ocurrió en un contexto de violencia de género dirigida hacia la madre.

*De todo esto concluimos la necesidad de realizar más e*studios en los que se aborden cuestiones todavía poco exploradas como el mejor lugar para vivir de los niños/as, mecanismos para favorecer la convivencia y el rendimiento escolar, la atención socioeducativa, las capacidades resilientes infantiles, la reparación-reconstrucción identitaria, entre otras cuestiones. Igualmente, es fundamental indagar sobre aquellos aspectos de la intervención (social, educativa, judicial, sanitaria o policial) que causan victimización secundaria, tal y como indican los avances de algunas leyes autonómicas que reconocen la responsabilidad de los poderes públicos y de los operadores que intervienen en los diferentes procesos.

3.2. En la atención y protección a las víctimas

Este apartado lo dividimos en tres fases o momentos diferentes: *pre-feminicidio* (que incorpora las medidas y actuaciones de prevención); *feminicidio* (que abarcaría la intervención en crisis); y el *post-feminicidio* (que tiene en cuenta los impactos, las acciones y las necesidades que van apareciendo durante el proceso de recuperación).

Pre-feminicidio: separaciones, seguimiento del agresor y prevención comunitaria

En la mayoría de los casos de feminicidio que estamos analizando (tanto de mujeres como de hijos/as) aparece la situación de divorcio o separación como factor estresor. Al respecto, han sido diversas las profesionales que inciden, como esta trabajadora social, en la idea de que:

> "Los hombres no se saben separar" (Trabajadora Social)
> "Yo siempre digo que habría que crear la "Casa del divorcio" (Psicóloga criminalista)

Nos preguntamos al respecto, si convendría focalizar más en el trabajo comunitario coordinado y holístico que permitiera detectar indicadores de riesgo en los "potenciales agresores". Al respecto, en uno de los casos que estamos analizando, las profesionales no sospecharon que podían haber factores de riesgo previos, hasta después del feminicidio vinculado del hijo. Una vez ocurrido el suceso, los diversos servicios vieron los antecedentes y se dieron cuenta de que existían "indicadores de riesgo" del agresor que no fueron tenidos en cuenta al no ser consultados a partir de una demanda explícita que no presuponía, *a priori* y valorada de forma individual y puntual, ningún riesgo. Gran parte de estos indicadores eran del sistema de salud mental y también constaban antecedentes de violencia, pero no queda claro cómo se procedió dado que parece que la causa se archivó. Ante este casos, se desprenden algunas cuestiones como: ¿sería necesario unificar/coordinar los diferentes sistemas (salud y servicios sociales, por ejemplo) para detectar indicadores de riesgo de violencia y poder tenerlo presente en las entrevistas y exploraciones rutinarias de atención primaria? ¿Ayudaría el trabajo comunitario a abordar de forma más integral y efectiva la prevención y la detección de factores de riesgo en agresores?

2.2. Feminicidio: intervención en crisis

En esta fase es muy importante la atención policial y psicológica que se haga en y junto a la víctima, así como en su entorno. Según nos comentan algunas de las expertas entrevistadas, una buena intervención en crisis asegura prevenir futuros problemas, sobre todo a nivel emocional y psicológico:

> "[...] para mí intervención en crisis significa prevenir. Para mí es importantísimo que toda la intervención esté en aras de prevenir posibles... Complicaciones a escala emocional, prevenir posibles incluso derivaciones en tema de salud mental, no sólo en problemas emocionales, sino en salud mental, prevenir este tipo de estigmatización o identidades sociales, ¿no?" (experta en intervención en crisis)

Así mismo, el modo cómo se haga esta intervención es igualmente importante, pues:

"No siempre tenemos que intervenir, no todo el mundo necesita una intervención ni de la misma manera [...] Hay que saber hacer una valoración rápida sobre la disposición de la víctima o de la familia [...] Al principio se trataría de hacer más trabajo socio-educativo" (psicóloga)

Igualmente, las profesionales advierten del riesgo de diagnosticar desde el principio el "síndrome de estrés post-traumático", pues puede comportar la psicopatologización de una respuesta normal ante un suceso de este tipo:

"[...] debemos entender que las reacciones de las personas se dan en una situación anormal y, por tanto, la perspectiva y la visión es intervenir ante una persona que tiene reacciones normales en situaciones anormales. Lo digo por no patologizar a las personas que tienen y manifiestan las reacciones. ¡Ah! Está absolutamente en trastorno de estrés postraumático. Y dices no, no está en trastorno de estrés postraumático. Entre otras cosas porque clínicamente no puedes decir que una persona que acabas de conocer ahora mismo y que ha recibido un impacto, porque el trastorno de estrés postraumático necesita un tiempo para poder ser diagnosticado como tal" (piscóloga experta en intervención en crisis).

Por otro lado, pero igualmente relacionado con lo que estamos comentando, muchas profesionales apuntan al riesgo de crear "identidades de víctima". Se refieren al riesgo de que la víctima quede sujeta a la etiqueta y el estigma que comporta ser "la hija de la mujer asesinada...", "la madre a la que le mataron su hijo...", etc. y esto afecte a su recuperación integral, más concretamente, a lo que una de nuestras informantes denomina "mi reconstrucción identitaria" (madre de hijo asesinado).

"[...] estamos creando identidad... identidad de víctimas. Yo creo que queda mucho más la identidad de víctima... Creo que... no sé, aquí no tengo estudios como para decirlo, pero yo siento que el daño que yo he visto y he podido captar de las personas que han vivido situaciones de violencia y que se les ha puesto la medallita de intento de feminicidio, agresiones sexuales y todo ello, esta etiqueta en su identidad, cuesta,

> cuesta mucho trabajarla y hacerla desaparecer, ¿no?" (experta en intervención en crisis)

Además, en los casos que estamos analizando observamos que muchas de estas "etiquetas" generan estigma en las víctimas dificultando su proceso de recuperación y generando sentimientos de culpa que, extendidos a lo largo del tiempo, muy probablemente se conviertan en factores de riesgo real en la aparición o desarrollo de un síndrome de estés post-traumático.

2.3. Post-feminicidio: proceso de recuperación según ámbitos y necesidades

a) Ámbito de la salud bio-psico-social

La exposición a la violencia machista se ha demostrado como causa directa en la producción de efectos negativos en el desarrollo psicológico y emocional de niñas, niños y adolescentes, con independencia de su edad. De hecho, la mayor parte de los estudios que hemos revisado tratan sobre el Estrés Postraumático y sobre los efectos emocionales relacionados con la exposición a la violencia previa al homicidio o por ser testigos directos del crimen (Lewandoski et al. 2004; Steeves et al. 2007; Armour 2011; Alisic et. al, 2015).

Efectivamente, hemos encontrado afectaciones diversas en casi todos los casos analizados, tanto en los infantes huérfanos como en las madres a las que les asesinan a sus hijos/as. Al respecto, hemos analizado varios casos de huérfanas revictimizadas por abusos sexuales a manos de un familiar que las acoge y trastornos y malestares emocionales diversos: abuelas cuidadoras con trastornos del comportamiento alimentario; madres con problemas de ansiedad y depresión; niños, niñas y adolescentes huérfanos/as con problemas de autoestima, déficit de atención, etc. Por eso, consideramos imprescindible disponer de protocolos específicos que permitan un seguimiento más personalizado y continuado, pues la mayoría de las personas entrevistadas comentan que:

> "Los tratamientos son muy pocos y demasiado espaciados en el tiempo" (hermano de víctima).

Así pues, como reto principal se plantea la creación de servicios de salud mental especializados en feminicidio y descentralizados para facilitar el acceso y poder atender a las víctimas en su entorno habitual, evitándoles así costosos, incómodos y difíciles desplazamientos.

b) Ámbito escolar y educativo

Hemos comprobado que la figura del maestro o de la maestra es central, por su potencial resiliente y por el acompañamiento vital que supone para muchos de estos huérfanos/as.

> "La maestra de Biel fue muy importante, casi como su segunda madre... nos ayudó muchísimo" (abuela de huérfano).

Sin embargo, la mayoría del profesorado entrevistado afirma sentirse desamparada ante una situación de feminicidio. Sienten que necesitan más apoyo para afrontar situaciones como la disminución del rendimiento escolar, o la revictimización a través de situaciones diversas de acoso escolar, pues a menudo estos niños o niñas son estigmatizados por ser víctimas de feminicidio.

> "Los niños son tan crueles que le restregaban que "a tu madre la mataron porque se fue a hacer de puta" (abuela de huérfano).

En este sentido, se necesitan estrategias para poder gestionar el impacto que el feminicidio ocasiona en la familia acogedora, así como en la interrelación de ésta con el resto de las familias de la escuela, y con el conjunto de la comunidad educativa. Así mismo, las personas huérfanas no solo necesitan acompañamiento en la escuela, sino también en la educación secundaria, universitaria y formativa en general. Igualmente, las madres cuyos hijos/as han sido asesinados por VG, también necesitan acompañamiento y apoyo para seguir con sus vidas en general, y para poder formarse, si es el caso o la voluntad de la persona. Al respecto, una madre que perdió a su hijo por VG nos comenta que desde el asesinato ha focalizado en su formación profesional como herramienta y recurso de recuperación individual.

c) Ámbito socio-familiar

c.1) Ayudas e indemnizaciones económicas

Una necesidad siempre presente en el feminicidio es la económica, pues las personas que quedan a cargo de los/las menores, tienen que cubrir los gastos que suponen las terapias, alimentación, educación, vivienda y otras intendencias cotidianas derivadas de la nueva situación sociofamiliar que comporta el feminicidio. El apoyo económico es especialmente importante en las etapas iniciales:

> "Mis padres pasaron a tener dos hijos más en casa... Imagínate, dos personas ya jubiladas, con unos recursos limitados y con dos miembros más en la familia para alimentar, para vestir, para comprarles libros, ¡¡para todo!! ¡Imagínate! ¡Todo eso! Y en un momento tan difícil emocionalmente como era afrontar el reciente asesinato de su hija..." (hermana de víctima).

Igualmente, las madres víctimas de feminicidio vinculado de sus hijos/as, expresan la necesidad de "recuperar sus vidas" y para ello muchas necesitan recursos económicos para atender sus necesidades a través de terapias concretas, cursos, etc. Por ejemplo, una madre víctima de violencia vicaria, resultó gravemente herida en el mismo momento que el agresor asesinó a su hijo y actualmente necesita dinero para poder reparar las cicatrices y la dentadura que perdió a consecuencia de la agresión.

En estes sentido, las ayudas e indemnizaciones de las que puedan beneficiarse las víctimas son muy importantes. Concretamente, los/as huérfanos/as por violencia de género disponen de las siguientes:

- Pensiones de orfandad de la Seguridad Social, hasta 21 años o incluso hasta 25 años cuando no esté trabajando, o si lo está, que sus ingresos sean inferiores al salario mínimo interprofesional.
- Prestación de orfandad de la Seguridad Social, para aquellos supuestos en los que la madre no hubiera cotizado para generar el derecho a la pensión ordinaria de orfandad, con los mismos límites de edad que la pensión de orfandad.
- Ayuda por delitos violentos de la Ley 35/1995. Se puede solicitar incluso de forma provisional antes de que haya sentencia.
- Ayudas previstas en algunas comunidades autónomas (que varían en cuantía, tipos de ayuda, edad máxima de cobertura y requisitos exigibles).
- Exención de las tasas universitarias: con la nueva LOSU, las víctimas de violencia de género tienen una total bonificación.
- Ayudas del Fondo de Becas Fiscal Soledad Cazorla Prieto, para el refuerzo educativo o soporte psicológico.

Sin embargo, y a pesar de la innegable relevancia de los avances legales que en materia de indemnizaciones y ayudas económicas ha habido durante los últimos años, todavía queda pendiente hacerlos verdaderamente efectivos. Efectivamente, igual que apunta la Fundación Mujeres (2023) en sus dos guías prácticas para huérfanos y familiares y profesionales que intervienen en feminicidios, nuestra investigación evidencia que uno de los principales impedimentos para que las víctimas (hijos/as, madres o familiares) puedan acceder a las indemnizaciones es la falta de formación e información actualizada acerca de la normativa y de las ayudas por parte de los y las profesionales que les reciben. Esto, a veces, tiene como consecuencia cálculos erróneos de los montos de las pensiones, de las prestaciones de medidas cautelares, incluso en denegaciones de las prestaciones que por ley les corresponden. Por otro lado, algunas familias se encuentran problemas para acceder a las cuentas bancarias donde están percibiendo las ayudas o con que el dinero está bloqueado y no lo pueden utilizar cuando verdaderamente lo necesitan (Fundación Mujeres, 2023).

c.2) Agilizar y acompañar en los trámites burocráticos

El sistema de servicios sociales y atención a la Infancia, así como la formación, sensibilidad, empatía y profesionalidad de sus profesionales es básica para el acompañamiento y recuperación de la persona víctimas de feminicidio. En este sentido, vemos que es imprescindible la coordinación entre los diferentes servicios de atención a la infancia y la adolescencia en situaciones de violencia de género; así como agilizar los trámites relacionados con la tutela y custodia de los menores. En uno de los casos analizados la abuela del niño tardó 5 años en tener la tutela del nieto.

Por otro lado, cuando los/as huérfanos/as tienen que quedarse en centros de acogida evidenciamos la necesidad de generar espacios físicos y temporales adecuados para mantener las redes sociales y familiares (siempre que éstas sirvan como factor de protección); y evitar las medidas de protección que separen a los hermanos/as distribuyendo, por ejemplo, hijos e hijas de las víctimas en los centros de acogida en función de la adscripción familiar, y no por un criterio de edad. En este sentido, hemos analizado un caso donde el hijo mayor fue a un centro de acogida distinto al que fueron sus dos hermanos menores; cuestión que revictimizó a los tres hermanos, pues añadió una pérdida y duelo más a su proceso de recuperación.

c.3) La protección y el acompañamiento jurídico

Que las víctimas (madres, hijos o hijas y familiares) se sientan acompañados y "que se haga justicia", como muchas de estas personas señalan, es fundamental para su proceso de recuperación. Sin embargo, no siempre las víctimas sienten que las sentencias y los procesos judiciales son reparadoras. A veces, incluso les suponen una fuente de revictimización más. Sobre esta cuestión nos gustaría comentar algunas cuestiones generales, que se repiten a menudo en las entrevistas que realizamos.

Por un lado, las víctimas apuntan la necesidad de una mayor coordinación entre el sistema social y el jurídico, así como entre los diferentes tipos de juzgados: Penal, Civil, juzgados de Violencia sobre la Mujer, de Menores, etc.

Igualmente, se apunta la necesidad de formación rigurosa y sensibilización de los diferentes operadores jurídicos para evitar estereotipos y lo que Miranda Fricker denomina "injusticia epistémica"[429], que se da cuando la credibilidad de la víctima es cuestionada por los prejuicios derivados de la pertenencia de esta persona a un determinado grupo social (como ser mujer o menor, de una determinada étnia o razo...); y también puede ocurrir cuando la experiencia de la persona (mujer o menor)

429 En su libro *Epistemic injustice: power and the ethics of knowing*, publicado en 2007, Fricker define dos tipos de injusticia epistémica: injusticia testimonial e injusticia hermenéutica. Según Fricker, la injusticia testimonial ocurre cuando el conocimiento de una persona es ignorado o su credibilidad es cuestionada por los prejuicios derivados de la pertenencia de esta persona a un determinado grupo social (como ser mujer, o una persona racializada). Una injusticia hermenéutica, por su parte, ocurre cuando la experiencia de una persona no es comprendida (por ella misma o por los demás) porque no hay ningún concepto disponible que pueda identificar o explicar adecuadamente aquella experiencia

no es comprendida.En este sentido, vemos que no siempre se cumple el principio del interés superior del menor huérfano.

Además, cabe resaltar la necesidad de que los pasillos en concreto, y las infraestructuras de los Juzgados en general, resulten más «amables» y «humanas» y evitar siempre que las víctimas se encuentren con el agresor, como lamentablemente hemos evidenciado en algunos casos.

d) El ámbito socio-comunitario

Como decíamos al principio, la violencia de género es un conflicto social, de base estructural, cuya normalización queda a menudo en evidencia mediante lo que hemos llamado la "cultura del silencio". Al respecto, en todos los casos analizados observamos que se reproducen estereotipos sobre la violencia hacia las mujeres, se minimiza el alcance del problema, se estigmatiza a las víctimas y se desculpabiliza al agresor.

En uno de los casos que titulamos precisamente "Lo que pasó", observamos cómo el hijo de la víctima desculpabiliza al agresor y evita hablar de violencia hacia la madre utilizando eufemismos que minimizan el asesinato. Esto mismo hacen los hermanos y tíos paternos. Nadie habla de la cuestión. Además, los vecinos del pueblo también han invisibilizado durante años el asesinato, pues nunca se ha hablado abiertamente del tema. Se refieren al asesinato de la madre como "lo que pasó", y al agresor le llaman por el nombre o como "el padre de los niños". Además, muchas personas del pueblo afirman no explicarse todavía porqué cometió el crimen; e incluso llegan a poner en entredicho su culpabilidad.

En este sentido, creemos que es necesario estimular medidas que no se limiten a la denuncia, y que fomenten la sensibilización y corresponsabilidad de toda la ciudadanía para no convertirse en cómplices de un fenómeno tan inaceptable como éste.

4. Conclusión

Para terminar, nos gustaría destacar y poner en valor algunos retos conseguidos durante estos últimos años, pues desde que empezamos esta línea de investigación en 2019 hasta ahora, ha habido mejoras substanciales. Esperamos, como universidad y en nuestro papel de científicas y académicas, seguir colaborando con la administración pública para que el impacto de la investigación se vea reflejado en el bienestar de las personas. En este sentido, el 15 de mayo de 2023 fuimos invitadas a realizar una comparecencia en el Parlamento de Catalunya en relación a la proposición de ley de modificación del artículo 47 de la *Ley 5/2008, de 24 de abril, del dret de les dones a erradicar la violència masclista* i que mejoró la situación relativa a las indemnizaciones y ayudas.

Además, en aquel momento, solo contábamos con unos pocos estudios internacionales en Reino Unido (de más de 30 años de antigüedad), los recientes estudios liderados por autoras como Eva Alisic y John Devaney, y en el Estado español, los estudios de Cavero o los informes anuales del Fondo de Becas Fiscal Soledad Cazorla. Cinco años más tarde, hemos avanzado considerablemente: se han aprobado nuevas leyes, se han creado redes de investigación y de práctica internacionales, y se han diseñado protocolos de actuación que, deseamos, sean exitosos y efectivos en su implementación.

Aun así, desde la academia, sentimos la necesidad y el compromiso de seguir realizando investigaciones y diagnósticos que partan de la consideración de la violencia de género como un *continuum* y que además de sus causas, incidan también en sus consecuencias. Algunas propuestas que creemos indispensables podrían ser:

- Detectar indicadores y factores de riesgo, tanto en las víctimas como en los agresores.

- Desvelar silencios y vacíos institucionales y comunitarios que todavía esconden estereotipos, prejuicios y formas de discriminación que, en numerosas ocasiones derivan en injusticia epistémica y revictimización a nivel individual, y que producen y reproducen la violencia machista, también, a nivel estructural y social.
- Poner en el centro de la atención y la protección a los sujetos que viven la violencia: madres, hijos e hijas; y "creer en ellos/as" (en su experiencia, testimonio).
- Promover el trabajo comunitario, de manera que además de incidir en aquello individual-familiar, podamos llegar a hacer cambios en lo institucional y a su vez en lo socio-cultural, y viceversa.
- Fomentar metodologías de investigación e intervención basadas en perspectivas de género e infancia interrelacionadas y coordinando las estrategias de cada uno de los sistemas y servicios implicados.
- Indagar y promover fórmulas de "re-construcción identitaria" empoderadoras, que no revictimicen y que sitúen al sujeto-víctima en el centro de la recuperación.

En definitiva, es necesario que sigamos trabajando colaborativamente (universidad-poderes públicos y ciudadanía en general) en la reformulación continua que nos exige una problemática social como es el feminicidio; y en sus diversas y entrelazadas dimensiones: la cultural, la simbólica, la normativa, la institucional, la familiar, la comunitaria, la experiencial o vivencial. De igual modo, resulta fundamental seguir tabajando interrelacional y dialógicamente para el abordaje integral y la erradicación de este enorme problema social.

En este sentido, cabe seguir buscando y generando espacios de reflexión, debate y co-creación interdisciplinar que contribuyen al abandono definitivo de la visión reduccionista de la violencia de género, de sus causas y de sus consecuencias; y a poner la justicia social, la igualdad, el acompañamiento y la sostenibilidad de la vida en el centro de las políticas públicas y de la vida y la (con)vivencia de todas las personas de nuestra sociedad.

Referencias

Agencia estatal Boletín Oficial del Estado, Ministerio de la Presidencia y Relaciones con las Cortes. 2024. *Directiva (UE) 2024/1385 del Parlamento Europeo y del Consejo, de 14 de mayo de 2024, sobre la lucha contra la violencia contra las mujeres y la violencia doméstica.* https://www.boe.es/buscar/doc.php?id=DOUE-L-2024-80770 [última consulta 20/10/2024].

Alisic, E., Krishna, R.N., Groot, A., Frederick, J.W. (2015). "Children's Mental Health adn Well-Being After Parental Intimate Partner Homicide: A Systematic Review". *Clin Child Fam Psychol Rev.* Dec;18(4):328-45. doi: 10.1007/s10567-015-0193-7.

Armour, Marilyn. 2011. «Domestic fatalities: The impact on remaining family members». *International Perspectives in Victimology* 5(2): 22-32.

Barudy, J. y Aviñoa, B. (2014) Els sofriments visibles i invisbles dels nens i nenes exposats a la violència conjugal masaclista. *Butlleti d'inf@ncia.* Num, 80.

Black, D., y Kaplan, T. (1988) Father Kills Mother: Issues and Problems Encountered by a Child Psychiatric Team. *British Journal of Psychiatry,* 153(5), 624-630. doi:10.1192/bjp.153.5.624

Bautista Menares, D. y Contreras, L. (2019). Psychosocial effects on children and adolescents victims of intimate homicide of their mother. *Rev. Argentina de Clínica Psicológica,* 28 (3), pp. 266-274.

Castro Cavero, R. i López Diez, M. (2017) Intervención con niños y niñas huérfanos por violencia de género. En Inmaculada Romero Sabater (Coords.) *Intervención psicológica en menores expuestos la violencia de género. Aportes teóricos y clínicos.* Colegio oficial de psicólogos de Madrid, pp. 49-62

Clements, P. T. i Burgess, A. W. (2002) Children's responses to family member homicide. *Family & Community Health,* 25(1), 32-42.

Costantini, A., Foschino Barbaro, M., Magno, A., Lovero, F., Goffredo, M (2019) Dalla violenza assistita al lutto traumatico: i bambini orfani speciali 2019–en Franco Angeli, *Maltrattamento e abuso all'infanzia, Revista Interdisciplinarie.* 21 (1):73-89.

Delegación del Gobierno para la Violencia de Género, Ministerio de Igualdad. 2024. *Boletines estadísticos.* https://violenciagenero.igualdad.gob.es/violenciaencifras/boletines/ [última consulta 16/10/2024].

Ferrara, P., Ianniello, F., Semeraro, L., Giardino, I., Corsello, G. (2018) Murdered women's children: A social emergency and gloomy reality. *Signa Vitae* 14(1), pp. 71-74

Fricker, M. (2007) *Epistemic injustice: power and the ethics of knowing.* Ed.OUP Oxford.

Fundación Mujeres (2023) *VI Informe Anual del Fondo de Becas Fiscal Soledad Cazorla. Huérfanos de la violencia de género: una realidad invisible.* Madrid, Fundación Mujeres.

Haraway, D. (1995) *Ciencia, cyborgs y mujeres. La reinvención de la naturaleza.* Madrid: Cátedra.

Kapardis, A., Baldry, A.C., Konstantinou, M. (2017) A qualitative study of intimate partner femicide and orphans in Cyprus. *Qualitative Sociology Review,* 13(3), pp. 80-99

Lagarde, M. (2008) Antropología, Feminismo y Política: Violencia feminicida y derechos humanos de las mujeres. En Bullen, M. y Diez, C. (coord..) Retos teóricos y nuevas prácticas, *Ankulegui. Revista de Antropología Social,* 691-4952-2, pp. 209-240

Laurenzo, P. (2012). Apuntes sobre el feminicidio, *UNED. Revista de Derecho Penal y Criminología,* 3ª Época, *8,* pp. 119-143

Lorente. M. (2019), Violencia pública, violencia privada, en Tiempos de paz, 134,pp. 92-100.

Lewandowski, Linda A., Judith McFarlane, Jacquelyn C. Campbell, Faye Gary y Cathleen Barenski. 2004. «He killed my mommy! Murder or attempted murder of a child's mother». *Journal of Family Violence* 19(4): 211-220.

Mertin, P. (2019) The neglected victims: what (little) we know about child survivors of domestic homicide. *Children Australia,* doi: https://doi.org/10.1017/cha.2019.19

Naciones Unidas. 1995. *Informe de la Cuarta Conferencia Mundial sobre la Mujer.* Beijing, 4–15 de septiembre de 1995. https://documents.un.org/doc/undoc/gen/n96/273/04/pdf/n9627304.pdf [última consulta 16/10/2024].

Pynoos, R. S., and Eth, S. (1983) The child as criminal witness to homicide. *J. Soc. Issues* 40: 87–108.

Romero, I. (coord.) (2016) *Intervención psicológica en menores expuestos a violencia de género. Aportes teóricos y clínicos.* Colegio de Psicólogos de Madrid.

Russell, D E.H. y Radford, J (1992) *Femicide: The politics of woman killing.* Twayne Publishers, New York.

Stanley, N., Chantler, K., Robbins, R. (2019) Children and Domestic Homicide, *The British Journal of Social Work*, 49 (1): 59–76, https://doi.org/10.1093/bjsw/bcy024

Steeves, Richard, Kathryn Laughon, Barbara Parker y Florence Weierbach. 2007.«Talking about talk: The experiences of boys who survived intraparental homicide». *Issues in mental health nursing* 28(8): 899-912.

Tur-Porcar, A. M., Doménech, A., and Mestre, V. (2018). Vínculos familiares e inclusión social. Variables predictoras de la conducta prosocial en la infancia. *Annals of Psychology, 34*(2), 340-348.

Vaccaro, S.(2016). Violencia Vicaria: Las hijas y los hijos víctimas de la Violencia contra sus madres. | *Tribuna Feminista*

Zafra, E. y Roman, L. (eds.) (2022) *Hijos e hijas de la violencia de género. Análisis de casos sobre las consecuencias del feminicidio.* Editorial Tirant Lo Blanch.

CAPÍTULO V. EL CAMBIO DE APELLIDOS DE LOS Y LAS MENORES VÍCTIMAS DE VIOLENCIA VICARIA POR RAZÓN DE GÉNERO

ANA GIMÉNEZ COSTA
Profesora agregada de Derecho civil
Universitat Rovira i Virgili

1.- Introducción

En este capítulo nos proponemos estudiar los diferentes cambios legislativos que se han llevado a cabo en la normativa que regula el Registro Civil para permitir el cambio de apellidos de las víctimas de violencia vicaria, desde su reconocimiento e introducción en 2004, hasta la actualidad, analizando los diferentes reformas que han ido progresivamente ampliando el supuesto de hecho de la norma. Todo ello con el fin de analizar, a continuación, la aplicación práctica de estos cambios normativos y determinar si, realmente, han supuesto una mejora en la tramitación de esta opción normativa para los y las menores víctimas de la violencia de género.

2.- Regulación jurídica de la imposición de los apellidos

Antes de entrar en el análisis de la regulación jurídica de los apellidos en nuestro ordenamiento actual, debemos poner en valor la imposición de los apellidos en nuestro ordenamiento jurídico ha sido siempre respetuosa con el principio de igualdad, algo que le ha caracterizado, a la par que lo ha diferenciado de otros ordenamientos comparados de nuestro entorno. En este sentido, por una parte, el sistema normativo español, desde antiguo, ha permitido a la mujer casada mantener sus apellidos propios, tras el matrimonio. Y, por otro lado, ha identificado a los hijos e hijas con los primeros apellidos tanto del de padre como de la madre[430].

De acuerdo con la regulación del Código Civil español (art. 109 Cc), la filiación determina los apellidos. De manera que si está determinada respecto de ambos progenitores[431], el hijo o hija llevará el primer apellido de cada uno de ellos, en el orden que ambos acuerden[432]. A falta de pacto, el encargado del Registro Civil acordará el orden de los apellidos, atendiendo al interés superior del menor y tras haberlos requerido para que lo comuniquen en el plazo de 3 días (art. 49.2.3 LRC 2011)[433].

---

430 Romero Coloma, A. M.ª. (2013). "El derecho al nombre y los apellidos como derecho fundamental de la persona", Revista Jurídica del Notariado, núm. 85, enero-marzo, 97-110.

431 Fue la Ley 13/2005, de 1 de julio, por la que se modifica el Código Civil en materia de derecho a contraer matrimonio, (BOE núm. 157, de 2 de julio de 2005, en vigor desde el día siguiente a su publicación), en su Disposición adicional segunda, la que dio una nueva redacción al entonces art. 53 LRC 1957, para dejar de utilizar el calificativo paterno y materno respecto de los apellidos, y pasar a usar el de progenitores, en consonancia con la admisión legal del matrimonio entre personas del mismo sexo.

432 La reforma introducida por la Ley 40/1999, de 5 de noviembre, sobre nombre y apellidos y orden de estos (BOE núm. 266, de 6 de novembre de 1999), acabó con la anteposición y preferencia del apellido paterno, y estableció que el orden en la transmisión del primer apellido de cada progenitor, fuera el que de común acuerdo decidieran. Si bien la repercusión práctica ha sido escasa, se debe valorar positivamente la reforma en cuanto supone una adecuación de la norma al principio de igualdad, casi en el único aspecto que, en esta materia de los apellidos, le quedaba al ordenamiento español para ser plenamente respetuoso con este principio.

433 Esta misma regla se aplica, en el caso de nacimiento de un español, de madre extranjera, esto es, el primer apellido es el primero del padre, y el segundo apellido el primero de los personales de la madre (ex art. 194 RRC), a salvo de que se pacte otra cosa de acuerdo con lo que permite el art. 109 CC.

El orden de los apellidos que se haya establecido para la primera inscripción de nacimiento del primero de los hijos determinará el orden para la inscripción de los posteriores nacimientos de los hermanos y hermanas de este vínculo (art. 109.2 CC y 49.2.i.f LRC 2011)[434].

3.- El cambio de apellidos

Primero de todo, debemos distinguir según el cambio de apellidos se pueda realizar mediante una simple declaración de voluntad ante el encargado del Registro civil (art. 53 LRC 2011[435]), o través de un expediente (art. 54 LRC 2011[436]), o por Orden del Ministerio de Justicia, en los términos fijados reglamentariamente, de acuerdo con lo que establece el (art 55 LRC 2011[437])[438].

---

434 A mayor abundamiento, consultar: Barber Cárcamo, R. (2016) "Comentario al artículo 109 del Código Civil", en A. Cañizares Laso, P. De Pablo Contreras, J. Orduña Moreno, R. Valpuesta Fernández (Dirs.), Código Civil comentado, vol. I, 2.ª, Civitas Thomson Reuters, 596-604.

435 En su última redacción dada por la Disposición Final 11.4 de la Ley 4/2023, de 28 de febrero, para la igualdad real y efectiva de las personas trans y para la garantía de los derechos de las personas LGTBI, (BOE, núm. 51, de 1 de marzo de 2023, en vigor desde el día siguiente a su publicación).

436 En su última redacción dada por el artículo único, apartado diez de la Ley 6/2021, de 28 de abril, por la que se modifica la Ley 20/2011, de 21 de julio, del Registro Civil (BOE núm. 102, de 29 de abril de 2021, en vigor desde el día siguiente a su publicación).

437 En su última redacción dada por el artículo único, apartado undécimo de la Ley 6/2021, de 28 de abril, por la que se modifica la Ley 20/2011, de 21 de julio, del Registro Civil (BOE núm. 102, de 29 de abril de 2021, en vigor desde el día siguiente a su publicación).

438 Iglesias Núñez M.ª M. (2011). "Atribución de apellidos. Regla general", en: Fco. Lledó Yagüe y A. Sánchez Sánchez (dirs.), O. Monje Balmaseda

3.1.- Por declaración de voluntad ante el encargado del Registro civil

El cambio de los apellidos mediante una simple declaración de voluntad ante el encargado del Registro civil puede autorizarse en los siguientes supuestos, de acuerdo con lo que establece el art. 53 LRC 2011:

1. Para invertir el orden de los apellidos.

No es propiamente este supuesto un cambio de apellidos, sino solo de su orden. Sea cual sea el orden de los apellidos establecido en la primera inscripción del nacimiento en el Registro civil, cumplidos los 16 años (art. 57.3 LRC[439]), el hijo o hija, puede solicitar que se invierta el orden de sus apellidos (ex art. 109.i.f Cc y art. 53.1 LRC2021)[440]. Aunque no lo diga expresamente la norma, la DGRN ha entendido que esta opción solo puede utilizarse en una ocasión, puesto que los apellidos junto con el nombre cumplen una función de identificación de la persona y, en consecuencia, deben tener cierta estabilidad[441].

(coord.), Los 25 temas más frecuentes en la vida práctica del Derecho de Familia, Parte registral y otros temas de procedimiento, T. II, Dykinson, 97-112.

439 El art. 109.i.f. Cc, establece que para solicitar que se altere el orden de los apellidos, se debe haber alanzado la mayoría de edad. Sin embargo, la LRC 2021, expresamente prevé en el art. 57.3, con carácter general, que los cambios de apellidos regulados en los arts. 53-56 podrán ser solicitados "por el propio interesado si es mayor de dieciséis años. En tanto que ambas son normas con rango de ley, se aplicará el principio general de "ley posterior deroga ley anterior", por lo que podrá solicitar la inversión del orden de los apellidos el hijo o hija mayor de 16 años.

440 El Código civil catalán prevé que el cambio de orden de los apellidos impuesto en la inscripción de nacimiento lo pueda hacer también el emancipado, según consta de forma expresa en el art. 235-2.3 Cccat.

441 La RDGRN de 11 de mayo de 2018 (*Boletín del Ministerio de Justicia. Resoluciones de la Dirección General de los Registros y del Notariado,*

2. Por cuestiones gramaticales u ortográficas.

Tampoco en este caso se trata, realmente, de un cambio de los apellidos, sino de solicitar, por un lado, la anteposición de la preposición «de» al primer apellido, o de añadir las conjunciones «y» o «i» entre los apellidos Y, por otro lado, de regularizar ortográficamente o adecuar fonéticamente los apellidos, incluidos los extranjeros, a cualquiera de las lenguas oficiales correspondiente al origen o domicilio del interesado[442].

3. Para la acomodación de apellidos

Los hijos e hijas mayores de edad o emancipados pueden solicitar, mediante una simple declaración de voluntad ante el encargado del Registro del domicilio, el cambio de sus apellidos para adaptarse al cambio de apellidos que los progenitores han llevado a cabo, siempre que estos lo consienten.

4. Para la conservación de apellidos

Cuando se rectifique la filiación, y el hijo/a o sus descendientes quieran conservar los apellidos que vinieren usando antes de la rectificación. Dicha conservación de apellidos deberá instarse dentro de los dos meses siguientes a la inscripción de la nueva filiación o, en su caso, a la mayoría de edad.

Año LXXIII, núm. 2.217, marzo, 2019) indica que "es consolidada doctrina de esta Dirección que la posibilidad de invertir los apellidos que concede al mayor de edad el artículo 109 CC se agota en su ejercicio de modo que, una vez ejercitada, no cabe dejar sin efecto la inversión obtenida por simple declaración de voluntad (...) tiene su fundamento legal en la estabilidad del nombre y de los apellidos, signos de individualización e identificación de la persona cuyo cambio queda sustraído de la autonomía de voluntad de los particulares salvo en los casos excepcionales y taxativos determinados por la ley".

442 Sobre esta cuestión: Lasarte Álvarez, C.; Yáñez Vivero, F. (2024). *Principios de Derecho Civil: Introducción y Derecho de la Persona*. Marcial Pons.

3.2.- Mediante expediente registral

El encargado del Registro civil puede autorizar el cambio de apellidos, previo expediente instruido en forma reglamentaria, en dos casos.

Primero, cuando se solicite cambiar el apellido que consta en el Registro por el apellido que de forma habitual se use, siempre que se cumplan ciertos requisitos (art. 54.2 y 3 LRC2021); o cundo el apellido resulte contrario a la dignidad u ocasione graves inconvenientes al interesado.

Segundo, cuando se trate de víctimas de violencia de género o de sus descendientes, que estén o hayan estado integrados en el núcleo familiar de convivencia, sin necesidad de cumplir ningún requisito, y de acuerdo con el procedimiento que se determine reglamentariamente. Además, el art 54.5.i.f LRC 2021 añade que, si concurren razones de urgencia o seguridad, se podrá autorizar el cambio total de identidad, también sin necesidad de cumplir con ningún requisito, y de acuerdo con el procedimiento que se determine reglamentariamente.

3.3.- Por orden del Ministerio de Justicia

Cuando existan razones de urgencia o seguridad, pero no se trate de víctimas de violencia de género -en cuyo caso, resultaría de aplicación la norma del art. 54.5 LRC2021-; o concurran otras circunstancias excepcionales que lo requieran, puede autorizarse el cambio de apellidos o el cambio total de identidad, por Orden del Ministerio de Justicia, en los términos fijados reglamentariamente, de acuerdo con lo que establece el art. 55 LRC 2011.

4. Análisis del régimen jurídico aplicable al cambio de apellidos o de identidad de los y las menores víctimas de violencia de género

Presentado, de forma breve, el régimen jurídico que regula la imposición de los apellidos y los supuestos en que es posible un cambio de estos, nos vamos a centrar, a continuación, en el análisis de la normativa aplicable al cambio de apellidos o de identidad de los y las menores víctimas de violencia de género, tanto desde un punto de vista teórico como en su aplicación práctica.

4.1. Recorrido legal del reconocimiento de la violencia de género como causa para solicitar un cambio de apellidos

El primer hito normativo, que supuso la introducción en nuestro ordenamiento jurídico, por primera vez, del cambio de apellidos para las víctimas de violencia de género, fue por la Disposición adicional vigésima de la Ley Orgánica 1/2004, de 28 de diciembre, de Medidas de Protección Integral contra la Violencia de Género[443]. Esta norma introdujo un nuevo apartado, el segundo i.f., en el art. 58 LRC 1957[444], en el que se

---

443 Ley Orgánica 1/2004, de 28 de diciembre, de Medidas de Protección Integral contra la Violencia de Género (BOE núm. 313, de 29 de diciembre de 2004, en vigor desde el 28 de enero de 2005).

444 La Ley del Registro Civil de 8 de junio de 1957 (BOE, núm. 151, de 10 de junio de 1957, en vigor desde el 1 de enero de 1959), establece en su art 58 que "1. No será necesario que concurra el primer requisito del artículo anterior para cambiar o modificar un apellido contrario al decoro o que ocasione graves inconvenientes, o para evitar la desaparición de un apellido español. 2. Cuando se den circunstancias excepcionales, y a pesar de faltar los requisitos que señala dicho artículo, podrá accederse al cambio por Real Decreto a propuesta del Ministerio de Justicia, con audiencia del Consejo de Estado. En caso

reconoce que ser objeto de violencia de género es una circunstancia excepcional que permite la modificación de los apellidos por orden del Ministerio de Justicia[445].

Con la incorporación de esta nueva regulación en la LRC 1957, se reconoce de forma individual el supuesto del cambio de apellidos en caso de violencia de género, como un supuesto individualizado para el que, además, se establece una vía especial y más directa de la que se aplicaría, de no existir esta regulación específica. Esto es, en caso de ser víctima de violencia de género, con la reforma introducida, ya no se debe de utilizar la vía prevista para cuando concurren circunstancias excepcionales, que requería para el cambio de apellidos autorización por Real Decreto, a propuesta del Ministerio de Justicia, y con audiencia del Consejo de Estado, sino que se puede conceder el cambio de apellidos de una forma más rápida a través de una orden ministerial.

Aunque la redacción del art. 58.2.i.f LRC 1957 no lo diga expresamente en el supuesto de víctimas de violencia de género, creemos que debe hacerse una interpretación extensiva y, como ocurre cuando concurren circunstancias excepcionales, art 58.2 LRC 1957, donde de forma expresa se prevé que no es necesario cumplir los requisitos que con carácter general se requieren para el cambio de apellidos (art. 57 LRC 1957),

---

de que el solicitante de la autorización del cambio de sus apellidos sea objeto de violencia de género y en cualquier otro supuesto en que la urgencia de la situación así lo requiriera podrá accederse al cambio por Orden del Ministerio de Justicia, en los términos fijados por el Reglamento. 3. En todos estos casos, la oposición puede fundarse en cualquier motivo razonable".

445 Ver: Martínez López-Puigcerver, A. (2008), "La mujer y sus apellidos: de la alegría de trasmitirlos (Ley 40/1999), a la tristeza del cambio y pérdida de los apellidos de la mujer víctima de la violencia de un hombre (Ley Orgánica 1/2004, de 28 de diciembre)" , Diario La Ley, núm. 6974, 24 de junio de 2008. La Ley, 17094.

también debe aplicarse esta excepción en caso de violencia de género. De hecho, una interpretación lógica y sistemática (ex art 3 Cc) nos conduce a igual conclusión.

El supuesto de cambio de apellidos de quien sea objeto de violencia de género se modificó, posteriormente, por la Ley del Registro Civil, de 21 de julio de 2011[446], y paso a ser regulado en el art. art. 55[447]. En este nuevo artículo se reguló el supuesto con mayor ampiitud, ya que no solo contempla como solicitante a la víctima de violencia de genero sino, también, a sus descendientes[448], siempre que convivan o hayan convivido en el hogar en el que se haya producido la violencia machista[449].

No obstante, debemos advertir que este cambio legislativo respecto del cambio de apellidos, que se enmarca en la aprobación de una nueva LRC, aprobada en 2011, no ha entrado en vigor hasta el 30 de abril de 2021 -donde, además, se modifica-,

---

446 Ley del Registro Civil, de 21 de julio de 2011 (BOE núm. 175, de 22 de julio de 2011, en vigor desde el 30 de abril de 2021).

447 El art 55 LRC 2011 sobre "Autorización del cambio de apellidos en circunstancias excepcionales" establece que "Cuando se trate de víctimas de violencia de género o de sus descendientes que vivan o hayan vivido en hogares en los que se haya producido tal situación, así como en aquellos supuestos en los que la urgencia de la situación o las circunstancias excepcionales lo requieran, podrá autorizarse el cambio de apellidos por Orden del Ministerio de Justicia, en los términos fijados reglamentariamente".

448 De La Iglesia Monje, M.ª I. (2015). El principio del interés del menor y el orden de los apellidos, Revista Crítica de Derecho Inmobiliario, año XCI, número 750, julio-agosto, 2213-2234

449 Queremos recalcar, además de valorar positivamente, que la literalidad de la norma ya no hable de quien "sea objeto de violencia de género", sino de "víctimas de violencia de género", puesto que aun siendo una cuestión solo lingüística, supone un tratamiento normativo más empático, teniendo en cuenta la materia que se regula.

tras reiteradas prolongaciones de la *vacatio legis*, ya establecida en 3 años el día de su publicación[450].

4.2. Regulación actual

Actualmente, la regulación del cambio de apellidos en caso de violencia de género se recoge en el art. 54.5 LRC 2021[451],

---

450 La Disposición final décima de la Ley del Registro Civil, de 21 de julio de 2011, estableció que: "La presente Ley entrará en vigor a los tres años de su publicación en el «Boletín Oficial del Estado»", con excepciones de algunas disposiciones, si bien ninguna de ellas hace referencia al tema objeto de estudio, que es el cambio de apellidos o de identidad de las víctimas de violencia de genero. Las posteriores modificaciones de la fecha de engreda en vigor de la LRC 2011, vuelven a introducir algunas excepciones más, que en esas fechas entren en vigor, de manera que algunas disposiciones de la LRC 2011, han entrado en vigor con anterioridad al plazo general de vigencia de la LRC 2011, que es el 21 de julio de 2021. Pero, de nuevo, ninguna de estas disposiciones hace referencia a nuestro tema objeto de análisis. La razón de la extensa *vacatio legis* de esta norma, y la de sus sucesivas ampliaciones, se debe a que la nueva LRC de 2011, crea un nuevo modelo de Registro Civil que se caracteriza, principalmente, por ser único para toda España y que se configura como electrónico, lo que exigía que el Ministerio de Justicia adoptará toda una seria de medidas y cambios normativos necesarios el nuevo Registro previsto en la norma pudiera ser operativo, antes de su entrada en vigor.

451 El art 54 LRC 2021 sobre "Cambio de apellidos o de identidad mediante expediente" establece en su apartado 5° que: "Cuando se trate de víctimas de violencia de género o de sus descendientes que estén o hayan estado integrados en el núcleo familiar de convivencia, podrá autorizarse el cambio de apellidos sin necesidad de cumplir con los requisitos previstos en el apartado 2, de acuerdo con el procedimiento que se determine reglamentariamente. En estos casos, podrá autorizarse por razones de urgencia o seguridad el cambio total de identidad sin necesidad de cumplir con los requisitos previstos en el apartado 2, de acuerdo con el procedimiento que se determine reglamentariamente".

cuya redacción fue modificada por el artículo único, apartado diez de la Ley 6/2021, de 28 de abril, por la que se modifica la Ley 20/2011, de 21 de julio, del Registro Civil.

Tal como indica el párrafo décimo del Preámbulo de la Ley 6/2021, con esta reforma de la redacción originaria contenida en la LRC 2011, se pretende "la agilización de los procedimientos de cambios de apellidos e incluso de identidad, en supuestos de violencia machista, al incorporarlos en el artículo 54 que regula los procesos que resuelve el propio Encargado del Registro Civil". Por lo tanto, en aplicación de la normativa actual, art. 54.5 LRC 2021, el cambio de apellidos o de identidad de las víctimas y sus descendientes se autorizará por el encargado del Registro civil. De nuevo, se simplifica y agiliza el procedimiento, al abandonarse la necesidad de que la solicitud del cambio de apellidos, una vez tramitado el expediente registral, se deba enviar al Ministerio de Justicia, para que éste resuelva mediante orden ministerial, su autorización o denegación.

Así mismo, con la modificación normativa se amplía el supuesto de hecho de la norma, para incluir junto con la posibilidad de solicitar el cambio de los apellidos de la víctima o de los descendientes que estén o hayan estado integrados en el núcleo familiar de convivencia, la posibilidad de un cambio total de identidad, si existen razones de urgencia o seguridad. Este nuevo supuesto tiene como finalidad la protección física y moral de la víctima puesto que su objetivo es que la nueva identificación dificulte que el maltratador pueda localizar a la víctima.

Por último, la nueva redacción también indica de forma expresa que no es necesario cumplir los requisitos que, con carácter general, se exigen para el cambio de apellidos (art. 54.2 LRC 2021), en el caso de que el cambio de apellidos se solicite ser víctima de violencia de genero.

4.2.1. Procedimiento para solicitar el cambio

El procedimiento se inicia a petición de la parte interesada, esto es la víctima de violencia de género. Si la víctima es mayor de edad, lo hará ella misma; si es mayor de edad, pero requiere medidas de apoyo para el ejercicio de su capacidad jurídica, se estará a lo dispuesto en la resolución judicial o escritura pública que las haya establecido; y en el caso de que la víctima sea menor de 16 años, la solicitud se formulará en su nombre por sus representantes legales.

Debemos advertir que este procedimiento no está sometido a ningún tipo de plazo, y que puede instarse cuando la víctima lo considere oportuno. E, igualmente, no necesita de la intervención de abogado/a, ni existe un modelo o instancia de solicitud, a parte del formulario registral a cumplimentar, ni una documentación concreta que se deba presentar, más allá de la que sea necesaria para acreditar que resulta de aplicación el art. 54.5 LRC 2021 y que cumplen con los requisitos que en ella se contemplan -sobre este extremo volveremos más adelante-.

De acuerdo con el art. 54.5 LRC 2021, en ambos casos se establece que el cambio de apellidos o de identidad debe autorizarse por el encargado del Registro, previo expediente instruido en forma reglamentaria (art. 54.1 RRC), lo que nos remite al RRC 1958[452].

---

452 Decreto de 14 de noviembre de 1958, por el que se aprueba el Reglamento de la Ley del Registro Civil, (BOE, núm. 296, de 11 de diciembre de 1958)

4.2.1.1. La falta de coordinación entre el art. 54.2 LRC 2021 y el art. 208 RRC 1958

En concreto, será aplicable al art. 208 RRC[453]. Dicho artículo establece que el cambio de apellidos en el caso de violencia de género se autorice mediante orden ministerial, y no mediante Real Decreto, previo informe del Consejo de Estado, como se exigía hasta entonces. Con este cambio normativo el legislador buscó dar mayor celeridad y simplicidad al procedimiento de cambio de apellidos en caso de víctimas de violencia de género, ya que de lo contrario esta medida de protección ¨puede devenir totalmente ineficaz como consecuencia del desfase entre la perentoriedad de la situación de riesgo y la consiguiente necesidad de protección, y la exigencia de la tramitación previa del complejo procedimiento previsto en el anterior art. 208 RRC"[454].

---

453 Reglamento de la Ley del Registro Civil, modificado por el Real Decreto 170/2007, de 9 de febrero (BOE núm. 59, de 9 de marzo de 2007) para adaptarse a la reforma introducida en la LRC por la LO 1/2004, de 28 de diciembre, de Medidas de Protección Integral contra la Violencia de Género.

454 El Preámbulo del Real Decreto 170/2007, de 9 de febrero, por el que se modifica el RRC 1857, señala que ¨La urgencia y perentoriedad de su apreciación puede afectar a la protección de derechos fundamentales básicos como la vida o integridad física de la persona afectada. Este es el caso en el que pueden encontrarse aquellas personas, especialmente en el caso de las mujeres, que ven amenazada su seguridad personal por el acoso moral o físico que sufren en el marco de la violencia doméstica o de género. En estos casos la autorización de cambio de los apellidos de tales personas, y eventualmente de los hijos que se encuentren bajo su custodia y sometidos a la misma amenaza, puede representar un instrumento jurídico de protección útil como complemento a eventuales órdenes judiciales de alejamiento u otras medidas cautelares en la medida en que dificulta la localización de la víctima por el presunto agresor. Ahora bien, esta medida de protección puede devenir totalmente ineficaz por consecuencia del desfase entre

Por tanto, de acuerdo con el art. 208 RRC, la autorización del cambio de apellidos de quien sea víctima de violencia debe hacerse por orden del Ministerio de Justicia. Sin embargo, esta previsión reglamentaria contradice lo que establece la LRC 2021, cuando regula el de cambio apellidos o de identidad de las víctimas de violencia de género, como uno de los supuestos del art. 54 LRC 2021, esto es, de los que el encargado del Registro civil podrá tramitar y resolver previo expediente instruido en forma reglamentaria.

La contradicción entre lo que establece el art. 54.5 LRC 2021 y el art 208 RRC 1958, al que se remite, seguramente se debe a que la reforma del supuesto cambio de apellidos o de identidad en caso de violencia de género, que se ha llevado a cabo en la LRC por la Ley 20/2021, de 21 de julio, no ha tenido el correspondiente desarrollo reglamentario. En consecuencia, LRC 2021 sigue conviviendo con el RRC 1958[455], que en esta materia se reformo por última vez por el Real Decreto 170/2007, de 9 de febrero, para adaptarse a la reforma introducida en la anterior LRC 1957, por la LOMPIVG de 2004[456].

Ante esta aparente contradicción legal, y teniendo en cuenta, por un lado, el principio de primacía normativa y, por otro lado, que una norma posterior de superior o igual rango deroga todo aquello que en la norma anterior se regule de forma diferente, la solución a la contradicción normativa sería enten-

---

la perentoriedad de la situación de riesgo, y la consiguiente necesidad de protección, y la exigencia de la tramitación previa del complejo procedimiento previsto en el anterior art. 208 RRC".

455 A este respecto, hemos de advertir que el Reglamento del Registro Civil de 1958 no ha sido derogado por la Disposición derogatoria de la Ley 20/2011, de 21 de julio y, por tanto, continúa estando vigente y resulta aplicable.

456 Lasarte Álvarez, C. (2013). *Tratado del Registro Civil* (Adaptado a la Ley 20/2011, de 21 de julio, de Registro Civil), Tirant lo Blanch.

der que el cambio de apellidos o de identidad de las víctimas de violencia de genero se podrá autorizar por el encargado del Registro civil, previo expediente, de acuerdo con lo que establece el art. 54 LRC 2021.

A lo que se puede añadir, como argumentación a favor de esta opción, que la regulación reglamentaria, en la que se exige que se autorice el cambio de apellidos o de identidad en caso de violencia de género por Orden Ministerial, no resulta aplicable, en tanto que ha quedado "obsoleto", al no haberse modificado para adaptarse a la reforma de la LRC llevada a cabo en 2021[457].

Pero el argumento más convincente en apoyo de esta opción, de que el cambio de apellidos o de identidad de las víctimas de violencia de género y de sus descendientes no precisa hoy en día de orden ministerial, sino que se podrá autorizar por el encargado del Registro civil, previo expediente, es lo que establece el párrafo 10 del Preámbulo de la Ley 6/2021, de 28 de abril, de modificación de la Ley 20/2011, de 21 de julio, del Registro Civil, en el que se dice de forma corta pero taxativa que: "Otra cuestión importante que se introduce en esta reforma es la agilización de los procedimientos de cambios de apellidos e incluso de identidad, en supuestos de violencia machista, al incorporarlos en el artículo 54 que regula los procesos que resuelve el propio Encargado del Registro Civil".

En conclusión, y aun a la espera del correspondiente desarrollo reglamentario, parece claro, que pese a las contradiccio-

---

457 A este respecto, resulta criticable que 13 años después de la publicación de la LRC de 2011, y 3 años desde su completa entrada en vigor y de la última modificación llevada a cabo en el supuesto de cambio de apellidos o de identidad de las víctimas de violencia de género, el legislador español no haya procedido a su de desarrollo reglamentario o, como mínimo, a adaptar el texto del RRC 1958, en lo necesario para evitar contradicciones con la LRC, como la indicada.

nes entre la LRC 2021 y el RRC 1958, el cambio de apellidos o de identidad desde el pasado 30 de abril de 2021, se tramitaré por expediente registral que se resolverá por el encargado del Registro civil

4.2.1.2. La convivencia transitoria de la LRC 1957 y la LRC 2011 (LRC 2021)

Si bien, desde un punto de vista dogmático parece que se ha resuelto la contradicción normativa y aclarado quien es el órgano que puede autorizar el cambio de apellidos o de identidad de las víctimas de violencia de género, la práctica profesional pone de manifiesto que la realidad dista mucho de ser clara y segura sobre a quien corresponde la resolución de un cambio de apellidos en caso de violencia de género.

Y es que como pone de manifiesto la Instrucción de 16 de septiembre de 2021, de la Dirección General de Seguridad Jurídica y Fe Pública[458], "La satisfactoria puesta en marcha de la Ley 20/2011, de 21 de julio, implica la ejecución coordinada de numerosas actuaciones (...) así como la colaboración con múltiples organismos, administraciones locales y autonómicas, preservando la eficiencia en la actuación mediante una implantación progresiva que la haga viable". De ahí los continuos retrasos de su entrada en vigor, y la necesidad de la reforma operada por la Ley 6/2021 en la LRC 2011, con la finalidad

---

458 Instrucción de 16 de septiembre de 2021, de la Dirección General de Seguridad Jurídica y Fe Pública, por la que se acuerdan las pautas y criterios para apoyar la entrada en servicio efectiva de la aplicación informática DICIREG, a partir de la entrada en funcionamiento de la primera oficina conforme a las previsiones contenidas en la Ley 20/2011, de 21 de julio, del Registro Civil, (BOE, núm. 228, de 23 de septiembre de 2021, páginas 116020 a 116035).

principal de conseguir este objetivo de implantación progresiva mediante una estrategia posibilista.

Todo ello ha conllevado que, en la realidad práctica, desde la publicación de la LRC 2011 hasta la completa implantación del nuevo modelo registral previsto en esta ley en todas las oficinas registrales, han convivido, de forma transitoria, dos sistemas registrales[459]. El de la LRC 1957, de Libros manuscritos, hechos y secciones, y competencia territorial; con el nuevo sistema regulado en la LRC 2011 de registro individual, informatizado a través de la plataforma DICIREG, y único para todo el territorio.

Pero la cuestión no es solo el modelo de registro y el sistema registral que se aplica en cada oficina, en función de si se ha implantado o no la aplicación informática, sino que de acuerdo con Disposición transitoria cuarta de la Ley 20/2011[460], la

---

459 Se ha producido un periodo de convivencia de oficinas registrales con diferentes modelos condicionados al plan de despliegue, con un previsible horizonte de culminación hacia finales de 2023, según indica la Instrucción de 16 de septiembre de 2021, de la Dirección General de Seguridad Jurídica y Fe Pública.
En el momento de la redacción de estas líneas, y por proximidad territorial, puedo poner como ejemplo, que en la provincia de Tarragona, en concreto en el partido judicial de el Vendrell, la implementación de la aplicación informática DICIREG no se ha producido hasta mayo de 2024 (Resolución de 22 de abril de 2024, de la Dirección General de Seguridad Jurídica y Fe Pública, por la que se acuerda la entrada en servicio efectiva de la aplicación informática DICIREG en las Oficinas del Registro Civil del Partido Judicial de El Vendrell, para el funcionamiento de las mismas conforme a las previsiones contenidas en la Ley 20/2011, de 21 de julio, del Registro Civil (BOE, núm. 110, de 6 de mayo de 2024), lo que evidencia un retraso en la implantación total del nuevo sistema registral previsto en la LRC 2011, respecto de la previsión que señalaba la Instrucción.

460 La Disposición transitoria cuarta de la Ley 20/2011, en su última redacción dada por el art. Único. Veintitrés, de la Ley 6/2021, señala

LRC 2011 irá aplicándose progresivamente en función de la Resolución de puesta en marcha de la aplicación informática que permita el funcionamiento de la oficina concreta del Registro Civil de forma íntegramente electrónica[461]. Es decir, la LRC 2011, no obstante su entrada en vigor el 30 de abril de 2021 (ex Disp. Final Segunda de la Ley 6/2021)[462], no se aplicará en aquellas oficinas registrales en las que no se haya

---

respecto de la extensión y práctica de asientos, en su apartado primero y tercero que: "1. Hasta que el Ministerio de Justicia apruebe, mediante resolución de la Dirección General de Seguridad Jurídica y Fe Pública, la entrada en servicio efectiva de las aplicaciones informáticas que permitan el funcionamiento del Registro Civil de forma íntegramente electrónica conforme a las previsiones contenidas en esta Ley, los Encargados de las Oficinas del Registro Civil practicarán en los libros y secciones correspondientes regulados por la Ley de 8 de junio de 1957, los asientos relativos a nacimientos, matrimonios, defunciones, tutelas y representaciones legales. No resultará de aplicación, en tales casos, lo previsto en esta Ley respecto del código personal (...) 3. Para la tramitación de procedimientos, expedición de publicidad y práctica de asientos en los términos del párrafo anterior, en tanto no se produzca la referida entrada en servicio de las aplicaciones informáticas, serán competentes las Oficinas del Registro Civil que lo vinieran siendo conforme a las reglas previstas en los artículos 15, 16, 17, 18 y 19 de la Ley del Registro Civil de 8 de junio de 1957, que seguirán aplicándose transitoriamente a estos solos efectos".

461 En este mismo sentido ver el Anexo "Pautas de actuación en el periodo transitorio", de la Instrucción de la DGSJFP de 16 de septiembre de 2021, cuyo apartado 1 señala de forma taxativa y clara que: "La implantación de la Ley 20/2011, de 21 de julio, de forma escalonada, dará lugar a la convivencia de dos leyes".

462 Tanto la Disp. Final Segunda de la Ley 6/2021, como la fecha en ella establecida, 30 de abril de 2021, para la entrada en vigor de la LRC 2011, pasan a ser inaplicables, ya que la entrada en vigor de la LRC 2011 dependerá de la implantación del sistema informático DICIREG, lo que no solo supone un flagrante incumplimiento del principio de legalidad y seguridad jurídica, sino que, además, implica una entrada en vigor territorial diferencia, contraria al art. 2 Cc.

implementado, las cuales se seguirán rigiendo por la anterior LRC de 1957[463].

Por lo que respecta al cambio de apellidos en caso de violencia de género, esta convivencia de la LRC 1957 -de acuerdo con la última redacción dada por LOMPIVG de 2004-, y la LRC 2011 -en su redacción dada por la Ley 6/2021-, tiene unas repercusiones de gran calado.

Retomando lo que hemos explicado anteriormente sobre las diferentes regulaciones normativas del cambio de apellidos en caso de violencia de género, y teniendo en cuenta la aplicabilidad transitoria y convivencia de la Ley de 1957 y la Ley 2011, nos encontramos con que se pueden dar dos situaciones diferentes:

1. Si la víctima de violencia de género acude a una oficina registral en la que no está implantado el sistema informático DICIREG y, por tanto, es aplicable la LRC 1957, al cambio de apellidos en caso de violencia de género, se le aplicará el art. 58, en su redacción dada por la LOMPIVG de 2004. De manera que:

- Se debe solicitar mediante una demanda ante el juzgado competente, que será el de 1ª instancia encargado del Registro civil, del domicilio de la víctima.

---

463 Como indica el Anexo, en su punto 3, de la Instrucción de la DGSJFP de 16 de septiembre de 202: "Con lo cual, si bien entró completamente en vigor la Ley el 30 de abril de 2021, no se aplicará en cada una de las Oficinas hasta que: – La Oficina cuente con los medios y sistemas informáticos y las condiciones de funcionamiento adecuadas (vid. Disposiciones transitorias cuarta y octava). – Se dicte la Resolución por la DGSJFP para ordenar su puesta en marcha. Por tanto, mientras estas dos premisas anteriores no se cumplan, siguiendo el tenor literal de dicha disposición transitoria cuarta de la Ley de 1957".

- Solo podrá solicitar el cambio de apellidos la víctima directa que haya sido objeto de violencia machista, quien deberá acreditar su condición de víctima.
- El juez encargado del Registro civil competente, tras recoger toda la documentación e instruir el correspondiente expediente, lo remitirá al Ministerio de Justicia, junto con una propuesta de resolución, para que éste, mediante orden ministerial, resuelva si autoriza el cambio de apellidos.

2. Si la víctima de violencia de género acude a una oficina registral en la que ya está implantado el sistema informático DICIREG y, por tanto, es aplicable la LRC 2011, al cambio de apellidos en caso de violencia de género, se le aplicará el art. 54.5, en su redacción dada por la Ley 6/2021. Por lo tanto:

- Se puede solicitar mediante escrito presentado en cualquier oficina registral, en atención al modelo de Registro personal individual y territorial único
- Podrá solicitar el cambio la víctima de la violencia machista, así como sus descendientes[464], que estén o hayan estado integrados en el núcleo familiar de convivencia. Solo será necesario acreditar la condición de víctima de violencia de género, y en el caso de que el solicitante sea un descendiente, que esté o haya estado integrado en el núcleo familiar de convivencia. No será necesario cum-

---

[464] Si se trata de un descendiente menor de 16 años, pueden solicitar este cambio quienes tienen su representación legal, esto es o los titulares de la patria potestad, en este caso y dadas las circunstancias, la madre; o bien el Ministerio Fiscal, a quien corresponde por ley la representación de los menores. Ahora bien, si el menor, es mayor de 16 años, puede solicitarlo directamente (así lo pone de manifiesto el portal del Ministerio de Justicia, en el trámite del cambio de apellidos https://www.mjusticia.gob.es/es/ciudadania/tramite?k=solicitud-cambio-nombre-apellidos).

plir con los requisitos que con carácter general establece el art. 54.2 LRC 202 que, de forma expresa, la nueva redacción de la LRC 2011, exonera de acreditación[465].

- Se podrá solicitar no solo un cambio de apellidos sino también un cambio total de identidad, si existen razones de urgencia o necesidad. En este caso sí, deben acreditarse tales circunstancias
- Por último, pero no menos importante, este cambio se podrá autorizar directamente por el encargado del registro, previa instrucción del expediente correspondiente[466].

Como ha puesto de manifiesto el Defensor del pueblo en su Recomendación de 5 de octubre de 2023, dirigida a la Secretaría de Estado del Ministerio de Justicia, reiterando la Recomendación contenida en su escrito de 22 de septiembre de 2023, urge que "el Ministerio de Justicia, en ejercicio de sus funciones como centro superior directivo, consultivo y responsable último del registro civil, remita a todos los registros civiles, en la fórmula que corresponda, un recordatorio del procedimiento aplicable al cambio de apellidos cuando deba aplicarse la Ley 20/2011, de 21 de julio, del Registro Civil, haciendo espe-

---

[465] Debe tenerse claro que no será necesario que se fundamente la solicitud en la necesidad de proteger la integridad y la seguridad de la persona afectada por la violencia de género, puesto que el legislador ya lo da por hecho cuando regula de forma específica este caso, con unos requisitos y procedimiento diferente al resto de casos en que se puede solicitar el cambio de apellidos.

[466] La decisión final sobre el cambio de los apellidos dependerá de la valoración que haga el encargado de cada caso concreto, teniendo en cuenta las circunstancias de la persona afectada, la gravedad de la situación de violencia y las consecuencias que el cambio del orden de los apellidos pueda tener en su vida personal y social; así como, si se ha formulado oposición fundada en cualquier motivo razonable (ex art. 208.i.f RRC), y las alegaciones efectuadas.

cial referencia a la documentación y a las garantías que deben regir el proceso de cambio de apellidos por la vía excepcional del artículo 54 o 55 de la Ley del Registro Civil 20/2011, aclarando también la competencia para la tramitación y para su resolución, así como los trámites que deban practicarse en el mismo[467].

Y es que es evidente, después de todo lo expuesto, que era y es necesario uniformar la normativa aplicable y el procedimiento a seguir sea cual sea el registro civil ante el que la víctima de violencia de género solicite el cambio de apellidos, con el fin de evitar lo que algunos casos mediáticos han puesto de manifiesto[468], y que, seguramente, son un reflejo de lo que ocurre con demasiada frecuencia en la realidad práctica: la lentitud de los procedimientos, las trabas administrativas y la disparidad territorial en la instrucción de estas solicitudes[469].

---

467 Resolución del Defensor del Pueblo "Inversión de apellidos de un menor, instado por razón de violencia de género sobre su madre", de 5 de octubre de 2023, en contestación a la queja núm. 23014043. Consultada en: https://www.defensordelpueblo.es/resoluciones/inversion-de-apellidos-de-un-menor-instado-por-razon-de-violencia-de-genero-sobre-la-madre/. Denuncia el Defensor que no se están cumpliendo los principios de agilidad, inmediatez y urgencia que deben primar en los procedimientos administrativos y judiciales en los que estén implicados menores de edad.

468 Ver noticia "Los abuelos de un menor víctima de violencia machista luchan desde hace siete años para invertir el orden de los nombres de familia del niño", consultada en https://elpais.com/espana/catalunya/2022-03-14/ni-nosotros-ni-el-queremos-el-apellido-de-un-asesino-delante.html. Ver noticia: "Años de pelea burocrática para borrar el apellido de un padre maltratador: ha merecido la pena", consulta en https://www.eldiario.es/politica/anos-pelea-burocratica-borrar-apellido-padre-maltratador-merecido-pena_1_10394987.html.

469 Sobre esta cuestión, ver: Giménez Costa, A. (2019). Las respuestas del derecho ante la violencia de género desde un enfoque multidisciplinar, Aranzadi,189-214

4.2.2 La acreditación de la condición de víctima

En tanto que el art. 54.5 LRC 2021 regula específicamente el cambio de apellidos cuando se trate de víctimas de violencia de género o de sus descendientes, deberá acreditarse que quien insta el procedimiento tiene tal condición. A este respecto, el art 208 RRC, indica que "quien alegue ser objeto de violencia de género ha obtenido alguna medida cautelar de protección judicial en el citado ámbito".

Así las cosas, parece que para acreditar la condición de víctima de violencia de género en el procedimiento de solicitud de cambio de apellidos o de identidad en el Registro civil solo se admitirá como documento válido cualquiera que expedido en sede judicial. Pero aún reduce más las opciones la previsión reglamentaria, ya que hace referencia a un documento judicial en el que se otorgue una medida cautelar de protección en el ámbito de la violencia machista[470].

Con carácter general, la situación de violencia de género, que da lugar al reconocimiento de los derechos correspondientes, se podría acreditar mediante una sentencia condenatoria por un delito de violencia de género, una orden de protección o cualquier otra resolución judicial que acuerde una medida cautelar a favor de la víctima; a lo que habría que añadir, el informe del Ministerio fiscal que indique la existencia de indicios de que la solicitante es víctima de violencia de género.

Aunque la situación de violencia de género también debería poder acreditarse mediante informes de los cuerpos de se-

---

[470] Además, en la práctica solo se aceptan como prueba de la violencia, aptas para dar trámite al expediente de cambio de apellidos, las medidas cautelares de protección que hayan sido dictadas en una fecha próxima a la solicitud de cambio instado por la víctima y se acredite que aún están vigentes.

guridad[471], de los servicios sociales o forenses, de los servicios especializados de atención a la víctima, o de los servicios de acogida destinados a víctimas de violencia de género de la Administración Pública competente, o por cualquier otro título administrativo. Si bien la práctica nos demuestra que si no está prevista la admisión de este tipo de documentos en las disposiciones normativas de carácter sectorial que regulan el acceso a cada uno de los derechos y recursos, su admisión no se produce[472].

---

471 Consultada la "Hojas de procedimientos del Registro Civil HP NyA05 Cambio de apellidos e identidad por violencia de género", elaborada por el Ministerio de Justicia y enviada a todas las oficinas registrales que aplican el sistema DICIREG, se admite que, para la acreditación del grado de riesgo, urgencia y situación de violencia de género, se admiten los informes sobre riesgo, emitidos por los Cuerpos y Fuerzas de Seguridad. Si bien, atendiendo a la realidad práctica estos por si solos no permitirían el inicio del expediente registral, si bien sí que pueden ser de gran ayuda para acreditar la existencia de "razones de urgencia y seguridad", que exige el art. 54.5 LRC 2021, para solicitar un cambio total de identidad.

472 Para evitar una diversidad de modelos de acreditación administrativa, la Conferencia Sectorial de Igualdad, celebrada el 11 de noviembre de 2021, aprobó un Acuerdo general sobre el «modelo común de acreditación y sobre los procedimientos básicos para la acreditación de las situaciones de violencia de género», aplicable en todas las comunidades autónomas y las ciudades de Ceuta y Melilla, cuyo objetivo era precisamente evitar la doble victimización. El sistema común resultante solo exigía que las acreditaciones fueran realizadas por aquellas autoridades identificadas por cada comunidad autónoma como «organismos acreditadores», y no exigía un informe previo de los servicios sociales locales o autonómicos de asistencia, ni una evaluación psicológica o psicosocial de la interesada. Aunque muchas comunidades autónomas contaban con esta exigencia en sus legislaciones autonómicas, y por ello, incorporaron estos otros «requisitos» como parte del expediente, lo que ha supuesto, en algunos territorios, ralentizar el acceso a todos los derechos que tienen las víctimas.

En esta línea, y en respuesta a diferentes quejas recibidas sobre esta cuestión, el Defensor del pueblo, en el Informe anual de 2023[473], indica que no se ha desarrollado un reglamento que "garantice un tratamiento especialmente escrupuloso de la documentación justificativa que se requiere en las solicitudes de las víctimas que sufrieron violencia de género". Y, en concreto y por lo que respecta a nuestro objeto de estudio, insta al Registro civil a reconocer la validez de cualquier documento oficial de acreditación de la condición de víctima de violencia de género para proceder al cambio de apellidos, y no sólo una resolución judicial.

Debemos recordar que cualquier documentación administrativa acreditativa de la condición de víctima de violencia de género es un documento oficial válido para que las víctimas accedan a los diferentes servicios de la Administración, entre los que se encuentra el Registro civil. Sin embargo, la realidad práctica pone de manifiesto que existen ciertas resistencias a reconocer efectos a otros documentos acreditativos de la condición de víctima de violencia de género que no sean la orden de protección o la sentencia condenatoria[474].

Si el solicitante es un menor que no tiene la consideración por sí mismo de víctima de violencia de genero. se debe añadir la acreditación de ser descendiente de mujer víctima de violencia de género. Por lo tanto, a lo ya comentado sobre la

---

473 Informe del Defensor del Pueblo 2023, vol. I, apartado relativo a la "Acreditación de la condición de víctima de la violencia de género"

474 Según ha manifestado la abogada Altamira Gonzalo, de la Asociación de Mujeres Juristas Themis, que ha sido entrevistada para la documentación de este trabajo, manifiesta que "el problema se resolvería si el Ministerio de Justicia dictaminara claramente qué documentos tienen esa condición y todos los encargados de los registros civiles de todos los territorios tuvieran pautas claras para resolver con celeridad los expedientes de cambio de apellidos de las víctimas de violencia machista que lo soliciten"

acreditación de ser víctima de la violencia de género, se deberá añadir la acreditación de descendiente, lo que se hará a través del Libro de Familia. Pero, además, será necesario acreditar documentalmente la integración actual o pasada en el núcleo de convivencia familiar del descendiente solicitante, requisito legal exigido por el art 54.5 LRC 2021. En este caso, y aparte de todos los medios de prueba admitidos en derecho con carácter general, el volante de empadronamiento será el documento más idóneo para demostrar su concurrencia.

En el caso de que este requisito no pueda acreditarse porque los episodios de violencia machista se produzcan cuando los descendientes ya sean independientes y no convivan en el "núcleo familiar" violento, ni hayan convivido porque los episodios de violencia machista se produjeron con posterioridad a su salida del domicilio violento, consideramos que la falta de acreditación de este requisito no puede impedir que prospere la solicitud del cambio de apellidos, ya que estos descendientes deben considerarse, como ya lo hace en la actualidad normativa y jurisprudencia[475], víctimas en sí mismas, en tanto que víctimas de violencia vicaria por razón de género[476].

---

475 Ya no se distingue entre víctimas directas e indirectas, sino que cualquier hijo o hija de una mujer víctima de la violencia machista se le considera víctima. Espacialmente relevante sobre esta inadmisión de la distinción, la STS de 18 d'abril de 2018 de la Sala Segona (TOL6.577.889)
En esta línea, en el Cccat se modificó el art. 233-11.3, por el Decreto Ley 26/2021, de 30 de noviembre, de modificación del libro segundo del *Codi civil de Catalunya* en relación con la violencia vicaria (BOE núm. 203, de 21 de agosto de 2010) a, entre otras cuestiones, para suprimir la distinción que hacía la redacción original respecto a que los hijos pudieran ser víctimas directas o indirectas de la violencia machista.

476 Giménez Costa, A. y Villó Travé, C. (2020). "La vulnerabilitat dels menors en els règims de custòdia i visites". Mesures de protecció dels i les menors víctimes de violència masclista: una reforma pendent en

En conclusión, todas estas dificultades con las que se encuentran las víctimas para acreditar su condición de víctima de violencia de género suponen una traba más en el proceso que, irremediablemente, en el mejor de los casos, implicará retrasos, y en el peor, su inadmisión, además supone una victimización secundaria.

4.2.3. Intervención en el expediente del padre agresor

Si bien es cierto que no existe una norma expresa que lo exija, el hecho de que el art 54.5 LRC 2021, establezca que el cambio de apellidos o de identidad de la víctima de violencia de género y de sus descendientes, se autorice por el encargado del Registro civil, previo expediente instruido de forma reglamentaria, nos conduce a aplicar el Capítulo V, que regula las reglas de los expedientes en general, del RRC 1957, como ya hemos comentado.

En concreto, en este apartado nos interesa lo que establece el art. art. 346 RRC 1958[477], en el que se establece, con carácter general, que tienen interés legítimo en un expediente los que puedan resultar directamente afectados por su tramitación. En este caso, nos planteamos si cuando un menor solicia el cambio de sus apellidos o de su identidad, lo que supone la eliminación del apellido paterno, puede conllevar que el padre

l'atenció a la víctima. Centre d'Estudis Jurídics i Formació Especialitzada de la Generalitat de Catalunya.

477 El art. 346 RRC 1958, en su redacción dada por el art. 1 del Decreto 1138/1969, de 22 de mayo (BOE, núm. 144, de 17 de junio de 1969), establece que "Tienen interés legítimo en un expediente los que por él pueden resultar afectados directamente en su estado bienes o derechos o sus herederos. Para promover un expediente, basta el interés en confirmar un asiento vigente o el estado que ya tiene".

agresor deba ser oído derivándose este trámite de la genérica cualidad de interesado (ex art. 346 RRC 1958)[478].

Debe hacerse una previa puntualización al respecto a la situación paternofilial de los descendientes menores de edad en nombre de quienes se solicitan el cambio de apellidos. Se debe tener en cuenta si el progenitor agresor ha sido privado o no de la patria potestad. De tal manera que, se tramitará el expediente sin intervención del padre, si se adredita que ha sido privado de la patria potestad, en tanto que ya no tiene la condición de interesado en ese procedimiento registral. Pero si el padre agresor no ha sido privado de la patria potestad, es cuando se plantea si debe, de alguna manera, intervenir en la tramitación del expediente registral, en tanto que interesado.

A este respecto se ha planteado si debe darse audiencia al progenitor autor o presunto autor de los hechos constitutivos de violencia de género en el expediente registral de solicitud de cambio de apellidos o de identidad del menor. La decisión le corresponde adoptarla al encargado del registro que instruya el expediente, para lo que deberá valorar los episodios de violencia, si el menor tiene la categoría de victima directa de la violencia o de descendiente de víctima, y cualesquiera circunstancias alegadas y acreditadas en cuanto a la relación del pro-

---

478 Sirva de ejemplo, el caso de una madre que solicitó en 2021 la inversión del orden de los apellidos de su hijo menor, al ser ella víctima de violencia de género. Dos años después, el expediente no había sido resuelto "por omisiones procedimentales (...) no imputables a la interesada, que obró diligentemente en la formulación de su solicitud", como manifiesta el Defensor del Pueblo. Entre los trámites requeridos en este caso, la DGSJFP solicitó la audiencia del progenitor, maltratador de su madre, que no compareció. Ver: Consideración 4, de la Resolución en respuesta a la queja presentada en: https://www.defensordelpueblo.es/resoluciones/inversion-de-apellidos-de-un-menor-instado-por-razon-de-violencia-de-genero-sobre-la-madre/

genitor con el menor[479], para lo que será relevante el resultado de la audiencia practicada previamente al menor[480], que puede acodar el encargado del registro.

El legislador debería suprimir en el futuro Reglamento del Registro Civil, que debe dictarse en desarrollo de la LRC 2011, de forma expresa, la posibilidad de dar audiencia al padre acusado o condenado por violencia de género como trámite, en el expediente registral de cambio de apellidos o de identidad de las victimas menores de violencia de género, con el objetico de evitar que por valoración del encargado instructor, el padre agresor pueda ser oído, en cualidad de interesado (ex art. 346 RRC 1958), lo que sería contradictorio con la finalidad protectora perseguida por la norma[481].

---

479 Ordás Alonso, M. (2014). "Imposición al menor del apellido paterno: igualdad, derecho a la propia imagen, interés del menor", Derecho Privado y Constitución, núm. 28, enero-diciembre, 47-92.

480 De conformidad con lo establecido en el art. 9.1 de la LO 1/1996, de 15 de enero, de protección jurídica del menor (BOE, núm. 15, de 17 de enero de1996), así como en el art. 11.1 de la LO 8/2021, de 4 de junio, de protección integral a la infancia y la adolescencia frente a la violencia (BOE, núm. 134, de 5 de junio de 2021), deberán ser oídos con todas las garantías y sin límite de edad, lo cual se recogerá en acta, firmada por el menor y sus representantes legales y el Encargado del RC.

481 Tal como se solicita en la Resolución del Defensor del Pueblo "Inversión de apellidos de un menor, instado por razón de violencia de género sobre su madre", de 5 de octubre de 2023, en contestación a la queja núm. 23014043. Consultada en: https://www.defensordelpueblo.es/resoluciones/inversion-de-apellidos-de-un-menor-instado-por-razon-de-violencia-de-genero-sobre-la-madre/.

4.2.4. Consecuencias jurídicas del cambio

Los cambios de apellidos y de identidad en este supuesto tratan con datos especialmente protegidos ya que, por un lado, derivan de que se ha cometido una acción tipificable como violencia de género y, por otro lado, su fin es la protección y seguridad personal y física de la víctima, dificultando su identificación y localización por el agresor. Por ello, el expediente electrónico se protege desde el inicio del procedimiento de forma especial, estableciendo ciertas restricciones en su publicidad, y se evita dar publicidad ni directa ni indirecta, que permita la trazabilidad de los cambios que se hayan autorizados[482]. Igualmente, y salvo el propio inscrito, solo se pueda acceder al contenido del expediente registral con autorización expresa, que regula el art. 84 LRC 2011.

De acuerdo con el art. 83 LRC 2011, todos los datos y documentos incorporados a este expediente registral están sometidos a publicidad restringida[483]. Y la resolución al expediente

---

482 En este sentido, debemos tener en cuenta que aun cuando el art. 57 LRC 2011 contempla que el cambio de apellidos alcanza a los sujetos sometidos a patria potestad y a los demás descendientes que lo consientan, en estos supuestos del art. 54.5 LRC 2021, no se realizan actuaciones sobre los sujetos relacionados (descendientes y cónyuges o excónyuges) ya que ello permitiría realizar una trazabilidad sobre los cambios del sujeto principal. No hay trazabilidad del cambio producido sobre el sujeto principal en los sujetos relacionados, debido a las restricciones de seguridad.

483 En las "Hojas de procedimientos del Registro Civil HP NyA05 Cambio de apellidos e identidad por violencia de género", elaborada por el Ministerio de Justicia y enviada a todas las oficinas registrales que aplican el sistema DICIREG, se establece que cuando el expediente se tramita a través del sistema DIREJEC, el encargado, en el trámite de calificación, debe determinar, atendidas las circunstancias concretas del caso, que restricciones de publicidad se deben aplicar al expediente de cambio de apellidos. Caben tres opciones: 1.-

registral en el que se autorice el cambio de apellidos o de identidad de las víctimas de violencia de género y de sus descendientes, no será objeto de publicación en el ''Boletín Oficial del Estado" ni en cualquier otro medio, según prescribe el art 208. RRC 1857.

La autorización del cambio del nombre y/o apellidos que pone fin al procedimiento registral no surtirá efectos mientras no se cancele la inscripción de nacimiento anterior, y se práctique una nueva inscripción de nacimiento con los datos nuevos. Una vez inscrito el cambio, se pondrá de oficio nota marginal con referencia en todos los folios registrales en que consten los antiguos (art. 218 RRC).

El cambio de apellidos no supone la eliminación de todos los registros anteriores, sino que se mantienen como antecedentes y pueden ser consultados en algunos casos específicos y con ciertas medidas de protección.

El cambio de apellidos autorizado a una madre víctima de violencia de género alcanza (siempre que no sea un expediente calificado de publicidad restringida), a todos sus hijos e hijas

---

Cambio de apellidos sin restricciones de seguridad: se puede dar publicidad ordinaria del cambio de apellidos (sin información sobre el motivo del cambio). 2.-Cambio de apellidos con restricciones de seguridad: algunas particularidades para la práctica de los asientos para que las certificaciones no permitan, de forma indirecta, hacer una trazabilidad del cambio producido sobre el sujeto principal en los sujetos relacionados. 3.- Cambio total de identidad: se genera un nuevo registro individual con nuevo código personal y se le asignará un nuevo DNI. Coexisten la identidad antigua y la nueva, pero a partir de la generación de esta nueva identidad, los actos posteriores que impliquen nuevos asientos se practicarán en el registro individual de esta nueva identidad. No se realizan actuaciones sobre los sujetos relacionados (descendientes y cónyuges o excónyuges) para evitar la trazabilidad del cambio producido sobre el sujeto principal en los sujetos relacionados.

que estén sujetos a su patria potestad de forma automática, y también a los demás hijos e hijas, cuya patria potestad se haya extinguido, siempre que expresamente lo consientan (art. 217 RRC[484])

Por otra parte, el cambio de apellidos no implica de forma directa la modificación de otros documentos, como puede ser el pasaporte o el DNI[485], que seguirán manteniendo los apellidos originales. Esto implica que debe ser la victima solicitante del cambio quien debe hacer las gestiones pertinentes para pedir el cambio de cualesquiera otros documentos en los que es necesario, o quiera, que conste esta nueva identidad[486].

---

484 El consentimiento de los hijos o hijas que ya no están sometidos a patria potestad se debe prestar bien en el expediente, bien dentro de los dos meses siguientes a la inscripción del cambio, y con sujeción a las reglas formales de reconocimiento ante el encargado del Registro civil.

485 En el caso de que, por razones de urgencia y seguridad, se haya autorizado un cambio de identidad, de acuerdo con el art. 54.5 LRC 2021, y la oficina registral ya tenga el sistema DICIGEC, en la misma oficina, se le se le asignará un nuevo número de DNI, dada su conexión la Jefatura de Policía, si bien el documento nuevo debe ir la propia víctima a solicitarlo.

486 A este respecto, el Defensor del Pueblo, en respuesta a una queja presentada por la Valedora do Poblo, ha instado al Ministerio de Justicia a "desarrollar, mediante el instrumento normativo del rango adecuado, de manera detallada el procedimiento (...) en el que se contemplen todos los aspectos que implica un cambio de identidad, y en el que de oficio se impulsen por los organismos competentes de forma automática los cambios necesarios, que eviten a las personas beneficiarias de esta protección la realización directa y personal de innumerables trámites administrativos que conlleva la asunción de la nueva identidad". Ver: Resolución a la queja interpuesta por la Valedora do Pobo, núm. 1801111, ante el Defensor del Pueblo, "Testigos y peritos protegidos Desarrollar el procedimiento de autorización de cambio de apellidos en circunstancias excepcionales", aceptada parcialmente, y que finaliza con una recomendación al

Por último, el art. 208. i.f RRC 1958 señala que contra la orden ministerial o la autorización del encargado registral[487], de cambio de apellidos o de identidad cabe el ejercicio de las acciones que puedan proceder, en particular, en caso de que se apreciare con posteridad a la autorización del cambio la existencia de simulación o fraude por parte del solicitante. Se trata más de un recordatorio que de una previsión legal que aporte contenido propio y que, por tanto, desde un punto de vista de técnica legislativa es innecesaria, además de poco adecuada en un contexto de violencia de género, donde el legislador siempre debe inspirarse en proteger a la víctima.

Además, si el cambio de apellidos se basó en indicios de la comisión de actos de violencia de género, que después no fueron confirmados, y/o no hubo sentencia condenatoria por los mismos, cabe plantearse si el interesado pudiera solicitar la reversión. Creemos que se trata de una situación extraña y muy rara en la práctica, puesto que toda la tramitación del expediente registral es enormemente garantista con el fin no solo de proteger a la víctima sino de asegurar la estabilidad del cambio, en tanto que se trata de la identificación de una persona, con las repercusiones que ello conlleva.

Ministerio de Justicia. Consultada: https://www.defensordelpueblo.es/resoluciones/testigos-y-peritos-protegidos-2/. Si bien es cierto que la queja y la Resolución se refieren al caso recogido en el art. 55 LRC 2021, de cambio de apellidos o identidad en circunstancias excepcionales y por razones de urgencia o seguridad, en ambas se hace mención expresa de que esta misma situación se produce en el caso de cambio de apellidos o identidad por violencia de enero, y que sus víctimas requieren del mismo amparo.

487 En concreto, cuando sea el encargado del registro el que finalice el expediente registral, por tratarse de una oficina DICIREG y ser de aplicación, la LRC 2011, contra su decisión cabe recurso ante la DGSJFP. (art. 85.1 y 86 LRC 2021)

6. Conclusiones y Propuestas

Tras el estudio teórico realizado de la regulación contenida en la legislación registral que permite el cambio de los apellidos o el cambio total de identidad a las víctimas de violencia de género y a sus descendientes, y después de analizar cuáles pueden ser las razones por las que su aplicación práctica es tan errática, planteamos algunas conclusiones que, creemos, pueden ayudar a aclarar e interpretar los presupuestos teóricos que permitan una más ágil y correcta aplicación, a la vez que proponemos algunas mejoras legislativas de la normativa aplicable.

PRIMERA: Aunque la LRC 2011 se aprobó el 21 de julio, su entrada en vigor no se produjo hasta el 30 de abril de 2021. Si bien la razón de esta extensa *vacatio legis* era una cuestión de reorganización registral e implantación del nuevo sistema informático DICIREG, cuestiones sustantivas de gran calado y a las que los cambios de modelo y tramitación registral no les afectaban han quedado sin entrar en vigor. Así, una cuestión de derecho material, como la regulación del cambio de apellidos de las víctimas de violencia de género y sus sucesivas modificaciones, que en nada quedaban afectadas por este desarrollo informático sino que buscaban, principalmente, ampliar el ámbito subjetivo (incluyendo a los descendientes que hubieren convivido en hogares con violencia de genero) y objetivo (permitiendo también el cambio de identidad) de la norma y agilizar su tramitación (permitiendo su resolución por el encargado del Registro civil), dilataron su entrada en vigor y no han podido ser aplicadas en todo el territorio nacional, con la revictimización que ello conlleva para las víctimas.

Además, ni si quiera, en todo el territorial nacional ha entrado en vigor la LRC 2011, tras la promulgación de la Ley 6/2021, en la fecha establecida de 30 de abril de 2021, sino que la aplicación de lo que dispone el art 54.5 LRC 2021, respecto del cambio de apellidos o de identidad de las víctimas de violencia de genero -última regulación normativa de la cuestión-, no se ha aplicado más que en aquellas oficinas registrales en las que se ha incorporado el nuevo sistema informático DICIREG. De manera que dependiendo de la oficina registral a la que acuda la víctima, se le aplicara una u otro norma -LRC 1957 o LRC 2021- con las importantes diferencias de regulación que ello conlleva, lo que supone una clara discriminación normativa, además de una victimización secundaria.

A lo que se sumaría que, esta inaplicación de la LRC 2011, aun estando en vigor, podría ser considerada como contraria al principio de diligencia debida, y calificada como un caso de violencia institucional[488].

---

488 En este sentido, la Convención para la Eliminación de todas las formas de Discriminación sobre la Mujer -CEDAW- (aprobada por la Asamblea General en su resolución 34/180, de 18 de diciembre de 1979), en concreto, la Recomendación General nº 28 relativa al art. 2 de la CEDAW (CEDAW/C/GC/28. 16 de diciembre de 2010), recordó que los Estados "también pueden ser responsables de actos privados si no adoptan medidas con la diligencia debida para impedir la violación de los derechos o para investigar y castigar los actos de violencia y proporcionar indemnización". La Declaración sobre la eliminación de la violencia contra la mujer -DEVM- (aprobada por la Asamblea General de las Naciones Unidas en su resolución 48/104 del 20 de diciembre de 1993.), en el art.4.c) establece la obligación de los Estados de proceder con la debida diligencia a fin de prevenir, investigar y, conforme a la legislación nacional, castigar todo acto de violencia contra la mujer, ya se trate de actos perpetrados por el Estado o por particulares. Y el Convenio del Consejo de Europa sobre prevención y lucha contra la violencia contra la mujer y la violencia doméstica, "Convenio de Estambul", (BOE, núm. 137, de 6 de junio de 2014), regula la obligación de los Estados de adoptar las medidas necesarias "para actuar con la diligencia debida para prevenir, investigar, castigar y conceder una indemnización por los actos de violencia incluidos en el ámbito de aplicación del presente Convenio cometidos por actores no estatales» y para «proteger a

SEGUNDA: Valoramos positivamente la agilización y simplificación del proceso que se ha llevado a cabo en las diferentes reformas de la Ley del Registro civil. Si bien queda pendiente el desarrollo reglamentario de la nueva LRC de 2011. Esta falta de coordinación entre la LRC vigente, reformada por última vez en 2021 y el RRC de 1958, implica que la remisión legal que el art. 54.5 LRC 2021 hace a que el expediente deba instruirse en forma reglamentaria, conlleva todo una seria de desajustes, cuando no contradicciones, que acaban repercutiendo en el desarrollo del expediente, provocando falta de claridad y retrasos en su tramitación, que revictimizan al solicitante.

En concreto, en el nuevo RRC se debería determinar de forma clara e inequívoca, exenta de interpretaciones, cual es el expediente registral y quien lo resuelve; cual es la documentación que se debe presentar para acreditar la condición de víctima; prescindir siempre y en todo casos de la audiencia del padre maltratador en el procedimiento; y que autorizado el cambio de apellidos o de identidad en el Registro civil, de forma automática y de oficio, se produzcan los consiguientes cambios en toda la documentación oficial.

TERCERA: Creemos que la exigencia legal de que los descendientes de la víctima de la violencia de género estén o hayan estado integrados en el núcleo familiar de convivencia, como exige acreditar el art. 54.5 LRC 2021, debe eliminarse. Parece que el legislador no ha asumido, con la exigencia incluida en esta norma, que ya se ha superado tanto normativa como jurisprudencialmente, la distinción entre el concepto de víctima directa o indirecta, respecto de los y las menores víctimas de violencia de género. Y que los descendientes son siempre víctimas de violencia de género cuando sus madres lo son, puesto que el maltrato psicológico será evidente. Lo que puede

---

todas las víctimas contra cualquier nuevo acto de violencia" (art.5.2 y 18.1).

ser es que, en algunos casos, además, sean víctimas de violencia vicaria por razón de género.

En cualquier caso, el hecho de que no que se haya convivido en el hogar en que se hayan producido los hechos constitutivos de la violencia de género no implica que no se padezcan, como descendiente de la madre agredida, las consecuencias de la violencia machista que sobre ella se han ejercido, por lo que no compartimos la exigencia de este requisito para poder solicitar el cambio de apellidos.

Quizá el problema sea que el legislador debería tener en cuenta que la norma registral debe perseguir un objetivo diferente según quien sea el solicitante del cambio. Mientras, en el caso de la mujer se debe buscar proteger su seguridad e integridad con el cambio de apellidos, pero sobre todo de identidad, para conseguir su no identificación ni localización. En el caso de los hijos e hijas, la normativa debe tener como objetivo, además de su protección, evitar su revictimización. Es decir, la norma debería interpretarse como una medida de justicia restaurativa en interés del menor, necesaria para el correcto desarrollo psicológico de la identidad del menor para su correcto desarrollo, además de como una medida de seguridad.

CUARTA: No compartimos que sea necesario que existan razones de urgencia o de seguridad para que las víctimas de violencia de género puedan solicitar un cambio total de identidad. Debería admitirse tanto el cambio de los apellidos como el cambio de identidad, tan solo con acreditar que se es víctima de violencia machista, siendo una decisión de la víctima solicitar una u otra opción. Al fin y al cabo, el cambio de identidad supone que además de cambiar los apellidos se opte por cambiar también el nombre.

Pensemos en el caso, bastante habitual, de que el hijo lleve el nombre y apellido del padre maltratador, que ha podido, en el caso más extremo, asesinar a la madre y después suicidarse. En estas circunstancias, no se podrá acreditar ni urgencia ni razones de seguridad con lo que el hijo no podría solicitar el cambio total de identidad, de acuerdo con el actual art. 54.5.i.f. LRC 2021. Sin embargo, ante este caso no parece que haya ninguna razón de orden público que justifique la no concesión de esta opción.

Seguramente, lo más adecuado sería que el encargado de la tramitación del expediente registral sea quien valoré, atendidas las circunstancias del caso concreto, si es pertinente la solicitud de cambio total de identidad, o si solo debe autorizarse el cambio de los apellidos. Pero la norma no debería condicionar a que concurran razones de urgencia o seguridad que, en ocasiones pueden ser reduccionistas, como hemos visto, la opción de solicitar por la víctima el cambio total de identidad.

QUINTA: Proponemos, *ex lege*, una regulación específica del cambio de apellidos o de identidad para el caso extremo de violencia vicaria, que admita y regule el cambio de apellidos *post mortem* de los y las menores víctimas, cuando quede acreditado por sentencia judicial, quede acreditado por el atestado policial -en caso de suicidio del progenitor tras la comisión del delito-, que han sido asesinados por sus progenitores maltratadores.

La posibilidad de un cambio de los apellidos *post mortem* de las víctimas de violencia vicaria[489], con la regulación actual se podría autorizar por orden del Ministerio de Justicia, ampa-

---

489 El cambio de los apellidos de un niño asesinado por su padre en el marco de una violencia de género, ya ha sido autorizado por orden del Ministerio de Justicia, a solicitud de una madre, amparándose en el supuesto contemplado en el art. 55 LRC 2021: "cuando las circunstancias excepcionales lo requieran", en el primer caso de violencia vicaria reconocido en Cataluña. Datos sobre el caso obtenidos en la entrevista realizada para este trabajo con la abogada del caso, Marta Ariste. Sobre el caso se pueden leer las noticias aparecidas en prensa: https://www.rtve.es/noticias/20220511/gobierno-avala-cambiar-apellidos-nino-asesinado-padre/2347780.shtml

rándose en el supuesto contemplado en el art. 55 LRC 2021: "cuando las circunstancias excepcionales lo requieran". Pero esta vía, además de excepcional y requerir la intervención del Ministerio de Justicia, no está prevista para los casos de violencia de género, con lo que su autorización en la práctica será más lenta y costosa.

Por ello, consideramos que el legislador, en atención al desgraciado aumento de los casos de violencia vicaria por razón de género, y con el loable fin de facilitar la recuperación de la madre, debería regular de forma específica el cambio de apellidos *post mortem* de las víctimas, dentro del art. 54 LRC 2021, que permite la instrucción y resolución del cambio por el encargado del Registro civil.

Referencias bibliográficas

Barber Cárcamo, R. (2016) "Comentario al artículo 109 del Código Civil", en A. Cañizares Laso, P. De Pablo Contreras, J. Orduña Moreno, R. Valpuesta Fernández (dirs.), *Código Civil comentado*, vol. I, 2.ª, Civitas Thomson Reuters, 596-604.

Berrocal Lanzarot, A. I. (2017) "La identidad personal. El nombre y los apellidos. El interés superior del menor", *Revista Crítica de Derecho Inmobiliario*, Núm. 760, 955-960

De La Iglesia Monje, M.ª I. (2015). El principio del interés del menor y el orden de los apellidos, *Revista Crítica de Derecho Inmobiliario*, año XCI, número 750, julio-agosto, 2213-2234.

Giménez Costa, A. (2019). *Las respuestas del derecho ante la violencia de género desde un enfoque multidisciplinar*, Aranzadi,189-214

Giménez Costa, A. y Villó Travé, C. (2020). "La vulnerabilitat dels menors en els règims de custòdia i visites". *Mesures de protecció dels i les menors víctimes de violència masclista: una reforma pendent en l'atenció a la víctima.* Centre d'Estudis Jurídics i Formació Especialitzada de la Generalitat de Catalunya.

Iglesias Núñez M.ª M. (2011). "Atribución de apellidos. Regla general", en: Fco. Lledó Yagüe y A. Sánchez Sánchez (dirs.), O. Monje Balmaseda (coord.), *Los 25 temas más frecuentes en la vida práctica del Derecho de Familia, Parte registral y otros temas de procedimiento,* T. II, Dykinson, 97-112.

Lasarte Álvarez, C.; Yáñez Vivero, F. (2024). *Principios de Derecho Civil: Introducción y Derecho de la Persona.* Marcial Pons

Lasarte Álvarez, C. (2013). *Tratado del Registro Civil* (Adaptado a la Ley 20/2011, de 21 de julio, de Registro Civil), Tirant lo Blanch.

Martínez López-Puigcerver, A. (2008), "La mujer y sus apellidos: de la alegría de trasmitirlos (Ley 40/1999), a la tristeza del cambio y pérdida de los apellidos de la mujer víctima de la violencia de un hombre (Ley Orgánica 1/2004, de 28 de diciembre)" , *Diario La Ley,* núm. 6974, 24 de junio de 2008. La Ley, 17094.

Ordás Alonso, M. (2014). "Imposición al menor del apellido paterno: igualdad, derecho a la propia imagen, interés del menor", *Derecho Privado y Constitución,* núm. 28, enero-diciembre, 47-92.

Romero Coloma, A. M.ª. (2013). "El derecho al nombre y los apellidos como derecho fundamental de la persona", *Revista Jurídica del Notariado,* núm. 85, enero-marzo, 97-110.

Abreviaturas

art.: artículo

BOE: Boletín Oficial del Estado

Cc: Código Civil español

Cccat Código Civil catalán

CEDAW: Convención para la Eliminación de todas las formas de Discriminación sobre la Mujer

DGRN: Dirección General de los Registros y del Notariado

DGSJFP: Dirección General de Seguridad Jurídica y Fe Pública

Disp.: Disposición

i.f.: *in fine*

LOMPIVG: LO 1/2004, de 28 de diciembre, de Medidas de Protección Integral contra la Violencia de Género.

LRC 1957: Ley de 8 de junio de 1957 sobre el Registro Civil.

LRC 2011: Ley 20/2011, de 21 de julio, del Registro Civil.

LRC 2021: Ley 6/2021, de 28 de abril, por la que se modifica la Ley 20/2011, de 21 de julio, del Registro Civil.

RRC 1958: Decreto de 14 de noviembre de 1958, por el que se aprueba el Reglamento de la Ley del Registro Civil.

RDGRN: Resolución de la Dirección General de los Registros y del Notariado

CAPÍTULO VI. LA NECESARIA REVISIÓN DE LOS DERECHOS SUCESORIOS DEL CÓNYUGE O CONVIVIENTE EN LOS CASOS DE VIOLENCIA DOMÉSTICA O DE GÉNERO EN EL DERECHO CIVIL DE CATALUÑA

CRISTINA VILLÓ TRAVÉ
Profesora lectora de Derecho civil
Universitat Rovira i Virgili

1. Introducción

Entre las medidas civiles que pueden adoptarse en un proceso de violencia doméstica o de género destacan especialmente las que pueden adoptarse al amparo del derecho de familia, algunas de las cuales han sido objeto de revisión recientemente[490]. Sin embargo, es frecuente que cuando hay episodios de

---

490 En relación con la prohibición de guarda compartida y la consiguiente concesión de un régimen de comunicación, visitas y estancia a favor del presunto agresor, previstas en el art. 233-11.3 y 4 del Código Civil de Cataluña (en adelante, CCCat), la modificación del precepto se realizó a través del Decreto-ley 26/2021, de 30 de noviembre, de modificación del libro segundo del Código civil de Cataluña en relación con la violencia vicaria, que concretamente modificó los apartados tercero y cuarto del precepto. *Grosso modo*, la actual regulación no sólo deja atrás la distinción que se hacía entre víctimas directas o indirectas para considerar que los hijos e hijas seran siempre víctimas una vez acreditada la violencia, sino que, además, prevé la prohibición o, en su caso, suspensión de un régimen de visitas, comunicación y estancia, tanto cuando el progenitor está en incurso en un proceso penal por haber atentado contra la vida, la integridad física, libertad, integridad moral o la libertad e indemnidad sexual del otro progenitor o de sus hijos e hijas o en situación de prisión por estos delitos, como cuando existan indicios fundamentados de haber cometido actos de violencia familiar o machista. Sin perjuicio de que el art. 233-11

violencia que acechan a la familia, ello de lugar, desgraciadamente, a la muerte de alguno de sus miembros.

De ser así, cobran especial importancia las previsiones del derecho sucesorio[491], pues son las que se encargarán de ordenar la sucesión del difunto. En este punto, es importante tener presente que, a falta de testamento, seran las normas de la sucesión intestada las que rigen la sucesión del causante, y ello puede dar lugar a situaciones cuanto menos poco deseables desde un punto de vista razonable. Ello ocurre porque la herencia se distribuirá de acuerdo con las previsiones del Código Civil de Cataluña, a pesar de que podríamos sobreentender que probablemente la persona no hubiera querido esa

---

CCCat prevé un nuevo y último apartado cuarto en el que permite que, con carácter excepcional, pueda reconocerse por parte de la autoridad judicial un régimen de visitas, comunicación o relación del progenitor con sus hijos e hijas, si ello es lo más conveniente para el interés superior del menor. Decreto-ley 26/2021, de 30 de noviembre, de modificación del libro segundo del Código civil de Cataluña en relación con la violencia vicaria. Boletín Oficial del Estado núm. 18, de 21 de enero de 2022. (BOE-A-2022-954). Ley 25/2010, de 29 de julio, del libro segundo del Código civil de Cataluña, relativo a la persona y la familia. Boletín Oficial del Estado núm. 203, de 21 de agosto de 2010. (BOE-A-2010-13312). Véase, respecto de esta cuestión, Villó Travé, C. (2022). "Las medidas civiles para la protección de los hijos e hijas víctimas de violencia de género. Especial referencia a la reforma del régimen de visitas introducida por la Ley 8/2021, de 2 de junio". *La prueba de la violencia de género y su problemática judicial.* Tirant lo Blanch, 213-215. Véase también, respecto de esta cuestión, GIMÉNEZ COSTA, A. y VILLÓ TRAVÉ, C. (2020). "La vulnerabilitat dels menors en els règims de custòdia i visites". *Mesures de protecció dels i les menors víctimes de violència masclista: una reforma pendent en l'atenció a la víctima.* Centre d'Estudis Jurídics i Formació Especialitzada de la Generalitat de Catalunya, 111.

491 Ley 10/2008, de 10 de julio, del libro cuarto del Código Civil de Cataluña, relativo a las sucesiones. Boletín Oficial del Estado núm. 190, de 7 de agosto de 2008. (BOE-A-2008-13533).

distribución. En este sentido debemos poner en tela de juicio si, de existir un procedimiento abierto por maltrato o indicios fundados de haberse cometido los actos de violencia, la víctima querría que el presunto agresor pudiera heredar lo que le correspondiera legalmente, o es más razonable pensar que la presunta víctima no hubiera querido que el agresor recibiera nada de su herencia.

La lógica apunta a que en un supuesto de maltrato, o presunto maltrato, la voluntad del causante probablemente diste de que sea el presunto agresor quien se vea favorecido por su herencia, con independencia de que su fallecimiento se deba o no a esa violencia. En caso de haber testamento, la duda parece que quedará resuelta por la expresión de la propia voluntad del causante, aunque podría no ser así si la violencia se acreditara con posterioridad a la fecha del testamento, pues surgiría la duda de si aquella continuaba siendo la voluntad del testador en el momento de la defunción.

Si bien hemos podido observar un avance significativo y manifiesto en la regulación de la guarda y el régimen de visitas en los casos de violencia doméstica o de género, pues se ha dejado atrás la exigencia de una sentencia condenatoria para privar al presunto maltratador de su derecho a tener la guarda sobre sus hijos e hijas o a gozar de un régimen de comunicación, visitas o estancia con ellos[492], no ocurre lo mismo en el ámbito del derecho de sucesiones, en el que se sigue exigiendo una sentencia condenatoria para privar al agresor de sus derechos hereditarios, o bien que haya mediado una separación o divorcio entre los cónyuges, o se haya interpuesto una demanda al respecto, o una ruptura de la convivencia en el caso de que fueran pareja estable.

---

[492] Respecto de esta cuestión, véase nota 1.

Entendemos que la importancia de adecuar la regulación de las medidas sucesorias a los casos en los que existe un procedimiento por violencia doméstica o de género, si bien no consiste en una protección de la persona en busca de su seguridad -como ocurre en derecho de familia- reside en que, ante la ausencia de que la persona pueda expresar su propia voluntad, el derecho dé un paso más allá y presuma qué sería lo más razonable que la persona fallecida hubiera querido que pasara con su patrimonio atendiendo a la situación en la que se encontraba antes de su fallecimiento.

Con esta finalidad, analizaremos los perjuicios o carencias de la actual regulación del derecho de sucesiones catalán cuando en el marco de un proceso de violencia doméstica o de género fallecen la esposa -o alguno de sus hijos o hijas sin descendencia- y debe distribuirse su herencia.

2. La derechos sucesorios del cónyuge viudo

En la sucesión de su pareja, el cónyuge viudo tiene derecho a determinadas atribuciones patrimoniales, que variarán en función de si el causante lo había previsto voluntariamente en un documento de últimas voluntades o no.

Así, los derechos del viudo o la viuda variaran en función de si el causante ordenó su sucesión por testamento o, por el contrario, no lo hizo, pues de haberlo hecho prima la que fuera su voluntad en el reparto de sus bienes, sin perjuicio de las atribuciones sucesorias que le corresponen por ley.

A continuación atenderemos a cuáles son los derechos que el cónyuge viudo tendrá en cada caso, esto es, tanto en la sucesión testamentaria como en la intestada, así como las previsiones que paralelamente el derecho de familia hace a su favor tras el fallecimiento. Incidiendo especialmente en las carencias que esta regulación presenta cuando el fallecimiento se produce presuntamente en un entorno de violencia.

2.1. La sucesión intestada y la pérdida de los derechos reconocidos a favor del cónyuge supérstite

2.1.1. El cónyuge viudo o conviviente supérstite como heredero

En virtud de uno de los principios básicos del derecho sucesorio catalán, cuando el cónyuge fallecido no hubiera hecho testamento en el que instituyera heredero antes de su muerte, o bien el heredero instituido no llegara a serlo, debemos recurrir a las normas de la sucesión intestada para organizar su sucesión[493].

El Derecho civil de Cataluña regula la sucesión intestada en los arts. 442-1 a 13 CCCat. Esta sucesión se rige por los denominados órdenes sucesorios, que no son más que ciertas preferencias que la ley establece entre los parientes que están llamados a suceder, empezando por aquellos que tienen respecto del causante mayor proximidad en el parentesco. Así, *grosso modo*, podemos diferenciar tres grupos de sucesores abintestato: los parientes por consanguineidad y adopción, el cónyuge viudo o conviviente supérstite y la Generalitat de Cataluña.

Centrando el foco de atención a lo que aquí interesa, como vemos, el cónyuge viudo o conviviente superviviente es uno de los sujetos a los que la ley concede derechos a suceder abintestado (art. 442-3 CCCat). Ahora bien, como hemos avanzado, la sucesión intestada se rige por unas reglas de preferencia entre unos parientes y los otros, por lo que debemos atender a las circunstancias en las que el cónyuge viudo tendrá derecho a suceder, en función de la concurrencia o no con otros familiares del difunto.

---

493 Del Pozo Carrascosa, P., Vaquer Aloy, A. y Bosch Capdevila, E. (2017). *Derecho civil de Cataluña. Derecho de sucesiones.* Marcial Pons. 369.

El art. 442-3 CCCat es el encargado de regular la sucesión del cónyuge viudo o del conviviente en pareja estable superviviente. La ley sitúa su derecho a suceder por detrás de el de los hijos y descendientes, pero por delante de los ascendientes, a diferencia de lo que ocurre con el Código Civil[494], pues como indica el apartado 2º del art. 442-3 CCCat "si el causante muere sin hijos ni otros descendientes, la herencia se defiere al cónyuge viudo o al conviviente en pareja estable superviviente"[495]. Ahora bien, cabe puntualizar que a pesar de que una interpretación literal del precepto parece referirse a la inexistencia de hijos o descendientes, también hereda el cónyuge o conviviente en los casos en los que todos los hijos o descendientes renuncien a la herencia, como se extrae de una interpretación sistemática de este artículo junto con el art. 442-2.2 CCCat[496].

El derecho a suceder del cónyuge viudo o conviviente superstite se mantiene excepto en los casos en los que los convivientes hayan roto la convivencia en su relación afectiva, o el cónyuge en el momento de la apertura de la sucesión estuviere "separado de este legalmente o de hecho o si estaba pendiente una demanda de nulidad del matrimonio, de divorcio o de

---

494 De acuerdo con el art. 944 CC "en defecto de ascendientes y descendientes, y antes que los colaterales, sucederá en todos los bienes del difunto el cónyuge sobreviviente". Real Decreto de 24 de julio de 1889 por el que se publica el Código Civil. Boletín Oficial del Estado núm. 206, de 25 de julio de 1889.(BOE-A-1889-4763).

495 Sin perjuicio del derecho a la legítima que mantienen los padres del causante, como indica el art. 442-3.2 *in fine.*

496 Como dicta el precepto "la herencia no se defiere a los nietos o descendientes de grado ulterior si todos los hijos del causante la repudian, en vida del cónyuge o del conviviente en pareja estable, y este es su progenitor común".

separación, salvo que los cónyuges se hubieran reconciliado" (art. 442-6.1 CCCat)[497].

Si trasladamos esta regulación a un caso de violencia doméstica o de género, en el matrimonio o la convivencia en pareja podemos ver como, a pesar de los episodios de violencia que pueden haber tenido lugar, es la separación o el divorcio la causa en virtud de la cual se pierden los derechos sucesorios a favor del cónyuge o conviviente supérstite. Así, en los casos en los que el matrimonio no se haya separado o, quizás por miedo, la mujer no haya interpuesto demanda de separación o divoircio a pesar de haberse interpuesto una denuncia por maltrato, éste será quien, en defecto de hijos u otros descendientes, así como también en defecto de testamento, devendrá el heredero de la presunta víctima de su violencia.

Por lo tanto, la sucesión intestada es una muestra de como, en los casos de violencia doméstica, las reglas que rigen los derechos sucesorios entre cónyuges -o convivientes- son insuficientes y necesitan de una reforma o adaptación a este tipo de situaciones en las que quizás no sea lo más óptimo que el heredero de la presunta víctima lo sea su posible agresor. Más, si atendemos a que la realidad social demuestra como en muchas ocasiones las víctimas no interponen la demanda de separación o divorcio por el temor a las consecuencias a qué pueda dar lugar , lo que también puede dar lugar a que ni siquiera se separen de hecho de sus agresores.

---

497 Véase, respecto de ello, Vaquer Aloy, A. (2019). "Instrumentos de previsión y ahorro y sucesión hereditaria. El artículo 421-23 del Código Civil de Cataluña y la necesidad de su desarrollo legislativo". *Retos y oportunidades del Derecho de Sucesiones*. Thomson Reuters Aranzadi. 83-84.

2.1.2. El derecho al usufructo universal abintestato

El Libro IV del CCCat ha avanzado en línea con la protección del cónyuge viudo, así como también del conviviente supérstite, al que equipara al primero en la concesión de los derechos sucesorios.

En la consecución de este objetivo proteccionista, el CCCat prevé la concesión de un derecho de usufructo vidual a favor del cónyuge viudo en aquellos casos en los que existan hijos o descendientes y, por lo tanto, la herencia se les difiera a ellos en detrimento del cónyuge viudo o conviviente supérstite[498].

Tal como prevé el art. 442-4 CCCat, al cónyuge o conviviente supérstite les corresponderá, en estos casos, un derecho de usufructo sobre la herencia en su universalidad, aunque podrá optar, en el plazo de un año y con anterioridad a la aceptación del usufructo universal, "por conmutar el usufructo universal por la atribución de una cuarta parte alícuota de la herencia y, además, el usufructo de la vivienda conyugal o familiar"[499] (art. 442-5 CCCat). Sin embargo, el hecho de tratarse de un usufructo vidual implica que el supérstite tendrá derecho al

---

498 Al respecto, véase Guinea Fernández, D.R. (2016). "Situación jurídica del cónyuge viudo que recibe el usufructo universal de los bienes del causante y propuestas para su reforma". *Derecho y fiscalidad de las sucesiones Mortis Causa en España. Una perspectiva multidisciplinar.* Thomson Reuters Aranzadi. 155-156.

499 En relación con el último inciso del art. 442-5 CCCat, esto es, el usufructo de la vivienda conyugal o familiar, cabe puntualizar que, de acuerdo con el art. 442-5.3 CCCat "el cónyuge viudo o el conviviente en pareja estable superviviente solo puede pedir la atribución del usufructo de la vivienda conyugal o familiar si este bien forma parte del activo hereditario y el causante no ha dispuesto del mismo en codicilo o en pacto sucesorio. Si el viudo o el conviviente superviviente era copropietario de dicho bien junto con el causante, el usufructo se extiende a la cuota que pertenecía a este".

usufructo cuando el matrimonio no estuviera disuelto o se hubiera separado en el momento de la apertura de la sucesión o el conviviente no hubiera roto la convivencia con el fallecido antes de ese momento[500].

Distinto será el caso en el que el cónyuge viudo fuera beneficiario del derecho de usufructo universal, pues no había roto su relación con el causante antes de su fallecimiento, pero tras su muerte contrae nuevo matrimonio o constituye una unión estable de pareja con otra persona. Estas circunstancias no se prevén como causa de extinción del usufructo universal abintestato, de modo que, de ser así, el viudo o viuda podrá seguir manteniendo su condición de usufructuario universal[501].

De nuevo, aplicaremos estas normas a un caso de violencia doméstica. Una vez más, en el caso del usufructo del cónyuge viudo el elemento determinante para la pérdida del derecho es la ruptura de la relación, por lo que de no haber una separación clara y evidente, el supérstite, a pesar de tener indicios de violencia sobre su mujer o sus hijos e hijas, como podría ser la denuncia y las pruebas aportadas, podría ser usufructuario universal de la herencia de su mujer fallecida.

En este caso, además, ello repercutiría en los hijos e hijas como herederos, ya que, a pesar de ser los propietarios del

---

[500] Pratdesaba i Ricart, R. (2018). "Els drets successoris abintestats del cònjuge vidu i el convivent en parella estable en el Codi Civil de Catalunya. Referència especial al nou dret de commutació de l'article 442-5.1 del Codi Civil de Catalunya i el seu accés al Registre de la Propietat". *Revista Catalana de Dret Privat,* (Volum 19), 113-126.

[501] Véase Giménez Costa, A. (2019). "Los derechos reconocidos a favor del supérstite en el Derecho civil de Cataluña". *Retos y oportunidades...*, ob. cit. 112-115.Véase también Villó Travé, C. (2018) "Libertad de testar y protección del cónyuge viudo o conviviente supérstite. III. La protección del cónyuge viudo o conviviente supérstite en el Derecho civil catalán". *La libertad de testar y sus límites.* Marcial Pons. 233-242.

patrimonio hereditario, se verían limitados por el usufructo universal de su padre, en el sentido de que su derecho les impediría realizar actos de disposición que comprometieran su uso sobre el patrimonio heredado. A todo lo anterior, debemos añadir también los perjuicios que les podría ocasionar a nivel emocional la necesidad de mantener un cierto contacto o relación con él, en tanto que beneficiario de un derecho a usar y gozar de un patrimonio que es de su propiedad, cuando también estos hijos seran víctimas de la violencia, ya sea porque su padre haya ejercido violencia física sobre ellos o ellas o porque han convivido en un entorno de violencia.

2.2. La sucesión testamentaria y sus posibles inconvenientes en casos de violencia doméstica. La posible ineficacia de las atribuciones hechas a favor del supérstite

Como acabamos de avanzar, en caso de sucesión testamentaria la voluntad del causante para el reparto de su patrimonio quedará reflejada en el testamento, en el que el testador pondrá de manifiesto quiénes quiere que sean los beneficiarios de sus bienes tras su fallecimiento. Beneficiarios entre los que puede y suele encontrarse su cónyuge. Por lo tanto, el reparto de la herencia deberá hacerse de acuerdo con lo que el causante haya dispuesto en su testamento, disipando así cualquier duda acerca de cómo hubiera querido el difunto que se organizara su sucesión.

En el caso del cónyuge viudo, éste recibirá las atribuciones que se hubieran hecho a su favor siempre que proceda a su aceptación. Ahora bien, existen circunstancias en las que estas disposiciones devienen ineficaces, como ocurre cuando los cónyuges estuvieran separados legalmente o de hecho. El art. 422-13 CCCat se encarga de regular la ineficacia de las disposiciones testamentarias estableciendo que no serán efectivas si, después de haber sido otorgadas, "los cónyuges se separan de hecho o legalmente, o se divorcian, o el matrimonio es declarado nulo, así como si en el momento de la muerte hay pendiente una demanda de separación, divorcio o nulidad matrimonial, salvo reconciliación"[502]. Todo ello excepto que, como dicta el apartado 3º del precepto, el cónyuge haga constar expresamente que, a pesar de darse las circunstancias que hemos apuntado y que harían decaer las atribuciones a favor del cónyuge, su voluntad manifiesta es que mantengan su eficacia. La razón de ser de esta norma es la presunción de que, con carácter general, y en defecto de disposición expresa del causante, lo más habitual es que en caso de separación, divorcio o nulidad se rompa la comunidad de vida inherente al matrimonio y, en definitiva, la relación de afectividad y especial confianza entre los esposos que habría motivado, en su momento, que el testamento favoreciera al cónyuge[503]. Así, entendiendo que el motivo de beneficiar al cónyuge o conviviente en el testamento es, precisamente, su condición, és lógico que si se pierde esa condición la cláusula testamentaria a su favor devenga ineficaz.

Si trasladamos esta regulación a los casos de violencia doméstica, está claro que si el matrimonio estuviera separado o se

---

[502] Véase De la Iglesia Pardo, E. (2019). "La ineficacia de las disposiciones testamentarias entre cónyuges por crisis matrimonial". *Derecho y fiscalidad de las Sucesiones Mortis Causa en España...* ob.cit. 173-176.

[503] Como indican, DEL POZO, VAQUER y BOSCH, nos encontramos ante un supuesto de integración del testamento. "la previsión testamentaria realizada por el causante no ha tenido en cuenta la posibilidad de que el favorecido con la institución o el legado ya no sean el cónyuge o el conviviente en el momento de abrirse la sucesión.El legislador considera que la voluntad hipotética del causante es la de que la cláusula testamentaria carezca de eficacia en caso de separación, divorcio o nulidad del matrimono o extinción de la pareja de hecho". Del Pozo Carrascosa, P., Vaquer Aloy, A. y Bosch Capdevila, E. (2017). *Derecho civil de Cataluña. Derecho de...*ob. cit. 102-105.

hubiera disuelto por divorcio, nada recibiría el presunto agresor en la sucesión de la mujer víctima, a pesar de que en su testamento ella hubiera dispuesto atribuciones a su favor, ya que por aplicación del art. 422-13 CCCat devendrían ineficaces, y todo ello sin entrar siquiera a valorar si existe o no una condena por maltrato.

Sin embargo, puede ocurrir, como es frecuente en la práctica, que a pesar de existir indicios de haberse cometido actos de violencia o, incluso, una denuncia por agresiones, el matrimonio ni haya puesto fin a su vínculo matrimonial, ni tampoco se hayan separado, ni legalmente ni de hecho, ni, incluso, hayan roto su convivencia. Ello, lejos de ser excepcional, como hemos avanzado se produce con frecuencia debido a un temor de la presunta víctima a las repercusiones que podría ocasionar su ruptura con el presunto agresor, lo que la conduce, en muchas ocasiones, a seguir viviendo en el mismo domicilio. Muchas veces el motivo por el que no se rompe la relación o, en su caso, la convivencia es por el miedo de la mujer víctima a las repercusiones a las que ello podría dar lugar, pues suele ocurrir que los episodios más graves de violencia se producen tras este momento. Otro motivo que justifica que las mujeres víctimas no pongan fin a su relación o abandonen el domicilio familiar es el temor de perder a sus hijos e hijas o que el padre, presunto agresor, goce de un régimen de visitas en virtud de la excepción del art. 233-11.3 CCCat, que pueda aprovechar para cometer un acto de violencia vicaria en ausencia de la madre.

Podríamos pensar que en las circunstancias anteriores podría producirse, *de facto*, una separación de hecho, ya que la relación afectiva entre los cónyuges puede haber finalizado y, simplemente, siguen compartiendo un mismo domicilio, puesto que, como sabemos, el matrimonio no se reduce a una simple convivencia entre los cónyuges sino que va mas allá, buscando crear una comunidad de vida entre sus miembros (art. 45 CC). Por lo tanto, podría darse también la posibilidad que la mujer víctima siguiera viviendo con el presunto agresor, pero sin mantener ningún tipo de relación afectiva, lo que implicaría una separación de hecho de los cónyuges y, en consecuencia, la posibilidad de recurrir a la ineficacia de las disposiciones testamentarias del art. 422-13 CCCat. En este sentido, pero, no podemos pasar por alto la dificultad probatoria que lleva implícita la separación de hecho cuando los cónyuges conviven en un mismo domicilio. Dificultad que, a su vez, se vería acrecentada por la inestabilidad que la violencia doméstica puede generar a la hora de determinar si existe una crisis matrimonial o ruptura de la relación de pareja, ya que es frecuente que se produzcan episodios de todo tipo, alternando momentos en los que el matrimonio no mantiene una relación y otros en los que se dan una nueva oportunidad, siendo de aplicación en este último caso las normas relativas a la reconciliación, tan difícil de probar en supuestos de violencia como la separación de hecho. Ello nos lleva a concluir que acreditar una separación de hecho -e, incluso una reconciliación- cuando el matrimonio está afectado por presuntos episodios de violencia es, cuanto menos, complicado en la práctica, especialmente cuando la pareja sigue residiendo en el mismo domicilio, pues debemos poner el acento en las circunstancias excepcionales que caracterizan esta situación.

De todo lo anterior llegamos a la conclusión de que, si los cónyuges siguen conviviendo juntos tras los indicios o la denuncia de violencia, lo más probable es que si la mujer fallece -como consecuencia o no de la violencia- sea su cónyuge, presunto maltratador, quien reciba las atribuciones que en su momento ella hubiera dispuesto a su favor, siempre que no estuviera condenado por sentencia firme por el maltrato.

Si volvemos a la idea antes vista de que la razón de ser de la ineficacia de las disposiciones testamentarias en caso de ruptura o crisis matrimonial es la falta de esa especial confianza entre los cónyuges, parece poco coherente que en las circunstancias que acabamos de plantear el presunto agresor pueda recibir lo dispuesto a su favor cuando, posiblemente, el motivo por el que no se ha roto la relación se reduce a la voluntad de evitar unas consecuencias que podrían resultar devastadoras para la mujer y, en su caso, sus hijos e hijas.

En relación con ello, entendemos que también sería especialmente relevante atender a la fecha en la que se hubiera otorgado el testamento. Es decir, podría resultar decisivo si el testamento en el que el cónyuge fallecido disponía de atribuciones a favor del presunto agresor era anterior o posterior al momento en el que aparecieron los indicios de violencia, la denuncia por maltrato, o la incoación del procedimiento por violencia doméstica o de género. Su importancia vendría motivada porque podría ser un elemento mediante el que tratar de discernir si realmente la voluntad última de la mujer presunta víctima era beneficiar a su cónyuge o no. En este sentido, en los casos en los que el testamento fuera posterior a la acreditación de la violencia, parece que no existiría motivo para no dotar de eficacia a las disposiciones testamentarias a favor del cónyuge realizadas en él, pues la esencia del testamento es, precisamente, que se sigan las directrices que en él hubiera manifestado el difunto. En este caso, la interpretación de todas las circunstancias en su conjunto parecería dar lugar a entender que, probablemente, la intención de la mujer era la de beneficiarle económicamente por motivos como, por ejemplo, por las repercusiones que podía tener una dotación económica o patrimonial a su favor en la óptima protección de sus hijos e hijas[504].

---

504 Claro ejemplo de ello podría ser la voluntad de la madre de que el padre tenga recursos suficientes para satisfacer el derecho de alimentos de los hijos e hijas previsto en el art. 237-1 CCCat, o para el mantenimiento de la vivienda familiar, entre otros.

2.3. El derecho a la cuarta viudal del cónyuge superviviente y su posible exclusión o extinción

Al margen de la libertad del testador para distribuir su herencia como libremente considere, el Libro IV CCCat prevé una serie de atribuciones sucesorias de origen legal que deberan satisfacerse con independencia de que el causante lo hubiera previsto[505]. Estas atribuciones pretenden proteger a determinados parientes del causante, ante la posibilidad de que éste no haya previsto nada a su favor.

Entre ellas, y a lo que aquí interesa, los arts. 452-1 y ss CCCat se encargan de regular la cuarta vidual. Ésta consiste en el derecho que tiene el cónyuge viudo o el conviviente superviviente que no tiene recursos suficientes para cubrir sus necesidades, a exigir a los herederos de su cónyuge o conviviente fallecido un valor patrimonial equivalente a la cuarta parte, como máximo, del valor del activo hereditario líquido.

Su finalidad reside en la protección del cónyuge o conviviente viudo, garantizando que pueda cubrir sus necesidades, si sus propios recursos[506] fueran insuficientes para ello. Cabe puntualizar que cuando la regulación se refiere a "necesidades básicas" no está pensando sólo en garantizar el sustento del cónyuge, sinó en asegurar que éste pueda mantener el nivel de vida del que gozaba durante el matrimonio o la convivencia. Esta idea se deduce del apartado 2º del art. 452-1 CCCat, el cual para determinar las necesidades del acreedor, tiene en

---

505 Respecto de las atribuciones sucesorias de origen legan previstas en el Derecho civil de Cataluña, véase Villó Travé, C. (2019) *Las atribuciones sucesorias determinadas por ley en el Derecho civil de Cataluña*, Reus, 69-95.

506 De acuerdo con el art. 452-1.1 CCCat, por recursos propios entendemos "los bienes propios, los que puedan corresponderle por razón de liquidación del régimen económico matrimonial y los que el causante le atribuya por causa de muerte o en consideración a esta".

cuenta "el nivel de vida de que disfrutaba durante la convivencia y el patrimonio relicto, así como su edad, el estado de salud, los salarios o rentas que esté percibiendo, las perspectivas económicas previsibles y cualquier otra circunstancia relevante".

Como hemos avanzado, la cuarta vidual es una atribución que corresponde al cónyuge siempre que se den las circunstancias exigidas para el nacimiento del derecho. Esto es, en definitiva, que no pueda mantener por sí mismo, con sus recursos, los que le correspondan en virtud de la liquidación del régimen económico matrimonial y los que el causante le haya atribuido en la sucesión, el nivel de vida que tenía antes del fallecimiento del cónyuge o conviviente. Así, la cuarta vidual se reconoce al cónyuge o conviviente en pareja estable por una previsión legal su favor, con independencia de la que fuera la voluntad del causante, siempre que ambos convivieran en el momento de la apertura de la sucesión[507].

El origen de la cuarta vidual como atribución sucesoria determinada por ley es relevante cuando nos encontramos ante un caso de violencia doméstica. Como hemos puesto de manifiesto anteriormente, parece que lo más habitual en los casos en los que se ha incoado un procedimiento por violencia doméstica o existan indicios fundados de que la mujer presunta víctima, o incluso sus hijos e hijas, hayan sufrido algun episodio violento, es que ésta no quiera favorecer al presunto agresor en su sucesión. Si bien en sede testamentaria cabe la posibilidad de no disponer de ninguna atribución a su favor, reflejando así la que fuera la voluntad de la testadora, el hecho de que la cuarta vidual sea una atribución *ex lege* se traduce en que, con independencia que lo que pudiera querer el testador o la

507 Villó Travé, C. (2019) *Las atribuciones sucesorias determinadas por ley...*, ob. cit., 71-73. Véase también Espiau Espiau, S. (2009). "art. 452-1". *Comentari al llibre quart del Codi Civil de Catalunya, relatiu a les successions.* Atelier. 1450-1453.

testadora, el cónyuge viudo o conviviente supérstite se podrá beneficiar de ella[508]. Por lo tanto, podría ocurrir que en un entorno de violencia, en el que la mujer ha decidido no disponer nada a favor de su cónyuge o conviviente, éste recibiera la cuarta vidual si lo necesita para mantener su nivel de vida. De ser así, sus herederos -posiblemente sus hijos e hijas, en caso de que los tuviera- estarían obligados a satisfacer este derecho a su padre, a pesar del presunto maltrato. Una vez más, resulta cuanto menos sorprendente que pueda llegar a darse la situación de que los hijos e hijas víctimas deban mantener al maltratador con el patrimonio de su difunta madre. Ya que cabe recordar que los hijos e hijas serán víctimas por el hecho de haber presenciado la violencia[509], sin que sea necesario que sean ellos quienes hayan sufrido la agresión física o los insultos.

Esta situación podría salvarse acudiendo a la regulación legal del CCCat, en la que el art. 452-1.2 CCCat prevé los casos en los que se excluye el derecho a la cuarta vidual. Sin embargo, la regulación en él prevista es insuficiente en los casos de violencia doméstica.

En concreto el art. 452-1.2 CCCat excluye el derecho a la cuarta vidual si en el momento de la apertura de la sucesión el cónyuge viudo o conviviente superviviente se encontraba en las

---

508 Respecto de la cuarta vidual a favor del cónyuge o conviviente supérstite, véase Giménez Costa, A. (2019). "Los derechos reconocidos a favor del supérstite en el derecho civil catalán. ¿Una reforma pendiente?". *Retos y oportunidades...*, ob. cit.102-112.

509 Recordemos que, conforme con el apartado II de la Exposición de Motivos del Decreto-ley 26/2021, de 30 de noviembre, de modificación del libro segundo del Código civil de Cataluña en relación con la violencia vicaria, "en el artículo 233-11 se elimina del apartado 3 la actual mención a que «los hijos hayan sido o puedan ser víctimas directas o indirectas», porque, conforme a la situación que existe en este estado de violencia, las hijas y los hijos siempre son víctimas directas o indirectas". Al respecto, véase nota 1.

circunstancias previstas en el art. 442-6 CCCat. De la remisión a este precepto se concluye que el supérstite no tendrá derecho a la cuarta si estuviera separado del causante legalmente o de hecho o si estaba pendiente una demanda de nulidad del matrimonio, de divorcio o de separación, en el momento de la apertura de la sucesión, salvo reconciliación.

Si ponemos la cuarta vidual en relación con las atribuciones previstas por el causante en su testamento, podemos concluir que, tanto la exclusión de la primera, como la infecacia de las segundas responden a un mismo motivo: la ruptura manifiesta de la relación afectiva.

De este modo, podemos concluir que en los casos de violencia doméstica en los que no exista una separación matrimonial o ruptura de la convivencia de la pareja estable en el momento de la apertura de la sucesión, el presunto maltratador, como hemos planteado antes, podría llegar a mantener su nivel vida a costa del patrimonio de su difunta mujer. Ello, del mismo modo que ocurría respecto de la ineficacia de las disposiciones testamentarias, nos lleva a considerar la necesidad más que evidente de revisar la regulación en este sentido, de tal modo que el hecho de que existan indicios fundados de haberse cometido la violencia o haberse incoado un procedimiento por este motivo, sea causa suficiente para perder el derecho del maltratador a reclamar la cuarta vidual.

Dicho esto, junto con las causas de exclusión de la cuarta vidual, el art. 452-6 CCCat regula su extinción. Las causas de extinción se refieren a aquellas situaciones que pueden producirse tras su concesión y que conllevarían la pérdida del derecho para su beneficiario[510]. Uno de los motivos que conllevan la

510 El art. 452-6 CCCat establece que "el derecho a reclamar la cuarta viudal se extingue: a)por renuncia hecha después de la muerte del causante. b) Por matrimonio o convivencia marital con otra persona, después

extinción del derecho a la cuarta es, entre otros, "la suspensión o privación de la potestad del cónyuge viudo o conviviente en pareja estable superviviente, por causa que le sea imputable, sobre los hijos comunes con el causante". Esta previsión abre la posibilidad a que, en los casos de violencia doméstica en los que el presunto agresor, por no haber roto la relación con la víctima antes de su fallecimiento, gozara del derecho a percibir la cuarta vidual, pueda perderla si una vez acreditada la violencia sobre su mujer fallecida o sobre sus hijos o hijas, fuere privado o suspendido de la potestad parental. Ahora bien, a pesar de que esta posibilidad arrojaría luz a la idea de que el presunto agresor no se beneficiara de la herencia de la víctima, la realidad demuestra como, en la práctica, son pocos los casos en los que el progenitor se ve privado de la potestad parental, pues ello suele ocurrir únicamente en los casos de mayor gravedad en los que la violencia es física, grave y habitual, y recae directamente sobre los hijos e hijas[511]. Por el contrario, cuando los hijos e hijas son víctimas por haber presenciado una violencia sobre su madre, para entonces fallecida, o la violencia ha sido esporádica o psicológica, difícilmente se adoptara como medida la privación de la potestad parental dado que se trata de una medida severa que rompe por completo la relación paternofilial. En estos casos suele acudirse, si se adoptan, a las

---

de la muerte del causante y antes de haberlo ejercido.c) Por la muerte del cónyuge viudo o el conviviente en pareja estable superviviente sin haberlo ejercido. d) Por suspensión o privación de la potestad del cónyuge viudo o conviviente en pareja estable superviviente, por causa que le sea imputable, sobre los hijos comunes con el causante. 2. La pretensión para reclamar la cuarta viudal prescribe al cabo de tres años de la muerte del causante".

511 En relación con la regulación de los arts. 170 y 172 CC, véase Villó Travé, C. (2022). "Las medidas civiles para la protección de los hijos e hijas víctimas de violencia de género. Especial referencia a la reforma del régimen de visitas introducida por la Ley 8/2021, de 2 de junio". *La prueba de la violencia de género y su problemática...*, ob. cit. 200-201.

medidas del art. 233-11 CCCat consistentes en la prohibición de la guarda compartida o la no concesión de un régimen de visitas, comunicación y estancia a su favor como regla general, en cuyo caso no se produciría la extinción del derecho a la cuarta vidual.

3. La indignidad sucesoria en los casos de violencia doméstica

Hasta el momento hemos podido observar como los derechos sucesorios del cónyuge viudo o conviviente supérstite, ya le fueran concedidos en sede testamentaria o en virtud de la sucesión intestada, decaen cuando se produce la ruptura de la relación o ésta se debilita. Ello tiene su lógica ya que lo más habitual es que cuando un matrimonio o pareja no quiere continuar con su relación, ello desemboque en una separación, divorcio o cese de la convivencia. Y, por consiguiente, si la ruptura demuestra la desaparición de la comunidad de vida, también evidencia que posiblemente el cónyuge fallecido no quería dejarle su herencia a su expareja por la falta de ese vínculo afectivo en el que se fundamentaban las atribuciones a su favor.

En los casos de violencia doméstica, sin embargo, la situación no está tan clara. Como hemos puesto de manifiesto anteriormente, la víctima en muchas ocasiones continúa viviendo junto a su pareja o, incluso, se reconcilia con él basándose únicamente en el temor a las consecuencias. Por ello, creemos que en estos casos recurrir a la ruptura como fuente de pérdida de los derechos resulta insuficiente.

En este sentido, se podría tratar de recurrir a la indignidad sucesoria para tratar de hallar una respuesta al problema planteado, pues consiste, como apuntan DEL POZO, VAQUER y BOSCH "en una sanción que conlleva la exclusión de una persona de la sucesión del causante por haber realizado actos contra dicho causante o sus familiares más próximos que la ley considera como reprochables"[512]. A través de la indignidad sucesoria la ley hace una ficción y entiende que si el causante hubiera conocido el comportamiento o actitud del sucesor, lo hubiera apartado de la sucesión[513].

Tomando como fundamento estas prerrogativas, parece que en los casos en los que presuntamente el sucesor ha incurrido en actos de violencia sobre su cónyuge fallecida o sobre sus hijos e hijas, lo más razonable sería recurrir a la indignidad sucesoria para dejarlo así al margen de la sucesión. El fundamento encaja perfectamente en ambos casos: la presunción de que el causante, por el comportamiento del supérstite, no hubiera querido que le sucediera.

El problema aparece cuando atendemos a las causas de indignidad sucesoria que podrían ser aplicables a un caso de violenca doméstica[514]. El art. 412-3 CCCat regula las causas de indignidad sucesoria[515], y entre ellas nos interesa especialmente

---

512 Del Pozo Carrascosa, P., Vaquer Aloy, A. y Bosch Capdevila, E. (2017). *Derecho civil de Cataluña. Derecho de...*ob.cit. 463. Respecto del carácter sancionador de la indignidad y su carácter excepcional, véase Torres García, T.F. (2004). "Disposiciones testamentarias y vicisitudes del matrimonio". *Estudios de Derecho Civil. Homenaje al Profesor Francisco Javier Serrano García.* Universidad de Valladolid. 32

513 Del Pozo Carrascosa, P., Vaquer Aloy, A. y Bosch Capdevila, E. (2017). *Derecho civil de Cataluña. Derecho de...*ob.cit. 463.

514 En relación con la posibilidad de recurrir a la indignidad sucesoria como herramienta a través de la que apartar al maltratador de la sucesión en el Código Civil, véase Herrero Oviedo, M. (2011). "Derechos sucesorios del cónyuge maltratador y de la mujer maltratada". *El levantamiento del velo. Las mujeres en el Derecho privado.* Tirant lo Blanch. 548-557.

515 De acuerdo con el art. 412-3 CCCat, "son indignos de suceder: a) El que ha sido condenado por sentencia firme dictada en juicio penal por haber matado o haber intentado matar dolosamente al causante, su cónyuge, la persona con quien convivía en pareja estable o algún descendiente o ascendiente del causante. b) El que ha sido condenado por sentencia firme dictada en juicio penal por haber cometido

en este trabajo destacar las previstas en los apartados 1° y 2°. En su apartado 1° prevé que es indigno de suceder "el que ha sido condenado por sentencia firme dictada en juicio penal por haber matado o haber intentado matar dolosamente al causante, su cónyuge, la persona con quien convivía en pareja estable o algún descendiente o ascendiente del causante". Por su parte, en el apartado 2° indica que también lo será "el que ha sido condenado por sentencia firme dictada en juicio penal por haber cometido dolosamente delitos de lesiones graves, contra la libertad, de torturas, contra la integridad moral o contra la libertad e indemnidad sexuales, si la persona agravada es el causante, su cónyuge, la persona con quien convivía en pareja estable o algun descendiente o ascendiente del causante".

---

dolosamente delitos de lesiones graves, contra la libertad, de torturas, contra la integridad moral o contra la libertad e indemnidad sexuales, si la persona agravada es el causante, su cónyuge, la persona con quien convivía en pareja estable o algun descendiente o ascendiente del causante. c) El que ha sido condenado por sentencia firme dictada en juicio penal por haber calumniado al causante, si lo ha acusado de un delito para el que la ley establece una pena de cárcel no inferior a tres años. d) El que ha sido condenado por sentencia firme en juicio penal por haber prestado falso testimonio contra el causante, si le ha imputado un delito para el que la ley establece una pena de cárcel no inferior a tres años. e) El que ha sido condenado por sentencia firme dictada en juicio penal por haber cometido un delito contra los derechos y deberes familiares, en la sucesión de la persona agravada o de un representante legal de esta. f) Los padres que han sido suspendidos o privados de la potestad respecto al hijo causante de la sucesión, por una causa que les sea imputable. g) El que ha inducido al causante de forma maliciosa a otorgar, revocar o modificar un testamento, un pacto sucesorio o cualquier otra disposición por causa de muerte del causante o le ha impedido hacerlo, así como el que, conociendo estos hechos, se ha aprovechado de los mismos. h) El que ha destruido, escondido o alterado el testamento u otra disposición por causa de muerte del causante".

Ambas causas de indignidad tienen un denominador común: la exigencia de una condena por sentencia firme dictada en un juicio penal[516]. De este requisito se desprenden importantes consecuencias en los casos de violencia doméstica o de género, y es que en muchas ocasiones no existirá indignidad del presunto agresor por no exisitir sentencia firme de condena por dichos delictos y ello, sumado a la necesidad de que se haya roto la pareja, puede llevar a que el sucesor sea el cónyuge maltratador. Así, como hemos indicado a lo largo del trabajo si, imaginemos, el cónyuge presunto agresor se encuentra incurso en un proceso penal iniciado por atentar contra la vida, la integridad física, la libertad, la integridad moral o la libertad y la indemnidad sexual del otro cónyuge o sus hijos o hijas , pero en el momento del fallecimiento de la causante todavía no se había dictado una sentencia firme en la que se condene al presunto agresor, no se podría recurrir a la indignidad sucesoria para apartarlo de la sucesión.

Sin embargo, como veremos en las propuestas de reforma que proponemos a continuación, creemos que ello no sería problema si existiera una norma que, junto con la separación, legal o de hecho; el divorcio; la nulidad o el cese de la convivencia, regulara los indicios fundados de violencia o la incoación de un procedimiento penal como causa de pérdida de los derechos sucesorios del presunto agresor, pues de ser así, no sería necesario acudir a la indignidad sucesoria para la consecución del objetivo perseguido, que no es otro que privar de los derechos sucesorios a quien presuntamente ha maltratado a su pareja o a sus hijos e hijas.

---

516 García Rubio, M. P. y Herrero Oviedo, M. (2009). "Las disposiciones generales , sobre pactos sucesorios en el Libro IV del Código Civil de Cataluña. Apertura, innovación y alguna perplejidad". *El nou dret successori del Codi Civil de Catalunya. Materials de les Quinzenes Jornades de Dret català a Tossa.* Documenta Universitaria. 480-481.

4. Los derechos reconocidos a favor del cónyuge viudo por el Derecho de familia

Si bien el Libro IV del CCCat es el encargado de ordenar el modo en el que se ordena la sucesión del difunto, así como de prever cuáles son los derechos sucesorios que pueden corresponer en virtud de la sucesión, el cónyuge viudo también goza de una protección que le otorga el Libro II del CCCat, relativo a "La persona i la familia". Concretamente son los arts. 231-30 y 31 CCCat los que regulan los derechos viduales de carácter familiar y que son el derecho al ajuar de la vivienda familiar y el año de viudedad, a los que vamos a referirnos brevemente a continuación.

4.1. El derecho al ajuar de la vivienda familiar

El derecho al ajuar de la vivienda familiar está regulado en el art. 230-30 CCCat y consiste en el derecho del cónyuge viudo, no separado legalmente o de hecho, a quedarse con la propiedad de la ropa, del mobiliario, y de los utensilios que forman el ajuar de la vivienda conyugal[517], con independencia de cúal fuera su régimen económico matrimonial y su titularidad anterior.

Se trata de un beneficio vidual que se concede con independencia de la posible cualidad de heredero del cónyuge superviviente y consiste, en definitiva, en atribuir directamente al

---

517 Cabe puntualizar que el apartado 2º del art. 231-30 CCCat excluye del derecho de predetracción "las joyas, los objetos artísticos o históricos, ni los demás bienes del cónyuge premuerto que tengan un valor extraordinario con relación al nivel de vida del matrimonio y al patrimonio relicto". Así como también "los muebles de procedencia familiar si el cónyuge premuerto ha dispuesto de ellos por actos de última voluntad en favor de otras personas".

cónyuge viudo todos aquellos bienes que se consideran necesarios para su vida diaria, sin que pasen a formar parte en ningún momento del haber hereditario y, por lo tanto, no puedan ser reclamados por los herederos[518].

Como se desprende del precepto, una vez más se requiere el mantenimiento de la vida matrimonial para la eficacia del derecho, de modo que también este derecho de origen familiar podría llegar a concederse en casos de violencia doméstica si no existe, como hemos venido planteando, una ruptura de la relación afectiva que pueda quedar probada y acreditada frente a terceros.

4.2. El año de viudedad

El año de viudedad está regulado en el art. 231-31 CCCat y tiene como finalidad proteger al cónyuge viudo de los perjuicios económicos que la muerte de su consorte le podría ocasionar a corto plazo. En concreto, consiste en que "durante el año siguiente a la muerte o declaración de fallecimiento de uno de los cónyuges, el superviviente no separado legalmente o de hecho que no sea usufructuario universal del patrimonio del premuerto tiene derecho a continuar usando la vivienda conyugal y a ser alimentado a cargo de este patrimonio, de acuerdo con el nivel de vida que habían mantenido los cónyuges y con la importancia del patrimonio", con independencia de los derechos sucesorios a su favor.

Como se desprende de la propia literalidad del precepto, existen dos requisitos que deben cumplirse para tener derecho al año de viudedad. Por un lado, que el viudo o la viuda no sea usufructuario universal, por cuestiones de incompatibilidad.

---

518 Del Pozo Carrascosa, P., Vaquer Aloy, A. y Bosch Capdevila, E. (2022). *Derecho civil de Cataluña. Derecho de familia.* Marcial Pons. 187.

Y, por otro lado, y a lo que aquí interesa, que los cónyuges no estuvieran separados legalmente o de hecho, ya que, como pasa con el resto de derechos reconocidos a favor del consorte supérstite, su concesión toma como fundamento la comunidad de vida creada entre los cónyuges y la relación afectiva entre ambos para presumir que la intención del causante hubiera sido la de proteger a su esposo o esposa.

Así, también en el caso del año de viudedad podría darse la circunstancia de que, aún habiendóse acreditado la violencia o haber iniciado un proceso penal por maltrato, si no se pudiera demostrar que existía una separación de hecho, fuera el presunto agresor quien tuviera el derecho a quedarse en la vivienda conyugal y a recibir alimentos a cargo del patrimonio de su difunta esposa durante el año siguiente a su muerte. En este caso, los herederos, que podrían ser, por ejemplo, sus hijos e hijas -quienes no debemos olvidar que también habrían sido víctimas de la violencia- estarían grabados con la obligación de prestar alimentos a su padre y no podrían disponer ni ocupar la vivienda familiar, en la que ellos habrían desarrollado su vida y puede que incluso aún estuvieran residiendo en ella, durante el año siguiente al fallecimiento de su madre.

5. *Propuesta de Reforma*

Las situaciones anteriormente planteadas generan posibles problemas en la sucesión cuando la mujer fallecida ha sido, presuntamente, víctima de violencia doméstica.

El problema radica en que, ante la existencia de indicios de haberse cometido actos de violencia doméstica o, incluso, haberse incoado un proceso penal por maltrato, lo más habitual será que su cónyuge o conviviente, presunto agresor, reciba algo en su sucesión, lo que parece alejarse de la que presumiblemente sería la voluntad de la fallecida.

Ello ocurrirá cuando exista un denominador común: la ausencia de una condena por maltrato, lo que impedirá recurrir a las causas de indignidad sucesoria, y la imposibilidad de acreditar una separación legal o de hecho–o la interposición de una demanda al respecto- que evidencie el fin de la relación afectiva y de la comunidad de vida,.

Como ya hemos avanzado, en los casos de violencia doméstica es frecuente que la víctima siga manteniendo su relación o convivencia con su presunto agresor por el temor a las consecuencias, pero no porque su voluntad fuera la de continuar la comunidad de vida y la relación afectiva con él, como cimientos sobre los que se constituye la unión matrimonial.

En virtud de todo lo anterior, y como hemos manifestado a lo largo del trabajo, creemos que el hecho de haber incoado un proceso penal o la existencia de indicios fundados de violencia doméstica o de género debería ser motivo suficiente para hacer decaer las disposiciones sucesorias a favor del cónyuge, excepto, claro está, que pudiera acreditarse de manera probada que existía realmente una reconciliación, o la mujer, tras el episodio de violencia, hubiera dispuesto su herencia en testamento a favor de su aún cónyuge, pues el hecho de que su voluntad manifiesta prima para la ordenación de su sucesión queda exenta de cualquier razonamiento o discusión al respecto.

Así, siguiendo la línea de la reforma del art. 233-11 CCCat operada por el Decreto-ley 26/2021, de 30 de noviembre, de modificación del libro segundo del Código civil de Cataluña en relación con la violencia vicaria, y de la que resultó que no se pudiera atribuir la guarda ni un régimen de estancias, comunicación o relación, o si existiesen se tuvieran que suspender, mientras el presunto agresor se encontrase "incurso en un proceso penal iniciado por atentar contra la vida, la integridad física, la libertad, la integridad moral o la libertad y la indemnidad sexual del otro progenitor o sus hijos o hijas, o esté en situación de prisión por estos delitos y mientras no se extinga la responsabilidad penal"[519], deberíamos poder recurrir a estas mismas causas como motivo por el que no reconocer derechos sucesorios a favor del cónyuge o conviviente en la sucesión de la mujer víctima. Incluso, siguiendo este precepto, podríamos entender también que "cuando haya indicios fundamentados de que ha cometido actos de violencia familiar o machista", tampoco podrá ser beneficiario de dichos derechos. Todo ello, a excepción, claro está, de que se hubiere dispuesto expresamente lo contrario por parte de la causante.

6. Otros escenarios a tomar en consideración

6.1. El derecho a la legítima a favor del presunto agresor

Entre las atribuciones sucesorias determinadas por ley se encuentra, junto con la cuarta vidual y la cuarta falcídia, el derecho a la legítima. La legítima consiste en el derecho que se confiere a determinadas personas a obtener en la sucesión del causante un valor patrimonial que se les puede atribuir por medio de distintos títulos (art. 451-1 CCCat)[520].

La ley regula quienes son los parientes que tienen la categoria de legitimarios (srt. 451-3 y 4 CCCat). A grandes rasgos, la legítima se reconoce a favor de los parientes en línea recta descendiente y, en defecto de ellos, a los progenitores. Por el contrario, el cónyuge no se encuentra dentro de los parientes con derecho a recibir un valor patrimonial en concepto de legítima.

---

519 Respecto de esta cuestión véase nota 1.

520 Villó Travé, C. (2019) *Las atribuciones sucesorias determinadas por ley...*, ob. cit. 17.

Como dicta el precepto, los progenitores del causante tienen un derecho a la legítima y lo serán "por mitad, siempre que el causante no tenga descendientes que le sobrevivan" (art. 451-4 CCCat).

En los casos en los que se ha producido violencia doméstica, podría suceder que exisitiera un deber de satisfacer la legítima del padre agresor a cargo del patrimonio de su hijo o hija víctima de la violencia, si éste no tuviera descendencia. En tal caso, lo único que podrían hacer sus hijos sería tratar de aplicar alguna de las causas de desheredación del art. 451-17 CCCat. Entre ellas, destaca especialmente al objeto de este trabajo "el maltrato grave al testador, a su cónyuge o conviviente en pareja estable, a los ascendientes o descendientes del testador". En relación con ello, la jurisprudencia ha evolucionado en el sentido de que si una primera interpretación estricta entendía que el maltrato de obra sólo incluía la violencia física, la necesidad de poner este precepto en relación con el art. 3.1 CC, ha llevado a entender que también se incluye el maltrato psicológico o emocional[521]. Ahora bien, debiendo diferenciar entre un abandono emocional, como ruptura de vínculo afectivo, y un maltrato psíquico grave y reiterado. En todo caso, como indica el precepto, debería poder probarse que ha habido un "maltrato grave" ya que, en caso contrario, el progenitor seguiría ostentando su categoria de legitimario[522].

---

521 Las dos Sentencias del Tribunal Supremo que inician esta nueva doctrina jurisprudencial, son la STS 258/2014, de 3 de junio. (TOL4.395.123) Ponente D. Francisco Javier Orduña Moreno. F.j. 2° y STS 59/2015, de 30 enero. (TOL4.748.346) Ponente D. Francisco Javier Orduña Moreno. F.j. 2°. Así lo pone de manifiesto también, a modo de ejemplo, la SAP Tarragona 593/2023,de 14 de diciembre (TOL9.877.047). Ponente Dª. Silvia Falero Sánchez. F.j. 1°.

522 Respecto de la interpretación del maltrato de obra como causa de desheredación, véase ZURITA MARTÍN, I. (2018). "La protección de

También podría recurrirse a la causa de desheredación prevista por el apartado e) del art. 451-17 CCCat, en virtud de la cual se podrá desheredar siempre que pueda demostrarse "la ausencia manifiesta y continuada de relación familiar entre el causante y el legitimario, si es por una causa exclusivamente imputable al legitimario". Sin embargo, esta causa presenta un importante problema de prueba, pues, como dicta el precepto, debe demostrarse que la falta de relación es atribuible exclusivamente al legitimario. En este caso, lo más probable será que la falta de relación derive de la voluntad del hijo o hija de apartarse de su padre para huir así de la violencia.

6.2. Sucesión del presunto agresor

En los casos en los que el fallecido es el presunto agresor, como podría ocurrir, por ejemplo, cuando éste decide quitarse la vida tras el episodio violento, en una primera lectura parece que no habría inconvenientes o problemas en la regulación del derecho sucesorio.

En este caso, deberíamos partir de la idea general de no perjudicar a las víctimas más de lo debido. Idea que también vemos reflejada en la regulación del derecho de alimentos, en cuyo caso el progenitor privado de la potestad parental, si bien no podrá exigir alimentos a sus hijos e hijas, sí deberá prestarselos si éstos los necesitan (art. 236-6.6 CCCat). Así, en principio, no habría óbice para que la esposa y los hijos e hijas pudieran recibir lo que les correspondiera en su sucesión del difunto.

En el caso de que el causante tuviera deudas y, por lo tanto, la herencia no les favoreciese, siempre podrían optar por repu-

---

la libertad de testar de las personas vulnerables", *La libertad de testar y sus límites*...ob. cit. 101-103.

diarla y eludir, de este modo, los perjuicios económicos que les pudiera ocasionar.

Ahora bien, también puede darse el hipotético caso en el que el presunto agresor estuviera incurso en un procedimiento por violencia doméstica iniciado por su esposa, en el que finalmente no hubiera podido quedar acreditada la violencia y, por lo tanto, quedara finalmente absuelto. De ser así, lo lógico es pensar que éste no querría que la mujer fuera quien heredara su patrimonio. Este caso sí que podría ser problemático con la regulación vigente, y también debería contemplarse en una hipotética revisión del Libro IV. Así, debería atenderse a si, en caso de absolución, el cónyuge o conviviente que presuntamente era la víctima de la violencia, debería mantener sus derechos sucesorios o bien, por aplicación analógica de la regla a la que hemos apuntado, la existencia de indicios fundados de haber cometido actos de violencia doméstica o de género o el estar incoado un procedimiento por actos de violencia machista o de género, debería hacer decaer también los derechos sucesorios a favor del cónyuge o pareja del absuelto. Lo que sí está claro al margen de lo anterior es que, en caso de que el presunto agresor quisiera mantener estos derechos, siempre podía preverlo expresamente por vía testamentaria.

De lo que se trataría en definitiva con la revisión propuesta sería partir de una presunción general de que en los casos de violencia doméstica o de género lo más habitual será que la voluntad de los cónyuges no sea la de dejar su patrimonio al otro cónyuge, aun cuando no estén separados o no se pueda recurrir a la indignidad sucesoria ante la ausencia de una condena por maltrato. Ahora bien, todo ello sin perjuicio de que, quienes sí quisieran dejar su herencia al cónyuge o conviviente pudieran hacerlo a través de la formalización de un testamento en el que quedara reflejada su voluntad.

Otra realidad a la que podríamos hacer frente en relación con la sucesión del agresor tendría lugar en aquellos casos en los que la mujer, por defensa propia ante las continuas agresiones del marido sobre ella o sobres sus hijos e hijas, finalmente acaba con la vida del maltratador. En este caso, se decretaría la indignidad sucesoria de la mujer, si hubiera sido condenada por este acto (art. 412-3 CCCat), lo cual la apartaría de la herencia de su marido.

En relación con ello, deberíamos plantearnos, junto con HERRERO OVIEDO, si sería justo y ético que la mujer, víctima por haber sufrido las continuas agresiones de su marido, posiblemente durante años, debería verse privada además de los derechos sobre su herencia[523].

En todo caso, estos escenarios muestran, una vez más, la necesidad de que el derecho de sucesiones avance en línea con la lucha contra la violencia doméstica o de género y la protección de sus víctimas, y evidencian la necesidad de proceder a su revisión atendiendo a las particularidades que los supuestos de violencia doméstica o de género llevan aparejadas y que, a su vez, los alejan de los supuestos ordinarios de crisis matrimonial.

---

523 En relación con el Código Civil, HERRERO alude a la doctrina constitucional conforme "no toda desigualdad de trato normativo respecto a la regulación de una determinada materia supone una infracción del mandato contenido en el art. 14 CE, sino tan sólo las que introduzcan una diferencia entre situaciones que puedan considerarse iguales, sin que ofrezca una justificación objetiva y razonable para ellos pues, como regla general, el principio de igualdad exige que a iguales supuestos de hecho se apliquen iguales consecuencias jurídicas". STC 154/2006, de 21 de mayo. (TOL940.432). Ponente D. Javier Delgado Barrio. F.j. 4º. Véase García Rubio, M. P. y Herrero Oviedo, M. (2009). "Las disposiciones generales , sobre pactos sucesorios en el Libro IV del Código Civil de Cataluña. Apertura, innovación y alguna perplejidad". *El nou dret successori del Codi Civil de Catalunya. Materials de les Quinzenes Jornades*...ob. cit. 481 y Herrero Oviedo, M. (2011). "Derechos sucesorios del cónyuge maltratador y de la mujer maltratada". *El levantamiento del velo*...ob. cit. 566.

Referencias bibliográficas

De la Iglesia Pardo, E. (2019). "La ineficacia de las disposiciones testamentarias entre cónyuges por crisis matrimonial". *Derecho y fiscalidad de las Sucesiones Mortis Causa en España. Una perspectiva multidisciplinar.* Thomson Reuters Aranzadi.

Del Pozo Carrascosa, P., Vaquer Aloy, A. y Bosch Capdevila, E. (2022). *Derecho civil de Cataluña. Derecho de familia.* Marcial Pons.

Del Pozo Carrascosa, P., Vaquer Aloy, A. y Bosch Capdevila, E. (2017). *Derecho civil de Cataluña. Derecho de sucesiones.* Marcial Pons.

Espiau Espiau, S. (2009). "art. 452-1". *Comentari al llibre quart del Codi Civil de Catalunya, relatiu a les successions.* Atelier.

García Rubio, M. P. y Herrero Oviedo, M. (2009). "Las disposiciones generales sobre pactos sucesorios en el Libro IV del Código Civil de Cataluña. Apertura, innovación y alguna perplejidad". *El nou dret successori del Codi Civil de Catalunya. Materials de les Quinzenes Jornades de Dret català a Tossa.* Documenta Universitaria.

Giménez Costa, A. y Villó Travé, C. (2020). "La vulnerabilitat dels menors en els règims de custòdia i visites". *Mesures de protecció dels i les menors víctimes de violència masclista: una reforma pendent en l'atenció a la víctima.* Centre d'Estudis Jurídics i Formació Especialitzada de la Generalitat de Catalunya.

Giménez Costa, A. (2019). "Los derechos reconocidos a favor del supérstite en el derecho civil catalán. ¿Una reforma pendiente?". *Retos y oportunidades del derecho de sucesiones.* Thomson Reuters Aranzadi.

Guinea Fernández, D.R. (2016). "Situación jurídica del cónyuge viudo que recibe el usufructo universal de los bienes del causante y propuestas para su reforma". *Derecho y fiscalidad de las sucesiones Mortis Causa en España. Una perspectiva multidisciplinar.* Thomson Reuters Aranzadi.

Herrero Oviedo, M. (2011). "Derechos sucesorios del cónyuge maltratador y de la mujer maltratada". *El levantamiento del velo. Las mujeres en el Derecho privado.* Tirant lo Blanch.

Pratdesaba i Ricart, R. (2018). "Els drets successoris abintestats del cònjuge vidu i el convivent en parella estable en el Codi Civil de Catalunya. Referència especial al nou dret de commutació de l'article 442-5.1 del Codi Civil de Catalunya i el seu accés al Registre de la Propietat". *Revista Catalana de Dret Privat,* (Volum 19).

Torres García, T.F. (2004). "Disposiciones testamentarias y vicisitudes del matrimonio". *Estudios de Derecho Civil. Homenaje al Profesor Francisco Javier Serrano García.* Universidad de Valladolid.

Vaquer Aloy, A. (2019). "Instrumentos de previsión y ahorro y sucesión hereditaria. El artículo 421-23 del Código Civil de Cataluña y la necesidad de su desarrollo legislativo". *Retos y oportunidades del Derecho de Sucesiones.* Thomson Reuters Aranzadi.

Villó Travé, C. (2022). "Las medidas civiles para la protección de los hijos e hijas víctimas de violencia de género. Especial referencia a la reforma del régimen de visitas introducida por la Ley 8/2021, de 2 de junio". *La prueba de la violencia de género y su problemática judicial.* Tirant lo Blanch.

Villó Travé, C. (2019) *Las atribuciones sucesorias determinadas por ley en el Derecho civil de Cataluña*, Reus.

Villó Travé, C. (2018) "Libertad de testar y protección del cónyuge viudo o conviviente supérstite. III. La protección del cónyuge viudo o conviviente supérstite en el Derecho civil catalán". *La libertad de testar y sus límites.* Marcial Pons.

Zurita Martín, I. (2018). "La protección de la libertad de testar de las personas vulnerables", *La libertad de testar y sus límites.* Marcial Pons.

CAPÍTULO VII. IMPACTO DEL FEMINICIDIO Y DEL FEMINICIDIO VINCULADO: REVISIÓN PANORÁMICA SOBRE CONSECUENCIAS Y ESTRATEGIAS DE INTERVENCIÓN

GUADALUPE PASTOR MORENO
Escuela Andaluza de Salud Pública, Ibs.Granada, CIBER Epidemiología y Salud Pública
EVA ZAFRA APARICI
Departamento de Antropología, Filosofía y Trabajo Social. Universitat Rovira i Virgili
VERÓNICA ANZIL
Departamento de Antropología, Filosofía y Trabajo Social. Universitat Rovira i Virgili
ALEJANDRA DE MARTÍ ROMÁN
Universitat Rovira i Virgili
CAMILA HIGUERAS CALLEJÓN
Escuela Andaluza de Salud Pública

1. Introducción

Los asesinatos de mujeres por razones de género, también denominados feminicidios, representan el punto final letal de un continuo de formas múltiples, sobrepuestas e interconectadas de violencia de género.

La noción feminicidio es un término en continuo debate, que además no está recogido en el ordenamiento jurídico español, pues no se dispone de un concepto legal consolidado (Oliveras Jané, 2020). Por eso, esta investigación se acoge a la noción definida por las Ciencias Sociales, Humanas y las corrientes feministas, según las cuales consiste en la muerte de una mujer como resultado de la violencia de género.

El número de mujeres y niñas asesinadas en 2022 en todo el mundo es el más alto registrado en las últimas dos décadas (se tienen constancia de cerca de 89.000 asesinatos). Además, las mujeres representan el 53% de todas las víctimas de homicidios en el contexto del hogar y el 66% de todas las víctimas de homicidios por parte de la pareja (UN Women & UNODC, 2023).

España ha sido pionera en la elaboración de políticas públicas de abordaje y prevención integral y multidisciplinar de la violencia contra las mujeres. En 2004 se aprobó la Ley Orgánica 1/2004, de 28 de diciembre, de Medidas de Protección Integral contra la Violencia de Género, una norma transversal que afecta a multitud de áreas y que aborda medidas de sensibilización, prevención y detección de la violencia de género, en el ámbito educativo, sanitario o laboral (Gobierno de España, 2004). Un año antes de aprobar dicha Ley, empezaron a contabilizarse los datos de feminicidio de pareja, y desde entonces se tiene constancia de casi 1300 feminicidios en España (Ministerio de Igualdad, 2024b). Además, desde 2013 y hasta el 16/10/2024, 458 niños y niñas se han quedado huérfanos por feminicidio.

El concepto de feminicidio vinculado hace referencia a casos de hombres que matan a hijas e hijos propios, de su pareja o expareja, para causarle a ésta un daño aun mayor que el que le causaría su propia muerte. En España, desde 2013 hasta la actualidad (datos actualizados el 16/10/2024) constan 63 menores asesinados por violencia de género (Ministerio de Igualdad, 2024a).

La literatura científica ha identificado diferentes factores de riesgo que comparten la violencia contra las mujeres y la violencia contra los niños y niñas, siendo los más frecuentes la existencia de normas sociales que toleran la violencia y la desigualdad de género. Además, la co-ocurrencia de violencia contra las mujeres y la violencia contra los niños y niñas dentro del mismo hogar, incluido el homicidio, es un problema de graves dimensiones (Carlson et al., 2020; Guedes et al., 2016; Pearson et al., 2023).

A pesar de que las evidencias científicas apuntan que la violencia de género es estructural, los modelos (tanto legislativos como de la intervención social) se basan en un enfoque predominantemente individualista que, al construirse sobre una mirada sobre el sujeto mujer como única víctima de la violencia de género, invisibiliza las repercusiones que el feminicidio tiene en otros sujetos como son los hijos/as y familiares produciéndose, consecuentemente, situaciones de injusticia y desigualdad "silenciada" que reproducen el propio sistema patriarcal que sustenta la violencia de género. Partimos, por lo tanto, de que la violencia de género es un *continuum* que va más allá de la mujer o del menor víctimas, porque el asesinato trasciende de forma integral en la vida de los hijos e hijas de las mujeres asesinadas, de las madres cuyos hijos e hijas han sido asesinados, de sus familiares, su comunidad y la sociedad en general (Zafra-Aparici & Román Martín, 2022).

El homicidio no es el final de la violencia, sino que más allá de la muerte, éste se propaga como una onda expansiva y continúa destrozando la vida de los que permanecen vivos. El feminicidio no sólo afecta a la familia nuclear, sino que conlleva una crisis en toda la familia extensa que también debe gestionar la pérdida traumática de un ser querido en un momento en el que, además, muchos de ellos y ellas -madres víctimas de feminicidio vinculado incluidas- deberán hacerse cargo de la crianza y la recuperación emocional de los hijos e hijas supervivientes (Castro Cavero & López Díez, 2017).

Diferentes estudios han hallado una amplia gama de resultados adversos para los niños y niñas tras el asesinato de su madre por parte de su padre o pareja de ésta, que incluyen síntomas de estrés postraumático, dificultades de apego, problemas de comportamiento y problemas académicos (Alisic et al., 2017; Pitcho-Prelorentzos et al., 2023).

Por todas estas razones, se hace necesaria una atención integral y especializada, no sólo a niños, niñas y mujeres, sino también al resto de familiares y personas afectadas por un feminicidio.

En 2022 se inició el proyecto "Necesidades y derechos de las hijas e hijos del feminicidio: Una aproximación transdisciplinar a las consecuencias de la violencia de género en el contexto de la pandemia COVID-19" (FEMMINOR), cuyo objetivo es analizar las repercusiones del feminicidio y del feminicidio vinculado en relación a las necesidades y derechos de las hijas, hijos, madres y familiares de las víctimas.

En el marco de este proyecto, una de las acciones que se está llevando a cabo es una revisión sistemática de literatura, cuyo objetivo es mapear y analizar la evidencia científica acerca de las repercusiones, consecuencias e impacto del feminicidio y del feminicidio vinculado a nivel social, comunitario, familiar e individual.

Una revisión sistemática es una revisión de una pregunta claramente formulada que utiliza métodos sistemáticos y explícitos para identificar, seleccionar y evaluar críticamente la investigación relevante, y para recopilar y analizar datos de los estudios incluidos en la revisión (Moher et al., 2012). El uso de enfoques de revisión sistemática en cuestiones de violencia contra las mujeres se ha vuelto cada vez más común, ya que el creciente número de estudios sobre feminicidio, neonaticidio, filicidio, etc. requieren un análisis exhaustivo de sus resultados y de sus posibilidades de aplicación.

En este sentido, conocer mejor las repercusiones, consecuencias e impacto del feminicidio y del feminicidio vinculado puede servir de apoyo en la elaboración de estrategias de prevención y recuperación de las víctimas.

Por tanto, las preguntas que guían esta investigación son las siguientes:

- ¿Qué resultados o consecuencias se han estudiado y asociado con el feminicidio en los hijos e hijas y su entorno?
- ¿Qué resultados o consecuencias se han estudiado y asociado con el feminicidio vinculado en las madres supervivientes y su entorno?
- ¿Qué enfoques teóricos y metodológicos se han utilizado para analizar dichas asociaciones?
- ¿Qué tipos de propuestas se hacen desde los organismos e instituciones? (de intervención, modificación legislativa, de creación/refuerzo de instituciones...)
- ¿En qué ámbitos existe un vacío o falta de desarrollo en la investigación?

En este trabajo se presenta el Protocolo de Revisión, que se encuentra en fase de desarrollo actualmente. En el contexto de revisiones sistemáticas, un protocolo es un documento que presenta un plan explícito y estructurado para el desarrollo de la investigación. El protocolo detalla la justificación y el enfoque metodológico y analítico planteado en la revisión.

2. *Metodología*

2.1. Diseño

Para responder a las preguntas de investigación formuladas se ha empleado una metodología de Revisión Panorámica o Scoping Review (Colquhoun et al., 2014; Ruiz-Perez & Petrova, 2019). Este diseño permite identificar la naturaleza y extensión de la evidencia sobre un tema previamente analizado por otros autores y autoras; es especialmente adecuado para (Arksey & O'Malley, 2005): 1) Examinar la actividad científica, especialmente en campos donde es difícil observar la información disponible; 2) Identificar de forma rápida de la literatura previamente a una Revisión Sistemática, para conocer la factibilidad de realizar una; 3) Sintetizar resultados científicos; 4) Identificar vacíos en la literatura.

En la realización de este estudio se siguen las recomendaciones para la elaboración de Scoping Review del Instituto Joanna Briggs (The Joanna Briggs Institute, 2015) y de la guía Preferred Reporting Items for Systematic reviews and Meta-Analyses extension for Scoping Reviews (Tricco et al., 2018). (Figura 1).

Figura 1. Proceso de elaboración de la Scoping Review

2.2. Criterios de elegibilidad de estudios

Serán incluidos en esta revisión:

- Artículos publicados en revistas científicas que incluyan datos originales.
- El enfoque principal del artículo debe ser el feminicidio y/o el feminicidio vinculado. Por tanto, se incluirán estudios en los que la población participante sean mujeres

cuyos hijos o hijas han sido asesinados por su pareja/ex pareja, así como estudios en los que la población participante sean huérfanos/as de feminicidio.

- Los artículos deben proporcionar resultados de impacto en cualquier nivel, por ejemplo: social, familiar, comunitario, educativo, salud, etc.

Además, serán excluidos de la revisión:

- Los resúmenes en actas de congresos, editoriales, comentarios o cartas al editor, libros, capítulos de libros, etc.
- Las revisiones narrativas.
- Los artículos que incluyan datos sobre homicidios familiares en los que no se pueda identificar si son feminicios.

2.3. Fuentes de información y estrategias de búsqueda de la información

Con el propósito de recuperar la totalidad de artículos potencialmente relevantes sobre el tema de investigación, se realizarán búsquedas bibliográficas específicas en las siguientes bases de datos: Scopus, multidisciplinar; Web of Science, multidisciplinar; Pubmed (Medline), medicina y salud; PsyInfo, psicología.

No se aplicarán límites temporales ni por país de origen del estudio. Se limitará la búsqueda a artículos publicados en inglés y español.

Los términos de búsqueda han sido incluidos a partir de la identificación de palabras clave en la literatura previa; las estrategias de búsqueda han sido realizadas por una bibliotecaria especializada en revisiones sistemáticas, y perfeccionada en consenso por el equipo de investigación.

Un ejemplo de la estrategia de búsqueda final se puede encontrar en el cuadro 1.

Cuadro 1. Estrategia de búsqueda empleada en Web Of Science.

Health OR "mental disorder*" OR "mental disorders" OR "psychological well-being" (Topic) and partner* OR husband* OR wife OR wives OR co-habiting OR married OR marital OR marriage OR divorce* OR couple* OR boyfriend* OR girlfriend OR spous* OR lover* (Topic) and familicide OR femicide OR "honor killing" OR "honour killing" OR uxoricide OR mariticide OR matricide OR homicide OR murder OR manslaughter OR patricide OR parricide OR fratricide OR infanticide OR siblicide OR neonaticide OR filicide (Topic) and Child* OR adolescent* OR sibling OR young OR youth OR youngster OR kid OR kids OR toddler OR preschooler OR teen* OR women OR woman OR mother* (Topic) and Article or Review Article (Document Types)

Los resultados finales de la búsqueda se exportarán al gestor de referencias bibliográficas Zotero y se eliminarán todos los registros duplicados.

2.4. Proceso de selección de estudios

Varias revisoras evaluaran por pares los títulos y los resúmenes de todos artículos identificados en un primer paso (cribado), y posteriormente a texto completo. Para este paso se empleará el software de apoyo para revisiones sistemáticas Rayyan (Ouzzani et al., 2016), una herramienta digital para identificar y eliminar los duplicados, así como para almacenar las citas y ayudar a gestionar el proceso tanto de revisión de resúmenes como de obtención de artículos a texto completo. Los desacuerdos sobre la selección de estudios se resolverán mediante la puesta en común y consenso con otras revisoras, si es necesario.

2.5. Extracción de datos

Se diseñará un formulario estructurado con el fin de extraer la información relevante de los artículos seleccionados. Se recogerán datos sobre las características del artículo (p. ej., país de origen, fecha de realización, institución de vinculación y disciplina de origen de la autoría principal, etc); características de la población participante (tipo de muestra, características de la población, etc); características del diseño del estudio; resultados de frecuencias de feminicidio/feminicidio vinculado; tipo de resultado analizado (a nivel social, comunicatorio, familiar, educativo, de salud, etc); resultado de la asociación entre feminicidio/feminicidio vinculado y resultado/s analizados en cada artículo; y cualquier información que se considere pertinente respecto a los objetivos del estudio y las preguntas de investigación previamente planteadas.

Para aumentar la coherencia y concordancia entre las revisoras, todas examinarán una pequeña submuestra de artículos, compartirán los resultados y modificarán de forma iterativa el protocolo de selección y extracción de datos antes de comenzar la selección para esta revisión.

3. Síntesis de resultados

En primer lugar, se realizará una descripción de la evidencia hallada en su conjunto, para lo que diseñaremos tablas, figuras y mapas. A continuación, los artículos seleccionados se dividirán en diferentes grupos y para cada grupo identificado se realizará una síntesis cualitativa de la evidencia hallada, tratando de dar respuesta a las diferentes preguntas de investigación planteadas.

4. Aspectos éticos

La investigación en violencia de género es un área sensible que requiere una atención especial a los aspectos éticos para proteger a las víctimas y asegurar la integridad del estudio. Sin embargo, por la naturaleza de los datos, no se trata directamente con sujetos, por lo que no es necesario solicitar consentimiento informado para la realización de este estudio.

Es importante también destacar la importancia social de la investigación en violencia de género como aspecto ético. La investigación debe generar un impacto positivo en la sociedad, ya sea mediante la creación de políticas públicas que mejoren el bienestar y las condiciones de vida de las víctimas y sus familias, el diseño de programas de prevención, o de mejores servicios de apoyo.

5. Discusión

El trabajo planteado se encuentra actualmente en la primera etapa de la fase de realización. En el estudio de viabilidad para comprobar el grado de madurez del problema de estudio hemos hallado que, en general los trabajos de revisión de prevalencias del feminicidio/feminicidio vinculado, y también sobre factores de riesgo, aunque pocas analizan el problema en relación con resultados, consecuencias o impacto.

Es interesante el artículo "Domestic Homicide: A Synthesis of Systematic Review Evidence" (Kim & Merlo, 2023), pues, además de ser bastante actual, es una revisión de revisiones que incluye 25 trabajos diferentes sobre el tema, aunque a priori solamente una de las revisiones incluidas analiza impacto del feminicidio (Alisic et al., 2015). La revisión sistemática de Alisic et al, 2015 incluye estudios en los que el padre ha asesinado a la madre y viceversa.

Sin embargo, nuestro objetivo de investigación es más concreto en lo que respecta a la población, ya que solamente se centra en homicidios de género (feminicidio y feminicidio vinculado), y es más amplio en cuanto a los resultados analizados.

Las estrategias de búsqueda realizadas en las diferentes bases de datos han aportado 2532 referencias, de las cuales 1024 son registros duplicados. Por lo tanto, partimos de un total de 1508 referencias para analizar.

Figura 2. Diagrama de flujo sobre el resultado de la identificación y selección de artículos

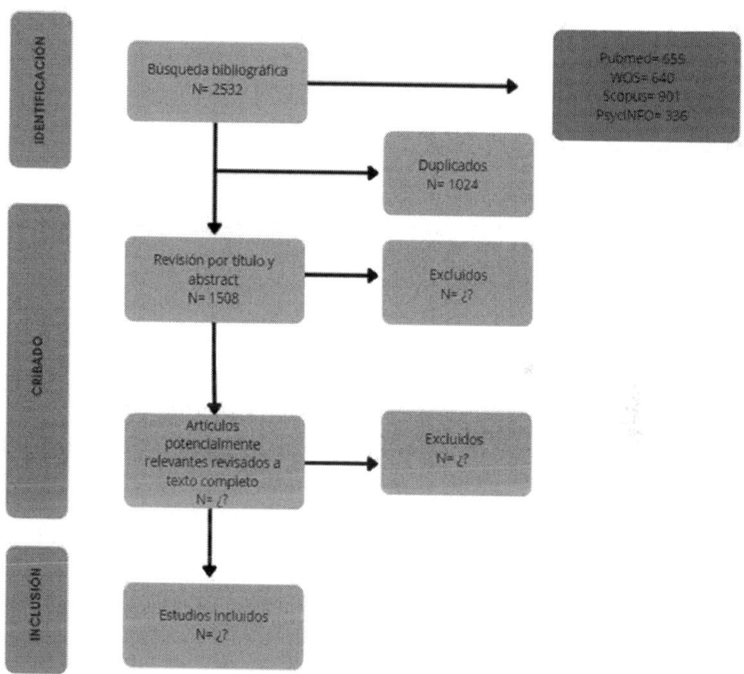

Es importante comentar también las limitaciones previsibles de este trabajo. Como en todos los estudios de revisión sistemática, es probable que se dé un sesgo de reporte, de manera que

se publiquen selectivamente algunos resultados y no otros. Por ejemplo, es probable que exista un mayor número de estudios que publican asociaciones estadísticamente significativas. Sin embargo, dada la variedad de fuentes de información consultadas, es poco probable que este sesgo afecte a los resultados identificados.

En cualquier caso, este trabajo contribuirá a un mejor conocimiento de las consecuencias del feminicidio y feminicidio vinculado en los hijos e hijas y en las madres supervivientes, proporcionando una base para mejorar las intervenciones en apoyo a los familiares de las víctimas de feminicidio,

Además, esta revisión contribuirá a identificar lagunas de investigación o áreas que requieren más atención.

Bibliografía

Alisic, E., Groot, A., Snetselaar, H., Stroeken, T., Hehenkamp, L., & van de Putte, E. (2017). Children's perspectives on life and well-being after parental intimate partner homicide. *European Journal of Psychotraumatology, 8*(Suppl 6), 1463796. https://doi.org/10.1080/20008198.2018.1463796

Alisic, E., Krishna, R. N., Groot, A., & Frederick, J. W. (2015). Children's Mental Health and Well-Being After Parental Intimate Partner Homicide: A Systematic Review. *Clinical Child and Family Psychology Review, 18*(4), 328–345. https://doi.org/10.1007/s10567-015-0193-7

Arksey, H., & O'Malley, L. (2005). Scoping studies: Towards a methodological framework. *International Journal of Social Research Methodology, 8*(1), 19–32. https://doi.org/10.1080/1364557032000119616

Carlson, C., Namy, S., Norcini Pala, A., Wainberg, M. L., Michau, L., Nakuti, J., Knight, L., Allen, E., Ikenberg, C., Naker, D., & Devries, K. (2020). Violence against children and intimate partner violence against women: Overlap and common contributing factors among caregiver-adolescent dyads. *BMC Public Health, 20*(1), 124. https://doi.org/10.1186/s12889-019-8115-0

Castro Cavero, R., & López Díez, M. (2017). Intervención con niños y niñas huérfanos por violencia de género (de 0 a 6 años). In I. Romero Sabater, *Intervención psicológica en menores expuestos/as a la violencia de género. Aportes teóricos y clínicos* (pp. 49–62). Colegio oficial de psicólogos de Madrid.

Colquhoun, H. L., Levac, D., O'Brien, K. K., Straus, S., Tricco, A. C., Perrier, L., Kastner, M., & Moher, D. (2014). Scoping reviews: Time for clarity in definition, methods, and reporting. *Journal of Clinical Epidemiology, 67*(12), 1291–1294. https://doi.org/10.1016/j.jclinepi.2014.03.013

Gobierno de España. (2004). *Ley Orgánica 1/2004, de 28 de diciembre, de Medidas de Protección Integral contra la Violencia de Género. BOE núm. 313, de 29 de diciembre de 2004.* https://www.boe.es/buscar/pdf/2004/BOE-A-2004-21760-consolidado.pdf

Guedes, A., Bott, S., Garcia-Moreno, C., & Colombini, M. (2016). Bridging the gaps: A global review of intersections of violence against women and violence against children. *Global Health Action, 9*, 31516. https://doi.org/10.3402/gha.v9.31516

Kim, B., & Merlo, A. V. (2023). Domestic Homicide: A Synthesis of Systematic Review Evidence. *Trauma, Violence & Abuse, 24*(2), 776–793. https://doi.org/10.1177/15248380211043812

Ministerio de Igualdad. (2024a). *Número de menores víctimas de violencia de género. Portal Estadístico de la Delegación del Gobierno contra la Violencia de Género.* https://estadisticasviolenciagenero.igualdad.gob.es/

Ministerio de Igualdad. (2024b). *Número de mujeres víctimas mortales. Portal Estadístico de la Delegación del Gobierno contra la Violencia de Género.* https://estadisticasviolenciagenero.igualdad.gob.es/

Moher, D., Stewart, L., & Shekelle, P. (2012). Establishing a new journal for systematic review products. *Systematic Reviews, 1*(1), 1. https://doi.org/10.1186/2046-4053-1-1

Oliveras Jané, N. (2020). Igualdad de género y violencia de género en el ordenamiento jurídico español. *A A. Giménez Costa (Dir.), Las Respuestas Del Derecho Ante La Violencia de Género Desde Un Enfoque Multidisciplinar*, 95–133.

Ouzzani, M., Hammady, H., Fedorowicz, Z., & Elmagarmid, A. (2016). Rayyan-a web and mobile app for systematic reviews. *Systematic Reviews, 5*(1), 210. https://doi.org/10.1186/s13643-016-0384-4

Pearson, I., Page, S., Zimmerman, C., Meinck, F., Gennari, F., Guedes, A., & Stöckl, H. (2023). The Co-Occurrence of Intimate Partner Violence and Violence Against Children: A Systematic Review on Associated Factors in Low- and Middle-Income Countries. *Trauma, Violence & Abuse, 24*(4), 2097–2114. https://doi.org/10.1177/15248380221082943

Pitcho-Prelorentzos, S., Leshem, E., & Mahat-Shamir, M. (2023). A Trisonance: Identities of Women Whose Mothers Were Murdered by Their Fathers. *Violence Against Women, 29*(5), 901–924. https://doi.org/10.1177/10778012221092478

Ruiz-Perez, I., & Petrova, D. (2019). Scoping reviews. Another way of literature review. *Medicina clinica, 153*(4), 165–168. https://doi.org/10.1016/j.medcli.2019.02.006

The Joanna Briggs Institute. (2015). *The Joanna Briggs Institute Reviewers' Manual. Methodology for JBI Scoping Reviews.* www.joannabriggs.org

Tricco, A. C., Lillie, E., Zarin, W., O'Brien, K. K., Colquhoun, H., Levac, D., Moher, D., Peters, M. D. J., Horsley, T., Weeks, L., Hempel, S., Akl, E. A., Chang, C., McGowan, J., Stewart, L., Hartling, L., Aldcroft, A., Wilson, M. G., Garritty, C., … Straus, S. E. (2018). PRISMA Extension for Scoping Reviews (PRISMA-ScR): Checklist and Explanation. *Annals of Internal Medicine, 169*(7), 467–473. https://doi.org/10.7326/M18-0850

UN Women, & UNODC. (2023). *Gender-related killings of women and girls (femicide/feminicide): Global estimates of female intimate partner/family-related homicides in 2022.*

Zafra-Aparici, E., & Román Martín, L. (Eds.). (2022). *Hijos e hijas de la violencia de género. Análisis de casos sobre las consecuencias del femicidio.* Tirant Lo Blanch.

CAPÍTULO VIII. LA VIOLENCIA DE GÉNERO COMO FACTOR INCIDENTE DENTRO DEL FEMINICIDIO ECUATORIANO[524]

MARÍA DEL PILAR VITERI VERA
Universidad de Guayaquil – Universitat Rovira i Virgili
EVA-NEUS MIRALLES-SIRÉ
Investigadora predoctoral AGAUR-FI. Departamento de Antropología, Filosofía y Trabajo Social. Universitat Rovira i Virgili

1. Introducción

En este artículo se presenta la revisión de 12 sentencias por violencia de género dentro del contexto de relaciones intrafamiliares en el ámbito de la pareja, con presencia de hijos e hijas que eran menores en el momento del suceso. La documentación bibliográfica documental que a continuación se presenta, ha sido realizada dentro del contexto ecuatoriano en donde el término femicidio y el término feminicidio tienen diferentes contextualizaciones.

Dentro de la jurisprudencia ecuatoriana, el Código Orgánico Integral Penal tipifica el delito de femicidio y no el delito de feminicidio ya que este último abarca el incumplimiento del Estado de investigar, juzgar, sancionar en perjuicio del derecho a la vida de las mujeres, la sanción por el delito de femicidio es

---

524 Artículo en el marco del proyecto "Necesidades y derechos de las hijas e hijos del feminicidio: Una aproximación transdisciplinar a las consecuencias de la violencia de género en el contexto de la pandemia Covid-19". Referencia: PID2021-122999OB-I00. Convocatoria: Programa Estatal de Generación de Conocimiento y Fortalecimiento Científico y Tecnológico del Sistema de I+D+i (financiado por MICIU/AEI/10.13039/501100011033 y por la Unión Europea Next GenerationEU/ PRTR). Investigadora principal: Eva Zafra Aparici (URV).

de 22 a 26 años de prisión (Fiscalía General del Estado, 2016). Un agravante del femicidio lo constituye el cometer este delito en presencia de los hijos, hijas o cualquier otro familiar de la víctima. El estudio de los femicidios realizado en 2010 en Ecuador menciona que:

> "Si se toman en cuenta los 80 homicidios de mujeres en los que sí se cuenta con la información pertinente, se constata que 62 corresponden a femicidios/feminicidios (77.5%) y surgen 13 sospechas de femicidio/feminicidio (16,3%), resultando que sólo 5 del total (6,3%) son en realidad homicidios donde la condición de subordinación de género no fue la causante. Esta categorización efectuada de las muertes estudiadas permite visibilizar que los feminicidios constituyen la gran mayoría del conjunto de los homicidios cometidos contra mujeres" (Carcedo, 2010: 45).

En el año 2011 la Comisión de Transición hacia el Consejo de Mujeres y la Igualdad de Género (CDT) realizó una investigación basada en el femicidio la que reveló que el 92% de los homicidios de las mujeres son femicidios o al menos existen sospechas de serlo y que un 64% de los femicidios son cometidos por parejas o ex parejas y que con frecuencia los hijos e hijas son testigos de estas muertes (Fiscal General del Estado, 2013).

La Organización Mundial de la Salud (OMS, 1999) define el abuso y maltrato infantil como cualquier forma de agresión física o emocional, abuso sexual, negligencia o explotación de cualquier tipo, que pueda ocasionar daño real o potencial a la salud, supervivencia, desarrollo o dignidad de un menor, en el marco de una relación de responsabilidad, confianza o poder. Esta definición se amplió posteriormente para abarcar específicamente a las víctimas menores de 18 años y para incluir a niños/as que son testigos de violencia en el contexto de la pareja, considerándolos como potenciales víctimas de maltrato infantil (OMS, 2016).

Bethel et al. (2019), confirma la creciente evidencia de que las experiencias de la niñez tienen efectos profundos y de por vida, e incide en la relación existente entre las experiencias adversas en la niñez y el aumento de riesgo de depresión, mala salud mental e insuficiente apoyo social y emocional en la edad adulta. De acuerdo con el estudio de Vilariño et. al (2022), las víctimas de maltrato infantil, entre los que se encuentran los niños expuestos a la violencia de pareja, reportan más síntomas depresivos, ansiosos y de ira que la muestra normativa.

Ante el femicidio, las hijas e hijos de la víctima entran en un círculo de riesgos que atentan contra su integridad física y psicológica, en muchos casos la confusión por lo ocurrido deja secuelas para toda la vida, "si bien los impactos del femicidio pueden ser «más visibles» en niños/as mayores y en adolescentes, no se puede desconocer que en bebés y en niños/as menores también se causen afectaciones, aunque probablemente de forma muy diversa" (Arrobo, 2022, pág. 26).

Los estudios de casos clínicos revisados por Hardesty et al. (2008) y por Eth, et al. (1994), describen importantes dificultades de salud mental en niños y niñas expuestos a femicidio, entre los que destacan el trastorno de estrés postraumático y el duelo traumático.

En referencia al duelo traumático, Alisic et al. (2017), advierten la necesidad de que los profesionales involucrados poco después del femicidio, pregunten sobre el estado de los niños y las niñas testigo, a fin de planificar la atención para abordar la exposición con intervenciones efectivas. También alerta de la necesidad de superar la suposición de que los niños no han estado realmente expuestos a la violencia en sí. Cuando existe evidencia de que infantes muy pequeños, pueden recordar detalles del asesinato, incluso cuando los miembros de la familia piensan que los niños eran demasiado pequeños o estaban dormidos. Y concluye que si la exposición real no se evalúa adecuadamente y se supone incorrectamente que no hubo exposición, se pierde una oportunidad importante para ayudar al niño o niña a procesar su experiencia.

En Ecuador se tipificó el femicidio en el código Orgánico Integral Penal (COIP) en agosto de 2014. Durante el primer año en que el COIP entró en vigencia, 15 sentencias fueron dictaminadas como condenatorias por delito de femicidio de las cuales 5 tuvieron el agravante de haber sido cometido el delito frente a hijos e hijas, en algunos casos estos testimonios fueron presentados en el juicio y constituyeron elementos previos a la sentencia. Quince mujeres víctimas del delito de femicidio a decir de la Fiscalía cumplían su rol reproductivo al momento de ser asesinadas. En el **Juicio No.23281-2014-5034** la pericia psicológica indicó:

> *"...siendo más pequeño, junto a sus hermanos observó como su padre maltrataba a su madre con agresión verbal y física; el 22 de noviembre de 2014, por la noche al dormir, su madre recibió una llamada al teléfono y no le quería decir a su padre quién le llamó, su padre cogió un cuchillo y le apuñala; los evaluados tratan de defender a su madre jalando a su padre, pero ha estado cerrado sin entender; después de apuñalar a su madre, él mismo se apuñala; ..."* (Fiscalía General del Estado, 2016, pág. 68).

En el proceso penal **N-13151-2015-00158,** pp 7 y 8 del Caso de femicidio contra Jessenia Adelaida Aveiga Chuez se muestra el testimonio presentado en juicio por un dueño de hacienda que indicaba:

> *"vio a Javier Cedeño Lucas que iba con su hijo en hombros y que el pequeño le decía por qué lo hiciste, por qué mataste a mi mamita; que él preguntó: ¿Qué hiciste Javier?, y que él le respondió: le maté a esa hija de puta que me tenía engañado"* (Fiscalía General del Estado, 2016, pág. 86).

En muchos casos los testigos del femicidio son niños, niñas y adolescentes que tienen un parentesco familiar, el protocolo de acción en los contextos de femicidio hacia estas personas incluye, entre otras acciones, tratar de evitar interrogarlos en la escena de los hechos, ofrecer asistencia y contención procurando la protección de su integridad física y emocional (Tirira, 2021).

Siguiendo a Chávez (2020) en el periodo correspondiente desde agosto 2014 hasta noviembre 2019 solo 253 casos se registran el número de la causa del Sistema del Consejo de la Judicatura (SATJE). De estos 253 casos, 156 tuvieron lugar en zonas urbanas y 97 en zonas rurales. 161 casos ocurrieron en el contexto privado y 92 en el público. La forma como que ocasionó la muerte en 130 casos está ligada a heridas por cuchillos y demás armas corto punzantes, 59 por ahorcamientos o estrangulamientos, 30 casos por armas de fuego, 17 casos por heridas contusas, 7 casos por intoxicación. 94 mujeres asesinadas se encontraban en el rango de 25 a 34 años y 80 asesinadas en el rango de 15 a 24 años, rangos de edad reproductiva por lo que el tener hijos e hijas es común, con lo cual la posibilidad de orfandad es alta.

Es importante comprender que es el Estado y/o Gobierno quien está obligado a garantizar las diversas políticas públicas que permitan realizar intervenciones adecuadas sobre los niños, niñas y adolescentes que han quedado en la orfandad por el delito de femicidio. Siguiendo a Arrobo (2022):

> "En el caso de hijos/as que han experimentado la muerte violenta de la madre (víctimas directas del delito), se exige que el Estado considere que el ejercicio de sus derechos no puede atenderse únicamente después del delito, ni que la protección se oriente hacia acciones aisladas y sin participación de NNA." (pág. 30).

2. *Metodología*

La tabla 1 muestra la revisión documental de algunas sentencias que fueron encontradas en la página del Consejo de la

Judicatura de Ecuador de éstas más de 20 mujeres asesinadas tenían al menos un hijo o hija que quedó huérfano. El link de donde se obtuvo la información que sirvió de base para la revisión documental es el siguiente https://procesosjudiciales.funcionjudicial.gob.ec

Tabla 1. *Sentencias donde al menos la víctima de femicidio tenía al menos un hijo o hija*

Tribunal	Ciudad/ Cantón	No. Juicio	Fecha	Medida de Reparación
Tribunal de Garantías Penales	Cuenca	01281-2016-00086	29 de mayo de 2017	Indemnización económica
Tribunal Segundo de lo Penal del Cañar	Cañar	03281-2015-00112	3 de septiembre de 2015	Indemnización económica
Tribunal Segundo de lo Penal del Cañar	Cañar	03281-2016-00069	14 de julio de 2016	Indemnización económica; Rehabilitación; Satisfacción
Tribunal de Garantías Penales de Cotopaxi	Latacunga	05254-2014-0539	29 de abril de 2015	Indemnización económica
Tribunal de Garantías Penales de Cotopaxi	Latacunga	05283-2016-00196	4 de mayo de 2016	Indemnización económica; Rehabilitación; Satisfacción; Garantía de No Repetición del Delito
Tribunal de Garantías Penales	Machala	07710-2016-00018	10 de mayo de 2016	Indemnización económica
Tribunal de Garantías Penales	Machala	07710-2017-00167	27 de septiembre de 2018	Indemnización económica; Rehabilitación
Tribunal de Garantías Penales	Esmeraldas	08281-2017-00464	4 de julio de 2018	Indemnización económica
Tribunal Noveno de Garantías Penales UJ	Guayaquil	09266-2014-1074	29 de marzo de 2016	Indemnización económica
Tribunal de Garantías Penales	Guayaquil	09320-2017-00445	27 de agosto de 2018	Indemnización económica; Rehabilitación

Tribunal de Garantías Penales	Guayaquil	09290-2018-00294	2 de julio de 2019	Indemnización económica
Tribunal de Garantías Penales	Loja	11257-2016-00032	27 de abril de 2017	Indemnización económica; Rehabilitación
Tribunal de Garantías Penales	Babahoyo	12333-2015-00996	31 de marzo de 2017	Indemnización económica
Tribunal de Garantías Penales	Manta	13284-2016-01062	27 de abril de 2017	Indemnización económica; Rehabilitación; Satisfacción
Tribunal de Garantías Penales	Tena	15281-2015-00588	15 de abril de 2016	Indemnización económica; Rehabilitación; Satisfacción
Tribunal de Garantías Penales	Francisco de Orellana	22251-2015-00199	20 de noviembre de 2015	Indemnización económica
Tribunal de Garantías Penales	Francisco de Orellana	22303-2018-00002	15 de agosto de 2018	Indemnización económica
Tribunal de Garantías Penales	Parroquia Iñaquito del Distrito Metropolitano de Quito	17316-2016-00517	16 de junio de 2017	Indemnización económica; Rehabilitación
Tribunal de Garantías Penales	Parroquia Iñaquito del Distrito Metropolitano de Quito	17232-2017-00449	20 de septiembre 2018	Indemnización económica
Tribunal de Garantías Penales	Parroquia Iñaquito del Distrito Metropolitano de Quito	17282-2018-01258	23 de abril de 2019	Indemnización económica; Restitución
Tribunal de Garantías Penales	Sucumbíos	21282-2015-01033	8 de noviembre de 2017	Indemnización económica
Tribunal de Garantías Penales	Sucumbíos	21333-2017-00268	25 de enero de 2018	Indemnización económica

Fuente: elaboración propia a partir de https://procesosjudiciales.funcionjudicial.gob.ec

Las medidas de reparación integral que se mencionan en la tabla 1 abordan los siguientes aspectos: (1) Rehabilitación según el COIP abarcan el brindar atención médica y psicológica, jurídica y social con el fin de ayudar en la recuperación de las víctimas; (2) Indemnización económica implica una restitución de las pérdidas materiales e inmateriales que permitan el restablecimiento de derechos de las víctimas. En este punto "resulta necesario que la entrega de aportes económicos por parte del Estado sea efectiva y eficaz, con un acompañamiento continuo para asegurar que su uso se enfoque en el ejercicio de derechos de hijos/as de víctimas de feminicidio" (Arroba, 2022, pág.79); (3) Satisfacción o también conocida como medidas simbólicas, repara la dignidad, la reputación, la disculpa y el reconocimiento público de los hechos y de las responsabilidades, las conmemoraciones y los homenajes a las víctimas, la enseñanza y la difusión de la verdad histórica; (4) Garantías de No Repetición del Delito se orienta a la prevención de infracciones penales y a la creación de condiciones suficientes para evitar la repetición de las mismas.

3. Análisis de las sentencias

Después de realizar la lectura de 12 procesos que se encuentran mencionados en la tabla 1 se comparten a continuación datos relevantes que ofrecen al lector una relación directa en todos los casos del feminicidio con la violencia de género que se produce en el ámbito de las relaciones de pareja y que, en algunos casos se evidencia a través del testimonio de los hijos e hijas que todo el núcleo familiar ha sido afectado.

Sentencia 15281-2015-00588.- A decir del informe de la Trabajadora Social el niño NN proviene de un hogar disfuncional e incompleto (madre fallece por femicidio, padre se encuentra cumpliendo sentencia-autor de fallecimiento de la madre); b) El niño NN en el año 2015 fue entregado por Custodia familiar a la señora patricia Vásquez (abuela materna), por parte de la

Junta cantonal del cantón Napo. c) El niño NN considera que su abuelita materna es su madre; d) No existe interés por parte de los familiares paternos, según el decir de la señora Patricia Vásquez (abuela materna), ya que no se han acercado a tener conocimiento de la situación de su nieto ni le han apoyado económicamente. El femicida es ecuatoriano, a la fecha del delito contaba con 19 años, esta privado de la libertad desde el 31 de agosto de 2015, debe pagar una multa de 800 salarios básicos unificados del trabajador en general ecuatoriano y una pena privativa de la libertad de 26 años.

Sentencia 08281-2017-00464.- En la provincia de Esmeraldas un hombre asesinó a la madre de sus hijos, meses antes la víctima había realizado una denuncia por maltratos psicológicos y físicos por el procesado y temía por su vida. La víctima es asesinada con un tiro en el mentón derecho mientras estaba en el baño. Los hijos al escuchar el sonido del arma de fuego van al lugar y observan lo ocurrido con su madre quien tenía el rostro desfigurado por el disparo. El asesino amenazó a uno de sus hijos con matarlo cuando fue descubierto por éste. Se le impuso una condena de 26 años de prisión. La sentencia fue ejecutada en 2019.

Sentencia 09290-2018-00294.- Hombre de 22 años asesina a su conviviente, el cuerpo de la víctima es encontrado en estado de putrefacción junto a una carretera. El testimonio del hijo de 4 años reveló el feminicidio ocurrido:

> "Mi papá dejó a mi mamá botada, y luego dice: mi papá se llevó a mi mamá a la playa y luego la quiso besar y se le hacía para atrás, y de allí mi papá como mi mamá no se dejaba, mi papá la cogió del cuello y se cayó al suelo y como mi mamá no se levantaba le tiró una piedrita y mi papá la cogió de las manos a mi mamá y la tiro al monte y luego mi papá cogió un montecito y la tapó a mi mamá y nos fuimos."

El asesino fue sentenciado a 26 años de prisión y el pago de $50.000 dólares a la madre de la víctima como medida de reparación, así como una multa equivalente a 1.000 salarios básicos unificados vigentes en Ecuador a la fecha de la sentencia.

Sentencia 11257-2016-00032.- Como resultado de relaciones de poder manifestadas mediante violencia física, psíquica y sexual un hombre le quita la vida a su conviviente y madre de sus 3 hijos de 10, 8 y 7 años. La muerte que consistió en asfixia por estrangulación manual, con sus manos el asesino comprimió el paquete vascular cérvico lateral de la víctima, lo que ocasionó el deceso de la misma; el cuerpo sin vida fue arrojado por el asesino a una alcantarilla ubicada en la vía pública que conduce a un relleno sanitario. Se le imputo al femicida el hecho de producir maltrato físico y psicológico constantemente a su conviviente y en forma extendida a sus hijos. Fue condenado a veintiséis años de privación de libertad.

Sentencia 09320-2017-00445.- Hombre de 28 años asesina a su conviviente. Fue un crimen pasional, de 8 machetazos, uno en la cabeza que le produce la muerte, la causa de muerte fue por desangramiento. A decir de la familia de la víctima el hombre agredía constantemente a su pareja delante de los niños, la víctima lo había denunciado por ello cuando a ella él la había obligado a tener relaciones a la fuerza delante de la niña. La hija de 6 años menciona lo siguiente en su declaración:

> "Fue con un machetazo, eso fue en la casa, de nosotros, primero estábamos, llegamos comimos, estábamos viendo He-man, una película, y mientras estábamos comiendo y terminamos de comer y nos fuimos a la cama, y mi mami estaba llorando afuera en la hamaca, mi mami Doménica, mi papi fue a comprar una cinta y le puso en la boca y de ahí mi mami quería coger un cuchillo y se resbaló, quería abrir la puerta, y estaba sangrando mi mami, por los machetazos que le dio mi papi. Después vino mi mami Chelo nos fuimos a la casa de mis tíos, mi mami Chelo es la que vive allá. A mi mami Doménica le dio un balazo en la espalda, mi papi le dio, yo vi estaba en un cuarto parado en un poste. Estaban en la casa mi hermana Fiorella, tiene 2 años, mi hermano y yo. Fiorella también vio y Eduardo. Después salió afuera cuando se fue corriendo mi papi, y salí a ver a mi mami y se estaba desangrando."

El asesino fue sentenciado a cumplir 34 años y 8 meses de prisión, cancelar una indemnización de $40.000 dólares a quien ejerza la custodia de los hijos y su núcleo familiar. Además, los menores y su núcleo familiar deben recibir terapias de asistencia familiar y de recuperación de trastornos provocados por violencias.

Sentencia 01281-2016-00086–Hombre de 25 años, de estado civil unión libre, artesano de calzado, comete femicidio contra su pareja de 21 años y deja en la orfandad a una niña que al momento de efectuarse el delito tenía 4 años. La reparación integral a la víctima no solo incluye el conocimiento de la verdad, la pena privativa de libertad a imponerse al responsable del delito, sino la imposición de una suma de dinero que repare el daño irrogado por la infracción, valor que deberá ser pagado a la madre de la víctima y que corresponde al valor que resulte de la remuneración básica unificada vigente a la fecha de comisión del delito (USD $ 366,00); y, en virtud que la víctima tenía la edad de 21 años a su fallecimiento; y, que la expectativa de vida económicamente activa en nuestro país es de 65 años, se le fija en la suma de USD $ 193.248,00, dólares americanos y se impone la pena privativa de libertad de 26 años. Motivo de la muerte por celos, muerte provocada por sumersión en río.

Sentencia 03281-2015-00112.- Motivo del asesinato por celos, en relación de amantes, muerte fue provocada por un arma corto punzante, la víctima tenía 4 hijos. Al femicida se le impone la pena privativa de la libertad de veinte y seis años, además de la multa de ochocientos salarios básicos unificados del trabajador en general, condenándole también al pago de los daños y perjuicios a quienes resultaren víctimas de la infracción como derecho de reparación, monto éste último que será cuantificado, al no poder hacerlo por no tener elementos necesarios para su cuantificación.

Sentencia 03281-2016-00069.- Motivo del delito por conductas celópatas. Hombre asesino con arma blanca y corto punzante, (lima para afilar cuchillos y machete) a su conviviente y luego de haber cometido el hecho de sangre el procesado había intentado suicidarse con un arma tipo escopeta, hechos que fueron ejecutados en presencia de los hijos (2 mujeres y 1 hombre) habidos dentro del hogar, quienes a la fecha del delito tenían 14, 16 y 18 años. Se le impone la pena de 25 años de prisión además la multa de ochocientos salarios básicos unificados del trabajador. Se dispone como medida de rehabilitación el tratamiento psicológico de las hijas e hijo. Por concepto de indemnización de daños inmateriales, fundamentalmente el impacto psicológico que el delito haya ocasionado en las víctimas secundarias de la infracción, el sentenciado deberá pagar la cantidad de diez mil dólares americanos por cada uno de los hijos habidos dentro del hogar. No se dispone el pago de daño material, por cuanto la Fiscalía no aportó con ningún elemento que permita su cuantificación; el Organismo considera que la presente sentencia constituye per se una medida de satisfacción para las víctimas; a fin de reparar su dignidad; y, el derecho al conocimiento de la verdad histórica.

Sentencia 05254-2014-0539.- Femicida de 29 años, de estado civil unión libre, de instrucción quinto grado de escuela, de ocupación empleado enfundador de banana, consumidor de cocaína y marihuana causa la muerte de su conviviente por politraumatismo craneal y hemorragia interna. La víctima tenía cinco hijos, de los cuales, tres eran hijas del femicida quienes a la fecha de los hechos tenían 10, 8 y 3 años de edad. Se le impuso la pena privativa de libertad de 22 años. De lo evacuado en la audiencia y considerando que la víctima frisaba los 29 años de edad, con altas probabilidades y expectativa de vida, y con cinco hijos), se le impone el pago de quince mil dólares de Norteamérica ($ 15.000,00) a favor de dichas menores hijas del femicida, como consecuencia de la infracción penal. así también, el pago de una multa por parte del sentenciado de ochocientos salarios básicos unificados del trabajador en general, correspondiendo a la suma de doscientos ochenta y tres mil doscientos dólares ($. 283.200, 00) valor que deberá ser depositado en la cuenta del consejo de la judicatura. El motivo del femicidio son los celos.

Sentencia 05283-2016-00196.- Hombre asesinó a la madre de sus 3 hijos de 12, 7 y 4 años de edad, mujer muere por golpe seco en la cabeza y asfixia mecánica por estrangulamiento a mano. Motivo del femicidio: celotipia. La Trabajadora Social manifiesta que los hijos vivieron en un ambiente familiar inestable con una relación conflictiva, los niños presenciaron violencia hacia su madre, los niños le tenían mucho miedo a su padre, quien cuando llegaba en estado etílico le pegaba a la madre, tratando los niños de defenderle, pero les pegaba, siendo el tío materno el que ha estado al frente de ellos. A más de ello, la situación económica no era buena por la familia extensa, mencionan que el papá era una persona vaga, no trabajaba, "mi mamá nos daba la comida", apreciándose que convivieron en un ambiente de inestabilidad familiar y violencia intrafamiliar. Dentro de la reparación integral se estableció apoyo psicoterapéutico, pueden imaginarse el drama de perder a su madre, a su padre, los hijos están con los abuelos maternos como siempre fue, tienen 3 hijos y están en apoyo terapéutico y una indemnización.

Sentencia 07710-2016-00018.- Hombre de 21 años de edad asesina a su conviviente con 22 heridas, 20 punzo cortantes y dos cortantes. Deja en la orfandad a 3 hijos de 11,4 y 2 años. Se impuso una pena privativa de la libertad de 34 años con 6 meses. A los hijos se les ofrece apoyo psicológico. Multa de 800 salarios básicos unificados del trabajador en general. indemnización por el daño inmaterial sufrido por los hijos de quince mil dólares americanos.

Sentencia 07710-2017-00167.- Hombre de 33 años asesina a su conviviente de 26 años, con un hijo en común de 6 años del que se presume pudo estar presente en el asesinato. A decir de la familia de la víctima el hombre consumía alcohol y drogas y constantemente golpeaba a la víctima. El asesino oculta al cadáver en una cobija, a decir de él, para que el hijo no observe a su madre, se descubre el cuerpo de la mujer asesinada debido a que una inundación en el sector descompone rápidamente el cuerpo y el olor de las familias vecinas descubren que el cuerpo muerto estaba oculto debajo de la cama que se encuentra en la vivienda conde la mujer y su hijo vivían. Recibe una pena de 34 años y 9 meses de prisión. La sentencia fue ejecutada en el año 2019.

De los datos analizados se desprenden las necesidades específicas en la atención integral de las hijas e hijos víctima de femicidio, cuyas secuelas requieren una reparación que trascienda lo económico, como se observa en la Sentencia 09320-2017-00445, que contempla la terapia de asistencia familiar y de recuperación de trastornos provocados por violencias.

Se hace visible el duelo infantil como denominador común en todas las sentencias. En el contexto del feminicidio/femicidio, al duelo por la pérdida de la madre, se añaden otros como la ausencia del padre, y también de la familia paterna como se muestra en el informe de la Sentencia 15281-2015-00588, que refleja el desinterés de los familiares paternos por la situación de su nieto.

Otro nexo común en la revisión de las sentencias, es la dificultad de salir del círculo de la violencia en que están sumidas estas familias a lo largo de los años, que conducen a finales trágicos.

4. Conclusiones

Por lo anteriormente expuesto resulta imperante que las hijas e hijos de madres que fueron víctimas del femicidio junto con las familias que quedan a su cuidado cuenten con las garantías necesarias, basadas en políticas públicas claras e integrales, para que dentro del contexto jurídico, social y educativo se vele por el cumplimiento de sus derechos.

A pesar de la presencia de diversas medidas de reparación integral en las sentencias, la mayor parte de éstas corresponden a medidas de indemnización económica, pero contradictoriamente, es difícil que se cumplan pues los asesinos son de escasos recursos económicos. Por lo que se requieren más presencia de medidas de reparación que trasciendan lo económico.

Se ha visto, que el duelo infantil compromete especialmente la salud de los infantes en contexto de feminicidio/femicidio, por lo que se requiere una mayor inversión de recursos públicos enfocados en la atención especializada para contribuir a la mejora de su salud física, psicológica y emocional.

A la luz del ingente porcentaje de femicidios entre los homicidios de las mujeres, se pone de manifiesto la necesidad de elaborar políticas educativas y sociales basadas en la evidencia para la prevención y la atención de la violencia de género.

Al respecto se espera que este trabajo, contribuya al diseño de políticas educativas enfocadas en la prevención de la violencia de género y de las violencias contra la infancia desde sus manifestaciones más incipientes.

Referencias bibliográficas

Alisic, E., Groot, A., Snetselaar, H., Stroeken, T., & van de Putte, E. (2017). *Children bereaved by fatal intimate partner violence: A population-based study into demographics, family characteristics and homicide exposure.* PLoS ONE, 12 (10): e0183466

Arrobo, C. (2022). *Hijos e hijas de víctimas de femicidio: Aportes para una política pública de protección.* Quito: Universidad Andina Simón Bolívar, Sede Ecuador.

Bethell, C., Jones, J., Gombojav, N., Linkenbach, J., & Sege, R. (2019). Positive childhood experiences and adult mental and relational health in a statewide sample: Associations across adverse childhood experiences levels. JAMA Pediatrics, 173, e193007–e193007.

Chávez, M. (2020). *El Femicidio en Ecuador.* Quito: Universidad Andina Simón Bolívar.

Eth, S., & Pynoos, R. S. (1994). Children Who Witness the Homicide of a Parent. Psychiatry, 57(4), 287–306.

Fiscal General del Estado. (marzo de 2013). *Boletín criminológico.(4).* Quito.

Fiscalía General del Estado. (abril de 2016). *Femicidio. Análisis Penológico 2014-1015.*

OMS. (1999). Informe de la consulta sobre prevención del maltrato infantil . Organización Mundial de la Salud.

OMS. (2016). Maltrato infantil . Organización Mundial de la Salud.

Tirira, M. (Noviembre de 2021). *Protocolo nacional para investigar femicidios y otras muertes violentas de mujeres y niñas.*

Vilariño, M., Amado, B. G., Seijo, D., Selaya, A., & Arce, R. (2022). *Consequences of child maltreatment victimisation in internalising and externalising mental health problems.* Legal and Criminological Psychology, 27(2), 182–193.

CAPÍTULO IX. PROPUESTAS PARA EL ABORDAJE DE LOS FEMINICIDIOS EN COLOMBIA Y ESPAÑA

PATRICIA MELGAR
Universitat de Girona
CLAUDIA HEREU
Universitat de Girona
CRISTINA SÁNCHEZ
Universitat de Girona
ELENA MUT-MONTALVÀ
Universitat de València

1. Introducción

El año 2022 casi 89.000 mujeres y niñas fueron asesinadas intencionadamente en todo el mundo, y más de la mitad murieron a manos de sus parejas u otros familiares (Organización de Naciones Unidas; Oficina de Naciones Unidas contra la Droga y el Delito, 2023). En España el año 2023 fueron asesinadas 58 mujeres a manos de sus parejas y/o exparejas, y a lo largo del primer semestre 13 mujeres fueron asesinadas fuera de la pareja o expareja (Delegación del Gobierno Contra la Violencia de Género, 2023). Pese a que en Colombia no existe una cifra clara aportada por el Gobierno colombiano, son varias las organizaciones que recopilan de forma extraoficial tales cifras. Según el Observatorio de Feminicidios Colombia (2023) el pasado 2023, fueron 525 las mujeres y niñas asesinadas.

Esta realidad pone de manifiesto la necesidad de identificar y difundir el conocimiento científico aportado hasta el momento para prevenir los feminicidios, así como analizar su aplicación en el trabajo que las instituciones de estos países están llevando a cabo.

2. *Estrategias necesarias para el abordaje de los feminicidios: evidencias científicas previas*

2.1. Elaboración conceptual que responda a la realidad

Tradicionalmente, los asesinatos de mujeres han sido calificados bajo el término generalista de homicidio. Conceptualizar todos los asesinatos de este modo neutral lleva a obviar que las muertes violentas de mujeres son consecuencia de un sistema machista (Russell, 2008). Por ello es necesario elaborar una definición amplia de feminicidio que incorpore una comprensión de la problemática no excluyente, que recoja las características y clasificaciones de la violencia feminicida. Esto debe llevar a reconocer que el feminicidio puede darse más allá de que exista un vínculo sexoafectivo o de cualquier otro tipo (amistad, familiar…) entre agresor y víctima, ampliando así la percepción social sobre el perfil de víctima. A su vez, se debe reconocer la diversidad de espacios en los que puede acontecer, las diferentes expresiones en las que se puede presentar, así como la comprensión social de las estructuras patriarcales que lo legitiman. Elaborar una definición amplia de los feminicidios, bajo estas premisas, permitirá aumentar la posibilidad de representación y/o identificación, a su vez, tendrá consecuencias en la contabilización de los feminicidios, la recopilación de los factores de riesgo asociados, las herramientas de valoración y las estrategias de protección (Cook et al., 2023; Walklate y Fitz-Gibbon, 2023; Santos et al., 2022). Y, a su vez, todo ello supondrá un avance en la comprensión social de la problemática y la formulación de políticas públicas (Corradi, 2016) para la formación y sensibilización social, la atención a víctimas, la reducción de los feminicidios y la contribución a la creación de una cultura de la igualdad.

2.2. Contabilizar de manera rigurosa los feminicidios

Una de las principales dificultades a la hora de analizar y prevenir los feminicidios es la falta de datos. En la actualidad se constata que no existen suficientes mecanismos de recogida de información estadística respecto al feminicidio, a su vez se identifica cierta ambivalencia por parte de determinadas instituciones a la hora de especificar las características de los feminicidios (Cook et al., 2023). Todo ello conlleva que muchos de los asesinatos a mujeres que constituyen un feminicidio no son contabilizados como tal.

Ante esta invisibilización del alcance real de la problemática nace la necesidad de establecer herramientas para la contabilización completa del feminicidio, dando a conocer aquellas muertes que no quedan recogidas de forma sistemática y oficial y colocándolas en el punto de mira. En este sentido, el espacio virtual ha devenido una herramienta de divulgación para las personas activistas. En él pueden expresarse preocupaciones y hacer de este espacio una herramienta de movilización que ayuda a crear "comunidades virtuales" o conectar varios movimientos, redes e individuos (Cammaerts, 2015). Ello permite dar a conocer los diferentes casos así como crear una identidad común y, con ello, promover la acción colectiva dotando de poder a las activistas para defender sus derechos fundamentales, sobrevivir y prevenir el feminicidio desde la reivindicación de las múltiples expresiones de éste (Messina, 2022).

Los colectivos de militancia organizada también destacan la necesidad de establecer una definición amplia, tal y como hemos destacado anteriormente. Para estos colectivos esta definición amplia llevará a que la recogida de información consecuente que refleje la totalidad de las experiencias de violencia contra las mujeres, la perpetración de esa violencia, las condiciones sociales que fomentan los actos de violencia y las estructuras e instituciones que lo apoyan. Para Walklate y Fitz-Gibbon (2023) lleva a visualizar los datos de homicidio dentro de una pirámide hexagonal de medida que comprenda de forma global la estructura, la cultura, el tiempo y el espacio que rodean al asesinato. Al adoptar este enfoque, que amplía la lente por medio de la pirámide hexagonal de medición los hechos sociales del feminicidio éstos se vuelven más visibles y audibles para la sensibilización social y la conformación de una actitud crítica. Esto, en cierto modo, permite comprender la problemática como propia del conjunto de la sociedad y no de forma aislada.

2.3. Evaluación del riesgo

La traducción práctica del establecimiento de los criterios de valoración del riesgo de feminicidio es el uso de herramientas de evaluación de éste. Esto consiste en un procedimiento de evaluación dirigido a la prevención que subyace bajo el principio de que existen oportunidades de prevención en algunos casos de feminicidio, ya que se ha observado que ciertos asesinatos están precedidos por los indicadores de riesgo. La incorporación de estos factores en las herramientas, permiten realizar un pronóstico a corto plazo (Baldry, 2018). Así lo reafirma la literatura científica destacando que las evaluaciones del riesgo y peligro de las mujeres, a la par que los planes de seguridad ante el feminicidio son claves para la prevención de éste (Campbell et al., 2009).

Para establecer los indicadores que permiten conocer el riesgo de feminicidio es indispensable recoger la información sobre el perfil y las características de las víctimas, tal y como se ha expuesto en el apartado anterior. A su vez, también es importante atender y tener presente el contexto en el que acontece el feminicidio y el riesgo de sufrirlo para comprender, de forma más acotada, las particularidades según el mismo (Esteves-Pereira et al., 2020; Lévesque & Léveillée, 2022). Si bien queda mucho por explorar, algunos de los factores de riesgo identificados hasta el momento son ser económicamente dependiente del agresor, la falta de apoyo social, un aumento en la violencia y amenazas y el temor por su vida (Esteves-Pereira et al., 2020; Melgar et al., 2024).

Esta manera de comprenderlo evitará caer en generalizaciones que homogenicen los perfiles o que evalúen el riesgo del feminicidio únicamente en determinados marcos tradicionalmente más visibles o reconocidos, como es el de las relaciones íntimas.

Más allá de aquellos aspectos que se refieren a los perfiles y el contexto, en la construcción de las herramientas algunos estudios proponen elaborarlos en base a un modelo de comprensión socio-ecológico del feminicidio (Heise, 1998; Kouta et al., 2018; Nikupeteri et al., 2022; Sorrentino et al., 2022; Teruelo, 2017). Para ello, es imprescindible prestar atención al perfil de las víctimas y agresores, pero también ir más allá de los factores individuales (Shai & Abrahams, 2022). Por lo tanto, identificar también las formas de entender las relaciones sexo afectivas en un determinado contexto, teniendo en cuenta las condiciones del contexto sociocultural y político (Beck & Mohamed, 2021; Elisha et al., 2010; Santos et al., 2022). Las relaciones de violencia y su impacto deben comprenderse desde el entendimiento de las diferentes esferas en las que participan hombres y mujeres, como la familia, el barrio/territorio, el contexto sociocultural de las relaciones de género (cosmovisiones indígenas) y las personas profesionales del cuidado y su reacción ante la violencia. Así pues, es preciso que las instituciones estatales presten especial atención a la expresión del fenómeno desde una visión global y con una comprensión de la problemática multifactorial en los diferentes territorios con sus idiosincrasias étnicas y culturales

Este modelo permite no sólo entender la magnitud de esferas que lo determinan, sino que también ofrece la oportunidad de diseñar acciones multinivel que contribuyan a prevenir el feminicidio y proteger a las mujeres (Teruelo, 2017).

2.4. Proteger a quien protege

Teniendo presente que las mujeres víctimas de violencia de género a menudo tienen menos redes de apoyo social y niveles más bajos de apoyo social percibido (Levondosky et al. 2004; Puigvert et al. 2022; Thompson et al. 2000), es imprescindible actuar desde el refuerzo social y comunitario para prevenir desde este eje el feminicidio. Concretamente, las personas del entorno pueden contribuir a romper con el aislamiento y hacer frente a la violencia protegiendo de forma sistemática frente al riesgo de feminicidio (Melgar et al., 2021).

Por lo tanto, es preciso hacer hincapié en la promoción de la solidaridad y apoyo por parte de las personas que sean conocedoras de una situación de violencia de género (familias, amistades y personas del entorno, en general), para que puedan reconocer y comprender el problema, identificar a las personas en riesgo y animarlas a buscar ayuda (Cook et al., 2014; De Ávila et al. 2021; Honda et al, 2022; Valls et al., 2016). Para ello no podemos, sin embargo, obviar que el hecho de que las personas del entorno no ofrezcan apoyo puede venir motivada por el miedo a recibir violencia de género aisladora (Melgar et al., 2021, Flecha, 2021; Flecha et al., 2024). Es decir, por miedo a recibir represalias por ayudar a una mujer en situación de violencia. Así pues, es importante extender la protección a las personas del entorno. Haciendo que las personas que son testigos de la violencia se sientan protegidas facilitaremos su rol activo y de apoyo y, con ello, contribuiremos a romper con el aislamiento de las mujeres víctimas de violencia (Flecha, 2021).

Para hacer efectiva esta estrategia, es importante incorporar la violencia de género aisladora en los marcos legislativos, de tal manera que sea reconocida como una forma de violencia y se contemplen acciones y recursos de protección también para las personas que ayuden, tal y como ha ocurrido en Brasil, Cataluña y el País Vasco (Botija et al., 2024; Flecha et al., 2024; Melgar et al., 2021; Vidu et al., 2017).

3. Abordaje legislativo del feminicidio en Colombia y España

3.1. Comprensión terminológica de la problemática

Más allá de las legislaciones existentes desde la Delegación del Gobierno de España contra la Violencia de Género (Delegación del Gobierno de España contra la Violencia de género, n.d.) se define el feminicidio como el "Asesinato de una mujer a manos de un hombre por machismo o misoginia". Por su parte, la Organización de las Naciones Unidas de Mujeres (Colombia) apunta que "el feminicidio se refiere al asesinato de una mujer por el hecho de serlo, el final de un continuum de violencia y la manifestación más brutal de una sociedad patriarcal" (ONU Mujeres Colombia, n.d.). Estas definiciones también aportan una clasificación de los feminicidios. La Delegación del Gobierno de España contra la Violencia de Género (Delegación del Gobierno de España contra la Violencia de género, n.d.) los clasifica de la siguiente manera: feminicidio en la pareja o expareja, feminicidio familiar, feminicidio sexual, feminicidio social y feminicidio vicario. En líneas similares, ONU Mujeres (Colombia) los clasifica en base a la relación que tenía el perpetrador con la víctima en cuatro categorías: feminicidio de pareja íntima, feminicidio de familiares, feminicidio por otros conocidos y feminicidio de extraños (ONU Mujeres Colombia, n.d.). Por su parte, movimientos sociales como Feminicidio.net, en España, hacen una clasificación distinta y recogen los feminicidios según el perfil de la persona asesinada o el tipo de abuso que lo promueve. De esta manera establece las siguientes categorías: feminicidio íntimo, feminicidio infantil, feminicidio por prostitución, feminicidio por trata, feminicidio no íntimo, feminicidio lesbofóbico, feminicidio transfóbico, feminicidio racista/xenófobo y feminicidio por mutilación genital femenina (Femninicidio.net, 2015).

En lo que respecta a la legislación, en Colombia, la Ley 1761 de 2015 incorporó el tipo penal de feminicidio como delito autónomo y se dictaron otras disposiciones (Rosa Elvira Cely) (Ley 1761, 2015). Esta ley, toma el nombre de Rosa Elvira Cely, quien fue violada y posteriormente asesinada en Bogotá en 2012. A raíz de tales acontecimientos, se incorporó el delito penal de feminicidio como un delito autónomo y se establecieron otras disposiciones relacionadas. El caso de feminicidio de Rosa Elvira Cely resaltó la necesidad de tipificar el delito de feminicidio en el país, especialmente debido a la brutalidad del caso y la falta de responsabilidad por parte del Estado en relación con este tipo de delitos. Es importante destacar que el autor del asesinato ya había cometido este delito previamente, pero la impunidad en ese caso condujo finalmente al feminicidio de Rosa Elvira Cely, una tragedia que podría haberse evitado.

De forma concreta, según indica el artículo 1 esta ley tiene por objeto "tipificar el feminicidio como un delito autónomo, para garantizar la investigación y sanción de las violencias contra las mujeres por motivos de género y discriminación, así como prevenir y erradicar dichas violencias y adoptar estrategias de sensibilización de la sociedad colombiana, en orden a garantizar el acceso de las mujeres a una vida libre de violencias que favorezca su desarrollo integral y su bienestar, de acuerdo con los principios de igualdad y no discriminación". La definición que plantea del feminicidio en el artículo 104 se extiende más allá de la comprensión de éste en el marco de una relación íntima, lo que de nuevo debe valorarse positivamente. En este sentido, se establece que dicha conducta violenta puede darse en las circunstancias de relación familiar, íntima o, de convivencia con la víctima, de amistad, de compañerismo o de trabajo y siendo perpetrador de un ciclo de violencia; en el ejercicio sobre el cuerpo y la vida de la mujer de actos de instrumentalización de género o sexual o acciones de opresión y dominio sobre sus decisiones vitales y su sexualidad; el cometimiento del delito en aprovechamiento de las relaciones de poder ejercidas sobre la mujer, expresado en la jerarquización personal, económica, sexual, militar, política o sociocultural; en el cometimiento del delito para generar terror o humillación a quien se considere enemigo; siempre que existan antecedentes o indicios de cualquier tipo de violencia o amenaza en el ámbito doméstico, familiar, laboral o escolar por parte del sujeto activo en contra de la víctima o de violencia de género cometida por el autor contra la víctima, independientemente de que el hecho haya sido denunciado o no; y cuando la víctima haya sido incomunicada o privada de su libertad de locomoción, cualquiera que sea el tiempo previo a la muerte de aquella.

En el artículo 7 titulado "actuaciones jurisdiccionales dentro del principio de la diligencia debida para desarrollar las investigaciones y el juzgamiento del delito de feminicidio", se pone de relieve la obligatoriedad de indagación sobre los antecedentes de violencia, aún y cuando no haya habido denuncia, la determinación de las razones de género que motivaron la comisión del delito de feminicidio y el contexto, las peculiaridades de la situación y el tipo de violencia que se cometió. Tal y como desarrollamos en otros apartados de este artículo, estas acciones, cobran especial importancia, ya que contribuyen a recopilar información sobre el feminicidio y sus particularidades, la cual cosa permitirá realizar los análisis pertinentes para obtener patrones que logren prevenir futuros feminicidios. Es importante destacar que, la especificidad para legislar de forma particular el feminicidio en Colombia, eleva esa ley a una posición puntera y especialmente meritoria ya que independientemente de la efectividad en su aplicación práctica, deviene referencia en la legislación de la problemática y en el abordaje punitivo de la misma.

En España, la Ley Orgánica 1/2004, de 28 de diciembre, de Medidas de Protección Integral contra la Violencia de Género (a partir de ahora, LOMPIVG, 1/2004) no recoge el término "feminicidio". A pesar de ello, la Ley Orgánica 10/2022, de 6 de septiembre, de garantía integral de la libertad sexual (a partir de ahora, LOGILS, 10/2022), sí que toma en cuenta el feminicidio. Esta ley, a pesar de que no lo define de forma general, en el preámbulo hace una definición del "feminicidio sexual" como "la violación más grave de los derechos humanos vinculada a las violencias sexuales, que debe ser visibilizada y a la que se ha de dar una respuesta específica."

En el caso de algunas Comunidades Autónomas de España, concretamente, Cataluña, Murcia, Andalucía, Castilla la Mancha, La Rioja, Navarra, las Islas Canarias y las Islas Baleares, cuentan con una definición de "feminicidio" en sus respectivas normativas. El País Vasco carece de tal definición, pero incluye el feminicidio en su definición de violencia machista contra las mujeres. Respecto a las legislaciones que sí lo recogen encontramos distintos niveles de desarrollo en las definiciones, siendo algunas de ellas más específicas y llegando a concretar una clasificación según tipologías. Sin embargo, todas, excepto la definición de Castilla y la Mancha, resaltan que es un tipo de violencia que puede darse al margen de que exista o existiera un vínculo sexoafectivo con el agresor. Destaca de forma relevante la definición que recoge la legislación catalana, en la Ley autonómica 17/2020, de 22 de diciembre, de modificación de la Ley 5/2008, *del derecho de las mujeres a erradicar la violencia machista.* Esta ley incorpora de forma particular en los asesinatos y homicidios por razón de género, las inducciones al suicidio y suicidios como consecuencia de la presión ejercida hacia la mujer. Esta incorporación supone mirar más allá de la violencia física, reconocimiento de la vinculación directa de esos feminicidios con otras formas de violencia, como la psicológica. A la vez contribuye a reconocer una única forma de ejercer la violencia, la víctima de feminicidio y las formas de ejercerlo.

Es importante hacer énfasis en que, de manera general, en España, se deja de lado el feminicidio como tal y no se contempla la prevención de éste de forma específica, sino que es la misma prevención de la violencia de género la que acontece como herramienta para la prevención del feminicidio en sí mismo. Esta relación, sigue perpetuando la creencia de que el feminicidio solo se da en el marco de la pareja y posteriormente a un largo período de violencia (a pesar de que ya no esté estipulado así en la mayoría de los marcos legales autonómicos), sin que éste pueda ser el resultado esporádico de una estructura patriarcal.

3.2. Alcance de la problemática: contabilización de los casos en España y Colombia

Respecto a la recogida de datos, el Convenio del Consejo de Europa sobre prevención y lucha contra la violencia contra las mujeres y la violencia doméstica, elaborado en Estambul en 2011 y ratificado por España en 2014, establece la obligación legal de obtener y prestar datos estadísticos detallados y secuenciados, con la periodicidad que se establezca, sobre todas las formas de violencia contra las mujeres incluidas en dicho Convenio (DGVG, s.f.). Sin embargo, no es hasta el año 2022 cuando el Gobierno de España empieza a recoger datos de feminicidio más allá del ámbito de la pareja de forma oficial[525]. Este avance viene propiciado por la necesidad de complementar la Ley Orgánica 8/2021, de 4 de junio, de protección integral a la infancia y la adolescencia frente a la violencia (Ley Orgánica 8/2021, de 4 de junio)[526] y la Ley Orgánica 10/2022, de 6 de septiembre, de garantía integral de la libertad sexual[527] (Ley Orgánica 10/2022, de 6 de septiembre). También se pone

---

[525] Feminicidio familiar, feminicidio sexual, feminicidio social y feminicidio vicário (DGVG, s.f.).

[526] Que modifica el artículo 1 de la Ley Orgánica 1/2004

[527] Que asimismo ha incorporado el "femincidio sexual."

de relieve hacer esta recopilación de datos sobre el feminicidio debido a la necesidad de conocer el fenómeno para poder así erradicarlo. A pesar de ello, no debe olvidarse que, en España, desde diferentes movimientos sociales, así como algunas académicas, ya venían cuestionando la necesidad de ampliar la mirada. Éste es el caso del Grupo de Mujeres de CREA: Safo[528] quienes, a través de la Plataforma Unitaria contra las Violencias de Género, en sus aportaciones a la ley catalana 5/2008 del derecho de las mujeres a erradicar la violencia machista, lograron que este texto legal contemplase también la violencia ocurrida en el contexto de relaciones esporádicas. Del mismo modo, Feminicidio.net desde el año 2010 contabiliza los casos de feminicidios más allá de las relaciones afectivas y en el año 2023 registraron 103 casos, mientras que las fuentes oficiales del Gobierno español, registraron 58 casos.

En el caso de Colombia, las cifras oficiales del Observatorio de Mujeres del Gobierno de Colombia apuntan que en el 2021 fueron asesinadas 210 mujeres y niñas (Observatorio de Mujeres del Gobierno de Colombia, 2021). Sin embargo, fuentes no oficiales como Observatorio de feminicidios Colombia contabilizaron ese mismo año a 622 mujeres y niñas víctimas de feminicidio (Observatorio de feminicidios Colombia, 2021). Esta diferencia entre cifras no sólo pone de relieve las limitaciones en la contabilización por parte de los organismos oficiales, sino que también pone en cuestión los criterios según los que el gobierno colombiano considera o no un homicidio como un feminicidio. Del mismo modo y de forma similar al caso español, toman relevancia los movimientos sociales y su rol en el monitoreo y contabilización de los casos de feminicidio pues disponer de datos es crucial para la sensibilización social y la

---

528 Este grupo de mujeres forma parte de CREA Community of Research on Excellence for All (https://crea.ub.edu/index/?lang=es)

conformación de una conciencia crítica en la sociedad frente al fenómeno del feminicidio.

3.3. Protección a las personas que apoyan a las mujeres

Respecto a las pautas de intervención para la protección de forma concreta y específica en lo que refiere al feminicidio, existen diferentes aportaciones en protocolos de actuación o legislaciones autonómicas que contemplan estrategias en este sentido. En el caso de la región de Cataluña (España), por ejemplo, en la Ley 17/2020 de 22 de diciembre, de modificación de la Ley 5/2008, del derecho de las mujeres a erradicar la violencia machista, la violencia de segundo orden -también llamada violencia de género aisladora- queda recogida como una forma de violencia. Esta incorporación legislativa constata la asunción por parte del gobierno de la necesidad de proteger también al entorno que ayuda a las víctimas. También supone un reconocimiento, tal y como dice la propia ley en su artículo 3, de que esta forma de violencia "impiden la prevención, detección, atención y recuperación de las mujeres en situación de violencia machista". Por lo tanto, esta legislación asienta las bases para incentivar el apoyo por parte del entorno frente a una situación de riesgo de feminicidio.

Asimismo, Cataluña cuenta con un Protocolo de Actuación frente a los feminicidios (Departament d'Igualtat i Feminismes, 2021), que se prevé como complementario a aquellos de los que ya disponen Ayuntamientos y/o Comarcas. El protocolo no sólo comprende la actuación frente al feminicidio, también lo hace sobre el feminicidio vinculante, entendido este último como la muerte violenta de una persona próxima a una mujer en situación de violencia machista y con la intención de castigar o destruir psíquicamente a esta última (Departament d'Igualtat i Feminismes, 2021). Además, la intervención protocolizada en Cataluña frente al feminicidio apuesta por la atención a los hijos/as, a las personas dependientes, y al entorno; lo cual logra una mirada multidisciplinar, en tanto que integral. Así se legisla también en la Ley 4/2018, de 8 de octubre, para una Sociedad Libre de Violencia de Género en la región de Castilla-La Mancha (España), dónde se estipula que "en el caso de homicidios o asesinatos de mujeres cometidos por razón de género, se prestará asistencia psicológica y jurídica a familiares hasta el segundo grado de consanguinidad de la víctima" (art. 24). En la misma línea, la Ley 7/2012, de 23 de noviembre, integral contra la violencia sobre la mujer en el ámbito de la Comunidad Valenciana (España), incorpora el "derecho a indemnización por causa de muerte, gran invalidez, o incapacidad permanente absoluta como consecuencia de la defensa de una víctima de violencia de género" (art. 16 ter). Finalmente, el Protocolo de Coordinación Interinstitucional para la Atención de las Víctimas de Violencia de Género en la región de Canarias (España), hace una valoración del riesgo de feminicidio considerando de "alto riesgo" aquellas situaciones en las que la mujer y sus hijos e hijas se encuentran en riesgo de ser objeto de graves vulneraciones de derechos humanos, ampliando así la percepción del riesgo, más allá de la individualidad de la mujer que se encuentra en peligro.

En el caso de la legislación de Colombia, hay que destacar el articulo 104b de la Ley 1761 de 2015, donde quedan recogidas las circunstancias de agravación punitiva del feminicidio, pues se entiende como agravación, por una parte, la conducta feminicida que se comete en el concurso de otra u otras personas, y por otra, la conducta feminicida cometida en presencia de cualquier persona que integre la unidad doméstica de la víctima. Tal consideración de agravación pone en valor al entorno de la víctima y comprende una mirada ampliada más allá de la individualidad de ésta.

El artículo 7, de dicha ley, señala que deben otorgarse las "garantías de seguridad para los testigos, los familiares de las víctimas de la violencia feminicida, lo mismo que a los operadores de la justicia", poniendo de nuevo en valor la importancia de proteger al entorno de la mujer e incorporando una noción del riesgo ampliado.

La revisión de la legislación en Colombia nos muestra la importancia que está cobrando la incorporación de la sociedad y constata la necesidad de la toma de conciencia desde una perspectiva crítica sobre los feminicidios y su papel en la erradicación de ésta. Por ello, esta ley incorpora medidas de sensibilización a través de: la necesidad de incorporación de la perspectiva de género en la educación preescolar, básica y media; la importancia de la formación de género, Derechos Humanos o Derecho Internacional Humanitario de los servidores públicos; y la relevancia de la adopción de un Sistema Nacional de Estadísticas sobre Violencia Basada en Género. Estas aportaciones, contribuyen a generar estrategias de prevención del feminicidio teniendo presente el rol de la sociedad y las implicaciones de ésta en la erradicación de esta lacra. No obstante, es importante destacar la notable deficiencia en su implementación, así como la falta de recursos y formación necesarios para desarrollar dicha estrategia.

4. Metodología

Los resultados que aquí se recogen se han desarrollado en el marco del proyecto "Observatorio de feminicidios, por la protección, exigibilidad, empoderamiento y garantía del derecho humano en la vida de las mujeres" (Plataforma Unitària Contra les Violències de Gènere, 2022-2023) financiado por la Agencia Catalana de Cooperación al Desarrollo.

Para poder llevar a cabo un análisis de la situación respecto del feminicidio y de las estrategias de protección y prevención para hacerle frente, se han recopilado investigaciones [529] las cuales acreditaban el impacto en la protección y prevención del feminicidio. Inicialmente se identificaron y analizaron un total de 275 artículos y documentos oficiales, de los cuales finalmente 53 investigaciones presentaban factores de protección a las mujeres y prevención del feminicidio. A su vez, se recopilaron los marcos normativos españoles y colombianos de referencia respecto del feminicidio. Nuestro análisis se centró en identificar si los aspectos destacados en la literatura científica previa prevenir y proteger frente a los feminicidios estaban presentes en las legislaciones de Colombia y España.

5. Guiando el cambio: recomendaciones políticas

Las aportaciones de investigaciones previas sobre el análisis y abordaje efectivo de los feminicidios y la posterior revisión sobre la presencia o no de dichas aportaciones en las legislaciones sobre la temática en Colombia y España, nos han permitido elaborar una serie de recomendaciones políticas. Estas recomendaciones ponen de relieve aquellos aspectos que deben quedar recogidos en las legislaciones para que éstas contribuyan a prevenir los feminicidios y proteger a las mujeres. Teniendo en cuenta la necesidad de desarrollar políticas con impacto, entendidas como la consecuencia del uso del conocimiento científico generado en el desarrollo de políticas a nivel nacional, regional o local (Aiello et al., 2021), se pone de relieve la importancia dotar de valor los marcos legislativos que ya tienen un impacto en la vida de las mujeres y la importancia de

---

529 Isi Web Of Science, SCOPUS, Publindex, World Health Organization Violence Prevention Publications and Resources, International Center for Research on Women, el National Resource Center on Domestic Violence Publications, Agencia Española de Cooperación Internacional para el Desarrollo (AECID) y Agencia Catalana de Cooperación al Desarrollo (ACCD).

mejorar la legislación vigente que aún presenta carencias en este sentido. Así como avanzar en el siguiente eslabón, la dotación de recursos, la formación del personal y implementación de las medidas para la prevención del feminicidio.

5.1. Definir e incorporar el feminicidio, así como sus implicaciones, en la legislación

Respecto a la incorporación del término "feminicidio" en la legislación, a la hora de definirlo, se recomienda que queden recogidas todas las mujeres víctimas independientemente de su vínculo o relación con el agresor, la diversidad de espacios y formas en las que se puede expresar y conceptualizar este delito como consecuencia de un sistema patriarcal. En este sentido, las diferentes legislaciones, entre ellas la española, pueden tomar como referencia la legislación colombiana y su reconocimiento del feminicidio como delito independiente. Asimismo, a la hora de incorporarlo en los textos legislativos debe comprenderse el feminicidio como un concepto amplio, que puede darse tanto en el marco de las relaciones íntimas, como de forma esporádica a raíz de la estructuración patriarcal y extremadamente desigual de nuestras sociedades, tal y como, por ejemplo, queda recogido en la ley catalana 17/2020, del derecho de las mujeres a erradicar la violencia machista dónde se atribuyen los asesinatos y los homicidios por el hecho de ser mujeres. Además, es relevante poder tener esta visión de la problemática para comprender el rol que tienen las instituciones respecto a la misma, y evitar eludir responsabilidades. También es preciso quitar rigidez a las creencias entorno al feminicidio y a la estereotipación tanto de las víctimas, como de los agresores. En el caso de las víctimas, la Ley Colombiana 1761 de 2015 apunta las posibilidades de devenir víctima según relación, haciendo referencia a diferentes contextos, más allá de la relación de pareja, modificando así el imaginario que comprende a la víctima de feminicidio, como víctima de violencia de género en una relación sexoafectiva previa al homicidio. En lo que se refiere a los agresores, la Ley catalana 5/2008, contempla como feminicidio el suicidio, reconociendo así las acciones por parte del agresor que pueden inducir la muerte de la mujer sin que él sea el autor material directo. De este modo, comprender las circunstancias de violencia de género que rodean el feminicidio, y la forma en la que se expresa, permitirá reconocerlo como tal a pesar de que se produzca en el marco de un suicidio.

5.2. Establecer la valoración del riesgo

Con la finalidad de llevar a cabo una valoración del riesgo exhaustiva es imprescindible establecer herramientas que lo comprendan independientemente de que exista o haya existido una relación de violencia de género, más allá de la individualidad de la mujer, donde se recoja el entorno y el contexto en el que existe el riesgo. Todo ello, por medio y como resultado de la compresión de una definición amplia del feminicidio y una contabilización del feminicidio que permita acotar las estrategias de prevención y materializarlas en una herramienta de evaluación óptima. En este sentido, la Ley Colombiana 1761 de 2015 sirve de referencia al apuntar la obligatoriedad de indagación sobre los antecedentes de violencia, (aún y cuando no haya habido denuncia), la determinación de las razones de género que motivaron la comisión del delito de feminicidio y el contexto, las peculiaridades de la situación y el tipo de violencia que se cometió.

También es necesario corregir la ausencia de protocolización para la prevención de los feminicidios en España, para ello se hace imprescindible que se contemplen acciones específicas entre las medidas de prevención de la violencia de género. Esto es necesario porque el feminicidio puede presentar particularidades que pueden quedar invisibilizadas si sólo tenemos en cuenta la violencia de género en el marco de las relaciones de pareja o expareja. En Colombia la Ley 1761 de 2015, en contraposición a España, en su artículo 11, sí que legisla de forma específica la prevención del feminicidio. Concretamente contempla la *"formación de género, Derechos Humanos o Derecho Internacional Humanitario de los servidores públicos"*, por lo que puede tomarse como ejemplo dicha regulación no sólo en el reconocimiento de la relevancia preventiva, también en el establecimiento de pautas de prevención concretas respecto al feminicidio.

Por último, hay que incorporar protocolos o pautas de actuación homogéneas que recojan la incorporación y protección del entorno tanto una vez se ha producido el feminicidio, como cuando existe riesgo de éste, pues pueden ser vulnerables a ser víctimas (muerte vinculante).

5.3. Recoger información de forma sistemática

Con el propósito de garantizar que se recoge información más allá del número de feminicidios acontecidos, es imprescindible investigar la situación contextual en la que acontece el feminicidio y quienes lo rodean, para que de esta forma se puedan desarrollar mejores estrategias de prevención, mejorar las herramientas de valoración de riesgo, tener una mirada interseccional de la problemática, etc. Por ello, debe llevarse a cabo un recuento integral que recoja: el contexto político y sociocultural, la importancia de conocer las creencias sobre la violencia de género de cada grupo cultural y étnico y que contribuyen a invisibilizarla y a dificultar la salida de las relaciones de maltrato, el tipo de vínculo, los impactos (quien los sufre), los instrumentos, los actores (individuos, estado), los actos (comportamientos), las formas en las que se manifiesta (suicidio, relación de violencia de género, crimen de honor...) y los lugares (públicos y privados) (Walklate & Fitz-Gibbon, 2023).

En este sentido, se identifica una carencia efectiva en la recogida de información tanto en Colombia, como en España, pues los datos oficiales siguen siendo relativamente limitados, sin embargo, puede contemplarse como ejemplo la recogida de información llevada a cabo por organismos no gubernamentales como Feminicidio.net o Observatorio de Feminicidios.

6. Fomentar redes informales de apoyo

Las redes de informales de las que dispone la mujer (amigos/as, familia, vecinas/os...), son elementos clave en la protección de las mujeres, por lo que establecer propuestas que las fomenten o las potencien de forma adecuada, es una necesidad urgente. Por ejemplo, la sensibilización a las familias y al entorno, la incorporación de protocolos de detección en las instituciones educativas, médicas... En España, si bien podemos identificar un trabajo de sensibilización respecto a la violencia de género en general, no se identifica dicha sensibilización de manera específica y generalizada respecto a los feminicidios. En el caso de Colombia, en cambio, la Ley 1761 de 2015, reconoce y potencia la adquisición de responsabilidad social de toda la comunidad para hacer frente a la problemática.

Del mismo modo, garantizar una protección a las personas del entorno, será imprescindible para promover el posicionamiento activo cuando se conozca o se tenga constancia de una situación de violencia machista. En esta línea, es importante tomar como ejemplo la Ley Catalana 17/2020 debido al reconocimiento y a la incorporación de la violencia de género aisladora o de segundo orden.

7. Conclusiones

Si bien es reconocida la existencia de altos índices de feminicidios alrededor del mundo, investigaciones previas, así como diferentes movimientos sociales, alertan desde hace años de que sólo disponemos de una fotografía parcial sobre el alcance de esta problemática, ya que muchos de estos feminicidios no son reconocidos como tal. En este sentido, la aplicación de políticas públicas basadas en evidencias científicas se hace indispensable para la protección de las vidas de las mujeres. Para ello deben tomarse en consideración las siguientes recomendaciones, de especial interés para los países de Colombia y España.

En primer lugar, tanto para avanzar en el conocimiento real sobre esta problemática, así como para prevenirla se hace indispensable asumir una definición amplia no neutral. Para ello debe entenderse el feminicidio como consecuencia de una estructura patriarcal, reconocer que puede existir vínculo o no entre víctima y agresor, identificar los posibles perfiles de víctima y agresor, los diferentes espacios en los que puede acontecer y las diferentes formas en las que se puede manifestar. También es necesario avanzar en la recogida de datos. Esta contabilización debe ir más allá de las cifras, no sólo recoger la suma, sino también las características que lo rodean. Por lo tanto, a parte de los aspectos mencionados en esta amplia definición, se debe recoger información sobre los detalles personales de las víctimas, las condiciones sociales, culturales, territoriales -urbano/rural, especialmente en el caso de Colombia-, el impacto del apoyo de la violencia por parte de las estructuras e instituciones de apoyo formal e informal, los instrumentos utilizados y los espacios/tiempo que rodean los asesinatos. La recogida de toda esta información comportará no sólo una contabilización representativa y no excluyente de la problemática, sino también a una mejor valoración del riesgo con los consecuentes beneficios preventivos que ello puede suponer.

Tanto en España como en Colombia, se observa una considerable brecha entre el amplio desarrollo legislativo alcanzado en los últimos años en materia de protección y asistencia a las víctimas de violencia de género o feminicidio y su entorno, y su implementación efectiva. Esta carencia se hace evidente cuando analizamos la aplicación de estas leyes a través de protocolos, recursos y servicios, siendo mayor la distancia en el contexto colombiano. Además de esta problemática, en el caso de Colombia es crucial considerar las grandes desigualdades territoriales, tanto entre regiones como entre el ámbito rural y urbano, pues los escasos recursos institucionales disponibles para abordar esta situación son, en muchas ocasiones, inexistentes en zonas rurales. En un país extenso, con vastos territorios, medios de transporte limitados y costosos en términos de tiempo y recursos, y con deficientes conexiones telefónicas e internet, estas condiciones agravan la indefensión de las mujeres y niñas en contextos de pobreza, desigualdad, aislamiento territorial y déficit de servicios institucionales que garanticen sus derechos humanos.

Por último, cabe señalar que el análisis y abordaje no sólo debe poner el foco en víctimas y agresores si no que debe interpelar a toda la sociedad. Para ello se propone la creación de espacios de protección, de prevención y sensibilización para la generación de una actitud crítica ante los feminicidios y comprometida y proactiva en su prevención, entre otros, dentro de las comunidades. Incentivar la creación de tales espacios, pasa por la promoción de la solidaridad y apoyo, la formación para la identificación de situaciones de riesgo, así como por la predisposición para la actuación.

Todo ello ampliará las oportunidades de comprender la problemática de forma holística, así como la formulación de políticas públicas efectivas y pertinentes en los diferentes territorios que eviten futuros feminicidios.

7. Financiación

Esta investigación ha recibido la financiación de la Agència Catalana de Cooperació al Desenvolupament. Titulo del proyecto: "Observatori de Feminicidis, per la protecció, exigibilitat, apoderament i garantia del dret humà a la vida de les dones a Colòmbia" Referencia: D195/P8001 N-ORD2021/L1

8. Agradecimientos

La investigación de la cual se derivan los resultados que se incluyen en este artículo ha sido realizada en colaboración con la Plataforma Unitaria contra las Violencias de Género.

Referencias Bibliograficas

Aiello, E., Donovan, C., Duque, E., Fabrizio, S., Flecha, R. Holm, P., Molina, S., Oliver, E. & Reale, E. (2021). "Effective strategies that enhance the social impact of social sciences and humanities research", *Evidence & Policy*, vol 17, no 1, 131–146 (16), https://doi.org/10.1332/174426420X15834126054137

Baldry, A. C. & *Magalhaes*, M. J. (2018). "Prevention of femicide", in Weil, S., Corradi, C. & Naudi, M. (eds), *Femicide across Europe – Theory, research and prevention* (pp. 71–92). Policy Papers, Policy Press, Bristol.

Beck, E., & Mohamed, A. (2021). "A Body Speaks: State, Media, and Public Responses to Femicide in Guatemala". *Laws,* 10(3), 73.

Botija M., Moriana G., Sánchez Miret C. & Geis Carreras G. (2024). "El impacto de lo sociocomunitario en el proceso de recuperación de las mujeres en situación de violencia de género: el caso del marco político-normativo español desde la perspectiva autonómica, estatal y europea". *Cuadernos de Trabajo Social,* 37(2), 231-252. https://doi.org/10.5209/cuts.91178

Cammaerts, B. (2015). Social media and activism. In: Mansell, Robin and Hwa, Peng, (eds.) The International Encyclopedia of Digital Communication and Society. The Wiley Blackwell-ICA International Encyclopedias of Communication series. WileyBlackwell, Oxford, UK, pp. 1027-1034. ISBN 9781118290743

Campbell, J., & Glass, N. (2009). "Safety planning, danger, and lethality assessment". In C. Mitchell & D. Anglin (Eds.), *Intimate partner violence: A health-based perspective* (pp. 319–334). Oxford University Press.

Ley 4/2018, de 8 de octubre, para una Sociedad Libre de Violencia de Género en Castilla-La Mancha (TOL6.834.166)

Ley 17/2020, de 22 de diciembre, de modificación de la Ley 5/2008, del derecho de las mujeres a erradicar la violencia machista (TOL8.243.788)

Ley 5/2008, de 24 de abril, del derecho de las mujeres a erradicar la violencia machista (TOL1.289.489)

Colombia. Ley 1761 de julio de 2015. Por la cual se crea el tipo penal de feminicidio como delito autónomo y se dictan otras disposiciones. (Diario Oficial No. 49.565.)

Ley 7/2012, de 23 de noviembre, de la Generalitat, Integral contra la Violencia sobre la Mujer en el Ámbito de la Comunitat Valenciana (TOL2.680.015) Convenio del Consejo de Europa sobre prevención y lucha contra la violencia contra la mujer y la violencia doméstica, hecho en Estambul el 11 de mayo de 2011 (TOL4.356.390)Cook, E., Walklate, S. y Fitz-Gibbon, K. (2023). "Reimaginando lo que cuenta como feminicidio". *Sociología actual,* 71(1), 3–9. https://doi.org/10.1177/00113921221106502

Cook-Craig, P. G., Coker, A. L., Clear, E. R., Garcia, L. S., Bush, H. M., Brancato, C. J., Williams, C. M., & Fisher, B. S. (2014). "Challenge and Opportunity in Evaluating a Diffusion-Based Active Bystanding Prevention Program: Green Dot in High Schools". *Violence Against Women*, 20(10), 1179–1202. https://doi. org/10.1177/1077801214551288

Corradi, C., Marcuello-Servós, C., Boira, S., & Weil, S. (2016). "Theories of femicide and their significance for social research". *Current Sociology*, 64(7), 975–995. https://doi.org/10.1177/0011392115622256

De Ávila, T., Medeiros, M., Chagas, C., Vieira, E., Magalhães, T., & Passeto, A. S. Z. (2021) "Better Prevention of Femicide: Evidence from Brazil". *International Journal for Crime, Justice and Social Democracy*, 10(4), 174-188. DOI: 10.5204/ijcjsd.2073

Delegación del Gobierno contra la Violencia de Género. (s.f.). *Feminicidios. Notas metodológicas.* Ministerio de Igualdad. https://violenciagenero. igualdad.gob.es/ violenciaEnCifras/victimasMortales/notas_metodologicas/notas_metodologicas. Htm. Recuperado el 12 de setiembre de 2023.

Elisha, E., Idisis, Y., Timor, U., & Addad, M. (2010). "Typology of intimate partner homicide Personal, interpersonal, and environmental characteristics of men who murdered their female intimate partner". *International Journal of Offender Therapy and Comparative Criminology,* 54(4), 494–516. https://doi. org/10.1177/0306624X09338379

Ley Orgánica 10/2022, de 6 de septiembre, de garantía integral de la libertad sexual (TOL9.180.525)

Ley Orgánica 8/2021, de 4 de junio, de protección integral a la infancia y la adolescencia frente a la violencia (TOL8.451.569)

Esteves-Pereira, M. E., Azeredo, A., Moreira, D., Brandão, I., & Almeida, F. (2020). "Personality characteristics of victims of intimate partnerviolence: A systematic review". *Aggression and Violent Behavior,* 101423. https://doi.org/10.1016/j. avb.2020.10142

Feminicidio.net. (14 de mayo, de 2023). *Listado de feminicidios y otros asesinatos de mujeres cometidos por hombres en España en 2022.* https://feminicidio. net/ listado-de-feminicidios-y-otros-asesinatos-de-mujeres-cometidos-por-hombres-en-espana-en-2022. Recuperado el 17 de septiembre de 2023.

Flecha, R. (2021). "Second-Order Sexual Harassment: Violence Against the Silence Breakers Who Support the Victims". *Violence Against Women,* 27(11), 1980-1999. https://doi.org/10.1177/1077801220975495

Flecha, R., Puigvert, L., Melgar, P., & Racionero-Plaza, S. (2024). "Health Impacts of Isolating Gender Violence". *SAGE Open,* 14(1). https://doi. org/10.1177/21582440241227687

Generalitat de Catalunya. (22 de noviembre, 2022). Protocolo Marco para una intervención con la diligencia debida en situaciones de violencias machistas. Departamento de Igualdad y Feminismos. chrome-extension://efaidnbmnnnibpcajpcglclefindmkaj/https://igualtat. gencat.cat/web/.content/Ambits/violencies-masclistes/Prevencio-transformadora/protocol-marc-castellano-accesible.pdf

Gobierno de Canarias. (25 de octubre, 2018). Protocolo de Coordinación Interinstitucional para la Atención de las Víctimas de Violencia de Género en la Comunidad Autónoma Canaria. Ministerio de Sanidad, Servicios Sociales e Igualdad. chrome-extension:// efaidnbmnnnibpcajpcglclefindmkaj/https://violenciagenero.igualdad. gob.es/wp-content/uploads/Canarias_Protocolo.pdf

Heise, L. (1998). "Violence against women an integrated, ecological framework". *Violence Against Women,* 4(3), 262–290

Honda, T., Homan, S., Leung, L., Bennett, A., Fulu, E., & Fisher, J. (2022). "Community mobilisation in the framework of supportive social environment to prevent family violence in Solomon Islands". *World Development,* 152, 105799.

Kouta, C., Boira, S., Nudelman, A., & Gill, A. K. (2018). "Understanding and preventing femicide using a cultural and ecological approach". In S. Weil, C. Corradi, & M. Naudi (Eds.), *Femicide across Europe: Theory, research and prevention* (pp. 53-69). Bristol: Policy Press.

Lévesque, C., & Léveillée, S. (2022). "Intimate Partner Violence and Intimate Partner Homicide: Development of a Typology Based on Psychosocial Characteristics". *Journal of Interpersonal Violence,* 37(17–18), NP15874–NP15898. https://doi. org/10.1177/08862605211021989

Levondosky, A. A., Bogat, A., Theran, S. A., Trotter, J. S., von Eye, A., & Davidson, W. S. (2004). "The social networks of women experiencing domestic violence". *American Journal of Community Psychology,* 34(1/2), 95.

Melgar, P. (coord.) (2023). *Respuesta a la violencia feminicida desde la sociedad civil. Análisis de intervenciones transformadoras en la prevención de las violencia y protección de las vidas de las mujeres en Europa y Latinoamréica.* Agència Catalana de Cooperació al Desenvolupament. https://www. udg.edu/ca/Portals/47/UdGEventsNews/16547/Media/Document/ respuestas_violencia_udg.pdf?id=bb88b77f-1d5f-4b76-8852-1efc338ea6be

Melgar, P., Campdepadrós, R., Fuentes, C., & Mut, E. (2020). "'I think I will need help': A systematic review of who facilitates the recovery from gender-based violence and how they do so". *Health Expectations,* 24, 1-7. https://doi.org/10.1111/hex.13157

Melgar, P., Geis, G., Flecha, R., & Soler, M. (2021). "Fear to Retaliation: The Most Frequent Reason fro Not Helping Victims of Gender Violence". *International and Multidisciplinari Journal of Social Sciences.* http://doi. org/10.17583/ rimcis.2021.8305

Melgar, P.; Serradell, O.; Hereu, C.; Racionero-Plaza, S.; Mut-Montalva, E. (2024). "Social Intervention That Facilitates Recovery from Gender-Based Violence: Dialogic Reconstruction of Memory". *Soc. Sci.* 13, 417. https://doi.org/10.3390/socsci13080417

Messina, B. (2022). "Breaking the silence on femicide: How women challenge epistemic injustice and male violence". *The British Journal of Sociology,* 73(4), 859-884.

Ministerio de Igualdad. (2023). *Mujeres víctimas mortales por violencia de género en España a manos de sus parejas o exparejas. datos provisionales.* Gobierno de España. https://violenciagenero.igualdad.gob.es/violenciaEnCifras/

victimasMortales/fichaMujeres/2023/VMortales_2023_05_30.pdf. Recuperado a 15 de septiembre de 2023.

Nikupeteri, A., Skaffari, P. & Laitinen, M. (2022). "Feminist community work in preventing violence against women: a case study of addressing intimate partner violence in Finland". *Nordic Social Work Research*, 12(2), 256-269, DOI: 10.1080/2156857X.2021.1997790

Observatorio de Feminicidios Colombia. (26 de marzo de 2024). *Reportes. Feminicidios 2023.* http://observatoriofeminicidioscolombia.org/reportes. Recuperado a 5 de abril de 2024.

Oficina de las Naciones Unidas contra la Droga y el Delito (UNODC) & ONU Mujeres. (2022). *Asesinatos de mujeres y niñas por razones de género (femicidio/feminicidio). Estimaciones mundiales de asesinatos de mujeres y niñas en el ámbito privado en 2021 Mejorar los datos para mejorar las respuestas.* org.mx/unodc/wp-content/uploads/2021/02/DATAMATTER5_Femicidio_ESP.pdf. Recuperado a 16 de junio de 2023.

Organización de las Naciones Unidas Mujeres Colombia. (2 de junio de 2023). *Feminicidio.* https://colombia.unwomen.org/es/como-trabajamos/fin-a-la-violencia-contra-las-mujeres/feminicidio#:~:text=El%20feminicidio%20se%20refiere%20al,brutal%20de%20una%20sociedad%20patriarcal. Recuperado a 16 de junio de 2023.

Plataforma Unitària Contra les Violències de Gènere. (2021-2023). *Observatorio de Feminicidios, por la protección, exigibilidad, empoderamiento y garantía del derecho humano a la vida de las mujeres en Colombia. Fase 2.* Agència Catalana de Cooperació al Desenvolupament. Referencia: D195/P8001 N-ORD2021/L1

Puigvert, L., Soler-Gallart, M., & Vidu, A. (2022). "From Bystanders to Upstanders: Supporters and Key Informants for Victims of Gender Violence". *International Journal of Environmental Research and Public Health* 19 (4), 8521. https://doi.org/10.3390/ijerph19148521

Russell D. (2008). "Politicizing the killing of females". In: PATH et al., *Strengthening Understanding of Femicide, Using Research to Galvanize Action and Accountability*, Washington, DC, Meeting April 2008, pp. 26–31. Available at: www.path.org/publications/files/GVR_femicide_rpt.pdf.

Santos, J., González, J. L., Alcázar, M. Á., & Carbonell, E. J. (2022). "Intimate partner homicide against women typology: Risk factor interaction in Spain". *European Journal on Criminal Policy and Research*, 1-23. https://doi.org/10.1007/s10610-022- 09517-7

Shai, N., Ramsoomar, L., & Abrahams, N. (2022). "Femicide Prevention Strategy Development Process: The South African Experience". *Peace Review,* 34(2), 227- 245, DOI: 10.1080/10402659.2022.2049001

Sorrentino, A., Cinquegrana, V., & Guida, C. (2022). "Risk Factors for Intimate Partner Femicide–Suicide" in Italy: *An Ecological Approach. International Journal of Environmental Research and Public Health,* 19(16), 10431.

Teruelo, J. G. F. (2017). "Diagnóstico del sistema de protección y propuestas de intervención para la predicción y prevención de feminicidios en contexto de pareja o expareja". *Revista Electrónica de Ciencia Penal y Criminología,* (19), 23.

Thompson, M. P., Kaslow, N. J., Kingree, J. B., Rashid, A., Puett, R., Jacobs, D., & Matthews, A. (2000). "Partner violence, social support, and distress among inner-city African American women". *American Journal of Community Psychology,* 28(1), 127–143. https://doi.org/10.1023/A:1005198514704

Valls, R., Puigvert, L., Melgar, P., & Garcia-Yeste, C. (2016). "Breaking the Silence at Spanish Universities: Findings From the First Study of Violence Against Women on Campuses in Spain". *Violence Against Women,* 22(13), 1519–1539. https://doi. org/10.1177/1077801215627511

Vidu, A., Valls, R., Puigvert, L., Melgar, P., & Joanpere, M. (2017). "Second Order of Sexual Harassment – SOSH". *Multidisciplinary Journal of Educational Research,* 7(1), 1–26. https://doi.org/10.17583/remie.0.250

Walklate, S., & Fitz-Gibbon, K. (2023). "Re-imagining the measurement of femicide: From 'thin'counts to 'thick'counts". *Current Sociology,* 71(1), 28-42.